Sachregister und Konkordanzliste
zur Mikrofiche-Edition der Verhandlungen des
Deutschen Bundestages und des Bundesrates

Mikrofiche-Edition

Verhandlungen des Deutschen Bundestages und des Bundesrates

(Protokolle, Drucksachen, Register)

Sachregister und Konkordanzliste

zu den Verhandlungen des Deutschen Bundestages
8. Wahlperiode (1976–1980)
und den Verhandlungen des Bundesrates
(1977–1980)

Bearbeitet von

Günther Hagen
Rechtsreferendar
in München

Barbara Kantenwein-Pabst
Rechtsanwältin
in München

Detlef Scharff
Rechtspfleger
in München

Gesamtredaktion:

Stefan Tischler

C.H.Beck · K.G. Saur · München 1982

CIP-Kurztitelaufnahme der Deutschen Bibliothek

Deutschland ‹Bundesrepublik›/Bundestag:
[Verhandlungen des Deutschen Bundestages und des Bundesrates/Sachregister und Konkordanzliste]
Verhandlungen des Deutschen Bundestages und des Bundesrates: (Protokolle, Drucksachen, Reg.).
Sachregister und Konkordanzliste ... - Mikrofiche-Ed. - München: Beck; München: Saur
Wahlperiode 8. (1976/80). Zu den Verhandlungen des Deutschen Bundestages, 8. Wahlperiode (1976–1980) und ... des Bundesrates (1977–1980). - 1982.
ISBN 3 406 08686 1 (Beck)
ISBN 3 598 30234 7 (Saur)
NE: Deutschland ‹Bundesrepublik›/Bundesrat:

ISBN 3 406 08686 1 (Beck)
ISBN 3 598 30234 7 (Saur)

Satz der C. H. Beck'schen Buchdruckerei Nördlingen

Vorwort

Der vorliegende Registerband für die 8. Wahlperiode des Deutschen Bundestages (1976–1980) und der entsprechenden Jahrgänge des Bundesrates (1977–1980) setzt die von den Verlagen C. H. Beck und KG Saur gemeinsam unternommene Mikrofiche-Edition der „Verhandlungen des Deutschen Bundestages und des Bundesrates“ fort. Einschließlich der ebenfalls auf Mikrofiches wiedergegebenen Sach- und Sprechregister beider Gesetzgebungskörperschaften umfaßt die 8. Legislaturperiode der Mikrofiche-Edition ein Gesamtvolumen von 162540 Druckseiten auf insgesamt 387 Mikrofiches zu je 420 Seiten. Angesichts des hohen dokumentarischen und zeitgeschichtlichen Ranges dieser Gesetzgebungsmaterialien des Deutschen Bundestages und des Bundesrates hatten sich die herausgebenden Verlage entschlossen, den Benutzern der Mikrofiche-Edition den Zugang zu dieser Sammlung durch die Herausgabe eines eigenen Sachregisters in Buchform zu erleichtern. Ein erster Registerband ist bereits für den Zeitraum 1972/73–1976 erschienen; weitere Bände werden für die früheren wie die künftigen Wahlperioden des Deutschen Bundestages und die maßgeblichen Jahrgänge des Bundesrates folgen.

Die nicht einfache Gewöhnung an das neue Medium Mikrofiche als einer sehr beachtenswerten Ergänzung der traditionellen Buchform soll hierdurch vereinfacht werden. Allein vor diesem Hintergrund ist die Zielsetzung dieses Registerwerkes zu verstehen; eine Konkurrenz zu dem in Mikrofiches vorliegenden Sach- und Sprechregister, das von den Dokumentationsabteilungen beider Gesetzgebungskörperschaften herausgegeben wird – ein Werk von hohem wissenschaftlichen Rang – ist selbstverständlich nicht beabsichtigt. Das Anliegen der Verlage ist viel bescheidener: dem Benutzer, der in aller Regel kaum mit Mikrofiche-Editionen zu tun gehabt haben wird, soll der Umgang mit diesem neuen Medium vereinfacht und der erste Zugang zu den gesuchten Materialien gewiesen werden.

Im Mittelpunkt des vorliegenden Registerbands steht ein Stichwortverzeichnis, mit dessen Hilfe die gesetzgeberische Arbeit der betreffenden Wahlperiode nachvollzogen werden kann. Wer weiter in die Tiefe dringen will, kann dies über die verfilmten Sach- und Sprechregister tun. Einen zweiten Schwerpunkt dieses Bandes bildet die sog. Konkordanzliste zur Verknüpfung der einzelnen, offiziell mit Nummern bezeichneten Dokumente des Bundestages und des Bundesrates mit den entsprechenden Mikrofiche-Fundstellen. Diese Konkordanzliste wurde den Benutzern der schon ausgelieferten Mikrofiche-Edition bereits als vorläufiges Hilfsmittel zur Verfügung gestellt. Ergänzend schließlich sollen einige „Hinweise für die Benutzung des Registers“ Hilfestellung geben. In diesem Zusammenhang ist auf gewisse Überschneidungen hinzuweisen, die durch die unterschiedliche Erscheinungsweise der Materialien von Bundestag und Bundesrat bedingt sind. Die Parlamentspapiere des Bundesrates erscheinen jahrgangsweise und sind nur bedingt den Wahlperioden des Bundestags zuzuordnen. Die Verlage haben sich entschlossen, die einer Wahlperiode des Deutschen Bundestages ungefähr entsprechenden Jahrgänge des Bundesrates parallel zur Seite zu stellen und in dem vorliegenden Register gemeinsam zu verarbeiten. Einige wenige, durch diese Überschneidung bedingten Ungenauigkeiten waren dabei hinzunehmen. Trotz aller Bemühungen der Verlage und des mit der Verfilmung betrauten Unternehmens und trotz des Einsatzes der modernsten Mikrofiche-Techniken ließ sich nicht vermeiden, daß vereinzelt Seiten vertauscht oder doppelt aufgenommen wurden.

Die politische Entwicklung der Bundesrepublik Deutschland ist maßgeblich durch die Arbeit des Deutschen Bundestages und des Bundesrates geprägt worden. Das Wirken dieser Institutionen ist in so vielfältiger Weise miteinander verflochten, daß es nützlich erschien, eine umfassende und zusammenhängende Dokumentation der Verhandlungen beider Gesetzgebungskörperschaften als Mikrofiche-Edition herauszubringen. Die Gesamtdokumentation wird nicht nur die weiter zurückliegenden Wahlperioden, sondern auch die laufende 9. Wahlperiode umfassen. Angesichts der Größenordnung dieses Unternehmens wäre dessen Verwirklichung ohne die tatkräftige Unterstützung von Seiten der zuständigen Stellen des Deutschen Bundestages und des Bundesrates kaum möglich gewesen. Allen Betroffenen sei an dieser Stelle herzlich gedankt.

München, im April 1982

C. H. BECK'SCHE VERLAGSBUCHHANDLUNG
K. G. SAUR VERLAG

Hinweise für die Benutzung des Registers

Dieses Register soll dem Benutzer einen schnellen Zugriff auf die Bundesrats- und Bundestagsmaterialien ermöglichen. Es will weder eine vollständige Dokumentation aller verfilmten Drucksachen und Protokolle sein, noch das ja sowieso mitverfilmte offizielle Register ersetzen.

Aus diesem Grund wurden Teile des verfilmten Materials absichtlich nicht in dieses Register aufgenommen, so vor allem

1. Kleine Anfragen (bis auf wenige Ausnahmen von besonderer Bedeutung)
2. EG/EWG-Verordnungen, die für die Mehrzahl der Benutzer von geringem Interesse sind, wie z.B. Erhöhung der Zolltarife, Ausfuhrkontingente und Verordnungen über Einzelbereiche der gemeinsamen Agrarpolitik
3. regelmäßig wiederkehrende Übersichten, soweit nicht in Einzelfällen von besonderer Bedeutung (Petitionen, Verfahren vor dem Bundesverfassungsgericht)
4. Geschäftsordnungsvorgänge
5. Personalentscheidungen (Wahlen zu Ausschüssen und Aufsichtsräten)
6. Fragen der einzelnen Fragestunden

Die durch eine Reform der Geschäftsordnung des Deutschen Bundestages (s BT-Drs 8/1265) eingeführten „Titelübersichten" zu EG-Vorlagen wurden nicht aufgeführt, deshalb ist bei diesen EG-Verordnungen häufig nur eine Bundesratsfundstelle angegeben.

Unter einem jeweils halbfett gedruckten Hauptstichwort findet der Benutzer in einer Strichaufzählung die zu diesem Stichwort nach den oben genannten Kriterien aufgenommenen Dokumente. Dabei sind Gesetzentwürfe (GesEntw) durch *Kursivdruck* hervorgehoben. Gibt es zu einem Hauptstichwort mehrere Dokumente der gleichen Art, z.B. mehrere Verordnungen, sind diese wiederum in numerischer Reihenfolge aufgeführt.

Bei Gesetzentwürfen sind die Dokumente stets in einer gleichbleibenden Reihenfolge aufgenommen, zuerst die des Bundesrates, danach die des Bundestages in der Reihenfolge der parlamentarischen Behandlung. Dieses Schema wurde nur an wenigen Stellen bei Gesetzentwürfen mit sehr kompliziertem Verfahrensablauf (etwa mehreren Vermittlungsverfahren) im Interesse der Übersichtlichkeit durchbrochen.

Beispiel:

Gesetzentwurf zur Neuregelung der Einkommensbesteuerung in der Land- und Forstwirtschaft

Reihenfolge der Dokumente	Erläuterung
1. und 2. Durchgang	Angabe der Behandlungsreihenfolge im Bundesrat – bei Gesetzesinitiativen aus der Mitte des Bundestages stattdessen: Bundesratsdurchgang
BR–Drs 396/79	= Drucksache des 1. Durchgangs
BR–Drs 112/80	= Drucksache des 2. Durchgangs
BR–PlPr 477	= Protokoll des 1. Durchgangs
BR–PlPr 484	= Protokoll des 2. Durchgangs
Vermittlungsverfahren: BR–Drs 319/80 BR–PlPr 488	Hat ein Vermittlungsverfahren stattgefunden, folgen Drucksache und Protokoll des Vermittlungsverfahrens
GesEntw der Bundesregierung	Angabe des Gesetzesinitiativorgans gemäß Art 76 Abs I Grundgesetz
BT–Drs 8/3239	Text des Gesetzentwurfes, entspricht inhaltlich der 1. Bundesratsdrucksache
Beschlußempfehlung des Finanzausschusses BT–Drs 8/3673	Beschlußempfehlung des federführenden Ausschusses (gemäß §§ 62 ff. der Geschäftsordnung des Bundestages)
Änderungsantrag zur 2. Beratung BT–Drs 8/3708	Änderungs- und Entschließungsanträge in numerischer Reihenfolge (gemäß §§ 82, 88 Geschäftsordnung)
Bericht des Haushaltsausschusses BT–Drs 8/3717	(gemäß § 96 der Geschäftsordnung des Bundestages)

Reihenfolge der Dokumente	Erläuterung
Anrufung des Vermittlungsausschusses BT–Drs 8/3854	Unterrichtung über die Anrufung des Vermittlungsausschusses als Ergebnis der Abstimmung im Bundesrat
Beschlußempfehlung des Vermittlungsausschusses BT–Drs 8/4092	Einigungsvorschlag des Vermittlungsausschusses gemäß Art 77 Abs II GG
1. Beratung BT–PlPr 8/180 2. und 3. Beratung BT–PlPr 8/203 Beratung der Beschlußempfehlung des Vermittlungsausschusses BT–PlPr 8/220	Nach sämtlichen Drucksachen folgen die Protokolle in der Reihenfolge der Beratung. Wurde ein Gesetzentwurf durch den Bundestag abgelehnt, so heißt es nur: 2. Beratung (soweit dazu eine Beratung stattgefunden hat)

Die Ausschußempfehlungen und Beschlußdrucksachen des Bundesrates sind als Drs 525/1/73, 525/2/73, 525/73 (Beschluß) usw. bei der Hauptdrucksache mitverfilmt und im Register nicht eigens genannt.

Abkürzungsverzeichnis

Abs. . . . . Absatz
Änd . . . . Änderung
ÄndGes. . . . . Änderungsgesetz
Art . . . . Artikel
betr. . . . . betrifft, betreffend
BGB . . . . Bürgerliches Gesetzbuch
BR . . . . Bundesrat
BT . . . . Deutscher Bundestag
Drs . . . . Drucksache
EG . . . . Europäische Gemeinschaften
EGKS . . . . Europäische Gemeinschaft für Kohle und Stahl
Entw. . . . . Entwurf
EWG . . . . Europäische Wirtschaftsgemeinschaft
EStG . . . . Einkommensteuergesetz
gem . . . . gemäß
Ges. . . . . Gesetz
GesEntw. . . . . Gesetzentwurf
GG . . . . Grundgesetz
PlPr . . . . Plenarprotokoll
RVO. . . . . Reichsversicherungsordnung
s . . . . siehe
s a. . . . . siehe auch
StGB. . . . . Strafgesetzbuch
StPO. . . . . Strafprozeßordnung
u a . . . . unter anderem, und anderes
UN. . . . . Vereinte Nationen
UNESCO . . . . Sonderorganisation der Vereinten Nationen für Erziehung, Wissenschaft und Kultur
VO . . . . Verordnung

Einschlägige gesetzliche Bestimmungen in Auszügen

Grundgesetz für die Bundesrepublik Deutschland

vom 23. Mai 1949

(BGBl I Seite 1 = Mikrofiche-Edition Teil I 1 A 9)

Artikel 76

zuletzt geändert durch Ges vom 15. 11. 1968
(BGBl I Seite 1177 = 65 E 5)
und durch Ges vom 17. 7. 1969 (BGBl I Seite 817 = 68 I 11)

(1) Gesetzesvorlagen werden beim Bundestage durch die Bundesregierung, aus der Mitte des Bundestages oder durch den Bundesrat eingebracht.

(2) Vorlagen der Bundesregierung sind zunächst dem Bundesrate zuzuleiten. Der Bundesrat ist berechtigt, innerhalb von sechs Wochen zu diesen Vorlagen Stellung zu nehmen. Die Bundesregierung kann eine Vorlage, die sie bei der Zuleitung an den Bundesrat ausnahmsweise als besonders eilbedürftig bezeichnet hat, nach drei Wochen dem Bundestage zuleiten, auch wenn die Stellungnahme des Bundesrates noch nicht bei ihr eingegangen ist; sie hat die Stellungnahme des Bundesrates unverzüglich nach Eingang dem Bundestage nachzureichen.

(3) Vorlagen des Bundesrates sind dem Bundestage durch die Bundesregierung innerhalb von drei Monaten zuzuleiten. Sie hat hierbei ihre Auffassung darzulegen.

Artikel 77

zuletzt geändert durch Ges vom 15. 11. 1968
(BGBl I Seite 1177 = 65 E 5)

(1) Die Bundesgesetze werden vom Bundestage beschlossen. Sie sind nach ihrer Annahme durch den Präsidenten des Bundestages unverzüglich dem Bundesrate zuzuleiten.

(2) Der Bundesrat kann binnen drei Wochen nach Eingang des Gesetzesbeschlusses verlangen, daß ein aus Mitgliedern des Bundestages und des Bundesrates für die gemeinsame Beratung von Vorlagen gebildeter Ausschuß einberufen wird. Die Zusammensetzung und das Verfahren dieses Ausschusses regelt eine Geschäftsordnung, die vom Bundestag beschlossen wird und der Zustimmung des Bundesrates bedarf. Die in diesen Ausschuß entsandten Mitglieder des Bundesrates sind nicht an Weisungen gebunden. Ist zu einem Gesetze die Zustimmung des Bundesrates erforderlich, so können auch der Bundestag und die Bundesregierung die Einberufung verlangen. Schlägt der Ausschuß eine Änderung des Gesetzesbeschlusses vor, so hat der Bundestag erneut Beschluß zu fassen.

(3) Soweit zu einem Gesetze die Zustimmung des Bundesrates nicht erforderlich ist, kann der Bundesrat, wenn das Verfahren nach Absatz 2 beendigt ist, gegen ein vom Bundestage beschlossenes Gesetz binnen zwei Wochen Einspruch einlegen. Die Einspruchsfrist beginnt im Falle des Absatzes 2 letzter Satz mit dem Eingange des vom Bundestage erneut gefaßten Beschlusses, in allen anderen Fällen mit dem Eingange der Mitteilung des Vorsitzenden des in Absatz 2 vorgesehenen Ausschusses, daß das Verfahren vor dem Ausschusse abgeschlossen ist.

(4) Wird der Einspruch mit der Mehrheit der Stimmen des Bundesrates beschlossen, so kann er durch Beschluß der Mehrheit der Mitglieder des Bundestages zurückgewiesen werden. Hat der Bundesrat den Einspruch mit einer Mehrheit von mindestens zwei Dritteln seiner Stimmen beschlossen, so bedarf die Zurückweisung durch den Bundestag einer Mehrheit von zwei Dritteln, mindestens der Mehrheit der Mitglieder des Bundestages.

Artikel 78

Ein vom Bundestage beschlossenes Gesetz kommt zustande, wenn der Bundesrat zustimmt, den Antrag gemäß Artikel 77 Abs. 2 nicht stellt, innerhalb der Frist des Artikels 77 Abs. 3 keinen Einspruch einlegt oder ihn zurücknimmt oder wenn der Einspruch vom Bundestage überstimmt wird.

Geschäftsordnung des Deutschen Bundestages

in der Fassung vom 22. 5. 1970
(BGBl I Seite 628 = 75 B 18)

§ 75 Einbringung

(1) Vorlagen erfolgen in schriftlicher Form an den Bundestag durch die Bundesregierung und den Bundesrat (§§ 76ff.).

(2) Anträge können, mit Ausnahme des Antrages nach § 103, nur von Mitgliedern des Bundestages eingebracht werden (§§ 76ff.).

(3) Große Anfragen an die Bundesregierung sind von mindestens soviel Mitgliedern des Bundestages zu unterzeichnen, wie einer Fraktionsstärke entspricht (§§ 105 bis 109).

(4) Kleine Anfragen an die Bundesregierung sind von mindestens soviel Mitgliedern des Bundestages zu unterzeichnen, wie einer Fraktionsstärke entspricht (§ 110).

(5) Mündliche Anfragen können von jedem Abgeordneten in der Fragestunde vorgebracht werden (§ 111).

(6) Ersuchen in Immunitätsangelegenheiten sind von dem Präsidenten unmittelbar an den zuständigen Ausschuß weiterzuleiten (§ 114).

(7) Petitionen gemäß Artikel 17 des Grundgesetzes können von jedem Staatsbürger eingebracht werden (§§ 112 und 113).

§ 76 Behandlung

(1) Alle Vorlagen der Bundesregierung und des Bundesrates, die Anträge von Mitgliedern des Bundestages sowie Große und Kleine Anfra-

in der Fassung vom 2. 7. 1980
(BGBl I Seite 1237 = 154 F 3)

§ 75 Vorlagen

(1) Folgende Vorlagen können als Verhandlungsgegenstand auf die Tagesordnung des Bundestages gesetzt werden (selbständige Vorlagen):

a) Gesetzentwürfe,
b) Beschlußempfehlungen des Ausschusses nach Artikel 77 Abs. 2 des Grundgesetzes (Vermittlungsausschuß),
c) Anträge auf Zurückweisung von Einsprüchen des Bundesrates,
d) Anträge,
e) Berichte und Materialien zur Unterrichtung des Bundestages (Unterrichtungen),
f) Große Anfragen an die Bundesregierung und ihre Beantwortung,
g) Wahlvorschläge, soweit sie als Drucksachen verteilt worden sind,
h) Beschlußempfehlungen und Berichte in Wahlprüfungs-, Immunitäts- und Geschäftsordnungsangelegenheiten,
i) Beschlußempfehlungen und Berichte über Petitionen,
j) Beschlußempfehlungen und Berichte des Rechtsausschusses über Streitsachen vor dem Bundesverfassungsgericht,
k) Beschlußempfehlungen und Berichte von Untersuchungsausschüssen,
l) Zwischenberichte der Ausschüsse,
m) Rechtsverordnungen, soweit sie aufgrund gesetzlicher Grundlagen dem Bundestag zuzuleiten sind.

gen und Ausschußberichte werden gedruckt und an die Mitglieder des Bundestages, des Bundesrates und an die Bundesministerien verteilt.

(2) Regierungsvorlagen, die keiner Beschlußfassung bedürfen (Denkschriften, Nachweisungen und anderes), kann der Präsident, ohne sie auf die Tagesordnung zu setzen, mit Zustimmung des Bundestages einem Ausschuß überweisen.

§ 77 Beratungen

(1) Gesetzentwürfe sowie der Entwurf des Haushaltsgesetzes und des Haushaltsplans werden in drei Beratungen, Verträge mit auswärtigen Staaten und ähnliche Verträge, welche die politischen Beziehungen des Bundes regeln oder sich auf Gegenstände der Bundesgesetzgebung beziehen (Artikel 59 Abs. 2 des Grundgesetzes), grundsätzlich in zwei Beratungen und nur auf Beschluß des Bundestages in drei Beratungen, alle anderen Vorlagen und Anträge in der Regel in einer Beratung erledigt.

(2) Die Beratungen beginnen im allgemeinen frühestens am dritten Tage nach Verteilung der Drucksache. Abweichungen hiervon bedürfen, wenn Einspruch erhoben wird, einer Zweidrittelmehrheit.

(3) Werden Vorlagen oder Anträge gemäß Absatz 1 in zwei Beratungen behandelt, so finden für die Schlußberatung neben den Bestimmungen für die zweite Beratung (§§ 80 bis 83 und 84 Abs. 3) die Bestimmungen über Wiederholung der Abstimmung und Schlußabstimmung (§§ 87 und 88) entsprechende Anwendung.

§ 78 Erste Beratung von Gesetzentwürfen

In der ersten Beratung findet eine allgemeine Aussprache nur statt, wenn sie vom Ältestenrat empfohlen oder bis zum Aufruf des betreffenden Punktes der Tagesordnung von mindestens soviel Mitgliedern des Bundestages verlangt wird, wie einer Fraktionsstärke entspricht. In der Aussprache werden nur die Grundsätze der Vorlagen besprochen. Änderungsanträge sind in der ersten Beratung unzulässig.

§ 79 Überweisung an einen Ausschuß

(1) Am Schluß der ersten Beratung kann der Gesetzentwurf einem Ausschuß überwiesen werden. Er kann nur in besonderen Fällen gleichzeitig mehreren Ausschüssen überwiesen werden, wobei der federführende Ausschuß zu bestimmen ist.

(2) In der ersten Beratung findet keine andere Abstimmung statt.

§ 80 Zweite Beratung von Gesetzentwürfen

(1) Die zweite Beratung beginnt im allgemeinen am zweiten Tage nach Schluß der ersten und, wenn Ausschußberatungen vorausgegangen sind, frühestens am zweiten Tage nach Verteilung des Ausschußberichts. Sie wird mit einer allgemeinen Aussprache eröffnet, wenn diese von soviel Mitgliedern des Bundestages verlangt wird, wie einer Fraktionsstärke entspricht.

(2) Die Einzelberatung wird der Reihenfolge nach über jede selbständige Bestimmung und zuletzt über Einleitung und Überschrift eröffnet und geschlossen. Nach Schluß jeder Einzelberatung wird abgestimmt.

(3) Auf Beschluß des Bundestages kann die Reihenfolge geändert, die Beratung über mehrere Einzelbestimmungen verbunden oder über Teile einer Einzelbestimmung oder über verschiedene Änderungsanträge zu demselben Gegenstand getrennt werden.

§ 81 Änderungsanträge zur zweiten Beratung

(1) Änderungen zu Gesetzentwürfen können beantragt werden, solange die Beratung des Gegenstandes, auf den sie sich beziehen, noch nicht abgeschlossen ist. Die Anträge müssen schriftlich abgefaßt und sollen mit einer kurzen Erläuterung des Inhalts versehen sein, soweit sich dieser nicht ohne weiteres aus dem Antrag selbst ergibt.

(2) Änderungsanträge bedürfen keiner Unterstützung; sie werden verlesen, wenn sie noch nicht verteilt sind.

(3) Zu Verträgen mit auswärtigen Staaten und ähnlichen Verträgen, welche die politischen Beziehungen des Bundes regeln oder sich auf Gegenstände der Bundesgesetzgebung beziehen (Artikel 59 Abs. 2 des Grundgesetzes), sind Änderungsanträge nicht zulässig.

(2) Vorlagen zu Verhandlungsgegenständen sind (unselbständige Vorlagen):
a) Beschlußempfehlungen und Berichte der Ausschüsse,
b) Änderungsanträge,
c) Entschließungsanträge zu Gesetzentwürfen, Unterrichtungen, Regierungserklärungen, Großen Anfragen, Entschließungen des Europäischen Parlaments, EG-Vorlagen, Stabilitätsvorlagen und Rechtsverordnungen.

(3) Als Vorlagen im Sinne des § 76 gelten auch Kleine Anfragen; sie können nicht als Verhandlungsgegenstand auf die Tagesordnung gesetzt werden.

§ 76 Vorlagen von Mitgliedern des Bundestages

(1) Vorlagen von Mitgliedern des Bundestages (§ 75) müssen von einer Fraktion oder von fünf vom Hundert der Mitglieder des Bundestages unterzeichnet sein, es sei denn, daß die Geschäftsordnung etwas anderes vorschreibt oder zuläßt.

(2) Gesetzentwürfe müssen, Anträge können mit einer kurzen Begründung versehen werden.

§ 77 Behandlung der Vorlagen

(1) Vorlagen werden gedruckt und an die Mitglieder des Bundestages, des Bundesrates und an die Bundesministerien verteilt.

(2) Bei Vorlagen gemäß § 75 Abs. 1 Buchstabe e, die der Unterrichtung des Bundestages dienen (Berichte, Denkschriften, Programme, Gutachten, Nachweisungen und ähnliches), kann der Präsident, soweit sie nicht auf gesetzlichen Vorschriften oder Beschlüssen des Bundestages beruhen, im Benehmen mit dem Ältestenrat ganz oder teilweise von der Drucklegung und Verteilung absehen. In diesen Fällen wird der Eingang dieser Vorlagen und im Benehmen mit dem Ältestenrat die Art ihrer Behandlung als amtliche Mitteilung durch den Präsidenten bekanntgegeben. Sie werden als Übersicht in einer Drucksache zusammengestellt, in der auch anzugeben ist, in welchen Räumen des Bundestages die Vorlagen eingesehen werden können.

§ 78 Beratungen

(1) Gesetzentwürfe werden in drei Beratungen, Verträge mit auswärtigen Staaten und ähnliche Verträge, welche die politischen Beziehungen des Bundes regeln oder sich auf Gegenstände der Bundesgesetzgebung beziehen (Artikel 59 Abs. 2 des Grundgesetzes), grundsätzlich in zwei Beratungen und nur auf Beschluß des Bundestages in drei Beratungen, alle anderen Vorlagen grundsätzlich in einer Beratung behandelt. Für Nachtragshaushaltsvorlagen gilt § 95 Abs. 1 Satz 6.

(2) Anträge können ohne Aussprache einem Ausschuß überwiesen werden. Auch wenn sie nicht verteilt sind, kann über sie abgestimmt werden, es sei denn, daß von einer Fraktion oder von anwesenden fünf vom Hundert der Mitglieder des Bundestages widersprochen wird. Im übrigen gelten für Anträge sinngemäß die Vorschriften über die Beratung von Gesetzentwürfen.

(3) Werden Vorlagen gemäß Absatz 1 in zwei Beratungen behandelt, so finden für die Schlußberatung neben den Bestimmungen für die zweite Beratung (§§ 81, 82 und 83 Abs. 3) die Bestimmung über die Schlußabstimmung (§ 86) entsprechende Anwendung.

(4) Werden Vorlagen in einer Beratung behandelt, findet für Änderungsanträge § 82 Abs. 1 Satz 2 Anwendung.

(5) Soweit die Geschäftsordnung nichts anderes vorschreibt oder zuläßt, beginnen die Beratungen der Vorlagen frühestens am dritten Tage nach Verteilung der Drucksachen (§ 123).

§ 79 Erste Beratung von Gesetzentwürfen

In der ersten Beratung findet eine allgemeine Aussprache nur statt, wenn es vom Ältestenrat empfohlen oder bis zum Aufruf des betreffenden Punktes der Tagesordnung von einer Fraktion oder von anwesenden fünf vom Hundert der Mitglieder des Bundestages verlangt wird. In der Aussprache werden nur die Grundsätze der Vorlagen besprochen. Sachanträge dürfen nicht gestellt werden.

§ 80 Überweisung an einen Ausschuß

(1) Am Schluß der ersten Beratung wird der Gesetzentwurf vorbehaltlich einer abweichenden Entscheidung gemäß Absatz 2 einem Aus-

§ 82 Zurückverweisung an einen Ausschuß

Solange nicht die letzte Einzelabstimmung erledigt ist, kann die ganze oder teilweise Zurückverweisung an einen Ausschuß erfolgen. Die Zurückverweisung kann auch an einen anderen Ausschuß erfolgen. Ebenso können bereits erledigte Teile überwiesen werden.

§ 83 Abstimmung in der zweiten Beratung

Über mehrere oder alle Teile eines Gesetzentwurfs kann gemeinsam abgestimmt werden. Über Verträge mit auswärtigen Staaten und ähnliche Verträge gemäß Artikel 59 Abs. 2 des Grundgesetzes wird im ganzen abgestimmt.

§ 84 Zusammenstellung der Änderungen

(1) Wurden in der zweiten Beratung Änderungen beschlossen, so läßt sie der Präsident neben dem Gesetzentwurf zusammenstellen.

(2) Die Beschlüsse der zweiten bilden die Grundlage der dritten Beratung.

(3) Sind in der zweiten Beratung alle Teile eines Gesetzentwurfs abgelehnt worden, so unterbleibt jede weitere Beratung und Abstimmung.

§ 85 Dritte Beratung von Gesetzentwürfen

Die dritte Beratung erfolgt,

a) wenn in zweiter Beratung Änderungen beschlossen sind, am zweiten Tage nach Verteilung der Drucksache mit den beschlossenen Änderungen, früher nur, wenn nicht zehn anwesende Mitglieder des Bundestages widersprechen (§ 93 Abs. 1), oder
b) wenn keine Änderungen beschlossen sind, nach Abschluß der zweiten Beratung.

Sie beginnt mit einer allgemeinen Aussprache nur dann, wenn diese von soviel anwesenden Mitgliedern des Bundestages, wie einer Fraktionsstärke entspricht, verlangt wird. Eine Einzelberatung findet nur über diejenigen Bestimmungen statt, zu denen in dritter Beratung Änderungsanträge gestellt werden.

§ 86 Änderungsanträge zur dritten Beratung

Änderungsanträge bedürfen der Unterstützung von soviel Mitgliedern des Bundestages, wie einer Fraktionsstärke entspricht.

§ 88 Schlußabstimmung

Am Schluß der dritten Beratung wird über die Annahme oder Ablehnung des Gesetzentwurfs abgestimmt. Sind die Beschlüsse der zweiten Beratung unverändert geblieben, so folgt die Schlußabstimmung unmittelbar. Wurden Änderungen vorgenommen, so muß die Schlußabstimmung auf Verlangen von soviel Mitgliedern des Bundestages, wie einer Fraktionsstärke entspricht, ausgesetzt werden, bis die Beschlüsse zusammengestellt und verteilt sind. Über Verträge mit auswärtigen Staaten und ähnliche Verträge findet keine besondere Schlußabstimmung statt.

§ 89 Entschließungsanträge

Entschließungsanträge müssen von mindestens soviel Mitgliedern des Bundestages unterstützt werden, wie einer Fraktionsstärke entspricht. Über Entschließungsanträge zu Gesetzentwürfen und Gesetzen, mit denen die Zustimmung zu Verträgen gemäß Artikel 59 Abs. 2 des Grundgesetzes erteilt werden soll, wird in der Regel nach der Schlußabstimmung abgestimmt. Über Entschließungen zu Teilen des Haushaltsplans kann die Abstimmung während der dritten Beratung erfolgen.

§ 90 Einberufung des Vermittlungsausschusses

(1) Ist zu einem vom Bundestag verabschiedeten Gesetz die Zustimmung des Bundesrates erforderlich, so kann der Bundestag die Einberufung des Vermittlungsausschusses verlangen, wenn ihn die Haltung des Bundesrates dazu veranlaßt (Artikel 77 Abs. 2 des Grundgesetzes).

(2) Der Antrag bedarf einer Unterstützung von soviel Mitgliedern des Bundestages, wie einer Fraktionsstärke entspricht.

schuß überwiesen; er kann nur in besonderen Fällen gleichzeitig mehreren Ausschüssen überwiesen werden, wobei der federführende Ausschuß zu bestimmen ist. Weitere Ausschüsse können sich im Benehmen mit dem federführenden Ausschuß an der Beratung bestimmter Fragen der Vorlage gutachtlich beteiligen.

(2) Auf Antrag einer Fraktion oder von fünf vom Hundert der Mitglieder des Bundestages kann der Bundestag mit einer Zweidrittelmehrheit der anwesenden Mitglieder beschließen, ohne Ausschußüberweisung in die zweite Beratung einzutreten. Für den Antrag gilt die Frist des § 20 Abs. 2 Satz 3. Bei Finanzvorlagen soll vor Eintritt in die zweite Beratung dem Haushaltsausschuß Gelegenheit gegeben werden, die Vorlage gemäß § 96 Abs. 4 zu prüfen. Die Fristenregelung des § 96 Abs. 8 Satz 2 findet keine Anwendung.

(3) Vorlagen gemäß § 75 Abs. 1 Buchstabe e kann der Präsident, ohne sie auf die Tagesordnung zu setzen, nach Vereinbarung im Ältestenrat einen Ausschuß überweisen.

§ 81 Zweite Beratung von Gesetzentwürfen

(1) Die zweite Beratung wird mit einer allgemeinen Aussprache eröffnet, wenn sie vom Ältestenrat empfohlen oder von einer Fraktion oder von anwesenden fünf vom Hundert der Mitglieder des Bundestages verlangt wird. Sie beginnt am zweiten Tage nach Verteilung der Beschlußempfehlung und des Ausschlußberichts, früher nur, wenn auf Antrag einer Fraktion oder von fünf vom Hundert der Mitglieder des Bundestages zwei Drittel der anwesenden Mitglieder des Bundestages es beschließen; bei Gesetzentwürfen der Bundesregierung, die für dringlich erklärt worden sind (Artikel 81 des Grundgesetzes), kann die Fristverkürzung mit der Mehrheit der Mitglieder des Bundestages beschlossen werden. Für den Antrag gilt die Frist des § 20 Abs. 2 Satz 3.

(2) Über jede selbständige Bestimmung wird der Reihenfolge nach und zuletzt über Einleitung und Überschrift die Aussprache eröffnet und geschlossen. Nach Schluß der Aussprache über jede Einzelbestimmung wird abgestimmt.

(3) Auf Beschluß des Bundestages kann die Reihenfolge geändert, die Aussprache über mehrere Einzelbestimmungen verbunden oder über Teile einer Einzelbestimmung oder über verschiedene Änderungsanträge zu demselben Gegenstand getrennt werden.

(4) Über mehrere oder alle Teile eines Gesetzentwurfs kann gemeinsam abgestimmt werden. Über Verträge mit auswärtigen Staaten und ähnliche Verträge gemäß Artikel 59 Abs. 2 des Grundgesetzes wird im ganzen abgestimmt.

§ 82 Änderungsanträge und Zurückverweisung in zweiter Beratung

(1) Änderungen zu Gesetzentwürfen in zweiter Beratung können beantragt werden, solange die Beratung des Gegenstandes, auf den sie sich beziehen, noch nicht abgeschlossen ist. Die Anträge müssen von mindestens einem Mitglied des Bundestages unterzeichnet sein und können mit einer kurzen Begründung versehen werden; wenn sie noch nicht verteilt sind, werden sie verlesen.

(2) Zu Verträgen mit auswärtigen Staaten und ähnlichen Verträgen, welche die politischen Beziehungen des Bundes regeln oder sich auf Gegenstände der Bundesgesetzgebung beziehen (Artikel 59 Abs. 2 des Grundgesetzes), sind Änderungsanträge nicht zulässig.

(3) Solange nicht die letzte Einzelabstimmung erledigt ist, kann die Vorlage ganz oder teilweise auch an einen anderen Ausschuß zurückverwiesen werden; dies gilt auch für bereits beratene Teile.

§ 83 Zusammenstellung der Änderungen

(1) Wurden in der zweiten Beratung Änderungen beschlossen, so läßt sie der Präsident zusammenstellen.

(2) Die Beschlüsse der zweiten bilden die Grundlage der dritten Beratung.

(3) Sind in der zweiten Beratung alle Teile eines Gesetzentwurfs abgelehnt worden, so ist die Vorlage abgelehnt und jede weitere Beratung unterbleibt.

§ 84 Dritte Beratung von Gesetzentwürfen

Die dritte Beratung erfolgt,

a) wenn in zweiter Beratung keine Änderungen beschlossen worden sind, anschließend,

§ 91 Beratung von Vorschlägen des Vermittlungsausschusses

In Fällen des Artikels 77 des Grundgesetzes (Vermittlungsausschuß) regelt sich das Verfahren nach der Geschäftsordnung des Vermittlungsausschusses.

§ 92 Einspruch des Bundesrates

Über den Einspruch des Bundesrates stimmt der Bundestag nach Artikel 77 Abs. 4 des Grundgesetzes ohne Aussprache ab. Vor der Abstimmung können lediglich Erklärungen abgegeben werden. Die Abstimmung erfolgt durch Zählung der Stimmen gemäß § 56, wenn nicht namentliche Abstimmung verlangt wird (§ 57).

§ 94 Haushaltsvorlagen

(1) Haushaltsvorlagen sind der Entwurf des Haushaltsgesetzes und des Haushaltsplans, Änderungsvorlagen zu diesen Entwürfen (Ergänzungsvorlagen), Vorlagen zur Änderung des Haushaltsgesetzes und des Haushaltsplans (Nachtragshaushaltsvorlagen) sowie sonstige den Haushalt betreffende Vorlagen. Eine Abstimmung über Haushaltsvorlagen erfolgt erst nach Vorberatung in einem Ausschuß. Haushaltsvorlagen werden grundsätzlich dem Haushaltsausschuß überwiesen; soweit es sich nicht um den Entwurf des Haushaltsgesetzes und des Haushaltsplans handelt, erfolgt die Überweisung in der Regel unmittelbar durch den Präsidenten.

(2) Die zweite Beratung des Entwurfs des Haushaltsgesetzes und des Haushaltsplans darf frühestens sechs Wochen, die abschließende Beratung von Nachtragshaushaltsvorlagen oder Ergänzungsvorlagen frühestens drei Wochen nach Zuleitung erfolgen, es sei denn, die Stellungnahme des Bundesrates geht vor Ablauf der in Artikel 110 Abs. 3 des Grundgesetzes vorgesehenen Frist ein.

(3) Nachtragshaushaltsvorlagen hat der Haushaltsausschuß spätestens innerhalb der auf den Eingang der Stellungnahme des Bundesrates folgenden Sitzungswoche zu beraten. Der Bericht des Ausschusses ist auf die Tagesordnung der nächsten Sitzung des Bundestages zu setzen. Hat der Ausschuß seine Beratungen nicht innerhalb der Frist abgeschlossen, ist die Vorlage ohne Ausschußbericht auf die Tagesordnung der nächsten Sitzung des Bundestages zu setzen.

§ 96 Finanzvorlagen

(1) Finanzvorlagen sind alle Vorlagen, Gesetzentwürfe und sonstige Anträge sowie Entschließungsanträge und Anträge zu Großen Anfragen, die wegen ihrer grundsätzlichen Bedeutung oder ihres finanziellen Umfangs geeignet sind, auf die öffentlichen Finanzen des Bundes oder der Länder erheblich einzuwirken und die nicht Haushaltsvorlagen im Sinne des § 94 sind. Bei Zweifeln über den Charakter der Vorlagen entscheidet der Bundestag nach Anhörung des Haushaltsausschusses.

(2) Finanzvorlagen werden, soweit sie einen Gesetzentwurf enthalten, nach der ersten Beratung, im übrigen vom Präsidenten unmittelbar dem Haushaltsausschuß und dem Fachausschuß überwiesen. Werden Gesetzentwürfe durch die Annahme eines Änderungsantrags im Ausschuß zu Finanzvorlagen, hat der Ausschuß den Präsidenten hiervon in Kenntnis zu setzen. Dieser überweist die vom Ausschuß beschlossene Fassung dem Haushaltsausschuß; die Überweisung kann mit einer Fristsetzung verbunden sein.

(3) Finanzvorlagen aus der Mitte des Hauses, die einen Gesetzentwurf enthalten, müssen in der Begründung (§ 97) die finanziellen Auswirkungen darlegen. Der Präsident gibt der Bundesregierung Gelegenheit, innerhalb von vier Wochen zu den finanziellen Auswirkungen Stellung zu nehmen. Der Bericht des Haushaltsausschusses darf erst nach Eingang der Stellungnahme der Bundesregierung oder nach vier Wochen auf die Tagesordnung gesetzt werden.

(4) Finanzvorlagen aus der Mitte des Hauses, die keinen Gesetzentwurf enthalten, sollen neben einer Begründung eine schriftliche Darlegung über die finanziellen Auswirkungen enthalten.

(5) Der Haushaltsausschuß prüft jede Finanzvorlage auf ihre Vereinbarkeit mit dem laufenden Haushalt und künftigen Haushalten. Ergibt die Prüfung des Haushaltsausschusses, daß die Vorlage Auswirkungen auf den laufenden Haushalt hat, legt er zugleich mit dem Bericht an den Bundestag einen Vorschlag zur Deckung der Mindereinnahmen oder Mehrausgaben vor; hat sie Auswirkungen auf die künftigen Haushalte, äußert sich der Ausschuß in seinem Bericht zu den Möglichkeiten künf-

b) wenn Änderungen beschlossen sind, am zweiten Tage nach Verteilung der Drucksachen mit den beschlossenen Änderungen, früher nur, wenn auf Antrag einer Fraktion oder von fünf vom Hundert der Mitglieder des Bundestages zwei Drittel der anwesenden Mitglieder des Bundestages es beschließen; bei Gesetzentwürfen der Bundesregierung, die für dringlich erklärt worden sind (Artikel 81 des Grundgesetzes), kann die Fristverkürzung mit der Mehrheit der Mitglieder des Bundestages beschlossen werden. Für den Antrag gilt die Frist des § 20 Abs. 2 Satz 3.

Sie beginnt mit einer allgemeinen Aussprache nur dann, wenn in zweiter Beratung keine allgemeine Aussprache stattgefunden hat und sie vom Ältestenrat empfohlen oder von anwesenden fünf vom Hundert der Mitglieder des Bundestages verlangt wird.

§ 85 Änderungsanträge und Zurückverweisung in dritter Beratung

(1) Änderungsanträge zu Gesetzentwürfen in dritter Beratung müssen von einer Fraktion oder von fünf vom Hundert der Mitglieder des Bundestages unterzeichnet sein und können mit einer kurzen Begründung versehen werden. Sie dürfen sich nur auf diejenigen Bestimmungen beziehen, zu denen in zweiter Beratung Änderungen beschlossen wurden. Die Einzelberatung ist auf diese Bestimmungen beschränkt.

(2) Vor der Schlußabstimmung kann die Vorlage ganz oder teilweise auch an einen anderen Ausschuß zurückverwiesen werden; § 80 Abs. 1 findet Anwendung. Schlägt der Ausschuß Änderungen gegenüber den Beschlüssen des Bundestages in zweiter Beratung vor, wird die Beschlußempfehlung erneut in zweiter Beratung behandelt.

§ 86 Schlußabstimmung

Nach Schluß der dritten Beratung wird über den Gesetzentwurf abgestimmt. Sind die Beschlüsse der zweiten Beratung unverändert geblieben, so folgt die Schlußabstimmung unmittelbar. Wurden Änderungen vorgenommen, so muß die Schlußabstimmung auf Verlangen einer Fraktion oder von anwesenden fünf vom Hundert der Mitglieder des Bundestages ausgesetzt werden, bis die Beschlüsse zusammengestellt und verteilt sind. Über Verträge mit auswärtigen Staaten und ähnliche Verträge findet keine besondere Schlußabstimmung statt.

§ 88 Behandlung von Entschließungsanträgen

(1) Über Entschließungsanträge (§ 75 Abs. 2 Buchstabe c) wird nach der Schlußabstimmung über den Verhandlungsgegenstand oder, wenn keine Schlußabstimmung möglich ist, nach Schluß der Aussprache abgestimmt. Über Entschließungsanträge zu Teilen des Haushaltsplanes kann während der dritten Beratung abgestimmt werden.

(2) Entschließungsanträge können einem Ausschuß nur überwiesen werden, wenn die Antragsteller nicht widersprechen. Auf Verlangen einer Fraktion oder von anwesenden fünf vom Hundert der Mitglieder des Bundestages ist die Abstimmung auf den nächsten Sitzungstag zu verschieben.

§ 89 Einberufung des Vermittlungsausschusses

Auf Antrag einer Fraktion oder von fünf vom Hundert der Mitglieder des Bundestages kann der Bundestag beschließen, zu Gesetzen, die der Zustimmung des Bundesrates bedürfen, die Einberufung des Vermittlungsausschusses zu verlangen (Artikel 77 Abs. 2 Satz 4 des Grundgesetzes, § 75 Abs. 1 Buchstabe d).

§ 90 Beratung von Beschlußempfehlungen des Vermittlungsausschusses

Sieht der Einigungsvorschlag des Vermittlungsausschusses eine Änderung des vom Bundestag beschlossenen Gesetzes vor, gilt für die Behandlung des Einigungsvorschlages im Bundestag § 10 der Geschäftsordnung des Vermittlungsausschusses.

§ 91 Einspruch des Bundesrates

Über den Antrag auf Zurückweisung eines Einspruchs des Bundesrates gegen ein vom Bundestag beschlossenes Gesetz (Artikel 77 Abs. 4 des Grundgesetzes) wird ohne Begründung und Aussprache abgestimmt. Vor der Abstimmung können lediglich Erklärungen abgegeben werden. Über den Antrag wird durch Zählung der Stimmen gemäß § 51 abgestimmt, wenn nicht namentliche Abstimmung verlangt wird (§ 52).

tiger Deckung. Soweit die Bundesregierung zu der Vorlage Stellung genommen hat, äußert sich der Haushaltsausschuß in seinem Bericht zu dieser Stellungnahme. Kann der Haushaltsausschuß einen Deckungsvorschlag nicht machen, wird die Vorlage dem Bundestag vorgelegt, der nach Begründung durch einen Antragsteller lediglich über die Möglichkeit einer Deckung berät und beschließt. Ein Deckungsvorschlag aus der Mitte des Hauses, der vom Bundestag angenommen wird, gilt zugleich als an den Haushaltsausschuß verwiesen, der zu ihm Stellung nimmt und die Finanzvorlage sodann dem Bundestag zu abschließender Behandlung vorlegt. Wird bei der Beratung der Deckungsmöglichkeit ein Deckungsvorschlag vom Bundestag nicht angenommen, gilt die Finanzvorlage als erledigt.

(6) Ergibt der Bericht des Haushaltsausschusses, daß Mitglieder oder Beauftragte der Bundesregierung Bedenken gegen die finanziellen Auswirkungen der Vorlage, der Beschlüsse des federführenden Ausschusses oder des Deckungsvorschlages erheben, gibt der Präsident der Bundesregierung Gelegenheit zur Stellungnahme, soweit diese nicht bereits vorliegt. In diesem Fall kann der Bericht erst nach Eingang der Stellungnahme oder nach vier Wochen auf die Tagesordnung gesetzt werden. Hat die Bundesregierung Stellung genommen, soll der Haushaltsausschuß sich zu dieser Stellungnahme dem Bundestag gegenüber äußern.

(7) Werden in der zweiten Beratung Änderungen mit finanziellen Auswirkungen von grundsätzlicher Bedeutung oder erheblichen finanziellen Umfanges beschlossen, erfolgt die dritte Beratung – nach vorheriger Beratung im Haushaltsausschuß – erst in der zweiten Woche nach der Beschlußfassung.

§ 93 EG-Vorlagen

EG-Vorlagen gemäß Artikel 2 des Gesetzes zu den Verträgen zur Gründung der EWG und EURATOM überweist der Präsident im Benehmen mit dem Ältestenrat an die zuständige Ausschüsse. Ihre Titel werden in eine Sammelübersicht aufgenommen, die als Bundestagsdrucksache verteilt wird und aus der ersichtlich ist, welchen Ausschüssen die Vorlagen überwiesen wurden. Eine EG-Vorlage wird nur dann als Bundestagsdrucksache verteilt, wenn der federführende Ausschuß dem Bundestag einen über die Kenntnisnahme hinausgehenden Beschluß empfiehlt.

§ 95 Haushaltsvorlagen

(1) Haushaltsvorlagen sind der Entwurf des Haushaltsgesetzes und des Haushaltsplans, Änderungsvorlagen zu diesen Entwürfen (Ergänzungsvorlagen), Vorlagen zur Änderung des Haushaltsgesetzes und des Haushaltsplans (Nachtragshaushaltsvorlagen) sowie sonstige den Haushalt betreffende Vorlagen. Alle Haushaltsvorlagen sind dem Haushaltsausschuß zu überweisen; auf ihr Verlangen sind die Fachausschüsse gutachtlich zu hören. § 63 Abs. 2 gilt entsprechend. Der Haushaltssausschuß soll die Stellungnahmen der beteiligten Ausschüsse wiedergeben. Ergänzungsvorlagen überweist der Präsident grundsätzlich ohne erste Beratung. Nachtragshaushaltsvorlagen können auf Vorschlag des Ältestenrates durch den Präsidenten ohne erste Beratung überwiesen und in einer Beratung abschließend behandelt werden.

(2) Die zweite Beratung des Entwurfs des Haushaltsgesetzes und des Haushaltsplans darf frühestens sechs Wochen, die abschließende Beratung von Nachtragshaushaltsvorlagen frühestens drei Wochen nach Zuleitung erfolgen, es sei denn, die Stellungnahme des Bundesrates geht vor Ablauf der in Artikel 110 Abs. 3 des Grundgesetzes vorgesehenen Frist ein.

(3) Für die abschließende Beratung von Nachtragshaushaltsvorlagen findet neben den Bestimmungen für die zweite Beratung (§§ 81, 82) die Bestimmung über die Schlußabstimmung (§ 86) entsprechende Anwendung.

(4) Nachtragshaushaltsvorlagen hat der Haushaltsausschuß spätestens innerhalb der auf den Eingang der Stellungnahme des Bundesrates folgenden Sitzungswoche zu beraten. Der Bericht des Ausschusses ist auf die Tagesordnung der nächsten Sitzung des Bundestages zu setzen. Hat der Ausschuß seine Beratungen nicht innerhalb der Frist abgeschlossen, ist die Vorlage ohne Ausschußbericht auf die Tagesordnung der nächsten Sitzung des Bundestages zu setzen.

§ 96 Finanzvorlagen

(1) Finanzvorlagen sind alle Vorlagen, die wegen ihrer grundsätzlichen Bedeutung oder ihres finanziellen Umfangs geeignet sind, auf die öffentlichen Finanzen des Bundes oder der Länder erheblich einzuwirken und die nicht Haushaltsvorlagen im Sinne des § 95 sind. Bei Zweifeln über den Charakter der Vorlagen entscheidet der Bundestag nach Anhörung des Haushaltsausschusses.

(2) Finanzvorlagen werden nach der ersten Beratung dem Haushaltsausschuß und dem Fachausschuß überwiesen. Werden Gesetzentwürfe durch die Annahme eines Änderungsantrags im Ausschuß zu Finanzvorlagen, hat der Ausschuß den Präsidenten hiervon in Kenntnis zu setzen. Dieser überweist die vom Ausschuß beschlossene Fassung dem Haushaltsausschuß; die Überweisung kann mit einer Fristsetzung verbunden sein.

(3) Finanzvorlagen von Mitgliedern des Bundestages müssen in der Begründung die finanziellen Auswirkungen darlegen. Der Präsident gibt der Bundesregierung Gelegenheit, innerhalb von vier Wochen zu den Auswirkungen auf die öffentlichen Finanzen des Bundes und der Länder Stellung zu nehmen. Der Bericht des Haushaltsausschusses darf erst nach Eingang der Stellungnahme der Bundesregierung oder nach vier Wochen auf die Tagesordnung gesetzt werden.

(4) Soweit die Finanzvorlage auf die öffentlichen Finanzen des Bundes einwirkt, prüft der Haushaltsausschuß ihre Vereinbarkeit mit dem laufenden Haushalt und künftigen Haushalten. Ergibt die Prüfung des Haushaltsausschusses, daß die Vorlage Auswirkungen auf den laufenden Haushalt hat, legt er zugleich mit dem Bericht an den Bundestag einen Vorschlag zur Deckung der Mindereinnahmen oder Mehrausgaben vor; hat sie Auswirkungen auf die künftigen Haushalte, äußert sich

der Haushaltsausschuß in seinem Bericht zu den Möglichkeiten künftiger Deckung. Hat die Bundesregierung zu der Vorlage Stellung genommen, äußert sich der Haushaltsausschuß in seinem Bericht zu dieser Stellungnahme. Kann der Haushaltsausschuß keinen Deckungsvorschlag machen, wird die Vorlage dem Bundestag vorgelegt, der nach Begründung durch einen Antragsteller lediglich über die Möglichkeit einer Deckung berät und beschließt. Wird die Möglichkeit zur Deckung auch vom Bundestag verneint, gilt die Vorlage als erledigt.

(5) Soweit die Finanzvorlage auf die öffentlichen Finanzen der Länder einwirkt, teilt der Haushaltsausschuß in seinem Bericht Art und Umfang der Einwirkungen mit.

(6) Ergibt der Bericht des Haushaltsausschusses, daß Mitglieder oder Beauftragte der Bundesregierung Bedenken gegen die finanziellen Auswirkungen der Vorlage, der Beschlüsse des federführenden Ausschusses oder des Deckungsvorschlages erheben, gibt der Präsident der Bundesregierung Gelegenheit zur Stellungnahme, soweit diese nicht bereits vorliegt. In diesem Fall kann der Bericht erst nach Eingang der Stellungnahme oder nach vier Wochen auf die Tagesordnung gesetzt werden. Hat die Bundesregierung Stellung genommen, soll der Haushaltsausschuß sich zu dieser Stellungnahme dem Bundestag gegenüber äußern.

(7) Werden in der zweiten Beratung Änderungen mit finanziellen Auswirkungen von grundsätzlicher Bedeutung oder erheblichem finanziellen Umfang beschlossen, erfolgt die dritte Beratung – nach vorheriger Beratung im Haushaltsausschuß – erst in der zweiten Woche nach der Beschlußfassung.

(8) Berichte des Haushaltsausschusses, die einen Deckungsvorschlag enthalten, können ohne Einhaltung der für die zweite Beratung von Gesetzentwürfen vorgeschriebenen Frist (§ 81 Abs. 1 Satz 2) beraten werden. Für Berichte, die keinen Deckungsvorschlag enthalten, kann die für die zweite Beratung vorgeschriebene Frist weder verkürzt noch aufgehoben werden, es sei denn, daß der Bundestag beschließt, gemäß § 80 Abs. 2 zu verfahren.

Geschäftsordnung des Bundesrates

vom 1. 7. 1966 (BGBl I Seite 437 = 56 M 17)

§ 30 Abstimmungsregeln

(1) Im Gesetzgebungsverfahren nach den Artikeln 76 bis 78 des Grundgesetzes sind die Abstimmungsfragen so zu fassen, daß sich aus der Abstimmung zweifelsfrei ergibt, ob der Bundesrat mit der Mehrheit seiner Stimmen beschlossen hat,

eine Gesetzesvorlage beim Bundestag einzubringen
(Artikel 76 Abs. 1 des Grundgesetzes),

zu einer Gesetzesvorlage der Bundesregierung Stellung zu nehmen und welchen Inhalt diese Stellungnahme hat
(Artikel 76 Abs. 2 des Grundgesetzes),

einem vom Bundestag beschlossenen Gesetz zuzustimmen
(Artikel 78 des Grundgesetzes),

wegen eines vom Bundestag beschlossenen Gesetzes die Einberufung des Vermittlungsausschusses zu verlangen
(Artikel 77 Abs. 2 Satz 1 des Grundgesetzes),

gegen ein vom Bundestag beschlossenes Gesetz Einspruch einzulegen oder ihn zurückzunehmen
(Artikel 77 Abs. 3 Satz 1 und Artikel 78 des Grundgesetzes).

Auch in allen anderen Fällen, in denen eine Zustimmung des Bundesrates erforderlich ist, muß die Abstimmung eindeutig ergeben, ob der Bundesrat mit der Mehrheit seiner Stimmen die Zustimmung erteilt. Mit der Abstimmung über die Erteilung der Zustimmung wird über Anträge, die Zustimmung zu verweigern, mitentschieden.

(2) Sind zu demselben Gegenstand mehrere Anträge gestellt, so ist über den weitestgehenden Antrag zuerst abzustimmen. Entscheidend ist der Grad der Abweichung von der Vorlage. In Zweifelsfällen entscheidet der Bundesrat. Bei zustimmungsbedürftigen Gesetzen ist über einen Antrag gemäß Artikel 77 Abs. 2 Satz 1 des Grundgesetzes vor der Beschlußfassung über die Zustimmung abzustimmen.

(3) Absatz 1 Satz 3 und Absatz 2 gelten für die Empfehlungen der Ausschüsse entsprechend.

§ 31 Verfahren bei Beschlüssen nach Artikel 77 Abs. 2 Satz 1 des Grundgesetzes

Im Verfahren nach Artikel 77 Abs. 2 Satz 1 des Grundgesetzes stellt der Präsident, sofern über mehrere Anrufungsgründe zu einem Gesetz abzustimmen ist, zunächst allgemein fest, ob eine Mehrheit für die Anrufung des Vermittlungsausschusses vorhanden ist. Ist dies der Fall, so läßt er über die Einzelanträge beraten und abstimmen. Abschließend kann er nach erneuter Beratung darüber abstimmen lassen, ob der Vermittlungsausschuß unter Zugrundelegung aller gefaßten Einzelbeschlüsse angerufen werden soll; er hat abstimmen zu lassen, wenn ein Land es verlangt.

§ 35 Vereinfachtes Verfahren

Bei Vorlagen, die dem Bundesrat lediglich zur Kenntnisnahme zugeleitet werden, gelten die Empfehlungen der zuständigen Ausschüsse, der Bundesrat möge von der Vorlage Kenntnis nehmen oder gegen die Vorlage keine Bedenken erheben, als Stellungnahme des Bundesrates, sofern bis zur nächsten Sitzung des Bundesrates kein Land den Antrag auf Behandlung dieser Vorlage stellt.

§ 36 Zuweisung der Vorlagen

(1) Der Präsident weist die Vorlagen den zuständigen Ausschüssen zu und bestimmt den federführenden Ausschuß. Die Beteiligung mehrerer Ausschüsse an der Beratung einer Vorlage soll möglichst beschränkt werden. Der Präsident kann den Direktor des Bundesrates mit der Zuweisung der Vorlagen und der Bestimmung des federführenden Ausschusses beauftragen.

(2) Der Präsident hat Vorlagen eines Landes auf dessen Verlangen unmittelbar auf die vorläufige Tagesordnung des Bundesrates zu setzen.

Gemeinsame Geschäftsordnung des Bundestages und des Bundesrates für den Ausschuß nach Artikel 77 des Grundgesetzes (Vermittlungsausschuß)

Vom 19. April 1951

(BGBl II Seite 103 = Mikrofiche-Edition Teil II 1 D 23)
zuletzt geändert durch Bekanntmachung vom 11. 2. 1970 (BGBl I Seite 184 = 73 L 22)

§ 10 Verfahren im Bundestag

(1) Ein Einigungsvorschlag auf Änderung oder Aufhebung des vom Bundestag beschlossenen Gesetzes ist alsbald auf die Tagesordnung des Bundestages zu setzen. Ein vom Ausschuß bestimmtes Mitglied berichtet im Bundestag und im Bundesrat.

(2) Der Bundestag stimmt nur über den Einigungsvorschlag ab. Zu dem Vorschlag können vor der Abstimmung Erklärungen abgegeben werden. Ein anderer Antrag zur Sache ist nicht zulässig.

(3) Sieht der Einigungsvorschlag mehrere Änderungen des Gesetzesbeschlusses vor, so ist in ihm zu bestimmen, ob und inwieweit im Bundestag über Änderungen gemeinsam abzustimmen ist. Erfolgt eine Einzelabstimmung über mehrere Änderungen, so ist eine Schlußabstimmung über den Einigungsvorschlag im ganzen erforderlich.

§ 11 Verfahren im Falle eines Einigungsvorschlages auf Bestätigung des Gesetzesbeschlusses

Sieht der Einigungsvorschlag eine Bestätigung des vom Bundestag beschlossenen Gesetzes vor, so bedarf es keiner erneuten Beschlußfassung durch den Bundestag. Der Vorsitzende des Ausschusses hat den Vorschlag unverzüglich dem Präsidenten des Bundestages und des Bundesrates mitzuteilen.

§ 12 Abschluß des Verfahrens

(1) Wird in der zweiten wegen der gleichen Sache einberufenen Sitzung ein Einigungsvorschlag nicht beschlossen, so kann jedes Mitglied den Abschluß des Verfahrens beantragen.

(2) Das Verfahren ist abgeschlossen, wenn in der folgenden Sitzung sich keine Mehrheit für einen Einigungsvorschlag findet.

(3) Auf andere Weise kann das Verfahren ohne Einigungsvorschlag nicht abgeschlossen werden.

(4) Der Vorsitzende hat den Abschluß des Verfahrens festzustellen und unverzüglich dem Präsidenten des Bundestages und des Bundesrates mitzuteilen.

Hinweise für die Benutzung der Konkordanzliste

Was umfaßt die vorliegende Mikrofiche-Edition?

Die Mikrofiche-Edition der Verhandlungen des Deutschen Bundestages, 8. Legislaturperiode (1976–1980) und des Bundesrates (1977–1980) umfaßt insgesamt 387 Mikrofiches. Jeder einzelne Mikrofiche enthält 420 Seiten, so daß die hier wiedergegebene Dokumentation insgesamt ein Textvolumen von rund 163000 DIN-A 4-Seiten enthält.
Der Verkleinerungsfaktor beträgt 48:1. Für die Erschließung der Mikrofiche-Materialien benötigen Sie daher ein Lesegerät, das diese Rückvergrößerung ermöglicht. Sie können die Mikrofiches aber auch auf Geräten mit den Rückvergrößerungsfaktoren 42:1 oder 58:1 benützen.

Diese insgesamt 387 Mikrofiches sind durchnumeriert und gliedern sich wie folgt:

– Fiche-Nr.	BT	8/1	– 8/50	enthalten die Bundestagsprotokolle
– Fiche-Nr.	BT	8/51	– 8/196	enthalten die Bundestagsdrucksachen
– Fiche-Nr.	BT R	8/1	– 8/14	enthalten die Sach- und Sprechregister der 8. Legislaturperiode.
– Fiche-Nr.	BR	8/1	– 8/5	enthalten die Bundesratsprotokolle
– Fiche-Nr.	BR	8/6	– 8/163	enthalten die Bundesratsdrucksachen
– Fiche-Nr.	BR R	8/1	– 8/14	enthalten die Sach- und Sprechregister der Jahre 1977–1980.

Die einzelnen Abschnitte werden in den Ihnen vorliegenden Kassetten durch Trennkarten kenntlich gemacht.

Wie ist ein einzelner Mikrofiche aufgebaut?

Jeder einzelne Mikrofiche ist – wie die nebenstehende Abbildung zeigt– in ein Koordinatenfeld, bestehend aus 14 senkrechten Spalten (1–14) und 15 Zeilen (A–O) unterteilt. Jedem einzelnen Indexfeld ist eine Koordinatennummer zugeteilt, beginnend mit A 1 und endend in der 15. Zeile mit O 14. Das sind insgesamt 210 einzelne Koordinatenfelder. Auf jedem Koordinatenfeld sind zwei Seiten eines Protokolls, einer Drucksache oder des Registers enthalten. Die **Leserichtung** verläuft von links nach rechts – entspricht also der normalen Lesegewohnheit.

Wie finden Sie mit Hilfe der Konkordanzliste die Fundstelle des gesuchten Dokuments auf dem Mikrofiche?

Die nachstehend wiedergegebene Konkordanzliste dient dem Auffinden eines gesuchten Dokuments (Plenarprotokoll bzw. Drucksache) auf den einzelnen Mikrofiches. Sie benötigen dafür nur die Nummer des jeweils gesuchten Dokuments. Sobald Sie die betreffende Nummer des gesuchten Dokuments kennen (über die Sie entweder schon verfügen oder die Sie diesem Sachregister oder einem der mitverfilmten Register entnommen haben), suchen Sie diese Dokument-Nummer in der nachfolgenden Konkordanzliste jeweils in der **linken** Spalte. Haben Sie die Dokumenten-Nummer gefunden, können Sie in der jeweils **rechten** Spalte die Fundstelle auf dem Mikrofiche ablesen.
Der Fundstellenhinweis, zum Beispiel BT **51** A 5 setzt sich wie folgt zusammen:

51	A	5
↓	↓	↓
Nummer des Fiche (halbfett hervorgehoben)	Zeile auf dem Fiche	Spalte auf dem Fiche

Index-Platte der Verhandlungen des Deutschen Bundestages und des Bundesrates

Leserichtung →

A 1	A 2	A 3	A 4	A 5	A 6	A 7	A 8	A 9	A 10	A 11	A 12	A 13	A 14
B 1	B 2	B 3	B 4	B 5	B 6	B 7	B 8	B 9	B 10	B 11	B 12	B 13	B 14
C 1	C 2	C 3	C 4	C 5	C 6	C 7	C 8	C 9	C 10	C 11	C 12	C 13	C 14
D 1	D 2	D 3	D 4	D 5	D 6	D 7	D 8	D 9	D 10	D 11	D 12	D 13	D 14
E 1	E 2	E 3	E 4	E 5	E 6	E 7	E 8	E 9	E 10	E 11	E 12	E 13	E 14
F 1	F 2	F 3	F 4	F 5	F 6	F 7	F 8	F 9	F 10	F 11	F 12	F 13	F 14
G 1	G 2	G 3	G 4	G 5	G 6	G 7	G 8	G 9	G 10	G 11	G 12	G 13	G 14
H 1	H 2	H 3	H 4	H 5	H 6	H 7	H 8	H 9	H 10	H 11	H 12	H 13	H 14
I 1	I 2	I 3	I 4	I 5	I 6	I 7	I 8	I 9	I 10	I 11	I 12	I 13	I 14
J 1	J 2	J 3	J 4	J 5	J 6	J 7	J 8	J 9	J 10	J 11	J 12	J 13	J 14
K 1	K 2	K 3	K 4	K 5	K 6	K 7	K 8	K 9	K 10	K 11	K 12	K 13	K 14
L 1	L 2	L 3	L 4	L 5	L 6	L 7	L 8	L 9	L 10	L 11	L 12	L 13	L 14
M 1	M 2	M 3	M 4	M 5	M 6	M 7	M 8	M 9	M 10	M 11	M 12	M 13	M 14
N 1	N 2	N 3	N 4	N 5	N 6	N 7	N 8	N 9	N 10	N 11	N 12	N 13	N 14
O 1	O 2	O 3	O 4	O 5	O 6	O 7	O 8	O 9	O 10	O 11	O 12	O 13	O 14

Wie finden Sie mit Hilfe der Fundstellennummer das gesuchte Dokument auf dem Mikrofiche?

Sie entnehmen nun der Kassette den Fiche BT 8/51 und legen ihn auf die Fiche-Bühne Ihres Lesegerätes.
Das gesuchte Dokument finden Sie nun entweder:
– durch Auflegen der in der Kassette beigefügten **Index-Platte** auf das Index-Feld Ihres Gerätes und durch Einstellung auf das gewünschte Index-Feld – in unserem Beispiel auf das Feld A 5; oder
– durch kontinuierliches Verschieben des Suchers entlang der einzelnen Zeilen auf dem Bildschirm und durch Orientierung an den auf jeder Doppelseite der abgebildeten Dokumente links unten aufgeführten Koordinatenbezeichnungen, bis das gesuchte Index-Feld erreicht ist.
Auf dem Bildschirm erscheint dann die erste Seite des gesuchten Dokuments.
Falls Sie darüber hinaus auch noch über eine Seitenverweisung verfügen, können Sie ohne Mühe durch entsprechendes Verschieben des Suchers die gewünschte Seite rasch finden.

A

Abfall
s a Radioaktive Abfälle
- VO zur Änderung der Erhebungstermine für die Abfallstatistiken
  BR-Drs 505/78 = 77 O 2

Abfallbeseitigung
s a Altölgesetz
  Meeresverschmutzung
  Umweltgutachten
  Umweltschutz
- *Entwurf eines 2. Gesetzes zur Änderung des Abfallbeseitigungsgesetzes* (betr Berücksichtigung von Verwertungsmöglichkeiten von Abfall und Beschränkung der Genehmigungspflicht für Abfalltransporte)
  1. Durchgang
  BR-Drs 30/80 = **126** E 2
  BR-PlPr 483 = **4** L 9

  GesEntw der Bundesregierung
  BT-Drs 8/3887 = 179 D 4
  1. Beratung
  BT-PlPr 8/214 = **46** K 3
- VO zur Bestimmung von Abfällen nach § 2 Abs 2 des Abfallbeseitigungsgesetzes
  BR-Drs 154/77 = **16** C 5
- VO über Betriebsbeauftragte für Abfall
  BR-Drs 413/77 = 29 C 13
- AbfallnachweisVO
  BR-Drs 179/78 = 57 B 13

Abgabenordnung 1977
- *GesEntw zur Änderung der Abgabenordnung (AO 1977)*
  (betr Schach als Sport)
  1. Durchgang
  BR-Drs 182/79 = **96** H 3
  BR-PlPr 473 = 3 L 2

  GesEntw der Bundesregierung
  BT-Drs 8/3142 = **154** N 10
  Beschlußempfehlung des Finanzausschusses
  BT-Drs 8/3898 = 179 H 7
  Bericht des Haushaltsausschusses
  BT-Drs 8/3938 = **181** H 12
  1. Beratung
  BT-PlPr 8/169 = **36** K 13
  2. Beratung
  BT-PlPr 8/213 = **46** H 2
- s a GesEntw zur Änderung und Vereinfachung des *Einkommensteuergesetzes* und anderer Gesetze
  BR-Drs 600/79 = **122** G 5
  BT-Drs 8/3688 = 173 D 7
- s a GesEntw eines *Vereinsbesteuerungsgesetzes*
  (betr Ausdehnung des Begriffs der Gemeinnützigkeit)
  BR-Drs 208/79 = **98** D 3
  BT-Drs 8/3243 = 158 A 11
- Allgemeine Verwaltungsvorschrift über die Durchführung der Vollstreckung nach der Abgabenordnung
  BR-Drs 2/80 = **125** C 12

Abgeordneter
s a Europawahlgesetz
  Europaabgeordnetengesetz
- *GesEntw zur Änderung dienstrechtlicher Vorschriften*
  (Angehörige des öffentlichen Dienstes in Landesparlamenten und kommunalen Vertretungen)
  1. und 2. Durchgang
  BR-Drs 236/77 = **20** F 14
  BR-Drs 317/79 = **104** H 10
  BR-PlPr 447 = **1** G 10
  BR-PlPr 476 = **4** A 4

  GesEntw der Bundesregierung
  BT-Drs 8/819 = **76** C 3
  Beschlußempfehlung des Innenausschusses
  BT-Drs 8/2793 = **142** H 14
  Bericht des Haushaltsausschusses
  BT-Drs 8/2822 = **143** B 7
  Nachtrag zur Beschlußempfehlung des Innenausschusses
  BT-Drs 8/2904 = **145** J 3
  1. Beratung
  BT-PlPr 8/42 = **9** F 1
  2. und 3. Beratung
  BT-PlPr 8/161 = **35** C 1
- *GesEntw zur Änderung des Abgeordnetengesetzes und des Europaabgeordnetengesetzes*
  Bundesratsdurchgang
  BR-Drs 391/80 = **147** J 12
  BR-PlPr 491 = **5** J 8

  GesEntw aller 3 Fraktionen
  BT-Drs 8/4114 = **186** D 10
  Beschlußempfehlung des Rechtsausschusses
  BT-Drs 8/4293 = **190** H 14
  Bericht des Haushaltsausschusses
  BT-Drs 8/4304 = **190** K 5
  Ergänzung zur Beschlußempfehlung des Rechtsausschusses
  BT-Drs 8/4305 = **190** K 6
  1. Beratung
  BT-PlPr 8/219 = **47** N 13
  2. Beratung und 3. Beratung
  BT-PlPr 8/225 = **49** F 14
- Bericht des Präsidenten des Deutschen Bundestags über die Angemessenheit der Entschädigung
  BT-Drs 8/2441 = **129** N 8
- Bericht des Präsidenten des Deutschen Bundestages nach § 30 Abgeordnetengesetz
  BT-Drs 8/3482 = **164** C 3
- Entschließungsantrag zum Schlußbericht der Enquete-Kommission Verfassungsreform
  BT-Drs 8/1517 = 97 K 13

Abhöraffäre Dr. Traube
- Erklärung des Bundesministers des Innern Dr. Dr. Maihofer
  BT-PlPr 8/17 = 3 G 14
- Einsetzung eines Untersuchungsausschusses
  BT-Drs 8/1470 = 95 K 9
  Beratung
  BT-PlPr 8/69 = **15** E 1
- Antwort auf Kleine Anfrage
  BT-Drs 8/1459 = 95 J 3

Abhöraffäre Dr. Strauß – Scharnagl
- Antrag auf Einsetzung eines Untersuchungsausschusses
  BT-Drs 8/1470 = 95 K 9
  Änderungsantrag
  BT-Drs 8/1473 = 95 M 6
- Beschlußempfehlung und Bericht des 1. Untersuchungsausschusses
  BT-Drs 8/3835 = 177 A 4
  Beratung der Beschlußempfehlung und des Berichts des Untersuchungsausschusses
  BT-PlPr 8/212 = **46** C 10

Abhöranlagen
- *GesEntw zur Verhinderung des Mißbrauchs von Abhörsendeanlagen*
  1. Durchgang
  BR-Drs 337/78 = **67** C 14
  BR-PlPr 465 = 3 C 4

  GesEntw des Bundesrates
  BT-Drs 8/2545 = **133** O 4
  1. Beratung
  BT-PlPr 8/148 = **32** F 9
- *GesEntw zur Verhinderung des Mißbrauchs von Abhörgeräten und des abgehörten Wortes*
  GesEntw der CDU/CSU
  BT-Drs 8/2396 = **128** M 7
  1. Beratung
  BT-PlPr 8/148 = **32** F 9

Abrüstung
- Antwort auf Große Anfragen zur Friedenssicherung
  BT-Drs 8/2587 = 135 N 4
  Entschließungsantrag der CDU/CSU
  BT-Drs 8/2638 = **138** B 14
  Entschließungsantrag der SPD/FDP
  BT-Drs 8/2639 = 138 C 2
  Beratung
  BT-PlPr 8/141 = **30** I 6
  BT-PlPr 8/142 = **30** M 11
- Vorschläge zur kontrollierten Abrüstung bei biologischen, chemischen und atomaren Waffen
  Antrag der CDU/CSU
  BT-Drs 8/4091 = 185 O 2
  Beratung
  BT-PlPr 8/223 = **48** N 5

Absatzfondsgesetz
- 2. VO zur Änderung der VO über die Beiträge nach dem Absatzfondsgesetz
  BR-Drs 400/79 = **110** E 3
- 2. VO zur Änderung der VO über die Beiträge nach dem Absatzfondsgesetz
  BR-Drs 634/79 = **123** K 8

Abschöpfungen
s Beitreibungsgesetz-EG

Abschreibung
s Steuerliche Abschreibung,
  Verlustzuweisungsgesellschaft

Abschreibung für Wohngebäude
s Einkommenssteuer

Abtreibung
- Bericht der „Kommission zur Auswertung der Erfahrungen mit dem reformierten § 218 des Strafgesetzbuches" mit Stellungnahme der Bundesregierung
  BT-Drs 8/3630 = **169** C 12
- Antwort auf Große Anfragen zum reformierten § 218 Strafgesetzbuch und zum Schutz des ungeborenen Lebens und Hilfen in Schwangerschaftskonfliktsituationen
  BT-Drs 8/4160 = **188** H 9

Abwasser
- 1. Allgemeine Verwaltungsvorschrift über Mindestanforderungen an das Einleiten von Schmutzwasser aus Gemeinden in Gewässer
  BR-Drs 338/78 = **67** F 5

3. Allgemeine Verwaltungsvorschrift über Mindestanforderungen an das Einleiten von Abwasser in Gewässer (Milchverarbeitung)
BR-Drs 92/80 = **130** M 6
BR-Drs 617/80 = **161** M 2
4. Allgemeine Verwaltungsvorschrift über Mindestanforderungen an das Einleiten von Abwasser in Gewässer (Ölsaatenaufbereitung, Speisefett- und Speiseölraffination)
BR-Drs 93/80 = **130** M 11
BR-Drs 618/80 = **161** M 5
5. Allgemeine Verwaltungsvorschrift über Mindestanforderungen an das Einleiten von Abwasser in Gewässer (Herstellung von Obst- und Gemüseprodukten)
BR-Drs 94/80 = **130** N 1
BR-Drs 619/80 = **161** M 8
6. Allgemeine Verwaltungsvorschrift über Mindestanforderungen an das Einleiten von Abwasser in Gewässer (Herstellung von Erfrischungsgetränken und Getränkeabfüllung)
BR-Drs 95/80 = **130** N 4
BR-Drs 620/80 = **161** M 11
7. Allgemeine Verwaltungsvorschrift über Mindestanforderungen an das Einleiten von Abwasser in Gewässer (Fischverarbeitung)
BR-Drs 96/80 = **130** N 8
BR-Drs 621/80 = **161** M 14
8. Allgemeine Verwaltungsvorschrift über Mindestanforderungen an das Einleiten von Abwasser in Gewässer (Kartoffelverarbeitung)
BR-Drs 97/80 = **130** N 12
BR-Drs 622/80 = **161** N 3
9. Allgemeine Verwaltungsvorschrift über Mindestanforderungen an das Einleiten von Abwasser in Gewässer (Herstellung von Anstrichstoffen)
BR-Drs 98/80 = **130** O 2
BR-Drs 623/80 = **161** N 6
10. Allgemeine Verwaltungsvorschrift über Mindestanforderungen an das Einleiten von Abwasser in Gewässer (Fleischwirtschaft)
BR-Drs 211/80 = **139** F 14
11. Allgemeine Verwaltungsvorschrift über Mindestanforderungen an das Einleiten von Abwasser in Gewässer (Brauereien)
BR-Drs 212/80 = **139** G 6
12. Allgemeine Verwaltungsvorschrift über Mindestanforderungen an das Einleiten von Abwasser in Gewässer (Herstellung von Alkohol und alkoholischen Getränken)
BR-Drs 213/80 = **139** G 12
13. Allgemeine Verwaltungsvorschrift über Mindestanforderungen an das Einleiten von Abwasser in Gewässer (Herstellung von Holzfaserhartplatten)
BR-Drs 214/80 = **139** H 5
14. Allgemeine Verwaltungsvorschrift über Mindestanforderungen an das Einleiten von Abwasser in Gewässer (Trocknung pflanzlicher Produkte für die Futtermittelherstellung)
BR-Drs 215/80 = **139** H 12
15. Allgemeine Verwaltungsvorschrift über Mindestanforderungen an das Einleiten von Abwasser in Gewässer (Herstellung von Hautleim, Gelatine und Knochenleim)
BR-Drs 216/80 = **139** I 4

- VO nach § 5 Abs 3 Nr 1 des Ges über Umweltstatistiken
  (2. Abwasserschädlichkeitsverordnung)
  BR-Drs 329/77 = **24** O 3
- VO nach § 5 Abs 3 Nr 1 des Ges über Umweltstatistiken
  (3. AbwasserschädlichkeitsVO)
  BR-Drs 359/79 = **106** I 13

Abwasserabgabengesetz
- Entschließung des BR zum Erlaß eines Ges zur Änderung des Ges über Abgaben für das Einleiten von Abwasser in Gewässer
  BR-Drs 574/79 = **120** G 7
  BR-PlPr 480 = **4** G 13
  BR-PlPr 481 = **4** I 5
  Stellungnahme der Bundesregierung zur Entschließung des Bundesrates
  BR-Drs 163/80 = **135** N 11
- *GesEntw zur Änderung des Abwasserabgabengesetzes*
  (Vereinfachung des Vollzugs des Abwasserabgabengesetzes)
  1. Durchgang
  BR-Drs 200/80 = **138** L 5
  BR-PlPr 486 = **5** C 6

  GesEntw des Bundesrates
  BT-Drs 8/4311 = **190** L 5

Abwrackung von Schiffen
s Binnenschiffsverkehr

Abzahlungskauf
s a Finanzierte Rechtsgeschäfte
- Erfahrungsbericht mit der Abzahlungsnovelle 1974 (Widerrufsrecht bei Abzahlungsgeschäften)
  BT-Drs 8/234 = **60** F 6
  Beschlußempfehlung des Rechtsausschusses
  BT-Drs 8/2179 = **122** A 10

Adenauer, Konrad
s Stiftung Bundeskanzler-Adenauer-Haus

ADNR-ÄndVO
s a Rheinschiffahrt
- 1. ADNR-ÄnderungsVO
  BR-Drs 567/77 = **38** C 9
- 2. ADNR-ÄnderungsVO
  (betr Beförderung gefährlicher Güter auf dem Rhein und der Mosel)
  BR-Drs 96/78 = **50** M 9
- 3. ADNR-ÄnderungsVO
  BR-Drs 280/79 = **103** A 12

Adoption
- *GesEntw zum Europäischen Übereinkommen über die Adoption von Kindern*
  1. und 2. Durchgang
  BR-Drs 539/79 = **118** C 12
  BR-Drs 369/80 = **147** A 2
  BR-PlPr 481 = **4** I 5
  BR-PlPr 490 = **5** I 2

  GesEntw der Bundesregierung
  BT-Drs 8/3529 = **165** A 11
  Beschlußempfehlung des Rechtsausschusses
  BT-Drs 8/4194 = **189** A 5
  1. Beratung
  BT-PlPr 8/199 = **43** B 5
  2. Beratung und Schlußabstimmung
  BT-PlPr 8/223 = **48** N 5
- Bericht über Maßnahmen zur rechtlichen Gleichstellung von Adoptiveltern und -kindern mit ehelichen Eltern und Kindern
  BT-Drs 8/1495 = **96** E 10
  Beratung des Berichts
  BT-PlPr 8/78 = **17** E 7

Adoptionsvermittlung
s Jugendhilfe, Sozialgesetzbuch

Ägypten, Republik
- *GesEntw zum Abkommen Bundesrepublik Deutschland/Arabische Republik Ägypten über die Förderung und den gegenseitigen Schutz von Kapitalanlagen*
  1. und 2. Durchgang
  (BR-Drs 746/76)
  BR-Drs 312/77 = **24** H 11
  BR-PlPr 443 = **1** A 1
  BR-PlPr 448 = **1** H 13

  GesEntw der Bundesregierung
  BT-Drs 8/172 = **57** N 6
  Beschlußempfehlung des Wirtschaftsausschusses
  BT-Drs 8/540 = **68** K 2
  1. Beratung
  BT-PlPr 8/21 = **4** F 3
  2. Beratung und Schlußabstimmung
  BT-PlPr 8/32 = **7** C 9
- *GesEntw zu den Abkommen: Mitgliedstaaten der EGKS/Arabische Republik Ägypten/Haschemitisches Königreich Jordanien/Arabische Republik Syrien und Libanesische Republik*
  1. und 2. Durchgang
  BR-Drs 262/78 = **64** D 11
  BR-Drs 72/79 = **89** M 1
  BR-PlPr 461 = **2** I 9
  BR-PlPr 470 = **3** I 8

  GesEntw der Bundesregierung
  BT-Drs 8/1998 = **113** L 7
  Beschlußempfehlung des Wirtschaftsausschusses
  BT-Drs 8/2520 = **132** C 3
  1. Beratung
  BT-PlPr 8/107 = **23** G 3
  2. Beratung und Schlußabstimmung
  BT-PlPr 8/138 = **29** O 4
- VO zur Änderung des Deutschen Teil-Zolltarifs
  (Nr 11/77 – Besondere Zollsätze gegenüber Ägypten, Jordanien, Libanon und Syrien – EGKS)
  BR-Drs 419/77 = **30** A 13
  BT-Drs 8/898 = **78** K 7
  BT-Drs 8/1198 = **88** K 8

Ärzte
s Bundesärzteordnung
  Kassenärzte

Ärztliche Versorgung
- Allgemeine Verwaltungsvorschrift über medizinische Hilfe für Einreisende aus der DDR und Berlin (Ost)
  BR-Drs 245/78 = **62** O 12

Äthiopien
Visumzwang für Einreisende aus Äthiopien
- 9. VO zur Änderung der VO zur Durchführung des Ausländergesetzes
  BR-Drs 146/80 = **134** M 9

Äthylalkohol
s Alkohol

Afghanistan
Visumzwang für Einreisende aus Afghanistan
- 9. VO zur Änderung der VO zur Durchführung des Ausländergesetzes
  BR-Drs 146/80 = **134** M 9

Afrikapolitik
s a Namibia
– Antwort auf Große Anfrage zur Sicherung von Freiheit, Stabilität, Frieden und Entwicklung in Afrika
BT-Drs 8/3463 = **163** J 14
BT-PlPr 8/197 = **42** K 8

Afrikanische Entwicklungsbank
– *Entwurf eines Gesetzes zu dem Übereinkommen vom 4. 8. 63 zur Errichtung der Afrikanischen Entwicklungsbank*
BR-Drs 521/80 = **155** J 12
BR-PlPr 493 = **5** M 6

Agrarbericht 1977
– Agrar- und ernährungspolitischer Bericht der Bundesregierung
BR-Drs 50/77 = **8** F 12
BR-PlPr 444 = **1** B 10

BT-Drs 8/80 = **54** A 10
BT-Drs 8/81 = **54** E 7
Beschlußempfehlung des Ausschusses für Ernährung, Landwirtschaft und Forsten
BT-Drs 8/1350 = **92** M 11
Entschließungsantrag der CDU/CSU
BT-Drs 8/189 = **59** F 11
Beschlußempfehlung des Ausschusses für Ernährung, Landwirtschaft und Forsten zum Entschließungsantrag der CDU/CSU
BT-Drs 8/1434 = **95** C 11
Entschließungsantrag der SPD/FDP
BT-Drs 8/306 = **62** K 3
Beschlußempfehlung des Ausschusses für Ernährung, Landwirtschaft und Forsten zum Entschließungsantrag der SPD/FDP
BT-Drs 8/1351 = **92** M 13
Aussprache
BT-PlPr 8/23 = **4** N 12
Beratung der Entschließungsanträge
BT-PlPr 8/67 = **14** J 14

Agrarbericht 1978
– Agrar- und ernährungspolitischer Bericht der Bundesregierung
BR-Drs 50/78 = **47** E 7
BR-PlPr 457 = **2** E 2

BT-Drs 8/1500 = **96** H 8
Materialband mit Buchführungsergebnissen
BT-Drs 8/1501 = **96** L 4
Beschlußempfehlung des Ausschusses für Ernährung, Landwirtschaft und Forsten
BT-Drs 8/1872 = **109** A 6
Entschließungsantrag der CDU/CSU
BT-Drs 8/1562 = **99** A 2
Beschlußempfehlung des Ausschusses für Ernährung, Landwirtschaft und Forsten zum Entschließungsantrag
BT-Drs 8/1825 = **107** M 14
Beratung
BT-PlPr 8/74 = **16** J 12
BT-PlPr 8/76 = **17** A 4

Agrarbericht 1979
– Agrar- und ernährungspolitischer Bericht der Bundesregierung
BR-Drs 50/79 = **87** M 13
BR-PlPr 472 = **3** K 1

BT-Drs 8/2530 = **132** J 5
Materialband (einschließlich Buchführungsergebnisse)
BT-Drs 8/2531 = **132** N 1
Beschlußempfehlung des Ausschusses für Ernährung, Landwirtschaft und Forsten
BT-Drs 8/3470 = **163** N 3
Entschließungsantrag der CDU/CSU
BT-Drs 8/2654 = **138** G 14
Beschlußempfehlung des Ausschusses für Ernährung, Landwirtschaft und Forsten zum Entschließungsantrag
BT-Drs 8/3471 = **163** N 4
2. Entschließungsantrag der CDU/CSU
BT-Drs 8/2655 = **138** H 12
Beschlußempfehlung des Ausschusses für Ernährung, Landwirtschaft und Forsten zum Entschließungsantrag
BT-Drs 8/3472 = **163** N 8
Beratung
BT-PlPr 8/143 = **31** C 8
BT-PlPr 8/144 = **31** D 10

Agrarbericht 1980
– Agrar- und ernährungspolitischer Bericht der Bundesregierung mit Materialband
BR-Drs 50/80 = **127** E 2
BR-PlPr 484 = **4** N 4

BT-Drs 8/3635 = **169** M 12
Materialband (einschließlich Buchführungsergebnisse)
BT-Drs 8/3636 = **170** B 12
Entschließungsantrag der CDU/CSU
BT-Drs 8/3822 = **176** J 7
Beratung
BT-PlPr 8/207 = **45** C 3
BT-PlPr 8/209 = **45** H 9

Agrarfonds
s Absatzfondsgesetz

Agrarforschung
– Vorschlag für einen EG-Beschluß zur Festlegung von gemeinsamen Programmen und von Programmen zur Koordinierung der Agrarforschung
BR-Drs 352/78 = **68** D 14
– Vorschlag für einen EG-Beschluß über ein Forschungs- und Entwicklungsprogramm der EG im Bereich der Agrarforschung, das sich auf vier konzertierte Mehrjahresabkommen erstreckt
BR-Drs 62/79 = **89** B 11

Agrarmarkt
s Marktorganisationen, gemeinsame

Agrarpolitik
s a Integrationsbericht der Bundesregierung
– Vorschlag einer EG-Richtlinie zur Änderung der EG-Richtlinien betr Modernisierung Landwirtschaftlicher Betriebe, Landwirtschaft in Berggebieten und benachteiligten Gebieten und Strukturverbesserung durch Einstellung landwirtschaftlicher Nutzung
BR-Drs 645/77 = **42** G 11
– Vorschlag einer EWG-VO über die Auswirkungen des europäischen Währungssystems im Rahmen der gemeinsamen Agrarpolitik
BR-Drs 564/78 = **82** M 13
– Vorschlag einer VO des Rates zur Verbesserung der gemeinsamen Agrarpolitik im Hinblick auf ein besseres Marktgleichgewicht und eine Rationalisierung der Ausgaben
BR-Drs 24/80 = **125** N 7

Agrarpreise
– EG-Vorschläge zur Festsetzung der Preise für verschiedene landwirtschaftliche Erzeugnisse und zu einigen flankierenden Maßnahmen
BR-Drs 105/77 = **13** B 12
BR-Drs 64/79 = **89** D 14
BR-Drs 110/80 = **133** G 2

Agrarsoziales Ergänzungsgesetz
– *Entw eines 2. Ges zur Verbesserung und Ergänzung sozialer Maßnahmen in der Landwirtschaft*
1. und 2. Durchgang
BR-Drs 85/79 = **90** K 2
BR-Drs 324/80 = **146** B 3
BR-PlPr 471 = **3** J 3
BR-PlPr 489 = **5** G 14

GesEntw der Bundesregierung
BT-Drs 8/2844 = **143** J 13
Beschlußempfehlung des Ausschusses für Arbeit und Sozialordnung
BT-Drs 8/4128 = **186** I 1
Änderungsantrag zur 2. Beratung
BT-Drs 8/4164 = **188** I 10
Bericht des Haushaltsausschusses
BT-Drs 8/4167 = **188** I 14
1. Beratung
BT-PlPr 8/162 = **35** F 4
2. Beratung und 3. Beratung
BT-PlPr 8/220 = **48** C 8

Agrarstatistik, EG
– Vorschlag einer EG-VO über die Durchführung einer Strukturerhebung 1979 bei den landwirtschaftlichen Betrieben
BR-Drs 384/77 = **27** F 8

Agrarstrukturpolitik
– EG-Vorschläge zur Agrarstrukturpolitik
BR-Drs 170/79 = **95** M 8
– Rahmenplan der Gemeinschaftsaufgabe „Verbesserung der Agrarstruktur und des Küstenschutzes" 1977–1980 (mit Sonderrahmenplan 1977–1980)
BT-Drs 8/488 = **66** N 2
Bericht des Ausschusses für Ernährung, Landwirtschaft und Forsten
BT-Drs 8/2523 = **132** G 12
– Rahmenplan der Gemeinschaftsaufgabe „Verbesserung der Agrarstruktur und des Küstenschutzes" 1978–1981 (mit Sonderrahmenplan 1977–1980)
BT-Drs 8/1780 = **105** B 8
Bericht des Ausschusses für Ernährung, Landwirtschaft und Forsten
BT-Drs 8/2523 = **132** G 12
– Rahmenplan der Gemeinschaftsaufgabe „Verbesserung der Agrarstruktur und des Küstenschutzes" 1979–1982 (mit Sonderrahmenplan 1977–1980)
BT-Drs 8/2754 = **140** N 10
– Rahmenplan der Gemeinschaftsaufgabe „Verbesserung der Agrarstruktur und des Küstenschutzes" 1980–1983 (mit Sonderrahmenplan 1977–1980)
BT-Drs 8/3843 = **177** F 11

Akademien
– 2. VO zur Änderung der VO über die Förderungshöchstdauer für den Besuch von Höheren Fachschulen, Akademien und Hochschulen
BR-Drs 2/77 = **6** B 11

– 3. VO zur Änderung der VO über die Förderungshöchstdauer für den Besuch von Höheren Fachschulen, Akademien und Hochschulen
BR-Drs 17/79 = **86 A 5**

AKP-EWG-Abkommen von Lomé
– *Entwurf eines Gesetzes zu dem 2. AKP-EWG-Abkommen von Lomé sowie zu den mit diesem Abkommen in Zusammenhang stehenden Abkommen*
1. und 2. Durchgang
BR-Drs 160/80 = **135 G 12**
BR-Drs 403/80 = **147 L 13**
BR-PlPr 485 = **5 A 10**
BR-PlPr 491 = **5 J 8**

GesEntw der Bundesregierung
BT-Drs 8/3927 = **180 O 5**
Beschlußempfehlung des Auswärtigen Ausschusses
BT-Drs 8/4265 = **189 N 6**
Bericht des Haushaltsausschusses
BT-Drs 8/4268 = **190 A 6**
1. Beratung
BT-PlPr 8/216 = **47 A 10**
2. Beratung und Schlußabstimmung
BT-PlPr 8/226 = **49 L 1**

Aktiengesellschaft
– s GesEntw zur Durchführung der 2. Richtlinie des Rates der EG zur Koordinierung des *Gesellschaftsrechts*
(betr Aktiengesellschaften)
BR-Drs 2/78 = **44 C 6**
BT-Drs 8/1678 = **102 B 6**

Alarmdienst
– Allgemeine Verwaltungsvorschrift zur Änderung der Allgemeinen Verwaltungsvorschrift für den örtlichen Alarmdienst
BR-Drs 515/77 = **35 J 11**

Algerien, Republik
– *GesEntw zu den Kooperationsabkommen zwischen der EWG und ihren Mitgliedstaaten einerseits, der Tunesischen Republik, der Republik Algerien und dem Königreich Marokko andererseits sowie zu den Abkommen zwischen den Mitgliedstaaten der EGKS und diesen Staaten*
1. und 2. Durchgang
BR-Drs 415/77 = **29 E 7**
BR-Drs 103/78 = **51 C 4**
BR-PlPr 450 = **1 K 11**
BR-PlPr 455 = **2 C 1**

GesEntw der Bundesregierung
BT-Drs 8/1036 = **82 F 13**
Beschlußempfehlung des Wirtschaftsausschusses
BT-Drs 8/1432 = **95 C 6**
Bericht des Haushaltsausschusses
BT-Drs 8/1515 = **97 K 12**
1. Beratung
BT-PlPr 8/52 = **11 H 10**
2. Beratung und Schlußabstimmung
BT-PlPr 8/72 = **16 B 8**
– *GesEntw zum Abkommen Bundesrepublik Deutschland/Demokratische Volksrepublik Algerien über den Luftverkehr*
1. und 2. Durchgang
BR-Drs 229/78 = **61 I 4**
BR-Drs 67/79 = **89 J 1**
BR-PlPr 460 = **2 H 2**
BR-PlPr 470 = **3 I 8**

GesEntw der Bundesregierung
BT-Drs 8/1979 = **113 E 2**
Beschlußempfehlung des Ausschusses für Verkehr und für das Post- und Fernmeldewesen
BT-Drs 8/2474 = **131 C 8**
1. Beratung
BT-PlPr 8/107 = **23 G 3**
2. Beratung und Schlußabstimmung
BT-PlPr 8/135 = **29 E 9**
– VO zur Änderung des Deutschen Teil-Zolltarifs
(Nr 13/76 – Besondere Zollsätze gegenüber Algerien, Marokko und Tunesien – EGKS)
BR-Drs 108/77 = **13 C 5**
BT-Drs 8/150 = **56 O 8**
BT-Drs 8/309 = **62 K 9**

Alkohol
– s GesEntw zur Änderung des Ges über das *Branntweinmonopol*
– Antwort auf Große Anfrage zum Alkoholmißbrauch von Kindern und Jugendlichen
BT-Drs 8/922 = **79 J 2**
Entschließungsantrag zur Großen Anfrage
BT-Drs 8/1144 = **86 E 3**
Beratung
BT-PlPr 8/56 = **12 F 10**
– Geänderter Vorschlag einer EG-VO über die gemeinsame Marktorganisation für Äthylalkohol landwirtschaftlichen Ursprungs und ergänzende Bestimmungen für bestimmte äthylalkoholhaltige Erzeugnisse
BR-Drs 291/77 = **23 I 5**
BT-Drs 8/574 = **69 G 5**
– 12. Allgemeine Verwaltungsvorschrift über Mindestanforderungen an das Einleiten von Abwasser in Gewässer (Herstellung von Alkohol und alkoholischen Getränken)
BR-Drs 213/80 = **139 G 12**

Alleinstehende Eltern
s Bundessozialhilfegesetz, Unterhaltssicherung

Allgemeines Zoll- und Handelsabkommen
– *GesEntw zu der Erklärung über den vorläufigen Beitritt Kolumbiens zum Allgemeinen Zoll- und Handelsabkommen*
1. und 2. Durchgang
BR-Drs 91/77 = **12 G 13**
BR-Drs 313/77 = **24 H 12**
BR-PlPr 443 = **1 A 1**
BR-PlPr 448 = **1 H 13**

GesEntw der Bundesregierung
BT-Drs 8/170 = **57 L 5**
Beschlußempfehlung des Wirtschaftsausschusses
BT-Drs 8/572 = **69 F 14**
1. Beratung
BT-PlPr 8/21 = **4 F 3**
2. Beratung und Schlußabstimmung
BT-PlPr 8/32 = **7 C 9**
– *Entwurf eines Gesetzes zum Genfer Protokoll von 1979 zum Allgemeinen Zoll- und Handelsabkommen*
1. und 2. Durchgang
BR-Drs 190/80 = **137 F 2**
BR-Drs 339/80 = **146 G 6**
BR-PlPr 486 = **5 C 6**
BR-PlPr 489 = **5 G 14**

GesEntw der Bundesregierung
BT-Drs 8/3985 = **183 H 11**
Beschlußempfehlung des Wirtschaftsausschusses
BT-Drs 8/4149 = **188 F 8**
1. Beratung
BT-PlPr 8/216 = **47 A 10**
2. Beratung und Schlußabstimmung
BT-PlPr 8/220 = **48 C 8**
– Multilaterale Handelsverhandlungen im Rahmen des GATT
Abschlußbericht und Vorschläge von Ratsbeschlüssen
Mitteilung der Kommission der EG
BT-Drs 8/3589 = **167 M 12**

Alliierte Streitkräfte
– *Abkommen mit Großbritannien und Kanada über die Durchführung von Manövern im Bereich Soltau-Lüneburg*
Bericht der Bundesregierung
BT-Drs 8/262 = **60 L 8**
Beschlußempfehlung des Innenausschusses
BT-Drs 8/961 = **80 H 8**

Altbaumodernisierung
– EG-Mitteilung über Energieeinsparung durch Modernisierung von Altbauten
BR-Drs 541/78 = **80 N 4**
BT-Drs 8/660 = **70 N 9**

Altbaumodernisierung
– s GesEntw über Erhaltung und Modernisierung kulturhistorisch und *städtebaulich* wertvoller Gebäude
BR-Drs 125/77 = **14 B 13**
BT-Drs 8/896 = **78 J 14**

Altbausanierung
s Mietpreis, Wohnungsmodernisierungsgesetz

Altbauwohnung
– s Verlängerung der *Mietpreisbindung* für Berlin
BR-Drs 321/79 = **104 I 14**
BT-Drs 8/2544 = **133 N 14**

Altenheime
– VO über Mindestanforderungen für Altenheime, Altenwohnheime und Pflegeheime für Volljährige
BR-Drs 109/77 = **13 C 6**
– VO über die Pflichten der Träger von Altenheimen, Altenwohnheimen und Pflegeheimen für Volljährige im Falle der Entgegennahme von Leistungen zum Zwecke der Unterbringung eines Bewohners oder Bewerbers
BR-Drs 118/78 = **51 K 14**
– VO über personelle Mindestanforderungen für Altenheime, Altenwohnheime und Pflegeheime für Volljährige
BR-Drs 240/79 = **100 D 10**

Altenpolitik
– Lebenssituation älterer Menschen in der Bundesrepublik Deutschland
Antwort auf Große Anfrage
BT-Drs 8/2303 = **125 K 6**
Entschließungsantrag zur Großen Anfrage
BT-Drs 8/2772 = **141 M 13**
Beratung
BT-PlPr 8/148 = **32 F 9**

Altenwohnheime
s Altenheime

Altershilfe für Landwirte
s Landwirtschaftliche Altershilfe

Altersversorgung, betriebliche
- Bericht über die Erfahrungen bei der Durchführung des Gesetzes zur Verbesserung der betrieblichen Altersversorgung
  BT-Drs 8/2377 = **128** E 4

Altölgesetz
- *Entw eines 2. ÄndGes*
  1. und 2. Durchgang
  BR-Drs 559/77 = **37** H 13
  BR-Drs 413/79 = **110** N 10
  BR-PlPr 453 = **1** O 6
  BR-PlPr 477 = **4** B 11

  GesEntw der Bundesregierung
  BT-Drs 8/1423 = **94** O 12
  Beschlußempfehlung des Wirtschaftsausschusses
  BT-Drs 8/2945 = **146** E 5
  1. Beratung
  BT-PlPr 8/67 = **14** J 14
  2. und 3. Beratung
  BT-PlPr 8/161 = **35** C 1
- 3. Bericht über die Tätigkeit des Rückstellungsfonds, insbesondere über die Möglichkeiten einer Ermäßigung der laufenden Zuschüsse und der Ausgleichsabgabe
  BT-Drs 8/1676 = **101** O 3
  Beschlußempfehlung des Wirtschaftsausschusses
  BT-Drs 8/2945 = **146** E 5

Amtshaftung
- *GesEntw zum Vertrag Bundesrepublik Deutschland/Republik Österreich über die Gegenseitigkeit in Amtshaftungssachen*
  1. und 2. Durchgang
  BR-Drs 82/78 = **50** C 7
  BR-Drs 308/78 = **66** F 14
  BR-PlPr 455 = **2** C 1
  BR-PlPr 461 = **2** I 9

  GesEntw der Bundesregierung
  BT-Drs 8/1660 = **101** H 10
  Beschlußempfehlung des Rechtsausschusses
  BT-Drs 8/1894 = **109** J 6
  1. Beratung
  BT-PlPr 8/86 = **18** O 1
  2. Beratung und Schlußabstimmung
  BT-PlPr 8/97 = **21** H 4
- s a Staatshaftungsgesetz

Amtshilfe
- s GesEntw zum Vertrag mit *Österreich* über Rechts- und Amtshilfe in Zoll-, Verbrauchssteuer- und Monopolangelegenheiten
  BR-Drs 22/80 = **125** M 3
  BT-Drs 8/3746 = **174** M 11
- s GesEntw zur *Beitreibung* von Forderungen des Finanzierungssystems des *Europäischen Ausrichtungs- und Garantiefonds* für Landwirtschaft sowie von Abschöpfungen und Zöllen
  BR-Drs 31/78 = **46** G 4
  BT-Drs 8/1715 = **103** B 1
- s GesEntw zum Europäischen Übereinkommen über die *Zustellung* von Schriftstücken in Verwaltungssachen im Ausland und über die Erlangung von Auskünften und Beweisen
  BR-Drs 59/80 = **128** L 3
  BT-Drs 8/3922 = **180** L 5
- s Entwurf eines Ausführungsgesetzes zum Europäischen Übereinkommen über die *Zustellung* von Schriftstücken in Verwaltungssachen und über die Erlangung von Auskünften und Beweisen
  BR-Drs 60/80 = **128** N 2
  BT-Drs 8/3923 = **180** N 3

Angestelltenversicherung
s Rentenversicherung

Anleihen der Europäischen Wirtschaftsgemeinschaft
s a Hypothekenbankgesetz
- Vorschlag eines EG-Beschlusses zur Ermächtigung der Kommission, Anleihen zur Investitionsförderung in den EG aufzunehmen
  BR-Drs 104/78 = **51** C 5

Annahme als Kind
s Adoption

Anpassungsgesetz-Kriegsopferversorgung
s a Anrechnungs-Verordnung
- *Entw eines 9. Ges über die Anpassung der Leistungen des Bundesversorgungsgesetzes* (9. Anpassungsgesetz-KOV)
  1. und 2. Durchgang
  BR-Drs 77/77 = **11** J 5
  BR-Drs 224/77 = **19** L 6
  BR-PlPr 443 = **1** A 1
  BR-PlPr 446 = **1** E 7
  Vermittlungsverfahren:
  BR-Drs 281/77 = **23** B 6
  BR-PlPr 447 = **1** G 10

  GesEntw der Bundesregierung
  BT-Drs 8/167 = **57** I 13
  Beschlußempfehlung des Ausschusses für Arbeit und Sozialordnung
  BT-Drs 8/339 = **63** M 3
  Bericht des Haushaltsausschusses
  BT-Drs 8/353 = **64** B 11
  Änderungsanträge der CDU/CSU
  BT-Drs 8/420 = **65** B 12
  BT-Drs 8/421 = **65** B 14
  BT-Drs 8/422 = **65** C 2
  BT-Drs 8/423 = **65** C 4
  BT-Drs 8/424 = **65** C 5
  Anrufung des Vermittlungsausschusses
  BT-Drs 8/551 = **68** M 12
  Beschluß des Vermittlungsausschlusses
  BT-Drs 8/656 = **70** M 14
  1. Beratung
  BT-PlPr 8/18 = **3** J 6
  2. Beratung
  BT-PlPr 8/26 = **5** M 8
  2. und 3. Beratung
  BT-PlPr 8/27 = **6** B 6
- *Entw eines 10. Ges über die Anpassung der Leistungen des Bundesversorgungsgesetzes* (10. AnpG-KOV)
  1. und 2. Durchgang
  BR-Drs 138/78 = **53** M 8
  BR-Drs 283/78 = **65** B 9
  BR-PlPr 457 = **2** E 2
  BR-PlPr 460 = **2** H 2
  Vermittlungsverfahren:
  BR-Drs 329/78 = **66** M 4
  BR-PlPr 461 = **2** I 9

  GesEntw der Bundesregierung
  BT-Drs 8/1735 = **103** I 7
  Beschlußempfehlung des Ausschusses für Arbeit und Sozialordnung
  BT-Drs 8/1843 = **108** E 12
  Bericht des Haushaltsausschusses
  BT-Drs 8/1856 = **108** L 7
  Änderungsanträge der CDU/CSU
  BT-Drs 8/1867 = **108** O 10
  BT-Drs 8/1868 = **108** O 11
  BT-Drs 8/1869 = **108** O 13
  BT-Drs 8/1870 = **109** A 1
  BT-Drs 8/1874 = **109** A 10
  Anrufung des Vermittlungsausschusses
  BT-Drs 8/1958 = **113** A 13
  Ergebnis des Vermittlungsverfahrens
  BT-Drs 8/1972 = **113** D 3
  1. Beratung
  BT-PlPr 8/88 = **19** G 7
  2. und 3. Beratung
  BT-PlPr 8/95 = **20** N 5

Anrechnungsverordnung
- 12. VO über das anzurechnende Einkommen nach dem Bundesversorgungsgesetz
  BR-Drs 199/77 = **18** J 5
- 13. VO über das anzurechnende Einkommen nach dem Bundesversorgungsgesetz
  BR-Drs 354/78 = **68** E 13
- 14. VO über das anzurechnende Einkommen nach dem Bundesversorgungsgesetz
  BR-Drs 356/79 = **106** H 13
- 15. VO über das anzurechnende Einkommen nach dem Bundesversorgungsgesetz
  BR-Drs 447/80 = **150** I 6

Anpassungsverordnung
- VO zur Anpassung der Unterhaltsrenten für Minderjährige (AnpassungsVO 1979)
  BR-Drs 403/79 = **110** F 8

Anstrichstoffe
- 9. Allgemeine Verwaltungsvorschrift über Mindestanforderungen an das Einleiten von Abwasser in Gewässer (Herstellung von Anstrichstoffen)
  BR-Drs 98/80 = **130** O 2

Antarktis-Vertrag
- Antrag der CDU/CSU betr Beitritt
  BT-Drs 8/1427 = **95** B 12
  Beratung
  BT-PlPr 8/72 = **16** B 8
  BT-PlPr 8/117 = **25** D 2
- *GesEntw zum Antarktis-Vertrag* (betr Beitritt der Bundesrepublik Deutschland)
  1. und 2. Durchgang
  BR-Drs 79/78 = **49** J 6
  BR-Drs 543/78 = **80** N 11
  BR-PlPr 455 = **2** C 1
  BR-PlPr 468 = **3** E 13

  GesEntw der Bundesregierung
  BT-Drs 8/1824 = **107** I 8
  Beschlußempfehlung des Auswärtigen Ausschusses
  BT-Drs 8/2252 = **124** A 8
  Bericht des Haushaltsausschusses
  BT-Drs 8/2292 = **125** I 11
  1. Beratung
  BT-PlPr 8/101 = **22** F 10
  2. Beratung und Schlußabstimmung
  BT-PlPr 8/117 = **25** D 2
- Vorschlag für einen Beschluß des Rates über den Abschluß des Übereinkommens zur Erhaltung der Meeresschätze der Antarktis
  BR-Drs 587/80 = **159** G 5

Antigene
- VO zur Ausdehnung der Vorschriften über die Zulassung und staatliche Chargenprüfung auf Testsera und Testantigene
  BR-Drs 389/78 = **70** K 8

Antiquitäten
s Kulturgut

Antiterrorgesetz
s Strafprozeßordnung, Terrorismus

Apotheken
- *GesEntw zur Änderung des Ges über das Apothekenwesen*
  (betr Arzneimittelversorgung in Krankenhäusern)
  1. und 2. Durchgang
  BR-Drs 498/77 = **34** O 12
  BR-Drs 298/80 = **145** C 4
  BR-PlPr 452 = **1** N 11
  BR-PlPr 488 = **5** E 6

  GesEntw der Bundesregierung
  BT-Drs 8/1812 = **107** E 5
  Beschlußempfehlung des Ausschusses für Jugend, Familie und Gesundheit
  BT-Drs 8/3554 = **165** O 7
  Änderungsantrag zur 2. Beratung
  BT-Drs 8/4112 = **186** D 8
  Entschließungsantrag zur 3. Beratung
  BT-Drs 8/4113 = **186** D 9
  1. Beratung
  BT-PlPr 8/111 = **24** C 10
  2. und 3. Beratung
  BT-PlPr 8/218 = **47** J 7
- 3. VO zur Änderung der Apothekenbetriebsordnung
  BR-Drs 243/80 = **140** N 11

Approbationsordnung für Ärzte
- 2. VO zur Änderung der Approbationsordnung für Ärzte
  BR-Drs 6/78 = **44** N 4
- s a Bundesärzteordnung

Approbationsordnung für Apotheker
- 1. VO zur Änderung der Approbationsordnung für Apotheker
  BR-Drs 264/80 = **141** K 12

Approbationsordnung für Tierärzte
- 1. VO zur Änderung der Approbationsordnung für Tierärzte
  BR-Drs 244/80 = **140** O 10

Arbeiter im öffentlichen Dienst
- s GesEntw über die Auswirkungen ihrer Wahl in Landesparlamente und kommunale Vertretungen auf ihre Stellung als Arbeiter im öffentlichen Dienst
  (s *Abgeordneter*)
  BR-Drs 236/77 = **20** F 14
  BT-Drs 8/819 = **76** C 3

Arbeitnehmer
s a Ausländischer Arbeitnehmer
- s GesEntw zum Abbau steuerlicher Hemmnisse für die *Vermögensbeteiligung* der Arbeitnehmer
  BR-Drs 371/77 = **26** O 11
  BT-Drs 8/1418 = **94** N 13

Arbeitnehmer, landwirtschaftliche
- s GesEntw zum Übereinkommen der *Internationalen Arbeitsorganisation* über die Verbände ländlicher Arbeitskräfte und ihre Rolle in der wirtschaftlichen und sozialen Entwicklung
- s Entw eines 2. Ges zur Verbesserung und Ergänzung sozialer Maßnahmen in der Landwirtschaft
  (2. *Agrarsoziales Ergänzungsgesetz*)

Arbeitnehmerschutz
s a Internationale Arbeitsorganisation
- Vorschlag einer EG-Richtlinie zum Schutz der Arbeitnehmer vor der Gefährdung durch chemische, physikalische und biologische Agenzien bei der Arbeit
  BR-Drs 141/79 = **94** D 6
  BT-Drs 8/2952 = **146** I 9

Arbeitnehmerüberlassungsgesetz
- 3. Bericht über Erfahrungen bei der Anwendung des Arbeitnehmerüberlassungsgesetzes
  BT-Drs 8/2025 = **115** K 8
- 4. Bericht der Bundesregierung über Erfahrungen bei der Anwendung des Arbeitnehmerüberlassungsgesetzes
  BT-Drs 8/4479 = **195** L 7

Arbeitsbedingungen
- Antwort auf Große Anfrage zur menschengerechten Gestaltung der Arbeitsbedingungen
  BT-Drs 8/3852 = **178** E 12
  Entschließungsantrag
  BT-Drs 8/3999 = **183** M 4
  Beratung
  BT-PlPr 8/217 = **47** E 13
- s a Sozialbericht

Arbeitsbeschaffungsmaßnahmen
- s Änderung der Förderungsfähigkeit durch das 5. Änderungsgesetz zum *Arbeitsförderungsgesetz*

Arbeitsentgelt
- VO über die Bestimmung des Arbeitsentgelts in der Sozialversicherung (Arbeitsentgeltverordnung 1977)
  BR-Drs 244/77 = **20** J 11
- VO zur Änderung der ArbeitsentgeltVO 1977
  (betr Sozialversicherung)
  BR-Drs 508/77 = **35** G 8
- VO zur Änderung der SachbezugsVO 1978 und der ArbeitsentgeltVO
  BR-Drs 532/78 = **80** I 1

Arbeitserlaubnis
s Ausländischer Arbeitnehmer

Arbeitsförderung
- EG-Vorschläge zur gemeinschaftlichen Unterstützung von Beihilfen zur Arbeitsförderung von Jugendlichen
  BR-Drs 205/78 = **58** F 8

Arbeitsförderungsgesetz
- *Entw eines 4. Ges zur Änderung des Arbeitsförderungsgesetzes*
  (betr Arbeitsvermittlung und Arbeitslosengeld)
  1. und 2. Durchgang
  BR-Drs 305/77 = **24** B 9
  BR-Drs 545/77 = **36** M 10
  BR-PlPr 448 = **1** H 13
  BR-PlPr 452 = **1** N 11

  GesEntw der Bundesregierung
  BT-Drs 8/857 = **77** L 11
  Beschlußempfehlung des Ausschusses für Arbeit und Sozialordnung
  BT-Drs 8/1053 = **83** G 11
  Entschließungsantrag der CDU/CSU zur 3. Beratung
  BT-Drs 8/1085 = **84** E 5
  Bericht des Haushaltsausschusses
  BT-Drs 8/1100 = **84** G 10
  1. Beratung
  BT-PlPr 8/39 = **8** N 3
  2. und 3. Beratung
  BT-PlPr 8/52 = **11** H 10
- *Entw eines 5. ÄndGes*
  (betr berufliche Bildung und Arbeitslosenvermittlung)
  1. und 2. Durchgang
  BR-Drs 1/79 = **84** E 11
  BR-Drs 290/79 = **103** H 12
  BR-PlPr 469 = **3** G 7
  BR-PlPr 474 = **3** M 13

  GesEntw der Bundesregierung
  BT-Drs 8/2624 = **137** J 5
  Beschlußempfehlung des Ausschusses für Arbeit und Sozialordnung
  BT-Drs 8/2914 = **145** L 6
  Bericht des Haushaltsausschusses
  BT-Drs 8/2915 = **145** N 1
  1. Beratung
  BT-PlPr 8/144 = **31** D 10
  2. und 3. Beratung
  BT-PlPr 8/158 = **34** I 6
- Haushaltsführung 1978
  Einwilligung in überplanmäßige Haushaltsausgaben bei Kap 1112
  – Leistungen nach dem Arbeitsförderungsgesetz und gleichartige Leistungen –
  (betr Teilnahme von Aussiedlern an Deutsch-Lehrgängen)
  BR-Drs 508/78 = **77** O 10
- s a GesEntw betr Hilfen für aufgrund humanitärer Hilfsaktionen aufgenommene *Flüchtlinge*
  BT-Drs 8/3752 = **175** A 9

Arbeitsgericht
- *Entw eines 2. Ges zur Änderung des Arbeitsgerichtsgesetzes*
  (betr Verwaltung und Dienstaufsicht über die Gerichte)
  1. Durchgang
  BR-Drs 93/77 = **12** H 3
  BR-PlPr 443 = **1** A 1

  GesEntw des Bundesrates
  BT-Drs 8/465 = **66** I 10
  Beschlußempfehlung des Ausschusses für Arbeit und Sozialordnung
  BT-Drs 8/2535 = **133** L 7
  Berichtigung zur Beschlußempfehlung des Ausschusses für Arbeit und Sozialordnung
  BT-Drs 8/2568 = **135** D 1
  1. Beratung
  BT-PlPr 8/32 = **7** C 9
  2. Beratung
  BT-PlPr 8/139 = **30** E 2
- *GesEntw zur Beschleunigung und Bereinigung des arbeitsgerichtlichen Verfahrens*
  1. und 2. Durchgang
  BR-Drs 4/78 = **44** H 13
  BR-Drs 74/79 = **89** M 3
  BR-PlPr 454 = **2** A 5
  BR-PlPr 470 = **3** I 8

Vermittlungsverfahren:
BR-Drs 197/79 = **97** K 12
BR-PlPr 472 = **3** K 1

GesEntw der Bundesregierung
BT-Drs 8/1567 = **99** B 4
Beschlußempfehlung des Ausschusses für Arbeit und Sozialordnung
BT-Drs 8/2535 = **133** L 7
Bericht des Haushaltsausschusses
BT-Drs 8/2547 = **133** O 13
Berichtigung zur Beschlußempfehlung des Ausschusses für Arbeit und Sozialordnung
BT-Drs 8/2568 = **135** D 1
Änderungsantrag aller Fraktionen
BT-Drs 8/2584 = **135** M 11
Anrufung des Vermittlungsausschusses
BT-Drs 8/2644 = **138** D 1
Beschlußempfehlung des Vermittlungsausschusses
BT-Drs 8/2777 = **141** N 11
1. Beratung
BT-PlPr 8/81 = **17** N 12
2. und 3. Beratung
BT-PlPr 8/139 = **30** E 2
Beratung der Beschlußempfehlung des Vermittlungsausschusses
BT-PlPr 8/151 = **34** E 8

Arbeitsgerichtliches Mahnverfahren
– VO zur Einführung von Vordrucken für das arbeitsgerichtliche Mahnverfahren
BR-Drs 483/77 = **34** E 4

Arbeitsjubiläen
– VO zur Änderung der Lohnsteuer-DurchführungsVO
BR-Drs 583/77 = **40** D 12

Arbeitskämpfe
– Bericht über das Ruhen des Anspruchs auf Arbeitslosengeld und Kurzarbeitergeld bei Arbeitskämpfen
BR-Drs 433/77 = **31** F 14
– Bericht über das Ruhen des Anspruchs auf Arbeitslosengeld und Kurzarbeitergeld bei Arbeitskämpfen
BR-Drs 479/78 = **77** D 1
– Bericht über das Ruhen des Anspruchs auf Arbeitslosengeld und Kurzarbeitergeld bei Arbeitskämpfen
BR-Drs 540/79 = **118** D 11
– Bericht über das Ruhen des Anspruches auf Arbeitslosengeld und Kurzarbeitergeld bei Arbeitskämpfen
BR-Drs 491/80 = **154** H 8

Arbeitskräftepotential
– s GesEntw zum Übereinkommen der *Internationalen Arbeitsorganisation* über die Berufsberatung und Berufsbildung im Rahmen der Erschließung des Arbeitskräftepotentials

Arbeitsleben
– Antwort auf Große Anfrage zur Humanisierung des Arbeitslebens
BT-Drs 8/3844 = **177** N 13
BT-PlPr 8/217 = **47** E 13

Arbeitslose
– s a Entw eines 4. Ges zur Änderung des *Arbeitsförderungsgesetzes*
(betr Arbeitsvermittlung und Arbeitslosengeld)
BR-Drs 305/77 = **24** B 9
BT-Drs 8/857 = **77** L 11
– s a Entw eines 5. ÄndGes zum *Arbeitsförderungsgesetz*
(betr berufliche Bildung und Arbeitslosenvermittlung)
BR-Drs 1/79 = **84** E 11
BT-Drs 8/2624 = **137** J 5
– Haushaltsführung 1977
Überplanmäßige Ausgaben bei Kap 1111 – Leistungen nach dem Arbeitsförderungsgesetz und gleichartige Leistungen –
BR-Drs 642/77 = **42** G 3

Arbeitslosenversicherung
– *GesEntw zum Abkommen Bundesrepublik Deutschland/Königreich Schweden über Leistungen für Arbeitslose*
1. und 2. Durchgang
BR-Drs 82/77 = **12** F 3
BR-Drs 269/77 = **22** K 5
BR-PlPr 444 = **1** B 10
BR-PlPr 447 = **1** G 10

GesEntw der Bundesregierung
BT-Drs 8/259 = **60** K 6
Bericht des Ausschusses für Arbeit und Sozialordnung
BT-Drs 8/442 = **65** G 11
1. Beratung
BT-PlPr 8/25 = **5** G 12
2. Beratung und Schlußabstimmung
BT-PlPr 8/30 = **6** K 5
– *GesEntw zum Abkommen Bundesrepublik Deutschland/Republik Österreich über Arbeitslosenversicherung*
1. und 2. Durchgang
BR-Drs 7/79 = **85** D 14
BR-Drs 224/79 = **99** F 11
BR-PlPr 469 = **3** G 7
BR-PlPr 473 = **3** L 2

GesEntw der Bundesregierung
BT-Drs 8/2594 = **136** I 14
Beschlußempfehlung des Ausschusses für Arbeit und Sozialordnung
BT-Drs 8/2798 = **142** J 13
1. Beratung
BT-PlPr 8/144 = **31** D 10
2. Beratung und Schlußabstimmung
BT-PlPr 8/151 = **32** O 5
– *Entwurf eines Gesetzes zum Abkommen Bundesrepublik Deutschland/Republik Finnland über Leistungen für Arbeitslose*
1. und 2. Durchgang
BR-Drs 180/80 = **136** L 8
BR-Drs 364/80 = **146** O 11
BR-PlPr 486 = **5** C 6
BR-PlPr 490 = **5** I 2

GesEntw der Bundesregierung
BT-Drs 8/3993 = **183** K 10
Beschlußempfehlung des Ausschusses für Arbeit und Sozialordnung
BT-Drs 8/4184 = **188** L 1
Bericht des Haushaltsausschusses
BT-Drs 8/4242 = **189** I 10
1. Beratung
BT-PlPr 8/218 = **47** J 7
2. Beratung und Schlußabstimmung
BT-PlPr 8/223 = **48** N 5

Arbeitslosigkeit
s a Frauenarbeitslosigkeit
– s a Jahresgutachten des Sachverständigenrates zur Begutachtung der gesamtwirtschaftlichen Entwicklung
– s a Entw eines ÄndGes zum *Investitionszulagengesetz*
– s a GesEntw über die Erweiterung der Teilzeitbeschäftigung zum Abbau der Lehrerarbeitslosigkeit – (s *Dienstrecht*)
– Antwort der Bundesregierung auf Kleine Anfrage betr Verrentung von Arbeitslosen
BT-Drs 8/252 = **60** I 10

Arbeitsmarktpolitik
– Sozialbericht 1978 der Bundesregierung
BR-Drs 210/78 = **58** I 14
BT-Drs 8/1805 = **106** E 6
– Jahresgutachten 1978/79 des Sachverständigenrates zur Begutachtung der gesamtwirtschaftlichen Entwicklung
BR-Drs 560/78 = **81** N 12
BT-Drs 8/2313 = **125** N 5
– Jahresgutachten 1979/80 des Sachverständigenrates zur Begutachtung der gesamtwirtschaftlichen Entwicklung
BR-Drs 575/79 = **120** H 2
BT-Drs 8/3420 = **161** L 10

Arbeitsmittel
s a Technische Arbeitsmittel
– *Entw eines Ges zur Änderung des Ges über technische Arbeitsmittel*
1. und 2. Durchgang
BR-Drs 133/77 = **14** N 1
BR-Drs 290/79 = **103** H 12
BR-PlPr 446 = **1** E 7
BR-PlPr 474 = **3** M 13
Vermittlungsverfahren:
BR-Drs 331/79 = **105** E 1
BR-PlPr 476 = **4** A 4

GesEntw des Bundesrates
BT-Drs 8/856 = **77** L 7
Beschlußempfehlung des Ausschusses für Arbeit und Sozialordnung
BT-Drs 8/2824 = **143** B 10
Anrufung des Vermittlungsausschusses
BT-Drs 8/3013 = **148** C 10
Beschlußempfehlung des Vermittlungsausschusses
BT-Drs 8/3029 = **149** H 9
1. Beratung
BT-PlPr 8/42 = **9** F 1
2. und 3. Beratung
BT-PlPr 8/158 = **34** I 6
Beratung der Beschlußempfehlung des Vermittlungsausschusses
BT-PlPr 8/166 = **36** D 12
– *GesEntw über die Prüfungspflicht für medizinisch-technische Geräte*
BT-Drs 8/2387 = **128** K 14
Beschlußempfehlung des Ausschusses für Arbeit und Sozialordnung
BT-Drs 8/2824 = **143** B 10
1. Beratung
BT-PlPr 8/128 = **27** H 11
2. Beratung
BT-PlPr 8/158 = **34** I 6

Arbeitsorganisation, Internationale
s Internationale Arbeitsorganisation

Arbeitsplatzschutz
– *Entw eines 3. Ges zur Änderung des Arbeitsplatzschutzgesetzes*
(betr zum Wehrdienst einberufene Arbeitnehmer)
1. und 2. Durchgang
BR-Drs 275/77 = **22** L 7

BR-Drs 597/77 = **40** H 11
BR-PlPr 448 = 1 H 13
BR-PlPr 453 = 1 O 6

GesEntw der Bundesregierung
BT-Drs 8/855 = **77** G 10
Beschlußempfehlung des Verteidigungsausschusses
BT-Drs 8/1124 = **85** G 13
Bericht des Haushaltsausschusses
BT-Drs 8/1175 = **87** D 6
1. Beratung
BT-PlPr 8/42 = **9** F 1
2. und 3. Beratung
BT-PlPr 8/58 = **12** K 7
- VO zum 3. Abschnitt des Arbeitsplatzschutzgesetzes (betr Alters- und Hinterbliebenenversorgung der Wehrpflichtigen)
BR-Drs 256/80 = **141** G 4
- s a Entw eines 5. ÄndGes zum *Unterhaltssicherungsgesetz*
BR-Drs 447/78 = **75** K 8
BT-Drs 8/2356 = **127** K 8

Arbeitsrecht, EG
- *GesEntw über die Gleichbehandlung von Männern und Frauen am Arbeitsplatz und über die Erhaltung von Ansprüchen bei Betriebsübergang (Arbeitsrechtliches EG-Anpassungsgesetz)*
1. und 2. Durchgang
BR-Drs 353/79 = **106** F 3
BR-Drs 389/80 = **147** I 4
BR-PlPr 477 = **4** B 11
BR-PlPr 491 = **5** J 8

GesEntw der Bundesregierung
BT-Drs 8/3317 = **159** J 13
Beschlußempfehlung des Ausschusses für Arbeit und Sozialordnung
BT-Drs 8/4259 = **189** L 10
1. Beratung
BT-PlPr 8/189 = **40** J 14
2. und 3. Beratung
BT-PlPr 8/225 = **49** F 14
- Verwirklichung des Grundsatzes „Gleicher Lohn für Männer und Frauen"
Bericht der Bundesregierung nach Art 119 EWG-Vertrag
BT-Drs 8/547 = **68** L 8
BT-Drs 8/4156 = **188** G 8

Arbeitsschutz
- s a Entw zur Änderung des Ges über technische *Arbeitsmittel*
BR-Drs 133/77 = **14** N 1
BT-Drs 8/856 = **77** L 7
- Entw einer EG-Entschließung über ein Aktionsprogramm der EG für Sicherheit und Gesundheitsschutz am Arbeitsplatz
BR-Drs 14/78 = **45** E 3
BT-Drs 8/1487 = **95** O 12
- Vorschlag einer Richtlinie des Rates der EG über die Gefahren schwerer Unfälle bei bestimmten Industrietätigkeiten
BR-Drs 189/80 = **137** E 11
BT-Drs 8/3546 = **165** D 11
- Bericht über angezeigte Arbeitsunfälle und Berufskrankheiten 1976 (Unfallverhütungsbericht)
BT-Drs 8/1128 = **85** J 4
- Unfallverhütungsbericht 1979
BT-Drs 8/3650 = **171** C 7
- Vorschlag einer Richtlinie des Rates der EG betr Schutz der Arbeitnehmer vor der Gefährdung durch chemische, physikalische und biologische Agenzien bei der Arbeit
BR-Drs 141/79 = **94** D 6
BT-Drs 8/2952 = **146** I 9

Arbeitsstättenzählung
s Volkszählungsgesetz 1981

Arbeitsstoffverordnung
- VO über gefährliche Arbeitsstoffe
BR-Drs 195/80 = **137** I 5
- 1. VO zur Änderung der VO über gefährliche Arbeitsstoffe
BR-Drs 495/80 = **154** I 2

Arbeitsunfälle
- VO zum Abkommen Bundesrepublik Deutschland/Großherzogtum Luxemburg über den Verzicht auf die Erstattung der Aufwendungen für Sachleistungen aus Anlaß von Arbeitsunfällen und Berufskrankheiten
BR-Drs 45/79 = **87** K 6

Arbeitsvermittlung
- s Entw eines 4. Ges zur Änderung des *Arbeitsförderungsgesetzes*
(betr Arbeitsvermittlung und Arbeitslosengeld)
BR-Drs 305/77 = **24** B 9
BT-Drs 8/857 = **77** L 11

Arbeitsverwaltung
- s Entwurf eines Gesetzes zu dem Übereinkommen Nr 150 der *Internationalen Arbeitsorganisation* über die Arbeitsverwaltung: Rolle, Aufgaben, Aufbau
BR-Drs 208/80 = **139** E 3
BT-Drs 8/4136 = **187** C 4

Architekten
- s a GesEntw zur Änderung des Ges zur Verbesserung des *Mietrechts* und zur Begrenzung des Mietanstiegs sowie zur Regelung von Ingenieur- und Architektenleistungen
- UNESCO-Empfehlung über internationale Architektur- und Stadtplanungswettbewerbe
BR-Drs 355/79 = **106** H 5
- 1. VO zur Änderung der Honorarordnung für Architekten und Ingenieure
BR-Drs 274/80 = **142** I 10

Argentinien, Republik
- *GesEntw zum Abkommen Bundesrepublik Deutschland/Argentinische Republik zur Vermeidung der Doppelbesteuerung auf dem Gebiet der Steuern vom Einkommen und vom Vermögen*
1. und 2. Durchgang
BR-Drs 522/78 = **79** F 11
BR-Drs 118/79 = **93** B 10
BR-PlPr 468 = **3** E 13
BR-PlPr 471 = **3** J 3

GesEntw der Bundesregierung
BT-Drs 8/2434 = **129** J 14
Beschlußempfehlung des Finanzausschusses
BT-Drs 8/2579 = **135** L 9
1. Beratung
BT-PlPr 8/128 = **27** H 11
2. Beratung und Schlußabstimmung
BT-PlPr 8/141 = **30** I 6

Armenrecht
s Beratungshilfegesetz
- s GesEntw über die *Prozeßkostenhilfe*
BR-Drs 187/79 = **96** N 2
BT-Drs 8/3068 = **150** H 6

Armut
- Vorschlag für einen EG-Beschluß über zwischenzeitliche Aktion zur Bekämpfung der Armut
BR-Drs 609/79 = **122** M 9

Artenschutz
s a Washingtoner Artenschutzübereinkommen
- VO über besonders geschützte Arten wildwachsender Pflanzen und wildlebender Tiere – (Bundesartenschutzverordnung)
BR-Drs 75/80 = **129** I 11
- Vorschlag einer VO (EWG) des Rates zur Anwendung des Übereinkommens über den int. Handel mit gefährdeten Arten freilebender Tiere und Pflanzen in der Gemeinschaft
BR-Drs 476/80 = **153** D 4

Arzneibuch
- VO über das Arzneibuch
BR-Drs 267/78 = **64** H 10
- 1. VO zur Änderung der VO über das Arzneibuch
BR-Drs 206/80 = **139** D 13

Arzneimittel
s a Tierarzneimittel
- VO über Preisspannen für Fertigarzneimittel
BR-Drs 112/77 = **13** I 3
- VO über Stoffe mit pharmakologischer Wirkung
BR-Drs 180/77 = **17** D 11
- 18. VO zur Änderung der VO nach § 35 des Arzneimittelgesetzes über verschreibungspflichtige Arzneimittel
BR-Drs 240/77 = **20** I 4
- VO nach § 35 des Arzneimittelgesetzes über verschreibungspflichtige Arzneimittel
BR-Drs 354/77 = **25** M 14
- VO zur Änderung der VO über die Zulassung von Arzneimitteln für den Verkehr außerhalb der Apotheken
BR-Drs 486/77 = **34** G 5
- VO zur Änderung der VO über den Ausschluß von Arzneimitteln vom Verkehr außerhalb der Apotheken
BR-Drs 487/77 = **34** H 1
- VO über homöopathische Arzneimittel
BR-Drs 623/77 = **41** O 13
- VO zur Änderung der VO über verschreibungspflichtige Arzneimittel
BR-Drs 72/78 = **49** F 4
- VO über den Nachweis der Sachkenntnis im Einzelhandel mit freiverkäuflichen Arzneimitteln
BR-Drs 166/78 = **55** L 2
- 2. VO zur Änderung der VO über verschreibungspflichtige Arzneimittel
BR-Drs 194/78 = **58** A 2
- VO zur Ausdehnung der Vorschriften über die Zulassung und staatliche Chargenprüfung auf Testsera und Testantigene
BR-Drs 389/78 = **70** K 8
- 3. VO zur Änderung der VO über verschreibungspflichtige Arzneimittel
BR-Drs 484/78 = **77** H 2
- VO zur Änderung der VO über Stoffe mit pharmakologischer Wirkung
BR-Drs 133/79 = **93** I 11

- 4. VO zur Änderung der VO über verschreibungspflichtige Arzneimittel
  BR-Drs 195/79 = **97** J 4
- 5. VO zur Änderung der VO über verschreibungspflichtige Arzneimittel
  BR-Drs 522/79 = **117** G 5
- 6. VO zur Änderung der VO über verschreibungspflichtige Arzneimittel
  BR-Drs 201/80 = **138** M 8
- Allgemeine Verwaltungsvorschrift zur Beobachtung, Sammlung und Auswertung von Arzneimittelrisiken (Stufenplan nach § 63 des Arzneimittelgesetzes)
  BR-Drs 253/80 = **141** E 14
- Arzneimittelpreisverordnung
  BR-Drs 265/80 = **141** L 1
- 7. VO zur Änderung der VO über verschreibungspflichtige Arzneimittel
  BR-Drs 520/80 = **155** I 10
- s a Apotheke

Arztausbildung
- 2. VO zur Änderung der Approbationsordnung für Ärzte
  BR-Drs 6/78 = **44** N 4

Asylverfahren
- *GesEntw zur Beschleunigung des Asylverfahrens*
  Bundesratsdurchgang
  BR-Drs 315/78 = **66** I 3
  BR-PlPr 461 = **2** I 9

  GesEntw der CDU/CSU
  BT-Drs 8/1719 = **103** B 13
  GesEntw der SPD/FDP
  BT-Drs 8/1836 = **108** B 11
  Beschlußempfehlung des Innenausschusses
  BT-Drs 8/1936 = **111** C 8
  Bericht des Haushaltsausschusses
  BT-Drs 8/1939 = **112** L 2
  Entschließungsantrag zur 3. Beratung
  BT-Drs 8/1945 = **112** M 3
  1. Beratung
  BT-PlPr 8/93 = **20** G 10
  2. und 3. Beratung
  BT-PlPr 8/101 = **22** F 10
- s a GesEntw zur Änd der *Verwaltungsgerichtsordnung*
- *Entw eines 2. Ges zur Beschleunigung des Asylverfahrens*
  Bundesratsdurchgang
  BR-Drs 404/80 = **147** L 14
  BR-PlPr 491 = **5** J 8

  GesEntw der CDU/CSU
  BT-Drs 8/3402 = **161** E 12
  GesEntw der SPD, FDP
  BT-Drs 8/4227 = **189** G 10
  Beschlußempfehlung des Innenausschusses
  BT-Drs 8/4339 = **191** J 7
  Bericht des Innenausschusses
  BT-Drs 8/4353 = **192** D 7
  1. Beratung
  BT-PlPr 8/205 = **44** J 1
  1. Beratung
  BT-PlPr 8/223 = **48** N 5
  2. und 3. Beratung
  BT-PlPr 8/228 = **50** E 6
- *Entwurf eines Gesetzes zur Änderung des 2. Gesetzes zur Beschleunigung des Asylverfahrens*
  BR-Drs 432/80 = **149** J 6
  BR-PlPr 491 = **5** J 8
- *Entwurf eines Gesetzes zur Änderung des 2. Gesetzes zur Beschleunigung des Asylverfahrens*
  BR-Drs 540/80 = **157** C 3
  BR-PlPr 493 = **5** M 6
  BR-PlPr 494 = **5** N 5
- s a Ausländergesetz
- Antwort auf Kleine Anfrage zur Zahl, Dauer von Asylverfahren und zur Entwicklung des Asylantenstroms
  BT-Drs 8/448 = **65** N 3
- Antwort auf Kleine Anfrage betr Entwicklung der Asylverfahren seit 1976
  BT-Drs 8/2946 = **146** E 13
- Antwort auf Große Anfrage der SPD/FDP zum Asylrecht
  BT-Drs 8/4278 = **190** D 11
  Beratung
  BT-PlPr 8/228 = **50** E 6
- Antwort auf Große Anfrage der CDU/CSU zum Asylverfahren und zur Unterbringung der Asylbewerber
  BT-Drs 8/4279 = **190** E 2
  Beratung
  BT-PlPr 8/228 = **50** E 6

Atomgesetz
- *GesEntw zur Änderung von Kostenvorschriften des Atomgesetzes*
  1. und 2. Durchgang
  BR-Drs 99/79 = **91** J 1
  BR-Drs 297/80 = **145** C 1
  BR-PlPr 471 = **3** J 3
  BR-PlPr 488 = **5** E 6

  GesEntw der Bundesregierung
  BT-Drs 8/3195 = **156** H 1
  Beschlußempfehlung des Innenausschusses
  BT-Drs 8/3980 = **183** F 4
  1. Beratung
  BT-PlPr 8/180 = **38** K 8
  2. und 3. Beratung
  BT-PlPr 8/218 = **47** J 7

Atomwaffensperrvertrag
- *Entw eines Ausführungsgesetzes zum Übereinkommen Belgien/Dänemark/Bundesrepublik Deutschland/Irland/Italien/Luxemburg/Niederlande/Europäische Atomgemeinschaft/Internationale Atomenergie-Organisation in Ausführung des Vertrages über Nichtverbreitung von Kernwaffen* (Ausführungsgesetz zum Verifikationsabkommen)
  1. und 2. Durchgang
  BR-Drs 5/79 = **84** O 3
  BR-Drs 583/79 = **121** K 1
  BR-PlPr 469 = **3** G 7
  BR-PlPr 481 = **4** I 5

  GesEntw der Bundesregierung
  BT-Drs 8/2779 = **141** N 13
  Beschlußempfehlung des Ausschusses für Forschung und Technologie
  BT-Drs 8/3409 = **161** H 5
  1. Beratung
  BT-PlPr 8/167 = **36** G 13
  2. und 3. Beratung
  BT-PlPr 8/188 = **40** H 4

Aufbaudarlehen
s Vertriebene

Aufenthaltsberechtigung
- Geänderter Vorschlag einer Richtlinie des Rates über das Aufenthaltsrecht von Staatsangehörigen der Mitgliedstaaten im Hoheitsgebiet eines anderen Mitgliedstaates
  BR-Drs 460/80 = **151** K 6

Aufenthaltserlaubnis
- VO zur Befreiung der Inhaber amtlicher pakistanischer Pässe von der Aufenthaltserlaubnis
  BR-Drs 646/77 = **42** I 13
- VO zur Befreiung der Inhaber amtlicher ghanaischer Pässe von der Aufenthaltserlaubnis
  BR-Drs 66/79 = **89** I 11
- VO zur Befreiung der Inhaber amtlicher türkischer Pässe von der Aufenthaltserlaubnis
  BR-Drs 546/80 = **157** E 5

Aufenthaltsgesetz/EWG
- *Entw eines 2. Ges zur Änderung des Ges über Einreise und Aufenthalt von Staatsangehörigen der Mitgliedstaaten der EWG*
  1. und 2. Durchgang
  BR-Drs 406/78 = **72** B 14
  BR-Drs 592/79 = **122** A 5
  BR-PlPr 463 = **2** N 14
  BR-PlPr 481 = **4** I 5

  GesEntw der Bundesregierung
  BT-Drs 8/2597 = **136** K 11
  Beschlußempfehlung des Innenausschusses
  BT-Drs 8/3369 = **160** K 5
  1. Beratung
  BT-PlPr 8/148 = **32** F 9
  2. und 3. Beratung
  BT-PlPr 8/189 = **40** J 14

Auflassungsvormerkung
- s GesEntw zur Änderung sachen- und *grundbuch*rechtlicher Vorschriften

Aufwandsentschädigung
- VO zur Änderung der VO über die Amtsdauer, Amtsführung und Entschädigung der Mitglieder der Bundesausschüsse und Landesausschüsse der Ärzte (Zahnärzte) und Krankenkassen
  BR-Drs 570/79 = **120** F 1

Aujeszkysche Krankheit
- VO zum Schutz gegen die Aujeszkysche Krankheit
  BR-Drs 151/80 = **135** A 11

Ausbeutesätze
- Allgemeine Verwaltungsvorschrift zur Festsetzung der Ausbeutesätze nach § 3 Abs 3 des Gesetzes über eine Schlachtungs- und Schlachtgewichtsstatistik
  BR-Drs 159/80 = **135** G 9

Ausbildungsberufe
s a Öffentlicher Dienst
- VO zur Gleichstellung von Prüfungszeugnissen der Berufsfachschulen für Bürokaufleute, Bürogehilfinnen und Teilezurichter in Bremen mit den Zeugnissen über das Bestehen der Abschlußprüfung in Ausbildungsberufen
  BR-Drs 184/80 = **137** C 7

Ausbildungsförderung
s a Bundesausbildungsförderungsgesetz
  Förderungshöchstdauer
- s Haushaltsgesetz, Einzelplan 31 (Geschäftsbereich des Bundesministers für Bildung und Wissenschaft)

- Überprüfung der Zuständigkeitsregelung der VO über die örtliche Zuständigkeit für Ausbildungsförderung außerhalb des Geltungsbereichs des Bundesausbildungsförderungsgesetzes
  BR-Drs 287/77 = **23** E 4
- VO über die Ausbildungsförderung für den Besuch der Trainerakademie Köln e. V.
  BR-Drs 549/78 = **80** O 4
- VO über die Leistung von Zuschlägen zu dem Bedarf bei einer Ausbildung außerhalb des Geltungsbereichs des Bundesausbildungsförderungsgesetzes
  BR-Drs 18/79 = **86** C 6
- VO über die Ausbildungsförderung für den Besuch von Ausbildungsstätten, an denen Schulversuche durchgeführt werden
  BR-Drs 237/79 = **100** C 13
- VO über die Leistung von Zuschlägen zu dem Bedarf bei einer Ausbildung außerhalb des Geltungsbereichs des Bundesausbildungsförderungsgesetzes (ZuschlagsVO)
  BR-Drs 247/79 = **100** I 10
- Bericht über Maßnahmen zur Verbesserung des Ausbildungsangebots und zur Verbreitung der Arbeitsmöglichkeiten für Jugendliche
  BT-Drs 8/2796 = **142** I 10
- Antwort auf Große Anfrage betr Entwicklung der Ausbildungsförderung bis 1977
  BT-Drs 8/1703 = **102** K 6
- s a Sozialbericht

Ausbildungsordnung
- Ausbildungs- und Prüfungsordnung für die Steuerbeamten
  BR-Drs 117/77 = **13** J 7
  BR-Drs 259/77 = **21** H 7

Ausbildungsplatzförderung
- *GesEntw zur Regelung zusätzlicher Fragen der Ausbildungsplatzförderung*
  1. und 2. Durchgang
  BR-Drs 94/77 = **12** H 8
  BR-Drs 490/77 = **34** M 1
  BR-PlPr 446 = **1** E 7
  BR-PlPr 451 = **1** M 3
  Vermittlungsverfahren:
  BR-Drs 589/77 = **40** F 3
  BR-PlPr 453 = **1** O 6

  GesEntw des Bundesrates
  BT-Drs 8/602 = **70** D 13
  Beschlußempfehlung des Ausschusses für Bildung und Wissenschaft
  BT-Drs 8/972 = **80** K 12
  Bericht des Haushaltsausschusses
  BT-Drs 8/989 = **81** D 12
  Änderungsantrag
  BT-Drs 8/1001 = **81** H 6
  Anrufung des Vermittlungsausschusses
  BT-Drs 8/1137 = **86** D 6
  Beschlußempfehlung des Vermittlungsausschusses
  BT-Drs 8/1235 = **90** D 10
  1. Beratung
  BT-PlPr 8/39 = **8** N 3
  2. und 3. Beratung
  BT-PlPr 8/48 = **10** J 6
  Beratung der Beschlußempfehlung des Vermittlungsausschusses
  BT-PlPr 8/61 = **13** E 9
- Verfahren vor dem Bundesverfassungsgericht zum Ausbildungsplatzförderungsgesetz
  BR-Drs 452/77 = **32** O 8
- Entschließung des Bundesrates zur Überprüfung von ausbildungshemmenden Vorschriften
  BR-Drs 111/77 = **13** H 9
  BR-PlPr 445 = **1** C 12
  Stellungnahme der Bundesregierung zu der Entschließung des Bundesrates
  BR-Drs 357/77 = **26** B 7
  BR-PlPr 451 = **1** M 3
- Bericht der Bundesregierung über die im Zusammenhang mit der Entschließung des Bundesrates zur Überprüfung von ausbildungshemmenden Vorschriften angekündigten Maßnahmen
  BR-Drs 289/78 = **65** D 3
  BR-PlPr 461 = **2** I 9

Ausbildungsverkehr
- VO über den Ausgleich gemeinwirtschaftlicher Leistungen im Straßenpersonenverkehr
  BR-Drs 246/77 = **20** K 6
- VO über den Ausgleich gemeinwirtschaftlicher Leistungen im Eisenbahnverkehr
  BR-Drs 247/77 = **20** M 5
- VO über die durchschnittlichen verkehrsspezifischen Kosten je Personen-Kilometer nach § 45 a Abs 5 Satz 3 des Personenbeförderungsgesetzes
  BR-Drs 553/78 = **81** A 14
- 1. VO zur Änderung der Gebührenordnung für Amtshandlungen im entgeltlichen oder geschäftsmäßigen Personenverkehr mit Kraftfahrzeugen
  BR-Drs 558/78 = **81** N 3
- Antrag der CDU/CSU betr Verbesserung des Schulbusverkehrs
  BT-Drs 8/3152 = **155** C 12

Ausfuhrliste
- 32. VO zur Änderung der Ausfuhrliste – Anlage AL zur Außenwirtschaftsverordnung –
  BR-Drs 11/77 = **6** I 8
  BT-Drs 8/68 = **53** K 6
  Bericht des Wirtschaftsausschusses
  BT-Drs 8/199 = **59** H 12
- 33. VO zur Änderung der Ausfuhrliste
  BR-Drs 156/77 = **16** D 4
  BT-Drs 8/237 = **60** G 7
  Bericht des Wirtschaftsausschusses
  BT-Drs 8/526 = **68** G 4
- 34. VO zur Änderung der Ausfuhrliste
  BR-Drs 525/77 = **35** O 12
  BT-Drs 8/1071 = **83** N 6
  Bericht des Wirtschaftsausschusses
  BT-Drs 8/1433 = **95** C 9
- 35. VO zur Änderung der Ausfuhrliste
  BR-Drs 654/77 = **42** O 7
  BT-Drs 8/1401 = **93** O 4
  Bericht des Wirtschaftsausschusses
  BT-Drs 8/1549 = **98** E 5
- 36. VO zur Änderung der Ausfuhrliste
  BR-Drs 213/78 = **59** J 10
  BT-Drs 8/1778 = **104** O 2
  Bericht des Wirtschaftsausschusses
  BT-Drs 8/1862 = **108** N 3
- 37. VO zur Änderung der Ausfuhrliste
  BR-Drs 596/78 = **84** D 3
  BT-Drs 8/2447 = **130** A 13
  Bericht des Wirtschaftsausschusses
  BT-Drs 8/2542 = **133** N 10
- 38. VO zur Änderung der Ausfuhrliste
  BR-Drs 344/79 = **106** B 10
  BT-Drs 8/3038 = **149** M 7
  Bericht des Wirtschaftsausschusses
  BT-Drs 8/3191 = **156** E 5
- 39. VO zur Änderung der Ausfuhrliste
  BR-Drs 350/79 = **106** E 5
  BT-Drs 8/3059 = **150** F 4
  Bericht des Wirtschaftsausschusses
  BT-Drs 8/3191 = **156** E 5
- 40. VO zur Änderung der Ausfuhrliste
  BR-Drs 639/79 = **124** E 9
  BT-Drs 8/3539 = **165** C 11
  Bericht des Wirtschaftsausschusses
  BT-Drs 8/3787 = **175** H 6
- 41. VO zur Änderung der Ausfuhrliste
  BR-Drs 67/80 = **129** G 8
  BT-Drs 8/3645 = **171** A 12
  Bericht des Wirtschaftsausschusses
  BT-Drs 8/3831 = **176** O 10
- 42. VO zur Änderung der Ausfuhrliste
  BR-Drs 134/80 = **134** D 2
  BT-Drs 8/3754 = **175** A 12
  Bericht des Wirtschaftsausschusses
  BT-Drs 8/4202 = **189** B 5
- 43. VO zur Änderung der Ausfuhrliste
  BR-Drs 232/80 = **140** J 11
  BT-Drs 8/3956 = **182** I 12
  Bericht des Wirtschaftsausschusses
  BT-Drs 8/4202 = **189** B 5
- 44. VO zur Änderung der Ausfuhrliste
  BR-Drs 457/80 = **151** H 6
  BT-Drs 8/4425 = **193** M 2
- 45. VO zur Änderung der Ausfuhrliste
  BR-Drs 581/80 = **159** A 2

Ausgleichsabgabe gem Schwerbehindertengesetz
- 2. VO zur Durchführung des Schwerbehindertengesetzes (AusgleichsabgabenVO Schwerbehindertengesetz)
  BR-Drs 168/78 = **55** M 1

Ausgleichsabgabe gem Verstromungsgesetz
- VO über den Prozentsatz der Ausgleichsabgabe nach dem 3. Verstromungsgesetz für das Jahr 1979
  BT-Drs 8/2307 = **125** L 11
  Beratung
  BT-PlPr 8/121 = **26** A 8
  Beschlußempfehlung des Wirtschaftsausschusses
  BT-Drs 8/2381 = **128** I 13
  Änderungsantrag der CDU/CSU
  BT-Drs 8/2391 = **128** L 10
  Entschließungsantrag der CDU/CSU
  BT-Drs 8/2388 = **128** L 3
  Beratung
  BT-PlPr 8/125 = **26** O 7
- Antrag betr Senkung des Kohlepfennigs
  BT-Drs 8/3050 = **150** A 12

Ausgleichsfonds zur Sicherung des Steinkohleneinsatzes
- Rechnungslegung über das Sondervermögen des Bundes „Ausgleichsfonds zur Sicherung des Steinkohleneinsatzes“ für das Wirtschaftsjahr 1976
  BR-Drs 347/77 = **25** K 3
  BT-Drs 8/758 = **74** A 2

– Entlastung des Bundesministers für Wirtschaft wegen der Rechnung für das Wirtschaftsjahr 1977 über das Sondervermögen des Bundes „Ausgleichsfonds zur Sicherung des Steinkohleneinsatzes“
BR-Drs 364/78 = **68** O 5
BT-Drs 8/2043 = **116** I 13
– Rechnungslegung über das Sondervermögen des Bundes „Ausgleichsfonds zur Sicherung des Steinkohleneinsatzes“ für das Wirtschaftsjahr 1978
BR-Drs 349/79 = **106** D 12
BT-Drs 8/3060 = **150** F 7
– Rechnungslegung über das Sondervermögen des Bundes „Ausgleichsfonds zur Sicherung des Steinkohleneinsatzes“ für das Wirtschaftsjahr 1979
BR-Drs 553/80 = **157** I 11
BT-Drs 8/4514 = **196** K 11

Ausländer
s Asylverfahren, Aufenthaltserlaubnis

Ausländergesetz
– Allgemeine Verwaltungsvorschriften zur Änderung der Allgemeinen Verwaltungsvorschrift zur Ausführung des Ausländergesetzes
BR-Drs 6/77 = **6** E 5
– Gebührenverordnung zum Ausländergesetz
BR-Drs 325/77 = **24** L 5
– *GesEntw zur Änderung des Ausländergesetzes*
BR-Drs 67/78 = **49** B 1
– Allgemeine Verwaltungsvorschrift zur Änderung der Allgemeinen Verwaltungsvorschrift zur Ausführung des Ausländergesetzes
BR-Drs 71/78 = **49** E 5
– 9. VO zur Änderung der VO zur Durchführung des Ausländergesetzes (Erweiterung der Visumpflicht auf Touristeneinreisen aus Afghanistan, Äthiopien und Sri Lanka)
BR-Drs 146/80 = **134** M 9
– 2. VO zur Änderung der VO zur Durchführung des Ausländergesetzes
(betr Einführung einer Sichtvermerkspflicht für Einreisen iranischer Staatsangehöriger)
BR-Drs 246/80 = **141** C 3
– 11. VO zur Änderung der VO zur Durchführung des Ausländergesetzes
BR-Drs 385/80 = **147** E 2
– 12. VO zur Änderung der VO zur Durchführung des Ausländergesetzes
BR-Drs 406/80 = **147** N 13

Ausländische Arbeitnehmer
– s a Sozialversicherungsabkommen
– Integration ausländischer Familien in der Bundesrepublik Deutschland
(s *Familienbericht*, Dritter)
– Antrag der Fraktionen der SPD und FDP betr Arbeitserlaubnis für Ehegatten und Kinder ausländischer Arbeitnehmer
BT-Drs 8/2538 = **133** N 2
Antrag der CDU/CSU
BT-Drs 8/2369 = **127** O 3
Beratung
BT-PlPr 8/139 = **30** E 2
Beschlußempfehlung des Ausschusses für Arbeit und Sozialordnung
BT-Drs 8/2875 = **144** F 9
Beratung der Beschlußempfehlung
BT-PlPr 8/161 = **35** C 1

Ausländerkinder
– Erwerb der deutschen Staatsangehörigkeit durch Kinder der 2. Ausländergeneration
Gesetzesantrag des Landes Nordrhein-Westfalen für ein 4. Gesetz zur Regelung von Fragen der Staatsangehörigkeit
BR-Drs 52/80 = **128** E 13
BR-PlPr 483 = **4** L 9
– s a *Jugendbericht*
BR-Drs 109/80 = **132** K 3
BT-Drs 8/3684 = **172** M 10
– Antrag betr Zukunftschancen der Kinder ausländischer Arbeitnehmer
BT-Drs 8/1811 = **107** E 1
BT-PlPr 8/97 = **21** H 4
– s a Anträge betr Arbeitserlaubnis für Ehegatten und Kinder *ausländischer Arbeitnehmer*

Auslandshilfe
– Bericht über humanitäre Hilfen 1965–1977
BT-Drs 8/2155 = **121** F 6
Beschlußempfehlung des Auswärtigen Ausschusses
BT-Drs 8/4236 = **189** H 14

Auslandsinvestitionen
– Bilaterale Abkommen zum Schutze von Auslandsinvestitionen –
s *Kapitalanlagen* im Ausland

Auslandskostengesetz
– *Entw eines Auslandskostengesetzes*
1. und 2. Durchgang
BR-Drs 84/77 = **12** G 1
BR-Drs 603/77 = **40** I 6
BR-PlPr 443 = **1** A 1
BR-PlPr 453 = **1** O 6

GesEntw der Bundesregierung
BT-Drs 8/176 = **58** B 14
Beschlußempfehlung des Auswärtigen Ausschusses
BT-Drs 8/1160 = **86** L 4
1. Beratung
BT-PlPr 8/21 = **4** F 3
2. und 3. Beratung
BT-PlPr 8/58 = **12** K 7

Auslieferung
– *GesEntw zum Vertrag Bundesrepublik Deutschland/Kanada über die Auslieferung*
1. und 2. Durchgang
BR-Drs 169/78 = **55** O 7
BR-Drs 223/79 = **99** F 10
BR-PlPr 458 = **2** F 7
BR-PlPr 473 = **3** L 2

GesEntw der Bundesregierung
BT-Drs 8/1901 = **109** N 5
Beschlußempfehlung des Rechtsausschusses
BT-Drs 8/2767 = **141** M 4
1. Beratung
BT-PlPr 8/100 = **22** B 11
2. Beratung und Schlußabstimmung
BT-PlPr 8/151 = **32** O 5
– *GesEntw zum Auslieferungsvertrag Bundesrepublik Deutschland/Vereinigte Staaten von Amerika*
1. und 2. Durchgang
BR-Drs 227/79 = **99** J 2
BR-Drs 86/80 = **130** G 11
BR-PlPr 474 = **3** M 13
BR-PlPr 484 = **4** N 4

GesEntw der Bundesregierung
BT-Drs 8/3107 = **152** K 3
Beschlußempfehlung des Rechtsausschusses
BT-Drs 8/3641 = **170** M 12
1. Beratung
BT-PlPr 8/169 = **36** K 13
2. Beratung und Schlußabstimmung
BT-PlPr 8/201 = **43** J 1

Außenwirtschaftsgesetz
– *Entw eines 4. Ges zur Änderung des Außenwirtschaftsgesetzes*
1. und 2. Durchgang
BR-Drs 141/80 = **134** I 12
BR-Drs 402/80 = **147** L 12
BR-PlPr 485 = **5** A 10
BR-PlPr 491 = **5** J 8

GesEntw der Bundesregierung
BT-Drs 8/4118 = **186** E 4
Beschlußempfehlung des Wirtschaftsausschusses
BT-Drs 8/4285 = **190** F 9
1. Beratung
BT-PlPr 8/220 = **48** C 8
2. und 3. Beratung
BT-PlPr 8/225 = **49** F 14

Außenwirtschaftspolitik
s a Agrarbericht, Integrationsbericht der Bundesregierung
– Jahreswirtschaftsbericht 1977 der Bundesregierung
BR-Drs 51/77 = **9** H 11
BT-Drs 8/72 = **53** M 10
– Jahreswirtschaftsbericht 1978 der Bundesregierung
BR-Drs 51/78 = **48** F 6
BT-Drs 8/1471 = **95** K 12
– Jahreswirtschaftsbericht 1979 der Bundesregierung
BR-Drs 36/79 = **87** B 2
BT-Drs 8/2502 = **131** I 5
– Jahreswirtschaftsbericht 1980 der Bundesregierung
BR-Drs 51/80 = **128** D 7
BT-Drs 8/3628 = **169** B 8

Außenwirtschaftsverkehr
– VO zur Regelung von Zuständigkeiten im Außenwirtschaftsverkehr
BR-Drs 239/77 = **20** H 14
– VO zur Änderung der VO zur Regelung von Zuständigkeiten im Außenwirtschaftsverkehr
BR-Drs 226/80 = **139** L 3
BT-Drs 8/4228 = **189** G 13

Außenwirtschaftsverordnung
– VO über die Beseitigung der Depotpflicht
BR-Drs 470/77 = **33** G 5
BT-Drs 8/979 = **81** C 4
Bericht des Finanzausschusses
BT-Drs 8/1170 = **87** C 9
– s a 32.–44. VO zur Änderung der *Ausfuhrliste* – Anlage AL zur Außenwirtschaftsverordnung –
– s a 56.–76. VO zur Änderung der *Einfuhrliste* – Anlage zum Außenwirtschaftsgesetz –
– 37. VO zur Änderung der AußenwirtschaftsVO
BR-Drs 10/77 = **6** H 6
BT-Drs 8/67 = **53** J 8
Bericht des Wirtschaftsausschusses
BT-Drs 8/199 = **59** H 12

– 38. VO zur Änderung der Außenwirt-schaftsVO
BR-Drs 586/77 = **40** E 7
BT-Drs 8/1225 = **90** A 13
Bericht des Wirtschaftsausschusses
BT-Drs 8/1433 = **95** C 9
– 39. VO zur Änderung der Außenwirt-schaftsVO
BR-Drs 658/77 = **43** A 5
BT-Drs 8/1402 = **93** O 7
Bericht des Wirtschaftsausschusses
BT-Drs 8/1549 = **98** E 5
– 40. VO zur Änderung der Außenwirt-schaftsVO
BR-Drs 153/78 = **55** G 8
BT-Drs 8/1641 = **101** C 4
Bericht des Wirtschaftsausschusses
BT-Drs 8/1752 = **104** C 5
– 41. VO zur Änderung der Außenwirt-schaftsVO
BR-Drs 278/78 = **64** O 4
BT-Drs 8/1858 = **108** M 4
– 42. VO zur Änderung der Außenwirt-schaftsVO
BR-Drs 246/79 = **100** I 9
BT-Drs 8/2851 = **143** W 4
Bericht des Wirtschaftsausschusses
BT-Drs 8/2972 = **147** A 11
– 43. VO zur Änderung der Außenwirt-schaftsVO
BR-Drs 319/79 = **104** I 11
BT-Drs 8/3040 = **149** M 14
Bericht des Wirtschaftsausschusses
BT-Drs 8/3191 = **156** E 5
– 44. VO zur Änderung der Außenwirt-schaftsVO
BR-Drs 640/79 = **124** E 10
BT-Drs 8/3540 = **165** C 13
Bericht des Wirtschaftsausschusses
BT-Drs 8/3787 = **175** H 6
– 45. ÄnderungsVO
BR-Drs 68/80 = **129** G 9
BT-Drs 8/3647 = **171** A 14
Bericht des Wirtschaftsausschusses
BT-Drs 8/3831 = **176** O 10
– 46. Änderungsverordnung (Wirtschaftsboykott gegenüber Iran im Zusammenhang mit der Besetzung der amerikanischen Botschaft in Teheran)
BR-Drs 231/80 = **140** J 4
BT-Drs 8/3955 = **182** I 10
Bericht des Wirtschaftsausschusses
BT-Drs 8/4202 = **189** B 5
– 47. VO zur Änd der Außenwirtschaftsverordnung
BR-Drs 374/80 = **147** A 12
BT-Drs 8/4206 = **189** C 14
– 48. VO zur Änderung der Außenwirt-schaftsVO
BR-Drs 474/80 = **153** C 10
BT-Drs 8/4460 = **194** O 5

Außerplanmäßige Haushaltsausgaben
s Bundeshaushalt 19 . .
Über- und außerplanmäßige Haushaltsausgaben

Aussiedler
– 1. VO zur Änderung der VO über die Förderung der Teilnahme von Aussiedlern an Deutsch-Lehrgängen
BR-Drs 114/78 = **51** I 2
– 2. VO zur Änderung der VO über die Förderung der Teilnahme von Aussiedlern an Deutsch-Lehrgängen
BR-Drs 573/79 = **120** F 14
– Allgemeine Verwaltungsvorschrift zum Bundesvertriebenengesetz betr Ausweis für Aussiedler
BR-Drs 566/77 = **38** C 7
– Haushaltsführung 1977
Überplanmäßige Ausgaben bei Kap 1111 (Leistungen nach dem Arbeitsförderungsgesetz und gleichartige Leistungen)
(betr Deutsch-Lehrgänge für Aussiedler)
BR-Drs 642/77 = **42** G 3
– Haushaltsführung 1978
Einwilligung in überplanmäßige Haushaltsausgaben bei Kap 1112
(Leistungen nach dem Arbeitsförderungsgesetz und gleichartige Leistungen)
(betr Teilnahme von Aussiedlern an Deutsch-Lehrgängen)
BR-Drs 508/78 = **77** O 10

Auswärtige Kulturpolitik
– Stellungnahme der Bundesregierung zum Bericht der Enquete-Kommission
BT-Drs 8/927 = **79** M 2
Berichtigung hierzu:
BT-Drs 8/1025 = **82** C 12
– Rahmenplan für die Auswärtige Kulturpolitik im Schulwesen
BT-Drs 8/2103 = **118** N 11

Auswärtiger Dienst
– 2. Bericht über den Stand der Reform des Auswärtigen Dienstes
BT-Drs 8/1400 = **93** N 14
Beschlußempfehlung des Auswärtigen Ausschusses
BT-Drs 8/2934 = **146** C 5
– 3. Bericht über den Stand der Reform des Auswärtigen Dienstes
BT-Drs 8/4513 = **196** K 8

Auswärtiges Amt
– s GesEntw über die vom Auswärtigen Amt und den Auslandsbehörden erhobenen Kosten *(Auslandskostengesetz)*
BR-Drs 84/77 = **12** G 1
BT-Drs 8/176 = **58** B 14

Autobahn
– *GesEntw zum Vertrag Bundesrepublik Deutschland/Schweizerische Eidgenossenschaft über den Autobahnzusammenschluß im Raum Basel und Weil am Rhein*
1. und 2. Durchgang
BR-Drs 10/79 = **85** G 11
BR-Drs 288/79 = **103** G 14
BR-PlPr 469 = **3** G 7
BR-PlPr 474 = **3** M 13

GesEntw der Bundesregierung
BT-Drs 8/2592 = **136** I 3
Beschlußempfehlung des Ausschusses für Verkehr und für das Post- und Fernmeldewesen
BT-Drs 8/2836 = **143** H 12
Bericht des Haushaltsausschusses
BT-Drs 8/2865 = **144** C 1
1. Beratung
BT-PlPr 8/144 = **31** D 10
2. Beratung und Schlußabstimmung
BT-PlPr 8/157 = **34** E 8
– *GesEntw zu den Verträgen Bundesrepublik Deutschland/Französische Republik über den Bau einer Autobahnbrücke über den Rhein zwischen Steinenstadt und Ottmarsheim sowie über den Bau einer Straßenbrücke über den Rhein zwischen Weil am Rhein und Hüningen*
1. und 2. Durchgang
BR-Drs 521/78 = **79** E 10
BR-Drs 178/79 = **96** G 7
BR-PlPr 468 = **3** E 13
BR-PlPr 472 = **3** K 1

GesEntw der Bundesregierung
BT-Drs 8/2437 = **129** L 12
Beschlußempfehlung des Ausschusses für Verkehr und für das Post- und Fernmeldewesen
BT-Drs 8/2642 = **138** C 8
Bericht des Haushaltsausschusses
BT-Drs 8/2686 = **139** D 13
1. Beratung
BT-PlPr 8/128 = **27** H 11
2. Beratung und Schlußabstimmung
BT-PlPr 8/145 = **31** K 10
– *GesEntw zum Vertrag Bundesrepublik Deutschland/Königreich Belgien über den Bau und die Unterhaltung einer Autobahnbrücke über die Our bei Steinebrück*
1. und 2. Durchgang
BR-Drs 510/79 = **116** O 13
BR-Drs 128/80 = **134** C 10
BR-PlPr 480 = **4** G 13
BR-PlPr 485 = **5** A 10

GesEntw der Bundesregierung
BT-Drs 8/3464 = **163** K 9
Beschlußempfehlung des Ausschusses für Verkehr und für das Post- und Fernmeldewesen
BT-Drs 8/3621 = **168** N 2
Bericht des Haushaltsausschusses
BT-Drs 8/3722 = **174** H 10
1. Beratung
BT-PlPr 8/196 = **42** G 11
2. Beratung und Schlußabstimmung
BT-PlPr 8/205 = **44** J 1
– Antrag der CDU/CSU betr Autobahn Würzburg-Ulm
BT-Drs 8/1075 = **84** A 11
Beschlußempfehlung des Ausschusses für Verkehr und das Post- und Fernmeldewesen
BT-Drs 8/1466 = **95** K 2

Autobahnbau
s Bundesfernstraßen, Straßenbaubericht
– Ausgaben für Autobahnbau
s *Bundeshaushaltsgesetz,* Einzelplan 12 (Geschäftsbereich des Bundesministers für Verkehr)
– s a Entwurf eines 2. Gesetzes zur Änderung des Gesetzes über den Ausbau der *Bundesfernstraßen* in den Jahren 1971 bis 1985
BR-Drs 548/79 = **118** O 5
BT-Drs 8/3662 = **171** N 2

Autobahn-Richtgeschwindigkeit
s Richtgeschwindigkeit

Ayatollah
s Khomeini, Ruhollah Musawi Hendi

B

Bagatellsteuer
- Abschaffung der Steuer auf Zucker, Salz, Leuchtmittel, Zündwaren, Spielkarten und Essigsäure –
  s GesEntw zur *Steuerreform*
  BT-Drs 8/2726 = **140** F 13

Bahnverkehr
- Abkommen mit Österreich über Züge unter Bahnverschluß
  (s *Eisenbahnverkehr*)

Ballungsgebiete
- Vorschlag einer EG-VO zur Festlegung einer konzertierten Aktion über das Wachstum großer städtischer Ballungsgebiete
  BR-Drs 378/77 = **27** D 5

Bananen
- VO zur Änderung des Deutschen Teil-Zolltarifs
  (Nr 3/77 – Zollkontingent 1977 für Bananen)
  BR-Drs 65/77 = **10** F 14
  BT-Drs 8/102 = **55** L 10
  Bericht des Wirtschaftsausschusses
  BT-Drs 8/198 = **59** H 10
- VO zur Änderung des Deutschen Teil-Zolltarifs
  (Nr 12/77 – Erhöhung des Zollkontingents 1977 für Bananen)
  BR-Drs 514/77 = **35** J 9
  BT-Drs 8/1028 = **82** D 5
  Bericht des Wirtschaftsausschusses
  BT-Drs 8/1443 = **95** F 14
- VO zur Änderung des Deutschen Teil-Zolltarifs
  (Nr 13/77 – 2. Erhöhung des Zollkontingents 1977 für Bananen)
  BR-Drs 657/77 = **43** A 3
  BT-Drs 8/1395 = **93** M 9
  Bericht des Wirtschaftsausschusses
  BT-Drs 8/1443 = **95** F 14
- VO zur Änderung des Deutschen Teil-Zolltarifs
  (Nr 2/78 – Zollkontingent 1978 für Bananen)
  BR-Drs 656/77 = **43** A 1
  BT-Drs 8/1396 = **93** M 11
  Bericht des Wirtschaftsausschusses
  BT-Drs 8/1443 = **95** F 14
- VO zur Änderung des Deutschen Teil-Zolltarifs
  (Nr 23/78 – Erhöhung des Zollkontingents 1978 für Bananen)
  BR-Drs 369/78 = **69** C 5
  BT-Drs 8/2053 = **116** M 5
  Bericht des Wirtschaftsausschusses
  BT-Drs 8/2204 = **122** I 13
- VO zur Änderung des Deutschen Teil-Zolltarifs
  (Nr 32/78 – 2. Erhöhung des Zollkontingents 1978 für Bananen)
  BR-Drs 57/79 = **88** O 3
  BT-Drs 8/2537 = **133** M 14
  Bericht des Wirtschaftsausschusses
  BT-Drs 8/2852 = **143** N 7
- VO zur Änderung des Deutschen Teil-Zolltarifs
  (Nr 2/79 – Zollkontingent 1979 für Bananen)
  BR-Drs 597/78 = **84** D 6
  BT-Drs 8/2446 = **130** A 11
  Bericht des Wirtschaftsausschusses
  BT-Drs 8/2541 = **133** N 8
- VO zur Änderung des Deutschen Teil-Zolltarifs
  (Nr 20/79 – Erhöhung des Zollkontingents für Bananen)
  BR-Drs 465/79 = **114** J 12
  BT-Drs 8/3178 = **155** O 5
  Bericht des Wirtschaftsausschusses
  BT-Drs 8/3269 = **158** G 8
- VO zur Änderung des Deutschen Teil-Zolltarifs
  (Nr 21/79 – 2. Erhöhung des Zollkontingents 1979 für Bananen)
  BR-Drs 641/79 = **124** E 11
  BT-Drs 8/3538 = **165** C 10
  Bericht des Wirtschaftsausschusses
  BT-Drs 8/3710 = **174** E 4
- VO zur Änderung des Deutschen Teil-Zolltarifs
  (Nr 1/80 – Zollkontingent 1980 für Bananen)
  BR-Drs 642/79 = **124** E 11
  BT-Drs 8/3541 = **165** D 1
  Bericht des Wirtschaftsausschusses
  BT-Drs 8/3710 = **174** E 4
- VO zur Änderung des Deutschen Teil-Zolltarifs (Nr 6/80 – Erhöhung des Zollkontingents 1980 für Bananen)
  BR-Drs 525/80 = **155** N 12
  BT-Drs 8/4498 = **196** D 8

Basel
s Autobahn

BauausgabendringlichkeitsVO
- 2. VO zur Änderung der 2. VO über die Dringlichkeit von Ausgaben für Bauvorhaben in der Rentenversicherung der Arbeiter
  BR-Drs 36/77 = **8** A 1
- 3. ÄnderungsVO
  BR-Drs 467/79 = **114** L 3
- Stellungnahme des Bundesministers für Arbeit und Sozialordnung zur Entschließung des BR zur 2. VO über die Dringlichkeit von Ausgaben für Bauvorhaben in der Rentenversicherung der Arbeiter (2. BauDrVO)
  BR-Drs 644/79 = **124** E 12

Baudenkmal
s Denkmalschutz

Baugewerbe
- VO über die statistische Erfassung des Material- und Wareneingangs im Bergbau und im Verarbeitenden Gewerbe sowie im Baugewerbe
  BR-Drs 396/77 = **28** B 5

Bauleitpläne
- s GesEntw zur Beschleunigung von Verfahren und zur Erleichterung von Investitionsvorhaben im *Städtebaurecht*
  BR-Drs 446/78 = **75** G 12
  BT-Drs 8/2451 = **130** B 7

Baumeister
- VO zur Ablösung der BaumeisterVO
  BR-Drs 51/79 = **88** L 8

Baunutzung
- 2. VO zur Änderung der BaunutzungsVO
  BR-Drs 261/77 = **22** E 4

Baurecht
s Bundesbaugesetz, Städtebau, Wohnungsbau

Bausparförderung
s Wohnungsbau-Prämiengesetz

Bautätigkeitsstatistik
- *GesEntw eines 2. Ges über die Durchführung von Statistiken der Bautätigkeit und die Fortschreibung des Gebäudebestandes*
  1. und 2. Durchgang
  BR-Drs 141/77 = **15** D 1
  BR-Drs 148/78 = **55** E 13
  BR-PlPr 445 = **1** C 12
  BR-PlPr 457 = **2** E 2
  Vermittlungsverfahren:
  BR-Drs 281/78 = **65** A 3
  BR-PlPr 460 = **2** H 2

  GesEntw der Bundesregierung
  BT-Drs 8/598 = **70** B 1
  Beschlußempfehlung des Ausschusses für Raumordnung, Bauwesen und Städtebau
  BT-Drs 8/1407 = **94** H 7
  Ergänzung zum Bericht des Ausschusses für Raumordnung, Bauwesen und Städtebau
  BT-Drs 8/1550 = **98** E 7
  Bericht des Haushaltsausschusses
  BT-Drs 8/1600 = **99** M 11
  Anrufung des Vermittlungsausschusses
  BT-Drs 8/1736 = **103** J 7
  Beschlußempfehlung des Vermittlungsausschusses
  BT-Drs 8/1934 = **111** C 2
  1. Beratung
  BT-PlPr 8/35 = **7** O 8
  2. und 3. Beratung
  BT-PlPr 8/78 = **17** E 7
  Beratung der Beschlußempfehlung des Vermittlungsausschusses
  BT-PlPr 8/100 = **22** B 11
- *GesEntw zur Änderung des 2. Baustatistikgesetzes*
  1. Durchgang
  BR-Drs 40/80 = **126** K 8
  BR-PlPr 484 = **4** N 4

  GesEntw der Bundesregierung
  BT-Drs 8/4274 = **190** C 8

Bauträger
- 2. VO zur Änderung gewerberechtlicher Vorschriften
  BR-Drs 442/79 = **112** J 12

Bauvorhaben
s BauausgabendringlichkeitsVO

Bauwirtschaft
s Statistik, Winterbau

Beamte
s Abgeordneter
  Bundesbesoldungserhöhungsgesetz
  Mehrarbeitsvergütung

Beamte auf Widerruf
- *GesEntw zur Änderung versorgungsrechtlicher und sozialversicherungsrechtlicher Vorschriften*
  Br-Drs 245/79 = **100** H 14
- VO über die Gewährung von Anwärtersonderzuschlägen an Beamte auf Widerruf im Vorbereitungsdienst
  BR-Drs 48/78 = **47** C 7

Beamtenanwärterbezüge
- s GesEntw zur Änderung des *Bundesbesoldungsgesetzes*
  (betr Herabsetzung der Grundbeträge der Beamtenanwärterbezüge)
  BR-Drs 170/77 = **16** N 2

Beamtenbesoldung
s Bundesbesoldungsgesetz

Beamtenrecht
- s Entw eines 8. Ges zur Änderung beamtenrechtlicher und besoldungsrechtlicher Vorschriften
  (s *Bundesbesoldungsgesetz*)
  BR-Drs 578/77 = **39** C 13
  BT-Drs 8/1606 = **100** B 5
- s Entwurf eines Gesetzes zur Änderung *dienstrechtlicher* Vorschriften
  (Erweiterung der Möglichkeit der Teilzeitbeschäftigung)
  BR-Drs 184/77 = **17** H 14
  BT-Drs 8/873 = **78** D 2

Beamtenversorgungsgesetz
- *Entw eines ÄndGes*
  (betr Ruhegehalt nach Beförderung)
  1. Durchgang
  BR-Drs 258/79 = **101** B 4
  BR-PlPr 473 = **3** L 2
  BR-PlPr 474 = **3** M 13

  GesEntw des Bundesrates
  BT-Drs 8/3194 = **156** G 11
  Beschlußempfehlung des Innenausschusses
  BT-Drs 8/4203 = **189** B 7
  Bericht des Innenausschusses
  BT-Drs 8/4221 = **189** E 14
  Änderungsantrag zur 2. Beratung
  BT-Drs 8/4224 = **189** G 7
  Bericht des Haushaltsausschusses
  BT-Drs 8/4241 = **189** I 8
  1. Beratung
  BT-PlPr 8/177 = **38** B 9
  2. Beratung
  BT-PlPr 8/223 = **48** N 5
- VO zur Durchführung des § 31 des Beamtenversorgungsgesetzes (Bestimmung von Krankheiten für die beamtenrechtliche Unfallfürsorge)
  BR-Drs 104/77 = **13** B 9
- VO über die einmalige Unfallentschädigung nach § 43 Abs 3 des Beamtenversorgungsgesetzes
  BR-Drs 203/77 = **18** K 9
- VO zur Durchführung des § 33 des Beamtenversorgungsgesetzes (HeilverfahrensVO)
  BR-Drs 42/79 = **87** H 8
- Allg. Verwaltungsvorschrift zum Beamtenversorgungsgesetz
  BR-Drs 465/80 = **152** A 9

Bedarfssätze für Auszubildende
s Bundesausbildungsförderungsgesetz

Beförderungsentgelt
s Personenverkehr
  Schwerbehinderte

Befreiungsbewegungen
- Antrag der Fraktion der CDU/CSU
  BT-Drs 8/2728 = **140** G 4
  Beratung
  BT-PlPr 8/197 = **42** K 8

Beglaubigungskostenordnung
- 2. VO zur Änderung der Beglaubigungskostenordnung
  BR-Drs 174/78 = **56** H 9

Beherbergungsstätten
s Meldewesen

Beherbergungsstatistikgesetz
- *GesEntw über die Statistik der Beherbergung im Reiseverkehr*
  1. und 2. Durchgang
  BR-Drs 388/79 = **109** I 12
  BR-Drs 283/80 = **143** H 5
  BR-PlPr 478 = **4** E 10
  BR-PlPr 488 = **5** E 6

  GesEntw der Bundesregierung
  BT-Drs 8/3623 = **168** N 9
  Beschlußempfehlung des Wirtschaftsausschusses
  BT-Drs 8/3970 = **183** D 14
  Bericht des Haushaltsausschusses
  BT-Drs 8/4005 = **184** A 14
  1. Beratung
  BT-PlPr 8/203 = **44** A 13
  2. und 3. Beratung
  BT-PlPr 8/216 = **47** A 10

Behinderte
s a Ausgleichsabgabe gem Schwerbehindertengesetz
  Schwerbehinderte
  Stiftung „Hilfswerk für behinderte Kinder"
- Antwort auf Große Anfrage betr Lage der Behinderten und Weiterentwicklung der Rehabilitation
  BT-Drs 8/2190 = **122** E 8
  Beratung
  BT-PlPr 8/136 = **29** J 2
  Entschließungsantrag zur Großen Anfrage
  BT-Drs 8/2560 = **134** C 12
  Beschlußempfehlung des Ausschusses für Arbeit und Sozialordnung
  BT-Drs 8/3404 = **161** G 11
  BT-PlPr 8/199 = **43** B 5
- Erfahrungsbericht zu § 5 Heimgesetz
  BT-Drs 8/2429 = **129** I 10
- Stellungnahme der Bundesregierung zum Bericht der Sachverständigen-Kommission zur Lage der Psychiatrie in der Bundesrepublik Deutschland
  BT-Drs 8/2565 = **134** F 3
- VO über den für die Kalenderjahre 1976 und 1977 maßgebenden Vomhundertsatz nach § 4 des Ges über die unentgeltliche Beförderung von Kriegs- und Wehrdienstbeschädigten sowie von anderen Behinderten im Nahverkehr
  BR-Drs 13/77 = **6** I 9
- VO über den für die Kalenderjahre 1978 und 1979 maßgebenden Vomhundertsatz nach § 4 des Ges über die unentgeltliche Beförderung von Kriegs- und Wehrdienstbeschädigten sowie von anderen Behinderten im Nahverkehr
  BR-Drs 471/78 = **76** N 11

Beitreibungsgesetz-EG
- *GesEntw zur Durchführung der EG-Richtlinie über die gegenseitige Unterstützung bei der Beitreibung von Forderungen im Zusammenhang mit Maßnahmen, die Bestandteil des Finanzierungssystems des Europäischen Ausrichtungs- und Garantiefonds für die Landwirtschaft sind, sowie von Abschöpfungen und Zöllen*
  1. und 2. Durchgang
  BR-Drs 31/78 = **46** G 4
  BR-Drs 316/79 = **104** H 7
  BR-PlPr 454 = **2** A 5
  BR-PlPr 476 = **4** A 4

  GesEntw der Bundesregierung
  BT-Drs 8/1715 = **103** B 1
  Beschlußempfehlung des Finanzausschusses
  BT-Drs 8/2866 = **144** C 2
  1. Beratung
  BT-PlPr 8/88 = **19** G 7
  2. und 3. Beratung
  BT-PlPr 8/160 = **34** N 13

Belegschaftsaktien
s Lohnsteuer, Vermögensbildung

Belgien, Königreich
- *GesEntw zum Abkommen Bundesrepublik Deutschland/Königreich Belgien über die Befreiung öffentlicher Urkunden von der Legalisation*
  1. und 2. Durchgang
  BR-Drs 35/78 = **46** I 3
  BR-Drs 284/80 = **143** H 6
  BR-PlPr 454 = **2** A 5
  BR-PlPr 488 = **5** E 6

  GesEntw der Bundesregierung
  BT-Drs 8/1544 = **98** B 14
  Beschlußempfehlung des Rechtsausschusses
  BT-Drs 8/3983 = **183** H 3
  1. Beratung
  BT-PlPr 8/78 = **17** E 7
  2. Beratung und Schlußabstimmung
  BT-PlPr 8/216 = **47** A 10
- *GesEntw zum Vertrag Bundesrepublik Deutschland/Königreich Belgien über den Bau und die Unterhaltung einer Autobahnbrücke über die Our bei Steinebrück*
  1. und 2. Durchgang
  BR-Drs 510/79 = **116** O 13
  BR-Drs 128/80 = **134** C 10
  BR-PlPr 480 = **4** G 13
  BR-PlPr 485 = **5** A 10

  GesEntw der Bundesregierung
  BT-Drs 8/3464 = **163** K 9
  Beschlußempfehlung des Ausschusses für Verkehr und für das Post- und Fernmeldewesen
  BT-Drs 8/3621 = **168** N 2
  Bericht des Haushaltsausschusses
  BT-Drs 8/3722 = **174** H 10
  1. Beratung
  BT-PlPr 8/196 = **42** G 11
  2. Beratung und Schlußabstimmung
  BT-PlPr 8/205 = **44** J 1
- Vereinbarung Bundesrepublik Deutschland/Königreich Belgien über die Prüfung und Stempelung von Meßgeräten
  BR-Drs 224/78 = **60** L 5
- s a Entw eines Ausführungsgesetzes zum Übereinkommen Belgien/Dänemark/Bundesrepublik Deutschland/Irland/Italien/Luxemburg/Niederlande/Europäische Atomgemeinschaft/Internationale Atomenergie-Organisation in Ausführung des Vertrages über die Nichtverbreitung von Kernwaffen
  (s *Atomwaffensperrvertrag*)
  BR-Drs 5/79 = **84** O 3
  BT-Drs 8/2779 = **141** N 13

Bemessung
- 9. VO über die Bemessung der Aufwendungen für die Leistungen gem §§ 1236 bis 1244a, 1305 und 1306 der RVO und für die Verwaltungs- und Verfahrenskosten in der Rentenversicherung der Arbeiter
  BR-Drs 432/77 = **31 F 6**
- 10. VO über die Bemessung der Aufwendungen ...
  BR-Drs 356/78 = **68 J 13**
- 11. VO über die Bemessung der Aufwendungen ...
  BR-Drs 270/79 = **101 M 14**
- 12. VO über die Bemessung der Aufwendungen ...
  BR-Drs 303/80 = **145 I 12**

Beratungshilfegesetz
- *GesEntw über Hilfe durch kostenlose Beratung und Vertretung in Rechtsangelegenheiten außerhalb eines gerichtlichen Verfahrens*
  1. und 2. Durchgang
  BR-Drs 404/79 = **110 F 14**
  BR-Drs 115/80 = **133 M 1**
  BR-PlPr 477 = **4 B 11**
  BR-PlPr 484 = **4 N 4**
  Vermittlungsverfahren:
  BR-Drs 174/80 = **136 F 8**
  BR-PlPr 486 = **5 C 6**

  GesEntw der Bundesregierung
  BT-Drs 8/3311 = **159 H 13**
  Beschlußempfehlung des Rechtsausschusses
  BT-Drs 8/3695 = **173 J 11**
  Änderungsantrag zur 2. Beratung
  BT-Drs 8/3707 = **174 D 13**
  Bericht des Haushaltsausschusses
  BT-Drs 8/3719 = **174 H 7**
  Anrufung des Vermittlungsausschusses
  BT-Drs 8/3855 = **178 G 11**
  Beschlußempfehlung des Vermittlungsausschusses
  BT-Drs 8/3906 = **180 C 10**
  1. Beratung
  BT-PlPr 8/183 = **39 E 8**
  2. und 3. Beratung
  BT-PlPr 8/203 = **44 A 13**
  Beratung der Beschlußempfehlung des Vermittlungsausschusses
  BT-PlPr 8/214 = **46 K 3**
- s a Rechtsberatung
- VO zur Einführung von Vordrucken im Bereich der Beratungshilfe
  BR-Drs 579/80 = **158 O 7**

Berechnungsverordnung
- 7. VO zur Änderung der 2. BerechnungsVO
  (betr öffentlich geförderter Wohnungsbau, Kosten für Architekten und Ingenieure)
  BR-Drs 96/77 = **12 J 6**
- VO zur Änderung der 2. BerechnungsVO und der NeubaumietenVO 1970
  BR-Drs 191/79 = **97 E 2**

Bereinigung des Bundesrechts
- *GesEntw über die Bereinigung des Bundesrechts*
  BT-Drs 8/3802 = **176 H 10**
  1. Beratung
  BT-PlPr 8/223 = **48 N 5**

Berggesetz
s Bundesberggesetz

Bergmannsprämie
- *Entwurf eines Gesetzes zur Änderung des Gesetzes über Bergmannsprämien*
  (eingebracht als: GesEntw zur Änderung und Vereinfachung des Einkommensteuergesetzes und anderer Gesetze
  BR-Drs 600/79 = **122 G 5**
  BT-Drs 8/3688 = **173 D 7**)
  2. Durchgang
  BR-Drs 171/80 = **136 E 14**
  BR-PlPr 485 = **5 A 10**

  1. Beschlußempfehlung des Finanzausschusses
  BT-Drs 8/3824 = **176 J 11**
  1. Bericht des Haushaltsausschusses
  BT-Drs 8/3830 = **176 O 9**
  2. und 3. Beratung
  BT-PlPr 8/208 = **45 D 10**
- VO zur Änderung der VO zur Durchführung des Ges über Bergmannsprämien
  BR-Drs 571/77 = **38 N 4**

Bergrecht
- s a GesEntw eines *Bundesberggesetzes*
  (betr Neuordnung des gesamten Bergrechts)
  BR-Drs 260/77 = **21 H 12**
  BT-Drs 8/1315 = **91 K 5**
- s a GesEntw zur Änderung *schadensersatzrecht*licher Vorschriften
  (betr Schadensersatz für Tötung und Körperverletzung beim Betrieb von Eisenbahnen, Bergwerken usw)
  BR-Drs 309/77 = **24 G 12**
  BT-Drs 8/108 = **55 M 7**
- s a GesEntw zur vorläufigen Regelung des *Tiefseebergbaus*
  BR-Drs 415/80 = **149 E 7**
  BT-Drs 8/2363 = **127 L 12**
- VO über die statistische Erfassung des Material- und Wareneingangs im Bergbau und im Verarbeitenden Gewerbe sowie im Baugewerbe
  BR-Drs 396/77 = **28 B 5**

Bericht der Bundesregierung zur Lage der Nation
s Deutsche Nation

Bericht zum .../über ...
s unter dem jeweiligen Sachgebiet

Berlinförderung
- Bericht über die Auswirkungen der Körperschaftssteuerreform auf die Berlin-Darlehen nach §§ 16, 17 Berlinförderungsgesetz
  BT-Drs 8/3930 = **181 G 6**
- s a Entwurf eines ÄndGes über Investitionszuschüsse im *sozialen Wohnungsbau*
  BR-Drs 120/77 = **13 O 10**
  BT-Drs 8/79 = **54 A 7**
- s a Entw eines 2. Ges zur Änderung *mietrecht*licher und mietpreisrechtlicher Vorschriften im Land Berlin
  BR-Drs 321/79 = **104 I 14**
  BT-Drs 8/2544 = **133 N 14**

Berlinförderungsgesetz
- *Entw eines ÄndGes*
  (Ausdehnung der Investitionszulage auf Wirtschaftsgüter, die der Datenverarbeitung dienen)
  Bundesratsdurchgang
  BR-Drs 121/79 = **93 C 10**
  BR-PlPr 471 = **3 J 3**

  GesEntw aller Fraktionen
  BT-Drs 8/2380 = **128 I 11**
  Beschlußempfehlung des Finanzausschusses
  BT-Drs 8/2630 = **137 N 4**
  Bericht des Haushaltsausschusses
  BT-Drs 8/2631 = **137 N 11**
  1. Beratung
  BT-PlPr 8/124 = **26 M 1**
  2. und 3. Beratung
  BT-PlPr 8/141 = **30 I 6**
- s a Entwurf eines Gesetzes zur Steuerentlastung und Familienförderung *(Steuerentlastungsgesetz 1981)*
  BR-Drs 100/80 = **130 O 9**
  BR-Drs 107/80 = **132 B 10**
  BT-Drs 8/3666 = **172 D 10**
  BT-Drs 8/3901 = **179 K 3**
  BT-Drs 8/3902 = **179 N 3**

Berufliche Bildung
- s a GesEntw zum Übereinkommen der *Internationalen Arbeitsorganisation* über die Berufsberatung und Berufsbildung im Rahmen der Erschließung des Arbeitskräftepotentials
  BR-Drs 477/79 = **115 E 2**
  BT-Drs 8/3550 = **165 K 2**
- s a Entw eines 5. ÄndGes zum Arbeitsförderungsgesetz
  (betr berufliche Bildung und Arbeitslosenvermittlung)
  BR-Drs 1/79 = **84 E 11**
  BT-Drs 8/2624 = **137 J 5**
- Beschlußempfehlung des Ausschusses für Bildung und Wissenschaft zu einem Antrag auf berufliche Fortbildung in Betrieben und überbetrieblichen Einrichtungen
  BT-Drs 8/4294 = **190 I 5**

Berufsausbildungsabgabe
s Ausbildungsplatzförderung

Berufsfachschule
s a Glasfachschule Rheinbach
- VO zur Gleichstellung von Prüfungszeugnissen der Berufsfachschule für Elektrotechnik in Bremen mit den Zeugnissen über das Bestehen der Abschlußprüfung in Ausbildungsberufen
  BR-Drs 89/78 = **50 I 11**
- VO über die Anrechnung auf die Ausbildungszeit in Ausbildungsberufen der gewerblichen Wirtschaft – Anrechnung des Besuchs eines schulischen Berufsgrundbildungsjahres und einer einjährigen Berufsfachschule –
  BR-Drs 252/78 = **63 D 9**
- VO zur Gleichstellung von Prüfungszeugnissen der Berufsfachschule für das Holz und Elfenbein verarbeitende Handwerk in Michelstadt/Odenwaldkreis mit den Zeugnissen über das Bestehen der Gesellenprüfung in Ausbildungsberufen
  BR-Drs 216/79 = **98 N 8**
- VO zur Gleichstellung von Prüfungszeugnissen der Berufsfachschulen für Bürokaufleute, Bürogehilfinnen und Teilezurichter in Bremen mit den Zeugnissen über das Bestehen der Abschlußprüfung in Ausbildungsberufen
  BR-Drs 184/80 = **137 C 7**
- VO zur Gleichstellung von Prüfungszeugnissen der Staatlichen Berufsfachschule für Fertigungstechnik und Elektrotechnik Iser-

lohn mit den Zeugnissen über das Bestehen der Abschlußprüfung in Ausbildungsberufen
BR-Drs 185/80 = **137** C 12

Berufsgrundbildungsjahr
- s a Entw eines 5. ÄndGes zum *Bundesausbildungsförderungsgesetz*
  (betr Einbeziehung der Förderung Auszubildender im Berufsgrundbildungsjahr)
  BR-Drs 293/78 = **65** G 5
  BR-Drs 404/78 = **72** B 2
  BT-Drs 8/2081 = **117** M 12
- VO über die Anrechnung auf die Ausbildungszeit in Ausbildungsberufen der gewerblichen Wirtschaft – Anrechnung des Besuchs eines schulischen Berufsgrundbildungsjahres und einer einjährigen Berufsfachschule –
  BR-Drs 252/78 = **63** D 9
- VO über die Anrechnung des Besuchs eines schulischen Berufsgrundbildungsjahres und einer einjährigen Berufsfachschule auf die Ausbildungszeit in Ausbildungsberufen der Landwirtschaft
  BR-Drs 249/79 = **100** J 9
- VO über die Anrechnung des Besuchs eines schulischen Berufsgrundbildungsjahres und einer einjährigen Berufsfachschule auf die Ausbildungszeit in Ausbildungsberufen des öffentlichen Dienstes
  BR-Drs 119/80 = **133** N 11
- VO über die Anrechnung des Besuchs eines schulischen Berufsgrundbildungsjahres und einer einjährigen Berufsfachschule auf die Ausbildungszeit im Ausbildungsberuf Hauswirtschafter/-in
  BR-Drs 225/80 = **139** K 10
- Stellungnahme der Bundesregierung zu der Entschließung des Bundesrates zur Überprüfung ausbildungshemmender Vorschriften (BR-Drs 111/77)
  (s *Ausbildungsplatzförderung*)
  BR-Drs 357/77 = **26** B 7

Berufskrankheiten
- VO zum Abkommen Bundesrepublik Deutschland/Großherzogtum Luxemburg über den Verzicht auf die Erstattung der Aufwendungen für Sachleistungen aus Anlaß von Arbeitsunfällen und Berufskrankheiten
  BR-Drs 45/79 = **87** K 6

Berufsreform
- Bericht betr Berufs-/Laufbahnreform im Zusammenhang mit dem Bildungssystem
  BT-Drs 8/3228 = **157** E 1

Berufsschule
- Vierter Jugendbericht der Sachverständigenkommission und Stellungnahme der Bundesregierung
  BT-Drs 8/2110 = **119** F 4

Berufssoldaten
s Soldatengesetz

Berufstätigkeit von Frauen
- Entschließung des BR zur Verbesserung der Ausbildungs- und Beschäftigungsmöglichkeit von Frauen und Mädchen
  BR-Drs 248/79 = **100** J 5

Berufszählung
s Volkszählung

Besamung
- VO über die Untersuchung männlicher Tiere zur Erteilung der Besamungserlaubnis
  BR-Drs 248/77 = **20** O 6

Besoldungsrecht
s a Bundesbesoldungserhöhungsgesetz
  Bundesbesoldungsgesetz
- *GesEntw zur Änderung besoldungsrechtlicher und versorgungsrechtlicher Vorschriften 1980*
  1. und 2. Durchgang
  BR-Drs 545/79 = **118** G 2
  BR-Drs 358/80 = **146** M 10
  BR-PlPr 481 = **4** I 5
  BR-PlPr 491 = **5** J 8

  GesEntw der Bundesregierung
  BT-Drs 8/3624 = **168** O 1
  Beschlußempfehlung des Innenausschusses
  BT-Drs 8/4203 = **189** B 7
  Bericht des Innenausschusses
  BT-Drs 8/4221 = **189** E 14
  Änderungsantrag zur 2. Beratung
  BT-Drs 8/4224 = **189** G 7
  Bericht des Haushaltsausschusses
  BT-Drs 8/4241 = **189** I 8
  Entschließungsantrag der CDU/CSU zur 3. Beratung
  BT-Drs 8/4225 = **189** G 7
  1. Beratung
  BT-PlPr 8/208 = **45** D 10
  2. und 3. Beratung
  BT-PlPr 8/223 = **48** N 5
- VO über die Gewährung einer Stellenzulage für Beamte, Richter und Soldaten in der Hochschulleitung
  (Hochschulleitungs-StellenzulagenVO)
  BR-Drs 177/77 = **17** C 6
- 1. VO zur Änderung der VO über die Gewährung von Erschwerniszulagen
  BR-Drs 145/79 = **94** G 2

Betäubungsmittel
- *GesEntw zur Neuordnung des Betäubungsmittelrechts*
  1. und 2. Durchgang
  BR-Drs 546/79 = **118** J 5
  BR-Drs 387/80 = **147** E 9
  BR-PlPr 481 = **4** I 5
  BR-PlPr 491 = **5** J 8

  GesEntw der Bundesregierung
  BT-Drs 8/3551 = **165** K 10
  GesEntw der CDU/CSU
  BT-Drs 8/3291 = **158** O 7
  Beschlußempfehlung des Ausschusses für Jugend, Familie und Gesundheit
  BT-Drs 8/4267 = **189** N 10
  Bericht des Haushaltsausschusses
  BT-Drs 8/4269 = **190** A 7
  Bericht des Ausschusses für Jugend, Familie und Gesundheit
  BT-Drs 8/4283 = **190** E 11
  Änderungsantrag zur 2. Beratung
  BT-Drs 8/4296 = **190** J 1
  Anrufung des Vermittlungsausschusses
  BT-Drs 8/4407 = **193** J 1
  1. Beratung
  BT-PlPr 8/200 = **43** F 4
  2. und 3. Beratung
  BT-PlPr 8/226 = **49** L 1
- 2. VO zur Änderung der Betäubungsmittel-VerschreibungsVO
  BR-Drs 25/78 = **46** B 2

Betriebliche Altersversorgung
- Bericht über die Erfahrungen bei der Durchführung des Gesetzes zur Verbesserung der betrieblichen Altersversorgung
  BT-Drs 8/2377 = **128** E 4

Betriebsbeauftragter für Abfall
- VO über Betriebsbeauftragte für Abfall
  BR-Drs 413/77 = **29** C 13

Betriebsprüfungsordnung
- Allgemeine Verwaltungsvorschrift für die Betriebsprüfung
- Betriebsprüfungsordnung (Steuer)
  BR-Drs 649/77 = **42** K 9

Betriebsrätekonferenz
- Äußerung des Bundeskanzlers
  Aktuelle Stunde
  BT-PlPr 8/135 = **29** E 9

Betriebsübergang
- s GesEntw über die Gleichbehandlung von Männern und Frauen am Arbeitsplatz und über die Erhaltung von Ansprüchen bei Betriebsübergang
  (Arbeitsrechtliches EG-Anpassungsgesetz)
  BR-Drs 353/79 = **106** F 3
  BT-Drs 8/3317 = **159** J 13

Betriebsverfassung
- *GesEntw über die Errichtung von Sprecherausschüssen für Leitende Angestellte*
  BT-Drs 8/3490 = **164** D 3
  1. Beratung
  BT-PlPr 8/205 = **44** J 1

Beurkundung
- *GesEntw zur Heilung beurkundungsbedürftiger Rechtsgeschäfte*
  1. und 2. Durchgang
  BR-Drs 463/79 = **114** I 7
  BR-Drs 38/80 = **126** K 3
  BR-PlPr 477 = **4** B 11
  BR-PlPr 482 = **4** K 5

  GesEntw der CDU/CSU
  BT-Drs 8/3174 = **155** L 2
  GesEnt der Bundesregierung
  BT-Drs 8/3230 = **157** E 14
  Beschlußempfehlung des Rechtsausschusses
  BT-Drs 8/3590 = **168** H 1
  Bericht des Rechtsausschusses
  BT-Drs 8/3594 = **168** I 2
  1. Beratung
  BT-PlPr 8/177 = **38** B 9
  2. und 3. Beratung
  BT-PlPr 8/200 = **43** F 4

Bevölkerungsentwicklung
s a Familienbericht
- Antwort auf Kleine Anfrage zur langfristigen Bevölkerungsentwicklung
  BT-Drs 8/680 = **71** D 1
- Antwort auf Große Anfrage zu Grundproblemen der Bevölkerungsentwicklung
  BT-Drs 8/3299 = **159** B 8
  Entschließungsantrag der CDU/CSU zur Großen Anfrage
  BT-Drs 8/3759 = **175** C 10
  Beratung
  BT-PlPr 8/205 = **44** J 1
- Bericht über die Bevölkerungsentwicklung in der Bundesrepublik Deutschland – 1. Teil
  BR-Drs 464/80 = **151** N 4
  BT-Drs 8/4437 = **194** E 10

Bevorratungspflicht für Erdöl
s Erdölbevorratungsgesetz

Beweisaufnahme im Ausland
s *Rechtshilfe* in Zivilsachen

Beweissicherungs- und Feststellungsgesetz
s Feststellungsgesetz

Bewertungsgesetz
– Übernahme der ertragssteuerlichen Werte für Pensionsrückstellungen bei der Einheitsbewertung des Betriebsvermögens:
– s Entwurf eines Gesetzes zur Steuerentlastung und Familienförderung (*Steuerentlastungsgesetz* 1981)
BR-Drs 100/80 = **130** O 9
BT-Drs 107/80 = **132** B 10
BT-Drs 8/3666 = **172** D 10
BT-Drs 8/3701 = **173** L 6
BT-Drs 8/3901 = **179** K 3
BT-Drs 8/3902 = **179** N 3
– s GesEntw zur Änderung des Einkommenssteuergesetzes und des Bewertungsgesetzes (*Künstlerhilfe*)
BT-Drs 8/3616 = **168** M 6
– s GesEntw zur Änderung und Vereinfachung des *Einkommensteuergesetzes* und anderer Gesetze
BR-Drs 600/79 = **122** G 5
BT-Drs 8/3688 = **173** D 7

Bewirtschaftungspläne
– Allgemeine Verwaltungsvorschrift über den Mindestinhalt von Bewirtschaftungsplänen (betr Wasserversorgung)
BR-Drs 251/78 = **63** D 4

BGB
s Bürgerliches Gesetzbuch

Bienen
– 2. VO zur Änderung der Bienenseuchenverordnung
BR-Drs 460/78 = **76** G 1
– 1. VO zur Änderung der Bienen-EinfuhrVO
BR-Drs 582/78 = **83** D 8
– 3. VO zur Änderung der Bienenseuchenverordnung
BR-Drs 54/80 = **128** F 10

Biersteuergesetz
– *Entw eines 3. Ges zur Änderung des Biersteuergesetzes*
1. und 2. Durchgang
BR-Drs 397/77 = **28** B 9
BR-Drs 62/78 = **49** A 8
BR-PlPr 450 = **1** K 11
BR-PlPr 454 = **2** A 5

GesEntw der Bundesregierung
BT-Drs 8/1040 = **83** C 3
Beschlußempfehlung des Finanzausschusses
BT-Drs 8/1335 = **92** H 12
1. Beratung
BT-PlPr 8/52 = **11** H 10
2. und 3. Beratung
BT-PlPr 8/66 = **14** F 14
– 4. VO zur Änderung der Durchführungsbestimmungen zum Biersteuergesetz
BR-Drs 99/77 = **12** K 7
– 5. VO zur Änderung der Durchführungsbestimmungen zum Biersteuergesetz
BR-Drs 369/77 = **26** H 9
– 6. VO zur Änderung der Durchführungsbestimmungen zum Biersteuergesetz
BR-Drs 529/80 = **156** F 13

Bildhauer
– 3. VO zur Änderung der 4. VO zur Durchführung des Umsatzsteuergesetzes (Mehrwertsteuer)
– Durchschnittsatz-VO –
BR-Drs 46/77 = **8** E 4

Bildungsgesamtplan
– Antrag der Fraktion der CDU/CSU zur Fortschreibung
BT-Drs 8/2955 = **146** J 12
Antrag der Fraktionen der FDP und SPD
BT-Drs 8/3271 = **158** G 12
Beratung
BT-PlPr 8/183 = **39** E 8

Bildungspolitik
s a Integrationsbericht der Bundesregierung
– Antwort auf Große Anfrage der SPD/FDP
BT-Drs 8/1703 = **102** K 6
Entschließungsantrag der CDU/CSU zur Großen Anfrage
BT-Drs 8/1893 = **109** J 4
Beratung
BT-PlPr 8/96 = **21** D 6

Bildungswesen
– Bericht der Bundesregierung über die strukturellen Probleme des föderativen Bildungssystems
BR-Drs 120/78 = **51** M 10
BR-PlPr 463 = **2** N 14
BT-Drs 8/1551 = **98** E 8
Ergänzung und Schlußfolgerungen
BT-Drs 8/1956 = **112** O 9
Beratung
BT-PlPr 8/120 = **25** L 1
– Bericht betr Berufs-/Laufbahnreform im Zusammenhang mit dem Bildungssystem
BT-Drs 8/3228 = **157** E 1

Binnenschiffsverkehr
– *Entw eines 3. Ges zur Änderung des Ges über den gewerblichen Binnenschiffsverkehr*
(Mindestalter für prämienbegünstigte Abwrackung)
1. und 2. Durchgang
BR-Drs 405/78 = **72** B 9
BR-Drs 179/79 = **96** G 8
BR-PlPr 463 = **2** N 14
BR-PlPr 472 = **3** K 1

GesEntw der Bundesregierung
BT-Drs 8/2366 = **127** N 10
Beschlußempfehlung des Ausschusses für Verkehr und für das Post- und Fernmeldewesen
BT-Drs 8/2640 = **138** C 4
1. Beratung
BT-PlPr 8/128 = **27** H 11
2. und 3. Beratung
BT-PlPr 8/145 = **31** K 10
– *Entw eines 3. Ges zur Änderung des Ges über die Aufgaben des Bundes auf dem Gebiet der Binnenschiffahrt*
1. Durchgang
BR-Drs 618/79 = **123** B 2
BR-PlPr 482 = **4** K 5

GesEntw der Bundesregierung
BT-Drs 8/3795 = **176** D 3
1. Beratung
BT-PlPr 8/211 = **45** M 14
– s a Entw eines ÄndGes zur *Schiffsregisterordnung*
BR-Drs 526/78 = **80** A 10
BT-Drs 8/2515 = **131** A 11
– VO zur Sicherstellung des Binnenschiffsverkehrs
BR-Drs 304/80 = **145** J 4

Blauschimmelkrankheit
– VO zur Bekämpfung der Blauschimmelkrankheit des Tabaks
BR-Drs 43/78 = **47** A 9

Blech
s Elektroblech
Teil-Zolltarif, Deutscher

Blindenhandwerk
– 2. VO zur Änderung gewerberechtlicher Vorschriften
BR-Drs 442/79 = **112** J 12

Bocksbeutel
– Schutz des fränkischen Bocksbeutels:
Antrag der Fraktion der CDU/CSU
BT-Drs 8/3935 = **181** H 6
BT-PlPr 8/218 = **47** J 7

Bodennutzungserhebung
– *Entwurf eines 2. Ges zur Änderung des Ges über Bodennutzungs- und Ernteerhebung*
1. und 2. Durchgang
BR-Drs 556/77 = **37** E 7
BR-Drs 323/78 = **66** K 7
BR-PlPr 453 = **1** O 6
BR-PlPr 461 = **2** I 9

GesEntw der Bundesregierung
BT-Drs 8/1616 = **100** J 8
Beschlußempfehlung des Ausschusses für Ernährung, Landwirtschaft und Forsten
BT-Drs 8/1913 = **110** D 3
1. Beratung
BT-PlPr 8/83 = **18** F 5
2. und 3. Beratung
BT-PlPr 8/100 = **22** B 11

Bodenschätze
s a Bergrecht
Bundesberggesetz
– *Entwurf eines Gesetzes zur Änderung des Gesetzes zur vorläufigen Regelung der Rechte am Festlandsockel*
1. Durchgang
BR-Drs 290/77 = **23** H 7
BR-PlPr 448 = **1** H 13
Unterrichtung durch den Bundesrat
BR-Drs 123/80 = **134** A 5

GesEntw des Bundesrates
BT-Drs 8/1018 = **82** A 3
Beschlußempfehlung des Wirtschaftsausschusses
BT-Drs 8/3965 = **182** K 12
1. Beratung
BT-PlPr 8/66 = **14** F 14
2. Beratung
BT-PlPr 8/217 = **47** E 13
– Antwort auf Große Anfrage betr Rohstoffversorgung
BT-Drs 8/1981 = **113** F 2
BT-PlPr 8/117 = **25** D 2
– s a GesEntw zur vorläufigen Regelung des *Tiefseebergbaus*
BR-Drs 415/80 = **149** E 7
BT-Drs 8/2363 = **127** L 12

Bodenschätzung
- 2. VO zur Durchführung des § 4 Abs 2 des Bodenschätzungsgesetzes
  BR-Drs 26/79 = **86** I 14

Bodensee
s Staatsgrenze

Börsentermingeschäfte
- 5. VO über die Zulassung von Wertpapieren zu Börsentermingeschäften
  BR-Drs 652/77 = **42** N 12

Brandschutz
s Feuerschutzsteuergesetz

Branntweinmonopol
- *GesEntw zur Änderung des Gesetzes über das Branntweinmonopol*
  (betr Alkoholtafeln, Alkoholmeter und Aräometer für Alkohol/Umsetzung von EG-Richtlinien)
  1. und 2. Durchgang
  BR-Drs 187/78 = **57** M 3
  BR-Drs 317/78 = **66** I 11
  BR-PlPr 458 = **2** F 7
  BR-PlPr 461 = **2** I 9

  GesEntw der Bundesregierung
  BT-Drs 8/1820 = **107** G 11
  Beschlußempfehlung des Finanzausschusses
  BT-Drs 8/1920 = **110** E 8
  Bericht des Haushaltsausschusses
  BT-Drs 8/1946 = **112** M 5
  1. Beratung
  BT-PlPr 8/93 = **20** G 10
  2. und 3. Beratung
  BT-PlPr 8/99 = **21** M 10
- *Entw zur Änderung des Ges über das Branntweinmonopol*
  (betr Aufhebung des Monopols auf Synthesealkohol)
  1. und 2. Durchgang
  BR-Drs 381/78 = **69** N 8
  BR-Drs 471/79 = **115** A 9
  BR-PlPr 463 = **2** N 14
  BR-PlPr 478 = **4** E 10

  GesEntw der Bundesregierung
  BT-Drs 8/2319 = **126** M 4
  Beschlußempfehlung des Finanzausschusses
  BT-Drs 8/3006 = **148** A 14
  1. Beratung
  BT-PlPr 8/122 = **26** D 11
  2. und 3. Beratung
  BT-PlPr 8/172 = **37** E 1
- s a GesEntw zur Abschaffung der *Essigsäuresteuer*
  BR-Drs 601/79 = **122** J 13
  BT-Drs 8/3687 = **173** D 2
  BT-Drs 8/2726 = **140** F 13

Brasilien, Föderative Republik
- *GesEntw zum Vertrag Bundesrepublik Deutschland/Föderative Republik Brasilien über den Seeverkehr*
  1. und 2. Durchgang
  BR-Drs 547/79 = **118** N 12
  BR-Drs 131/80 = **134** C 13
  BR-PlPr 481 = **4** I 5
  BR-PlPr 485 = **5** A 10

  GesEntw der Bundesregierung
  BT-Drs 8/3553 = **165** O 1
  Beschlußempfehlung des Ausschusses für Verkehr und für das Post- und Fernmeldewesen
  BT-Drs 8/3724 = **174** H 12
  1. Beratung
  BT-PlPr 8/199 = **43** B 5
  2. Beratung und Schlußabstimmung
  BT-PlPr 8/205 = **44** J 1

Brauchwasseranlagen
s Heizungsanlagen

Brauereien
- 11. Allgemeine Verwaltungsvorschrift über Mindestanforderungen an das Einleiten von Abwasser in Gewässer (Brauereien)
  BR-Drs 212/80 = **139** G 6

Braunkohle
- 2. Allgemeine Verwaltungsvorschrift über Mindestanforderungen an das Einleiten von Schmutzwasser in Gewässer
  BR-Drs 338/79 = **105** F 4

Brennstoffe, feste
- *Entw zur Änderung des Ges über das Zollkontingent für feste Brennstoffe*
  1. Durchgang
  BR-Drs 370/79 = **108** C 1
  BR-PlPr 477 = **4** B 11
  Unterrichtung durch den Bundestag
  BR-Drs 338/80 = **146** G 5

  GesEntw des Bundesrates
  BT-Drs 8/3520 = **164** K 10
  Beschlußempfehlung des Wirtschaftsausschusses
  BT-Drs 8/4138 = **187** D 2
  1. Beratung
  BT-PlPr 8/201 = **43** J 1
  2. Beratung
  BT-PlPr 8/220 = **48** C 8
- s a GesEntw zur Änderung energierechtlicher Vorschriften – (betr *Energieversorgung*)
  BR-Drs 403/77 = **28** F 4
  BT-Drs 8/1030 = **82** D 9
- s a Entwurf eines 2. Gesetzes zur Änderung energierechtlicher Vorschriften – (betr *Energieversorgung*)
  BR-Drs 182/80 = **136** N 3
  BT-Drs 8/3917 = **180** I 8

Brief-, Post- und Fernmeldegeheimnis
- *GesEntw zur Änderung des Ges zur Beschränkung des Brief-, Post- und Fernmeldegeheimnisses*
  Bundesratsdurchgang
  BR-Drs 301/78 = **66** A 10
  BR-PlPr 461 = **2** I 9

  GesEntw der CDU/CSU
  BT-Drs 8/932 = **79** N 12
  Beschlußempfehlung des Rechtsausschusses
  BT-Drs 8/1848 = **108** I 7
  1. Beratung
  BT-PlPr 8/53 = **11** L 14
  2. und 3. Beratung
  BT-PlPr 8/95 = **20** N 5

Brucellose
- Vorschlag einer EG-Richtlinie zur Änderung der Richtlinie 64/432/EWG in bezug auf Maßnahmen zur Brucellosebekämpfung
  BR-Drs 340/77 = **25** F 11
- 1. VO zur Änderung der BrucelloseVO
  BR-Drs 435/79 = **112** F 4

Brücken
s Rheinbrücken

Brückenbau
s Autobahn

Buback, Generalbundesanwalt
- Gedenkworte zum Mordanschlag
  BT-PlPr 8/22 = **4** L 11

Buchprüfer
s Vereidigte Buchprüfer

Budapester Vertrag
- *GesEntw zum Budapester Vertrag über die internationale Anerkennung der Hinterlegung von Mikroorganismen für die Zwecke von Patentverfahren*
  1. und 2. Durchgang
  BR-Drs 444/79 = **112** L 6
  BR-Drs 412/80 = **149** A 9
  BR-PlPr 478 = **4** E 10
  BR-PlPr 491 = **5** J 8

  GesEntw der Bundesregierung
  BT-Drs 8/3480 = **164** A 4
  Beschlußempfehlung des Rechtsausschusses
  BT-Drs 8/4326 = **191** B 14
  1. Beratung
  BT-PlPr 8/196 = **42** G 11
  2. Beratung und Schlußabstimmung
  BT-PlPr 8/228 = **50** E 6

Bürgerliches Gesetzbuch
- *GesEntw zur Änderung des BGB*
  (betr private Kreditvermittlung und -gewährung)
  1. Durchgang
  BR-Drs 54/77 = **9** K 3
  BR-PlPr 443 = **1** A 1

  GesEntw des Bundesrates
  BT-Drs 8/456 = **66** E 5
  1. Beratung
  BT-PlPr 8/32 = **7** C 9
- *GesEntw zur Änderung des Bürgerlichen Gesetzbuches*
  (betr Stiftungen)
  BT-Drs 8/2612 = **137** F 14
  1. Beratung
  BT-PlPr 8/148 = **32** F 9
- *GesEntw über finanzierte Rechtsgeschäfte und über Maklerverträge*
  1. Durchgang
  BR-Drs 220/79 = **99** B 10
  BR-PlPr 474 = **3** M 13

  GesEntw der Bundesregierung
  BT-Drs 8/3212 = **156** M 11
  1. Beratung
  BT-PlPr 8/181 = **38** O 12
- *Entwurf eines Gesetzes zur Änderung des Bürgerlichen Gesetzbuches*
  BR-Drs 573/80 = **158** J 13
  BR-PlPr 493 = **5** M 6
- s a GesEntw zur Änderung des Bürgerlichen Gesetzbuches – *(Reisevertragsgesetz)*
- VO zur Ermittlung des Barwertes einer auszugleichenden Versorgung nach § 1587a Abs 3 Nr 2, Abs 4 des Bürgerlichen Gesetzbuchs
  (Barwert-VO)
  BR-Drs 191/77 = **18** A 11

Bürokaufleute und Bürogehilfinnen
- Prüfungszeugnisse der Bremer Berufsfach-

schulen für Bürokaufleute und Bürogehilfinnen –
(s *Berufsfachschulen*)

Bulgarien, Volksrepublik
– VO zum Abkommen über die Befreiung von Steuern und Gebühren für Fahrzeuge im internationalen Straßenverkehr
BR-Drs 260/80 = **141** I 3

Bullen
– VO über die Körung von Bullen
BR-Drs 201/79 = **97** M 2

Bundesärzteordnung
– *GesEntw zur Änderung der Bundesärzteordnung*
(betr Anpassung an EG-Recht)
1. und 2. Durchgang
BR-Drs 37/77 = **8** A 9
BR-Drs 304/77 = **24** B 3
BR-PlPr 443 = **1** A 1
BR-PlPr 448 = **1** H 13

GesEntw der Bundesregierung
BT-Drs 8/205 = **59** K 6
Beschlußempfehlung des Ausschusses für Jugend, Familie und Gesundheit
BT-Drs 8/536 = **68** J 1
1. Beratung
BT-PlPr 8/23 = **4** N 12
2. und 3. Beratung
BT-PlPr 8/31 = **6** N 7
– *GesEntw der CDU/CSU betr Verlängerung der praktischen Ausbildung*
BT-Drs 8/2329 = **127** D 7
1. Beratung
BT-PlPr 8/125 = **26** O 7

Bundesamt für den Zivildienst
s Bundeshaushaltsgesetz,
Einzelplan 11 (Geschäftsbereich des Bundesministers für Arbeit und Sozialordnung)

Bundesamt für Finanzen
– VO zur Durchführung des § 5 Abs 2 des Finanzverwaltungsgesetzes
BR-Drs 254/77 = **21** B 12

Bundesamt für Verfassungsschutz
– s *Nachrichtendienst*
– s *Bundeshaushaltsgesetz,*
Einzelplan 06 (Geschäftsbereich des Bundesministers des Innern)

Bundesanstalt für Arbeit
– 2. VO über die Erfassung von Daten für die Träger der Sozialversicherung und für die Bundesanstalt für Arbeit
BR-Drs 277/79 = **102** K 9
– 2. VO über die Datenermittlung auf maschinell verwertbaren Datenträgern im Bereich der Sozialversicherung und der Bundesanstalt für Arbeit
BR-Drs 278/79 = **102** N 8
– 2. VO über die Erfassung von Daten für die Träger der Sozialversicherung und für die Bundesanstalt für Arbeit
(2. Datenerfassungs-Verordnung)
BR-Drs 148/80 = **134** M 12
– 2. VO über die Datenübermittlung auf maschinell verwertbaren Datenträgern im Bereich der Sozialversicherung und der Bundesanstalt für Arbeit
(2. Datenübermittlungs-Verordnung)
BR-Drs 149/80 = **134** N 12

Bundesanstalt für Flugsicherung
s Luftaufsicht

Bundes-Apothekerordnung
– *Entwurf eines 2. Gesetzes zur Änderung der Bundes-Apothekerordnung*
1. Durchgang
BR-Drs 530/80 = **156** G 7
BR-PlPr 493 = **5** M 6

Bundesartenschutzverordnung
– VO über besonders geschützte Arten wildwachsender Pflanzen und wildlebender Tiere
BR-Drs 75/80 = **129** I 11

Bundesausbildungsförderungsgesetz
– *Entw eines 4. Ges zur Änderung des Bundesausbildungsförderungsgesetzes*
(Anhebung der Bedarfssätze)
1. und 2. Durchgang
BR-Drs 55/77 = **9** K 9
BR-Drs 132/77 = **14** M 9
BR-PlPr 443 = **1** A 1
BR-PlPr 444 = **1** B 10

GesEntw der Bundesregierung
BT-Drs 8/134 = **56** J 13
Stellungnahme des Bundesrates und Gegenäußerung der Bundesregierung
BT-Drs 8/169 = **57** L 3
Beschlußempfehlung des Ausschusses für Bildung und Wissenschaft
BT-Drs 8/228 = **60** E 2
Bericht des Haushaltsausschusses
BT-Drs 8/232 = **60** F 2
Entschließungsantrag der CDU/CSU zur 3. Beratung
BT-Drs 8/229 = **60** E 9
1. Beratung
BT-PlPr 8/18 = **3** J 6
2. und 3. Beratung
BT-PlPr 8/21 = **4** F 3
– *Entw eines 5. ÄndGes*
(betr Einbeziehung der Förderung Auszubildender im Berufsgrundbildungsjahr)

GesEntw des Bundesrates
1. und 2. Durchgang
BR-Drs 293/78 = **65** G 5
BR-Drs 489/78 = **77** I 8
BR-PlPr 461 = **2** I 9
BR-PlPr 465 = **3** C 4

GesEntw der Bundesregierung
1. Durchgang
BR-Drs 404/78 = **72** B 2
BR-PlPr 463 = **2** N 14

GesEntw des Bundesrates
BT-Drs 8/2081 = **117** M 12
Beschlußempfehlung des Ausschusses für Bildung und Wissenschaft
BT-Drs 8/2160 = **121** L 6
Bericht des Haushaltsausschusses
BT-Drs 8/2163 = **121** M 6
Änderungsantrag zur 2. Beratung
BT-Drs 8/2215 = **122** K 5
1. Beratung
BT-PlPr 8/107 = **23** G 3
2. und 3. Beratung
BT-PlPr 8/111 = **24** C 10
– *Entw eines 6. ÄndGes*
(Anhebung der Bedarfssätze)
1. und 2. Durchgang
BR-Drs 525/78 = **79** M 1
BR-Drs 253/79 = **100** N 14
BR-PlPr 468 = **3** E 13
BR-PlPr 474 = **3** M 13
Vermittlungsverfahren:
BR-Drs 334/79 = **105** E 7
BR-PlPr 476 = **4** A 4

GesEntw der Bundesregierung
BT-Drs 8/2467 = **130** L 7
Beschlußempfehlung des Ausschusses für Bildung und Wissenschaft
BT-Drs 8/2868 = **144** C 9
Bericht des Haushaltsausschusses
BT-Drs 8/2870 = **144** E 3
Änderungsantrag zur 2. Beratung
BT-Drs 8/2872 = **144** E 7
Anrufung des Vermittlungsausschusses
BT-Drs 8/3011 = **148** C 5
Beschlußempfehlung des Vermittlungsausschusses
BT-Drs 8/3027 = **149** H 5
1. Beratung
BT-PlPr 8/135 = **29** E 9
2. und 3. Beratung
BT-PlPr 8/155 = **33** N 6
Beratung der Beschlußempfehlung des Vermittlungsausschusses
BT-PlPr 8/166 = **36** D 12
– Bericht nach § 35 BAFöG
BT-Drs 8/28 = **51** H 10
Beschlußempfehlung des Ausschusses für Bildung und Wissenschaft
BT-Drs 8/228 = **60** E 2
Beratung
BT-PlPr 8/12 = **2** F 7
– Bericht nach § 35 BAFöG
BT-Drs 8/2269 = **124** N 10
Beschlußempfehlung des Ausschusses für Bildung und Wissenschaft
BT-Drs 8/2868 = **144** C 9
Beratung
BT-PlPr 8/155 = **33** N 6
– Bericht der Bundesregierung zur Entschließung des Deutschen Bundestages vom 18. 5. 79
(betr Verwaltungsaufwand)
BR-Drs 354/80 = **146** L 11
BT-Drs 8/4187 = **188** L 14
– Allgemeine Verwaltungsvorschrift zur Änderung der Allgemeinen Verwaltungsvorschrift zum Bundesausbildungsförderungsgesetz
BR-Drs 97/78 = **50** N 1
– 1. VO zur Änderung der VO zur Bestimmung der Formblätter zum Bundesausbildungsförderungsgesetz
BR-Drs 131/78 = **53** C 14
– 2. VO zur Änderung der VO zur Bestimmung der Formblätter zum Bundesausbildungsförderungsgesetz
BR-Drs 294/79 = **103** L 4
– VO zur Bestimmung der Formblätter zum Bundesausbildungsförderungsgesetz
BR-Drs 35/80 = **126** H 7
– VO über die Einziehung der nach dem Bundesausbildungsförderungsgesetz geleisteten Darlehen
(Darlehensverordnung)
BR-Drs 252/80 = **141** E 4
– 2. VO zur Änderung der VO über Zusatzleistungen in Härtefällen nach dem Bundesausbildungsförderungsgesetz
BR-Drs 261/80 = **141** I 6

- VO zur Änderung zweier Verordnungen nach dem Bundesausbildungsförderungsgesetz (betr HeilhilfsberufeVO und KirchenberufeVO)
  BR-Drs 270/80 = **142** C 11
- Allgemeine Verwaltungsvorschrift zum Bundesausbildungsförderungsgesetz
  BR-Drs 272/80 = **142** E 13
- s a GesEntw betr Hilfen für aufgrund humanitärer Hilfsaktionen aufgenommene *Flüchtlinge*
  BR-Drs 328/80 = **146** C 7
  BT-Drs 8/3752 = **175** A 9

Bundesautobahn
s Autobahn
- s GesEntw zur Änderung des Ges über die vermögensrechtlichen Verhältnisse der Bundesautobahnen und sonstigen Bundesstraßen des Fernverkehrs
  (s Bundesfernstraßen)
  BR-Drs 291/78 = **65** D 13
  BT-Drs 8/2131 = **120** I 4

Bundesbahn, Deutsche
- Jahresabschluß der Deutschen Bundesbahn für das Geschäftsjahr 1975
  BR-Drs 163/77 = **16** G 11
- Jahresabschluß der Deutschen Bundesbahn für das Geschäftsjahr 1976
  BR-Drs 388/78 = **70** K 7
- Jahresabschluß der Deutschen Bundesbahn für das Geschäftsjahr 1977
  BR-Drs 354/79 = **106** H 4
- Jahresabschluß der Deutschen Bundesbahn für das Geschäftsjahr 1978
  BR-Drs 456/80 = **151** H 5
- Wirtschaftsplan der Deutschen Bundesbahn für das Geschäftsjahr 1977 mit Nachtrag sowie Stellenplan der Deutschen Bundesbahn für das Geschäftsjahr 1977
  BR-Drs 510/77 = **35** I 2
  Nachtrag zum Stellenplan der Deutschen Bundesbahn für das Geschäftsjahr 1977
  BR-Drs 21/78 = **45** M 6
- Wirtschaftsplan der Deutschen Bundesbahn sowie Stellenplan der Deutschen Bundesbahn für das Geschäftsjahr 1978
  BR-Drs 365/78 = **68** O 11
  Nachtrag zum Wirtschaftsplan der Deutschen Bundesbahn für das Geschäftsjahr 1978
  BR-Drs 472/78 = **76** N 13
- Wirtschaftsplan der Deutschen Bundesbahn für das Geschäftsjahr 1979 sowie Stellenplan der Deutschen Bundesbahn für 1979
  BR-Drs 83/79 = **90** J 9
- Wirtschafts- und Stellenplan der Deutschen Bundesbahn für das Geschäftsjahr 1980 und Nachtrag zum Wirtschaftsplan für das Geschäftsjahr 1979
  BR-Drs 82/80 = **130** F 12
- Antrag der CDU/CSU betr Situation der Bundesbahn
  BT-Drs 8/849 = **77** J 2
  Beratung
  BT-PlPr 8/44 = **9** K 8
  Beschlußempfehlung des Ausschusses für Verkehr und das Post- und Fernmeldewesen
  BT-Drs 8/1464 = **95** J 11
  BT-PlPr 8/122 = **26** D 11
- Bericht über die Prüfung der Auswirkungen einer Trennung von Fahrweg und Betrieb
  BT-Drs 8/3049 = **150** A 10
- Entschließung des BR zur Aufgabe des Streckenstillegungskonzepts der Deutschen Bundesbahn
  BR-Drs 367/79 = **108** A 10
  BR-PlPr 477 = **4** B 11
- 2. VO zu § 26 Abs 4 Nr 2 Bundesbesoldungsgesetz
  (betr Beamte der Bundesbahn und Bundespost)
  BR-Drs 342/78 = **67** O 12

Bundesbaugesetz
- *GesEntw zur Änd des Bundesbaugesetzes*
  (Bebauungserleichterungen im Innen- und Außenbereich)
  BT-Drs 8/1970 = **113** C 12
  Beschlußempfehlung des Ausschusses für Raumordnung, Bauwesen und Städtebau
  BT-Drs 8/2885 = **144** J 4
  1. Beratung
  BT-PlPr 8/109 = **23** L 6
  2. Beratung
  BT-PlPr 8/157 = **34** E 8
- s a GesEntw zur Beschleunigung von Verfahren und zur Erleichterung von Investitionsvorhaben im *Städtebau*recht
  BR-Drs 446/78 = **75** G 12
  BT-Drs 8/2451 = **130** B 7

Bundesbeamtengesetz
s Beamtenrecht

Bundesberggesetz
s a Bergrecht
- *Entw eines Bundesberggesetzes*
  BR-Drs 260/77 = **21** H 12
  BR-Drs 286/80 = **143** H 10
  BR-PlPr 450 = **1** K 11
  BR-PlPr 488 = **5** E 6
  Vermittlungsverfahren:
  BR-Drs 419/80 = **149** F 8
  BR-PlPr 490 = **5** I 2
  GesEntw der Bundesregierung
  BT-Drs 8/1315 = **91** K 5
  Beschlußempfehlung des Wirtschaftsausschusses
  BT-Drs 8/3965 = **182** K 12
  Bericht des Haushaltsausschusses
  BT-Drs 8/3966 = **183** B 2
  Änderungsantrag zur 2. Beratung
  BT-Drs 8/4009 = **184** D 6
  Anrufung des Vermittlungsausschusses
  BT-Drs 8/4220 = **189** E 12
  Beschlußempfehlung des Vermittlungsausschusses
  BT-Drs 8/4331 = **191** I 9
  1. Beratung
  BT-PlPr 8/66 = **14** F 14
  2. und 3. Beratung
  BT-PlPr 8/217 = **47** E 13
  Beratung der Beschlußempfehlung des Vermittlungsausschusses
  BT-PlPr 8/230 = **50** K 7

Bundesbericht Forschung
s Forschungsbericht der Bundesregierung

Bundesbesoldungserhöhungsgesetz
- *Entw eines 6. Ges über die Erhöhung von Dienst- und Versorgungsbezügen in Bund und Ländern*
  (betr Erhöhung um 5,3% ab 1. 2. 77)
  1. und 2. Durchgang
  BR-Drs 165/77 = **16** G 13
  BR-Drs 308/77 = **24** F 4
  BR-PlPr 445 = **1** C 12
  BR-PlPr 448 = **1** H 13
  Vermittlungsverfahren:
  BR-Drs 458/77 = **33** C 6
  BR-PlPr 450 = **1** K 11
  GesEntw der Bundesregierung
  BT-Drs 8/457 = **66** E 9
  Beschlußempfehlung des Innenausschusses
  BT-Drs 8/605 = **70** E 10
  Änderungsanträge zur 2. Beratung
  BT-Drs 8/606 = **70** F 9
  BT-Drs 8/607 = **70** F 13
  BT-Drs 8/608 = **70** F 14
  Bericht des Haushaltsausschusses
  BT-Drs 8/611 = **70** G 5
  Anrufung des Vermittlungsausschusses
  BT-Drs 8/762 = **74** H 6
  Beschlußempfehlung des Vermittlungsausschusses
  BT-Drs 8/998 = **81** G 1
  1. Beratung
  BT-PlPr 8/30 = **6** K 5
  2. und 3. Beratung
  BT-PlPr 8/32 = **7** C 9
  Beratung der Beschlußempfehlung des Vermittlungsausschusses
  BT-PlPr 8/47 = **10** G 2
- *Entw eines 7. Ges über die Erhöhung von Dienst- und Versorgungsbezügen in Bund und Ländern*
  (betr Erhöhung um 4,5% ab 1. 3. 78)
  1. und 2. Durchgang
  BR-Drs 270/78 = **64** I 9
  BR-Drs 563/78 = **82** L 8
  BR-PlPr 461 = **2** I 9
  BR-PlPr 468 = **3** E 13
  Vermittlungsverfahren:
  BR-Drs 34/79 = **87** A 11
  BR-PlPr 469 = **3** G 7
  BR-PlPr 470 = **3** I 8
  GesEntw der Bundesregierung
  BT-Drs 8/2075 = **117** F 13
  Beschlußempfehlung des Innenausschusses
  BT-Drs 8/2240 = **123** J 3
  Bericht des Haushaltsausschusses
  BT-Drs 8/2294 = **125** I 14
  Änderungsanträge zur 2. Beratung
  BT-Drs 8/2323 = **126** N 12
  BT-Drs 8/2324 = **126** N 13
  BT-Drs 8/2325 = **126** O 1
  Anrufung des Vermittlungsausschusses
  BT-Drs 8/2439 = **129** N 3
  Beschlußempfehlung des Vermittlungsausschusses
  BT-Drs 8/2626 = **137** M 10
  1. Beratung
  BT-PlPr 8/107 = **23** G 3
  2. und 3. Beratung
  BT-PlPr 8/120 = **25** L 1
  Beratung der Beschlußempfehlung des Vermittlungsausschusses
  BT-PlPr 8/141 = **30** I 6
- *GesEntw über Erhöhung von Dienst- und Versorgungsbezügen in Bund und Ländern –*
  (Bundesbesoldungs- und -versorgungserhöhungsgesetz 1979)
  (betr Erhöhung um 4% ab 1. 3. 79)

1. und 2. Durchgang
BR-Drs 150/79 = **94** I 13
BR-Drs 318/79 = **104** H 14
BR-PlPr 472 = **3** K 1
BR-PlPr 476 = **4** A 4

GesEntw der Bundesregierung
BT-Drs 8/2873 = **144** E 8
Beschlußempfehlung des Innenausschusses
BT-Drs 8/2968 = **146** O 4
Bericht des Haushaltsausschusses
BT-Drs 8/2989 = **147** M 4
1. Beratung
BT-PlPr 8/156 = **34** D 1
2. und 3. Beratung
BT-PlPr 8/161 = **35** C 1

– *Entwurf eines Gesetzes über die Erhöhung von Dienst- und Versorgungsbezügen in Bund und Ländern 1980* –
(Bundesbesoldungs- und -versorgungserhöhungsgesetz 1980)
(betr Erhöhung um 6,3% ab 1. 3. 80)
1. und 2. Durchgang
BR-Drs 203/80 = **138** O 6
BR-Drs 395/80 = **147** K 6
BR-PlPr 486 = **5** C 6
BR-PlPr 491 = **5** J 8

GesEntw der Bundesregierung
BT-Drs 8/3988 = **183** I 12
Beschlußempfehlung des Innenausschusses
BT-Drs 8/4191 = **188** N 8
Bericht des Haushaltsausschusses
BT-Drs 8/4192 = **188** N 10
1. Beratung
BT-PlPr 8/218 = **47** J 7
2. und 3. Beratung
BT-PlPr 8/225 = **49** F 14

Bundesbesoldungsgesetz
s a Besoldungsrecht

– *GesEntw zur Änderung des Bundesbesoldungsgesetzes*
(betr Herabsetzung der Grundbeträge der Beamtenanwärterbezüge)
BR-Drs 170/77 = **16** N 2

– *GesEntw zur Änderung des Bundesbesoldungsgesetzes*
(betr Einstufung von Schulleitern und Schulleiterstellvertretern bei Rücktritt in ein niedrigeres Amt)
1. Durchgang
BR-Drs 181/77 = **17** E 13
BR-PlPr 446 = **1** E 7

GesEntw des Bundesrates
BT-Drs 8/870 = **78** B 11
Beschlußempfehlung des Innenausschusses
BT-Drs 8/1792 = **105** M 3
1. Beratung
BT-PlPr 8/42 = **9** F 1
2. Beratung
BT-PlPr 8/93 = **20** G 10

zusammengeführt mit:
GesEntw eines 8. Ges zur Änd beamtenrechtlicher und besoldungsrechtlicher Vorschriften (siehe unten)

– *Entwurf eines Gesetzes zur Änderung des Bundesbesoldungsgesetzes*
(betr Besoldung von Soldaten mit zweijähriger Verpflichtungszeit)
BT-Drs 8/771 = **74** N 12
Beschlußempfehlung des Innenausschusses
BT-Drs 8/1162 = **86** L 8
Bericht des Haushaltsausschusses
BT-Drs 8/1236 = **90** D 12
1. Beratung
BT-PlPr 8/50 = **10** N 14
2. Beratung
BT-PlPr 8/58 = **12** K 7

– *Entw eines ÄndGes zum Bundesbesoldungsgesetz*
(betr Kriminalhauptmeister und Polizeihauptmeister, Amtszulage in Besoldungsgruppe A 9)
1. und 2. Durchgang
BR-Drs 436/77 = **31** I 5
BR-Drs 580/78 = **83** C 13
BR-PlPr 451 = **1** M 3
BR-PlPr 468 = **3** E 13

GesEntw des Bundesrates
BT-Drs 8/1490 = **96** D 3
Beschlußempfehlung des Innenausschusses
BT-Drs 8/2286 = **125** F 3
Bericht des Haushaltsausschusses
BT-Drs 8/2376 = **128** E 3
1. Beratung
BT-PlPr 8/78 = **17** E 7
2. und 3. Beratung
BT-PlPr 8/124 = **26** M 1

– *Entw eines ÄndGes zum Bundesbesoldungsgesetz*
(betr Soldaten auf Zeit, Luftfahrzeugführer und Kampfbeobachter)
1. und 2. Durchgang
BR-Drs 441/77 = **32** B 14
BR-Drs 594/77 = **40** H 4
BR-PlPr 451 = **1** M 3
BR-PlPr 453 = **1** O 6

GesEntw der Bundesregierung
BT-Drs 8/1027 = **82** D 2
Beschlußempfehlung des Innenausschusses
BT-Drs 8/1162 = **86** L 8
Unterrichtung durch den Bundesrat
BT-Drs 8/1186 = **87** M 1
Bericht des Haushaltsausschusses
BT-Drs 8/1236 = **90** D 12
Änderungsantrag zur 2. Beratung
BT-Drs 8/1238 = **90** D 14
Entschließungsantrag der CDU/CSU zur 3. Beratung
BT-Drs 8/1239 = **90** E 1
1. Beratung
BT-PlPr 8/50 = **10** N 14
2. und 3. Beratung
BT-PlPr 8/58 = **12** K 7

– *Entw eines 8. Ges zur Änderung beamtenrechtlicher und besoldungsrechtlicher Vorschriften*
(betr Besoldung der Hochschullehrer)
1. und 2. Durchgang
BR-Drs 578/77 = **39** C 13
BR-Drs 236/78 = **62** A 11
BR-PlPr 453 = **1** O 6
BR-PlPr 459 = **2** G 3

GesEntw der Bundesregierung
BT-Drs 8/1606 = **100** B 5
Beschlußempfehlung des Innenausschusses
BT-Drs 8/1792 = **105** M 3
Bericht des Haushaltsausschusses
BT-Drs 8/1846 = **108** I 3
1. Beratung
BT-PlPr 8/83 = **18** F 5
2. und 3. Beratung
BT-PlPr 8/93 = **20** G 10

– *GesEntw zur Änderung des Bundesbesoldungsgesetzes*
(betr Amtszulage in Besoldungsgruppe A 9)
1. Durchgang
BR-Drs 121/78 = **52** G 6
BR-PlPr 460 = **2** H 2

– *GesEntw zur Änd des Bundesbesoldungsgesetzes*
(betr Einführung eines neuen Spitzenamtes des mittleren Dienstes A 9 + Zulage)
BT-Drs 8/2877 = **144** G 2
Beschlußempfehlung des Innenausschusses
BT-Drs 8/4203 = **189** B 7

nunmehr:
GesEntw zur Änderung besoldungsrechtlicher und versorgungsrechtlicher Vorschriften 1980
(s *Besoldungsrecht*)
Bericht des Innenausschusses
BT-Drs 8/4221 = **189** E 14
Änderungsantrag zur 2. Beratung
BT-Drs 8/4224 = **189** G 7
Bericht des Haushaltsausschusses
BT-Drs 8/4241 = **189** I 8
1. Beratung
BT-PlPr 8/177 = **38** B 9
2. Beratung
BT-PlPr 8/223 = **48** N 5

– s a GesEntw zur Vereinfachung der Abgeltung von Erschwernissen bei *Polizeivollzugsbeamten* im Wechselschichtdienst
BT-Drs 8/3842 = **177** F 9

– s a Entwurf eines 13. Gesetzes zur Änderung des *Soldatengesetzes*

– 2. VO zu § 26 Abs 4 Nr 2 Bundesbesoldungsgesetz
BR-Drs 342/78 = **67** O 12

– Allgemeine Verwaltungsvorschrift zum Bundesbesoldungsgesetz
BR-Drs 448/79 = **112** O 3

– 1. VO zur Änderung der ÜbergangszahlungsVO
BR-Drs 468/78 = **76** M 11

– 2. VO zur Änderung der VO über die Gewährung von Erschwerniszulagen
BR-Drs 193/80 = **137** G 8

– Allgemeine Verwaltungsvorschrift zum Bundesbesoldungsgesetz
BR-Drs 204/80 = **139** A 10

Bundesdatenschutzgesetz
s a Datenschutz

– Antwort der Bundesregierung auf Kleine Anfrage
(betr Novellierung des Gesetzes)
BT-Drs 8/266 = **61** A 1

– *GesEntw zur Änderung des Bundesdatenschutzgesetzes*
(betr Neudefinition der im Gesetz verwendeten Begriffe und Ergänzung der Vorschriften über Übermittlung und Löschung von Daten)
BT-Drs 8/3608 = **168** K 1
1. Beratung
BT-PlPr 8/205 = **44** J 1

– *GesEntw zur Änderung des Bundesdatenschutzgesetzes*
(betr Einführung eines verschuldensunabhängigen Schadensersatzanspruchs
BT-Drs 8/3703 = **174** C 6
1. Beratung
BT-PlPr 8/205 = **44** J 1

– 1. Tätigkeitsbericht des Bundesdatenschutzbeauftragten
BT-Drs 8/2460 = **130** G 4
– 2. Tätigkeitsbericht des Bundesdatenschutzbeauftragten
BT-Drs 8/3570 = **166** F 5

Bundesdisziplinargericht
– s GesEntw zur Entlastung der *Gerichte* in der Verwaltungs- und Finanzgerichtsbarkeit
BR-Drs 276/77 = **22** L 14
BT-Drs 8/842 = **76** N 7

Bundesentschädigungsgesetz
– 19. VO zur Durchführung des § 172 des Bundesentschädigungsgesetzes
BR-Drs 243/77 = **20** J 6
– 2. VO zur Änderung und Ergänzung der 6. VO zur Durchführung des Bundesentschädigungsgesetzes
(betr das Haftstättenverzeichnis)
BR-Drs 258/77 = **21** D 5
– 15. VO zur Änderung der 1. VO zur Durchführung des Bundesentschädigungsgesetzes
und 16. VO zur Änderung der 2. und 3. VO zur Durchführung des Bundesentschädigungsgesetzes
BR-Drs 574/77 = **39** B 4
– 20. VO zur Durchführung des § 172 des Bundesentschädigungsgesetzes
BR-Drs 453/78 = **76** B 14
– 16. VO zur Änderung der 1. VO zur Durchführung des Bundesentschädigungsgesetzes
17. VO zur Änderung der 2. und 3. VO zur Durchführung des Bundesentschädigungsgesetzes
BR-Drs 144/79 = **94** E 13
– 21. VO zur Durchführung des § 172 des Bundesentschädigungsgesetzes
BR-Drs 346/79 = **106** B 12
– ÄnderungsVO 1979 zur 1. bis 3. DurchführungsVO zum Bundesentschädigungsgesetz
BR-Drs 470/79 = **114** M 1
– 22. VO zur Durchführung des § 172 des Bundesentschädigungsgesetzes
BR-Drs 429/80 = **149** H 5
– ÄnderungsVO 1980 zur 1. bis 3. DurchführungsVO zum Bundesentschädigungsgesetz
BR-Drs 564/80 = **158** B 12

Bundesfamiliengeldgesetz
– *GesEntw über die stufenweise Einführung eines Familiengeldes*
(GesEntw der CDU/CSU)
BT-Drs 8/2650 = **138** F 11
Beschlußempfehlung des Ausschusses für Jugend, Familie und Gesundheit
BT-Drs 8/2815 = **143** A 7
Bericht des Haushaltsausschusses
BT-Drs 8/2830 = **143** G 2
1. Beratung
BT-PlPr 8/144 = **31** D 10
2. Beratung
BT-PlPr 8/151 = **32** O 5
– *GesEntw eines Bundesfamiliengeldgesetzes*
(betr Gewährung eines Familiengeldes bis zum sechsten Lebensmonat des Kindes für ein nichterwerbstätiges Elternteil)
1. Durchgang
BR-Drs 500/79 = **116** C 11
BR-PlPr 478 = **4** E 10

GesEntw der CDU/CSU
BT-Drs 8/3443 = **162** O 9

GesEntw des Bundesrates
BT-Drs 8/3577 = **166** K 6
Beschlußempfehlung des Ausschusses für Jugend, Familie und Gesundheit
BT-Drs 8/4008 = **184** D 3
Bericht des Haushaltsausschusses
BT-Drs 8/4085 = **185** N 9
1. Beratung
BT-PlPr 8/199 = **43** B 5
2. Beratung
BT-PlPr 8/218 = **47** J 7

Bundesfernstraßen
– *GesEntw zur Änderung des Ges über die vermögensrechtlichen Verhältnisse der Bundesautobahnen und sonstigen Bundesstraßen des Fernverkehrs*
1. Durchgang
BR-Drs 291/78 = **65** D 13
BR-PlPr 461 = **2** I 9
Unterrichtung durch den Bundestag
BR-Drs 334/80 = **146** E 9

GesEntw des Bundesrates
BT-Drs 8/2131 = **120** I 4
Beschlußempfehlung des Ausschusses für Verkehr und für das Post- und Fernmeldewesen
BT-Drs 8/2394 = **128** M 1
Beschlußempfehlung des Ausschusses für Verkehr und für das Post- und Fernmeldewesen
BT-Drs 8/4252 = **189** K 11
Bericht des Haushaltsausschusses
BT-Drs 8/4253 = **189** K 12
1. Beratung
BT-PlPr 8/109 = **23** L 6
2. Beratung
BT-PlPr 8/225 = **49** F 14
– *Entw eines 2. ÄndGes zum Ges über den Ausbau der Bundesfernstraßen in den Jahren 1971 bis 1985*
1. und 2. Durchgang
BR-Drs 548/79 = **118** O 5
BR-Drs 333/80 = **146** E 6
BR-PlPr 481 = **4** I 5
BR-PlPr 489 = **5** G 14

GesEntw der Bundesregierung
BT-Drs 8/3662 = **171** N 2
Beschlußempfehlung des Ausschusses für Verkehr und für das Post- und Fernmeldewesen
BT-Drs 8/4148 = **188** F 3
Bericht des Haushaltsausschusses
BT-Drs 8/4170 = **188** J 3
Berichtigung zur Beschlußempfehlung
BT-Drs 8/4182 = **188** K 12
1. Beratung
BT-PlPr 8/208 = **45** D 10
2. und 3. Beratung
BT-PlPr 8/220 = **48** C 8
– *Entwurf eines Gesetzes zur Berücksichtigung des Denkmalschutzes im Bundesrecht*
Bundesratsdurchgang
BR-Drs 166/80 = **136** D 10
BR-PlPr 485 = **5** A 10

GesEntw der CDU/CSU
BT-Drs 8/3105 = **152** J 12
Beschlußempfehlung des Innenausschusses
BT-Drs 8/3716 = **174** H 1
1. Beratung
BT-PlPr 8/172 = **37** E 1
2. und 3. Beratung
BT-PlPr 8/208 = **45** D 10
– Antrag der CDU/CSU betr Bundesfernstraßenbau
BT-Drs 8/1179 = **87** D 14
Beratung
BT-PlPr 8/61 = **13** E 9
Beschlußempfehlung des Ausschusses für Verkehr und Post
BT-Drs 8/1561 = **98** O 13
Beratung
BT-PlPr 8/83 = **18** F 5

Bundesfinanzhof
– *Entwurf eines Gesetzes zur Änderung des Gesetzes zur Entlastung des Bundesfinanzhofes*
(betr Verlängerung der Geltungsdauer des Gesetzes)
1. und 2. Durchgang
BR-Drs 136/80 = **134** D 9
BR-Drs 360/80 = **146** O 7
BR-PlPr 485 = **5** A 10
BR-PlPr 490 = **5** I 2

GesEntw der Bundesregierung
BT-Drs 8/3949 = **181** J 4
Beschlußempfehlung des Rechtsausschusses
BT-Drs 8/4199 = **189** A 11
1. Beratung
BT-PlPr 8/216 = **47** A 10
2. und 3. Beratung
BT-PlPr 8/223 = **48** N 5
– Erfahrungsbericht über die Auswirkungen des Gesetzes zur Entlastung des Bundesfinanzhofs auf Revisionen in Lohnsteuersachen
BT-Drs 8/1016 = **81** O 9
Beschlußempfehlung des Rechtsausschusses
BT-Drs 8/1531 = **97** O 5

Bundesgebührenordnung für Rechtsanwälte
– *GesEntw zur Änderung der Bundesgebührenordnung für Rechtsanwälte*
1. und 2. Durchgang
BR-Drs 637/79 = **123** L 14
BR-Drs 359/80 = **146** N 8
BR-PlPr 482 = **4** K 5
BR-PlPr 491 = **5** J 8

GesEntw der Bundesregierung
BT-Drs 8/3691 = **173** G 4
Beschlußempfehlung des Rechtsausschusses
BT-Drs 8/4277 = **190** C 13
Bericht des Haushaltsausschusses
BT-Drs 8/4317 = **190** M 5
1. Beratung
BT-PlPr 8/203 = **44** A 13
2. und 3. Beratung
BT-PlPr 8/225 = **49** F 14
– s a GesEntw über die *Prozeßkostenhilfe*
BR-Drs 187/79 = **96** N 2
BT-Drs 8/3068 = **150** H 6

Bundesgerichtshof
– s GesEntw betr Zuständigkeit in 1. Instanz bei Verfahren wegen Bildung einer *terroristischen* Vereinigung
BT-Drs 8/996 = **81** E 14

Bundesgrenzschutz
– Antrag der Fraktion der CDU/CSU
BT-Drs 8/3131 = **154** I 13

Beratung
BT-PlPr 8/177 = **38** B 9
Beschlußempfehlung des Innenausschusses
BT-Drs 8/4176 = **188** J 10
Beratung
BT-PlPr 8/223 = **48** N 5
– s a *Bundeshaushaltsgesetz*
Einzelplan 06 (Geschäftsbereich des Bundesministers des Innern)

Bundeshaushalt
s a Finanzplan Haushaltsstruktur

Bundeshaushalt 1972
– Entlastung der Bundesregierung wegen der Haushaltsrechnung und Vermögensrechnung des Bundes für das Haushaltsjahr 1972
BR-Drs 529/77 = **36** A 4
BR-PlPr 451 = **1** M 3
BT-Drs 8/1138 = **86** D 8

Bundeshaushalt 1973
– Entlastung der Bundesregierung wegen der Haushaltsrechnung und Vermögensrechnung des Bundes für das Haushaltsjahr 1973 (Jahresrechnung 1973)
BR-Drs 549/77 = **36** N 6
BR-PlPr 451 = **1** M 3
Bemerkungen des Bundesrechnunghofes zur Bundeshaushaltsrechnung 1973
BT-Drs 8/5 = **51** A 14
Beschluß des Bundesrates
BT-Drs 8/1138 = **86** D 8
Beschlußempfehlung des Haushaltsausschusses
BT-Drs 8/1899 = **109** K 14
Beratung
BT-PlPr 8/99 = **21** M 10

Bundeshaushalt 1974
– Entlastung der Bundesregierung wegen der Haushaltsrechnung und Vermögensrechnung des Bundes für das Haushaltsjahr 1974 (Jahresrechnung 1974)
BR-Drs 550/77 = **36** N 9
Beschluß des Bundesrates
BT-Drs 8/1139 = **86** D 10
Beschlußempfehlung des Haushaltsausschusses
BT-Drs 8/1899 = **109** K 14
Beratung
BT-PlPr 8/99 = **21** M 10

Bundeshaushalt 1975
– Entlastung der Bundesregierung wegen der Haushaltsrechnung und Vermögensrechnung des Bundes für das Haushaltsjahr 1975 (Jahresrechnung 1975)
BR-Drs 70/77 = **10** H 1
Bemerkungen des Bundesrechnungshofes zur Bundeshaushaltsrechnung (einschließlich der Bundesvermögensrechnung) für das Haushaltsjahr 1975
BR-Drs 230/77 = **20** C 3
BR-Drs 540/77 = **36** I 3
BR-PlPr 454 = **2** A 5
Antrag der Bundesregierung
BT-Drs 8/116 = **55** O 7
Bemerkungen des Bundesrechnungshofes
BT-Drs 8/373 = **64** K 3
BT-Drs 8/1164 = **86** L 14
Beschlußempfehlung des Haushaltsausschusses
BT-Drs 8/2962 = **146** L 3
Beratung
BT-PlPr 8/163 = **35** I 6

Bundeshaushalt 1976
– Entlastung der Bundesregierung wegen der Haushaltsrechnung und Vermögensrechnung des Bundes für das Haushaltsjahr 1976 (Jahresrechnung 1976)
BR-Drs 93/78 = **50** J 12
Bemerkungen des Bundesrechnungshofes zur Bundeshaushaltsrechnung (einschließlich der Bundesvermögensrechnung) für das Haushaltsjahr 1976
BR-Drs 441/78 = **74** I 3
BR-PlPr 467 = **3** E 7
Antrag des Bundesministers der Finanzen
BT-Drs 8/1428 = **95** B 13
Bemerkungen des Bundesrechnungshofes zur Bundeshaushaltsrechnung 1976
BT-Drs 8/2124 = **120** D 1
Beschlußempfehlung des Haushaltsausschusses
BT-Drs 8/2962 = **146** L 3
Beratung
BT-PlPr 8/163 = **35** I 6
– Außerplanmäßige Ausgabe bei Kap 0902 Tit 697 04 (Erblasten des Steinkohlebergbaus)
BT-Drs 8/15 = **51** F 4
Antrag des Haushaltsausschusses
BT-Drs 8/97 = **55** H 9
– Außerplanmäßige Ausgaben bei Kap 1111 (Leistungen nach dem Arbeitsförderungsgesetz)
BT-Drs 8/16 = **51** F 5
Antrag des Haushaltsausschusses
BT-Drs 8/98 = **55** H 10
– Außerplanmäßige Ausgabe bei Kap 2302 Tit 896 02 (Beitrag zum Europäischen Entwicklungsfonds)
BT-Drs 8/23 = **51** G 11
Antrag des Haushaltsausschusses
BT-Drs 8/99 = **55** H 11

Bundeshaushalt 1977
– Entlastung der Bundesregierung wegen der Haushaltsrechnung und Vermögensrechnung des Bundes für das Haushaltsjahr 1977 (Jahresrechnung 1977)
BR-Drs 600/78 = **84** E 4
Bemerkungen des Bundesrechnungshofes zur Bundeshaushaltsrechnung (einschließlich der Bundesvermögensrechnung) für das Haushaltsjahr 1977
BR-Drs 494/79 = **115** K 14
BR-PlPr 480 = **4** G 13
Antrag des Bundesministers der Finanzen
BT-Drs 8/2450 = **130** B 6
Bemerkungen des Bundesrechnungshofes zur Bundeshaushaltsrechnung für das Haushaltsjahr 1977
BT-Drs 8/3238 = **157** L 4
Beratung
BT-PlPr 8/183 = **39** E 8
Beschlußempfehlung des Haushaltsausschusses
BT-Drs 8/4322 = **191** A 8
– Überplanmäßige Ausgabe bei Kap 0640 Tit 681 06
(Eingliederungshilfen und Ausgleichsleistungen an ehemalige politische Häftlinge)
BR-Drs 467/77 = **33** F 1
BT-Drs 8/1005 = **81** H 14
Beschlußempfehlung des Haushaltsausschusses
BT-Drs 8/1340 = **92** I 10
– Überplanmäßige Ausgabe bei Kap 3005 Tit 683 15 (Risikobeteiligung des Bundes im Bereich Kernenergie)
BR-Drs 485/77 = **34** G 4
BT-Drs 8/1012 = **81** K 7
Beschlußempfehlung des Haushaltsausschusses
BT-Drs 8/1316 = **92** C 6
– Überplanmäßige Ausgabe bei Kap 1002 Tit 652 06
(Verwendung von Gasöl durch Betriebe der Landwirtschaft)
BR-Drs 528/77 = **36** A 3
BT-Drs 8/1052 = **83** G 10
Beschlußempfehlung des Haushaltsausschusses
BT-Drs 8/1256 = **90** H 2
– Überplanmäßige Ausgabe bei Kap 0640 Tit 671 04
(Kosten der Rückführung von Deutschen)
BR-Drs 620/77 = **41** O 6
BT-Drs 8/1142 = **86** E 1
Beschlußempfehlung des Haushaltsausschusses
BT-Drs 8/1506 = **97** J 3
– Überplanmäßige Ausgabe bei Kap 25 02 Tit 882 03
(Investitionszuschüsse nach dem Investitionszuschußgesetz)
BR-Drs 619/77 = **41** O 5
BT-Drs 8/1143 = **86** E 2
Beschlußempfehlung des Haushaltsausschusses
BT-Drs 8/1507 = **97** J 4
– Überplanmäßige Ausgabe bei Kap 11 10 (Kriegsopferversorgung)
BR-Drs 621/77 = **41** O 7
BT-Drs 8/1167 = **87** C 2
Beschlußempfehlung des Haushaltsausschusses
BT-Drs 8/1508 = **97** J 5
– Überplanmäßige Ausgaben bei Kap 1113 Tit 656 03
(Zuschuß des Bundes an die Knappschaftliche Rentenversicherung)
BR-Drs 624/77 = **42** A 6
BT-Drs 8/1289 = **91** E 4
Beschlußempfehlung des Haushaltsausschusses
BT-Drs 8/1627 = **100** M 10
– Überplanmäßige Ausgaben bei Kap 1111
(Leistungen nach dem Arbeitsförderungsgesetz und gleichartige Leistungen – betr Deutsch-Lehrgänge für Aussiedler)
BR-Drs 642/77 = **42** G 3
BT-Drs 8/1342 = **92** I 13
Beschlußempfehlung des Haushaltsausschusses
BT-Drs 8/1528 = **97** N 8

Bundeshaushalt 1978
Entlastung der Bundesregierung wegen der Haushaltsrechnung und Vermögensrechnung des Bundes für das Haushaltsjahr 1978
(Jahresrechnung 1978)
BR-Drs 643/79 = **124** E 12
Bemerkungen des Bundesrechnungshofes zur Bundeshaushaltsrechnung für das Haushaltsjahr 1978
BR-Drs 614/80 = **161** B 8

Antrag des Bundesministers der Finanzen auf Entlastung der Bundesregierung
BT-Drs 8/3542 = **165** D 2
– Überplanmäßige Ausgabe bei Kap 6006 Tit 686 18 (Beitrag zum Europäischen Ausrichtungs- und Garantiefonds für die Landwirtschaft)
BR-Drs 377/78 = **69** H 6
BT-Drs 8/2062 = **116** O 13
Beschlußempfehlung des Haushaltsausschusses
BT-Drs 8/2247 = **123** N 1
– Überplanmäßige Ausgabe bei Kap 1002 Tit 656 51
(Altershilfe für Landwirte – Haushaltsjahr 1978)
BR-Drs 485/78 = **77** H 13
BT-Drs 8/2189 = **122** E 7
Beschlußempfehlung des Haushaltsausschusses
BT-Drs 8/2431 = **129** J 10
– Überplanmäßige Ausgabe bei Kap 3003 Tit 686 01
(Leistungen an die CERN in Genf)
BR-Drs 450/78 = **75** M 6
BT-Drs 8/2248 = **123** N 2
– Überplanmäßige Ausgabe bei Kap 6004 Tit 671 02
(betr Kreditanstalt für Wiederaufbau und deutsch-amerikanisches Devisenausgleichsabkommen)
BR-Drs 510/78 = **77** O 12
BT-Drs 8/2255 = **124** D 12
Beschlußempfehlung des Haushaltsausschusses
BT-Drs 8/2524 = **132** G 14
– Einwilligungen in überplanmäßige Haushaltsausgaben bei Kap 1112
(Leistungen nach dem Arbeitsförderungsgesetz und gleichartige Leistungen – betr Teilnahme von Aussiedlern an Deutschlehrgängen)
BR-Drs 508/78 = **77** O 10
BT-Drs 8/2322 = **126** N 11
Beschlußempfehlung des Haushaltsausschusses
BT-Drs 8/2552 = **134** A 11
– Überplanmäßige Ausgabe bei Kap 1412 Tit 698 02 (Entschädigung aufgrund des Fluglärmgesetzes)
BR-Drs 509/78 = **77** O 11
BT-Drs 8/2341 = **127** H 1
Beschlußempfehlung des Haushaltsausschusses
BT-Drs 8/2553 = **134** A 12

Bundeshaushalt 1979
– Bemerkungen des Bundesrechnungshofes zur Entlastung der Bundesregierung wegen der Haushaltsrechnung und Vermögensrechnung des Bundes für das Haushaltsjahr 1979
BR-Drs 654/80 = **163** I 1
– Überplanmäßige Ausgabe bei Kapitel 14 12 Titel 698 02
(Entschädigung aufgrund des Fluglärmgesetzes)
BR-Drs 33/79 = **87** A 11
BT-Drs 8/3334 = **160** A 10
Beschlußempfehlung des Haushaltsausschusses
BT-Drs 8/3607 = **168** J 14
– Überplanmäßige Ausgabe bei Kap 2302 Tit 896 05
(Leistung einer einmaligen finanziellen Sondermaßnahme im Rahmen der Konferenz für internationale wirtschaftliche Zusammenarbeit – KIWZ)
BR-Drs 259/79 = **101** C 2
BT-Drs 8/2883 = **144** I 12
Beschlußempfehlung des Haushaltsausschusses
BT-Drs 8/3033 = **149** J 4
– Überplanmäßige Ausgabe bei Kap 6004 Tit 671 02
(Erstattungen an die Kreditanstalt für Wiederaufbau)
BR-Drs 305/79 = **103** O 8
BT-Drs 8/2935 = **146** C 7
Beschlußempfehlung des Haushaltsausschusses
BT-Drs 8/3034 = **149** J 5
– Einwilligung in überplanmäßige Haushaltsausgaben bei Kap 11 11 Tit 682 01 (Erstattung von Fahrgeldausfällen an Unternehmen für Personenbeförderung bestimmter Schwerbeschädigter)
BR-Drs 464/79 = **114** J 12
BT-Drs 8/3147 = **155** A 10
Beschlußempfehlung des Haushaltsausschusses
BT-Drs 8/3244 = **158** B 3
– Überplanmäßige Ausgabe bei Kap 3511 Tit 698 02
(Abgeltung von Manöverschäden durch ausländische Streitkräfte)
BR-Drs 490/79 = **115** J 7
BT-Drs 8/3222 = **157** C 6
Beschlußempfehlung des Haushaltsausschusses
BT-Drs 8/3437 = **162** N 5
– Überplanmäßige Ausgaben bei Kap 0502 Tit 686 12 für sofortige Hilfsmaßnahmen zugunsten der Bevölkerung von Kambodscha
BR-Drs 541/79 = **118** E 5
BT-Drs 8/3414 = **161** I 11
Beschlußempfehlung des Haushaltsausschusses
BT-Drs 8/3595 = **168** I 5
– Überplanmäßige Ausgabe bei Kap 6006 Tit 686 18
(Beitrag zum Europäischen Ausrichtungs- und Garantiefonds für die Landwirtschaft)
BR-Drs 616/79 = **123** A 3
BT-Drs 8/3513 = **164** J 9
Beschlußempfehlung des Haushaltsausschusses
BT-Drs 8/3840 = **177** F 1
– Überplanmäßige Ausgabe bei Kap 2502 Tit 882 02
(Prämien nach dem Wohnungsbauprämiengesetz)
BR-Drs 628/79 = **123** I 14
BT-Drs 8/3516 = **164** J 12
Beschlußempfehlung des Haushaltsausschusses
BT-Drs 8/3839 = **177** E 14
– Überplanmäßige Ausgaben bei Kap 1002 Tit 656 51 (Altershilfe für Landwirte) und bei Kap 1002 Tit 656 55 (Krankenversicherung der Landwirte)
BR-Drs 629/79 = **123** J 1
BT-Drs 8/3515 = **164** J 11
Beschlußempfehlung des Haushaltsausschusses
BT-Drs 8/3776 = **175** F 8
– Überplanmäßige Ausgabe bei Kap 6004 Tit 698 01
(Zahlungen nach dem Spar-Prämiengesetz)
BR-Drs 120/80 = **133** O 8
BT-Drs 8/3739 = **174** L 12
Beschlußempfehlung des Haushaltsausschusses
BT-Drs 8/3934 = **181** H 5

Bundeshaushalt 1980
– Überplanmäßige Ausgabe bei Kap 0902 Tit 818 21 (Rohölbevorratung durch den Bund)
BR-Drs 494/80 = **154** I 1
BT-Drs 8/4481 = **195** N 11

Bundeshaushaltsgesetz 1977
– *GesEntw über die Feststellung des Bundeshaushaltsplans für das Haushaltsjahr 1977*
(Haushaltsgesetz 1977)
1. und 2. Durchgang
BR-Drs 80/77 = **11** N 10
BR-Drs 190/77 = **17** K 9
BR-Drs 310/77 = **24** H 5
BR-PlPr 444 = **1** B 10
BR-PlPr 445 = **1** C 12
BR-PlPr 448 = **1** H 13

GesEntw der Bundesregierung
BT-Drs 8/100 = **55** H 12
Stellungnahme des Bundesrates und Gegenäußerung der Bundesregierung
BT-Drs 8/324 = **62** O 9
Ergänzung zum Bundeshaushaltsplan 1977 (Investitionsprogramm) GesEntw/Ergänzungsvorlage der Bundesregierung
BT-Drs 8/270 = **61** A 11
Stellungnahme des Bundesrates und Gegenäußerung der Bundesregierung
BT-Drs 8/474 = **66** K 5
Beschlußempfehlung des Haushaltsausschusses
BT-Drs 8/518 = **68** B 12
Bericht des Haushaltsausschusses
BT-Drs 8/577 = **69** J 10
Änderungsanträge zur 2. Beratung
BT-Drs 8/615 = **70** G 12
BT-Drs 8/630 = **70** I 3
BT-Drs 8/663 = **70** O 5
Unterrichtung über die in 2. Beratung beschlossenen Änderungen
BT-Drs 8/667 = **70** O 10
Entschließungsanträge zur 3. Beratung
BT-Drs 8/653 = **70** M 9
BT-Drs 8/665 = **70** O 8
Beschlußempfehlung zum Entschließungsantrag
BT-Drs 8/975 = **80** L 13
1. Beratung
BT-PlPr 8/15 = **2** N 6
BT-PlPr 8/16 = **3** B 6
BT-PlPr 8/23 = **4** N 12
2. Beratung
BT-PlPr 8/34 = **7** K 5
BT-PlPr 8/35 = **7** O 8
BT-PlPr 8/36 = **8** E 8
3. Beratung
BT-PlPr 8/37 = **8** I 13

– Einzelplan 01
(Bundespräsident und Bundespräsidialamt)
Beschlußempfehlung des Haushaltsausschusses
BT-Drs 8/491 = **67** I 9

- Einzelplan 02
  (Deutscher Bundestag)
  Beschlußempfehlung des Haushaltsausschusses
  BT-Drs 8/492 = **67 I 11**
- Einzelplan 03
  (Bundesrat)
  Beschlußempfehlung des Haushaltsausschusses
  BT-Drs 8/493 = **67 J 1**
- Einzelplan 04
  (Geschäftsbereich des Bundeskanzlers und des Bundeskanzleramtes)
  Beschlußempfehlung des Haushaltsausschusses
  BT-Drs 8/494 = **67 J 3**
  Änderungsantrag
  BT-Drs 8/616 = **70 G 14**
- Einzelplan 05
  (Geschäftsbereich des Auswärtigen Amtes)
  Beschlußempfehlung des Haushaltsausschusses
  BT-Drs 8/495 = **67 J 7**
  Änderungsantrag
  BT-Drs 8/617 = **70 H 1**
- Einzelplan 06
  (Geschäftsbereich des Bundesministers des Innern)
  Beschlußempfehlung des Haushaltsausschusses
  BT-Drs 8/496 = **67 J 11**
- Einzelplan 07
  (Geschäftsbereich des Bundesministers der Justiz)
  Beschlußempfehlung des Haushaltsausschusses
  BT-Drs 8/497 = **67 K 8**
- Einzelplan 08
  (Geschäftsbereich des Bundesministers der Finanzen)
  Beschlußempfehlung des Haushaltsausschusses
  BT-Drs 8/498 = **67 L 1**
- Einzelplan 09
  (Geschäftsbereich des Bundesministers für Wirtschaft)
  Beschlußempfehlung des Haushaltsausschusses
  BT-Drs 8/499 = **67 L 6**
  Änderungsanträge
  BT-Drs 8/615 = **70 G 12**
  BT-Drs 8/618 = **70 H 2**
  BT-Drs 8/668 = **70 O 12**
- Einzelplan 10
  (Geschäftsbereich des Bundesministers für Ernährung, Landwirtschaft und Forsten)
  Beschlußempfehlung des Haushaltsausschusses
  BT-Drs 8/500 = **67 L 13**
  Ergänzung zur Beschlußempfehlung des Haushaltsausschusses
  BT-Drs 8/655 = **70 M 13**
- Einzelplan 11
  (Geschäftsbereich des Bundesministers für Arbeit und Sozialordnung)
  Beschlußempfehlung des Haushaltsausschusses
  BT-Drs 8/501 = **67 M 4**
  Änderungsanträge
  BT-Drs 8/615 = **70 G 12**
  Änderungsantrag
  BT-Drs 8/619 = **70 H 3**
- Einzelplan 12
  (Geschäftsbereich des Bundesministers für Verkehr)
  Beschlußempfehlung des Haushaltsausschusses
  BT-Drs 8/502 = **67 M 10**
  Bericht des Haushaltsausschusses
  BT-Drs 8/558 = **69 A 8**
  Änderungsanträge
  BT-Drs 8/615 = **70 G 12**
  BT-Drs 8/620 = **70 H 4**
  BT-Drs 8/621 = **70 H 6**
  Entschließungsanträge zur 3. Beratung
  BT-Drs 8/639 = **70 K 12**
  BT-Drs 8/640 = **70 K 13**
  Beschlußempfehlung des Haushaltsausschusses zum Entschließungsantrag 8/639
  BT-Drs 8/1227 = **90 C 1**
- Einzelplan 13
  (Geschäftsbereich des Bundesministers für das Post- und Fernmeldewesen)
  Beschlußempfehlung des Haushaltsausschusses
  BT-Drs 8/503 = **67 N 4**
- Einzelplan 14
  (Geschäftsbereich des Bundesministers der Verteidigung)
  Beschlußempfehlung des Haushaltsausschusses
  BT-Drs 8/504 = **67 N 6**
  Entschließungsantrag zur 3. Beratung
  BT-Drs 8/641 = **70 K 14**
- Einzelplan 15
  (Geschäftsbereich des Bundesministers für Jugend, Familie und Gesundheit)
  Beschlußempfehlung des Haushaltsausschusses
  BT-Drs 8/505 = **67 N 13**
  Entschließungsanträge zur 3. Beratung
  BT-Drs 8/642 = **70 L 1**
  BT-Drs 8/666 = **70 O 9**
- Einzelplan 19
  (Bundesverfassungsgericht)
  Beschlußempfehlung des Haushaltsausschusses
  BT-Drs 8/506 = **67 O 4**
- Einzelplan 20
  (Bundesrechnungshof)
  Beschlußempfehlung des Haushaltsausschusses
  BT-Drs 8/507 = **67 O 6**
- Einzelplan 23
  (Geschäftsbereich des Bundesministers für wirtschaftliche Zusammenarbeit)
  Beschlußempfehlung des Haushaltsausschusses
  BT-Drs 8/508 = **67 O 8**
  Änderungsanträge
  BT-Drs 8/622 = **70 H 8**
  BT-Drs 8/623 = **70 H 9**
- Einzelplan 25
  (Geschäftsbereich des Bundesministers für Raumordnung, Bauwesen und Städtebau)
  Beschlußempfehlung des Haushaltsausschusses
  BT-Drs 8/509 = **67 O 12**
  Änderungsanträge
  BT-Drs 8/615 = **70 G 12**
  BT-Drs 8/624 = **70 H 10**
- Einzelplan 27
  (Geschäftsbereich des Bundesministers für innerdeutsche Beziehungen)
  Beschlußempfehlung des Haushaltsausschusses
  BT-Drs 8/510 = **68 A 2**
- Einzelplan 30
  (Geschäftsbereich des Bundesministers für Forschung und Technologie)
  Beschlußempfehlung des Haushaltsausschusses
  BT-Drs 8/511 = **68 A 4**
- Einzelplan 31
  (Geschäftsbereich des Bundesministers für Bildung und Wissenschaft)
  Beschlußempfehlung des Haushaltsausschusses
  BT-Drs 8/512 = **68 A 9**
  Änderungsantrag
  BT-Drs 8/625 = **70 H 11**
  Entschließungsanträge zur 3. Beratung
  BT-Drs 8/643 = **70 L 3**
  BT-Drs 8/644 = **70 L 4**
- Einzelplan 32
  (Bundesschuld)
  Beschlußempfehlung des Haushaltsausschusses
  BT-Drs 8/513 = **68 A 12**
  Änderungsantrag
  BT-Drs 8/615 = **70 G 12**
- Einzelplan 33
  (Versorgung)
  Beschlußempfehlung des Haushaltsausschusses
  BT-Drs 8/514 = **68 A 14**
- Einzelplan 35
  (Verteidigungslasten im Zusammenhang mit dem Aufenthalt ausländischer Streitkräfte)
  Beschlußempfehlung des Haushaltsausschusses
  BT-Drs 8/515 = **68 B 3**
- Einzelplan 36
  (Zivile Verteidigung)
  Beschlußempfehlung des Haushaltsausschusses
  BT-Drs 8/516 = **68 B 5**
- Einzelplan 60
  (Allgemeine Finanzverwaltung)
  Beschlußempfehlung des Haushaltsausschusses
  BT-Drs 8/517 = **68 B 9**
  Änderungsanträge
  BT-Drs 8/615 = **70 G 12**
  BT-Drs 8/626 = **70 H 13**
  BT-Drs 8/627 = **70 H 14**
  BT-Drs 8/628 = **70 I 1**
  BT-Drs 8/629 = **70 I 2**

Bundeshaushaltsgesetz 1978

- *GesEntw über die Feststellung des Bundeshaushaltsplans für das Haushaltsjahr 1978 (Haushaltsgesetz 1978)*
  1. und 2. Durchgang
  BR-Drs 450/77 = **32 J 4**
  BR-Drs 60/78 = **49 A 2**
  BR-PlPr 451 = **1 M 3**
  BR-PlPr 454 = **2 A 5**

  GesEntw der Bundesregierung
  BT-Drs 8/950 = **80 B 13**
  Stellungnahme des Bundesrates und Gegenäußerung der Bundesregierung
  BT-Drs 8/1285 = **91 B 7**
  Beschlußempfehlung des Haushaltsausschusses mit Entwurf des Gesamtplans
  BT-Drs 8/1388 = **93 J 10**

Bericht des Haushaltsausschusses
BT-Drs 8/1426 = 95 B 1
Änderungsantrag der CDU/CSU
zur 2. Beratung
BT-Drs 8/1449 = 95 G 10
Unterrichtung über in 2. Beratung beschlossene Änderungen
BT-Drs 8/1481 = 95 N 5
1. Beratung
BT-PlPr 8/45 = 10 C 7
BT-PlPr 8/46 = 10 C 14
BT-PlPr 8/47 = 10 G 2
2. Beratung
BT-PlPr 8/67 = 14 J 14
BT-PlPr 8/68 = 14 O 3
BT-PlPr 8/69 = 15 E 1
3. Beratung
BT-PlPr 8/70 = 15 I 6
Entschließungsantrag zum Zeitpunkt der Haushaltsberatungen
BT-Drs 8/1479 = 95 N 3
Entschließungsantrag zum Abbau des Schuldenberges
BT-Drs 8/1480 = 95 N 4
Beschlußempfehlung des Haushaltsausschusses zum Entschließungsantrag
BT-Drs 8/1589 = 99 K 6
Beratung
BT-PlPr 8/83 = 18 F 5

- Einzelplan 01
(Bundespräsident und Bundespräsidialamt)
Beschlußempfehlung des Haushaltsausschusses
BT-Drs 8/1361 = 93 B 2
- Einzelplan 02
(Deutscher Bundestag)
Beschlußempfehlung des Haushaltsausschusses
BT-Drs 8/1362 = 92 B 4
- Einzelplan 03
(Bundesrat)
Beschlußempfehlung des Haushaltsausschusses
BT-Drs 8/1363 = 93 B 8
- Einzelplan 04
(Geschäftsbereich des Bundeskanzlers und Bundeskanzleramtes)
Beschlußempfehlung des Haushaltsausschusses
BT-Drs 8/1364 = 93 B 10
Änderungsanträge
BT-Drs 8/1444 = 95 G 2
BT-Drs 8/1445 = 95 G 3
BT-Drs 8/1446 = 95 G 4
- Einzelplan 05
(Geschäftsbereich des Auswärtigen Amtes)
Beschlußempfehlung des Haushaltsausschusses
BT-Drs 8/1365 = 93 B 14
Änderungsantrag
BT-Drs 8/1446 = 95 G 4
- Einzelplan 06
(Geschäftsbereich des Bundesministers des Innern)
Beschlußempfehlung des Haushaltsausschusses
BT-Drs 8/1366 = 93 C 6
Änderungsantrag
BT-Drs 8/1460 = 95 J 6
- Einzelplan 07
(Geschäftsbereich des Bundesministers der Justiz)
Beschlußempfehlung des Haushaltsausschusses
BT-Drs 8/1367 = 93 D 3
Änderungsantrag
BT-Drs 8/1446 = 95 G 4
- Einzelplan 08
(Geschäftsbereich des Bundesministers der Finanzen)
Beschlußempfehlung des Haushaltsausschusses
BT-Drs 8/1368 = 93 D 11
Änderungsantrag
BT-Drs 8/1446 = 95 G 4
- Einzelplan 09
(Geschäftsbereich des Bundesministers für Wirtschaft)
Beschlußempfehlung des Haushaltsausschusses
BT-Drs 8/1369 = 93 E 1
Änderungsantrag
BT-Drs 8/1446 = 95 G 4
Entschließungsantrag zur 3. Beratung
BT-Drs 8/1462 = 95 J 9
Beschlußempfehlung des Haushaltsausschusses zum Entschließungsantrag
BT-Drs 8/1886 = 109 G 11
- Einzelplan 10
(Geschäftsbereich des Bundesministers für Ernährung, Landwirtschaft und Forsten)
Beschlußempfehlung des Haushaltsausschusses
BT-Drs 8/1370 = 93 E 8
Änderungsanträge
BT-Drs 8/1446 = 95 G 4
BT-Drs 8/1452 = 95 I 6
BT-Drs 8/1457 = 95 J 1
- Einzelplan 11
(Geschäftsbereich des Bundesministers für Arbeit und Sozialordnung)
Beschlußempfehlung des Haushaltsausschusses
BT-Drs 8/1371 = 93 E 12
Änderungsanträge
BT-Drs 8/1446 = 95 G 4
BT-Drs 8/1452 = 95 I 6
Entschließungsantrag zur 3. Beratung
BT-Drs 8/1468 = 95 K 7
Beschlußempfehlung des Haushaltsausschusses zum Entschließungsantrag
BT-Drs 8/1873 = 109 A 8
- Einzelplan 12
(Geschäftsbereich des Bundesministers für Verkehr)
Beschlußempfehlung des Haushaltsausschusses
BT-Drs 8/1372 = 93 F 4
Bericht des Haushaltsausschusses
BT-Drs 8/1424 = 95 A 9
Änderungsanträge
BT-Drs 8/1446 = 95 G 4
BT-Drs 8/1461 = 95 J 7
Entschließungsantrag zu den Defiziten der Deutschen Bundesbahn
BT-Drs 8/1463 = 95 J 10
Beschlußempfehlung des Haushaltsausschusses zum Entschließungsantrag
BT-Drs 8/1588 = 99 K 4
- Einzelplan 13
(Geschäftsbereich des Bundesministers für das Post- und Fernmeldewesen)
Beschlußempfehlung des Haushaltsausschusses
BT-Drs 8/1373 = 93 F 14
- Einzelplan 14
(Geschäftsbereich des Bundesministers der Verteidigung)
Beschlußempfehlung des Haushaltsausschusses
BT-Drs 8/1374 = 93 G 2
Änderungsantrag
BT-Drs 8/1461 = 95 J 7
- Einzelplan 15
(Geschäftsbereich des Bundesministers für Jugend, Familie und Gesundheit)
Beschlußempfehlung des Haushaltsausschusses
BT-Drs 8/1375 = 93 G 9
Änderungsanträge
BT-Drs 8/1446 = 95 G 4
BT-Drs 8/1452 = 95 I 6
Entschließungsantrag zur 3. Beratung
BT-Drs 8/1458 = 95 J 2
Beschlußempfehlung des Haushaltsausschusses zum Entschließungsantrag
BT-Drs 8/1587 = 99 K 2
- Einzelplan 19
(Bundesverfassungsgericht)
Beschlußempfehlung des Haushaltsausschusses
BT-Drs 8/1376 = 93 G 13
- Einzelplan 20
(Bundesrechnungshof)
Beschlußempfehlung des Haushaltsausschusses
BT-Drs 8/1377 = 93 H 1
- Einzelplan 23
(Geschäftsbereich des Bundesministers für wirtschaftliche Zusammenarbeit)
Beschlußempfehlung des Haushaltsausschusses
BT-Drs 8/1378 = 93 H 3
Änderungsantrag
BT-Drs 8/1446 = 95 G 4
- Einzelplan 25
(Geschäftsbereich des Bundesministers für Raumordnung, Bauwesen und Städtebau)
Beschlußempfehlung des Haushaltsausschusses
BT-Drs 8/1379 = 93 H 8
Änderungsantrag
BT-Drs 8/1452 = 95 I 6
Entschließungsantrag zur 3. Beratung
BT-Drs 8/1469 = 95 K 8
Beschlußempfehlung des Haushaltsausschusses zum Entschließungsantrag
BT-Drs 8/1693 = 102 I 8
- Einzelplan 27
(Geschäftsbereich des Bundesministers für innerdeutsche Beziehungen)
Beschlußempfehlung des Haushaltsausschusses
BT-Drs 8/1380 = 93 H 13
Änderungsantrag
BT-Drs 8/1446 = 95 G 4
- Einzelplan 30
(Geschäftsbereich des Bundesministers für Forschung und Technologie)
Beschlußempfehlung des Haushaltsausschusses
BT-Drs 8/1381 = 93 I 1
- Änderungsanträge
BT-Drs 8/1446 = 95 G 4
BT-Drs 8/1453 = 95 I 8
- Einzelplan 31
(Geschäftsbereich des Bundesministers für Bildung und Wissenschaft)

Beschlußempfehlung des Haushaltsausschusses
BT-Drs 8/1382 = 93 I 7
Änderungsantrag
BT-Drs 8/1446 = 95 G 4
- Einzelplan 32
(Bundesschuld)
Beschlußempfehlung des Haushaltsausschusses
BT-Drs 8/1383 = 93 I 10
Änderungsanträge
BT-Drs 8/1452 = 95 I 6
BT-Drs 8/1454 = 95 I 9
- Einzelplan 33
(Versorgung)
Beschlußempfehlung des Haushaltsausschusses
BT-Drs 8/1384 = 93 I 13
- Einzelplan 35
(Verteidigungslasten im Zusammenhang mit dem Aufenthalt ausländischer Streitkräfte)
Beschlußempfehlung des Haushaltsausschusses
BT-Drs 8/1385 = 93 J 2
- Einzelplan 36
(Zivile Verteidigung)
Beschlußempfehlung des Haushaltsausschusses
BT-Drs 8/1386 = 93 J 4
- Einzelplan 60
(Allgemeine Finanzverwaltung)
Beschlußempfehlung des Haushaltsausschusses
BT-Drs 8/1387 = 93 J 7
Änderungsanträge
BT-Drs 8/1447 = 95 G 7
BT-Drs 8/1448 = 95 G 8
BT-Drs 8/1454 = 95 I 9
BT-Drs 8/1456 = 95 I 14
- *GesEntw über die Feststellung eines Nachtrags zum Bundeshaushaltsplan für das Haushaltsjahr 1978*
(Nachtragshaushaltsgesetz 1978)
1. und 2. Durchgang
BR-Drs 225/78 = 60 L 10
BR-Drs 306/78 = 66 E 7
BR-PlPr 459 = 2 G 3
BR-PlPr 461 = 2 I 9

GesEntw der Bundesregierung
BT-Drs 8/1801 = 105 O 13
Beschlußempfehlung des Haushaltsausschusses
BT-Drs 8/1908 = 110 B 5
Änderungsantrag zur 2. Beratung
BT-Drs 8/1912 = 110 D 2
1. Beratung
BT-PlPr 8/93 = 20 G 10
2. Beratung und Schlußabstimmung
BT-PlPr 8/97 = 21 H 4

Einzelplan 06
(Geschäftsbereich des Bundesministers des Innern)
Beschlußempfehlung des Haushaltsausschusses
BT-Drs 8/1908 = 110 B 5
Einzelplan 08
(Geschäftsbereich des Bundesministers der Finanzen)
Beschlußempfehlung des Haushaltsausschusses
BT-Drs 8/1908 = 110 B 5
Einzelplan 09
(Geschäftsbereich des Bundesministers für Wirtschaft)
Beschlußempfehlung des Haushaltsausschusses
BT-Drs 8/1908 = 110 B 5
Einzelplan 10
(Geschäftsbereich des Bundesministers für Ernährung, Landwirtschaft und Forsten)
Beschlußempfehlung des Haushaltsausschusses
BT-Drs 8/1908 = 110 B 5
Einzelplan 11
(Geschäftsbereich des Bundesministers für Arbeit und Sozialordnung)
Beschlußempfehlung des Haushaltsausschusses
BT-Drs 8/1908 = 110 B 5
Einzelplan 14
(Geschäftsbereich des Bundesministers der Verteidigung)
Beschlußempfehlung des Haushaltsausschusses
BT-Drs 8/1908 = 110 B 5
Einzelplan 23
(Geschäftsbereich des Bundesministers für wirtschaftliche Zusammenarbeit)
Beschlußempfehlung des Haushaltsausschusses
BT-Drs 8/1908 = 110 B 5
Einzelplan 25
(Geschäftsbereich des Bundesministers für Raumordnung, Bauwesen und Städtebau)
Beschlußempfehlung des Haushaltsausschusses
BT-Drs 8/1908 = 110 B 5
Einzelplan 30
(Geschäftsbereich des Bundesministers für Forschung und Technologie)
Beschlußempfehlung des Haushaltsausschusses
BT-Drs 8/1908 = 110 B 5
Einzelplan 32
(Bundesschuld)
Beschlußempfehlung des Haushaltsausschusses
BT-Drs 8/1908 = 110 B 5
Einzelplan 60
(Allgemeine Finanzverwaltung)
Beschlußempfehlung des Haushaltsausschusses
BT-Drs 8/1908 = 110 B 5

Bundeshaushaltsgesetz 1979
- *GesEntw über die Feststellung des Bundeshaushaltsplans für das Haushaltsjahr 1979*
(Haushaltsgesetz 1979)
1. und 2. Durchgang
BR-Drs 400/78 = 71 F 12
BR-Drs 30/79 = 86 O 14
BR-PlPr 463 = 2 N 14
BR-PlPr 469 = 3 G 7

GesEntw der Bundesregierung
BT-Drs 8/2150 = 121 A 9
Stellungnahme des Bundesrates und Gegenäußerung der Bundesregierung
BT-Drs 8/2317 = 126 L 14
Beschlußempfehlung des Haushaltsausschusses
BT-Drs 8/2428 = 129 H 12
Bericht des Haushaltsausschusses
BT-Drs 8/2469 = 130 O 2
Ergänzung zur Beschlußempfehlung des Haushaltsausschusses
BT-Drs 8/2470 = 130 O 12
Änderungsantrag der CDU/CSU zur 2. Beratung
(betr Begrenzung der Mehrausgaben)
BT-Drs 8/2492 = 131 G 5
1. Beratung
BT-PlPr 8/103 = 22 J 9
BT-PlPr 8/104 = 22 L 14
BT-PlPr 8/105 = 23 B 7
2. Beratung
BT-PlPr 8/130 = 28 A 1
BT-PlPr 8/131 = 28 F 1
BT-PlPr 8/132 = 28 J 10
BT-PlPr 8/133 = 28 O 7
3. Beratung
BT-PlPr 8/133 = 28 O 7

- Einzelplan 01
(Bundespräsident)
Beschlußempfehlung des Haushaltsausschusses
BT-Drs 8/2401 = 128 N 6
- Einzelplan 02
(Deutscher Bundestag)
Beschlußempfehlung des Haushaltsausschusses
BT-Drs 8/2402 = 128 N 8
Ergänzung
BT-Drs 8/2470 = 130 O 12
- Einzelplan 03
(Bundesrat)
Beschlußempfehlung des Haushaltsausschusses
BT-Drs 8/2403 = 128 N 12
- Einzelplan 04
(Bundeskanzler und Bundeskanzleramt)
Beschlußempfehlung des Haushaltsausschusses
BT-Drs 8/2404 = 128 N 14
Änderungsanträge
BT-Drs 8/2484 = 131 F 6
BT-Drs 8/2495 = 131 G 10
- Einzelplan 05
(Geschäftsbereich des Auswärtigen Amtes)
Beschlußempfehlung des Haushaltsausschusses
BT-Drs 8/2405 = 128 O 4
Ergänzung
BT-Drs 8/2470 = 130 O 12
Änderungsantrag
BT-Drs 8/2484 = 131 F 6
- Einzelplan 06
(Geschäftsbereich des Bundesministers des Innern)
Beschlußempfehlung des Haushaltsausschusses
BT-Drs 8/2406 = 128 O 10
Ergänzung
BT-Drs 8/2470 = 130 O 12
Änderungsanträge
BT-Drs 8/2485 = 131 F 9
BT-Drs 8/2499 = 131 H 6
- Einzelplan 07
(Geschäftsbereich des Bundesministers der Justiz)
Beschlußempfehlung des Haushaltsausschusses
BT-Drs 8/2407 = 129 A 10
Änderungsantrag
BT-Drs 8/2484 = 131 F 6

- Einzelplan 08
  (Geschäftsbereich des Bundesministers der Finanzen)
  Beschlußempfehlung des Haushaltsausschusses
  BT-Drs 8/2408 = **129** B 3
  Änderungsanträge
  BT-Drs 8/2484 = **131** F 6
  BT-Drs 8/2486 = **131** F 13
- Einzelplan 09
  (Geschäftsbereich des Bundesministers für Wirtschaft)
  Beschlußempfehlung des Haushaltsausschusses
  BT-Drs 8/2409 = **129** B 8
  Ergänzung
  BT-Drs 8/2470 = **130** O 12
  Änderungsantrag
  BT-Drs 8/2484 = **131** F 6
  Entschließungsantrag der SPD/FDP zur 3. Beratung
  BT-Drs 8/2493 = **131** G 7
  Beschlußempfehlung des Haushaltsausschusses zum Entschließungsantrag
  BT-Drs 8/2619 = **137** I 9
  Entschließungsantrag der CDU/CSU zur 3. Beratung
  BT-Drs 8/2506 = **131** K 12
  Beschlußempfehlung des Haushaltsausschusses zum Entschließungsantrag
  BT-Drs 8/2621 = **137** I 13
- Einzelplan 10
  (Geschäftsbereich des Bundesministers für Ernährung, Landwirtschaft und Forsten)
  Beschlußempfehlung des Haushaltsausschusses
  BT-Drs 8/2410 = **129** C 1
  Änderungsantrag
  BT-Drs 8/2484 = **131** F 6
  Entschließungsantrag zur 3. Beratung
  BT-Drs 8/2496 = **131** G 11
  Beschlußempfehlung des Haushaltsausschusses zum Entschließungsantrag
  BT-Drs 8/2620 = **137** I 11
- Einzelplan 11
  (Geschäftsbereich des Bundesministers für Arbeit und Sozialordnung)
  Beschlußempfehlung des Haushaltsausschusses
  BT-Drs 8/2411 = **129** C 6
  Ergänzung
  BT-Drs 8/2470 = **130** O 12
  Änderungsanträge
  BT-Drs 8/2484 = **131** F 6
  BT-Drs 8/2485 = **131** F 9
  BT-Drs 8/2490 = **131** G 3
- Einzelplan 12
  (Geschäftsbereich des Bundesministers für Verkehr)
  Beschlußempfehlung des Haushaltsausschusses
  BT-Drs 8/2412 = **129** C 14
  Ergänzung
  BT-Drs 8/2470 = **130** O 12
  Bericht des Haushaltsausschusses
  BT-Drs 8/2479 = **131** E 1
  Änderungsanträge
  BT-Drs 8/2484 = **131** F 6
  BT-Drs 8/2485 = **131** F 9
  BT-Drs 8/2489 = **131** G 2
  1. Entschließungsantrag zur 3. Beratung
  BT-Drs 8/2507 = **131** K 13
  Beschlußempfehlung des Haushaltsausschusses zum Entschließungsantrag
  BT-Drs 8/2622 = **137** J 1
  2. Entschließungsantrag zur 3. Beratung
  BT-Drs 8/2508 = **131** K 14
  3. Entschließungsantrag zur 3. Beratung
  BT-Drs 8/2509 = **131** L 1
  4. Entschließungsantrag zur 3. Beratung
  BT-Drs 8/2510 = **131** L 2
  Beschlußempfehlung des Haushaltsausschusses zum 4. Entschließungsantrag
  BT-Drs 8/2623 = **137** J 3
- Einzelplan 13
  (Geschäftsbereich des Bundesministers für das Post- und Fernmeldewesen)
  Beschlußempfehlung des Haushaltsausschusses
  BT-Drs 8/2413 = **129** D 11
- Einzelplan 14
  (Geschäftsbereich des Bundesministers der Verteidigung)
  Beschlußempfehlung des Haushaltsausschusses
  BT-Drs 8/2414 = **129** D 13
  Ergänzung
  BT-Drs 8/2470 = **130** O 12
- Einzelplan 15
  (Geschäftsbereich des Bundesministers für Jugend, Familie und Gesundheit)
  Beschlußempfehlung des Haushaltsausschusses
  BT-Drs 8/2415 = **129** E 6
  Änderungsanträge
  BT-Drs 8/2484 = **131** F 6
  BT-Drs 8/2491 = **131** G 4
- Einzelplan 19
  (Bundesverfassungsgericht)
  Beschlußempfehlung des Haushaltsausschusses
  BT-Drs 8/2416 = **129** E 12
- Einzelplan 20
  (Bundesrechnungshof)
  Beschlußempfehlung des Haushaltsausschusses
  BT-Drs 8/2417 = **129** E 14
- Einzelplan 23
  (Geschäftsbereich des Bundesministers für wirtschaftliche Zusammenarbeit)
  Beschlußempfehlung des Haushaltsausschusses
  BT-Drs 8/2418 = **129** F 2
  Ergänzung
  BT-Drs 8/2470 = **130** O 12
  Änderungsanträge
  BT-Drs 8/2484 = **131** F 6
  BT-Drs 8/2485 = **131** F 9
- Einzelplan 25
  (Geschäftsbereich des Bundesministers für Raumordnung, Bauwesen und Städtebau)
  Beschlußempfehlung des Haushaltsausschusses
  BT-Drs 8/2419 = **129** F 6
  Ergänzung
  BT-Drs 8/2470 = **130** O 12
  Entschließungsantrag zur 3. Beratung
  BT-Drs 8/2497 = **131** G 13
- Einzelplan 27
  (Geschäftsbereich des Bundesministers für innerdeutsche Beziehungen)
  Beschlußempfehlung des Haushaltsausschusses
  BT-Drs 8/2420 = **129** F 11
  Änderungsantrag
  BT-Drs 8/2484 = **131** F 6
- Einzelplan 30
  (Geschäftsbereich des Bundesministers für Forschung und Technologie)
  Beschlußempfehlung des Haushaltsausschusses
  BT-Drs 8/2421 = **129** F 13
  Ergänzung
  BT-Drs 8/2470 = **130** O 12
  Änderungsantrag
  BT-Drs 8/2484 = **131** F 6
- Einzelplan 31
  (Geschäftsbereich des Bundesministers für Bildung und Wissenschaft)
  Beschlußempfehlung des Haushaltsausschusses
  BT-Drs 8/2422 = **129** G 7
  Änderungsantrag
  BT-Drs 8/2484 = **131** F 6
- Einzelplan 32
  (Bundesschuld)
  Beschlußempfehlung des Haushaltsausschusses
  BT-Drs 8/2423 = **129** G 10
  Ergänzung
  BT-Drs 8/2470 = **130** O 12
- Einzelplan 33
  (Versorgung)
  Beschlußempfehlung des Haushaltsausschusses
  BT-Drs 8/2424 = **129** G 12
- Einzelplan 35
  (Verteidigungslasten im Zusammenhang mit dem Aufenthalt ausländischer Streitkräfte)
  Beschlußempfehlung des Haushaltsausschusses
  BT-Drs 8/2425 = **129** H 1
- Einzelplan 36
  (Zivile Verteidigung)
  Beschlußempfehlung des Haushaltsausschusses
  BT-Drs 8/2426 = **129** H 3
- Einzelplan 60
  (Allgemeine Finanzverwaltung)
  Beschlußempfehlung des Haushaltsausschusses
  BT-Drs 8/2427 = **129** H 8
  Ergänzung
  BT-Drs 8/2470 = **130** O 12
  Änderungsanträge
  BT-Drs 8/2487 = **131** F 14
  BT-Drs 8/2488 = **131** G 1
  Entschließungsantrag zur 3. Beratung
  BT-Drs 8/2511 = **131** L 3
  Beschlußempfehlung des Haushaltsausschusses zum Entschließungsantrag
  BT-Drs 8/2791 = **142** G 2

- *GesEntw über die Feststellung eines Nachtrags zum Bundeshaushaltsplan für das Haushaltsjahr 1979*
  (Nachtragshaushaltsgesetz 1979)
  1. und 2. Durchgang
  BR-Drs 267/79 = **101** J 12
  BR-Drs 315/79 = **104** H 6
  BR-PlPr 474 = **3** M 13
  BR-PlPr 476 = **4** A 4

  GesEntw der Bundesregierung
  BT-Drs 8/2900 = **145** G 9

Stellungnahme des Bundesrates und Gegenäußerung der Bundesregierung
BT-Drs 8/3017 = **148** D 4
Beschlußempfehlung des Haushaltsausschusses
BT-Drs 8/3018 = **148** D 6
1. Beratung
BT-PlPr 8/159 = **34** L 5
2. Beratung und Schlußabstimmung
BT-PlPr 8/163 = **35** I 6

- *GesEntw über die Feststellung eines 2. Nachtrags zum Bundeshaushaltsplan für das Haushaltsjahr 1979*
(2. Nachtragshaushaltsgesetz 1979)
1. und 2. Durchgang
BR-Drs 431/79 = **111** O 6
BR-Drs 497/79 = **116** C 5
BR-PlPr 477 = **4** B 11
BR-PlPr 478 = **4** E 10

GesEntw der Bundesregierung
BT-Drs 8/3099 = **152** A 9
Stellungnahme des Bundesrates und Gegenäußerung der Bundesregierung
BT-Drs 8/3240 = **157** O 5
Beschlußempfehlung des Haushaltsausschusses
BT-Drs 8/3241 = **157** O 7
Änderungsantrag zur 2. Beratung
BT-Drs 8/3253 = **158** C 11
1. Beratung
BT-PlPr 8/168 = **36** J 14
BT-PlPr 8/169 = **36** K 13
BT-PlPr 8/170 = **36** O 6
2. Beratung und Schlußabstimmung
BT-PlPr 8/177 = **38** B 9

Bundeshaushaltsgesetz 1980
- *GesEntw über die Feststellung des Bundeshaushaltsplans für das Haushaltsjahr 1980*
(Haushaltsgesetz 1980)
1. und 2. Durchgang
BR-Drs 425/79 = **111** I 3
BR-Drs 602/79 = **122** K 7
BR-PlPr 478 = **4** E 10
BR-PlPr 481 = **4** I 5

GesEntw der Bundesregierung
BT-Drs 8/3100 = **152** E 14
Stellungnahme des Bundesrates und Gegenäußerung der Bundesregierung
BT-Drs 8/3354 = **160** G 9
Beschlußempfehlung des Haushaltsausschusses
BT-Drs 8/3398 = **161** D 10
Bericht des Haushaltsausschusses
BT-Drs 8/3457 = **163** B 13
Änderungsantrag zur 2. Beratung (zur Notwendigkeit von Nachtragshaushalten)
BT-Drs 8/3488 = **164** D 1
Unterrichtung über die 2. Beratung beschlossenen Änderungen
BT-Drs 8/3508 = **164** I 12
1. Beratung
BT-PlPr 8/168 = **36** J 14
BT-PlPr 8/169 = **36** K 13
BT-PlPr 8/170 = **36** O 6
2. Beratung
BT-PlPr 8/191 = **41** B 9
BT-PlPr 8/192 = **41** G 6
BT-PlPr 8/193 = **41** L 4
3. Beratung
BT-PlPr 8/194 = **42** B 3

- Einzelplan 01
(Bundespräsident und Bundespräsidialamt)
Beschlußempfehlung des Haushaltsausschusses
BT-Drs 8/3371 = **160** K 10
- Einzelplan 02
(Deutscher Bundestag)
Beschlußempfehlung des Haushaltsausschusses
BT-Drs 8/3372 = **160** K 12
- Einzelplan 03
(Bundesrat)
Beschlußempfehlung des Haushaltsausschusses
BT-Drs 8/3373 = **160** L 2
- Einzelplan 04
(Bundeskanzler und Bundeskanzleramt)
Beschlußempfehlung des Haushaltsausschusses
BT-Drs 8/3374 = **160** L 3
Änderungsantrag
BT-Drs 8/3474 = **163** O 2
- Einzelplan 05
(Geschäftsbereich des Auswärtigen Amtes)
Beschlußempfehlung des Haushaltsausschusses
BT-Drs 8/3375 = **160** L 7
Änderungsantrag
BT-Drs 8/3474 = **163** O 2
- Einzelplan 06
(Geschäftsbereich des Bundesministers des Innern)
Beschlußempfehlung des Haushaltsausschusses
BT-Drs 8/3376 = **160** L 13
Änderungsanträge
BT-Drs 8/3474 = **163** O 2
BT-Drs 8/3507 = **164** I 11
- Einzelplan 07
(Geschäftsbereich des Bundesministers der Justiz)
Beschlußempfehlung des Haushaltsausschusses
BT-Drs 8/3377 = **160** M 13
Änderungsantrag
BT-Drs 8/3474 = **163** O 2
- Einzelplan 08
(Geschäftsbereich des Bundesministers der Finanzen)
Beschlußempfehlung des Haushaltsausschusses
BT-Drs 8/3378 = **160** N 5
Änderungsantrag
BT-Drs 8/3474 = **163** O 2
- Einzelplan 09
(Geschäftsbereich des Bundesministers für Wirtschaft)
Beschlußempfehlung des Haushaltsausschusses
BT-Drs 8/3379 = **160** N 9
Änderungsantrag
BT-Drs 8/3474 = **163** O 2
Entschließungsantrag zur 3. Beratung
BT-Drs 8/3493 = **164** E 13
Beschlußempfehlung des Haushaltsausschusses zum Entschließungsantrag
BT-Drs 8/3775 = **175** F 7
- Einzelplan 10
(Geschäftsbereich des Bundesministers für Ernährung, Landwirtschaft und Forsten)
Beschlußempfehlung des Haushaltsausschusses
BT-Drs 8/3380 = **160** O 3

Änderungsanträge
BT-Drs 8/3474 = **163** O 2
BT-Drs 8/3484 = **164** C 10
- Einzelplan 11
(Geschäftsbereich des Bundesministers für Arbeit und Sozialordnung)
Beschlußempfehlung des Haushaltsausschusses
BT-Drs 8/3381 = **160** O 7
Änderungsanträge
BT-Drs 8/3474 = **163** O 2
BT-Drs 8/3485 = **164** C 11
BT-Drs 8/3494 = **164** E 14
BT-Drs 8/3503 = **164** H 5
- Einzelplan 12
(Geschäftsbereich des Bundesministers für Verkehr)
Beschlußempfehlung des Haushaltsausschusses
BT-Drs 8/3382 = **160** O 13
Bericht des Haushaltsausschusses
BT-Drs 8/3430 = **162** L 5
Änderungsanträge
BT-Drs 8/3474 = **163** O 2
BT-Drs 8/3486 = **164** C 13
- Einzelplan 13
(Geschäftsbereich des Bundesministers für das Post- und Fernmeldewesen)
Beschlußempfehlung des Haushaltsausschusses
BT-Drs 8/3383 = **161** A 9
- Einzelplan 14
(Geschäftsbereich des Bundesministers für Verteidigung)
Beschlußempfehlung des Haushaltsausschusses
BT-Drs 8/3384 = **161** A 10
- Einzelplan 15
(Geschäftsbereich des Bundesministers für Jugend, Familie und Gesundheit)
Beschlußempfehlung des Haushaltsausschusses
BT-Drs 8/3385 = **161** B 2
Änderungsantrag
BT-Drs 8/3474 = **163** O 2
- Einzelplan 19
(Bundesverfassungsgericht)
Beschlußempfehlung des Haushaltsausschusses
BT-Drs 8/3386 = **161** B 8
- Einzelplan 20
(Bundesrechnungshof)
Beschlußempfehlung des Haushaltsausschusses
BT-Drs 8/3387 = **161** B 9
- Einzelplan 23
(Geschäftsbereich des Bundesministers für wirtschaftliche Zusammenarbeit)
Beschlußempfehlung des Haushaltsausschusses
BT-Drs 8/3388 = **161** B 10
Änderungsantrag
BT-Drs 8/3474 = **163** O 2
- Einzelplan 25
(Geschäftsbereich des Bundesministers für Raumordnung, Bauwesen und Städtebau)
Beschlußempfehlung des Haushaltsausschusses
BT-Drs 8/3389 = **161** B 13
Änderungsantrag
BT-Drs 8/3474 = **163** O 2
Entschließungsantrag zur 3. Beratung
BT-Drs 8/3487 = **164** C 14

Beschlußempfehlung des Haushaltsausschusses zum Entschließungsantrag
BT-Drs 8/3954 = **182 I 9**
- Einzelplan 27
(Geschäftsbereich des Bundesministers für innerdeutsche Beziehungen)
Beschlußempfehlung des Haushaltsausschusses
BT-Drs 8/3390 = **161** C 3
Änderungsantrag
BT-Drs 8/3474 = **163** O 2
- Einzelplan 30
(Geschäftsbereich des Bundesministers für Forschung und Technologie)
Beschlußempfehlung des Haushaltsausschusses
BT-Drs 8/3391 = **161** C 5
Änderungsanträge
BT-Drs 8/3474 = **163** O 2
BT-Drs 8/3485 = **164** C 11
BT-Drs 8/3499 = **164** G 14
- Einzelplan 31
(Geschäftsbereich des Bundesministers für Bildung und Wissenschaft)
Beschlußempfehlung des Haushaltsausschusses
BT-Drs 8/3392 = **161** C 11
Änderungsantrag
BT-Drs 8/3474 = **163** O 2
- Einzelplan 32
(Bundesschuld)
Beschlußempfehlung des Haushaltsausschusses
BT-Drs 8/3393 = **161** C 13
- Einzelplan 33
(Versorgung)
Beschlußempfehlung des Haushaltsausschusses
BT-Drs 8/3394 = **161** D 1
- Einzelplan 35
(Verteidigungslasten im Zusammenhang mit dem Aufenthalt ausländischer Streitkräfte)
Beschlußempfehlung des Haushaltsausschusses
BT-Drs 8/3395 = **161** D 3
- Einzelplan 36
(Zivile Verteidigung)
Beschlußempfehlung des Haushaltsausschusses
BT-Drs 8/3396 = **161** D 4
- Einzelplan 60
(Allgemeine Finanzverwaltung)
Beschlußempfehlung des Haushaltsausschusses
BT-Drs 8/3397 = **161** D 7
Änderungsantrag
BT-Drs 8/3485 = **164** C 11
Unterrichtung durch den Bundesminister der Finanzen zu den von der Bundesregierung geplanten Maßnahmen betr Wiedergutmachung und Kriegsfolgengesetzgebung
BT-Drs 8/3982 = **183** H 2
1. Entschließungsantrag zur 3. Beratung
BT-Drs 8/3510 = **164** J 1
Beschlußempfehlung des Haushaltsausschusses
BT-Drs 8/4123 = **186** F 12
2. Entschließungsantrag zur 3. Beratung
BT-Drs 8/3511 = **164** J 2
Beschlußempfehlung des Haushaltsausschusses
BT-Drs 8/4123 = **186** F 12
- *Entwurf eines Gesetzes über die Feststellung eines Nachtrags zum Bundeshaushaltsplan für das Haushaltsjahr 1980*
(Nachtragshaushaltsgesetz 1980)
1. und 2. Durchgang
BR-Drs 230/80 = **139** N 12
BR-Drs 355/80 = **146** M 4
BR-PlPr 487 = **5** D 12
BR-PlPr 490 = **5** I 2

GesEntw der Bundesregierung
BT-Drs 8/3950 = **181** J 9
Stellungnahme des Bundesrats und Gegenäußerung der Bundesregierung
BT-Drs 8/4151 = **188** F 12
Beschlußempfehlung des Haushaltsausschusses
BT-Drs 8/4193 = **188** N 11
Bericht des Haushaltsausschusses
BT-Drs 8/4210 = **189** D 6
Änderungsanträge zur 2. Beratung
BT-Drs 8/4226 = **189** G 8
BT-Drs 8/4234 = **189** H 9
Entschließungsantrag zur Türkeihilfe
BT-Drs 8/4251 = **189** K 10
Beratung und Schlußabstimmung
BT-PlPr 8/224 = **49** B 10

Bundeshaushaltsordnung
- *Entw eines 2. ÄndGes*
(betr Neufassung der §§ 37, 38 BHO)
BR-Drs 37/78 = **46** K 4
BR-PlPr 454 = **2** A 5
GesEntw der Bundesregierung
BT-Drs 8/1664 = **101** I 9
1. Beratung
BT-PlPr 8/95 = **20** N 5
- *Entw eines ... Ges zur Änderung der Bundeshaushaltsordnung*
(betr § 44a BHO – Widerruf von Zuwendungsbescheiden)
1. und 2. Durchgang
BR-Drs 621/79 = **123** D 10
BR-Drs 327/80 = **146** C 6
BR-PlPr 482 = **4** K 5
BR-PlPr 489 = **5** G 14

GesEntw der Bundesregierung
BT-Drs 8/3785 = **175** G 12
Beschlußempfehlung des Haushaltsausschusses
BT-Drs 8/4090 = **185** N 14
1. Beratung
BT-PlPr 8/208 = **45** D 10
2. und 3. Beratung
BT-PlPr 8/220 = **48** C 8

Bundeshaushaltsplan
s Bundeshaushaltsgesetz

Bundeshaushaltsrechnung
s Bundeshaushalt 19 . .

Bundes-Immissionsschutzgesetz
- *Entw eines 2. ÄndGes*
(betr Luftverunreinigung)
1. Durchgang
BR-Drs 403/78 = **71** N 1
BR-PlPr 463 = **2** N 14

GesEntw der Bundesregierung
BT-Drs 8/2751 = **140** L 8
1. Beratung
BT-PlPr 8/162 = **35** F 4
- 1. Immissionsschutzbericht der Bundesregierung
BT-Drs 8/2006 = **114** A 4
- 1. allgemeine Verwaltungsvorschrift zur 3. VO zur Durchführung des Bundes-Immissionsschutzgesetzes
(Überwachung der Begrenzung des Schwefelgehaltes von leichtem Heizöl und Dieselkraftstoff)
BR-Drs 115/78 = **51** I 8
- 10. VO zur Durchführung des Bundes-Immissionsschutzgesetzes
(Beschränkungen von Phenylen)
BR-Drs 238/78 = **62** C 1
- 1. VO zur Änderung der 1. VO zur Durchführung des Bundes-Immissionsschutzgesetzes
(betr Feuerungsanlagen)
BR-Drs 242/78 = **62** K 5
- Allgemeine Verwaltungsvorschrift zum Bundes-Immissionsschutzgesetz
(Emissionskataster in Belastungsgebieten)
BR-Drs 350/78 = **68** D 1
- Verwaltungsvorschrift zur Änderung der 1. Allgemeinen Verwaltungsvorschrift zum Bundes-Immissionsschutzgesetz:
Technische Anleitung zur Reinhaltung der Luft
BR-Drs 420/78 = **73** A 1
- VO zur Durchführung des Bundes-Immissionsschutzgesetzes
(Störfall-Verordnung)
BR-Drs 108/80 = **132** G 11
- 1. VO zur Änderung der 8. VO zur Durchführung des Bundes-Immissionsschutzgesetzes
(Rasenmäherlärm)
BR-Drs 228/80 = **139** L 9

Bundeskanzler
- Wahl des Bundeskanzlers Helmut Schmidt (Hamburg)
BT-PlPr 8/2 = **1** A 12
- Eidesleistung
BT-PlPr 8/3 = **1** B 3

Bundeskartellamt
- s a Bundeshaushaltsgesetz
Einzelplan 09
(Geschäftsbereich des Bundesministers für Wirtschaft)
- Jahresbericht 1976
BT-Drs 8/704 = **71** N 4
- Jahresbericht 1977
BT-Drs 8/1925 = **110** F 9
- Jahresbericht 1978
BT-Drs 8/2980 = **147** C 7

Bundeskindergeldgesetz
- *Entw eines 8. ÄndGes*
(betr Erhöhung des Kindergeldes)
1. und 2. Durchgang
BR-Drs 385/78 = **70** B 10
BR-Drs 482/78 = **77** E 10
BR-PlPr 462 = **2** L 11
BR-PlPr 464 = **3** B 3

GesEntw der SPD/FDP
BT-Drs 8/2102 = **118** N 7
GesEntw der Bundesregierung
BT-Drs 8/2120 = **120** C 5
Beschlußempfehlung des Ausschusses für Jugend, Familie und Gesundheit
BT-Drs 8/2183 = **122** B 10
Bericht des Haushaltsausschusses
BT-Drs 8/2209 = **122** J 8

1. Beratung des GesEntw der SPD/FDP
BT-PlPr 8/103 = **22 J 9**
BT-PlPr 8/104 = **22 L 14**
BT-PlPr 8/105 = **23 B 7**
1. Beratung des GesEntw der Bundesregierung
BT-PlPr 8/107 = **23 G 3**
2. und 3. Beratung
BT-PlPr 8/111 = **24 C 10**
BT-PlPr 8/112 = **24 G 13**
– *GesEntw zur Änderung des Umsatzsteuergesetzes, des Bundeskindergeldgesetzes, des Einkommensteuergesetzes und anderer Gesetze* (Steueränderungsgesetz 1977 – StÄndG 1977 –)
1. und 2. Durchgang
BR-Drs 145/77 = **15 F 4**
BR-Drs 284/77 = **23 C 3**
BR-PlPr 445 = **1 C 12**
BR-PlPr 447 = **1 G 10**
BR-PlPr 448 = **1 H 13**
GesEntw der Bundesregierung
BT-Drs 8/292 = **62 F 3**
Beschlußempfehlung des Finanzausschusses
BT-Drs 8/555 = **68 N 5**
Bericht des Haushaltsausschusses
BT-Drs 8/582 = **69 L 2**
1. Beratung
BT-PlPr 8/23 = **4 N 12**
2. und 3. Beratung
BT-PlPr 8/32 = **7 C 9**
– s a Entwurf eines Gesetzes zur Steuerentlastung und Familienförderung *(Steuerentlastungsgesetz 1981)*
BR-Drs 100/80 = **130 O 9**
BR-Drs 107/80 = **132 B 10**
BR-Drs 294/80 = **144 O 1**
BT-Drs 8/3701 = **173 L 6**
BT-Drs 8/3901 = **179 K 3**
BT-Drs 8/3902 = **179 N 3**

Bundeskriminalamt
s Bundeshaushaltsgesetz
Einzelplan 06 (Geschäftsbereich des Bundesministers des Innern)

Bundesländer
– s GesEntw über das Verfahren bei sonstigen Änderungen des Gebietsbestandes der Länder nach Art 29 Abs 7 *Grundgesetz*
BR-Drs 28/78 = **46 C 14**
BT-Drs 8/1647 = **101 E 1**

Bundesnachrichtendienst
– s Bundeshaushaltsgesetz
Einzelplan 04
(Geschäftsbereich des Bundeskanzlers und Bundeskanzleramtes)
– s GesEntw über die parlamentarische Kontrolle *nachrichtendienstlicher* Tätigkeit des Bundes
BR-Drs 84/78 = **50 D 13**
BT-Drs 8/1140 = **86 D 12**

Bundesnotarordnung
– *Entw eines 1. ÄndGes*
(betr insbesondere Haftpflichtversicherung für pflichtwidriges Verhalten von Notaren)
BR-Drs 3/79 = **84 K 2**
BR-PlPr 469 = **3 G 7**
GesEntw der Bundesregierung
BT-Drs 8/2782 = **141 O 13**
1. Beratung
BT-PlPr 8/154 = **33 I 13**

Bundespflegesatzverordnung
– 2. VO zur Änderung der BundespflegesatzVO
(betr Erhöhung der Bemessungsgrundlagen für die Pflegesätze)
BR-Drs 447/77 = **32 H 7**
BR-Drs 26/78 = **46 B 7**
– 3. VO zur Änderung der BundespflegesatzVO
(betr Krankenhausaufwendungen)
BR-Drs 162/79 = **95 E 14**

Bundespost, Deutsche
– Nachtrag zum Voranschlag der Deutschen Bundespost für das Rechnungsjahr 1976
BR-Drs 14/77 = **6 I 11**
– Geschäftsbericht der Deutschen Bundespost über das Rechnungsjahr 1976
BR-Drs 392/77 = **27 L 7**
– Voranschlag der Deutschen Bundespost für das Rechnungsjahr 1977
BR-Drs 15/77 = **6 I 12**
Nachtrag zum Voranschlag der Deutschen Bundespost für das Rechnungsjahr 1977
BR-Drs 484/77 = **34 F 13**
– Geschäftsbericht der Deutschen Bundespost für das Rechnungsjahr 1977
BR-Drs 373/78 = **69 G 3**
– Voranschlag der Deutschen Bundespost für das Rechnungsjahr 1978
BR-Drs 208/78 = **58 I 1**
– Geschäftsbericht der Deutschen Bundespost 1978
BR-Drs 423/79 = **111 H 14**
– Voranschlag der Deutschen Bundespost für das Rechnungsjahr 1979
BR-Drs 134/79 = **93 J 6**
Nachtrag zum Voranschlag der Deutschen Bundespost für das Rechnungsjahr 1979
BR-Drs 326/79 = **104 K 5**
2. Nachtrag zum Voranschlag der Deutschen Bundespost für das Rechnungsjahr 1979
BR-Drs 595/79 = **122 C 10**
– Geschäftsbericht der Deutschen Bundespost über das Rechnungsjahr 1979
BR-Drs 487/80 = **154 B 11**
– Voranschlag der Deutschen Bundespost für das Rechnungsjahr 1980
BR-Drs 121/80 = **133 O 9**
Nachtrag zum Voranschlag der Deutschen Bundespost für das Rechnungsjahr 1980
BR-Drs 625/80 = **161 O 4**
– VO über die von den Trägern der Sozialversicherung an die Deutsche Bundespost zu zahlende Vergütungen für das Auszahlen von Renten
BR-Drs 130/78 = **53 C 2**
– 2. VO zu § 26 Abs 4 Nr 2 Bundesbesoldungsgesetz
(betr Beamte der Bundesbahn und Bundespost)
BR-Drs 342/78 = **67 O 12**

Bundespräsident
– Antrittsrede des Bundespräsidenten Prof. Karl Carstens vor dem Bundestag
BT-PlPr 8/157 = **34 E 8**
– Eidesleistung des neuen Bundespräsidenten
BT-PlPr 8/165 = **36 D 4**
– Wahl des Bundespräsidenten durch das Volk:
Entschließungsantrag zum Schlußbericht der Enquête-Kommission, Verfassungsreform
BT-Drs 8/1517 = **97 K 13**

Bundesrat
– Bestimmung über die Kostenerstattung für Mitglieder des Bundesrates
BR-Drs 306/77 = **24 C 12**

Bundesrechnungshof
– Rechnung und Vermögensrechnung des Bundesrechnungshofes für das Haushaltsjahr 1975
(Einzelplan 20)
BR-Drs 64/77 = **10 F 1**
BT-Drs 8/34 = **51 M 13**
Beschlußempfehlung des Haushaltsausschusses
BT-Drs 8/4323 = **191 B 2**
– Bemerkungen des Bundesrechnungshofes zur Bundeshaushaltsrechnung (einschließlich der Bundesvermögensrechnung)
für das Haushaltsjahr 1975
BR-Drs 230/77 = **20 C 3**
BR-Drs 540/77 = **36 I 3**
BT-Drs 8/373 = **64 K 3**
BT-Drs 8/1164 = **86 L 14**
– Rechnung und Vermögensrechnung des Bundesrechnungshofes für das Haushaltsjahr 1976
(Einzelplan 20)
BR-Drs 353/77 = **25 M 3**
BT-Drs 8/1324 = **92 F 9**
Beschlußempfehlung des Haushaltsausschusses zur Entlastung des Bundesrechnungshofes
BT-Drs 8/4323 = **191 B 2**
– Bemerkungen des Bundesrechnungshofes zur Bundeshaushaltsrechnung (einschließlich der Bundesvermögensrechnung)
für das Haushaltsjahr 1976
BR-Drs 441/78 = **74 I 3**
BT-Drs 8/2124 = **120 D 1**
– Rechnung und Vermögensrechnung des Bundesrechnungshofes für das Haushaltsjahr 1977
(Einzelplan 20)
BR-Drs 246/78 = **63 A 12**
BT-Drs 8/1776 = **104 N 1**
Beschlußempfehlung des Haushaltsausschusses zur Entlastung des Bundesrechnungshofes
BT-Drs 8/4323 = **191 B 2**
– Bemerkungen des Bundesrechnungshofes zur Bundeshaushaltsrechnung (einschließlich der Bundesvermögensrechnung) für das Haushaltsjahr 1977
BR-Drs 494/79 = **115 K 14**
BT-Drs 8/3238 = **157 L 4**
– Rechnung und Vermögensrechnung des Bundesrechnungshofes für das Haushaltsjahr 1978
(Einzelplan 20)
BR-Drs 325/79 = **104 J 6**
BT-Drs 8/2913 = **145 K 8**
Beschlußempfehlung des Haushaltsausschusses zur Entlastung des Bundesrechnungshofes
BT-Drs 8/4323 = **191 B 2**

– Rechnung des Bundesrechnungshofes für das Haushaltsjahr 1979 – Einzelplan 20
BR-Drs 269/80 = **142** B 14
BT-Drs 8/3967 = **183** B 3

Bundesrecht
– s. GesEntw über die *Bereinigung* des Bundesrechts

Bundesrechtsanwaltsgebührenordnung
s Bundesgebührenordnung für Rechtsanwälte

Bundesrechtsanwaltsordnung
– Einführung eines Gelöbnisses:
s GesEntw zur Änderung der *Bundesnotarordnung*
BT-Drs 8/2782 = **141** O 13

Bundesregierung
– Bekanntgabe der Bildung der Bundesregierung und Vereidigung der Bundesminister
BT-PlPr 8/4 = **1** B 6
– Regierungserklärung durch den Bundeskanzler
BT-PlPr 8/5 = **1** B 10
– s a Regierungserklärung

Bundes-Seuchengesetz
– *Entw eines 4. ÄndGes*
(betr Gesamtnovellierung)
1. und 2. Durchgang
BR-Drs 402/78 = **71** K 5
BR-Drs 512/79 = **117** C 8
BR-PlPr 463 = **2** N 14
BR-PlPr 479 = **4** G 1

GesEntw der Bundesregierung
BT-Drs 8/2468 = **130** M 10
Beschlußempfehlung des Ausschusses für Jugend, Familie und Gesundheit
BT-Drs 8/3176 = **155** M 3
1. Beratung
BT-PlPr 8/135 = **29** E 9
2. und 3. Beratung
BT-PlPr 8/177 = **38** B 9

Bundessozialhilfegesetz
– *Entw eines 4. Ges zur Änderung des Bundessozialhilfegesetzes*
(betr Rentenerhöhungsbeträge, § 76 a)
Bundesratsdurchgang
BR-Drs 301/77 = **24** A 10
BR-PlPr 447 = **1** G 10

GesEntw der SPD/FDP
BT-Drs 8/466 = **66** I 14
Beschlußempfehlung des Ausschusses für Jugend, Familie und Gesundheit
BT-Drs 8/580 = **69** K 12
Bericht des Haushaltsausschusses
BT-Drs 8/597 = **70** A 14
Unterrichtung des Bundesrates über die Verweigerung der Zustimmung
BT-Drs 8/691 = **71** G 7
1. Beratung
BT-PlPr 8/30 = **6** K 5
2. und 3. Beratung
BT-PlPr 8/32 = **7** C 9
– *Entw eines 4. ÄndGes*
(betr Leistungsverbesserungen zugunsten alleinstehender Elternteile und zugunsten Pflegebedürftiger in häuslicher Pflege)
1. und 2. Durchgang
BR-Drs 524/78 = **79** J 7
BR-Drs 390/80 = **147** I 9
BR-PlPr 468 = **3** E 13
BR-PlPr 491 = **5** J 8

GesEntw der Bundesregierung
BT-Drs 8/2534 = **133** K 9
Beschlußempfehlung des Ausschusses für Jugend, Familie und Gesundheit
BT-Drs 8/4286 = **190** F 11
Bericht des Haushaltsausschusses
BT-Drs 8/4287 = **190** G 5
Anrufung des Vermittlungsausschusses
BT-Drs 8/4408 = **193** J 5
1. Beratung
BT-PlPr 8/151 = **32** O 5
2. und 3. Beratung
BT-PlPr 8/226 = **49** L 1
– 2. VO nach § 69 Abs 6 des Bundessozialhilfegesetzes
BR-Drs 68/77 = **10** G 8
– 2. VO nach § 81 Abs 5 des Bundessozialhilfegesetzes
BR-Drs 69/77 = **10** G 11
– 3. VO nach § 69 Abs 6 des Bundessozialhilfegesetzes
BR-Drs 238/79 = **100** D 4
– 3. VO nach § 81 Abs 5 des Bundessozialhilfegesetzes
BR-Drs 239/79 = **100** D 7
– 2. VO zur Änderung der VO zur Durchführung des § 88 Abs 2 Nr 8 des Bundessozialhilfegesetzes
BR-Drs 530/79 = **117** K 11

Bundesstatistikgesetz
– *GesEntw über die Statistik für Bundeszwecke*
1. und 2. Durchgang
BR-Drs 443/78 = **75** B 1
BR-Drs 589/79 = **121** N 1
BR-PlPr 465 = **3** C 4
BR-PlPr 481 = **4** I 5
Vermittlungsverfahren:
BR-Drs 14/80 = **125** K 12
BR-PlPr 482 = **4** K 5

GesEntw der Bundesregierung
BT-Drs 8/2517 = **131** N 13
Beschlußempfehlung des Innenausschusses
BT-Drs 8/3413 = **161** I 3
Anrufung des Vermittlungsausschusses
BT-Drs 8/3533 = **165** B 13
Beschlußempfehlung des Vermittlungsausschusses
BT-Drs 8/3602 = **168** J 8
1. Beratung
BT-PlPr 8/138 = **29** O 4
2. und 3. Beratung
BT-PlPr 8/189 = **40** J 14
Beratung der Beschlußempfehlung des Vermittlungsausschusses
BT-PlPr 8/199 = **43** B 5

Bundesstraße
s Autobahn
Bundesfernstraßen

Bundestag
– Entwurf einer Geschäftsordnung des Deutschen Bundestages
(Entwurf des Ausschusses für Wahlprüfung, Immunität und Geschäftsordnung)
BT-Drs 8/3460 = **163** D 2
BT-PlPr 8/193 = **41** L 4
Beschlußempfehlung des Ausschusses für Wahlprüfung, Immunität und Geschäftsordnung
BT-Drs 8/4127 = **186** G 7
Nachtrag zur Beschlußempfehlung des Ausschusses für Wahlprüfung, Immunität und Geschäftsordnung
BT-Drs 8/4262 = **189** N 1
BT-PlPr 8/225 = **49** F 14
– Bericht des Präsidenten des Deutschen Bundestages über die Angemessenheit der Abgeordnetenentschädigung 1978
BT-Drs 8/2441 = **129** N 8
– Bericht für 1979
BT-Drs 8/3482 = **164** C 3
– Entschließungsantrag zum Schlußbericht der Enquête-Kommission Verfassungsreform
BT-Drs 8/1517 = **97** K 13
– Wahl des Präsidenten
BT-PlPr 8/1 = **1** A 6
BT-PlPr 8/157 = **34** E 8
– Ansprache aus Anlaß des 30jährigen Bestehens des Deutschen Bundestages
BT-PlPr 8/168 = **36** J 14

Bundestagswahl
s a Bundeswahlgesetz
– Festsetzung des festen Betrages zur Erstattung der Kosten der Bundestagswahl 1976
BR-Drs 359/77 = **26** D 2
BR-PlPr 450 = **1** K 11
– Bericht über den Einsatz von Wahlgeräten
BT-Drs 8/94 = **55** H 5
BT-Drs 8/443 = **65** G 14
– Bericht der Wahlkreiskommission für die 8. Wahlperiode
BT-Drs 8/1876 = **109** A 13
Beschlußempfehlung des Innenausschusses
BT-Drs 8/2166 = **121** M 11
– Bericht des Wahlprüfungsausschusses zu 25 Wahleinsprüchen
BT-Drs 8/263 = **60** L 11
– Bericht des Wahlprüfungsausschusses zu 13 Wahleinsprüchen
BT-Drs 8/347 = **63** N 13
– Änderung der Verhaltensregeln nach der Geschäftsordnung des Deutschen Bundestages
BT-Drs 8/4115 = **186** D 14
– s a GesEntw über das Verfahren vor dem *Untersuchungsausschuß* des Deutschen Bundestages
BT-Drs 8/1181 = **87** E 4

Bundestarifordnung Elektrizität
s Elektrizitätstarif

Bundes-Tierärzteordnung
– *Entw eines 2. ÄndGes*
(betr Umsetzung von EG-Richtlinien)
1. und 2. Durchgang
BR-Drs 250/79 = **100** K 6
BR-Drs 16/80 = **125** L 4
BR-PlPr 476 = **4** A 4
BR-PlPr 482 = **4** K 5

GesEntw der Bundesregierung
BT-Drs 8/3055 = **150** B 13
Beschlußempfehlung des Ausschusses für Jugend, Familie und Gesundheit
BT-Drs 8/3433 = **162** M 8
1. Beratung
BT-PlPr 8/172 = **37** E 1
2. und 3. Beratung
BT-PlPr 8/196 = **42** G 11

Bundesverfassungsgericht
– Beschlußempfehlung des Rechtsausschusses zur Verfassungsklage gegen das Wehr-

pflichtgesetz (Anerkennungsverfahren für Kriegsdienstverweigerer)
BT-Drs 8/886 = **78** H 11
BR-Drs 452/77 = **32** O 8
- Beschlußempfehlung des Rechtsausschusses zur Verfassungsklage gegen das Wehrpflichtgesetz (Anerkennungsverfahren für Kriegsdienstverweigerer)
BT-Drs 8/1047 = **83** F 9
BR-Drs 503/77 = **35** C 14
- Antrag der SPD/FDP zu der dem Deutschen Bundestag zugeleiteten Streitsache Verfassungsklage gegen das Mitbestimmungsgesetz
BT-Drs 8/1655 = **101** G 3
BT-PlPr 8/90 = **19** N 1
- Beschlußempfehlung des Rechtsausschusses zu Streitsachen vor dem Bundesverfassungsgericht zum 1. Eherechtsreformgesetz (Versorgungsausgleich)
BT-Drs 8/3275 = **158** H 8
Änderungsantrag der SPD/FDP
BT-Drs 8/3277 = **158** H 13
Beratung
BT-PlPr 8/180 = **38** K 8
Beschlußempfehlung des Rechtsausschusses
BT-Drs 8/3338 = **160** B 6

Bundesvermögensrechnung
s Bundeshaushalt
Bundesrechnungshof

Bundesversorgungsgesetz
s a Anpassungsgesetz-Kriegsopferversorgung
Bundesbesoldungserhöhungsgesetz
- s GesEntw zur Änderung der örtlichen Zuständigkeiten der *Landesversicherungsanstalten* in Niedersachsen und zur Änderung des Bundesversorgungsgesetzes
BR-Drs 40/78 = **46** N 9
BT-Drs 8/1772 = **104** L 4
- 7. VO zur Änderung der VO zur Durchführung des § 33 des Bundesversorgungsgesetzes
BR-Drs 179/77 = **17** D 7
- 8. VO zur Änderung der VO zur Durchführung des § 33 des Bundesversorgungsgesetzes
BR-Drs 345/78 = **68** A 10
- Allgemeine Verwaltungsvorschrift zur Änderung der allgemeinen Verwaltungsvorschriften zum Bundesversorgungsgesetz
BR-Drs 97/79 = **91** D 11
- s a 12.–15. VO über das anzurechnende Einkommen nach dem Bundesversorgungsgesetz *(AnrechnungsVO)*

Bundesvertriebenengesetz
- Allgemeine Verwaltungsvorschrift zum Bundesvertriebenengesetz
(betr Ausweise für Aussiedler)
BR-Drs 566/77 = **38** C 7

Bundeswahlgesetz
- *GesEntw zur Änd des Bundeswahlgesetzes*
(betr Wahlrecht für deutsche Staatsangehörige, die ihren Wohnsitz in den europäischen Gebieten eines Mitgliedsstaates der EG haben)
BT-Drs 8/1716 = **103** B 6
Beschlußempfehlung des Innenausschusses
BT-Drs 8/2881 = **144** G 13
1. Beratung
BT-PlPr 8/88 = **19** G 7
2. Beratung
BT-PlPr 8/157 = **34** E 8
- *GesEntw zur Ergänzung des Bundeswahlgesetzes*
(betr unzulässige Wahlpropaganda und Veröffentlichung von Wählernachfragen)
BT-Drs 8/2306 = **125** L 9
Beschlußempfehlung des Innenausschusses
BT-Drs 8/2881 = **144** G 13
Nachtrag zur Beschlußempfehlung des Innenausschusses
BT-Drs 8/2903 = **145** I 12
1. Beratung
BT-PlPr 8/122 = **26** D 11
2. Beratung
BT-PlPr 8/157 = **34** E 8
- *Entw eines 5. ÄndGes zum Bundeswahlgesetz*
(betr Wahlkreiseinteilung)
1. und 2. Durchgang
BR-Drs 70/79 = **89** J 4
BR-Drs 286/79 = **103** E 14
BR-PlPr 474 = **3** M 13
BR-PlPr 471 = **3** J 3
GesEntw der Bundesregierung
BT-Drs 8/2682 = **139** B 4
Stellungnahme des Bundesrates
BT-Drs 8/2757 = **141** H 11
Gegenäußerung der Bundesregierung zur Stellungnahme des Bundesrates
BT-Drs 8/2806 = **142** O 6
Beschlußempfehlung des Innenausschusses
BT-Drs 8/2881 = **144** G 13
Nachtrag
BT-Drs 8/2903 = **145** I 12
Bericht des Haushaltsausschusses
BT-Drs 8/2909 = **145** J 13
1. Beratung
BT-PlPr 8/148 = **32** F 9
2. und 3. Beratung
BT-PlPr 8/157 = **34** E 8

Bundeswasserstraße
s Binnenschiffsverkehr

Bundeswehr
s a Grundwehrdienstleistende
Soldatengesetz
Wehrpflichtgesetz
- s a Entw eines ÄndGes zum *Bundesbesoldungsgesetz*
(Soldaten auf Zeit, Luftfahrzeugführer und Kampfbeobachter)
BR-Drs 441/77 = **32** B 14
BT-Drs 8/1027 = **82** D 2
- s a Entw eines 5. ÄndGes zum *Unterhaltssicherungsgesetz*
BR-Drs 447/78 = **75** K 8
BT-Drs 8/2356 = **127** K 8
- Antwort auf Große Anfrage zur Verteidigungspolitik und Wehrstruktur
BT-Drs 8/464 = **66** H 13
- Jahresbericht 1976 des Wehrbeauftragten
BT-Drs 8/153 = **57** A 2
Beschlußempfehlung des Verteidigungsausschusses
BT-Drs 8/968 = **80** J 13
Beratung
BT-PlPr 8/50 = **10** N 14
- Jahresbericht 1977 des Wehrbeauftragten
BT-Drs 8/1581 = **99** G 14
Beschlußempfehlung des Verteidigungsausschusses
BT-Drs 8/2224 = **122** N 4
Beratung
BT-PlPr 8/118 = **25** H 1
BT-PlPr 8/123 = **26** G 12
- Jahresbericht 1978 des Wehrbeauftragten
BT-Drs 8/2625 = **137** K 14
Beratung
BT-PlPr 8/155 = **33** N 6
Beschlußempfehlung des Verteidigungsausschusses
BT-Drs 8/2986 = **147** L 10
Beratung
BT-PlPr 8/163 = **35** I 6
- Wiederwahl des Wehrbeauftragten
BT-PlPr 8/196 = **42** G 11
- Jahresbericht 1979 des Wehrbeauftragten
BT-Drs 8/3800 = **176** F 8
Beratung
BT-PlPr 8/226 = **49** L 1
Beschlußempfehlung des Verteidigungsausschusses
BT-Drs 8/4374 = **192** I 1
- Weißbuch 1979
zur Sicherheit der Bundesrepublik Deutschland und zur Entwicklung der Bundeswehr
BR-Drs 451/79 = **113** G 9
BT-Drs 8/3568 = **166** F 2
Beschlußempfehlung des Verteidigungsausschusses
BT-Drs 8/4081 = **185** N 4
Beratung
BT-PlPr 8/226 = **49** L 1
- s a Bericht des Verteidigungsausschusses als *Untersuchungsausschuß* zu den Vorgängen im Zusammenhang mit den blutigen Krawallen anläßlich des öffentlichen Gelöbnisses am 6. 5. 1980 im Bremer Weserstadion
BT-Drs 8/4472 = **195** F 14

Bundeszentralregister
- 6. VO über den Übergang von Aufgaben nach dem Bundeszentralregistergesetz
BR-Drs 95/77 = **12** J 4
- 7. VO über den Übergang von Aufgaben nach dem Bundeszentralregistergesetz
BR-Drs 516/77 = **35** J 14
- 1.–3. Allgemeine Verwaltungsvorschrift zur Durchführung des Bundeszentralregistergesetzes
BR-Drs 455/79 = **113** H 3
BR-Drs 456/79 = **113** I 3
BR-Drs 457/79 = **113** L 2

Bußgeldbescheid
- Verlängerung der Einspruchsfrist gegen Bußgeldbescheide:
s GesEntw zur Änd des Ges über *Ordnungswidrigkeiten*
BT-Drs 8/2950 = **146** H 10

Bußgeldkatalog
- Ermächtigung für Rechtsverordnung und Vereinheitlichung der Eintragungsvoraussetzungen in das Verkehrszentralregister:
s GesEntw eines *Verkehrszentralregistergesetzes*
BR-Drs 58/80 = **128** H 8
BT-Drs 8/3900 = **179** J 3

Bussonderfahrspuren
s Straßenverkehrsgesetz

Butter
- 6. VO zur Änderung der Butterverordnung
BR-Drs 263/77 = **22** H 5
- VO zur Änderung der VO über Milcherzeugnisse, der KäseVO und der ButterVO
BR-Drs 161/79 = **95** C 12

C

CERN
s Europäische Organisation für Kernforschung

Chemieübereinkommen/Rhein
– *GesEntw zum Übereinkommen zum Schutz des Rheins gegen chemische Verunreinigung und zum Schutz des Rheins gegen Verunreinigung durch Chloride*
1. und 2. Durchgang
BR-Drs 83/78 = **50** C 11
BR-Drs 324/78 = **66** K 11
BR-PlPr 455 = **2** C 1
BR-PlPr 461 = **2** I 9

GesEntw der Bundesregierung
BT-Drs 8/1733 = **103** F 9
Beschlußempfehlung des Innenausschusses
BT-Drs 8/1900 = **109** N 2
Bericht des Haushaltsausschusses
BT-Drs 8/1926 = **110** N 5
1. Beratung
BT-PlPr 8/90 = **19** N 1
2. Beratung und Schlußabstimmung
BT-PlPr 8/100 = **22** B 11

Chemikaliengesetz
– *GesEntw zum Schutz vor gefährlichen Stoffen*
1. und 2. Durchgang
BR-Drs 330/79 = **104** M 12
BR-Drs 376/80 = **147** B 1
BR-PlPr 477 = **4** B 11
BR-PlPr 491 = **5** J 8

GesEntw der Bundesregierung
BT-Drs 8/3319 = **159** K 9
Beschlußempfehlung des Ausschusses für Jugend, Familie und Gesundheit
BT-Drs 8/4243 = **189** I 11
Bericht des Haushaltsausschusses
BT-Drs 8/4247 = **189** K 7
Bericht des Ausschusses für Jugend, Familie und Gesundheit
BT-Drs 8/4295 = **190** I 9
1. Beratung
BT-PlPr 8/186 = **39** O 4
2. und 3. Beratung
BT-PlPr 8/225 = **49** F 14

China, Volksrepublik
– *GesEntw zum Abkommen Bundesrepublik Deutschland/Volksrepublik China über den Zivilen Luftverkehr*
1. und 2. Durchgang
BR-Drs 444/77 = **32** E 5
BR-Drs 66/78 = **49** A 14
BR-PlPr 451 = **1** M 3
BR-PlPr 454 = **2** A 5

GesEntw der Bundesregierung
BT-Drs 8/1135 = **86** B 7
Beschlußempfehlung des Ausschusses für Verkehr und das Post- und Fernmeldewesen
BT-Drs 8/1349 = **92** M 9
1. Beratung
BT-PlPr 8/58 = **12** K 7
2. Beratung und Schlußabstimmung
BT-PlPr 8/66 = **14** F 14
– Empfehlung für eine EG-VO zum Abschluß des Handelsabkommens Europäische Wirtschaftsgemeinschaft/Volksrepublik China
BR-Drs 151/78 = **55** F 11

Chloridübereinkommen/Rhein
– GesEntw zum Übereinkommen zum Schutz des Rheins gegen chemische Verunreinigung und zum Schutz des Rheins gegen Verunreinigung durch Chloride
(s *Chemieübereinkommen/Rhein*)
BR-Drs 83/78 = **50** C 11
BT-Drs 8/1733 = **103** F 9

CIM-Übereinkommen
s Eisenbahnverkehr

Commonwealth War Graves Commission
s Gedenkstättenabkommen

Container
– Kostenordnung für Maßnahmen nach dem Gesetz zu dem Übereinkommen über sichere Container
BR-Drs 372/77 = **27** A 13

Contergan-Hilfe
s Stiftung „Hilfswerk für behinderte Kinder"

D

Dänemark, Königreich
– s a Entw eines Ausführungsgesetzes zum Übereinkommen Belgien/Dänemark/Bundesrepublik Deutschland/Irland/Italien/Luxemburg/Niederlande/Europäische Atomgemeinschaft/Internationale Atomenergie-Organisation in Ausführung des Vertrages über die Nichtverbreitung von Kernwaffen *(Atomwaffensperrvertrag)*
BR-Drs 5/79 = **84** O 3
BT-Drs 8/2779 = **141** N 13
– VO zum Abkommen Bundesrepublik Deutschland/Königreich Dänemark über den Verzicht auf die Erstattung von Aufwendungen für Sachleistungen bei Krankheit, Mutterschaft, Arbeitsunfall und Berufskrankheit, der Leistungen an Arbeitslose sowie der Kosten für verwaltungsmäßige und ärztliche Kontrollen
BR-Drs 534/79 = **117** N 6

Darlehen
– VO über die Einziehung der nach dem Bundesausbildungsförderungsgesetz geleisteten Darlehen
BR-Drs 252/80 = **141** E 4
– s a GesEntw über finanzierte Rechtsgeschäfte und über Maklerverträge
(s *Bürgerliches Gesetzbuch*)
BR-Drs 220/79 = **99** B 10
BT-Drs 8/3212 = **156** M 11

Datenschutz
s a Bundesdatenschutzgesetz
Melderechtsrahmengesetz
Sozialgesetzbuch
Statistik
Verkehrszentralregister
– 1. Tätigkeitsbericht des Bundesbeauftragten für Datenschutz
BT-Drs 8/2460 = **130** G 4
BT-PlPr 8/164 = **35** N 4
– 2. Tätigkeitsbericht des Bundesbeauftragten für den Datenschutz
BT-Drs 8/3570 = **166** F 5
BT-PlPr 8/205 = **44** J 1
– s a GesEntw zur Änd der *Reichsversicherungsordnung*
– Datenschutzgebührenordnung
BR-Drs 472/77 = **33** C 8

Datenverarbeitung
– Vorschlag für ein EG-Vierjahresprogramm zur Förderung der Datenverarbeitung in der EG
BR-Drs 62/77 = **9** O 3
BR-Drs 202/78 = **58** E 13
BR-PlPr 458 = **2** F 7
BT-Drs 8/37 = **51** N 13
Beschlußempfehlung des Ausschusses für Forschung und Technologie
BT-Drs 8/1173 = **87** D 1
– VO über die Übermittlung von Sammelanträgen auf Vergütung von Körperschaftsteuer und Erstattung von Kapitalertragsteuer auf maschinell verwertbaren Datenträgern
BR-Drs 58/78 = **48** L 7
– 2. VO über die Erfassung von Daten für die Träger der Sozialversicherung und für die Bundesanstalt für Arbeit
BR-Drs 277/79 = **102** K 9
– 2. VO über die Datenübermittlung auf maschinell verwertbaren Datenträgern im Bereich der Sozialversicherung und der Bundesanstalt für Arbeit
BR-Drs 278/79 = **102** N 8
– 2. VO über die Erfassung von Daten für die Träger der Sozialversicherung und für die Bundesanstalt für Arbeit
BR-Drs 148/80 = **134** M 12
– 2. VO über die Datenübermittlung auf maschinell verwertbaren Datenträgern im Bereich der Sozialversicherung und der Bundesanstalt für Arbeit
BR-Drs 149/80 = **134** N 12
– VO über die Verpflichtung der Bundesanstalt für Arbeit zur Weiterleitung von Daten an die für die Gewerbeaufsicht zuständigen obersten Landesbehörden
BR-Drs 273/80 = **142** I 7
– VO über die Abgabe von Steueranmeldungen auf maschinell verwertbaren Datenträgern
BR-Drs 309/80 = **145** M 3

DDR
s Deutsche Demokratische Republik

Demonstrationsrecht
s Versammlungsgesetz

Denkmalschutz
– *GesEntw zur Erhaltung und Modernisierung kulturhistorisch und städtebaulich wertvoller Stadtkerne*
1. und 2. Durchgang
BR-Drs 125/77 = **14** B 13
BR-PlPr 444 = **1** B 10
BR-PlPr 446 = **1** E 7
nunmehr:
GesEntw des Bundesrates über Erhaltung und Modernisierung kulturhistorisch und städtebaulich wertvoller Gebäude
BR-Drs 590/77 = **40** F 5
BR-PlPr 453 = **1** O 6
BT-Drs 8/896 = **78** J 14
Beschlußempfehlung des Finanzausschusses
BT-Drs 8/1118 = **85** F 4
Bericht des Haushaltsausschusses
BT-Drs 8/1149 = **86** E 12

1. Beratung
BT-PlPr 8/44 = **9 K 8**
2. und 3. Beratung
BT-PlPr 8/55 = **12 C 5**
– *Entwurf eines Gesetzes zur Berücksichtigung des Denkmalschutzes im Bundesrecht*
Bundesratsdurchgang
BR-Drs 166/80 = **136 D 10**
BR-PlPr 485 = **5 A 10**

interfraktioneller GesEntw
BT-Drs 8/3105 = **152 J 12**
Beschlußempfehlung des Innenausschusses
BT-Drs 8/3716 = **174 H 1**
1. Beratung
BT-PlPr 8/172 = **37 E 1**
2. und 3. Beratung
BT-PlPr 8/208 = **45 D 10**

Depotpflicht
– VO über die Beseitigung der Depotpflicht
BR-Drs 470/77 = **33 G 5**
BT-Drs 8/979 = **81 C 4**
Bericht des Finanzausschusses
BT-Drs 8/1170 = **87 C 9**

Deutsche Demokratische Republik
s a Deutschlandpolitik
– *GesEntw über die Statistik des Warenverkehrs mit der DDR und Berlin (Ost)*
1. und 2. Durchgang
BR-Drs 398/77 = **28 C 2**
BR-Drs 234/78 = **62 A 9**
BR-PlPr 450 = **1 K 11**
BR-PlPr 459 = **2 G 3**

GesEntw der Bundesregierung
BT-Drs 8/1488 = **96 A 5**
Beschlußempfehlung des Wirtschaftsausschusses
BT-Drs 8/1777 = **104 N 14**
1. Beratung
BT-PlPr 8/75 = **16 L 2**
2. und 3. Beratung
BT-PlPr 8/90 = **19 N 1**
– *GesEntw zum Abkommen mit der Bundesrepublik Deutschland auf dem Gebiet des Veterinärwesens*
1. und 2. Durchgang
BR-Drs 66/80 = **129 G 3**
BR-Drs 323/80 = **146 B 2**
BR-PlPr 484 = **4 N 4**
BR-PlPr 489 = **5 G 14**

GesEntw der Bundesregierung
BT-Drs 8/3875 = **178 O 13**
Beschlußempfehlung des Ausschusses für Ernährung, Landwirtschaft und Forsten
BT-Drs 8/4019 = **184 L 5**
1. Beratung
BT-PlPr 8/211 = **45 M 14**
2. Beratung und Schlußabstimmung
BT-PlPr 8/220 = **48 C 8**
– s a GesEntw zur Änd des *Kraftfahrzeugsteuergesetzes*
(betr Kraftfahrzeugsteuerpflicht für Fahrzeuge aus der DDR bei vorübergehendem Aufenthalt in der Bundesrepublik Deutschland)
BR-Drs 36/78 = **46 I 12**
BT-Drs 8/238 = **60 G 9**
BT-Drs 8/1679 = **102 C 5**
– Regierungserklärung über das Ergebnis der Verkehrsverhandlungen mit der DDR
BT-PlPr 8/117 = **25 D 2**
– Antwort auf Große Anfrage zur Achtung der Menschenrechte in der Deutschen Demokratischen Republik
BT-Drs 8/1605 = **100 A 11**
– Antwort auf Große Anfrage betr wirtschaftliche, soziale und kulturelle Rechte in der DDR, Anwendung des *Menschenrechtspakts* der Vereinten Nationen
BT-Drs 8/3188 = **156 D 5**
Entschließungsantrag der SPD/FDP
BT-Drs 8/3361 = **160 I 5**
Beschlußempfehlung des Ausschusses für innerdeutsche Beziehungen zum Entschließungsantrag
BT-Drs 8/3698 = **173 K 9**
Beratung
BT-PlPr 8/186 = **39 O 4**
– Antrag auf Verwirklichung des Menschenrechts auf Freizügigkeit für die Deutschen in der DDR
BT-Drs 8/3328 = **159 N 9**
Beratung
BT-PlPr 8/186 = **39 O 4**
Beschlußempfehlung des Ausschusses für innerdeutsche Beziehungen
BT-Drs 8/4264 = **189 N 4**
– Antrag betr Presse- und Informationsfreiheit in der DDR
BT-Drs 8/3329 = **159 N 10**
BT-PlPr 8/186 = **39 O 4**
– 1. VO zur Änderung der TierseuchenschutzVO DDR
BR-Drs 242/79 = **100 G 4**
– VO zum Abkommen Bundesrepublik Deutschland/DDR über die Befreiung von Straßenfahrzeugen von Steuern und Gebühren
BR-Drs 571/79 = **120 F 5**
– Allgemeine Verwaltungsvorschrift über die umsatzsteuerliche Behandlung des innerdeutschen Waren- und Dienstleistungsverkehrs – (Verwaltungsvorschrift zu § 26 Absatz 4 Umsatzsteuergesetz)
BR-Drs 316/80 = **145 O 9**

Deutsche Landesrentenbank
– *Entwurf eines 1. Gesetzes zur Änderung des Gesetzes über die Zusammenlegung der Deutschen Landesrentenbank und der Deutschen Siedlungsbank*
1. und 2. Durchgang
BR-Drs 140/80 = **134 I 1**
BR-Drs 356/80 = **146 M 6**
BR-PlPr 485 = **5 A 10**
BR-PlPr 490 = **5 I 2**
GesEntw der Bundesregierung
BT-Drs 8/3984 = **183 H 5**
Beschlußempfehlung des Ausschusses für Ernährung, Landwirtschaft und Forsten
BT-Drs 8/4201 = **189 A 14**
1. Beratung
BT-PlPr 8/216 = **47 A 10**
2. und 3. Beratung
BT-PlPr 8/223 = **48 N 5**

Deutsche Nation
s Nation

Deutsche Siedlungsbank
– s Entwurf eines 1. Gesetzes zur Änderung des Gesetzes über die Zusammenlegung der *Deutschen Landesrentenbank* und der Deutschen Siedlungsbank
BR-Drs 140/80 = **134 I 1**
BT-Drs 8/3984 = **183 H 5**

Deutscher Staatsangehöriger
– Antwort auf Große Anfrage betr Behandlung von Deutschen Volkszugehörigen in den Staaten des Ostblocks
BT-Drs 8/1605 = **100 A 11**

Deutscher Teil-Zolltarif
s Teil-Zolltarif, Deutscher

Deutsches Archäologisches Institut
s Bundeshaushaltsgesetz, Einzelplan 05 (Geschäftsbereich des Auswärtigen Amtes)

Deutsches Richtergesetz
s Richtergesetz

Deutsch-Französisches-Jugendwerk
– VO über die Gewährung von Vorrechten und Immunitäten an das Deutsch-Französische-Jugendwerk
BR-Drs 454/79 = **113 H 1**

Deutschlandpolitik
– Antwort auf Große Anfrage betr
Stand der Beziehungen zur DDR 1977
BT-Drs 8/255 = **60 J 2**
BT-PlPr 8/29 = **6 G 1**
– Antwort auf Große Anfrage
betr Menschenrechtliche Lage der Deutschen in der Deutschen Demokratischen Republik und in Osteuropa
BT-Drs 8/1605 = **100 A 11**
Entschließungsantrag der SPD/FDP zur Großen Anfrage
BT-Drs 8/1941 = **112 L 7**
Entschließungsantrag der CDU/CSU zur Großen Anfrage
BT-Drs 8/1942 = **112 L 9**
Beratung
BT-PlPr 8/99 = **21 M 10**
– Antwort auf Große Anfrage betr Folgevereinbarungen gem Artikel 7 des Grundlagenvertrages
BT-Drs 8/1553 = **98 L 12**
Entschließungsantrag zur Großen Anfrage
BT-Drs 8/1787 = **105 L 9**
Beratung
BT-PlPr 8/90 = **19 N 1**
– Antwort auf Große Anfrage betr Beitrag der Bundesregierung zur Stärkung des Bewußtseins von der Einheit der Deutschen Nation in Unterricht und Bildung
BT-Drs 8/4159 = **188 H 6**
– Bericht zur Lage der Nation 1978
BT-PlPr 8/78 = **17 E 7**
Entschließungsantrag der SPD/FDP zum Bericht zur Lage der Nation
BT-Drs 8/1586 = **99 J 14**
Beschlußempfehlung des Ausschusses für innerdeutsche Beziehungen
BT-Drs 8/2141 = **120 L 5**
Entschließungsantrag der CDU/CSU zum Bericht zur Lage der Nation
BT-Drs 8/1603 = **100 A 7**
Beschlußempfehlung des Ausschusses für innerdeutsche Beziehungen
BT-Drs 8/2142 = **120 L 7**
Beratung der Entschließungsanträge
BT-PlPr 8/117 = **25 D 2**
– Bericht zur Lage der Nation 1979
BT-PlPr 8/154 = **33 I 13**
Entschließungsantrag der CDU/CSU
BT-Drs 8/2860 = **144 B 3**
Beschlußempfehlung des Ausschusses für innerdeutsche Beziehungen
BT-Drs 8/3500 = **164 H 1**

Entschließungsantrag der SPD, FDP
BT-Drs 8/2867 = **144** C 7
Beschlußempfehlung des Ausschusses für innerdeutsche Beziehungen
BT-Drs 8/3501 = **164** H 2
Beratung der Entschließungsanträge
BT-PlPr 8/205 = **44** J 1
– Bericht zur Lage der Nation 1980
BT-PlPr 8/208 = **45** D 10
Entschließungsantrag der CDU/CSU zum Bericht zur Lage der Nation 1980
BT-Drs 8/3833 = **176** O 14

Deutsch-Lehrgänge
– 1. VO zur Änderung der VO über die Förderung der Teilnahme von Aussiedlern an Deutsch-Lehrgängen
BR-Drs 114/78 = **51** I 2
– 2. VO zur Änderung der VO über die Förderung der Teilnahme von Aussiedlern an Deutsch-Lehrgängen
BR-Drs 573/79 = **120** F 14

Diät
– 5. VO zur Änderung der DiätVO (betr Zusatzstoffe in Lebensmitteln)
BR-Drs 476/77 = **33** K 11
– 6. VO zur Änderung der DiätVO
BR-Drs 642/80 = **163** C 8

Dienstjubiläen
– VO zur Änderung der Lohnsteuer-DurchführungsVO
BR-Drs 583/77 = **40** D 12

Dienstleistungsmarken
– *GesEntw über die Eintragung von Dienstleistungsmarken*
1. und 2. Durchgang
BR-Drs 30/78 = **46** F 12
BR-Drs 572/78 = **83** B 4
BR-PlPr 454 = **2** A 5
BR-PlPr 468 = **3** E 13

GesEntw der Bundesregierung
BT-Drs 8/1543 = **98** B 8
Beschlußempfehlung des Rechtsausschusses
BT-Drs 8/2304 = **125** L 2
1. Beratung
BT-PlPr 8/78 = **17** E 7
2. und 3. Beratung
BT-PlPr 8/122 = **26** D 11
– s a GesEntw zur Änderung des Abkommens von Nizza über die internationale Klassifikation von *Waren* und Dienstleistungen für die Eintragung von Marken
BR-Drs 63/80 = **129** B 13
BT-Drs 8/3886 = **179** C 10

Dienstleistungsverkehr
– s GesEntw zur Durchführung der EG-Richtlinie zur Erleichterung der tatsächlichen Ausübung des freien Dienstleistungsverkehrs der *Rechtsanwälte*
BR-Drs 185/79 = **96** K 8
BT-Drs 8/3181 = **156** B 2

Dienstbezüge
s Bundesbesoldungserhöhungsgesetz

Dienstrecht
s a Beamtenrecht
Bundesbesoldungsgesetz
– *GesEntw zur Änderung dienstrechtlicher Vorschriften*
(betr Teilzeitbeschäftigung für Beamte, insbesondere Lehrer zur Erweiterung des Arbeitsplatzangebotes)
1. und 2. Durchgang
BR-Drs 184/77 = **17** H 14
BR-Drs 165/80 = **136** D 7
BR-PlPr 446 = **1** E 7
BR-PlPr 485 = **5** A 10

GesEntw der Bundesregierung
BT-Drs 8/873 = **78** D 2
Beschlußempfehlung des Innenausschusses
BT-Drs 8/2987 = **147** L 12
Bericht des Innenausschusses
BT-Drs 8/3005 = **148** A 11
Beschlußempfehlung und Bericht des Innenausschusses
BT-Drs 8/3764 = **175** D 4

nunmehr:
Entw eines 3. Ges zur Änderung dienstrechtlicher Vorschriften
Bericht des Haushaltsausschusses
BT-Drs 8/3827 = **176** L 6
1. Beratung
BT-PlPr 8/44 = **9** K 8
2. und 3. Beratung
BT-PlPr 8/208 = **45** D 10
– *GesEntw zur Änderung dienstrechtlicher Vorschriften*
(betr Altersgrenze bei vorzeitigem Ruhestand und Begrenzung der Nebeneinkünfte)
Bundesratsdurchgang
BR-Drs 287/79 = **103** G 8
BR-PlPr 474 = **3** M 13
Vermittlungsverfahren:
BR-Drs 333/79 = **105** E 6
BR-PlPr 476 = **4** A 4

GesEntw der Bundesregierung
BT-Drs 8/2710 = **140** B 3
Beschlußempfehlung des Innenausschusses
BT-Drs 8/2888 = **144** L 8
Bericht des Haushaltsausschusses
BT-Drs 8/2908 = **145** J 11
Einberufung des Vermittlungsausschusses
BT-Drs 8/3014 = **148** C 12
Antrag des Vermittlungsausschusses
BT-Drs 8/3026 = **149** H 4
1. Beratung
BT-PlPr 8/151 = **32** O 5
2. und 3. Beratung
BT-PlPr 8/157 = **34** E 8

Dieselkraftstoff
– 1. allgemeine Verwaltungsvorschrift zur 3. VO zur Durchführung des Bundes-Immissionsschutzgesetzes (Überwachung der Begrenzung des Schwefelgehalts von leichtem Heizöl und Dieselkraftstoff)
BR-Drs 115/78 = **51** I 8

Dieselmotor
s Mineralölsteuer

Diplom
s Bundesärzteordnung

Direktversicherung
s a Versicherungsrecht
– Vorschlag einer EG-Richtlinie zur Änderung der 1. Richtlinie zur Koordinierung der Rechts- und Verwaltungsvorschriften betr die Aufnahme und Ausübung der Tätigkeit der Direktversicherung (mit Ausnahme der Lebensversicherung) hinsichtlich der Kreditversicherung
BR-Drs 492/79 = **115** K 1

Dolmetscher
s Übersetzer

Doppelbesteuerungsabkommen
– *GesEntw zum Abkommen Bundesrepublik Deutschland/Republik Zypern zur Vermeidung der Doppelbesteuerung auf dem Gebiete der Steuern vom Einkommen und vom Vermögen*
1. und 2. Durchgang
(BR-Drs 672/76)
BR-Drs 118/77 = **13** O 8
BR-PlPr 444 = **1** B 10

GesEntw der Bundesregierung
BT-Drs 8/11 = **51** C 1
Bericht und Antrag des Finanzausschusses
BT-Drs 8/87 = **55** E 7
1. Beratung
BT-PlPr 8/7 = **1** F 4
2. Beratung und Schlußabstimmung
BT-PlPr 8/15 = **2** N 6
– *GesEntw zum Ergänzungsprotokoll zur Änderung des Abkommens Bundesrepublik Deutschland/Großherzogtum Luxemburg zur Vermeidung der Doppelbesteuerungen und über gegenseitige Amts- und Rechtshilfe auf dem Gebiet der Steuern vom Einkommen und vom Vermögen sowie der Gewerbesteuern und Grundsteuern sowie seines Schlußprotokolls*
1. und 2. Durchgang
BR-Drs 401/77 = **28** D 14
BR-Drs 601/77 = **40** I 4
BR-PlPr 450 = **1** K 11
BR-PlPr 453 = **1** O 6

GesEntw der Bundesregierung
BT-Drs 8/1042 = **83** C 10
Beschlußempfehlung des Finanzausschusses
BT-Drs 8/1187 = **87** M 2
1. Beratung
BT-PlPr 8/52 = **11** H 10
2. Beratung und Schlußabstimmung
BT-PlPr 8/58 = **12** K 7
– *GesEntw zum Abkommen Bundesrepublik Deutschland/Republik Korea zur Vermeidung der Doppelbesteuerung auf dem Gebiet der Steuern vom Einkommen und vom Vermögen*
1. und 2. Durchgang
BR-Drs 402/77 = **28** E 5
BR-Drs 633/77 = **42** C 14
BR-PlPr 450 = **1** K 11
BR-PlPr 453 = **1** O 6

GesEntw der Bundesregierung
BT-Drs 8/1043 = **83** D 1
Beschlußempfehlung des Finanzausschusses
BT-Drs 8/1272 = **90** L 3
1. Beratung
BT-PlPr 8/52 = **11** H 10
2. Beratung und Schlußabstimmung
BT-PlPr 8/63 = **13** L 10
– *GesEntw zum Abkommen Bundesrepublik Deutschland/Malaysia zur Vermeidung der Doppelbesteuerung auf dem Gebiet der Steuern vom Einkommen und in bezug auf andere damit zusammenhängende Fragen*
1. und 2. Durchgang
BR-Drs 496/77 = **34** N 4
BR-Drs 159/78 = **55** I 6
BR-PlPr 452 = **1** N 11
BR-PlPr 457 = **2** E 2

GesEntw der Bundesregierung
BT-Drs 8/1274 = **90** L 10
Beschlußempfehlung des Finanzausschusses
BT-Drs 8/1598 = **99** M 5
1. Beratung
BT-PlPr 8/63 = **13** L 10
2. Beratung und Schlußabstimmung
BT-PlPr 8/81 = **17** N 12
– s a GesEntw zum Abkommen mit Polen über *Kraftfahrzeugsteuer*
– s a GesEntw zum Abkommen mit Italien über *Kraftfahrzeugsteuer*
– s a GesEntw zum Abkommen mit Irland über *Kraftfahrzeugsteuer*
– *GesEntw zum Abkommen Bundesrepublik Deutschland/Republik Ecuador zur Vermeidung der Doppelbesteuerung auf dem Gebiet der Steuern vom Einkommen und vom Vermögen*
1. und 2. Durchgang
BR-Drs 132/78 = **53** D 4
BR-Drs 545/78 = **80** N 13
BR-PlPr 457 = **2** E 2
BR-PlPr 468 = **3** E 13

GesEntw der Bundesregierung
BT-Drs 8/1742 = **103** N 13
Beschlußempfehlung des Finanzausschusses
BT-Drs 8/2262 = **124** G 11
1. Beratung
BT-PlPr 8/90 = **19** N 1
2. Beratung und Schlußabstimmung
BT-PlPr 8/120 = **25** L 1
– *GesEntw zum Abkommen Bundesrepublik Deutschland/Republik Indonesien zur Vermeidung der Doppelbesteuerung auf dem Gebiet der Steuern vom Einkommen und vom Vermögen*
1. und 2. Durchgang
BR-Drs 133/78 = **53** E 3
BR-Drs 544/78 = **80** N 12
BR-PlPr 457 = **2** E 2
BR-PlPr 468 = **3** E 13

GesEntw der Bundesregierung
BT-Drs 8/1741 = **103** M 12
Beschlußempfehlung des Finanzausschusses
BT-Drs 8/2261 = **124** G 10
1. Beratung
BT-PlPr 8/90 = **19** N 1
2. Beratung und Schlußabstimmung
BT-PlPr 8/120 = **25** L 1
– *GesEntw zum Protokoll zur Änderung des Abkommens Bundesrepublik Deutschland/Israel zur Vermeidung der Doppelbesteuerung bei den Steuern vom Einkommen und bei der Gewerbesteuer*
1. und 2. Durchgang
BR-Drs 196/78 = **58** B 13
BR-Drs 546/78 = **80** N 14
BR-PlPr 459 = **2** G 3
BR-PlPr 468 = **3** E 13

GesEntw der Bundesregierung
BT-Drs 8/1866 = **108** O 4
Beschlußempfehlung des Finanzausschusses
BT-Drs 8/2263 = **124** G 13
1. Beratung
BT-PlPr 8/97 = **21** H 4
2. Beratung und Schlußabstimmung
BT-PlPr 8/120 = **25** L 1
– s a GesEntw zum Abkommen mit Griechenland über *Kraftfahrzeugsteuer*
– *GesEntw zum Abkommen Bundesrepublik Deutschland/Ungarische Volksrepublik zur Vermeidung der Doppelbesteuerung auf dem Gebiet der Steuern vom Einkommen, Ertrag und Vermögen*
1. und 2. Durchgang
BR-Drs 408/78 = **72** D 4
BR-Drs 115/79 = **93** B 7
BR-PlPr 463 = **2** N 14
BR-PlPr 471 = **3** J 3

GesEntw der Bundesregierung
BT-Drs 8/2234 = **123** F 12
Beschlußempfehlung des Finanzausschusses
BT-Drs 8/2576 = **135** L 3
1. Beratung
BT-PlPr 8/120 = **25** L 1
2. Beratung und Schlußabstimmung
BT-PlPr 8/141 = **30** I 6
– *GesEntw zum Abkommen Bundesrepublik Deutschland/Republik Kenia zur Vermeidung der Doppelbesteuerung auf dem Gebiet der Steuern vom Einkommen und vom Vermögen*
1. und 2. Durchgang
BR-Drs 409/78 = **72** E 1
BR-Drs 116/79 = **93** B 8
BR-PlPr 463 = **2** N 14
BR-PlPr 471 = **3** J 3

GesEntw der Bundesregierung
BT-Drs 8/2237 = **123** H 8
Beschlußempfehlung des Finanzausschusses
BT-Drs 8/2577 = **135** L 5
1. Beratung
BT-PlPr 8/120 = **25** L 1
2. Beratung und Schlußabstimmung
BT-PlPr 8/141 = **30** I 6
– s a GesEntw zum Abkommen mit Schweden über *Kraftfahrzeugsteuer*
– *GesEntw zum Abkommen Bundesrepublik Deutschland/Republik Venezuela zur Vermeidung der Doppelbesteuerung der Unternehmen der Luftfahrt und der Seeschiffahrt*
1. und 2. Durchgang
BR-Drs 448/78 = **75** L 13
BR-Drs 117/79 = **93** B 9
BR-PlPr 465 = **3** C 4
BR-PlPr 471 = **3** J 3

GesEntw der Bundesregierung
BT-Drs 8/2288 = **125** F 9
Beschlußempfehlung des Finanzausschusses
BT-Drs 8/2578 = **135** L 7
1. Beratung
BT-PlPr 8/120 = **25** L 1
2. Beratung und Schlußabstimmung
BT-PlPr 8/141 = **30** I 6
– *GesEntw zum Abkommen Bundesrepublik Deutschland/Argentinische Republik zur Vermeidung der Doppelbesteuerung auf dem Gebiet der Steuern vom Einkommen und vom Vermögen*
1. und 2. Durchgang
BR-Drs 522/78 = **79** F 11
BR-Drs 118/79 = **93** B 10
BR-PlPr 468 = **3** E 13
BR-PlPr 471 = **3** J 3

GesEntw der Bundesregierung
BT-Drs 8/2434 = **129** J 14
Beschlußempfehlung des Finanzausschusses
BT-Drs 8/2579 = **135** L 9
1. Beratung
BT-PlPr 8/128 = **27** H 11
2. Beratung und Schlußabstimmung
BT-PlPr 8/141 = **30** I 6
– *GesEntw zum Protokoll zum Abkommen Bundesrepublik Deutschland/Königreich Schweden zur Vermeidung der Doppelbesteuerung auf dem Gebiet der Steuern vom Einkommen und Vermögen sowie verschiedener anderer Steuern*
1. und 2. Durchgang
BR-Drs 407/79 = **110** M 3
BR-Drs 133/80 = **134** D 1
BR-PlPr 477 = **4** B 11
BR-PlPr 485 = **5** A 10

GesEntw der Bundesregierung
BT-Drs 8/3225 = **157** D 3
Beschlußempfehlung des Finanzausschusses
BT-Drs 8/3734 = **174** K 4
Bericht des Haushaltsausschusses
BT-Drs 8/3735 = **174** K 6
1. Beratung
BT-PlPr 8/180 = **38** K 8
2. Beratung und Schlußabstimmung
BT-PlPr 8/205 = **44** J 1
– *GesEntw zum Protokoll zum Abkommen Bundesrepublik Deutschland/Schweizerische Eidgenossenschaft zur Vermeidung der Doppelbesteuerung auf dem Gebiet der Steuern vom Einkommen und vom Vermögen*
1. und 2. Durchgang
BR-Drs 408/79 = **110** M 8
BR-Drs 132/80 = **134** C 14
BR-PlPr 477 = **4** B 11
BR-PlPr 485 = **5** A 10

GesEntw der Bundesregierung
BT-Drs 8/3223 = **157** C 7
Beschlußempfehlung des Finanzausschusses
BT-Drs 8/3736 = **174** K 7
Bericht des Haushaltsausschusses
BT-Drs 8/3737 = **174** K 9
1. Beratung
BT-PlPr 8/180 = **38** K 8
2. Beratung und Schlußabstimmung
BT-PlPr 8/205 = **44** J 1
– *GesEntw zum Abkommen Bundesrepublik Deutschland/Schweizerische Eidgenossenschaft zur Vermeidung der Doppelbesteuerung auf dem Gebiet der Nachlaß- und Erbschaftssteuern*
1. und 2. Durchgang
BR-Drs 409/79 = **110** M 12
BR-Drs 45/80 = **126** M 12
BR-PlPr 477 = **4** B 11
BR-PlPr 483 = **4** L 9

GesEntw der Bundesregierung
BT-Drs 8/3224 = **157** C 11
Beschlußempfehlung des Finanzausschusses
BT-Drs 8/3578 = **166** K 11
1. Beratung
BT-PlPr 8/180 = **38** K 8
2. Beratung und Schlußabstimmung
BT-PlPr 8/199 = **43** B 5
– *GesEntw zum Protokoll zur Änderung und Ergänzung des Abkommens Bundesrepublik Deutschland/Japan zur Vermeidung der Doppelbesteuerung bei den Steuern vom Einkommen und bei einigen anderen Steuern*
1. und 2. Durchgang
BR-Drs 622/79 = **123** E 7
BR-Drs 401/80 = **147** L 7
BR-PlPr 482 = **4** K 5
BR-PlPr 491 = **5** J 8

GesEntw der Bundesregierung
BT-Drs 8/3960 = **182** J 9
Beschlußempfehlung des Finanzausschusses
BT-Drs 8/4260 = **189** M 1
Bericht des Haushaltsausschusses
BT-Drs 8/4319 = **190** M 7
1. Beratung
BT-PlPr 8/218 = **47** J 7
2. Beratung und Schlußabstimmung
BT-PlPr 8/225 = **49** F 14
– *GesEntw zum Abkommen mit Mauritius zur Vermeidung der Doppelbesteuerung auf dem Gebiet der Steuern vom Einkommen und Vermögen und zur Förderung des Handels und der Investitionstätigkeit*
1. und 2. Durchgang
BR-Drs 23/80 = **125** N 7
BR-Drs 368/80 = **147** A 1
BR-PlPr 483 = **4** L 9
BR-PlPr 490 = **5** I 2

GesEntw der Bundesregierung
BT-Drs 8/3747 = **174** N 1
Beschlußempfehlung des Finanzausschusses
BT-Drs 8/4143 = **188** B 11
1. Beratung
BT-PlPr 8/208 = **45** D 10
2. Beratung und Schlußabstimmung
BT-PlPr 8/223 = **48** N 5
– *GesEntw zum Abkommen mit Neuseeland zur Vermeidung der Doppelbesteuerung und zur Verhinderung der Steuerverkürzung bei den Steuern vom Einkommen und einigen anderen Steuern*
1. und 2. Durchgang
BR-Drs 137/80 = **134** E 2
BR-Drs 396/80 = **147** K 7
BR-PlPr 485 = **5** A 10
BR-PlPr 491 = **5** J 8

GesEntw der Bundesregierung
BT-Drs 8/3918 = **180** J 5
Beschlußempfehlung des Finanzausschusses
BT-Drs 8/4244 = **189** J 12
Bericht des Haushaltsausschusses
BT-Drs 8/4248 = **189** K 8
1. Beratung
BT-PlPr 8/216 = **47** A 10
2. Beratung und Schlußabstimmung
BT-PlPr 8/225 = **49** F 14
– *Entwurf eines Gesetzes zum Zusatzprotokoll mit den Niederlanden zur Vermeidung der Doppelbesteuerung auf dem Gebiet der Steuern vom Einkommen und vom Vermögen sowie verschiedener sonstiger Steuern und zur Regelung anderer steuerlicher Fragen*
1. und 2. Durchgang
BR-Drs 179/80 = **136** K 13
BR-Drs 365/80 = **146** O 12
BR-PlPr 486 = **5** C 6
BR-PlPr 490 = **5** I 2

GesEntw der Bundesregierung
BT-Drs 8/3994 = **183** L 4
Beschlußempfehlung des Finanzausschusses
BT-Drs 8/4162 = **188** I 6
Bericht des Haushaltsausschusses
BT-Drs 8/4204 = **189** C 12
1. Beratung
BT-PlPr 8/218 = **47** J 7
2. Beratung und Schlußabstimmung
BT-PlPr 8/223 = **48** N 5
– s a Entwurf eines Ausführungsgesetzes zum Zusatzprotokoll mit den *Niederlanden* zur Vermeidung der Doppelbesteuerung auf dem Gebiete der Steuern vom Einkommen und vom Vermögen sowie verschiedener sonstiger Steuern und zur Regelung anderer steuerlicher Fragen (Ausführungsgesetz Grenzgänger Niederlande)
BR-Drs 178/80 = **136** K 5
BT-Drs 8/3995 = **183** L 8
– *Entwurf eines Gesetzes zum Protokoll zu dem Abkommen zwischen der Bundesrepublik Deutschland und der Volksrepublik Polen zur Vermeidung der Doppelbesteuerung auf dem Gebiet der Steuern vom Einkommen und vom Vermögen*
1. Durchgang
BR-Drs 528/80 = **156** F 8
BR-PlPr 493 = **5** M 6
– *Entwurf eines Gesetzes zu dem Abkommen zwischen der Bundesrepublik Deutschland und der Demokratischen Sozialistischen Republik Sri Lanka zur Vermeidung der Doppelbesteuerung und zur Verhinderung der Steuerverkürzung auf dem Gebiet der Steuern vom Einkommen und vom Vermögen*
BR-Drs 634/80 = **162** K 1
– Vorschlag einer Richtlinie des Rates der EG über Bestimmungen zur Vermeidung der Doppelbesteuerung für den Fall der Gewinnberichtigung zwischen verbundenen Unternehmen (Schiedsverfahren)
BR-Drs 333/77 = **25** D 2
BT-Drs 8/740 = **73** J 3
Beschlußempfehlung des Finanzausschusses
BT-Drs 8/1228 = **90** C 3

Draht
s Walzdraht

Drogenmißbrauch
– Antwort auf Große Anfrage zum Drogenmißbrauch von Kindern und Jugendlichen
BT-Drs 8/922 = **79** J 2
Entschließungsantrag zur Großen Anfrage
BT-Drs 8/1144 = **86** E 3
Beratung
BT-PlPr 8/56 = **12** F 10
– Antrag der CDU/CSU zur Bekämpfung der Rauschmittelsucht
BT-Drs 8/3363 = **160** I 10
Beratung
BT-PlPr 8/200 = **43** F 4
– s a GesEntw zur Neuordnung des *Betäubungsmittelrechts*
BR-Drs 546/79 = **118** J 5
BT-Drs 8/3551 = **165** K 10

Druckbehälter
– 5. VO zur Änderung der Kostenordnung für die Prüfung überwachungsbedürftiger Anlagen (betr Gebühren für die Prüfung von Druckbehältern, Druckgasbehältern und Füllanlagen)
BR-Drs 257/80 = **141** G 10

Düngemittel
– *GesEntw eines Düngemittelgesetzes*
1. und 2. Durchgang
BR-Drs 9/77 = **6** G 11
BR-Drs 491/77 = **34** M 6
BR-PlPr 443 = **1** A 1
BR-PlPr 451 = **1** M 3

GesEntw der Bundesregierung
BT-Drs 8/319 = **62** M 13
Beschlußempfehlung des Ausschusses für Ernährung, Landwirtschaft und Forsten
BT-Drs 8/890 = **78** I 5
1. Beratung
BT-PlPr 8/27 = **6** B 6
2. und 3. Beratung
BT-PlPr 8/44 = **9** K 8
– *GesEntw über eine Düngemittelstatistik*
1. und 2. Durchgang
BR-Drs 142/77 = **15** E 1
BR-Drs 492/77 = **34** M 7
BR-PlPr 445 = **1** C 12
BR-PlPr 451 = **1** M 3

GesEntw der Bundesregierung
BT-Drs 8/371 = **64** J 12
Beschlußempfehlung des Ausschusses für Ernährung, Landwirtschaft und Forsten
BT-Drs 8/891 = **78** I 7
Bericht des Haushaltsausschusses
BT-Drs 8/938 = **80** A 2
1. Beratung
BT-PlPr 8/30 = **6** K 5
2. und 3. Beratung
BT-PlPr 8/44 = **9** K 8
– DüngemittelVO
BR-Drs 480/77 = **34** A 11
– VO über Probenahmeverfahren und Analysemethoden für die amtliche Düngemittelüberwachung
BR-Drs 536/77 = **36** G 6
– 1. VO zur Änderung der DüngemittelVO
BR-Drs 78/79 = **90** H 11
– 2. VO zur Änderung der Düngemittelverordnung
BR-Drs 250/80 = **141** D 10
– Bericht der Bundesregierung zur Entschließung des BR zur 1. VO zur Änd der DüngemittelVO
BR-Drs 308/80 = **145** K 5

Dumping
– Vorschlag einer VO des Rates zur Änderung der VO des Rates der EG zum Schutz gegen Praktiken von Dumping, Prämien oder Subventionen aus nicht zur Europäischen Wirtschaftsgemeinschaft gehörenden Ländern
BR-Drs 542/79 = **118** E 5
BT-Drs 8/3504 = **164** H 6

E

Eber
– VO über die Körung von Ebern
BR-Drs 206/79 = **98** B 11

Ecuador, Republik
– *GesEntw zum Abkommen Bundesrepublik Deutschland/Republik Ecuador zur Vermeidung der Doppelbesteuerung auf dem Gebiet der Steuern vom Einkommen und vom Vermögen*
1. und 2. Durchgang
BR-Drs 132/78 = **53** D 4
BR-Drs 545/78 = **80** N 13
BR-PlPr 457 = **2** E 2
BR-PlPr 468 = **3** E 13

GesEntw der Bundesregierung
BT-Drs 8/1742 = **103** N 13

Beschlußempfehlung des Finanzausschusses
BT-Drs 8/2262 = **124** G 11
1. Beratung
BT-PlPr 8/90 = **19** N 1
2. Beratung und Schlußabstimmung
BT-PlPr 8/120 = **25** L 1

EGKS
s Europäische Gemeinschaft für Kohle und Stahl

Ehenamen
– *GesEntw über die Änderung des Ehenamens (Ehenamensänderungsgesetz)*
Bundesratsdurchgang
BR-Drs 27/79 = **86** N 1
BR-PlPr 469 = **3** G 7
Vermittlungsverfahren:
BR-Drs 79/79 = **90** I 10
BR-PlPr 470 = **3** I 8

GesEntw der SPD/FDP
BT-Drs 8/2134 = **120** I 11
Beschlußempfehlung des Rechtsausschusses
BT-Drs 8/2352 = **127** J 12
Anrufung des Vermittlungsausschusses
BT-Drs 8/2588 = **135** O 13
Beschlußempfehlung des Vermittlungsausschusses
BT-Drs 8/2627 = **137** M 12
1. Beratung
BT-PlPr 8/109 = **23** L 6
2. und 3. Beratung
BT-PlPr 8/124 = **26** M 1
Beratung der Beschlußempfehlung des Vermittlungsausschusses
BT-PlPr 8/141 = **30** I 6
– Allgemeine Verwaltungsvorschrift zum Gesetz über die Änderung des Ehenamens
BR-Drs 146/79 = **94** G 11
– Allgemeine Verwaltungsvorschrift zum Gesetz über die Änderung von Familiennamen und Vornamen
BR-Drs 205/80 = **139** C 2

Ehevermittlung
– Neufassung des Rechts der Ehevermittlung: GesEntw über finanzierte Rechtsgeschäfte und über Maklerverträge
(s *Bürgerliches Gesetzbuch*)

Eichung
– Allgemeine Verwaltungsvorschrift für die Eichung von Meßgeräten – Eichanweisung – Besondere Vorschriften – Prüfung von Volumengaszählern –
BR-Drs 348/77 = **25** K 6
– Allgemeine Verwaltungsvorschrift für die Eichung von Meßgeräten – Eichanweisung – Besondere Vorschriften –
– Prüfung von Meßmaschinen für Längenmessung –
BR-Drs 349/77 = **25** K 13
– Allgemeine Verwaltungsvorschrift für die Eichung von Meßgeräten – Eichanweisung –
Besondere Vorschriften
– Prüfung von Flüssigkeits-Gasthermometern –
BR-Drs 350/77 = **25** L 5
– Kostenordnung für Amtshandlungen der nach dem Eichgesetz zuständigen Behörden der Länder
BR-Drs 175/78 = **56** I 2
– 2. VO zur Änderung der Eichordnung
BR-Drs 241/78 = **62** D 12
– 3. VO über die Eichpflicht von Meßgeräten
BR-Drs 263/78 = **64** E 12
– VO zur Änderung eichrechtlicher Vorschriften
BR-Drs 447/79 = **112** N 9
– 3. VO zur Änderung der Eichordnung
BR-Drs 450/79 = **113** C 9
– VO zur Änderung der 2. und 3. VO über die Eichpflicht von Meßgeräten
BR-Drs 535/79 = **117** N 10

Eier
– VO über Vermarktungsnormen für Eier
BR-Drs 469/77 = **33** F 13
– VO zur Änderung der FleischVO und der EiprodukteVO
BR-Drs 478/77 = **33** M 9

Eigenkapitalhilfe
– Bericht des Bundesministers für Wirtschaft über die Abwicklung des Eigenkapitalhilfe-Programms 1979 und Beschlußempfehlung des Wirtschaftsausschusses zu einem Antrag zur Förderung von Existenzgründungen
BT-Drs 8/4146 = **188** D 6

Eigentumswohnung
s Wohnungseigentum

Einführungsgesetz zum ...
s unter dem jeweiligen Gesetz

Einfuhrliste
– 56. VO zur Änderung der Einfuhrliste – Anlage zum Außenwirtschaftsgesetz – (BR-Drs 738/76)
BT-Drs 8/6 = **51** B 2
Bericht des Wirtschaftsausschusses
BT-Drs 8/199 = **59** H 12
– 57. VO zur Änderung der Einfuhrliste
BR-Drs 12/77 = **6** I 8
BT-Drs 8/69 = **53** L 13
Bericht des Wirtschaftsausschusses
BT-Drs 8/199 = **59** H 12
– 58. VO zur Änderung der Einfuhrliste
BR-Drs 48/77 = **8** E 13
BT-Drs 8/70 = **53** M 3
Bericht des Wirtschaftsausschusses
BT-Drs 8/199 = **59** H 12
– 59. VO zur Änderung der Einfuhrliste
BR-Drs 155/77 = **16** D 2
BT-Drs 8/236 = **60** G 4
Bericht des Wirtschaftsausschusses
BT-Drs 8/526 = **68** G 4
– 60. VO zur Änderung der Einfuhrliste
BR-Drs 331/77 = **25** C 10
BT-Drs 8/714 = **73** D 3
Bericht des Wirtschaftsausschusses
BT-Drs 8/973 = **80** L 4
– 61. VO zur Änderung der Einfuhrliste
BR-Drs 373/77 = **27** B 3
BT-Drs 8/821 = **76** C 14
Bericht des Wirtschaftsausschusses
BT-Drs 8/973 = **80** L 4
– 62. VO zur Änderung der Einfuhrliste
BR-Drs 643/77 = **42** G 4
BT-Drs 8/1331 = **92** H 6
Bericht des Wirtschaftsausschusses
BT-Drs 8/1549 = **98** E 5
– 63. VO zur Änderung der Einfuhrliste
BR-Drs 7/78 = **45** B 7
BT-Drs 8/1404 = **94** F 9
Bericht des Wirtschaftsausschusses
BT-Drs 8/1549 = **98** E 5
– 64. VO zur Änderung der Einfuhrliste
BR-Drs 154/78 = **55** G 12
BT-Drs 8/1642 = **101** C 6
Bericht des Wirtschaftsausschusses
BT-Drs 8/1752 = **104** C 5
– 65. VO zur Änderung der Einfuhrliste
BR-Drs 271/78 = **64** K 7
BT-Drs 8/1828 = **107** O 11
– 66. VO zur Änderung der Einfuhrliste
BR-Drs 349/78 = **68** C 10
BT-Drs 8/1995 = **113** K 1
Bericht des Wirtschaftsausschusses
BT-Drs 8/2214 = **122** K 3
– 67. VO zur Änderung der Einfuhrliste
BR-Drs 353/78 = **68** E 12
BT-Drs 8/2019 = **115** G 10
Bericht des Wirtschaftsausschusses
BT-Drs 8/2213 = **122** K 1
– 68. VO zur Änderung der Einfuhrliste
BR-Drs 391/78 = **70** L 1
BT-Drs 8/2077 = **117** I 3
Bericht des Wirtschaftsausschusses
BT-Drs 8/2212 = **122** J 13
– 69. VO zur Änderung der Einfuhrliste
BR-Drs 592/78 = **83** O 11
BT-Drs 8/2438 = **129** M 13
Bericht des Wirtschaftsausschusses
BT-Drs 8/2542 = **133** N 10
– 70. VO zur Änderung der Einfuhrliste
BR-Drs 69/79 = **89** J 3
BT-Drs 8/2564 = **134** E 7
Bericht des Wirtschaftsausschusses
BT-Drs 8/2853 = **143** N 9
– 71. VO zur Änderung der Einfuhrliste
BR-Drs 343/79 = **106** B 9
BT-Drs 8/3039 = **149** M 9
Bericht des Wirtschaftsausschusses
BT-Drs 8/3191 = **156** E 5
– 72. VO zur Änderung der Einfuhrliste
BR-Drs 358/79 = **106** I 11
BT-Drs 8/3071 = **150** K 1
Bericht des Wirtschaftsausschusses
BT-Drs 8/3191 = **156** E 5
– 73. VO zur Änderung der Einfuhrliste
BR-Drs 627/79 = **123** I 13
BT-Drs 8/3519 = **164** K 6
Bericht des Wirtschaftsausschusses
BT-Drs 8/3787 = **175** H 6
– 74. VO zur Änderung der Einfuhrliste
BR-Drs 3/80 = **125** F 9
BT-Drs 8/3544 = **165** D 7
Bericht des Wirtschaftsausschusses
BT-Drs 8/3787 = **175** H 6
– 75. VO zur Änderung der Einfuhrliste
BR-Drs 69/80 = **129** G 10
BT-Drs 8/3646 = **171** A 13
Bericht des Wirtschaftsausschusses
BT-Drs 8/3831 = **176** O 10
– 76. VO zur Änderung der Einfuhrliste
BR-Drs 484/80 = **153** N 7
BT-Drs 8/4469 = **195** E 6
– 77. VO zur Änderung der Einfuhrliste
BR-Drs 648/80 = **163** E 5

Einheitswert
– VO zur Änderung von Verordnungen zur Durchführung des Feststellungsgesetzes und des Beweissicherungs- und Feststellungsgesetzes
BR-Drs 180/78 = **57** C 12

– 6. VO zur Änderung der 6. VO zur Durchführung des Feststellungsgesetzes
BR-Drs 184/78 = **57** J 8

Einheiten im Meßwesen
s Meßwesen

Einkommensteuer
s a Doppelbesteuerungsabkommen
– *GesEntw zur Neuregelung der Einkommensbesteuerung der Land- und Forstwirtschaft*
1. und 2. Durchgang
BR-Drs 396/79 = **109** O 11
BR-Drs 112/80 = **133** H 6
BR-PlPr 477 = **4** B 11
BR-PlPr 484 = **4** N 4
Vermittlungsverfahren
BR-Drs 319/80 = **146** A 9
BR-PlPr 488 = **5** E 6

GesEntw der Bundesregierung
BT-Drs 8/3239 = **157** N 11
Beschlußempfehlung des Finanzausschusses
BT-Drs 8/3673 = **172** F 9
Änderungsantrag zur 2. Beratung
BT-Drs 8/3708 = **174** D 14
Bericht des Haushaltsausschusses
BT-Drs 8/3717 = **174** H 5
Anrufung des Vermittlungsausschusses
BT-Drs 8/3854 = **178** G 7
Beschlußempfehlung des Vermittlungsausschusses
BT-Drs 8/4092 = **185** O 4
1. Beratung
BT-PlPr 8/180 = **38** K 8
2. und 3. Beratung
BT-PlPr 8/203 = **44** A 13
Beratung der Beschlußempfehlung des Vermittlungsausschusses
BT-PlPr 8/220 = **48** C 8
– Bericht über Möglichkeiten der Umstellung des § 7b EStG auf ein anderes Förderungssystem
BT-Drs 8/2554 = **134** A 13
– VO über die Ermittlung der Schlüsselzahlen für die Aufteilung des Gemeindeanteils an der Einkommensteuer für die Jahre 1979 und 1980
BR-Drs 529/78 = **80** H 4
– Allgemeine Verwaltungsvorschrift über die Änderung und Ergänzung der Einkommensteuer-Richtlinien für das Kalenderjahr 1975
BR-Drs 555/78 = **81** B 7
– Vorschlag einer Richtlinie des Rates der EG zur Harmonisierung von Regelungen im Bereich der Einkommensteuer im Hinblick auf die Freizügigkeit der Arbeitnehmer in der EG
BR-Drs 33/80 = **126** G 1

Einkommensteuer-DurchführungsVO
– 2. VO zur Änderung der Einkommensteuer-DurchführungsVO 1975
BR-Drs 297/77 = **23** L 11
– VO zur Änderung der Einkommensteuer-DurchführungsVO 1977
BR-Drs 222/78 = **60** K 6
– 2. VO zur Änderung der Einkommensteuer-DurchführungsVO 1977
BR-Drs 454/78 = **76** C 4
– 3. VO zur Änderung der Einkommensteuer-DurchführungsVO 1977
BR-Drs 352/80 = **146** L 4

Einkommensteuergesetz
– *GesEntw zur Erhöhung des Weihnachts-Freibetrages und Verbesserung der Abschreibungsbedingungen*
1. Durchgang
BR-Drs 446/77 = **32** G 13
BR-PlPr 449 = **1** J 5

GesEntw des Bundesrates
BT-Drs 8/990 = **81** D 14
1. Beratung
BT-PlPr 8/47 = **10** G 2
– *Entw eines ÄndGes zum Einkommensteuergesetz* (Einkommensteueränderungsgesetz 1979)
(betr Grundfreibeträge)

GesEntw des Bundesrates
BR-Drs 527/78 = **80** C 1
BR-PlPr 465 = **3** C 4

GesEntw der Bundesregierung
BT-Drs 8/2259 = **124** E 11
– *Entw eines ÄndGes zum Einkommensteuergesetz*
(betr Anschaffung von Notstromaggregaten)
1. Durchgang
BR-Drs 49/79 = **87** M 5
BR-PlPr 469 = **3** G 7
BR-PlPr 470 = **3** I 8
Unterrichtung betr Ablehnung des GesEntw durch den Bundestag
BR-Drs 153/80 = **135** D 8

GesEntw des Bundesrates
BT-Drs 8/2956 = **146** K 4
Beschlußempfehlung des Finanzausschusses
BT-Drs 8/3569 = **166** F 3
Bericht des Haushaltsausschusses
BT-Drs 8/3571 = **166** I 5
1. Beratung
BT-PlPr 8/161 = **35** C 1
2. Beratung
BT-PlPr 8/201 = **43** J 1
– *GesEntw zur Änderung des Einkommensteuergesetzes und des Mutterschutzgesetzes*
(betr Mutterschaftsgeld)
Bundesratsdurchgang
BR-Drs 222/79 = **99** F 6
BR-PlPr 473 = **3** L 2
Vermittlungsverfahren:
BR-Drs 298/79 = **103** N 9
BR-PlPr 474 = **3** M 13

GesEntw der SPD/FDP
BT-Drs 8/2667 = **138** I 13
Beschlußempfehlung des Finanzausschusses
BT-Drs 8/2816 = **143** A 9
Bericht des Haushaltsausschusses
BT-Drs 8/2831 = **143** G 3
Anrufung des Vermittlungsausschusses
BT-Drs 8/2938 = **146** D 2
Ergebnis des Vermittlungsverfahrens
BT-Drs 8/2996 = **147** N 12
1. Beratung
BT-PlPr 8/144 = **31** D 10
2. und 3. Beratung
BT-PlPr 8/151 = **32** O 5
– *GesEntw der CDU/CSU zur Änd des Einkommensteuergesetzes*
(betr Nachweis und Aufteilung der Kinderbetreuungskosten)
BT-Drs 8/3104 = **152** J 10
Beschlußempfehlung des Finanzausschusses
BT-Drs 8/3502 = **164** H 3
Bericht des Haushaltsausschusses
BT-Drs 8/3566 = **166** E 11
1. Beratung
BT-PlPr 8/172 = **37** E 1
2. Beratung
BT-PlPr 8/199 = **43** B 5
– *GesEntw zur Umgestaltung der Kilometerpauschale in eine Entfernungspauschale*
1. Durchgang
BR-Drs 281/79 = **103** B 3
BR-PlPr 476 = **4** A 4

GesEntw des Bundesrates
BT-Drs 8/3242 = **158** A 8
1. Beratung
BT-PlPr 8/183 = **39** E 8
– *GesEntw zur Änderung und Vereinfachung des Einkommensteuergesetzes und anderer Gesetze*
1. und 2. Durchgang
BR-Drs 600/79 = **122** G 5
BR-Drs 295/80 = **145** B 6
BR-PlPr 482 = **4** K 5
BR-PlPr 488 = **5** E 6

GesEntw der Bundesregierung
BT-Drs 8/3688 = **173** D 7
Beschlußempfehlung des Finanzausschusses
BT-Drs 8/3898 = **179** H 7
Bericht des Haushaltsausschusses
BT-Drs 8/3938 = **181** H 12
Beschlußempfehlung des Finanzausschusses
BT-Drs 8/4007 = **184** C 7
Bericht des Haushaltsausschusses
BT-Drs 8/4012 = **184** K 5
1. Beratung
BT-PlPr 8/206 = **44** N 12
2. und 3. Beratung
BT-PlPr 8/218 = **47** J 7
– Tarifbericht § 56 EStG
BT-Drs 8/62 = **53** G 7
Beratung
BT-PlPr 8/23 = **4** N 12
Beschlußempfehlung des Finanzausschusses
BT-Drs 8/1887 = **109** G 13
Änderungsantrag zur Beschlußempfehlung des Finanzausschusses
BT-Drs 8/1944 = **112** M 2
Beratung
BT-PlPr 8/99 = **21** M 10
– s a GesEntw zur Änderung des Umsatzsteuergesetzes, des Bundeskindergeldgesetzes, des Einkommensteuergesetzes und anderer Gesetze *(Steueränderungsgesetz 1977)*
(betr Erleichterungen bei der Einkommensteuer)
BR-Drs 145/77 = **15** F 4
BT-Drs 8/292 = **62** F 3
– s a Entw eines 2. ÄndGes zum *Gemeindefinanzreformgesetz*
(betr Gemeindeanteil an der Einkommensteuer)
BR-Drs 259/78 = **63** L 5
BT-Drs 8/2154 = **121** F 2
– s a GesEntw zur Änderung des Einkommensteuergesetzes und anderer Gesetze *(Steueränderungsgesetz 1978)*
(betr steuerliche Behandlung von Künstlern und eines Unterhalt zahlenden Elternteils)
BR-Drs 273/78 = **64** L 4
BT-Drs 8/2116 = **119** M 6
– s a GesEntw zur Änderung des Einkommensteuergesetzes, des Gewerbesteuerge-

setzes, des Umsatzsteuergesetzes und anderer Gesetze *(Steueränderungsgesetz 1979)*
BR-Drs 386/78 = 70 C 9
BT-Drs 8/2118 = **119** O 1
BT-Drs 8/2100 = **118** K 12
BT-Drs 8/2200 = **122** H 5
– s a GesEntw zur Änderung des *Entwicklungsländer-Steuergesetzes* und des Einkommensteuergesetzes
BR-Drs 80/78 = **49** N 11
BT-Drs 8/1857 = **108** L 9
– s a GesEntw zur Änderung des Einkommensteuergesetzes, des Körperschaftssteuergesetzes und anderer Gesetze (betr *Unternehmens*besteuerung)
BR-Drs 511/79 = **117** A 7
BT-Drs 8/3648 = **171** B 2
– s a GesEntw zur Förderung *energiesparender* Maßnahmen
– s a GesEntw zur Verbesserung der *Familienförderung*
– s a Steuerentlastungsgesetz
– Allgemeine Verwaltungsvorschrift zu § 33 a Abs 3 des Einkommensteuergesetzes 1979 (betr Kinderbetreuungskosten)
BR-Drs 553/79 = **119** K 3

Einreise
– s Entw eines 2. Ges zur Änderung des Ges über Einreise und *Aufenthalt* von Staatsangehörigen der Mitgliedstaaten der EWG
– Allgemeine Verwaltungsvorschrift über medizinische Hilfe für Einreisende aus der DDR und Berlin (Ost)
BR-Drs 245/78 = **62** O 12

Einstufige Juristenausbildung
s Juristenausbildung

Eisen- und Stahlindustrie
s a Stahlindustrie
– EG-Mitteilung betr die sozialen Maßnahmen im Rahmen der Umstrukturierung der Eisen- und Stahlindustrie, Entw einer EG-Entscheidung betr die Schaffung einer vorübergehenden Sonderbeihilfe zur Unterstützung der Arbeitnehmer der Stahlunternehmen im Rahmen des gemeinschaftlichen Umstrukturierungsprogramms
BR-Drs 241/79 = **100** E 13

Eisenbahn
– s GesEntw zum Schutz gegen Verkehrslärm an Straßen und Schienenwegen *(Verkehrslärmschutzgesetz)*
BR-Drs 3/78 = **44** D 8
BT-Drs 8/1671 = **101** K 11
– s GesEntw zur Änderung *schadensersatzrechtlicher* Vorschriften (betr Schadensersatz für Tötung und Körperverletzung beim Betrieb von Eisenbahnen, Bergwerken usw)
BR-Drs 309/77 = **24** G 12
BT-Drs 8/108 = **55** M 7

Eisenbahnverkehr
– *Entw eines 1. Ges zur Änderung des Ges zu den Übereinkommen über den internationalen Eisenbahnverkehr*
(betr Umrechnung der Landeswährung in Goldfranken)
1. Durchgang
BR-Drs 414/78 = **72** H 6
BR-PlPr 463 = **2** N 14
GesEntw der Bundesregierung
BT-Drs 8/2244 = **123** M 2
Beschlußempfehlung des Ausschusses für Verkehr und für das Post- und Fernmeldewesen
BT-Drs 8/3592 = **168** H 10
1. Beratung
BT-PlPr 8/120 = **25** L 1
2. Beratung
BT-PlPr 8/201 = **43** J 1
– s a GesEntw zum Vertrag mit *Österreich* über die Führung von geschlossenen Zügen (Zügen unter Bahnverschluß) der Österreichischen Bundesbahnen über Strecken der deutschen Bundesbahn in der Bundesrepublik Deutschland
BR-Drs 369/79 = **108** B 10
BT-Drs 8/3423 = **162** K 2
– 84. VO zur Änderung der Eisenbahn-Verkehrsordnung
BR-Drs 408/77 = **28** N 14
– VO über den Ausgleich gemeinwirtschaftlicher Leistungen im Eisenbahnverkehr
BR-Drs 247/77 = **20** M 5
– Vorschlag einer EG-VO zur Festlegung einheitlicher Grundsätze für die Kostenrechnung der Eisenbahnunternehmen
BR-Drs 334/77 = **25** D 6
BT-Drs 8/735 = **73** H 10
– VO über die Beförderung gefährlicher Güter mit der Eisenbahn (Eisenbahn-GefahrgutVO)
BR-Drs 273/79 = **102** F 6
– 85. VO zur Änderung der Eisenbahn-Verkehrsordnung
BR-Drs 276/79 = **102** K 6

Elektrizitätsversorgung
s a Energierecht
– VO über Allgemeine Bedingungen für die Elektrizitätsversorgung von Tarifkunden
BR-Drs 76/79 = **89** O 5
– 2. VO zur Änderung der Bundestarifordnung Elektrizität
BR-Drs 459/79 = **114** F 6
– Entwurf einer Empfehlung betr Strukturen der Elektrizitätstarife in der Gemeinschaft
BR-Drs 446/80 = **150** I 1

Elektrobleche
– VO zur Änderung des Deutschen Teil-Zolltarifs
(Nr 4/77 – Zollkontingente für Walzdraht und Elektrobleche – 1. Halbjahr 1977)
BR-Drs 32/77 = **7** C 4
BT-Drs 8/57 = **53** E 10
Bericht des Wirtschaftsausschusses
BT-Drs 8/197 = **59** H 8
– VO zur Änderung des Deutschen Teil-Zolltarifs
(Nr 10/76 – Zollkontingente für Walzdraht und Elektrobleche – 2. Halbjahr 1976)
BR-Drs 106/77 = **13** C 3
BT-Drs 8/148 = **56** O 4
Bericht des Wirtschaftsausschusses
BT-Drs 8/309 = **62** K 9
– VO zur Änderung des Deutschen Teil-Zolltarifs
(Nr 10/77 – Zollkontingente für Walzdraht und Elektrobleche – 2. Halbjahr 1977)
BR-Drs 56/77 = **9** M 2
BT-Drs 8/897 = **78** K 5
Beschlußempfehlung des Wirtschaftsausschusses
BT-Drs 8/1184 = **87** F 7
– VO zur Änderung des Deutschen Teil-Zolltarifs
(Nr 4/78 – Zollkontingente für Walzdraht und Elektrobleche – 1. Halbjahr 1978)
BR-Drs 144/78 = **54** J 14
BT-Drs 8/1631 = **100** N 3
Beschlußempfehlung des Wirtschaftsausschusses
BT-Drs 8/1720 = **103** C 2

Elektrofahrzeuge
Förderung des Einsatzes
– Antrag der Fraktion der CDU/CSU
BT-Drs 8/2691 = **139** F 13
BT-PlPr 8/162 = **35** F 4

Elektronische Datenverarbeitung
s Datenverarbeitung

Elektrotechnik
s Berufsfachschule für Elektrotechnik

Elterliches Sorgerecht
– *GesEntw zur Neuregelung des Rechts der elterlichen Sorge*
Bundesratsdurchgang
BR-Drs 218/79 = **98** O 2
BR-PlPr 473 = **3** L 2
Vermittlungsverfahren:
BR-Drs 296/79 = **103** N 5
BR-PlPr 474 = **3** M 13
Zurückweisung des Einspruchs durch den BT
BR-Drs 335/79 = **105** E 10
GesEntw der SPD/FDP
BT-Drs 8/111 = **55** N 5
Beschlußempfehlung des Rechtsausschusses
BT-Drs 8/2788 = **142** C 5
Änderungsanträge der CDU/CSU zur 2. Beratung
BT-Drs 8/2808 = **142** O 13
BT-Drs 8/2809 = **142** O 14
BT-Drs 8/2810 = **143** A 1
BT-Drs 8/2811 = **143** A 2
BT-Drs 8/2812 = **143** A 3
BT-Drs 8/2813 = **143** A 5
Entschließungsantrag zur 3. Beratung
BT-Drs 8/2814 = **143** A 6
Anrufung des Vermittlungsausschusses
BT-Drs 8/2936 = **146** C 9
Beschlußempfehlung des Vermittlungsausschusses
BT-Drs 8/2958 = **146** K 9
Einspruch des Bundesrates
BT-Drs 8/2998 = **147** O 1
Beschlußantrag zum Einspruch des Bundesrates
BT-Drs 8/3003 = **148** A 9
1. Beratung
BT-PlPr 8/18 = **3** J 6
2. und 3. Beratung
BT-PlPr 8/151 = **34** E 8
Beratung der Beschlußempfehlung des Vermittlungsausschusses
BT-PlPr 8/161 = **35** C 1
Abstimmung über die Zurückweisung des Einspruchs des Bundesrats
BT-PlPr 8/162 = **35** F 4
– s a GesEntw zur Verbesserung der *Jugendhilfe*
BR-Drs 100/79 = **91** K 11
BT-Drs 8/3108 = **152** L 6

Emmissionserklärung
- VO zur Durchführung des Bundes-Immissionsschutzgesetzes
  betr Luftverschmutzung
  BR-Drs 339/78 = **67** G 8

Emissionskataster
- Allgemeine Verwaltungsvorschrift zum Bundes-Immissionsschutzgesetz (Emissionskataster in Belastungsgebieten)
  BR-Drs 350/78 = **68** D 1

Empfängnisregelung
- Bericht der Bundesregierung im Zusammenhang mit der Reform des § 218 StGB
  BT-Drs 8/2445 = **130** A 2

Ems-Dollart-Vertrag
- *GesEntw zum Abkommen zur Änderung des Vertrages Bundesrepublik Deutschland/Königreich der Niederlande über die Regelung der Zusammenarbeit in der Emsmündung*
  1. und 2. Durchgang
  BR-Drs 406/77 = **28** L 11
  BR-Drs 634/77 = **42** D 1
  BR-PlPr 450 = **1** K 11
  BR-PlPr 453 = **1** O 6

  GesEntw der Bundesregierung
  BT-Drs 8/1017 = **81** O 12
  Beschlußempfehlung des Ausschusses für Verkehr und das Post- und Fernmeldewesen
  BT-Drs 8/1305 = **91** I 3
  1. Beratung
  BT-PlPr 8/55 = 12 C 5
  2. Beratung und Schlußabstimmung
  BT-PlPr 8/63 = 13 L 10

Energiebedarf
- Antwort auf Große Anfrage zum Energiebedarf und zur friedlichen Nutzung der Kernenergie
  BT-Drs 8/569 = **69** C 11
  Entschließungsantrag zur Beratung der Großen Anfrage
  BT-Drs 8/579 = **69** K 9
  Beratung
  BT-PlPr 8/31 = **6** N 7

Energieeinsparung
- *GesEntw zur Förderung der Energieeinsparung*
  1. Durchgang
  BR-Drs 183/78 = **57** G 12
  BR-PlPr 458 = **2** F 7
  BR-PlPr 460 = **2** M 2
- s a Entw eines 1. ÄndGes zum *Wohnungsmodernisierungsgesetz*
  (betr Förderung energieeinsparender Maßnahmen)
  BR-Drs 85/78 = **50** E 2
  BT-Drs 8/1692 = **102** H 14
- Antrag der CDU/CSU betr rationelle und sparsame Energieverwendung
  BT-Drs 8/1963 = **113** B 10
  Beratung
  BT-PlPr 8/114 = **24** K 3
  Beschlußempfehlung des Wirtschaftsausschusses
  BT-Drs 8/4355 = **192** D 13
  BT-PlPr 8/229 = **50** G 11
- *GesEntw zur Förderung energiesparender Maßnahmen*
  (betr steuerliche Sonderabschreibungen, Notstromaggregate)
  1. Durchgang
  BR-Drs 458/79 = **114** D 12
  BR-PlPr 477 = **4** B 11
  BR-PlPr 478 = **4** E 10

  GesEntw des Bundesrates
  BT-Drs 8/3557 = **166** C 7
  1. Beratung
  BT-PlPr 8/201 = **43** J 1
- s a Entw eines 9. ÄndGes zum *Mineralölsteuergesetz* 1964
  (betr Energieeinsparung)
  BR-Drs 86/78 = **50** G 6
  BT-Drs 8/1707 = **102** O 4
- VO über energieeinsparende Anforderungen an heizungstechnische Anlagen sowie Brauchwasseranlagen
  (Heizungsanlagen-VO)
  BR-Drs 147/77 = **15** J 8
- VO über einen energiesparenden Wärmeschutz bei Gebäuden
  (WärmeschutzVO)
  BR-Drs 148/77 = **15** L 1
- VO über energieeinsparende Anforderungen an den Betrieb von heizungstechnischen Anlagen und Brauchwasseranlagen
  (Heizungsbetriebs-VO)
  BR-Drs 149/77 = **15** N 6
- Vorschlag einer EG-VO über die Gewährung finanzieller Beihilfen für Demonstrationsvorhaben zur Energieeinsparung
  BR-Drs 187/77 = **17** J 4
  BT-Drs 8/637 = **70** J 6
  Beschlußempfehlung des Wirtschaftsausschusses
  BT-Drs 8/1431 = **95** C 4
- VO über energieeinsparende Anforderungen an heizungstechnische Anlagen und Brauchwasseranlagen
  (Heizungsanlagen-VO)
  BR-Drs 243/78 = **62** M 7
- VO über energiesparende Anforderungen an den Betrieb von heizungstechnischen Anlagen und Brauchwasseranlagen
  (HeizungsbetriebsVO)
  BR-Drs 244/78 = **62** N 11
- 2. VO zur Änderung der Einkommensteuer-DurchführungsVO 1977
  BR-Drs 454/78 = **76** C 4
- EG-Mitteilung über Energieeinsparung durch Modernisierung von Altbauten
  BR-Drs 541/78 = **80** N 4
  BT-Drs 8/660 = **70** N 9
- Mitteilung für neue Leitlinien der EG zur Energieeinsparung,
  Vorschlag einer EG-Entschließung betr neue Orientierungen für Maßnahmen der EG auf dem Gebiet der Energieeinsparung
  BR-Drs 352/79 = **106** E 8
  BT-Drs 8/3163 = **155** G 7
  Beschlußempfehlung des Wirtschaftsausschusses
  BT-Drs 8/3422 = **162** J 14
- Antwort auf Kleine Anfrage zu Maßnahmen zur Förderung der Energieeinsparung
  BT-Drs 8/3889 = **179** D 14

Energieeinsparungsgesetz
- *Entw eines 1. ÄndGes*
  (betr Gebäudeheizung)
  1. und 2. Durchgang
  BR-Drs 399/79 = **110** D 3
  BR-Drs 238/80 = **140** M 3
  BR-PlPr 477 = **4** B 11
  BR-PlPr 487 = **5** D 12

  GesEntw der Bundesregierung
  BT-Drs 8/3348 = **160** E 3
  Beschlußempfehlung des Wirtschaftsausschusses
  BT-Drs 8/3924 = **180** N 7
  Bericht des Haushaltsausschusses
  BT-Drs 8/3937 = **181** H 11
  1. Beratung
  BT-PlPr 8/188 = **40** H 4
  2. und 3. Beratung
  BT-PlPr 8/213 = **46** H 2

Energienutzung
s a Energiequellen
- Aktionsprogramm der EG im Bereich der rationellen Energienutzung – 2. Serie Richtlinien und Empfehlungen
  BR-Drs 293/77 = **23** J 14
  BT-Drs 8/590 = **69** N 13

Energiepolitik
- Antwort auf Große Anfrage mit Darstellung energiepolitischer Zielsetzungen, Versorgungslage und Maßnehmen zur Bedarfsdeckung
  BT-Drs 8/570 = **69** D 5
  BT-PlPr 8/31 = **6** N 7
- 2. Bericht über die Verwirklichung der Ziele der gemeinschaftlichen Energiepolitik für 1985
  BR-Drs 386/77 = **27** I 11
  BT-Drs 8/845 = **77** G 10
  Beschlußempfehlung des Wirtschaftsausschusses
  BT-Drs 8/1308 = **91** I 9
- Mitteilung über die Zusammenarbeit mit den Entwicklungsländern im Energiebereich
  BR-Drs 370/78 = **69** C 7
- Vorschlag der EG betr ein 2. Vierjahresprogramm Forschung und Entwicklung im Energiebereich
  BR-Drs 397/78 = **70** O 3
- Vorschlag einer EG-Mitteilung über energiepolitische Ziele der EG für 1990 und Konvergenz der einzelstaatlichen Politik, Entw einer EG-Entschließung zu den energiepolitischen Zielen für 1990
  BR-Drs 341/79 = **105** N 9
  BT-Drs 8/3197 = **156** I 4
- Abgabe einer Erklärung der Bundesregierung zur Energiepolitik nach dem Europäischen Rat und dem Weltwirtschaftsgipfel
  BT-PlPr 8/167 = **36** G 13
- Bericht über die Förderung der Solartechnik in der Bundesrepublik Deutschland
  BT-Drs 8/3789 = **176** A 10
- s a Integrationsbericht der Bundesregierung
- s a Jahresgutachten des *Sachverständigenrates* zur Begutachtung der gesamtwirtschaftlichen Entwicklung

Energieprogramm der Bundesregierung
- 2. Fortschreibung des Energieprogramms der Bundesregierung
  BR-Drs 651/77 = **42** L 9
  BR-PlPr 454 = **2** A 5
  BT-Drs 8/1357 = **92** N 11
  BT-PlPr 8/86 = **18** O 1
  1. Beschlußempfehlung des Wirtschaftsausschusses
  BT-Drs 8/2370 = **127** O 5

Beratung der 1. Beschlußempfehlung und des 1. Berichts des Ausschusses für Wirtschaft
BT-PlPr 8/125 = **26** O 7
- Große Anfrage zur Fortschreibung des Energieprogramms der Bundesregierung
BT-Drs 8/872 = **78** C 12
Entschließungsantrag
BT-Drs 8/1098 = **84** G 7
Beratung
BT-PlPr 8/51 = **11** E 10
- Antrag für ein energiepolitisches Programm
BT-Drs 8/1394 = **93** M 2
BT-PlPr 8/86 = **18** O 1
Beschlußempfehlung des Wirtschaftsausschusses zum Antrag
BT-Drs 8/4354 = **192** D 9
BT-PlPr 8/229 = **50** G 11

Energieprogramme, EG
- Vorschlag der EG betr ein 2. Vierjahresprogramm Forschung und Entwicklung im Energiebereich
BR-Drs 397/78 = **70** O 3
- EG-Mitteilung über das Energieprogramm der EG
BR-Drs 533/79 = **117** L 12
BT-Drs 8/3441 = **162** N 12

Energiequellen
- Vorschlag einer EWG-VO zur Änderung der VO hinsichtlich der finanziellen Unterstützung für Vorhaben zur Nutzung alternativer Energiequellen
BR-Drs 187/77 = **17** J 4
BR-Drs 632/79 = **123** J 13
- Vorschlag von 2 EG-Verordnungen zur Anwendung der EG-VO über die Gewährung einer finanziellen Unterstützung für Vorhaben zur Nutzung alternativer Energiequellen auf dem Gebiet der Erdwärme und der Umwandlung fester Brennstoffe in gasförmige und flüssige
BR-Drs 190/78 = **57** M 8
- Vorschlag einer EG-VO zur Anwendung der VO über die Gewährung einer finanziellen Unterstützung für Vorhaben zur Nutzung alternativer Energiequellen auf dem Gebiet der Sonnenenergie
BR-Drs 501/78 = **77** M 7
- EG-Beschlüsse und VO-Vorschläge zu Demonstrationsprojekten in den Bereichen der Energienutzung und der Nutzung neuer Energiequellen
BR-Drs 591/78 = **83** N 2

Energierecht
- *GesEntw zur Änderung energierechtlicher Vorschriften*
(betr Verstromungsgesetze, Energiewirtschaftsgesetz und GesEntw über Meldungen der Unternehmen des deutschen Steinkohlenbergbaus)
1. und 2. Durchgang
BR-Drs 403/77 = **28** F 4
BR-Drs 569/77 = **38** D 6
BR-PlPr 450 = **1** K 11
BR-PlPr 452 = **1** N 11

GesEntw der Bundesregierung
BT-Drs 8/1030 = **82** D 9
Beschlußempfehlung des Wirtschaftsausschusses
BT-Drs 8/1126 = **85** I 6
Bericht des Haushaltsausschusses
BT-Drs 8/1148 = **86** E 11
1. Beratung
BT-PlPr 8/50 = **10** N 14
2. und 3. Beratung
BT-PlPr 8/55 = **12** C 5
- *Entwurf eines 2. Gesetzes zur Änderung energierechtlicher Vorschriften*
(betr Maßnahmen zur Sicherung des Absatzes deutscher Steinkohle)
1. und 2. Durchgang
BR-Drs 182/80 = **136** N 3
BR-Drs 336/80 = **146** F 9
BR-PlPr 486 = **5** C 6
BR-PlPr 490 = **5** I 2

GesEntw der Bundesregierung
BT-Drs 8/3917 = **180** I 8
Stellungnahme des Bundesrates und Gegenäußerung der Bundesregierung
BT-Drs 8/4034 = **185** F 4
Beschlußempfehlung des Wirtschaftsausschusses
BT-Drs 8/4138 = **187** D 2
Bericht des Haushaltsausschusses
BT-Drs 8/4166 = **188** I 13
1. Beratung
BT-PlPr 8/213 = **46** H 2
2. und 3. Beratung
BT-PlPr 8/220 = **48** C 8

Energiesicherungsgesetz
- *Entw eines 1. Ges zur Änderung des Energiesicherungsgesetzes 1975*
1. und 2. Durchgang
BR-Drs 262/79 = **101** F 8
BR-Drs 558/79 = **119** O 3
BR-PlPr 476 = **4** A 4
BR-PlPr 480 = **4** G 13

GesEntw der Bundesregierung
BT-Drs 8/3056 = **150** C 5
Beschlußempfehlung des Wirtschaftsausschusses
BT-Drs 8/3343 = **160** C 3
1. Beratung
BT-PlPr 8/172 = **37** E 1
2. und 3. Beratung
BT-PlPr 8/186 = **39** O 4

Energieträger
- Antwort auf Kleine Anfrage betr Anteil der Energieträger am Endenergieverbrauch
BT-Drs 8/869 = **78** B 8

Energieversorgung
s a Elektrizitätsversorgung
Gasversorgung
- Antrag der Fraktion der CDU/CSU betr Sicherung der Energieversorgung und Zukunftsorientierung der deutschen Energiepolitik
BT-Drs 8/2961 = **146** K 14
BT-PlPr 8/167 = **36** G 13
Beschlußempfehlung des Wirtschaftsausschusses
BT-Drs 8/4354 = **192** D 9
BT-PlPr 8/229 = **50** G 11
- Antwort auf Kleine Anfrage zur Bedeutung von Kohle und Kernenergie für die Energieversorgung
BT-Drs 8/3890 = **179** E 8
- s a Antwort auf Große Anfrage betr Beitrag der *Kernenergie* zur Sicherung der Energieversorgung
BT-Drs 8/3331 = **159** N 14

England
s Großbritannien, Vereinigtes Königreich von Großbritannien und Nordirland

Enquête-Kommission
s Auswärtige Kulturpolitik
Frau und Gesellschaft
Kernenergie-Politik
zukünftige Verfassungsreform

Ensembleschutz
s Denkmalschutz

Entbindungspfleger
s Krankenpflege

Entfernungspauschale
- *GesEntw zur Umgestaltung der Kilometerpauschale in eine Entfernungspauschale*
1. Durchgang
BR-Drs 281/79 = **103** B 3
BR-PlPr 473 = **3** L 2
BR-PlPr 476 = **4** A 4

GesEntw des Bundesrates
BT-Drs 8/3242 = **158** A 8
1. Beratung
BT-PlPr 8/183 = **39** E 8

Entlastung der Bundesregierung
s Bundeshaushalt

Entlastung des Bundesministers für Wirtschaft
- s Sondervermögen des Bundes *„Ausgleichsfonds zur Sicherung des Steinkohleneinsatzes"*

Entschädigung
- s Entw zur Änderung des Ges über die Entschädigung für *Strafverfolgungsmaßnahmen*
BR-Drs 17/77 = **6** J 2
BT-Drs 8/473 = **66** J 14

Entschädigungsrente
- 15. VO zur Änderung der 1. VO zur Durchführung des Bundesentschädigungsgesetzes und 16. VO zur Änderung der 2. und 3. VO zur Durchführung des Bundesentschädigungsgesetzes
BR-Drs 574/77 = **39** B 4
- 16. VO zur Änderung der 1. VO zur Durchführung des Bundesentschädigungsgesetzes
- 17. VO zur Änderung der 2. und 3. VO zur Durchführung des Bundesentschädigungsgesetzes
BR-Drs 144/79 = **94** E 13
- ÄnderungsVO 1979 zur 1.–3. DurchführungsVO zum Bundesentschädigungsgesetz
BR-Drs 470/79 = **114** M 1

Entsorgung von Kernkraftwerken
- Mitteilung der Kommission an den Rat über einen Aktionsplan der EG auf dem Gebiet der radioaktiven Abfallstoffe
BT-Drs 8/1078 = **84** B 8
BR-Drs 521/77 = **35** M 3
Beschlußempfehlung des Innenausschusses
BT-Drs 8/1629 = **100** M 13
- Entsorgungsbericht 1977
BT-Drs 8/1281 = **90** O 5
BT-PlPr 8/86 = **18** O 1

Entspannungspolitik
- Antwort auf Große Anfrage zum Verhältnis zur Verteidigungspolitik
BT-Drs 8/464 = **66** H 13

– Antwort auf Große Anfragen zur Friedenssicherung
BT-Drs 8/2587 = **135** N 4
Entschließungsantrag der CDU/CSU
BT-Drs 8/2638 = **138** B 14
Entschließungsantrag der SPD/FDP
BT-Drs 8/2639 = **138** C 2
Beratung
BT-PlPr 8/142 = **30** M 11
– Antwort auf Große Anfrage zur künftigen Weiterentwicklung des Entspannungsprozesses auf der Grundlage der Schlußakte der Konferenz für Sicherheit und Zusammenarbeit in Europa
BT-Drs 8/4486 = **195** O 5

Entwicklungshelfer
– VO über die Beauftragung der Bundesanstalt für Arbeit mit der individuellen Förderung der beruflichen Fortbildung und Umschulung von zurückgekehrten Entwicklungshelfern
BR-Drs 16/77 = **6** I 13

Entwicklungshilfe
s a AKP/EWG Abkommen von Lomé
– Vorschlag einer EG-VO über die finanzielle und technische Hilfe zugunsten der nichtassoziierten Entwicklungsländer
BR-Drs 113/77 = **13** I 11
– Antwort auf Große Anfrage über deutsche Entwicklungshilfe in internationalen Institutionen
BT-Drs 8/3483 = **164** C 3
BT-PlPr 8/215 = **46** M 5

Entwicklungsländer
– VO zur Änderung des Deutschen Teil-Zolltarifs
(Nr 5/77 – Zollpräferenzen 1977 gegenüber Entwicklungsländern – EGKS)
BR-Drs 209/77 = **18** O 13
BT-Drs 8/332 = **63** F 3
Beschlußempfehlung des Wirtschaftsausschusses
BT-Drs 8/480 = **66** L 4
– VO zur Änderung des Deutschen Teil-Zolltarifs
(Nr 7/78 – Zollpräferenzen 1978 gegenüber Entwicklungsländern – EGKS)
BR-Drs 155/78 = **55** H 3
BT-Drs 8/1643 = **101** C 8
Beschlußempfehlung des Wirtschaftsausschusses
BT-Drs 8/1751 = **104** C 3
– VO zur Änderung des Deutschen Teil-Zolltarifs
(Nr 10/79 – Zollpräferenzen 1979 gegenüber Entwicklungsländern – EGKS)
BR-Drs 433/79 = **112** D 13
BT-Drs 8/3151 = **155** C 9
Beschlußempfehlung des Wirtschaftsausschusses
BT-Drs 8/3268 = **158** G 6
– VO zur Änderung des Deutschen Teil-Zolltarifs (Nr 4/80 – Zollpräferenzen 1980 gegenüber Entwicklungsländern – EGKS)
BR-Drs 481/80 = **153** M 2
BT-Drs 8/4466 = **195** D 13
– Mitteilung über die Zusammenarbeit der EG mit den Entwicklungsländern im Energiebereich
BR-Drs 370/78 = **69** C 7
BT-Drs 8/2221 = **122** L 5
– EG-Mitteilung über die Notwendigkeit und Orientierungslinien für Gemeinschaftsmaßnahmen zur Förderung europäischer Investitionen in den Entwicklungsländern
BR-Drs 129/78 = **53** B 5
BT-Drs 8/1675 = **101** N 13
– Antwort auf Große Anfrage betr Rohstoffe und Lieferverträge mit der Bundesrepublik Deutschland
BT-Drs 8/1981 = **113** F 2

Entwicklungsländer-Steuergesetz
– *Entw eines ÄndGes*
(betr insbesondere die Förderung der Kapitalanlagen)
1. und 2. Durchgang
BR-Drs 80/78 = **49** N 11
BR-Drs 122/79 = **93** C 13
BR-PlPr 455 = **2** C 1
BR-PlPr 471 = **3** J 3
Vermittlungsverfahren:
BR-Drs 198/79 = **97** K 14
BR-PlPr 472 = **3** K 1

GesEntw der Bundesregierung
BT-Drs 8/1857 = **108** L 9
Beschlußempfehlung des Finanzausschusses
BT-Drs 8/2501 = **131** H 9
Bericht des Haushaltsausschusses
BT-Drs 8/2548 = **133** O 14
Anrufung des Vermittlungsausschusses
BT-Drs 8/2746 = **140** K 9
Beschlußempfehlung des Vermittlungsausschusses
BT-Drs 8/2778 = **141** N 12
1. Beratung
BT-PlPr 8/100 = **22** B 11
2. und 3. Beratung
BT-PlPr 8/144 = **31** D 10
Beratung der Beschlußempfehlung des Vermittlungsausschusses
BT-PlPr 8/151 = **32** O 5

Entwicklungspolitik
s a Afrikapolitik
– Dritter Bericht zur Entwicklungspolitik der Bundesregierung
BT-Drs 8/1185 = **87** F 9
BT-PlPr 8/100 = **22** B 11
Beschlußempfehlung des Ausschusses für wirtschaftliche Zusammenarbeit
BT-Drs 8/3217 = **157** A 10
BT-PlPr 8/215 = **46** M 5
– 4. Entwicklungspolitischer Bericht der Bundesregierung
BT-Drs 8/3582 = **166** N 5
– Antwort auf Große Anfrage zum Gesamtkonzept der Entwicklungspolitik der Bundesregierung 1977
BT-Drs 8/879 = **78** F 8
Entschließungsantrag zur Beratung
BT-Drs 8/1104 = **84** H 2
Beratung
BT-PlPr 8/52 = **11** H 10

Erbschaftssteuer
s Doppelbesteuerungsabkommen

Erbschaftsteuergesetz
– s GesEntw zur Änderung und Vereinfachung des *Einkommensteuergesetzes* und anderer Gesetze
BR-Drs 600/79 = **122** G 5
BT-Drs 8/3688 = **173** D 7

Erdgas
s Energiepolitik
Energiesicherungsgesetz

Erdgasleitungen
– *GesEntw über Finanzhilfen des Bundes zur Förderung des Baues von Erdgasleitungen*
1. und 2. Durchgang
BR-Drs 147/79 = **94** H 4
BR-Drs 587/79 = **121** M 1
BR-PlPr 471 = **3** J 3
BR-PlPr 472 = **3** K 1
BR-PlPr 481 = **4** I 5

GesEntw des Bundesrates
BT-Drs 8/3081 = **150** O 8
Beschlußempfehlung des Wirtschaftsausschusses
BT-Drs 8/3418 = **161** K 12
Änderungsantrag der SPD/FDP zur 2. Beratung
BT-Drs 8/3440 = **162** N 11
Bericht des Haushaltsausschusses
BT-Drs 8/3446 = **163** A 1
1. Beratung
BT-PlPr 8/177 = **38** B 9
2. und 3. Beratung
BT-PlPr 8/189 = **40** J 14

Erdöl
s Energiepolitik
Energiesicherungsgesetz

Erdölbevorratung
– Vorschlag einer EG-Richtlinie zur Änderung der EG-Richtlinie zur Verpflichtung der Mitgliedstaaten der EG, Mindestvorräte an Erdöl und/oder Erdölerzeugnissen zu halten
BR-Drs 9/78 = **45** C 2
– VO über das Stimmrecht der Mitglieder des Erdölbevorratungsverbandes
BR-Drs 311/78 = **66** G 11

Erdölbevorratungsgesetz
– *GesEntw über die Bevorratung mit Erdöl und Erdölerzeugnissen*
1. und 2. Durchgang
BR-Drs 1/78 = **44** A 9
BR-Drs 309/78 = **66** G 1
BR-PlPr 454 = **2** A 5
BR-PlPr 461 = **2** I 9

GesEntw der Bundesregierung
BT-Drs 8/1634 = **100** N 11
Beschlußempfehlung des Wirtschaftsausschusses
BT-Drs 8/1891 = **109** H 10
Bericht des Haushaltsausschusses
BT-Drs 8/1916 = **110** D 13
1. Beratung
BT-PlPr 8/86 = **18** O 1
2. und 3. Beratung
BT-PlPr 8/97 = **21** H 4

Erdöllagerung
– Vorschläge zweier EG-Richtlinien zur Schaffung gemeinsamer Lagerkapazitäten für Erdöl und Erdölerzeugnisse in der EG und über die Gründung von mit der Sicherstellung der Einlagerung von Erdöl und Erdölerzeugnissen beauftragten Stellen sowie Finanzierung dieser Stellen
BR-Drs 251/77 = **21** B 2

Erdwärme
s Energiequellen

Erhard, Ludwig
– Nachruf auf Altbundeskanzler Erhard
BT-PlPr 8/25 = **5** G 12

Ernährungsbewirtschaftung
– VO (betr Sicherstellung der Versorgung mit Erzeugnissen der Ernährung und Landwirtschaft in bestimmten Fällen)
BR-Drs 418/78 = **72** L 5
– Allgemeine Verwaltungsvorschrift zur ErnährungsbewirtschaftungsVO
BR-Drs 419/78 = **72** N 13
– VO über das Formblatt zur Ernährungswirtschaftsmeldeverordnung
BR-Drs 247/80 = **141** C 5

Ernährungspolitik
s Agrarbericht (agrar- und ernährungspolitischer Bericht der Bundesregierung)

Ernteerhebung
s Bodennutzungserhebung

ERP-Wirtschaftsplangesetze
– *GesEntw über die Feststellung der Wirtschaftspläne des ERP-Sondervermögens für das Jahr 1977*
(ERP-Wirtschaftsplangesetz 1977)
1. und 2. Durchgang
BR-Drs 146/77 = **15** H 13
BR-Drs 489/77 = **34** L 12
BR-PlPr 445 = **1** C 12
BR-PlPr 451 = **1** M 3

GesEntw der Bundesregierung
BT-Drs 8/365 = **64** H 3
Gegenäußerung der Bundesregierung zur Stellungnahme des Bundesrates
BT-Drs 8/455 = **66** E 4
Beschlußempfehlung des Wirtschaftsausschusses
BT-Drs 8/970 = **80** K 3
1. Beratung
BT-PlPr 8/27 = **6** B 6
2. und 3. Beratung
BT-PlPr 8/47 = **10** G 2
– *GesEntw über die Feststellung der Wirtschaftspläne des ERP-Sondervermögens für das Jahr 1978*
1. und 2. Durchgang
BR-Drs 5/78 = **44** L 10
BR-Drs 307/78 = **66** E 9
BR-PlPr 454 = **2** A 5
BR-PlPr 461 = **2** I 9

GesEntw der Bundesregierung
BT-Drs 8/1636 = **101** A 2
Beschlußempfehlung des Wirtschaftsausschusses
BT-Drs 8/1902 = **109** O 6
1. Beratung
BT-PlPr 8/86 = **18** O 1
2. und 3. Beratung
BT-PlPr 8/97 = **21** H 4
– *GesEntw über die Feststellung der Wirtschaftspläne des ERP-Sondervermögens für das Jahr 1979*
1. und 2. Durchgang
BR-Drs 415/78 = **72** I 1
BR-Drs 320/79 = **104** I 12
BR-PlPr 463 = **2** N 14
BR-PlPr 476 = **4** A 4

GesEntw der Bundesregierung
BT-Drs 8/2241 = **123** K 5
Beschlußempfehlung des Wirtschaftsausschusses
BT-Drs 8/2896 = **145** D 13
1. Beratung
BT-PlPr 8/114 = **24** K 3
2. und 3. Beratung
BT-PlPr 8/161 = **35** C 1
– *GesEntw über die Feststellung der Wirtschaftspläne des ERP-Sondervermögens für das Jahr 1980*
1. und 2. Durchgang
BR-Drs 405/79 = **110** I 14
BR-Drs 337/80 = **146** G 4
BR-PlPr 477 = **4** B 11
BR-PlPr 489 = **5** G 14

GesEntw der Bundesregierung
BT-Drs 8/3306 = **159** E 8
Beschlußempfehlung des Wirtschaftsausschusses
BT-Drs 8/4155 = **188** G 7
Bericht des Wirtschaftsausschusses
BT-Drs 8/4165 = **188** I 11
1. Beratung
BT-PlPr 8/186 = **39** O 4
2. und 3. Beratung
BT-PlPr 8/220 = **48** C 8

Erschwerniszulagen
– 1. VO zur Änderung der VO über die Gewährung von Erschwerniszulagen
BR-Drs 145/79 = **94** G 2
– 2. VO zur Änderung der VO über die Gewährung von Erschwerniszulagen
BR-Drs 193/80 = **137** G 8
– s a GesEntw betr Vereinfachung der Berechnung von Erschwerniszulagen bei *Polizeivollzugsbeamten* im Wechselschichtdienst
BT-Drs 8/3842 = **177** F 9

Erukasäure
– VO über den Höchstgehalt an Erukasäure in Lebensmitteln
BR-Drs 158/77 = **16** E 12

Erzeugergemeinschaften
– Geänderter Vorschlag einer EG-VO betr die Erzeugergemeinschaften und ihre Vereinigungen
BR-Drs 296/77 = **23** L 5

Erziehungsberatung
– s GesEntw des Bundesrates zur Reform des *Jugendhilferechts*
BR-Drs 100/79 = **91** K 11
BT-Drs 8/3108 = **152** L 6
BT-Drs 8/2571 = **135** E 1

Erziehungsgeld
s Familiengeld

Erziehungshilfe
s Jugendbericht

Essenzen
– 4. VO zur Änderung der EssenzenVO
BR-Drs 556/79 = **119** N 11

Essigsäuresteuer
– *GesEntw zur Abschaffung der Spielkarten-, Zündwaren- und Essigsäuresteuer*
1. und 2. Durchgang
BR-Drs 601/79 = **122** J 13
BR-Drs 296/80 = **145** B 11
BR-PlPr 482 = **4** K 5
BR-PlPr 488 = **5** E 6

GesEntw der Bundesregierung
BT-Drs 8/3687 = **173** D 2
Beschlußempfehlung des Finanzausschusses
BT-Drs 8/3964 = **182** K 8
Bericht des Haushaltsausschusses
BT-Drs 8/4014 = **184** K 11
1. Beratung
BT-PlPr 8/206 = **44** N 12
2. und 3. Beratung
BT-PlPr 8/218 = **47** J 7

EURATOM
s Europäische Atomgemeinschaft

EUROCONTROL
(Europäische Organisation zur Sicherung der Luftfahrt)
– 2. VO über die Gewährung von Vorrechten und Befreiungen an die Europäische Organisation zur Sicherung der Luftfahrt „EUROCONTROL"
BR-Drs 279/79 = **103** A 10
– 3. VO über die Gewährung von Vorrechten und Befreiungen an die Europäische Organisation zur Sicherung der Luftfahrt „EUROCONTROL"
BR-Drs 408/80 = **149** A 3

Europaabgeordnetengesetz
– *GesEntw über die Rechtsverhältnisse der Abgeordneten des Europäischen Parlaments aus der Bundesrepublik Deutschland (Europaabgeordnetengesetz)*
1. und 2. Durchgang
BR-Drs 168/77 = **16** L 14
BR-Drs 148/79 = **94** I 3
BR-PlPr 445 = **1** C 12
BR-PlPr 471 = **3** J 3

GesEntw der Bundesregierung
BT-Drs 8/362 = **64** G 4
Beschlußempfehlung des Innenausschusses
BT-Drs 8/918 = **79** I 1
Bericht des Haushaltsausschusses
BT-Drs 8/940 = **80** A 4
2. Beschlußempfehlung des Innenausschusses
BT-Drs 8/2707 = **139** L 10
1. Beratung
BT-PlPr 8/29 = **6** G 1
2. und 3. Beratung
BT-PlPr 8/145 = **31** K 10
– s a Europawahl

Europäische Agentur für Zusammenarbeit
– Vorschlag für eine EG-VO über die Errichtung einer europäischen Agentur für Zusammenarbeit
BR-Drs 209/78 = **58** I 2

Europäische Atomgemeinschaft
s a Atomwaffensperrvertrag
– *GesEntw zum Vertrag und Beschluß über den Beitritt der Republik Griechenland zur EWG, zur EURATOM und zur EGKS*
1. und 2. Durchgang
BR-Drs 391/79 = **109** K 5
BR-Drs 586/79 = **121** L 14
BR-PlPr 477 = **4** B 11
BR-PlPr 481 = **4** I 5

GesEntw der Bundesregierung
BT-Drs 8/3231 = **157** F 7
Nachtrag zum GesEntw (Anhänge I bis XII)
BT-Drs 8/3287 = **158** K 8
Beschlußempfehlung des Auswärtigen Ausschusses
BT-Drs 8/3415 = **161** I 12

Bericht des Haushaltsausschusses
BT-Drs 8/3416 = **161** J 3
Entschließungsantrag der SPD/FDP
BT-Drs 8/3439 = **162** N 10
Beschlußempfehlung des Auswärtigen Ausschusses zum Entschließungsantrag
BT-Drs 8/4125 = **186** G 4
GesEntw (8/3231)
BT-PlPr 8/177 = **38** B 9
2. Beratung und Schlußabstimmung
BT-PlPr 8/189 = **40** J 14

- Vorschlag für einen EG-Beschluß zur Festlegung eines Forschungs- und Entwicklungsprogramms der Europäischen Atomgemeinschaft auf dem Gebiet der Uranschürfung und Urangewinnung
BR-Drs 429/77 = **33** O 4
- Vorschlag eines EG-Beschlusses zur Abänderung des EG-Beschlusses zur Festlegung eines Forschungs- und Ausbildungsprogramms der EURATOM betr die Rückführung von Plutonium in Leichtwasserreaktoren
BR-Drs 335/78 = **67** B 11
- Vorschlag für einen EG-Beschluß zur Festlegung eines Forschungsprogramms für die Europäische Atomgemeinschaft auf dem Gebiet der Codes und Normen Schneller Reaktoren (strukturelle Integrität von Komponenten)
BR-Drs 24/79 = **86** I 2
- Vorschlag für einen EG-Beschluß zur Festlegung eines Forschungs- und Entwicklungsprogramms für die Europäische Atomgemeinschaft aus dem Gebiet des Plutoniumkreislaufs und seiner Sicherheit
BR-Drs 138/79 = **93** M 5
- Vorschlag für einen EG-Beschluß zur Festlegung eines Forschungs- und Ausbildungsprogramms (1979 bis 1983) der Europäischen Atomgemeinschaft auf dem Gebiet der kontrollierten Kernfusion
BR-Drs 140/79 = **94** A 7
- Vorschlag für einen Beschluß des Rates zur Verabschiedung eines 2. Forschungs- und Entwicklungsprogramms der Europäischen Atomgemeinschaft auf dem Gebiet der Uranschürfung und Urangewinnung
BR-Drs 463/80 = **151** L 12

Europäische Gemeinschaft für Kohle und Stahl

- *GesEntw zu den Abkommen Mietgliedstaaten der EGKS/Arabische Republik Ägypten/Haschemitisches Königreich Jordanien/Arabische Republik Syrien und Libanesische Republik*
1. und 2. Durchgang
BR-Drs 262/78 = **64** D 11
BR-Drs 72/79 = **89** M 1
BR-PlPr 461 = **2** I 9
BR-PlPr 470 = **3** I 8

GesEntw der Bundesregierung
BT-Drs 8/1998 = **113** L 7
Beschlußempfehlung des Wirtschaftsausschusses
BT-Drs 8/2520 = **132** C 3
1. Beratung
BT-PlPr 8/107 = **23** G 3
2. Beratung und Schlußabstimmung
BT-PlPr 8/138 = **29** O 4

- *GesEntw zum Abkommen EGKS/Republik Israel*
1. und 2. Durchgang
BR-Drs 89/77 = **12** G 9
BR-Drs 311/77 = **24** H 10
BR-PlPr 443 = **1** A 1
BR-PlPr 448 = **1** H 13

GesEntw der Bundesregierung
BT-Drs 8/175 = **58** B 4
Beschlußempfehlung des Wirtschaftsausschusses
BT-Drs 8/568 = **69** C 9
1. Beratung
BT-PlPr 8/21 = **4** F 3
2. Beratung und Schlußabstimmung
BT-PlPr 8/32 = **7** C 9

- *GesEntw zu den Kooperationsabkommen zwischen der EWG und ihren Mitgliedstaaten einerseits, der Tunesischen Republik, der Republik Algerien und dem Königreich Marokko andererseits sowie zu den Abkommen zwischen den Mitgliedstaaten der EGKS und diesen Staaten*
1. und 2. Durchgang
BR-Drs 415/77 = **29** E 7
BR-Drs 103/78 = **51** C 4
BR-PlPr 450 = **1** K 11
BR-PlPr 455 = **2** C 1

GesEntw der Bundesregierung
BT-Drs 8/1036 = **82** F 13
Beschlußempfehlung des Wirtschaftsausschusses
BT-Drs 8/1432 = **95** C 6
Bericht des Haushaltsausschusses
BT-Drs 8/1515 = **97** K 12
1. Beratung
BT-PlPr 8/52 = **11** H 10
2. Beratung und Schlußabstimmung
BT-PlPr 8/72 = **16** B 8

- *GesEntw zum Vertrag und Beschluß über den Beitritt der Republik Griechenland zur EWG, zur EURATOM und zur EGKS*
1. und 2. Durchgang
BR-Drs 391/79 = **109** K 5
BR-Drs 586/79 = **121** L 14
BR-PlPr 477 = **4** B 11
BR-PlPr 481 = **4** I 5

GesEntw der Bundesregierung
BT-Drs 8/3231 = **157** F 7
Nachtrag zum GesEntw (Anhänge I bis XII)
BT-Drs 8/3287 = **158** K 8
Beschlußempfehlung des Auswärtigen Ausschusses
BT-Drs 8/3415 = **161** I 12
Bericht des Haushaltsausschusses
BT-Drs 8/3416 = **161** J 3
Entschließungsantrag zur 2. Beratung
BT-Drs 8/3439 = **162** N 10
Beschlußempfehlung des Auswärtigen Ausschusses zum Entschließungsantrag
BT-Drs 8/4125 = **186** G 4
1. Beratung
BT-PlPr 8/177 = **38** B 9
2. Beratung und Schlußabstimmung
BT-PlPr 8/189 = **40** J 14

- VO zur Änderung des Deutschen Teil-Zolltarifs
(Nr 12/76 – Besondere Zollsätze gegenüber Portugal – EGKS)
BR-Drs 107/77 = **13** C 4
BT-Drs 8/149 = **56** O 6
Bericht des Wirtschaftsausschusses
BT-Drs 8/309 = **62** K 9
- VO zur Änderung des Deutschen Teil-Zolltarifs
(Nr 13/76 – Besondere Zollsätze gegenüber Algerien, Marokko und Tunesien – EGKS)
BR-Drs 108/77 = **13** C 5
BT-Drs 8/150 = **56** O 8
Bericht des Wirtschaftsausschusses
BT-Drs 8/309 = **62** K 9
- VO zur Änderung des Deutschen Teil-Zolltarifs
(Nr 5/77 – Zollpräferenzen 1977 gegenüber Entwicklungsländern – EGKS)
BR-Drs 209/77 = **18** O 13
BT-Drs 8/332 = **63** F 3
Beschlußempfehlung des Wirtschaftsausschusses
BT-Drs 8/480 = **66** L 4
- VO zur Änderung des Deutschen Teil-Zolltarifs
(Nr 8/77 – Besondere Zollsätze gegenüber Israel – EGKS)
BR-Drs 352/77 = **25** L 14
BT-Drs 8/781 = **75** B 14
Beschlußempfehlung des Wirtschaftsausschusses
BT-Drs 8/957 = **80** G 7
- VO zur Änderung des Deutschen Teil-Zolltarifs
(Nr 11/77 – Besondere Zollsätze gegenüber Ägypten, Jordanien, Libanon und Syrien – EGKS)
BR-Drs 419/77 = **30** A 13
BT-Drs 8/898 = **78** K 7
Beschlußempfehlung des Wirtschaftsausschusses
BT-Drs 8/1198 = **88** K 8
- VO zur Änderung des Deutschen Teil-Zolltarifs
(Nr 7/78 – Zollpräferenzen 1978 gegenüber Entwicklungsländern – EGKS)
BR-Drs 155/78 = **55** H 3
BT-Drs 8/1643 = **101** C 8
Beschlußempfehlung des Wirtschaftsausschusses
BT-Drs 8/1751 = **104** C 3
- VO zur Änderung des Deutschen Teil-Zolltarifs
(Nr 10/79 – Zollpräferenzen 1979 gegenüber Entwicklungsländern – EGKS)
BR-Drs 433/79 = **112** D 13
BT-Drs 8/3151 = **155** C 9
Beschlußempfehlung des Wirtschaftsausschusses
BT-Drs 8/3268 = **158** G 6
- VO zur Änderung des Deutschen Teil-Zolltarifs
(Nr 4/80 – Zollpräferenzen 1980 gegenüber Entwicklungsländern – EGKS)
BR-Drs 481/80 = **153** M 2
BT-Drs 8/4466 = **195** D 13

Europäische Gemeinschaften (EG)
s a Integrationsbericht der Bundesregierung

- Entwurf einer Entschließung über die gemeinschaftliche Abstimmung des Ministerrats über Standortwahl für Kraftwerke
BT-Drs 8/29 = **51** I 3
Beschlußempfehlung des Wirtschaftsausschusses
BT-Drs 8/1310 = **91** I 14

– Leitlinien für die gemeinschaftliche Regionalpolitik, Vorschlag einer Mitteilung der Kommission der EG an den Rat
BT-Drs 8/689 = **71 F 3**
Beschlußempfehlung des Wirtschaftsausschusses
BT-Drs 8/1326 = **92 G 8**
– Vorschlag eines Schemas der Allgemeinen Zollpräferenzen der EG für das Jahr 1978
BT-Drs 8/843 = **76 D 13**
– 2. Bericht über die Verwirklichung der Ziele der gemeinschaftlichen Energiepolitik für 1985
BT-Drs 8/845 = **77 G 10**
Beschlußempfehlung des Wirtschaftsausschusses
BT-Drs 8/1308 = **91 I 9**
– Jahresbericht 1977 über die Wirtschaftslage der Gemeinschaft
BT-Drs 8/1203 = **88 N 5**
– Vorschlag einer Mitteilung der Kommission über die Aussichten der Wirtschafts- und Währungsunion
BT-Drs 8/1258 = **90 H 6**
Beschlußempfehlung des Wirtschaftsausschusses
BT-Drs 8/1768 = **104 J 8**
– Änderung der Geschäftsordnung des Deutschen Bundestags betr Europavorlagen
BT-Drs 8/1265 = **90 J 13**
– Aktionsprogramm für Sicherheit und Gesundheitsschutz am Arbeitsplatz
Entwurf einer Entschließung des Rates
BT-Drs 8/1487 = **95 O 12**
– Aktion im kulturellen Bereich, Mitteilung der Kommission der EG
BT-Drs 8/1611 = **100 D 3**
– Wirtschafts- und währungspolitisches Aktionsprogramm 1978
Mitteilung der Kommission an den Rat
BT-Drs 8/1619 = **100 K 7**
Beschlußempfehlung des Wirtschaftsausschusses
BT-Drs 8/1768 = **104 J 8**
– 8. Richtlinie zur Harmonisierung des Rechts der Umsatzsteuer
Erstattung der Mehrwertsteuer an nicht im Inland ansässige Steuerpflichtige
BT-Drs 8/1737 = **103 J 9**
– 2. Vierjahresprogramm Forschung und Entwicklung
Vorschlag der Kommission an den Rat der EG
BT-Drs 8/2156 = **121 H 13**
Beschlußempfehlung des Ausschusses für Forschung und Technologie
BT-Drs 8/2978 = **147 B 12**
– Mitteilung der EG über die künftige Methode der Finanzierung des Gemeinschaftshaushalts
BR-Drs 15/79 = **85 N 6**
BT-Drs 8/2695 = **139 G 8**
Beschlußempfehlung des Haushaltsausschusses
BT-Drs 8/2795 = **142 I 8**
– Mehrjahresprogramm der Gemeinsamen Forschungsstelle 1980–1983
Vorschlag eines Beschlusses des Rates
BT-Drs 8/2891 = **144 N 1**
Beschlußempfehlung des Ausschusses für Forschung und Technologie
BT-Drs 8/3882 = **179 B 7**
– Mitteilung der Kommission der EG über das Energieprogramm der EG
BT-Drs 8/3441 = **162 N 12**
– Vorschlag einer EG-VO zur Änderung der Haushaltsordnung 1977 für den Gesamthaushaltsplan der EG
BR-Drs 214/79 = **98 M 2**

Europäische Integration
s Integrationsbericht der Bundesregierung

Europäische Kommission für Menschenrechte
– *GesEntw zum Europäischen Übereinkommen über die an Verfahren vor der Europäischen Kommission und dem Europäischen Gerichtshof für Menschenrechte teilnehmenden Personen*
1. und 2. Durchgang
BR-Drs 140/77 = **15 B 14**
BR-Drs 607/77 = **40 J 14**
BR-PlPr 445 = **1 C 12**
BR-PlPr 453 = **1 O 6**

GesEntw der Bundesregierung
BT-Drs 8/490 = **67 H 7**
Beschlußempfehlung des Rechtsausschusses
BT-Drs 8/1257 = **90 H 3**
1. Beratung
BT-PlPr 8/32 = **7 C 9**
2. Beratung und Schlußabstimmung
BT-PlPr 8/61 = **13 E 9**

Europäische Kooperationsvereinigung
– Geänderter Vorschlag einer EG-VO über die Europäische Kooperationsvereinigung
BR-Drs 137/79 = **93 K 8**

Europäische Organisation für Kernforschung (CERN)
– Bundeshaushalt 1978:
Überplanmäßige Ausgabe bei Kap 3003 Tit 686 O 1
(Leistungen an die CERN in Genf)
BR-Drs 450/78 = **75 M 6**

Europäische Schulen
– *GesEntw zum Zusatzprotokoll zum Protokoll über die Gründung Europäischer Schulen*
1. und 2. Durchgang
BR-Drs 499/77 = **35 B 6**
BR-Drs 235/78 = **62 A 10**
BR-PlPr 452 = **1 N 11**
BR-PlPr 459 = **2 G 3**

GesEntw der Bundesregierung
BT-Drs 8/1399 = **93 N 9**
Beschlußempfehlung des Auswärtigen Ausschusses
BT-Drs 8/1721 = **103 C 4**
Bericht des Haushaltsausschusses
BT-Drs 8/1722 = **103 C 6**
1. Beratung
BT-PlPr 8/72 = **16 B 8**
2. Beratung und Schlußabstimmung
BT-PlPr 8/90 = **19 N 1**
– VO über die Gewährung von Vorrechten und Befreiungen an den Direktor, die Mitglieder des Lehrkörpers und die Angestellten der Europäischen Schule in München
BR-Drs 389/79 = **109 J 13**

Europäische Weltraumorganisation
– *GesEntw zum Abkommen Bundesrepublik Deutschland/Europäische Weltraumorganisation über die Anwendung des Art 20 des Protokolls über die Vorrechte und Befreiungen der Organisation*
1. und 2. Durchgang
BR-Drs 529/79 = **117 K 4**
BR-Drs 220/80 = **139 J 11**
BR-PlPr 480 = **4 G 13**
BR-PlPr 486 = **5 C 6**

GesEntw der Bundesregierung
BT-Drs 8/3479 = **163 O 12**
Beschlußempfehlung des Ausschusses für Arbeit und Sozialordnung
BT-Drs 8/3848 = **178 E 4**
1. Beratung
BT-PlPr 8/196 = **42 G 11**
2. Beratung und Schlußabstimmung
BT-PlPr 8/211 = **45 M 14**

Europäische Wirtschaftsgemeinschaft (EWG)
– *GesEntw zum Vertrag und Beschluß über den Beitritt der Republik Griechenland zur EWG, zur Europäischen Atomgemeinschaft und zur Europäischen Gemeinschaft für Kohle und Stahl*
1. und 2. Durchgang
BR-Drs 391/79 = **109 K 5**
BR-Drs 586/79 = **121 L 14**
BR-PlPr 477 = **4 B 11**
BR-PlPr 481 = **4 I 5**

GesEntw der Bundesregierung
BT-Drs 8/3231 = **157 F 7**
Nachtrag zum GesEntw (Anhänge I bis XII)
BT-Drs 8/3287 = **158 K 8**
Beschlußempfehlung des Auswärtigen Ausschusses
BT-Drs 8/3415 = **161 I 12**
Bericht des Haushaltsausschusses
BT-Drs 8/3416 = **161 J 3**
Entschließungsantrag der SPD/FDP
BT-Drs 8/3439 = **162 N 10**
Beschlußempfehlung des Auswärtigen Ausschusses zum Entschließungsantrag
BT-Drs 8/4125 = **186 G 4**
1. Beratung
BT-PlPr 8/177 = **38 B 9**
2. Beratung und Schlußabstimmung
BT-PlPr 8/189 = **40 J 14**
– *GesEntw zum Zusatzprotokoll zum Abkommen Europäische Wirtschaftsgemeinschaft/Portugiesische Republik*
1. und 2. Durchgang
BR-Drs 443/77 = **32 C 13**
BR-Drs 188/78 = **57 M 6**
BR-PlPr 451 = **1 M 3**
BR-PlPr 458 = **2 F 7**

GesEntw der Bundesregierung
BT-Drs 8/1136 = **86 B 14**
Beschlußempfehlung des Wirtschaftsausschusses
BT-Drs 8/1572 = **99 D 10**
Bericht des Haushaltsausschusses
BT-Drs 8/1702 = **102 K 4**
1. Beratung
BT-PlPr 8/58 = **12 K 7**
2. Beratung und Schlußabstimmung
BT-PlPr 8/83 = **18 F 5**
– *GesEntw zu den Kooperationsabkommen zwischen der EWG und ihren Mitgliedstaaten einerseits, der Tunesischen Republik, der Republik Algerien und dem Königreich Marokko andererseits sowie zu den Abkommen zwischen den Mitgliedstaaten der EGKS und diesen Staaten*

1. und 2. Durchgang
BR-Drs 415/77 = **29** E 7
BR-Drs 103/78 = **51** C 4
BR-PlPr 450 = **1** K 11
BR-PlPr 455 = **2** C 1

GesEntw der Bundesregierung
BT-Drs 8/1036 = **82** F 13
Beschlußempfehlung des Wirtschaftsausschusses
BT-Drs 8/1432 = **95** C 6
Bericht des Haushaltsausschusses
BT-Drs 8/1515 = **97** K 12
1. Beratung
BT-PlPr 8/52 = **11** H 10
2. Beratung und Schlußabstimmung
BT-PlPr 8/72 = **16** B 8

– s a Entwurf eines Gesetzes zu dem 2. *AKP-EWG-Abkommen von Lomé* sowie zu den mit diesem Abkommen in Zusammenhang stehenden Abkommen
BR-Drs 160/80 = **135** G 12
BT-Drs 8/3927 = **180** O 5
– Empfehlung für eine EG-VO zum Abschluß des Handelsabkommens Europäische Wirtschaftsgemeinschaft/Volksrepublik China
BR-Drs 151/78 = **55** F 11

Europäischer Ausrichtungs- und Garantiefonds für die Landwirtschaft
– Vorschlag einer EWG-VO zur Änderung der EWG-VO über die Dotierung des Europäischen Ausrichtungs- und Garantiefonds für die Landwirtschaft, Abteilung Ausrichtung
BR-Drs 470/78 = **76** N 4
– Vorschlag einer EWG-VO zur Änderung der EWG-VO über die allgemeinen Regeln für die Finanzierung der Interventionen durch den Europäischen Ausrichtungs- und Garantiefonds für die Landwirtschaft, Abteilung Garantie
BR-Drs 587/78 = **83** H 6
– Bundeshaushalt 1978:
Überplanmäßige Ausgabe bei Kap 6006 Tit 686 18 (Beitrag zum Europäischen Ausrichtungs- und Garantiefonds für die Landwirtschaft)
BR-Drs 377/78 = **69** H 6
– Bundeshaushalt 1979:
Überplanmäßige Ausgabe bei Kap 6006 Tit 686 18 (Beitrag zum Europäischen Ausrichtungs- und Garantiefonds für die Landwirtschaft) Abt Ausrichtung
BR-Drs 616/79 = **123** A 3
– s a GesEntw zur Durchführung der EG-Richtlinie über die gegenseitige Unterstützung bei der *Beitreibung* von Forderungen im Zusammenhang mit Maßnahmen, die Bestandteil des Finanzierungssystems des Europäischen Ausrichtungs- und Garantiefonds für die Landwirtschaft sind, sowie von Abschöpfungen und Zöllen
BR-Drs 31/78 = **46** G 4
BT-Drs 8/1715 = **103** B 1

Europäischer Fonds für regionale Entwicklung
– Bericht über die Tätigkeit in den ersten 2 Förderungsjahren
BT-Drs 8/1097 = **84** G 4

Europäischer Gerichtshof für Menschenrechte
– *GesEntw zum Europäischen Übereinkommen über die an Verfahren vor der Europäischen Kommission und dem Europäischen Gerichtshof für Menschenrechte teilnehmenden Personen*
1. und 2. Durchgang
BR-Drs 140/77 = **15** B 14
BR-Drs 607/77 = **40** J 14
BR-PlPr 445 = **1** C 12
BR-PlPr 453 = **1** O 6

GesEntw der Bundesregierung
BT-Drs 8/490 = **67** H 7
Beschlußempfehlung des Rechtsausschusses
BT-Drs 8/1257 = **90** H 3
1. Beratung
BT-PlPr 8/32 = **7** C 9
2. Beratung und Schlußabstimmung
BT-PlPr 8/61 = **13** E 9

Europäischer Sozialfonds
– Mitteilung der EG betr die Überprüfung der Regeln über die Aufgaben und die Arbeitsweise des Europäischen Sozialfonds
BR-Drs 175/77 = **17** A 5
BT-Drs 8/288 = **62** D 5

Europäisches Forschungsinstitut für Wirtschafts- und Sozialpolitik
– Empfehlungen zu einem EG-Beschluß mit dem die Kommission zu Verhandlungen über ein Abkommen zur Errichtung eines Europäischen Forschungsinstituts für Wirtschafts- und Sozialpolitik ermächtigt wird
BR-Drs 46/79 = **87** K 9

Europäisches Parlament
– *GesEntw zum Beschluß und Akt des Rates der EG zur Einführung allgemeiner unmittelbarer Wahlen der Abgeordneten der Versammlung*
1. und 2. Durchgang
BR-Drs 169/77 = **16** M 7
BR-Drs 283/77 = **23** C 2
BR-PlPr 445 = **1** C 12
BR-PlPr 447 = **1** G 10

GesEntw der Bundesregierung
BT-Drs 8/360 = **64** E 10
Bericht des Innenausschusses
BT-Drs 8/561 = **69** B 2
Bericht des Haushaltsausschusses
BT-Drs 8/596 = **70** A 13
1. Beratung
BT-PlPr 8/29 = **6** G 1
2. Beratung und Schlußabstimmung
BT-PlPr 8/32 = **7** C 9

– s a GesEntw über die Rechtsverhältnisse der Abgeordneten des Europäischen Parlaments aus der Bundesrepublik Deutschland *(Europaabgeordnetengesetz)*
BR-Drs 168/77 = **16** L 14
BT-Drs 8/362 = **64** G 4
– s a GesEntw über die Wahl der Abgeordneten des Europäischen Parlaments aus der Bundesrepublik Deutschland *(Europawahlgesetz)*
BR-Drs 167/77 = **16** K 6
BT-Drs 8/361 = **64** F 5
– s a GesEntw zur Änderung des *Abgeordnetengesetzes*
BR-Drs 391/80 = **147** J 12
BT-Drs 8/4114 = **186** D 10
– Tagung des Europäischen Parlaments (konstituierende Sitzung) in Straßburg
BR-Drs 461/79 = **114** G 14
BT-Drs 8/3149 = **155** B 8
– Beschlußempfehlung des Wahlprüfungsausschusses zu den gegen die Gültigkeit der Wahl der Abgeordneten aus der Bundesrepublik Deutschland eingegangenen Wahleinsprüchen
BT-Drs 8/3579 = **166** K 12
– Festsetzung des festen Betrages zur Erstattung der Kosten für die erste Wahl zum Europäischen Parlament
BR-Drs 20/80 = **125** L 14

Europäisches Patentamt
s Gemeinschaftspatentgesetz

Europäisches Übereinkommen über die internationale Beförderung gefährlicher Stoffe und Güter
s gefährliche Güter

Europäisches Übereinkommen über die Kontrolle des Erwerbs und Besitzes von Schußwaffen
s Schußwaffen

Europäisches Übereinkommen über die Zustellung von Schriftstücken im Ausland
– *GesEntw zum Europäischen Übereinkommen über die Zustellung von Schriftstücken in Verwaltungssachen im Ausland und über die Erlangung von Auskünften und Beweisen*
1. Durchgang
BR-Drs 59/80 = **128** L 3
BR-PlPr 484 = **4** N 4

GesEntw der Bundesregierung
BT-Drs 8/3922 = **180** L 5
1. Beratung
BT-PlPr 8/216 = **47** A 10

– *Entwurf eines Ausführungsgesetzes zum Europäischen Übereinkommen über die Zustellung von Schriftstücken in Verwaltungssachen und über die Erlangung von Auskünften und Beweisen*
BR-Drs 60/80 = **128** N 2
BR-PlPr 484 = **4** N 4

GesEntw der Bundesregierung
BT-Drs 8/3923 = **180** N 3
1. Beratung
BT-PlPr 8/216 = **47** A 10

Europäisches Übereinkommen zum Schutz von Tieren in landwirtschaftlichen Tierhaltungen
– s GesEntw zum Europäischen Übereinkommen zum Schutz von *Tieren* in landwirtschaftlichen Tierhaltungen
BR-Drs 274/77 = **22** K 14
BT-Drs 8/764 = **74** K 8

Europäisches Währungssystem
– Vorschlag einer EWG-VO über die Auswirkungen des europäischen Währungssystems im Rahmen der gemeinsamen Agrarpolitik
BR-Drs 564/78 = **82** M 13

Europapolitik
– Antwort auf Große Anfrage zur Europapolitik
BT-Drs 8/2787 = **142** B 12
BT-PlPr 8/157 = **34** E 8

Europarat
– Halbjahresbericht der Bundesregierung über die Tätigkeit des Europarats
1. 10. 1976–31. 3. 1977
BT-Drs 8/341 = **63** M 10

- Halbjahresbericht der Bundesregierung über die Tätigkeit des Europarats 1. 4.–30. 9. 1977
BT-Drs 8/980 = **81** C 6
- Halbjahresbericht der Bundesregierung über die Tätigkeit des Europarats 1. 10. 1977–31. 3. 1978
BT-Drs 8/1688 = **102** G 1
- Halbjahresbericht der Bundesregierung über die Tätigkeit des Europarates 1. 4.–30. 9. 1978
BT-Drs 8/2180 = **122** A 12
- Halbjahresbericht der Bundesregierung über die Tätigkeit des Europarats 1. 10. 1978–31. 3. 1979
BT-Drs 8/2739 = **140** I 8
- Halbjahresbericht der Bundesregierung über die Tätigkeit des Europarats 1. 4.–30. 9. 1979
BT-Drs 8/3234 = **157** I 11
- Halbjahresbericht der Bundesregierung über die Tätigkeit des Europarats 1. 10. 1979–31. 3. 1980
BT-Drs 8/3912 = **180** G 11
- Halbjahresbericht der Bundesregierung über die Tätigkeit des Europarats 1. 4.–30. 9. 1980
BT-Drs 8/4503 = **196** G 1

Europawahl
- *GesEntw über die Wahl der Abgeordneten des Europäischen Parlaments aus der Bundesrepublik Deutschland (Europawahlgesetz)*
1. und 2. Durchgang
BR-Drs 167/77 = **16** K 6
BR-Drs 156/78 = **55** H 5
BR-PlPr 445 = **1** C 12
BR-PlPr 457 = **2** E 2
GesEntw der Bundesregierung
BT-Drs 8/361 = **64** F 5
Beschlußempfehlung des Innenausschusses
BT-Drs 8/917 = **79** H 3
Bericht des Haushaltsausschusses
BT-Drs 8/939 = **80** A 3
2. Beschlußempfehlung des Innenausschusses
BT-Drs 8/1602 = **99** O 13
2. Bericht des Haushaltsausschusses
BT-Drs 8/1609 = **100** C 14
Änderungsantrag der CDU/CSU
BT-Drs 8/1632 = **100** N 5
1. Beratung
BT-PlPr 8/29 = **6** G 1
2. und 3. Beratung
BT-PlPr 8/81 = **17** N 12

European Recovery Program
s ERP-Sondervermögen

Existenzgründung
- Antrag betr Förderung von Existenzgründungen
BT-Drs 8/2603 = **136** O 11
BT-PlPr 8/152 = **33** E 7
Beschlußempfehlung des Wirtschaftsausschusses
BT-Drs 8/4146 = **188** D 6
BT-PlPr 8/226 = **49** L 1

Explosionsgefährliche Stoffe
s a Sprengstoff
- 6. VO zur Änderung der Liste der explosionsgefährlichen Stoffe
BR-Drs 338/77 = **25** E 13
- 7. VO zur Änderung der Listen der explosionsgefährlichen Stoffe
BR-Drs 125/79 = **93** D 11

Extremistenbeschluß
- Antwort auf Große Anfrage betr Fernhaltung von Verfassungsfeinden aus dem öffentlichen Dienst
BT-Drs 8/2481 = **131** E 8
Entschließungsantrag zur Großen Anfrage
BT-Drs 8/2581 = **135** L 13
Beratung
BT-PlPr 8/138 = **29** O 4
- Antwort auf Große Anfrage betr. Prüfung der Verfassungstreue bei Bewerbern für den öffentlichen Dienst
BT-Drs 8/2482 = **131** E 12
Beratung
BT-PlPr 8/138 = **29** O 4
- Antwort auf Große Anfrage zum Schutz der freiheitlichen demokratischen Grundordnung und die Berichterstattung der Bundesregierung über den Verfassungsschutz
BT-Drs 8/3615 = **168** L 14

F

Fachhochschulen
- 9. VO zur Ergänzung der Anlage zum Hochschulbauförderungsgesetz
BR-Drs 381/77 = **27** E 9
- 10. VO zur Änd
BR-Drs 538/78 = **80** L 14
- 11. VO zur Änd
BR-Drs 347/79 = **106** C 2
- 12. VO zur Änd
BR-Drs 541/80 = **157** C 11

Fahndung
s Schleyer, Dr. Hanns Martin

Fahrerlaubnis
- VO zur Änderung straßenverkehrsrechtlicher Vorschriften
(betr Fahrerlaubnis für Zweiräder)
BR-Drs 275/79 = **102** H 8

Fahrgemeinschaften
- s GesEntw zur Umgestaltung der Kilometerpauschale in eine *Entfernungspauschale*
BR-Drs 281/79 = **103** B 3
BT-Drs 8/3242 = **158** A 8

Fahrlehrer
- *Entwurf eines Gesetzes zur Änderung des Gesetzes über das Fahrlehrerwesen*
(betr Fahrschulausbildung für die Führerscheinklasse 4)
1. und 2. Durchgang
BR-Drs 176/80 = **136** J 9
BR-Drs 361/80 = **146** O 8
BR-PlPr 486 = **5** C 6
BR-PlPr 490 = **5** I 2
GesEntw der Bundesregierung
BT-Drs 8/3987 = **183** I 10
Beschlußempfehlung des Ausschusses für Verkehr und für das Post- und Fernmeldewesen
BT-Drs 8/4185 = **188** L 3
1. Beratung
BT-PlPr 8/218 = **47** J 7
2. und 3. Beratung
BT-PlPr 8/223 = **48** N 5
- VO über die Ausbildung zum Fahrlehrer (Fahrlehrer-Ausbildungsordnung)
BR-Drs 150/77 = **15** O 13
- VO zur Änderung der DurchführungsVO zum Fahrlehrergesetz
BR-Drs 151/77 = **16** A 7
- VO zur Änderung der DurchführungsVO zum Fahrlehrergesetz
BR-Drs 106/78 = **51** D 8
- Prüfungsordnung für Fahrlehrer
BR-Drs 254/79 = **100** O 14
- VO zur Änderung des Fahrlehrerrechts
BR-Drs 317/80 = **145** O 10

Fahrzeugkennzeichen
- s GesEntw zur Änderung des *Straßenverkehrsgesetzes*
(betr Diebstahl von Fahrzeugkennzeichen)
BR-Drs 422/77 = **30** K 2
BT-Drs 8/971 = **80** K 6

Familie
s a Jugendbericht
- s GesEntw des Bundesrates zur Verbesserung der *Jugendhilfe*
BR-Drs 100/79 = **91** K 11
BT-Drs 8/3108 = **152** L 6
- 3. Familienbericht
Zusammenfassender Bericht der Sachverständigenkommission sowie Stellungnahme der Bundesregierung
BT-Drs 8/3120 = **153** K 5
BT-Drs 8/3121 = **153** N 3
BT-PlPr 8/199 = **43** B 5

Familienförderung
- *GesEntw zur Verbesserung der Familienförderung*
1. Durchgang
BR-Drs 41/79 = **87** F 9
BR-PlPr 469 = **3** G 7
BR-PlPr 473 = **3** L 2
Unterrichtung durch den Bundestag
BR-Drs 343/80 = **146** G 12
GesEntw des Bundesrates
BT-Drs 8/3143 = **154** N 13
BT-Drs 8/4008 = **184** D 3
Bericht des Haushaltsausschusses
BT-Drs 8/4085 = **185** N 9
1. Beratung
BT-PlPr 8/199 = **43** B 5
2. Beratung
BT-PlPr 8/218 = **47** J 7

Familiengeld
- *GesEntw der CDU/CSU über die stufenweise Einführung eines Familiengeldes*
BT-Drs 8/2650 = **138** F 11
Beschlußempfehlung des Ausschusses für Jugend, Familie und Gesundheit
BT-Drs 8/2815 = **143** A 7
Bericht des Haushaltsausschusses
BT-Drs 8/2830 = **143** G 2
1. Beratung
BT-PlPr 8/144 = **31** D 10
2. Beratung
BT-PlPr 8/151 = **32** O 5
- *GesEntw über Familiengeld für Nichterwerbstätige* (Familiengeldgesetz)
1. Durchgang
BR-Drs 500/79 = **116** C 11
BR-PlPr 478 = **4** E 10
BR-PlPr 480 = **4** G 13

GesEntw des Bundesrates
BT-Drs 8/3577 = **166** K 6
Beschlußempfehlung des Ausschusses für Jugend, Familie und Gesundheit
BT-Drs 8/4008 = **184** D 3
Bericht des Haushaltsausschusses
BT-Drs 8/4085 = **185** N 9
1. Beratung
BT-PlPr 8/199 = **43** B 5
2. Beratung
BT-PlPr 8/218 = **47** J 7
– s a Bundesfamiliengeldgesetz

Familienlastenausgleich
s Kinderlastenausgleich

Familienname
s Ehename

Familienplanung
– Bericht über ergänzende Maßnahmen in Zusammenhang mit der Reform des § 218 StGB
BT-Drs 8/2445 = **130** A 2

Familienpolitik
s Sozialbericht

Familienzusammenführung
– Antwort auf Große Anfrage
BT-Drs 8/1605 = **100** A 11

Fehlgeburt
– 6. VO zur Änderung der VO zur Ausführung des Personenstandsgesetzes (betr Tot- und Fehlgeburten)
BR-Drs 96/79 = **91** D 8

Ferienreiseverordnung
– VO zur Erleichterung des Ferienreiseverkehrs auf der Straße 1977
BR-Drs 152/77 = **16** A 14
– VO zur Erleichterung des Ferienreiseverkehrs auf der Straße im Jahre 1978
BR-Drs 107/78 = **51** D 10
– VO zur Erleichterung des Ferienreiseverkehrs auf der Straße im Jahre 1979
BR-Drs 43/79 = **87** I 10
– VO zur Erleichterung des Ferienreiseverkehrs auf der Straße (1980–84)
BR-Drs 143/80 = **134** K 12

Ferkel
– 1. VO zur Änderung der 1. Durchführungs-VO zum Marktstrukturgesetz: Schlachtvieh und Ferkel
BR-Drs 52/78 = **48** H 5

Fernmeldegebühren
– Antrag der Fraktion der CDU/CSU betr Senkung der Gebühren
BT-Drs 8/2311 = **125** M 7
Beratung
BT-PlPr 8/138 = **29** O 4
Beschlußempfehlung des Ausschusses für das Post- und Fernmeldewesen
BT-Drs 8/2849 = **143** M 11
Beratung
BT-PlPr 8/162 = **35** F 4

Fernmeldegeheimnis
s Brief-, Post- und Fernmeldegeheimnis

Fernsehen
– Tarifverträge mit Mitarbeitern des Fernsehens:
Erfahrungsbericht mit § 12a Tarifvertragsgesetz
BT-Drs 8/716 = **73** D 10
Beschlußempfehlung des Ausschusses für Arbeit und Sozialordnung
BT-Drs 8/1483 = **95** O 2
– UNESCO-Empfehlung über die internationale Normung der Hörfunk- und Fernsehstatistiken
BR-Drs 637/77 = **42** D 4
BT-Drs 8/978 = **81** B 7

Fernsehsendungen
s Satellitensendungen

Fernsprechverkehr
s Telefon-Nahbereich

Fernstraßenausbau
s Bundesfernstraßen

Fernunterricht
– Vorschlag einer EG-Richtlinie betr den Schutz der Teilnehmer am Fernunterricht
BR-Drs 388/77 = **27** K 7
BT-Drs 8/852 = **77** K 4

Fernwärme
– VO über Allgemeine Bedingungen für die Versorgung mit Fernwärme
BR-Drs 90/80 = **130** I 4
– 2. Fortschreibung des Energieprogramms der Bundesregierung
BT-Drs 8/1357 = **92** N 11
1. Beschlußempfehlung des Wirtschaftsausschusses
BT-Drs 8/2370 = **127** O 5
– s a GesEntw über *Investitionszulagen* für Fernwärmenetze
BR-Drs 431/77 = **31** D 5
BT-Drs 8/1409 = **94** I 8

Fertigpackungen
– 5. VO zur Änderung der FertigpackungsVO
BR-Drs 439/77 = **31** N 7
– Vorschlag einer EG-Richtlinie zur Änderung der Richtlinie zur Angleichung der Rechtsvorschriften der Mitgliedstaaten über die Abfüllung bestimmter Flüssigkeiten nach Volumen in Fertigpackungen
BR-Drs 512/77 = **35** J 1
BT-Drs 8/1058 = **83** J 3
– 6. VO zur Änderung der FertigpackungsVO
BR-Drs 504/79 = **116** E 10

Feste Brennstoffe
s Brennstoffe, feste

Festlandsockel
– *GesEntw zur Änderung des Ges zur vorläufigen Regelung der Rechte am Festlandsockel*
1. Durchgang
BR-Drs 290/77 = **23** H 7
BR-PlPr 448 = **1** H 13
Unterrichtung betr Erledigungserklärung durch den Bundestag
BR-Drs 123/80 = **134** A 5

GesEntw des Bundesrates
BT-Drs 8/1018 = **82** A 3
Beschlußempfehlung des Wirtschaftsausschusses
BT-Drs 8/3965 = **182** K 12
1. Beratung
BT-PlPr 8/66 = **14** F 14
2. Beratung
BT-PlPr 8/217 = **47** E 13
– s a Bundesberggesetz

Feststellungsgesetz
– VO zur Änderung der 5. VO und 9. VO zur Durchführung des Feststellungsgesetzes
BR-Drs 178/77 = **17** D 1
– VO zur Änderung von Verordnungen zur Durchführung des Feststellungsgesetzes und des Beweissicherungs- und Feststellungsgesetzes
BR-Drs 180/78 = **57** C 12
– 6. VO zur Änderung der 6. VO zur Durchführung des Feststellungsgesetzes
BR-Drs 184/78 = **57** J 8

Feuerschutzsteuergesetz
– *Entw eines Feuerschutzsteuergesetzes*
1. und 2. Durchgang
BR-Drs 292/78 = **65** E 7
BR-Drs 579/79 = **121** I 1
BR-PlPr 461 = **2** I 9
BR-PlPr 481 = **4** I 5

GesEntw der Bundesregierung
BT-Drs 8/2172 = **121** O 5
Beschlußempfehlung des Finanzausschusses
BT-Drs 8/3364 = **160** I 13
1. Beratung
BT-PlPr 8/114 = **24** K 3
2. und 3. Beratung
BT-PlPr 8/187 = **40** D 6

Feuerungsanlagen
– 1. VO zur Änderung der 1. VO zur Durchführung des Bundes-Immissionsschutzgesetzes
BR-Drs 242/78 = **62** K 5

Filmförderungsgesetz
– *GesEntw über Maßnahmen zur Förderung des deutschen Films*
1. und 2. Durchgang
BR-Drs 228/78 = **61** F 1
BR-Drs 226/79 = **99** G 10
BR-PlPr 460 = **2** H 2
BR-PlPr 473 = **3** L 2
Vermittlungsverfahren:
BR-Drs 300/79 = **103** N 11
BR-PlPr 474 = **3** M 13
Zurückweisung des Einspruchs durch den Bundestag
BR-Drs 336/79 = **105** E 10

GesEntw der Bundesregierung
BT-Drs 8/2108 = **119** D 2
Beschlußempfehlung des Wirtschaftsausschusses
BT-Drs 8/2792 = **142** G 4
Änderungsantrag
BT-Drs 8/2841 = **143** J 7
Anrufung des Vermittlungsausschusses
BT-Drs 8/2940 = **146** D 6
Beschlußempfehlung des Vermittlungsausschusses
BT-Drs 8/2963 = **146** M 6
Einspruch und Entschließung des Bundesrates
BT-Drs 8/2997 = **147** N 13
Beschlußantrag zum Einspruch des Bundesrates
BT-Drs 8/3002 = **148** A 8
1. Beratung
BT-PlPr 8/109 = **23** L 6
2. und 3. Beratung
BT-PlPr 8/152 = **33** E 7
Beratung der Beschlußempfehlung des Vermittlungsausschusses
BT-PlPr 8/161 = **35** C 1

Abstimmung über die Zurückweisung des Einspruchs des Bundesrates
BT-PlPr 8/162 = **35 F 4**
- *Entw eines 3. Ges zur Änderung des Ges über Maßnahmen zur Förderung des deutschen Films*
Bundesratsdurchgang
BR-Drs 488/78 = **77 I 7**
BR-PlPr 465 = **3 C 4**

GesEntw der CDU/CSU
BT-Drs 8/1839 = **108 C 4**
Beschlußempfehlung des Wirtschaftsausschusses
BT-Drs 8/2174 = **122 A 1**
1. Beratung
BT-PlPr 8/95 = **20 N 5**
2. und 3. Beratung
BT-PlPr 8/111 = **24 C 10**

Finanzausgleich zwischen Bund und Ländern
- *Entw eines 5. Ges zur Änderung des Ges über den Finanzausgleich zwischen Bund und Ländern*
(betr Beteiligungsverhältnis von Bund und Ländern an der Umsatzsteuer)
1. und 2. Durchgang
BR-Drs 399/77 = **28 C 9**
BR-Drs 61/78 = **49 A 7**
BR-PlPr 450 = **1 K 11**
BR-PlPr 454 = **2 A 5**

GesEntw der Bundesregierung
BT-Drs 8/1039 = **83 B 13**
Beschlußempfehlung des Finanzausschusses
BT-Drs 8/1341 = **92 I 11**
Bericht des Haushaltsausschusses
BT-Drs 8/1430 = **95 C 2**
1. Beratung
BT-PlPr 8/55 = **12 C 5**
2. und 3. Beratung
BT-PlPr 8/66 = **14 F 14**
- *Entw eines 6. Ges zur Änd des Ges über den Finanzausgleich zwischen Bund und Ländern*
1. und 2. Durchgang
BR-Drs 439/79 = **112 H 1**
BR-Drs 118/80 = **133 N 9**
BR-PlPr 478 = **4 E 10**
BR-PlPr 484 = **4 N 4**

GesEntw der Bundesregierung
BT-Drs 8/3353 = **160 G 5**
Beschlußempfehlung des Finanzausschusses
BT-Drs 8/3659 = **171 L 4**
Bericht des Haushaltsausschusses
BT-Drs 8/3718 = **174 H 6**
1. Beratung
BT-PlPr 8/196 = **42 G 11**
2. und 3. Beratung
BT-PlPr 8/203 = **44 A 13**
- s a GesEntw zur Änderung des 1. Ges zur Überleitung von *Lasten* und Deckungsmitteln auf den Bund
BR-Drs 198/77 = **18 J 2**
BT-Drs 8/65 = **53 M 13**
- 1. VO zur Durchführung des Ges über den Finanzausgleich zwischen Bund und Ländern im Ausgleichsjahr 1977
BR-Drs 425/77 = **30 M 7**
- 2. VO zur Durchführung des Ges über den Finanzausgleich zwischen Bund und Ländern im Ausgleichsjahr 1976
BR-Drs 495/77 = **34 M 10**
- 1. VO zur Durchführung des Ges über den Finanzausgleich zwischen Bund und Ländern 1978
BR-Drs 98/78 = **50 O 11**
- 2. VO zur Durchführung des Ges über den Finanzausgleich zwischen Bund und Ländern im Ausgleichsjahr 1977
BR-Drs 585/78 = **83 E 6**
- 1. VO zur Durchführung des Ges über den Finanzausgleich im Ausgleichsjahr 1979
BR-Drs 469/79 = **114 L 8**
- 2. VO zur Durchführung des Ges über den Finanzausgleich zwischen Bund und Ländern im Ausgleichsjahr 1978
BR-Drs 607/79 = **122 L 12**
- 1. VO zur Durchführung des Ges über den Finanzausgleich zwischen Bund und Ländern im Ausgleichsjahr 1980
BR-Drs 34/80 = **126 G 12**
- 2. VO zur Durchführung des Ges über den Finanzausgleich zwischen Bund und Ländern im Ausgleichsjahr 1979
BR-Drs 592/80 = **159 J 2**

Finanzgerichtsbarkeit
- *GesEntw zur Entlastung der Gerichte in der Verwaltungs- und Finanzgerichtsbarkeit*
1. und 2. Durchgang
BR-Drs 276/77 = **22 L 14**
BR-Drs 102/78 = **51 B 14**
BR-PlPr 448 = **1 H 13**
BR-PlPr 455 = **2 C 1**

GesEntw der Bundesregierung
BT-Drs 8/842 = **76 N 7**
Beschlußempfehlung des Rechtsausschusses
BT-Drs 8/1530 = **97 N 12**
1. Beratung
BT-PlPr 8/39 = **8 N 3**
2. und 3. Beratung
BT-PlPr 8/75 = **16 L 2**
- Erfahrungsbericht mit Gesetz zur Entlastung des Bundesfinanzhofes
BT-Drs 8/1016 = **81 O 9**
Beschlußempfehlung des Rechtsausschusses
BT-Drs 8/1531 = **97 O 5**
- s a GesEntw zur Verlängerung des Gesetzes zur Entlastung des *Bundesfinanzhofes*
BR-Drs 136/80 = **134 D 9**
BT-Drs 8/3949 = **181 J 4**

Finanzhilfen des Bundes
- s a GesEntw über Finanzhilfen des Bundes zur Förderung des Baues von *Erdgasleitungen*
BR-Drs 147/79 = **94 H 4**
BT-Drs 8/3081 = **150 O 8**
- Bericht der Bundesregierung über die Entwicklung der Finanzhilfen und Steuervergünstigungen für die Jahre 1975 bis 1978 gem § 12 des Ges zur Förderung der Stabilität und des Wachstums der Wirtschaft (6. Subventionsbericht)
BR-Drs 580/77 = **39 G 5**
BT-Drs 8/1195 = **87 N 12**
- 7. Subventionsbericht
BR-Drs 372/79 = **108 E 11**
BT-Drs 8/3097 = **151 E 5**

Finanzierte Rechtsgeschäfte
- s GesEntw zur Änd des *Bürgerlichen Gesetzbuches* betr finanzierte Rechtsgeschäfte und über Maklerverträge
BR-Drs 220/79 = **99 B 10**
BT-Drs 8/3212 = **156 M 11**

Finanzplanung
- Finanzplan des Bundes 1976 bis 1980
BR-Drs 81/77 = **12 D 7**
BR-PlPr 444 = **1 B 10**

BT-Drs 8/101 = **55 K 4**
BT-PlPr 8/15 = **2 N 6**
BT-PlPr 8/16 = **3 B 6**
Stellungnahme des Bundesrates und Gegenäußerung der Bundesregierung
BT-Drs 8/325 = **63 A 7**
Beschlußempfehlung des Haushaltsausschusses
BT-Drs 8/612 = **70 G 6**
BT-PlPr 8/36 = **8 E 8**
- Finanzplan des Bundes 1977 bis 1981
BR-Drs 451/77 = **32 M 14**
BR-PlPr 451 = **1 M 3**

BT-Drs 8/951 = **80 E 4**
BT-PlPr 8/46 = **10 C 14**
BT-PlPr 8/47 = **10 G 2**
Stellungnahme des Bundesrates und Gegenäußerung der Bundesregierung
BT-Drs 8/1286 = **91 B 14**
Beschlußempfehlung des Haushaltsausschusses
BT-Drs 8/1421 = **94 O 8**
BT-PlPr 8/68 = **14 O 3**
- Finanzplan des Bundes 1978 bis 1982
BR-Drs 401/78 = **71 I 9**
BR-PlPr 463 = **2 N 14**

BT-Drs 8/2151 = **121 C 14**
BT-PlPr 8/103 = **22 J 9**
BT-PlPr 8/104 = **22 L 14**
BT-PlPr 8/105 = **23 B 7**
Stellungnahme des Bundesrates und Gegenäußerung der Bundesregierung
BT-Drs 8/2318 = **126 M 3**
- Finanzplan des Bundes 1979 bis 1983
BR-Drs 440/79 = **112 H 9**
BR-PlPr 478 = **4 E 10**

BT-Drs 8/3101 = **152 H 7**
BT-PlPr 8/168 = **36 J 14**
BT-PlPr 8/169 = **36 K 13**
BT-PlPr 8/170 = **36 O 6**
Stellungnahme des Bundesrates und Gegenäußerung der Bundesregierung
BT-Drs 8/3355 = **160 G 11**
Beschlußempfehlung des Haushaltsausschusses
BT-Drs 8/3458 = **163 C 5**
BT-PlPr 8/196 = **42 G 11**

Finanzpolitik
s a Finanzplanung
Jahreswirtschaftsbericht
Sachverständigenrat zur Begutachtung der gesamtwirtschaftlichen Entwicklung
- Antrag betr finanzpolitische Bestandsaufnahme
BT-Drs 8/3978 = **183 F 1**
Beschlußempfehlung des Haushaltsausschusses
BT-Drs 8/4205 = **189 C 13**
Beratung
BT-PlPr 8/224 = **49 B 10**

Finanzstatistik
- *Entw eines 2. ÄndGes zum Ges über die Finanzstatistik*
(betr Einbeziehung der Krankenhäuser)
1. Durchgang
BR-Drs 184/79 = **96 J 13**
BR-PlPr 473 = **3 L 2**

GesEntw der Bundesregierung
BT-Drs 8/3054 = **150 B 8**
Beschlußempfehlung des Innenausschusses
BT-Drs 3417 = **161 J 4**
Berichtigung zur Beschlußempfehlung des Innenausschusses
BT-Drs 8/3428 = **162 K 11**
Bericht des Haushaltsausschusses
BT-Drs 8/3444 = **162 O 13**
1. Beratung
BT-PlPr 8/172 = **37 E 1**

nunmehr:
Statistikbereinigungsgesetz

Finanzverwaltung
- VO zur Durchführung des § 5 Abs 2 des Finanzverwaltungsgesetzes betr Bundesamt für Finanzen
  BR-Drs 254/77 = **21 B 12**
- Allgemeine Verwaltungsvorschrift für Vollziehungsbeamte der Finanzverwaltung
  BR-Drs 1/80 = **125 A 8**

Finnland, Republik
- *GesEntw zum Abkommen Bundesrepublik Deutschland/Republik Finnland über den Fluglinienverkehr*
  1. und 2. Durchgang
  BR-Drs 159/79 = **95 B 14**
  BR-Drs 513/79 = **117 D 4**
  BR-PlPr 472 = **3 K 1**
  BR-PlPr 479 = **4 G 1**

  GesEntw der Bundesregierung
  BT-Drs 8/2878 = **144 G 4**
  Beschlußempfehlung des Ausschusses für Verkehr und für das Post- und Fernmeldewesen
  BT-Drs 8/3189 = **156 E 1**
  1. Beratung
  BT-PlPr 8/158 = **34 I 6**
  2. Beratung und Schlußabstimmung
  BT-PlPr 8/177 = **38 B 9**
- *Entwurf eines Gesetzes zum Abkommen Bundesrepublik Deutschland/Republik Finnland über Leistungen für Arbeitslose*
  1. und 2. Durchgang
  BR-Drs 180/80 = **136 L 8**
  BR-Drs 364/80 = **146 O 11**
  BR-PlPr 486 = **5 C 6**
  BR-PlPr 490 = **5 I 2**

  GesEntw der Bundesregierung
  BT-Drs 8/3993 = **183 K 10**
  Beschlußempfehlung des Ausschusses für Arbeit und Sozialordnung
  BT-Drs 8/4184 = **188 L 1**
  Bericht des Haushaltsausschusses
  BT-Drs 8/4242 = **189 I 10**
  1. Beratung
  BT-PlPr 8/218 = **47 J 7**
  2. Beratung und Schlußabstimmung
  BT-PlPr 8/223 = **48 N 5**
- *Entwurf eines Gesetzes zum Abkommen Bundesrepublik Deutschland/Republik Finnland über Soziale Sicherheit*
  1. und 2. Durchgang
  BR-Drs 181/80 = **136 M 3**
  BR-Drs 363/80 = **146 O 10**
  BR-PlPr 486 = **5 C 6**
  BR-PlPr 490 = **5 I 2**
  GesEntw der Bundesregierung
  BT-Drs 8/3992 = **183 J 10**
  Bericht des Haushaltsausschusses
  BT-Drs 8/4242 = **189 I 10**
  Beschlußempfehlung des Ausschusses für Arbeit und Sozialordnung
  BT-Drs 8/4183 = **188 K 13**
  1. Beratung
  BT-PlPr 8/218 = **47 J 7**
  2. Beratung und Schlußabstimmung
  BT-PlPr 8/223 = **48 N 5**
- Vorschlag einer EWG-VO über den Abschluß eines Fischereiabkommens Finnland/EWG
  BR-Drs 153/79 = **94 K 10**
- VO zum Abkommen Bundesrepublik Deutschland/Republik Finnland über die steuerliche Behandlung von Straßenfahrzeugen im internationalen Verkehr
  BR-Drs 488/79 = **115 I 13**

Fischer
- s Entw eines 2. Ges zur Verbesserung und Ergänzung sozialer Maßnahmen in der Landwirtschaft (2. *Agrarsoziales Ergänzungsgesetz*)
  (betr Einbeziehung in die landwirtschaftliche Altershilfe)
  BR-Drs 85/79 = **90 K 2**
  BT-Drs 8/2844 = **143 J 13**

Fischerei
s a Agrarbericht Landwirtschaft
- Vorschlag einer EG-VO zur Festlegung von Fangquoten für bestimmte Zonen sowie der Bedingungen für die Ausübung des Fischfangs in diesen Zonen
  BR-Drs 134/77 = **14 N 14**
  BT-Drs 8/243 = **60 H 5**
- Vorschlag einer EG-VO zum Verbot des unmittelbaren Fangs und der Anlandung von Heringen für industrielle Zwecke
  BR-Drs 363/77 = **26 F 10**
- Vorschlag einer EG-VO über Erhaltungsmaßnahmen für die Heringsbestände in der Nordsee für 1978
  BR-Drs 364/77 = **26 F 11**
- Vorschlag einer EG-VO zur Festlegung von Maßnahmen zur Erhaltung und Bewirtschaftung der Fischbestände durch Aufstellung von Fangquoten für das Jahr 1978
  BR-Drs 544/77 = **36 L 8**
- Entschließung des Bundesrates zur Fischereipolitik
  BR-Drs 605/77 = **40 J 7**
  BR-PlPr 453 = **1 O 6**
- Vorschläge von EG-Verordnungen zur Erhaltung und Bewirtschaftung der Fischbestände gegenüber Schiffen unter norwegischer und schwedischer Flagge und auf den Faröern registrierten Schiffen
  BR-Drs 185/78 = **57 J 13**
- Vorschlag einer EWG-VO über den Abschluß eines Fischereiabkommens Kanada/EWG
  BR-Drs 552/78 = **81 A 7**
- Vorschlag einer EWG-VO über den Abschluß eines Fischereiabkommens Finnland/EWG
  BR-Drs 153/79 = **94 K 10**
- Vorschlag einer VO des Rates der EG über den Abschluß eines Übereinkommens über die künftige multilaterale Zusammenarbeit auf dem Gebiet der Fischerei im Nordwestatlantik durch die Europäische Wirtschaftsgemeinschaft
  BR-Drs 71/80 = **129 H 1**
- 7. Allgemeine Verwaltungsvorschrift über Mindestanforderungen an das Einleiten von Abwasser in Gewässer (Fischverarbeitung)
  BR-Drs 96/80 = **130 N 8**
- VO über Vermarktungsnormen für Fischereierzeugnisse
  BR-Drs 276/80 = **143 C 10**
- VO über die Zuständigkeit für die Verfolgung und Ahndung von Ordnungswidrigkeiten nach dem Fischgesetz
  BR-Drs 318/80 = **146 A 7**
- Vorschlag für eine EWG-VO zur Verteilung der für die Gemeinschaft verfügbaren Gesamtfangmöglichkeiten von Fischbeständen oder Fischbestandsgruppen in der Fischereizone der Gemeinschaft für 1980
  BR-Drs 459/80 = **151 H 14**
- Vorschlag einer EG-VO zur Umstrukturierung, Modernisierung und zum Ausbau des Fischereisektors
  BR-Drs 479/80 = **153 H 6**
- Vorschlag für einen Beschluß des Rates der EG betr künftige Zusammenarbeit in der Fischerei im Nordostatlantik
  BR-Drs 588/80 = **159 H 12**
- s a Entw eines 11. ÄndGes zum *Viehseuchengesetz*

Flaggenrecht
s a Seeverkehr
- Kostenverordnung für Amtshandlungen auf den Gebieten des Seemanns- und Flaggenrechts
  BR-Drs 56/80 = **128 G 2**

Flammschutzmittel
- VO über Verwendungsverbote für bestimmte Flammschutzmittel in Bedarfsgegenständen
  BR-Drs 249/80 = **141 D 5**

Fleisch
s a Fleischbeschau
- VO über die Unterstützung des amtlichen Tierarztes durch Hilfskräfte bei der hygienischen Überwachung des innergemeinschaftlichen Handelsverkehrs mit frischem Fleisch
  BR-Drs 213/77 = **19 C 3**
- VO zur Änderung der FleischVO und der EiprodukteVO
  (betr Zusatzstoffe in Lebensmitteln)
  BR-Drs 478/77 = **33 M 9**
- VO zur Änderung der EinfuhruntersuchungsVO, der EinfuhruntersuchungskostenVO und der MindestanforderungenVO
  BR-Drs 257/78 = **63 J 6**
- 2. VO zur Änderung der 4. Durchführungs-VO zum Vieh- und Fleischgesetz
  BR-Drs 207/79 = **98 C 14**
- 2. VO zur Änderung der MindestanforderungenVO
  BR-Drs 230/79 = **99 N 14**
- VO zur Änderung der Zusatzstoff-ZulassungsVO, der FleischVO und der Trinkwasser-AufbereitungsVO
  BR-Drs 474/79 = **115 C 9**
- 6. VO zur Änderung der Ausführungsbestimmungen A über die Untersuchung und gesundheitspolizeiliche Behandlung der Schlachttiere und des Fleisches bei Schlachtungen im Inland
  BR-Drs 524/79 = **117 H 14**

– 10. Allgemeine Verwaltungsvorschrift über Mindestanforderungen an das Einleiten von Abwasser in Gewässer (Fleischwirtschaft)
BR-Drs 211/80 = **139** F 14

Fleischbeschau
– *GesEntw zur Änderung des Fleischbeschaugesetzes und des Geflügelfleischhygienegesetzes*
(betr Anpassung an EG-Richtlinien)
1. und 2. Durchgang
BR-Drs 483/78 = **77** E 14
BR-Drs 584/79 = **121** K 6
BR-PlPr 467 = **3** E 7
BR-PlPr 481 = **4** I 5
Vermittlungsverfahren:
BR-Drs 12/80 = **125** K 7
BR-PlPr 485 = **5** A 10

GesEntw der Bundesregierung
BT-Drs 8/2722 = **140** D 13
Beschlußempfehlung des Ausschusses für Jugend, Familie und Gesundheit
BT-Drs 8/3333 = **159** O 4
Bericht des Haushaltsausschusses
BT-Drs 8/3448 = **163** A 3
Anrufung des Vermittlungsausschusses
BT-Drs 8/3532 = **165** B 12
Beschlußempfehlung des Vermittlungsausschusses
BT-Drs 8/3836 = **177** E 8
1. Beratung
BT-PlPr 8/151 = **32** O 5
2. und 3. Beratung
BT-PlPr 8/189 = **40** J 14
Beratung der Beschlußempfehlung des Vermittlungsausschusses
BT-PlPr 8/211 = **45** M 14
– VO zur Änderung der Ausführungsbestimmungen A über die Untersuchung und gesundheitspolizeiliche Behandlung der Schlachttiere und des Fleisches bei Schlachtungen im Inland und der Einfuhruntersuchungs-VO –
BR-Drs 394/77 = **27** L 12
– Bericht über die Erfahrungen mit der Neuregelung der Vorschriften für Wildbret und Notschlachtungen
BT-Drs 8/2032 = **115** N 6
Beschlußempfehlung des Ausschusses für Jugend, Familie und Gesundheit
BT-Drs 8/3333 = **159** O 4

Flensburger Kartei
s Verkehrszentralregister

Flexible Altersgrenze
– s GesEntw zur Herabsetzung der flexiblen Altersgrenze in der gesetzlichen *Rentenversicherung* für Schwerbehinderte
(5. Rentenversicherungs-Änderungsgesetz)

Flüchtling
– *GesEntw über Maßnahmen für im Rahmen humanitärer Hilfsaktionen aufgenommene Flüchtlinge*
Bundesratsdurchgang
BR-Drs 328/80 = **146** C 7
BR-PlPr 489 = **5** G 14

GesEntw der SPD/FDP
BT-Drs 8/3752 = **175** A 9
Beschlußempfehlung des Innenausschusses
BT-Drs 8/4139 = **187** E 4
Bericht des Haushaltsausschusses
BT-Drs 8/4169 = **188** J 2
1. Beratung
BT-PlPr 8/208 = **45** D 10
2. und 3. Beratung
BT-PlPr 8/220 = **48** C 8
– s a GesEntw zur Fortsetzung der Eingliederung von *Vertriebenen* und Flüchtlingen
BT-Drs 8/4163 = **188** I 8

Flüchtlingshilfegesetz
– *GesEntw zur Änderung des Lastenausgleichsgesetzes, des Reparationsschädengesetzes und des Flüchtlingshilfegesetzes*
1. Durchgang
BR-Drs 240/78 = **62** D 4
BR-PlPr 461 = **2** I 9
BR-PlPr 463 = **2** N 14

Flughafen
– VO über die Festsetzung des Lärmschutzbereichs für den Verkehrsflughafen Saarbrücken
BR-Drs 126/77 = **14** D 11
– VO über die Festsetzung des Lärmschutzbereichs für den Verkehrsflughafen Frankfurt/Main
BR-Drs 289/77 = **23** F 11

Fluglärm
– Fluglärmbericht 1978
BT-Drs 8/2254 = **124** A 10
Beschlußempfehlung des Innenausschusses
BT-Drs 8/4300 = **190** J 10
Bericht des Innenausschusses
BT-Drs 8/4349 = **192** D 1
– VO zur Änderung des Höchstbetrages der Erstattung von Aufwendungen für Schallschutzmaßnahmen auf Grund des Ges zum Schutz gegen Fluglärm (SchallschutzerstattungsVO 77)
BR-Drs 221/77 = **19** F 5
– s a Bundeshaushalt 1978/79: überplanmäßige Ausgaben

Fluglinienverkehr
s Luftverkehrsabkommen

Flugplätze, militärische
– VO über die Festsetzung des Lärmschutzbereichs für den militärischen Flugplatz Ingolstadt
(BR-Drs 256/76)
BR-Drs 233/77 = **20** E 6
– VO über die Festsetzung des Lärmschutzbereichs für den militärischen Flugplatz Hahn
BR-Drs 299/77 = **23** M 13
– VO über die Festsetzung des Lärmschutzbereichs für die militärischen Flugplätze Bitburg und Spangdahlem
BR-Drs 330/77 = **24** O 7
BR-Drs 298/78 = **65** K 4
– VO über die Festsetzung des Lärmschutzbereichs für den militärischen Flugplatz Leck
BR-Drs 573/77 = **38** N 10
– VO über die Festsetzung des Lärmschutzbereichs für den militärischen Flugplatz Eggebek
BR-Drs 589/78 = **83** L 2
– VO über die Festsetzung des Lärmschutzbereichs für den militärischen Flugplatz Oldenburg
BR-Drs 595/78 = **84** B 8
– 1. VO zur Änderung der VO über die Festsetzung des Lärmschutzbereichs für den militärischen Flugplatz Leipheim
BR-Drs 13/79 = **85** L 3
– VO über die Festsetzung des Lärmschutzbereichs für den militärischen Flugplatz Fürstenfeldbruck
BR-Drs 194/79 = **97** H 8
– VO über die Festsetzung des Lärmschutzbereichs für den militärischen Flugplatz Brüggen
BR-Drs 295/79 = **103** L 9
– 1. VO zur Änderung der VO über die Festsetzung des Lärmschutzbereichs für den militärischen Flugplatz Hopsten
BR-Drs 430/79 = **111** M 12
– VO über die Festsetzung des Lärmschutzbereichs für den militärischen Flugplatz Wildenrath
BR-Drs 552/79 = **119** I 6
– VO über die Festsetzung des Lärmschutzbereichs für den militärischen Flugplatz Husum
BR-Drs 470/80 = **152** L 13
– VO über die Festsetzung des Lärmschutzbereichs für den militärischen Flugplatz Ingolstadt
BR-Drs 537/80 = **156** N 10
– 1. VO zur Änd der VO über die Festsetzung des Lärmschutzbereichs für die militärischen Flugplätze Bitburg und Spangdahlem
BR-Drs 550/80 = **157** E 13

Flugsicherungsausrüstung
– 1. VO zur Änd der VO über die Flugsicherungsausrüstung der Luftfahrzeuge
BR-Drs 253/77 = **21** B 8

Flugzeuge
– Aktionsplan der EG für die Forschung auf dem Gebiet der Luftfahrt
BR-Drs 366/77 = **26** G 3

Flugzeugentführung
– s GesEntw zur Bekämpfung widerrechtlicher Handlungen gegen den zivilen *Luftverkehr*
BR-Drs 92/77 = **12** H 1
BT-Drs 8/216 = **59** O 6
– s Entw eines 9. ÄndGes zum *Luftverkehrsgesetz*
BR-Drs 261/79 = **101** D 8
BT-Drs 8/3431 = **162** L 9

Fluorkohlenwasserstoff
– Vorschlag einer EG-Empfehlung über Fluorkohlenwasserstoffe in der Umwelt
BR-Drs 427/77 = **30** N 6
BR-Drs 308/79 = **104** B 1

Flurbereinigungsgesetz
– s Entwurf eines Gesetzes zur Berücksichtigung des *Denkmalschutzes* im Bundesrecht
BR-Drs 166/80 = **136** D 10
BT-Drs 8/3105 = **152** J 12

Föderatives Bildungssystem
– Bericht über strukturelle Probleme des föderativen Bildungssystems
BR-Drs 120/78 = **51** M 10
BT-Drs 8/1551 = **98** E 8
Ergänzung und Schlußfolgerungen
BT-Drs 8/1956 = **112** O 9

Fördergebiete
- 3. VO über die förderungsbedürftigen Gebiete und über die Fremdenverkehrsgebiete im Sinne des Investitionszulagengesetzes
  BR-Drs 565/77 = **38** C 3
- 4. VO über die förderungsbedürftigen Gebiete und über die Fremdenverkehrsgebiete im Sinne des Investitionszulagengesetzes
  BR-Drs 535/78 = **80** L 7

Förderungshöchstdauer
- 2. VO zur Änderung der VO über die Förderungshöchstdauer für den Besuch von Höheren Fachschulen, Akademien und Hochschulen
  BR-Drs 2/77 = **6** B 11
- 3. VO zur Änderung der VO über die Förderungshöchstdauer für den Besuch von Höheren Fachschulen, Akademien und Hochschulen
  BR-Drs 17/79 = **86** A 5

Formblätter
- 1. VO zur Änderung der VO zur Bestimmung der Formblätter zum Bundesausbildungsförderungsgesetz
  BR-Drs 131/78 = **53** C 14
- 2. VO zur Änderung der VO zur Bestimmung der Formblätter zum Bundesausbildungsförderungsgesetz
  BR-Drs 294/79 = **103** L 4
- VO zur Bestimmung der Formblätter zum Bundesausbildungsförderungsgesetz
  BR-Drs 35/80 = **126** H 7

Formulare
- Antrag der CDU/CSU zum Abbau des Formularwesens
  BT-Drs 8/3805 = **176** I 3
  Beratung des Antrags
  BT-PlPr 8/223 = **48** N 5

Forschungsbericht der Bundesregierung
- Faktenbericht 1977 zum Bundesbericht Forschung
  BR-Drs 554/77 = **37** B 7
  BR-PlPr 454 = **2** A 5
  BT-Drs 8/1116 = **84** K 3
  Berichtigung
  BT-Drs 8/1214 = **89** B 9
  Beschlußempfehlung des Ausschusses für Forschung und Technologie
  BT-Drs 8/3859 = **178** H 14
  Beratung
  BT-PlPr 8/221 = **48** G 4
- Bundesbericht Forschung VI
  BR-Drs 337/79 = **105** E 11
  BR-PlPr 480 = **4** G 13
  BT-Drs 8/3024 = **148** F 7
  Beschlußempfehlung des Ausschusses für Forschung und Technologie
  BT-Drs 8/3858 = **178** H 10
  Änderungsantrag zur Beratung der Beschlußempfehlung des Ausschusses für Forschung und Technologie
  BT-Drs 8/4158 = **188** H 1
  Beratung
  BT-PlPr 8/221 = **48** G 4

Forschungsförderung
s Investitionszulagengesetz

Forschungspolitik, EG
- Vorschlag für einen EG-Beschluß über ein Forschungsprogramm zur Vorausschau und Bewertung auf dem Gebiet der Wissenschaft und Technologie
  BR-Drs 343/77 = **25** H 9
  BT-Drs 8/768 = **74** L 11
- Vorschlag eines EG-Beschlusses zur Festlegung eines 2. Programmes im Bereich Forschung in Medizin und Gesundheitswesen bestehend aus 5 mehrjährigen konzertierten Aktionen
  BR-Drs 398/78 = **71** C 1
- Aktionsplan für die Forschung auf dem Gebiet der Luftfahrt
  BT-Drs 8/844 = **77** F 12
  Beschlußempfehlung des Ausschusses für Forschung und Technologie
  BT-Drs 8/2222 = **122** L 10
- Vorschlag eines Beschlusses des Rates der EG betr Mehrjahresprogramm der Gemeinsamen Forschungsstelle der EG 1980–1983
  BT-Drs 8/2891 = **144** N 1
  Beschlußempfehlung des Ausschusses für Forschung und Technologie
  BT-Drs 8/3882 = **179** B 7
- s a Grundlagenforschung

Forstpolitik, EG
- Entwurf einer EG-Entschließung betr Ziele und Grundsätze der Forstpolitik in der EG und
  Entwurf einer EG-Entscheidung zur Errichtung eines Forstausschusses
  BR-Drs 588/78 = **83** H 10

Forstwirtschaft
- s a GesEntw zur Neuregelung der *Einkommensbesteuerung* der Land- und Forstwirtschaft
  BR-Drs 396/79 = **109** O 11
  BT-Drs 8/3239 = **157** N 11
- s a Agrar- und ernährungspolitischer Bericht der Bundesregierung – *Agrarbericht*
- s a Entw eines 2. Ges zur Änderung des Ges über forstliches *Saat- und Pflanzgut*
  BR-Drs 85/77 = **12** G 2
  BT-Drs 8/174 = **57** O 13
- VO über die Meldung und Vorführung von forstlichem Vermehrungsgut bei der Einfuhr
  BR-Drs 243/79 = **100** H 7

Fortbildung
s Weiterbildung

Fragestunden im Deutschen Bundestag
- Fragestunde vom 14. 1. 1977
  BT-Drs 8/33 = **51** L 5
- Fragestunde vom 2./3. 2. 1977
  BT-Drs 8/66 = **53** I 3
  BT-PlPr 8/10 = **2** B 10
  BT-PlPr 8/11 = **2** C 10
- Fragestunde vom 9./10. 2. 1977
  BT-Drs 8/86 = **55** D 5
  BT-Drs 8/109 = **55** N 2
  BT-PlPr 8/13 = **2** H 14
  BT-PlPr 8/14 = **2** J 1
- Fragestunde vom 2. 3. 1977
  BT-Drs 8/129 = **56** G 6
  BT-PlPr 8/15 = **2** N 6
- Fragestunde vom 16./17. 3. 1977
  BT-Drs 8/168 = **57** J 6
  BT-PlPr 8/17 = **3** G 14
  BT-PlPr 8/18 = **3** J 6
  BT-PlPr 8/21 = **4** F 3
- Fragestunde vom 23./24. 3. 1977
  BT-Drs 8/206 = **59** L 1
  BT-Drs 8/215 = **59** O 5
  BT-PlPr 8/20 = **4** C 9
- Fragestunde vom 20./21. 4. 1977
  BT-Drs 8/285 = **61** N 11
  BT-PlPr 8/22 = **4** L 11
  BT-PlPr 8/23 = **4** N 12
- Fragestunde vom 4./5. 5. 1977
  BT-Drs 8/328 = **63** A 13
  BT-PlPr 8/24 = **5** F 10
  BT-PlPr 8/25 = **5** G 12
- Fragestunde vom 12. 5. 1977
  BT-Drs 8/357 = **64** C 14
- Fragestunde vom 25./26. 5. 1977
  BT-Drs 8/458 = **66** F 10
  BT-PlPr 8/28 = **6** E 10
  BT-PlPr 8/29 = **6** G 1
- Fragestunde vom 15./16. 6. 1977
  BT-Drs 8/571 = **69** E 9
  BT-PlPr 8/31 = **6** N 7
  BT-PlPr 8/32 = **7** C 9
- Fragestunde vom 20. 6. 1977
  BT-Drs 8/601 = **70** C 14
- Fragen (mit Antworten) Juli 1977
  Teil I
  BT-Drs 8/778 = **75** A 3
  Teil II
  BT-Drs 8/793 = **75** E 14
  Teil III
  BT-Drs 8/830 = **76** F 4
  Teil IV
  BT-Drs 8/836 = **76** I 12
  Teil V
  BT-Drs 8/838 = **76** K 8
  Teil VI
  BT-Drs 8/899 = **78** K 9
- Fragen (mit Antworten) August 1977
  Teil I
  BT-Drs 8/902 = **78** M 12
  Teil II
  BT-Drs 8/915 = **79** E 5
  Teil III
  BT-Drs 8/1014 = **81** K 11
- Fragestunde vom 7./8. 9. 1977
  BT-Drs 8/871 = **78** B 14
  BT-PlPr 8/38 = **8** M 1
  BT-PlPr 8/39 = **8** N 3
- Fragestunde vom 14./15. 9. 1977
  BT-Drs 8/885 = **78** G 11
  BT-PlPr 8/41 = **9** D 10
  BT-PlPr 8/42 = **9** F 1
- Fragestunde vom 28./29. 9. 1977
  BT-Drs 8/926 = **79** K 10
  BT-PlPr 8/43 = **9** J 4
  BT-PlPr 8/44 = **9** K 8
- Fragestunde vom 3. 10. 1977
  BT-Drs 8/963 = **80** H 13
- Fragestunde vom 19./20. 10. 1977
  BT-Drs 8/1015 = **81** M 11
  BT-PlPr 8/49 = **10** M 12
  BT-PlPr 8/50 = **10** N 14
- Fragestunde vom 26./27. 10. 1977
  BT-Drs 8/1056 = **83** H 12
  BT-Drs 8/1099 = **84** G 9
  BT-PlPr 8/51 = **11** E 10
  BT-PlPr 8/52 = **11** H 10
- Fragestunde vom 9./10. 11. 1977
  BT-Drs 8/1125 = **85** H 2
  BT-PlPr 8/54 = **12** A 8
  BT-PlPr 8/55 = **12** C 5
- Fragestunde vom 23./24. 11. 1977
  BT-Drs 8/1200 = **88** L 1
  BT-PlPr 8/57 = **12** J 7
  BT-PlPr 8/58 = **12** K 7

- Fragestunde vom 7./8. 12. 1977
  BT-Drs 8/1288 = **91** C 12
  BT-PlPr 8/60 = **13** D 7
  BT-PlPr 8/61 = **13** E 9
- Fragestunde vom 14./15. 12. 1977
  BT-Drs 8/1317 = **92** C 7
  BT-Drs 8/1325 = **92** G 7
  BT-PlPr 8/62 = **13** K 3
  BT-PlPr 8/63 = **13** L 10
- Fragestunde vom 18./19. 1. 1978
  BT-Drs 8/1417 = **94** M 6
  BT-PlPr 8/64 = **14** B 9
  BT-PlPr 8/65 = **14** C 8
- Fragestunde vom 23. 1. 1978
  BT-Drs 8/1437 = **95** D 13
- Fragestunde vom 15./16. 2. 1978
  BT-Drs 8/1497 = **96** F 6
  BT-PlPr 8/71 = **16** A 7
  BT-PlPr 8/72 = **16** B 8
- Fragestunde vom 22./23. 2. 1978
  BT-Drs 8/1526 = **97** M 2
  BT-PlPr 8/74 = **16** J 12
  BT-PlPr 8/75 = **16** L 2
- Fragestunde vom 8./9. 3. 1978
  BT-Drs 8/1573 = **99** D 12
  BT-PlPr 8/77 = **17** D 6
  BT-PlPr 8/78 = **17** E 7
- Fragestunde vom 15./16. 3. 1978
  BT-Drs 8/1612 = **100** D 14
  BT-Drs 8/1625 = **100** M 8
  BT-PlPr 8/80 = **17** M 8
  BT-PlPr 8/81 = **17** N 12
- Fragestunde vom 12./13. 4. 1978
  BT-Drs 8/1689 = **102** G 5
  BT-PlPr 8/82 = **18** E 5
  BT-PlPr 8/83 = **18** F 5
- Fragestunde vom 19./20. 4. 1978
  BT-Drs 8/1704 = **102** M 11
  BT-PlPr 8/85 = **18** M 10
  BT-PlPr 8/86 = **18** O 1
- Fragestunde vom 26./27. 4. 1978
  BT-Drs 8/1728 = **103** D 6
  BT-PlPr 8/87 = **19** F 5
  BT-PlPr 8/88 = **19** G 7
- Fragestunde vom 10./11. 5. 1978
  BT-Drs 8/1773 = **104** L 7
  BT-PlPr 8/89 = **19** L 13
  BT-PlPr 8/90 = **19** N 1
- Fragestunde vom 31. 5./1. 6. 1978
  BT-Drs 8/1826 = **107** N 3
  BT-PlPr 8/92 = **20** F 10
  BT-PlPr 8/93 = **20** G 10
- Fragestunde vom 7./8. 6. 1978
  BT-Drs 8/1850 = **108** J 7
  BT-Drs 8/1882 = **109** G 2
  BT-PlPr 8/94 = **20** M 3
  BT-PlPr 8/95 = **20** N 5
- Fragestunde vom 14./15. 6. 1978
  BT-Drs 8/1895 = **109** J 8
  BT-Drs 8/1905 = **110** A 8
  BT-PlPr 8/97 = **21** H 4
  BT-PlPr 8/98 = **21** J 6
- Fragestunde vom 21./22. 6. 1978
  BT-Drs 8/1931 = **111** A 7
  BT-PlPr 8/99 = **21** M 10
  BT-PlPr 8/100 = **22** B 11
- Fragen (mit Antworten) Juli 1978
  Teil I
  BT-Drs 8/2000 = **113** N 3
  Teil II
  BT-Drs 8/2001 = **113** N 12
  Teil III
  BT-Drs 8/2009 = **114** D 2
  Teil IV
  BT-Drs 8/2010 = **114** D 10
  Teil V
  BT-Drs 8/2021 = **115** I 6
  Teil VI
  BT-Drs 8/2027 = **115** L 14
  Teil VII
  BT-Drs 8/2035 = **116** E 12
  Teil VIII
  BT-Drs 8/2039 = **116** G 7
  Teil IX
  BT-Drs 8/2042 = **116** H 13
  Teil X
  BT-Drs 8/2052 = **116** L 4
  Teil XI
  BT-Drs 8/2065 = **117** A 4
- Fragen (mit Antworten) August 1978
  Teil I
  BT-Drs 8/2068 = **117** D 2
  Teil II
  BT-Drs 8/2076 = **117** G 14
  Teil III
  BT-Drs 8/2083 = **117** N 5
  Teil IV
  BT-Drs 8/2105 = **119** A 7
  Teil V
  BT-Drs 8/2106 = **119** B 11
  Teil VI
  BT-Drs 8/2114 = **119** K 2
  Teil VII
  BT-Drs 8/2115 = **119** L 5
- Fragestunde vom 18. 9. 1978
  BT-Drs 8/2099 = **118** J 12
- Fragestunde vom 27./28. 9. 1978
  BT-Drs 8/2117 = **119** N 2
  BT-PlPr 8/106 = **23** F 1
  BT-PlPr 8/107 = **23** G 3
- Fragestunde vom 4./5. 10. 1978
  BT-Drs 8/2147 = **120** N 13
  BT-PlPr 8/108 = **23** K 5
  BT-PlPr 8/109 = **23** L 6
- Fragestunde vom 18./19. 10. 1978
  BT-Drs 8/2186 = **122** C 12
  BT-Drs 8/2192 = **122** F 14
  BT-Drs 8/2193 = **122** G 2
  BT-PlPr 8/110 = **24** B 10
  BT-PlPr 8/111 = **24** C 10
- Fragestunde vom 8./9. 11. 1978
  BT-Drs 8/2249 = **123** N 3
  BT-PlPr 8/113 = **24** J 3
  BT-PlPr 8/114 = **24** K 3
- Fragestunde vom 15./16. 11. 1978
  BT-Drs 8/2273 = **125** B 7
  BT-PlPr 8/116 = **25** B 14
  BT-PlPr 8/117 = **25** D 2
- Fragestunde vom 29./30. 11. 1978
  BT-Drs 8/2315 = **126** K 10
  BT-Drs 8/2327 = **126** O 5
  BT-PlPr 8/119 = **25** J 10
  BT-PlPr 8/120 = **25** L 1
- Fragestunde vom 6./7. 12. 1978
  BT-Drs 8/2339 = **127** F 11
  BT-PlPr 8/122 = **26** D 11
  BT-PlPr 8/123 = **26** G 12
- Fragestunde vom 13./14. 12. 1978
  BT-Drs 8/2365 = **127** M 7
  BT-PlPr 8/124 = **26** M 1
  BT-PlPr 8/125 = **26** O 7
- Fragestunde vom 17./18. 1. 1979
  BT-Drs 8/2464 = **130** J 7
  BT-PlPr 8/127 = **27** G 9
  BT-PlPr 8/128 = **27** H 11
- Fragestunde vom 22. 1. 1979
  BT-Drs 8/2477 = **131** C 14
- Fragestunde vom 7./8. 2. 1979
  BT-Drs 8/2532 = **133** H 13
  BT-PlPr 8/134 = **29** D 7
  BT-PlPr 8/135 = **29** E 9
- Fragestunde vom 14./15. 2. 1979
  BT-Drs 8/2561 = **134** C 14
  BT-PlPr 8/137 = **29** N 4
  BT-PlPr 8/138 = **29** O 4
- Fragestunde vom 7./8. 3. 1979
  BT-Drs 8/2608 = **137** A 14
  BT-PlPr 8/140 = **30** H 4
  BT-PlPr 8/141 = **30** I 6
- Fragestunde vom 14./15. 3. 1979
  BT-Drs 8/2637 = **138** A 4
  BT-Drs 8/2664 = **138** I 7
  BT-PlPr 8/143 = **31** C 8
  BT-PlPr 8/144 = **31** D 10
- Fragestunde vom 30. 3. 1979
  BT-Drs 8/2699 = **139** I 5
  BT-PlPr 8/146 = **32** A 2
- Fragestunde vom 25./26. 4. 1979
  BT-Drs 8/2763 = **141** K 1
  BT-Drs 8/2769 = **141** M 9
  BT-PlPr 8/147 = **32** E 7
  BT-PlPr 8/148 = **32** F 9
- Fragestunde vom 9./10. 5. 1979
  BT-Drs 8/2802 = **142** M 1
  BT-PlPr 8/150 = **32** N 4
  BT-PlPr 8/151 = **32** O 5
- Fragestunde vom 16./18. 5. 1979
  BT-Drs 8/2839 = **143** I 4
  BT-Drs 8/2854 = **143** N 11
  BT-PlPr 8/153 = **33** H 11
  BT-PlPr 8/155 = **33** N 6
- Fragestunde vom 30. 5./1. 6. 1979
  BT-Drs 8/2894 = **145** C 12
  BT-PlPr 8/156 = **34** D 1
  BT-PlPr 8/158 = **34** I 6
- Fragestunde vom 13. 6. 1979
  BT-Drs 8/2948 = **146** G 7
  BT-PlPr 8/159 = **34** L 5
- Fragestunde vom 20./21. 6. 1979
  BT-Drs 8/2969 = **146** O 7
  BT-Drs 8/2982 = **147** K 14
  BT-PlPr 8/160 = **34** N 13
  BT-PlPr 8/161 = **35** C 1
- Fragestunde vom 27./28. 6. 1979
  BT-Drs 8/3000 = **147** O 3
  BT-PlPr 8/163 = **35** I 6
  BT-PlPr 8/164 = **35** N 4
- Fragen (mit Antworten) Juli 1979
  Teil I
  BT-Drs 8/3073 = **150** K 5
  Teil II
  BT-Drs 8/3074 = **150** K 14
  Teil III
  BT-Drs 8/3076 = **150** L 12
  Teil IV
  BT-Drs 8/3082 = **150** O 12
  Teil V
  BT-Drs 8/3092 = **151** C 11
  Teil VI
  BT-Drs 8/3110 = **153** A 1
  Teil VII
  BT-Drs 8/3113 = **153** B 6
  Teil VIII
  BT-Drs 8/3115 = **153** C 12
  Teil IX
  BT-Drs 8/3128 = **154** H 9
  Teil X
  BT-Drs 8/3144 = **154** O 5

- Fragen (mit Antworten) August 1979
  Teil I
  BT-Drs 8/3148 = **155** A 11
  Teil II
  BT-Drs 8/3156 = **155** D 9
  Teil III
  BT-Drs 8/3175 = **155** L 5
  Teil IV
  BT-Drs 8/3180 = **156** A 4
  Teil V
  BT-Drs 8/3187 = **156** C 7
  Teil VI
  BT-Drs 8/3196 = **156** H 8
  Teil VII
  BT-Drs 8/3200 = **156** J 12
  Teil VIII
  BT-Drs 8/3229 = **157** E 5
  Teil IX
  BT-Drs 8/3235 = **157** J 2
- Fragestunde vom 11. 9. 1979
  BT-Drs 8/3158 = **155** E 8
- Fragestunde vom 19./20. 9. 1979
  BT-Drs 8/3173 = **155** K 2
  BT-PlPr 8/171 = **37** C 13
  BT-PlPr 8/172 = **37** E 1
- Fragestunde vom 26./27. 9. 1979
  BT-Drs 8/3193 = **156** F 9
  BT-Drs 8/3206 = **156** L 9
  BT-PlPr 8/174 = **37** K 5
  BT-PlPr 8/175 = **37** L 5
- Fragestunde vom 10./11. 10. 1979
  BT-Drs 8/3237 = **157** J 14
  BT-PlPr 8/176 = **38** A 7
  BT-PlPr 8/177 = **38** B 9
- Fragestunde vom 17./18. 10. 1979
  BT-Drs 8/3262 = **158** E 2
  BT-Drs 8/3265 = **158** F 8
  BT-Drs 8/3273 = **158** H 3
  BT-PlPr 8/179 = **38** J 5
  BT-PlPr 8/180 = **38** K 8
- Fragestunde vom 7./8. 11. 1979
  BT-Drs 8/3310 = **159** G 7
  BT-Drs 8/3323 = **159** N 4
  BT-PlPr 8/182 = **39** D 4
  BT-PlPr 8/183 = **39** E 8
- Fragestunde vom 14./16. 11. 1979
  BT-Drs 8/3344 = **160** C 5
  BT-PlPr 8/185 = **39** N 2
  BT-PlPr 8/187 = **40** D 6
- Fragestunde vom 28./29. 11. 1979
  BT-Drs 8/3421 = **162** I 10
  BT-Drs 8/3432 = **162** M 7
  BT-PlPr 8/188 = **40** H 4
  BT-PlPr 8/189 = **40** J 14
- Fragestunde vom 10. 12. 1979
  BT-Drs 8/3468 = **163** L 9
- Fragestunde vom 16./18. 1. 1980
  BT-Drs 8/3552 = **165** M 10
  BT-PlPr 8/195 = **42** F 11
  BT-PlPr 8/197 = **42** K 8
- Fragestunde vom 23./24. 1. 1980
  BT-Drs 8/3573 = **166** I 8
  BT-PlPr 8/198 = **43** A 4
  BT-PlPr 8/199 = **43** B 5
- Fragestunde vom 13. 2. 1980
  BT-Drs 8/3644 = **170** O 4
  BT-Drs 8/3658 = **171** L 3
  BT-Drs 8/3663 = **172** D 3
  BT-PlPr 8/201 = **43** J 1
- Fragestunde vom 27./28. 2. 1980
  BT-Drs 8/3692 = **173** H 4
  BT-PlPr 8/202 = **43** O 6
- Fragestunde vom 5./6. 3. 1980
  BT-Drs 8/3738 = **174** K 10
  BT-PlPr 8/204 = **44** H 11
  BT-PlPr 8/205 = **44** J 1
- Fragestunde vom 19./21. 3. 1980
  BT-Drs 8/3792 = **176** B 10
  BT-PlPr 8/207 = **45** C 3
  BT-PlPr 8/209 = **45** H 9
- Fragestunde vom 16./17. 4. 1980
  BT-Drs 8/3899 = **179** H 11
  BT-PlPr 8/210 = **45** L 12
  BT-PlPr 8/211 = **45** M 14
- Fragestunde vom 23./24. 4. 1980
  BT-Drs 8/3914 = **180** H 4
  BT-PlPr 8/213 = **46** H 2
  BT-PlPr 8/215 = **46** M 5
- Fragestunde vom 13./14. 5. 1980
  BT-Drs 8/3981 = **183** F 10
  BT-Drs 8/3986 = **183** I 9
  BT-Drs 8/3991 = **183** J 9
  BT-Drs 8/3996 = **183** L 12
  BT-PlPr 8/216 = **47** A 10
  BT-PlPr 8/217 = **47** E 13
- Fragestunde vom 19. 5. 1980
  BT-Drs 8/4023 = **185** A 14
- Fragestunde vom 13. 6. 1980
  BT-Drs 8/4147 = **188** D 12
  BT-PlPr 8/221 = **48** G 4
- Fragestunde vom 19. 6. 1980
  BT-Drs 8/4189 = **188** M 5
  BT-PlPr 8/224 = **49** B 10
- Fragestunde vom 25./26. 6. 1980
  BT-Drs 8/4270 = **190** A 8
  BT-PlPr 8/225 = **49** F 14
  BT-PlPr 8/226 = **49** L 1
- Fragestunde vom 30. 6. 1980
  BT-Drs 8/4329 = **191** H 7
- Fragen (mit Antworten) Juli 1980
  Teil I
  BT-Drs 8/4418 = **193** K 6
  Teil II
  BT-Drs 8/4424 = **193** L 7
  Teil III
  BT-Drs 8/4429 = **193** M 8
  Teil IV
  BT-Drs 8/4432 = **194** A 7
  Teil V
  BT-Drs 8/4433 = **194** B 4
  Teil VI
  BT-Drs 8/4436 = **194** D 8
  Teil VII
  BT-Drs 8/4442 = **194** H 9
  Teil VIII
  BT-Drs 8/4463 = **195** B 10
- Fragen (mit Antworten) August 1980
  Teil I
  BT-Drs 8/4464 = **195** C 10
  Teil II
  BT-Drs 8/4470 = **195** E 12
  Teil III
  BT-Drs 8/4474 = **195** I 8
  Teil IV
  BT-Drs 8/4477 = **195** J 11
  Teil V
  BT-Drs 8/4478 = **195** K 6
  Teil VI
  BT-Drs 8/4487 = **195** O 11
- Fragen (mit Antworten) September 1980
  Teil I
  BT-Drs 8/4489 = **196** B 2
  Teil II
  BT-Drs 8/4499 = **196** D 9
  Teil III
  BT-Drs 8/4502 = **196** F 3
  Teil IV
  BT-Drs 8/4506 = **196** G 8
  Teil V
  BT-Drs 8/4509 = **196** I 3
  Teil VI
  BT-Drs 8/4512 = **196** J 10
- Fragen mit den in der Woche vom 6. 10. 1980 eingegangenen Antworten der Bundesregierung
  BT-Drs 8/4501 = **196** E 12
- Fragen mit den in der Woche vom 13. 10. 1980 eingegangenen Antworten der Bundesregierung
  BT-Drs 8/4507 = **196** H 5
- Fragen mit den in der Woche vom 20. 10. 1980 eingegangenen Antworten der Bundesregierung
  BT-Drs 8/4511 = **196** J 2
- Fragen mit den in der Zeit vom 27. 10.–3. 11. 1980 eingegangenen Antworten der Bundesregierung sowie ergänzende Antworten auf frühere Fragen
  BT-Drs 8/4519 = **196** N 6

Frankreich, Republik
- *GesEntw zum Vertrag Bundesrepublik Deutschland/Republik Frankreich zu dem Europäischen Übereinkommen über die Rechtshilfe in Strafsachen*
  1. und 2. Durchgang
  BR-Drs 88/77 = **12** G 7
  BR-Drs 65/78 = **49** A 13
  BR-PlPr 443 = **1** A 1
  BR-PlPr 454 = **2** A 5

  GesEntw der Bundesregierung
  BT-Drs 8/211 = **59** N 3
  Beschlußempfehlung des Rechtsausschusses
  BT-Drs 8/1343 = **92** I 14
  1. Beratung
  BT-PlPr 8/23 = **4** N 12
  2. Beratung und Schlußabstimmung
  BT-PlPr 8/66 = **14** F 14
- Entwurf des Abkommens Bundesrepublik Deutschland/Französische Republik über die Gleichwertigkeit von Prüfungszeugnissen in der beruflichen Bildung
  BR-Drs 176/77 = **17** B 13
  BR-PlPr 445 = **1** C 12
- *GesEntw zum Übereinkommen Bundesrepublik Deutschland/Französische Republik/Königreich Spanien über die Erstrekkung einiger Vorschriften über die Soziale Sicherheit*
  1. und 2. Durchgang
  BR-Drs 34/78 = **46** H 11
  BR-Drs 199/78 = **58** D 10
  BR-PlPr 454 = **2** A 5
  BR-PlPr 458 = **2** F 7

  GesEntw der Bundesregierung
  BT-Drs 8/1533 = **97** O 10
  Beschlußempfehlung des Ausschusses für Arbeit und Sozialordnung
  BT-Drs 8/1637 = **101** B 9
  1. Beratung
  BT-PlPr 8/78 = **17** E 7
  2. Beratung und Schlußabstimmung
  BT-PlPr 8/86 = **18** O 1
- Entwurf des Abkommens Bundesrepublik Deutschland/Französische Republik über

die Zusammenarbeit der Polizeibehörden im deutsch-französischen Grenzbereich
BR-Drs 239/78 = **62** C 6
BR-PlPr 460 = **2** H 2
- *GesEntw zum Abkommen Bundesrepublik Deutschland/Französische Republik über die gegenseitige Hilfeleistung bei Katastrophen oder schweren Unglücksfällen*
1. und 2. Durchgang
BR-Drs 413/78 = **72** G 12
BR-Drs 516/79 = **117** D 7
BR-PlPr 463 = **2** N 14
BR-PlPr 479 = **4** G 1

GesEntw der Bundesregierung
BT-Drs 8/2614 = **137** G 14
Beschlußempfehlung des Innenausschusses
BT-Drs 8/3221 = **157** C 4
Bericht des Haushaltsausschusses
BT-Drs 8/3258 = **158** D 8
1. Beratung
BT-PlPr 8/148 = **32** F 9
2. Beratung und Schlußabstimmung
BT-PlPr 8/180 = **38** K 8
- *GesEntw zu den Verträgen Bundesrepublik Deutschland/Französische Republik über den Bau einer Autobahnbrücke über den Rhein zwischen Steinenstadt und Ottmarsheim sowie über den Bau einer Straßenbrücke über den Rhein zwischen Weil am Rhein und Hüningen*
1. und 2. Durchgang
BR-Drs 521/78 = **79** E 10
BR-Drs 178/79 = **96** G 7
BR-PlPr 468 = **3** E 13
BR-PlPr 472 = **3** K 1

GesEntw der Bundesregierung
BT-Drs 8/2437 = **129** L 12
Beschlußempfehlung des Ausschusses für Verkehr und für das Post- und Fernmeldewesen
BT-Drs 8/2642 = **138** C 8
Bericht des Haushaltsausschusses
BT-Drs 8/2686 = **139** D 13
1. Beratung
BT-PlPr 8/128 = **27** H 11
2. Beratung und Schlußabstimmung
BT-PlPr 8/145 = **31** K 10

Frauenarbeitslosigkeit
- Frage an die Bundesregierung betr den Abbau der Frauenarbeitslosigkeit
BR-Drs 241/77 = **20** I 14
BR-PlPr 446 = **1** E 7

Frauenberufstätigkeit
- Entschließung des BR zur Verbesserung der Ausbildungs- und Beschäftigungsmöglichkeiten von Frauen und Mädchen
BR-Drs 248/79 = **100** J 5
BR-PlPr 474 = **3** M 13
Bericht der Bundesregierung
BR-Drs 645/79 = **124** E 14

Frau und Gesellschaft
- Antrag betr Enquête-Kommission
BT-Drs 8/305 = **62** K 1
Beratung des Antrags
BT-PlPr 8/25 = **5** G 12
- Bericht der Enquête-Kommission Frau und Gesellschaft
BT-Drs 8/4461 = **195** A 3

Freie Berufe
- Antrag betr Vorlage eines Berichts über die Lage der freien Berufe
BT-Drs 8/901 = **78** M 10
Beratung des Antrags
BT-PlPr 8/44 = **9** K 8
Beschlußempfehlung des Wirtschaftsausschusses
BT-Drs 8/1841 = **108** C 8
- Bericht über die Lage der freien Berufe
BT-Drs 8/3139 = **154** L 6
Beratung
BT-PlPr 8/181 = **38** O 12
Entschließungsantrag der CDU/CSU
BT-Drs 8/3276 = **158** H 11
Beschlußempfehlung des Wirtschaftsausschusses
BT-Drs 8/4154 = **188** G 4
BT-PlPr 8/220 = **48** C 8

Freihandelsabkommen
- s GesEntw zum Zusatzprotokoll zum Abkommen EG/*Portugiesische Republik* (betr Erweiterung des Freihandelsabkommens)
BR-Drs 443/77 = **32** C 13
BT-Drs 8/1136 = **86** B 14

Freiheitlich demokratische Grundordnung
- Antwort auf Große Anfrage zum Schutz der freiheitlich demokratischen Grundordnung und die Berichterstattung der Bundesregierung über den Verfassungsschutz
BT-Drs 8/3651 = **168** L 14

Freiheitsstrafe
- s Entw eines 17. *Strafrechtsänderungsgesetzes*
(betr lebenslange Freiheitsstrafe)
BR-Drs 2/79 = **84** I 2
BT-Drs 8/3218 = **157** A 13

Fremdenverkehr
s a Beherbergungsstatistikgesetz
- 3. VO über die förderungsbedürftigen Gebiete und über die Fremdenverkehrsgebiete im Sinne des Investitionszulagengesetzes
BR-Drs 565/77 = **38** C 3
- 4. VO über die förderungsbedürftigen Gebiete und über die Fremdenverkehrsgebiete im Sinne des Investitionszulagengesetzes
BR-Drs 535/78 = **80** L 7
- Bericht über die Durchführung des tourismuspolitischen Programms von 1975
BT-Drs 8/2805 = **142** N 9
Beschlußempfehlung des Ausschusses für Wirtschaft
BT-Drs 8/4190 = **188** N 5
Beratung
BT-PlPr 8/226 = **49** L 1

Fruchtnektar
s a Fruchtsaft
- VO über Fruchtnektar und Fruchtsirup
BR-Drs 435/77 = **31** H 4
- 2. VO zur Änderung der VO über Fruchtnektar und Fruchtsirup
BT-Drs 150/80 = **135** A 3

Fruchtsaft
- VO über Fruchtsaft, konzentrierten Fruchtsaft und getrockneten Fruchtsaft (FruchtsaftVO)
BR-Drs 434/77 = **31** G 1
- VO zur Änderung der FruchtsaftVO und der VO über Fruchtnektar und Fruchtsirup
BR-Drs 486/78 = **77** H 13

Fruchtsirup
s Fruchtnektar

Führerschein
- s a Entwurf eines Gesetzes zur Änderung des Gesetzes über das *Fahrlehrer*wesen (betr Fahrschulausbildung für die Führerscheinklasse 4)
BR-Drs 176/80 = **136** J 9
BT-Drs 8/3987 = **183** I 10
- s a GesEntw zur Änderung des *Straßenverkehrsgesetzes*
(betr Sicherstellung der Ablieferung „entzogener" Führerscheine)
BR-Drs 158/79 = **94** O 9
BT-Drs 8/3150 = **155** B 13
- VO zur Änderung straßenverkehrsrechtlicher Vorschriften
(betr Fahrerlaubnis für Zweiräder)
BR-Drs 275/79 = **102** H 8

Fürsorge für Hilfsbedürftige
- Vereinbarung Bundesrepublik Deutschland / Schweizerische Eidgenossenschaft über die Änderung der Verwaltungsvereinbarung zur Vereinbarung über die Fürsorge für Hilfsbedürftige
BR-Drs 492/78 = **77** J 6
- s a GesEntw zur Überleitung von *Lasten* und Deckungsmitteln auf den Bund
BR-Drs 198/77 = **18** J 2
BT-Drs 8/65 = **53** H 13

Funkoffizier
- VO über die Ausbildung zum Schiffsoffizier des Seefunkdienstes
BR-Drs 285/77 = **23** C 10
- 1. VO zur Änderung der Funkoffiziers-Ausbildungsordnung
BR-Drs 248/80 = **141** D 3

Funkstörung
- *GesEntw zur Durchführung der EG-Richtlinien zur Angleichung der Rechtsvorschriften der Mitgliedstaaten über Funkstörungen durch Hochfrequenzgeräte und Funkanlagen*
1. und 2. Durchgang
BR-Drs 39/78 = **46** M 3
BR-Drs 285/78 = **65** C 11
BR-PlPr 454 = **2** A 5
BR-PlPr 460 = **2** H 2

GesEntw der Bundesregierung
BT-Drs 8/1672 = **101** M 2
Beschlußempfehlung des Ausschusses für Verkehr und für das Post- und Fernmeldewesen
BT-Drs 8/1803 = **106** E 2
1. Beratung
BT-PlPr 8/86 = **18** O 1
2. und 3. Beratung
BT-PlPr 8/95 = **20** N 5

Fusionskontrolle
s a Bundeskartellamt
Kartellrecht
Wettbewerbsbeschränkungen
- Erfahrungsbericht der Bundesregierung über die Fusionskontrolle bei Presseunternehmen
BT-Drs 8/2265 = **124** M 3
BT-PlPr 8/149 = **32** J 6

Fußgängerzonen
– s Entw eines ÄndGes zum *Straßenverkehrsgesetz*
BR-Drs 158/79 = **94** O 9
BT-Drs 8/3150 = **155** B 13

Futtermittel
– 2. VO zur Änderung der Futtermittelverordnung
BR-Drs 249/77 = **20** O 10
– VO über die Behandlung von Futtermitteln tierischer Herkunft bei gewerbsmäßiger Herstellung
(FuttermittelbehandlungsVO)
BR-Drs 250/77 = **20** O 14
– Entw einer EG-Richtlinie über bestimmte Erzeugnisse für die Tierernährung,
Vorschlag einer 3. EG-Richtlinie zur Änderung der Richtlinien über Zusatzstoffe in der Tierernährung,
Vorschlag einer EG-Richtlinie zur Änderung der Richtlinien über Höchstgehalt unerwünschter Stoffe in Futtermitteln und über ihre Untersuchung
BR-Drs 377/77 = **27** C 2
BT-Drs 8/833 = **76** H 9
– VO über Probenahmeverfahren für die amtliche Futtermittelüberwachung
BR-Drs 57/78 = **48** K 13
– VO über die Meldepflichten der Getreide-, Stärke- und Futtermittelwirtschaft
(MeldeVO-Getreide)
BR-Drs 139/78 = **54** A 9
– VO über die Einfuhr und die Durchfuhr von Futtermitteln tierischer Herkunft und von Knochenmaterial
BR-Drs 255/78 = **63** G 11
– 3. VO zur Änderung der FuttermittelVO
BR-Drs 292/79 = **103** I 13
– 2. VO zur Änderung der VO über Analysemethoden für die amtliche Untersuchung von Futtermitteln und Vormischungen
BR-Drs 152/80 = **135** B 7
– 4. VO zur Änderung der Futtermittelverordnung
BR-Drs 266/80 = **141** L 14
– VO zur Änderung der Probenahmeverordnung-Futtermittel
BR-Drs 310/80 = **145** N 10

G

GAL-Beitragsverordnungen
s Landwirtschaftliche Altershilfe

Gartenbauerhebung
s Landwirtschaftszählung

Gasöl
– Bundeshaushalt 1977:
Überplanmäßige Ausgabe bei Kap 1002 Tit 652 06
(Verwendung von Gasöl durch Betriebe der Landwirtschaft)
BR-Drs 528/77 = **36** A 3
BT-Drs 8/1052 = **83** G 10

Gasversorgung
– VO über Allgemeine Bedingungen für die Gasversorgung von Tarifkunden
BR-Drs 77/79 = **90** D 9

Gastarbeiter
s Ausländische Arbeitnehmer

Gastgewerbe
– *GesEntw über die Statistik im Handel und Gastgewerbe (Handelsstatistikgesetz)*
1. und 2. Durchgang
BR-Drs 438/77 = **31** M 2
BR-Drs 319/78 = **66** J 3
BR-PlPr 451 = **1** M 3
BR-PlPr 461 = **2** I 9
Vermittlungsverfahren:
BR-Drs 429/78 = **73** N 4
BR-PlPr 462 = **2** L 11

GesEntw der Bundesregierung
BT-Drs 8/1766 = **104** I 2
Beschlußempfehlung des Wirtschaftsausschusses
BT-Drs 8/1927 = **110** N 6
Bericht des Haushaltsausschusses
BT-Drs 8/1947 = **112** M 6
Anrufung des Vermittlungsausschusses
BT-Drs 8/1984 = **113** G 12
Beschlußempfehlung des Vermittlungsausschusses
BT-Drs 8/2089 = **118** H 8
1. Beratung
BT-PlPr 8/93 = **20** G 10
2. und 3. Beratung
BT-PlPr 8/100 = **22** B 11
Beratung der Beschlußempfehlung des Vermittlungsausschusses
BT-PlPr 8/104 = **22** L 14
– Allg. Verwaltungsvorschrift zur Änderung der allg. Verwaltungsvorschrift über den Unterrichtungsnachweis im Gaststättengewerbe
BR-Drs 636/80 = **162** N 3
– s a Beherbergungsstatistikgesetz

GATT
s Allgemeines Zoll- und Handelsabkommen

Gebäudebestand
– Entw eines 2. Ges über die Durchführung von Statistiken der *Bautätigkeit* und die Fortschreibung des Gebäudebestandes

Gebäudeheizung
– s Entw eines 1. ÄndGes zum *Energieeinsparungsgesetz*
BR-Drs 399/79 = **110** D 3
BT-Drs 8/3348 = **160** E 3

Gebäudeversicherung
s Feuerschutzsteuer

Gebietsänderungen
s Grundgesetz, Art. 29

Gebühren
– 3. VO zur Änderung der VO über die Höhe der von Körperschaften und Anstalten des öffentlichen Rechts gem § 184 des Sozialgerichtsgesetzes zu entrichtenden Gebühren
BR-Drs 356/77 = **26** B 2

Gebührenordnung der Ärzte und Zahnärzte
s Krankenversicherungs-Kostendämpfungsgesetz

Gebührenordnung des Auswärtigen Amtes und der Auslandsbehörden
s Auslandskostengesetz

Gebührenordnung für Patentanwälte
– *Entwurf einer Gebührenordnung für Patentanwälte*
1. Durchgang
BR-Drs 555/77 = **37** B 9
BR-PlPr 453 = **1** O 6

GesEntw der Bundesregierung
BT-Drs 8/1489 = **96** A 9
1. Beratung
BT-PlPr 8/75 = **16** L 2

Gebührenordnung für Tierärzte
– VO zur Änd der Gebührenordnung für Tierärzte
BR-Drs 206/77 = **18** L 14

Geburtenziffer
– Bericht über die Bevölkerungsentwicklung in der Bundesrepublik Deutschland
BT-Drs 8/4437 = **194** E 10

Gedenkstättenabkommen
– *Entw eines 1. ÄndGes zu den beiden Gedenkstättenabkommen*
1. und 2. Durchgang
BR-Drs 478/79 = **115** E 10
BR-Drs 130/80 = **134** C 12
BR-PlPr 479 = **4** G 1
BR-PlPr 485 = **5** A 10

GesEntw der Bundesregierung
BT-Drs 8/3359 = **160** H 8
Beschlußempfehlung des Auswärtigen Ausschusses
BT-Drs 8/3721 = **174** H 9
1. Beratung
BT-PlPr 8/196 = **42** G 11
2. und 3. Beratung
BT-PlPr 8/205 = **44** J 1

Gefährdungshaftung
– s GesEntw zur Änderung *schadensersatzrecht*licher Vorschriften
BR-Drs 309/77 = **24** G 12
BT-Drs 8/108 = **55** M 7

Gefährliche Güter
s Güterbeförderung

Gefährliche Stoffe
s Abfallbeseitigung
Chemikaliengesetz

Gefahrgutverordnung
s Eisenbahn
See
Straße

Gefangenen-BeitragsVO
– VO über den Einzug der während der Freiheitsentziehung zu entrichtenden Beiträge zur Bundesanstalt für Arbeit
BR-Drs 3/77 = **6** D 7

Geflügelfleisch
– Bericht über die Auswirkungen des Verkaufs von frischem Geflügelfleisch auf Wochenmärkten
BT-Drs 8/2604 = **136** O 14
Beschlußempfehlung des Ausschusses für Jugend, Familie und Gesundheit
BT-Drs 8/3333 = **159** O 4
– VO zur Änderung der GeflügelfleischuntersuchungsVO
(betr Kennzeichnung)
BR-Drs 52/77 = **9** J 6

- 2. VO zur Änderung der Geflügelfleischmindestanforderungen VO
  (betr Kühlverfahren)
  BR-Drs 502/77 = **35 C 12**
- VO zur Änderung der GeflügelfleischuntersuchungsVO und der GebührenVO/Geflügelfleischhygiene
  (betr Einfuhruntersuchungen)
  BR-Drs 258/78 = **63 K 12**
- 3. VO zur Änderung der Geflügelfleischmindestanforderungen VO
  (betr Kühlverfahren)
  BR-Drs 387/78 = **70 K 1**
- 4. VO zur Änderung der Geflügelfleischmindestanforderungen VO
  (betr Kühlverfahren)
  BR-Drs 12/79 = **85 K 12**
- 5. VO zur Änderung der Geflügelfleischmindestanforderungen VO
  (betr Kühlverfahren)
  BR-Drs 633/79 = **123 K 4**

Geflügelfleischhygienegesetz
- *GesEntw zur Änderung des Fleischbeschaugesetzes und des Geflügelfleischhygienegesetzes*
  (Anpassung an EG-Richtlinien)
  1. und 2. Durchgang
  BR-Drs 483/78 = **77 E 14**
  BR-Drs 584/79 = **121 K 6**
  BR-PlPr 467 = **3 E 7**
  BR-PlPr 481 = **4 I 5**
  BR-PlPr 483 = **4 L 9**
  Vermittlungsverfahren:
  BR-Drs 12/80 = **125 K 7**
  BR-PlPr 485 = **5 A 10**

  GesEntw der Bundesregierung
  BT-Drs 8/2722 = **140 D 13**
  Beschlußempfehlung des Ausschusses für Jugend, Familie und Gesundheit
  BT-Drs 8/3333 = **159 O 4**
  Bericht des Haushaltsausschusses
  BT-Drs 8/3448 = **163 A 3**
  Anrufung des Vermittlungsausschusses
  BT-Drs 8/3532 = **165 B 12**
  Beschlußempfehlung des Vermittlungsausschusses
  BT-Drs 8/3836 = **177 E 8**
  1. Beratung
  BT-PlPr 8/151 = **32 O 5**
  2. und 3. Beratung
  BT-PlPr 8/189 = **40 J 14**
  Beratung der Beschlußempfehlung des Vermittlungsausschusses
  BT-PlPr 8/211 = **45 M 14**

Geheimhaltungspflicht
- s Entw eines 19. *Strafrechtsänderungsgesetzes*
  BR-Drs 157/79 = **94 N 6**
  BT-Drs 8/3067 = **150 G 14**
- s Entw eines Ges zur Änderung des *Wehrstrafgesetzes*
  BR-Drs 578/79 = **121 H 14**
  BT-Drs 8/3313 = **159 I 13**

Geiselnahme
- *Entwurf eines Gesetzes zu dem Internationalen Übereinkommen vom 18. 12. 79 gegen Geiselnahme*
  1. und 2. Durchgang
  BR-Drs 275/80 = **143 C 2**
  BR-Drs 409/80 = **149 A 6**
  BR-PlPr 488 = **5 E 6**
  BR-PlPr 491 = **5 J 8**

  GesEntw der Bundesregierung
  BT-Drs 8/4133 = **187 B 5**
  Stellungnahme des Bundesrates
  BT-Drs 8/4280 = **190 E 7**
  Beschlußempfehlung des Auswärtigen Ausschusses
  BT-Drs 8/4297 = **190 J 2**
  Gegenäußerung der Bundesregierung zur Stellungnahme des Bundesrates
  BT-Drs 8/4334 = **191 J 2**
  1. Beratung
  BT-PlPr 8/220 = **48 C 8**
  2. Beratung und Schlußabstimmung
  BT-PlPr 8/228 = **50 E 6**

Gelöbnis, öffentliches
- Bericht des Verteidigungsausschusses als Untersuchungsausschuß zu den blutigen Krawallen anläßlich des öffentlichen Gelöbnisses am 6. 5. 1980 im Bremer Weserstadion
  BT-Drs 8/4472 = **195 F 14**

Gemeindeanteil an Einkommensteuer
- VO über die Ermittlung der Schlüsselzahlen für die Aufteilung des Gemeindeanteils an der Einkommensteuer für das Jahr 1978
  BR-Drs 23/78 = **46 A 10**
- VO über die Ermittlung der Schlüsselzahlen für die Aufteilung des Gemeindeanteils an der Einkommensteuer für die Jahre 1979 und 1980
  BR-Drs 529/78 = **80 H 4**
- VO über die Ermittlung der Schlüsselzahlen für 1981
  BR-Drs 536/80 = **156 N 7**
- Antrag der CDU/CSU betr Beteiligung der Gemeinden an der Einkommensteuer
  BT-Drs 8/881 = **78 G 4**
  Beratung
  BT-PlPr 8/40 = **9 B 7**
  Beschlußempfehlung des Finanzausschusses
  BT-Drs 8/1662 = **101 I 5**

Gemeindefinanzreformgesetz
- *Entw eines 2. ÄndGes*
  (betr Gemeindeanteil an der Einkommensteuer)
  1. und 2. Durchgang
  BR-Drs 259/78 = **63 L 5**
  BR-Drs 579/78 = **83 C 10**
  BR-PlPr 461 = **2 I 9**
  BR-PlPr 468 = **3 E 13**

  GesEntw der Bundesregierung
  BT-Drs 8/2154 = **121 F 2**
  Beschlußempfehlung des Finanzausschusses
  BT-Drs 8/2389 = **128 L 4**
  1. Beratung
  BT-PlPr 8/114 = **24 K 3**
  2. und 3. Beratung
  BT-PlPr 8/126 = **27 D 13**
  GesEntw der CDU/CSU
  BT-Drs 8/923 = **79 K 3**
  Beschlußempfehlung des Finanzausschusses
  BT-Drs 8/1662 = **101 I 5**
  Bericht des Haushaltsausschusses
  BT-Drs 8/1663 = **101 I 8**
  1. Beratung
  BT-PlPr 8/58 = **12 K 7**
  2. Beratung
  BT-PlPr 8/83 = **18 F 5**

Gemeindestraßenstatistikgesetz
- *GesEntw über die Statistik der Straßen in den Gemeinden 1981*
  1. Durchgang
  BR-Drs 135/80 = **134 D 3**
  BR-PlPr 485 = **5 A 10**

  GesEntw der Bundesregierung
  BT-Drs 8/4038 = **185 G 7**
  Beschlußempfehlung des Ausschusses für Verkehr und für das Post- und Fernmeldewesen
  BT-Drs 8/4255 = **189 L 1**
  Bericht des Haushaltsausschusses
  BT-Drs 8/4320 = **190 M 8**
  1. Beratung
  BT-PlPr 8/220 = **48 C 8**
  2. Beratung
  BT-PlPr 8/225 = **49 F 14**

Gemeindeverkehrsfinanzierungsgesetz
- *Entw eines ÄndGes*
  (betr Änderung des Gemeindeanteils an der Minderalölsteuer)
  GesEntw der CDU/CSU
  BT-Drs 8/1147 = **86 E 9**
  Beschlußempfehlung des Ausschusses für Verkehr und für das Post- und Fernmeldewesen
  BT-Drs 8/3614 = **168 L 12**
  Bericht des Haushaltsausschusses
  BT-Drs 8/3723 = **174 H 11**
  1. Beratung
  BT-PlPr 8/58 = **12 K 7**
  2. Beratung
  BT-PlPr 8/205 = **44 J 1**

Gemeinnütziger Verein
- s GesEntw zur Verbesserung der Besteuerung gemeinnütziger, mildtätiger und kirchlicher Körperschaften *(Vereinsbesteuerungsgesetz)*
  BR-Drs 208/79 = **98 D 3**
  BT-Drs 8/3243 = **158 A 11**

Gemeinnützigkeit
s Abgabenordnung

Gemeinsame Forschungsstelle, EG
- Vorschlag für einen EG-Beschluß für ein Mehrjahresprogramm der Gemeinsamen Forschungsstelle 1980–1983
  BR-Drs 209/79 = **98 F 13**

Gemeinsamer Markt
s Integrationsbericht der Bundesregierung
  Marktorganisation, EG

Gemeinschaftsaufgaben nach dem Grundgesetz
s Agrarstruktur
  Wirtschaftsstruktur

Gemeinschaftspatentgesetz
- *GesEntw über das Gemeinschaftspatent und zur Änderung patentrechtlicher Vorschriften*
  1. und 2. Durchgang
  BR-Drs 216/78 = **60 B 8**
  BR-Drs 284/79 = **103 D 12**
  BR-PlPr 460 = **2 H 2**
  BR-PlPr 474 = **3 M 13**

  GesEntw der Bundesregierung
  BT-Drs 8/2087 = **118 C 2**
  Beschlußempfehlung des Rechtsausschusses
  BT-Drs 8/2799 = **142 K 1**

Bericht des Haushaltsausschusses
BT-Drs 8/2825 = **143** C 2
1. Beratung
BT-PlPr 8/107 = **23** G 3
2. und 3. Beratung
BT-PlPr 8/157 = **34** E 8

Generalsaffäre
– Versetzung der Generale Krupinski und Franke in den einstweiligen Ruhestand
BT-Drs 8/2 = **51** A 6
BT-PlPr 8/11 = **2** C 10

Genfer Protokoll
– s Entwurf eines Gesetzes zum Genfer Protokoll von 1979 zum *Allgemeinen Zoll- und Handelsabkommen*
BR-Drs 190/80 = **137** F 2
BT-Drs 8/3985 = **183** H 11

Genmanipulation
– s Vorschlag für ein mehrjähriges Forschungs- und Entwicklungsprogramm der EG auf dem Gebiet der molekularbiologischen Technologie (indirekte Aktion: 1981–1985)
BR-Drs 77/80 = **129** O 10

Genossenschaftswohnungen
– s Entw zur Änderung des Ges über *Investitionszuschüsse* für Mietwohnungen, Genossenschaftswohnungen und Wohnheime im sozialen *Wohnungsbau*

Gerätesicherheit
– VO über Prüfstellen nach dem Gerätesicherheitsgesetz
BR-Drs 523/79 = **117** H 1
– 2. VO zum Gerätesicherheitsgesetz
BR-Drs 451/80 = **151** F 9
– s a Arbeitsmittel, technische

Gerichtshof der EG
s Europäischer Gerichtshof für Menschenrechte

Gerichtsverfassungsgesetz
s a Strafverfahrensänderungsgesetz 1979
– *GesEntw zur Änderung des Einführungsgesetzes zum Gerichtsverfassungsgesetz*
(betr Kontaktsperregesetz)
Bundesratsdurchgang
BR-Drs 453/77 = **33** A 10
BR-PlPr 449 = **1** J 5

interfraktioneller GesEntw
BT-Drs 8/935 = **79** O 7
Beschlußempfehlung des Rechtsausschusses
BT-Drs 8/943 = **80** A 10
Nachtrag zur Beschlußempfehlung des Rechtsausschusses
BT-Drs 8/944 = **80** A 14
Bericht des Rechtsausschusses
BT-Drs 8/945 = **80** B 1
Änderungsantrag
BT-Drs 8/962 = **80** H 12
1. Beratung
BT-PlPr 8/43 = **9** J 4
2. und 3. Beratung
BT-PlPr 8/44 = **9** K 8

Gesamtschule
– Antwort auf Große Anfrage betr Beurteilung der Bildungschancen an einer Gesamtschule
BT-Drs 8/1703 = **102** K 6

Gesamtwirtschaftliche Entwicklung
– s Jahresgutachten des *Sachverständigenrates zur Begutachtung der gesamtwirtschaftlichen Entwicklung*

Geschäftsordnung des Deutschen Bundestages
– Behandlung von Vorlagen der Europäischen Gemeinschaft:
Änderung der Anlage 6 der Geschäftsordnung,
Beschlußempfehlung des Ausschusses für Wahlprüfung, Immunität und Geschäftsordnung
BT-Drs 8/1265 = **90** J 13
BT-PlPr 8/63 = **13** L 10
– Auslegung von § 105 (Große Anfragen):
Beschlußempfehlung des Ausschusses für Wahlprüfung, Immunität und Geschäftsordnung
BT-Drs 8/1159 = **86** L 2
BT-PlPr 8/56 = **12** F 10
– Änderung der Verhaltensregeln
BT-Drs 8/4115 = **186** D 14
Beschlußempfehlung des Rechtsausschusses
BT-Drs 8/4293 = **190** H 14
– Entwurf einer Neufassung der Geschäftsordnung
BT-Drs 8/3460 = **163** D 2
BT-PlPr 8/193 = **41** L 4
Beschlußempfehlung des Ausschusses für Wahlprüfung, Immunität und Geschäftsordnung
BT-Drs 8/4127 = **186** G 7
Nachtrag zur Beschlußempfehlung
BT-Drs 8/4262 = **189** N 1
Beratung der Beschlußempfehlung des Ausschusses für Wahlprüfung, Immunität und Geschäftsordnung
BT-PlPr 8/225 = **49** F 14

Geschlechtsumwandlung
– s GesEntw über die Änderung der Vornamen und die Feststellung der Geschlechtszugehörigkeit in besonderen Fällen *(Transsexuellengesetz)*
BR-Drs 6/79 = **85** A 8
BT-Drs 8/2947 = **146** F 6

Gesellschaft mit beschränkter Haftung
– *GesEntw zur Änderung des Ges betr die GmbH und anderer handelsrechtlicher Vorschriften*
(betr insbesondere den Gläubigerschutz)
1. und 2. Durchgang
BR-Drs 404/77 = **28** G 10
BR-Drs 277/80 = **143** D 2
BR-PlPr 451 = **1** M 3
BR-PlPr 488 = **5** E 6

GesEntw der Bundesregierung
BT-Drs 8/1347 = **92** J 9
Beschlußempfehlung des Rechtsausschusses
BT-Drs 8/3908 = **180** D 1
1. Beratung
BT-PlPr 8/75 = **16** L 2
2. und 3. Beratung
BT-PlPr 8/216 = **47** A 10

Gesellschaftspolitik
s Sozialbericht

Gesellschaftsrecht
– *GesEntw zur Durchführung der 2. Richtlinie des Rates der EG zur Koordinierung des Gesellschaftsrechts*
(betr Aktiengesellschaften)
1. und 2. Durchgang
BR-Drs 2/78 = **44** C 6
BR-Drs 511/78 = **77** O 13
BR-PlPr 454 = **2** A 5
BR-PlPr 467 = **3** E 7

GesEntw der Bundesregierung
BT-Drs 8/1678 = **102** B 6
Beschlußempfehlung des Rechtsausschusses
BT-Drs 8/2251 = **123** O 13
1. Beratung
BT-PlPr 8/86 = **18** O 1
2. und 3. Beratung
BT-PlPr 8/114 = **24** K 3
– Vorschlag einer EG-Richtlinie über regelmäßige Informationen, die von Gesellschaften zu veröffentlichen sind, deren Wertpapiere zur amtlichen Notierung an einer Wertpapierbörse zugelassen sind
BR-Drs 47/79 = **87** L 3

Gesetzgebung
– *GesEntw über die Bereinigung des Bundesrechts*
BT-Drs 8/3802 = **176** H 10
1. Beratung
BT-PlPr 8/223 = **48** N 5
– Antrag der Fraktion der CDU/CSU betr Prüfung der Notwendigkeit von Gesetzgebungsvorhaben
BT-Drs 8/3804 = **176** I 2
BT-PlPr 8/223 = **48** N 5

Gesetzliche Krankenversicherung
s Krankenversicherung, gesetzliche

Gesetzliche Rentenversicherung
s Rentenversicherung, gesetzliche

Gesetzliche Unfallversicherung
s Unfallversicherung, gesetzliche

Gesundheitsfürsorge
s Bundesseuchengesetz

Gesundheitsschutz
s Arbeitsschutz
Strahlenschutz

Gesundheitswesen
s a Forschungspolitik, EG
– Sozialbericht 1978 der Bundesregierung
BR-Drs 210/78 = **58** I 14
BT-Drs 8/1805 = **106** E 6
– Vorschlag für ein 1. EG-Programm für Forschungsaktionen im Bereich Forschung in Medizin und Gesundheitswesen und Vorschläge von EG-Beschlüssen auf diesem Gebiet
BR-Drs 342/77 = **25** G 5
– Stellungnahme der Bundesregierung zum Bericht der Sachverständigen-Kommission über die Lage der Psychiatrie in der Bundesrepublik Deutschland
BT-Drs 8/2565 = **134** F 3

Gesundheitsvorschriften, internationale
– 5. VO zur Änderung der VO zur Durchführung der Internationalen Gesundheitsvorschriften im Luftverkehr
BR-Drs 257/79 = **101** B 2

Getränkeherstellung
– 6. Allgemeine Verwaltungsvorschrift über Mindestanforderungen an das Einleiten von

Abwasser in Gewässer (Herstellung von Erfrischungsgetränken und Getränkeabfüllung)
BR-Drs 95/80 = **130** N 4

Getreide
- VO über die Meldepflichten der Getreide-, Stärke- und Futtermittelwirtschaft (MeldeVO-Getreide)
BR-Drs 139/78 = **54** A 9
- 4. VO zur Änderung der 7. Durchführungsverordnung zum Getreidegesetz: Kennzeichnung von Getreidemahlerzeugnissen
BR-Drs 55/80 = **128** F 13

Gewässerschutz
s a Abwasser
Abwasserabgabengesetz
- 1. Allgemeine Verwaltungsvorschrift über Mindestanforderungen an das Einleiten von Schmutzwasser aus Gemeinden in Gewässer
BR-Drs 338/78 = **67** F 5
- 2. Allgemeine Verwaltungsvorschrift über Mindestanforderungen an das Einleiten von Schmutzwasser in Gewässer (Braunkohle-Brikettfabrikation)
BR-Drs 338/79 = **105** F 4
- Vorschlag einer EG-Richtlinie
– betr die Grenzwerte für die Ableitungen von Quecksilber in die Gewässer durch den Sektor Alkalichloridelektrolyse
– betr die Qualitätsziele für Gewässer, in die der Sektor Alkalichloridelektrolyse Quecksilber ableitet
BR-Drs 348/79 = **106** C 7

Gewerbe, Verarbeitendes
- VO über die statistische Erfassung des Material- und Wareneingangs im Bergbau und im Verarbeitenden Gewerbe sowie im Baugewerbe
BR-Drs 396/77 = **28** B 5

Gewerbeordnung
- *Entw eines ÄndGes*
(betr Geld- und Warenspielgeräte)
1. und 2. Durchgang
BR-Drs 81/78 = **50** A 11
BR-Drs 571/78 = **83** A 14
BR-PlPr 455 = **2** C 1
BR-PlPr 468 = **3** E 13
GesEntw der Bundesregierung
BT-Drs 8/1863 = **108** N 5
Beschlußempfehlung des Wirtschaftsausschusses
BT-Drs 8/2314 = **126** K 3
Berichtigung zur Beschlußempfehlung
BT-Drs 8/2348 = **127** J 5
1. Beratung
BT-PlPr 8/100 = **22** B 11
2. und 3. Beratung
BT-PlPr 8/122 = **26** D 11
- *GesEntw zur Änd des § 69b Abs III Gewerbeordnung*
(betr Aufhebung der Festsetzung eines Jahrmarktes und Volksfestes)
BT-Drs 8/1755 = **104** C 12
Beschlußempfehlung des Wirtschaftsausschusses
BT-Drs 8/2314 = **126** K 3
Berichtigung hierzu:
BT-Drs 8/2348 = **127** J 5
1. Beratung
BT-PlPr 8/100 = **22** B 11
2. Beratung
BT-PlPr 8/122 = **26** D 11
- *Entw eines ÄndGes zu § 139*
(betr Angaben an die Gewerbeaufsicht)
1. und 2. Durchgang
BR-Drs 84/79 = **90** J 10
BR-Drs 580/79 = **121** I 6
BR-PlPr 471 = **3** J 3
BR-PlPr 481 = **4** I 5
Vermittlungsverfahren:
BR-Drs 10/80 = **125** K 3
BR-PlPr 482 = **4** K 5
GesEntw der Bundesregierung
BT-Drs 8/3077 = **150** M 11
Beschlußempfehlung des Ausschusses für Arbeit und Sozialordnung
BT-Drs 8/3346 = **160** D 10
Anrufung des Vermittlungsausschusses
BT-Drs 8/3531 = **165** B 11
Beschlußempfehlung des Vermittlungsausschusses
BT-Drs 8/3598 = **168** I 9
1. Beratung
BT-PlPr 8/169 = **36** K 13
2. und 3. Beratung
BT-PlPr 8/186 = **39** O 4
Beratung der Beschlußempfehlung des Vermittlungsausschusses
BT-PlPr 8/199 = **43** B 5
- VO über die Anzeigen nach § 14 und § 55c Gewerbeordnung
BR-Drs 357/79 = **106** I 5
- VO zur Ablösung von Verordnungen nach § 24 Gewerbeordnung
(betr überwachungsbedürftige Anlagen)
BR-Drs 361/79 = **106** K 6
- Allgemeine Verwaltungsvorschrift zur Ablösung von allgemeinen Verwaltungsvorschriften zu Verordnungen nach § 24 Gewerbeordnung
BR-Drs 362/79 = **107** N 5
- 2. VO zur Änderung gewerberechtlicher Vorschriften
(betr Spiele, Spielgeräte, Makler, Bauträger, Blindenhandwerk)
BR-Drs 442/79 = **112** J 12
- VO zur Änderung der VO über das Verfahren bei der Erteilung von Unbedenklichkeitsbescheinigungen für die Veranstaltung anderer Spiele im Sinne des § 33d Abs 1 der Gewerbeordnung
BR-Drs 145/80 = **134** M 4

Gewerbesteuer
s a Doppelbesteuerungsabkommen
- VO zur Änderung der Gewerbesteuer-DurchführungsVO
BR-Drs 8/77 = **6** G 5
- VO zur Änderung der Gewerbesteuer-DurchführungsVO
BR-Drs 455/78 = **76** C 9
- VO zur Änderung der Gewerbesteuer-DurchführungsVO
BR-Drs 91/80 = **130** M 1
- Allgemeine Verwaltungsvorschrift über die Änderung und Ergänzung der Gewerbesteuer-Richtlinien 1974 (GewStER 1978)
BR-Drs 98/79 = **91** F 14

Gewerbesteuergesetz
- s GesEntw zur Änderung und Vereinfachung des *Einkommensteuergesetzes* und anderer Gesetze
BR-Drs 600/79 = **122** G 5
BT-Drs 8/3688 = **173** D 7
- s GesEntw zur Änderung des Einkommensteuergesetzes, des Gewerbesteuergesetzes, des Umsatzsteuergesetzes und anderer Gesetze *(Steueränderungsgesetz 1979)*
BR-Drs 386/78 = **70** C 9
BT-Drs 8/2118 = **119** O 1
- s Entw eines *Steueränderungsgesetzes*
(betr Anhebung des Freibetrags bei der Gewerbeertragssteuer)
BT-Drs 8/2100 = **118** K 12

Gewerbezentralregister
- Allgemeine Verwaltungsvorschrift zur Änderung der 1. und 2. Allgemeinen Verwaltungsvorschrift zur Durchführung des Titels XI – Gewerbezentralregister – der Gewerbeordnung
BR-Drs 507/77 = **35** F 11
- VO über die Anzeigen nach § 14 und § 55c Gewerbeordnung
BR-Drs 357/79 = **106** I 5

Gewerkschaften
- s GesEntw zum Übereinkommen der *Internationalen Arbeitsorganisation* über landwirtschaftliche Arbeitnehmerorganisationen
BT-Drs 8/10 = **51** B 7

Gewinnbeteiligung
s Vermögensbildung

Gewinnspiel
- VO zur Änderung der VO über das Verfahren bei der Erteilung von Unbedenklichkeitsbescheinigungen für die Veranstaltung anderer Spiele im Sinne des § 33d Abs 1 der Gewerbeordnung
BR-Drs 145/80 = **134** M 4

Ghana, Republik
- VO zur Befreiung der Inhaber amtlicher ghanaischer Pässe von der Aufenthaltserlaubnis
BR-Drs 66/79 = **89** I 11

Glasfachschule Rheinbach
- VO zur Gleichstellung von Prüfungszeugnissen der Staatlichen Glasfachschule Rheinbach mit den Zeugnissen über das Bestehen der Gesellenprüfung in handwerklichen Ausbildungsberufen
BR-Drs 207/78 = **58** H 11

Gleichberechtigung
- *GesEntw über die Gleichbehandlung von Männern und Frauen am Arbeitsplatz und über die Erhaltung von Ansprüchen bei Betriebsübergang (Arbeitsrechtliches EG-Anpassungsgesetz)*
1. und 2. Durchgang
BR-Drs 353/79 = **106** F 3
BR-Drs 389/80 = **147** I 4
BR-PlPr 477 = **4** B 11
BR-PlPr 491 = **5** J 8
GesEntw der Bundesregierung
BT-Drs 8/3317 = **159** J 13
Beschlußempfehlung des Ausschusses für Arbeit und Sozialordnung
BT-Drs 8/4259 = **189** L 10

1. Beratung
BT-PlPr 8/189 = **40 J 14**
2. und 3. Beratung
BT-PlPr 8/225 = **49 F 14**
- Bericht der Bundesregierung über Verwirklichung des Grundsatzes „Gleicher Lohn für Männer und Frauen Art. 119 EWG-Vertrag"
BT-Drs 8/547 = **68 L 8**
Bericht des Ausschusses für Arbeit und Sozialordnung
BT-Drs 8/1002 = **81 H 7**
- Bericht der Bundesregierung über Art, Umfang und Erfolg der von ihr oder den Landesregierungen vorgenommenen Beanstandungen betr Artikel 119 EWG-Vertrag 1980
BT-Drs 8/4156 = **188 G 8**
- Vorschlag einer Richtlinie des Rates der EG zur schrittweisen Verwirklichung der Gleichbehandlung von Mann und Frau im Bereich der Sozialen Sicherheit
BT-Drs 8/56 = **53 E 7**
- Bericht der Enquête-Kommission Frau und Gesellschaft
BT-Drs 8/4461 = **195 A 3**

GleichstellungsVO
- 1. VO zur Änderung der GleichstellungsVO
(betr Saatgut)
BR-Drs 396/78 = **70 N 13**
- VO über die Gleichstellung von Anerkennungen und Zulassungen von Saatgut
BR-Drs 565/80 = **158 C 12**

Glücksspiele
- s Entw eines ÄndGes zur *Gewerbeordnung*
BR-Drs 81/78 = **50 A 11**
BT-Drs 8/1863 = **108 N 5**

Goldfranken
- *GesEntw zu den Protokollen über die Ersetzung des Goldfranken durch das Sonderziehungsrecht des Internationalen Währungsfonds sowie zur Regelung der Umrechnung des Goldfrankens in haftungsrechtlichen Bestimmungen (Goldfrankenumrechnungsgesetz)*
1. und 2. Durchgang
BR-Drs 9/79 = **85 F 9**
BR-Drs 89/80 = **130 I 2**
BR-PlPr 469 = **3 G 7**
BR-PlPr 484 = **4 N 4**
GesEntw der Bundesregierung
BT-Drs 8/2596 = **136 J 9**
Beschlußempfehlung des Ausschusses für Verkehr und für das Post- und Fernmeldewesen
BT-Drs 8/3592 = **168 H 10**
1. Beratung
BT-PlPr 8/148 = **32 F 9**
2. und 3. Beratung
BT-PlPr 8/201 = **43 J 1**
- s a Entw eines 1. Ges zur Änderung des Ges zu den Übereinkommen über den internationalen *Eisenbahnverkehr*
(betr Umrechnung der Landeswährung in Goldfranken)
BR-Drs 414/78 = **72 H 6**
BT-Drs 8/2244 = **123 M 2**

Gorleben (Entsorgungszentrum)
- Entsorgungsbericht 1977
BT-Drs 8/1281 = **90 O 5**

Graduiertenförderungsgesetz
- *Entw eines 2. ÄndGes*
(betr Hochschullehrernachwuchs-Förderung)
1. und 2. Durchgang
BR-Drs 442/77 = **32 C 4**
BR-Drs 596/77 = **40 H 7**
BR-PlPr 451 = **1 M 3**
BR-PlPr 453 = **1 O 6**
Vermittlungsverfahren:
BR-Drs 59/78 = **48 O 14**
BR-PlPr 454 = **2 A 5**
GesEntw der Bundesregierung
BT-Drs 8/1026 = **82 C 14**
Stellungnahme des Bundesrates und Gegenäußerung der Bundesregierung
BT-Drs 8/1171 = **87 C 11**
Beschlußempfehlung des Ausschusses für Bildung und Wissenschaft
BT-Drs 8/1192 = **87 N 3**
Bericht des Haushaltsausschusses
BT-Drs 8/1237 = **90 D 13**
Änderungsantrag
BT-Drs 8/1240 = **90 E 2**
Anrufung des Vermittlungsausschusses
BT-Drs 8/1354 = **92 N 5**
Beschlußempfehlung des Vermittlungsausschusses
BT-Drs 8/1478 = **95 N 2**
1. Beratung
BT-PlPr 8/50 = **10 N 14**
2. und 3. Beratung
BT-PlPr 8/58 = **12 K 7**
Beratung der Beschlußempfehlung des Vermittlungsausschusses
BT-PlPr 8/70 = **15 I 6**
- *Entw eines 3. ÄndGes*
(betr Verbesserung der Promotionsförderung auf Stipendienbasis)
BT-Drs 8/4134 = **187 B 13**
1. Beratung
BT-PlPr 8/223 = **48 N 5**
- Bericht über die Erfahrungen mit der durch das Haushaltsstrukturgesetz geänderten Graduiertenförderung
BT-Drs 8/2149 = **121 A 1**
- Antrag auf Änderung der GraduiertenförderungsVO
(betr Höhe der Stipendien)
BT-Drs 8/4135 = **187 C 2**

Gräbergesetz
- Allgemeine Verwaltungsvorschrift zur Änderung der Allgemeinen Verwaltungsvorschrift zum Gräbergesetz
BR-Drs 199/79 = **97 L 2**

Grenzabfertigung
- *GesEntw zum Abkommen zur Änderung des Abkommens Bundesrepublik Deutschland/Republik Österreich über Erleichterungen der Grenzabfertigung im Eisenbahn-, Straßen- und Schiffsverkehr*
1. und 2. Durchgang
BR-Drs 92/78 = **50 J 8**
BR-Drs 565/78 = **82 N 7**
BR-PlPr 455 = **2 C 1**
BR-PlPr 468 = **3 E 13**
GesEntw der Bundesregierung
BT-Drs 8/1658 = **101 G 14**
Beschlußempfehlung des Finanzausschusses
BT-Drs 8/2278 = **125 D 6**
1. Beratung
BT-PlPr 8/86 = **18 O 1**
2. Beratung und Schlußabstimmung
BT-PlPr 8/120 = **25 L 1**
- 3. VO über die Inkraftsetzung einer Ergänzung des Abschnittes II der Anlage I zum Vertrag Bundesrepublik Deutschland/Republik Österreich über zoll- und paßrechtliche Fragen, die sich an der deutsch-österreichischen Grenze bei Staustufen und Grenzbrücken ergeben
BR-Drs 245/77 = **20 K 3**
- 4. VO über die Inkraftsetzung einer Ergänzung des Abschnittes II der Anlage I zum Vertrag Bundesrepublik Deutschland/Republik Österreich über zoll- und paßrechtliche Fragen, die sich an der deutsch-österreichischen Grenze bei Staustufen und Grenzbrücken ergeben
BR-Drs 387/77 = **27 K 4**

Grenzbrücken
s Grenzabfertigung

Grenzberichtigungen
- s GesEntw zu dem Vertrag mit *Österreich* über den Grenzabschnitt „Dreieckmark-Dandlbachmündung" und „Scheibelberg-Bodensee"
BR-Drs 197/78 = **58 C 6**
BT-Drs 8/1904 = **109 O 14**

Grenzgänger
„Ausführungsgesetz Grenzgänger Niederlande"
s Niederlande, Königreich der

Grenzüberschreitender Verkehr
s a Kraftfahrzeugsteuer
- Vorschlag einer Richtlinie des Rates zur Harmonisierung der Rechts- und Verwaltungsvorschriften über die im grenzüberschreitenden Reiseverkehr geltende Regelung für die Umsatz- und Sonderverbrauchsteuern
BR-Drs 66/77 = **10 G 2**
BT-Drs 8/106 = **55 M 3**
- 6. VO zur Änderung der VO zur Durchführung des Ges über die Statistik des grenzüberschreitenden Warenverkehrs
BR-Drs 183/77 = **17 G 12**
- VO über den grenzüberschreitenden Huckepackverkehr
BR-Drs 222/77 = **19 F 10**
- VO zur Durchführung der EG-Verordnungen Nr 516/72, 517/72 und 1172/72
BR-Drs 460/77 = **33 C 14**
- Allgemeine Verwaltungsvorschrift dazu
BR-Drs 461/77 = **33 D 8**
- 2. VO zur Änderung von Rechtsvorschriften zum Güterkraftverkehrsgesetz
BR-Drs 581/78 = **83 C 14**
- Vorschlag einer 5. Richtlinie des Rates zur Harmonisierung der Rechts- und Verwaltungsvorschriften betreffend die Regelung über die Umsatz- und Sonderverbrauchsteuern im grenzüberschreitenden Reiseverkehr
BR-Drs 615/79 = **122 O 13**

Griechenland/Republik
- *GesEntw zum Abkommen Bundesrepublik Deutschland/Hellenische Republik über die steuerliche Behandlung von Straßenfahrzeugen im internationalen Verkehr*

1. und 2. Durchgang
BR-Drs 407/78 = **72** C 14
BR-Drs 113/79 = **93** B 5
BR-PlPr 463 = **2** N 14
BR-PlPr 471 = **3** J 3

GesEntw der Bundesregierung
BT-Drs 8/2231 = **123** A 8
Beschlußempfehlung des Finanzausschusses
BT-Drs 8/2574 = **135** K 13
1. Beratung
BT-PlPr 8/120 = **25** L 1
2. Beratung und Schlußabstimmung
BT-PlPr 8/141 = **30** I 6

– *GesEntw zum Vertrag und Beschluß über den Beitritt der Republik Griechenland zur Europäischen Wirtschaftsgemeinschaft, zur Europäischen Atomgemeinschaft und zur Europäischen Gemeinschaft für Kohle und Stahl*
1. und 2. Durchgang
BR-Drs 391/79 = **109** K 5
BR-Drs 586/79 = **121** L 14
BR-PlPr 477 = **4** B 11
BR-PlPr 481 = **4** I 5

GesEntw der Bundesregierung
BT-Drs 8/3231 = **157** F 7
Nachtrag zum GesEntw (Anhänge I–XII)
BT-Drs 8/3287 = **158** K 8
Beschlußempfehlung des Auswärtigen Ausschusses
BT-Drs 8/3415 = **161** I 12
Bericht des Haushaltsausschusses
BT-Drs 8/3416 = **161** J 3
Entschließungsantrag zur 2. Beratung und Schlußabstimmung
BT-Drs 8/3439 = **162** N 10
Beschlußempfehlung des Auswärtigen Ausschusses zum Entschließungsantrag
BT-Drs 8/4125 = **186** G 4
1. Beratung
BT-PlPr 8/177 = **38** B 9
2. Beratung und Schlußabstimmung
BT-PlPr 8/189 = **40** J 14

– Vorschlag einer VO zur Einführung vorübergehender Sondermaßnahmen betreffend die Einstellung von Beamten der Europ. Gemeinschaften infolge des Beitritts der Republik Griechenland
BR-Drs 594/80 = **159** J 13

Großbritannien, Vereinigtes Königreich von Großbritannien und Nordirland

– Bericht der Bundesregierung zum Abkommen über die Durchführung von Manövern im Raum Soltau-Lüneburg
BT-Drs 8/262 = **60** L 8
Beschlußempfehlung des Innenausschusses
BT-Drs 8/961 = **80** H 8

– VO zum Abkommen Bundesrepublik Deutschland/Vereinigtes Königreich Großbritannien und Nordirland über den Verzicht auf die Erstattung von Aufwendungen für Sachleistungen bei Krankheit, Mutterschaft, Arbeitsunfall und Berufskrankheit, der Leistungen an Arbeitslose sowie der Kosten für verwaltungsmäßige und ärztliche Kontrolle
BR-Drs 448/77 = **32** H 12

– s a Entw eines 1. Ges zur Änderung des Ges zu den beiden *Gedenkstättenabkommen*
BR-Drs 478/79 = **115** E 10
BT-Drs 8/3359 = **160** H 8

Grundbuchrecht

– *GesEntw zur Änderung sachenrechtlicher, grundbuchrechtlicher und anderer Vorschriften*
(betr insbesondere das Hypothekenrecht)
(BR-Drs 676/76)
2. Durchgang
BR-Drs 226/77 = **20** B 10
BR-PlPr 446 = **1** E 7

GesEntw der Bundesregierung
BT-Drs 8/89 = **55** G 2
Beschlußempfehlung des Rechtsausschusses
BT-Drs 8/359 = **64** E 2
1. Beratung
BT-PlPr 8/15 = **2** N 6
2. und 3. Beratung
BT-PlPr 8/27 = **6** B 6

– VO zur Änderung der Grundbuchverfügung und der Verfügung über die grundbuchmäßige Behandlung der Wohnungseigentumssachen
BR-Drs 517/77 = **35** K 3

Grunderwerbsteuer

– Bericht über die Auswirkungen des Gesetzes über steuerliche Vergünstigungen bei Herstellung oder Anschaffung bestimmter Wohngebäude und über Überlegungen zur Reform des Grunderwerbssteuerrechts
BT-Drs 8/2555 = **134** B 14
BT-PlPr 8/145 = **31** K 10

Grunderwerbsteuergesetz 1980

– *Entw eines Grunderwerbsteuergesetzes* (GrEStG 1980)
1. Durchgang
BR-Drs 339/79 = **105** G 1
BR-PlPr 476 = **4** A 4
BR-PlPr 477 = **4** B 11

GesEntw des Bundesrates
BT-Drs 8/3524 = **164** L 4
1. Beratung
BT-PlPr 8/206 = **44** N 12

– *Entwurf eines Grunderwerbsteuergesetzes*
1. Durchgang
BR-Drs 585/80 = **159** C 4
BR-PlPr 494 = **5** N 5

Grundgesetz für die Bundesrepublik Deutschland – (GG)

– Entschließungsantrag zum Schlußbericht der Enquête-Kommission Verfassungsreform
BT-Drs 8/1517 = **97** K 13
Beratung
BT-PlPr 8/73 = **16** F 10

Grundgesetz – Artikel 10

– s GesEntw über die Unterrichtung der Betroffenen über Maßnahmen zur Beschränkung des *Brief-, Post- und Fernmeldegeheimnisses*
BR-Drs 301/78 = **66** A 10
BT-Drs 8/932 = **79** N 12

Grundgesetz – Art 29 Abs 6

– *GesEntw über das Verfahren bei Volksentscheid, Volksbegehren und Volksbefragung (Art 29 Abs 6 GG)*
1. und 2. Durchgang
BR-Drs 29/78 = **46** D 11
BR-Drs 211/79 = **98** K 7
BR-PlPr 454 = **2** A 5
BR-PlPr 473 = **3** L 2
Vermittlungsverfahren:
BR-Drs 301/79 = **103** N 14
BR-PlPr 474 = **3** M 13

GesEntw der Bundesregierung
BT-Drs 8/1646 = **101** D 1
Beschlußempfehlung des Innenausschusses
BT-Drs 8/2705 = **139** K 8
Anrufung des Vermittlungsausschusses
BT-Drs 8/2941 = **146** D 10
Beschlußempfehlung des Vermittlungsausschusses
BT-Drs 8/2964 = **146** M 8
Verweigerung der Zustimmung durch den Bundesrat
BT-Drs 8/3015 = **148** C 14
1. Beratung
BT-PlPr 8/86 = **18** O 1
2. und 3. Beratung
BT-PlPr 8/148 = **32** F 9
Beratung der Beschlußempfehlung des Vermittlungsausschusses
BT-PlPr 8/161 = **35** C 1

Grundgesetz – Art 29 Abs 7

– *GesEntw über das Verfahren bei sonstigen Änderungen des Gebietsbestandes der Länder nach Art 29 Abs 7 GG*
1. und 2. Durchgang
BR-Drs 28/78 = **46** C 14
BR-Drs 212/79 = **98** L 5
BR-PlPr 454 = **2** A 5
BR-PlPr 473 = **3** L 2
Vermittlungsverfahren:
BR-Drs 302/79 = **103** O 3
BR-PlPr 474 = **3** M 13

GesEntw der Bundesregierung
BT-Drs 8/1647 = **101** E 1
Beschlußempfehlung des Innenausschusses
BT-Drs 8/2706 = **139** L 6
Anrufung des Vermittlungsausschusses
BT-Drs 8/2942 = **146** D 12
Beschlußempfehlung des Vermittlungsausschusses
BT-Drs 8/2965 = **146** M 10
1. Beratung
BT-PlPr 8/86 = **18** O 1
2. und 3. Beratung
BT-PlPr 8/148 = **32** F 9
Beratung der Beschlußempfehlung des Vermittlungsausschusses
BT-PlPr 8/161 = **35** C 1

Grundgesetz – Art 34

– *GesEntw zur Änderung des GG*
(betr Staatshaftungsrecht)
1. Durchgang
BR-Drs 214/78 = **59** J 12
BR-PlPr 461 = **2** I 9

GesEntw der Bundesregierung
BT-Drs 8/2080 = **117** M 6
Beschlußempfehlung des Rechtsausschusses
BT-Drs 8/4028 = **185** D 4
Bericht des Rechtsausschusses
BT-Drs 8/4036 = **185** G 2
1. Beratung
BT-PlPr 8/107 = **23** G 3

Grundgesetz – Art 44

– *GesEntw zur Änd des Grundgesetzes*
(betr Neugestaltung des Verfahrens vor dem Untersuchungsausschuß)
BT-Drs 8/1180 = **87** E 2
1. Beratung
BT-PlPr 8/63 = **13** L 10

Grundlagenforschung
in der Bundesrepublik Deutschland
- Antrag der Fraktion der CDU/CSU
  BT-Drs 8/3140 = **154** N 4
  Beratung
  BT-PlPr 8/173 = **37** H 11
  Beschlußempfehlung des Ausschusses für Forschung und Technologie
  BT-Drs 8/3879 = **179** B 1
  Bericht des Haushaltsausschusses
  BT-Drs 8/3953 = **182** I 8
  Änderungsantrag
  BT-Drs 8/4175 = **188** J 9
  Beratung
  BT-PlPr 8/221 = **48** G 4

Grundlagenvertrag
- Antwort auf Große Anfrage betr Folgevereinbarungen gem Artikel 7
  BT-Drs 8/1553 = **98** L 12
  Entschließungsantrag zur Großen Anfrage
  BT-Drs 8/1787 = **105** L 9
  Beratung
  BT-PlPr 8/90 = **19** N 1

Grundpfandrechtsbrief
- s GesEntw zur Änderung sachen- und *grundbuchrecht*licher Vorschriften

Grundsteuer
- Allgemeine Verwaltungsvorschrift zur Änderung und Ergänzung der Verwaltungsanordnung über die Anerkennung steuerbegünstigter Wohnungen und über die Grundsteuervergünstigung nach dem 2. Wohnungsbaugesetz
  BR-Drs 124/77 = **14** B 1
- Allgemeine Verwaltungsvorschrift über die Änderung und Ergänzung der Grundsteuer-Richtlinien 1974 – Grundsteuer-Ergänzungsrichtlinien 1978 –
  BR-Drs 368/78 = **69** B 12

Grundwasserverschmutzung
- Vorschlag einer EG-Richtlinie über den Schutz des Grundwassers gegen Verschmutzung durch bestimmte gefährliche Stoffe
  BR-Drs 99/78 = **51** A 5

Grundwehrdienstleistende
- s Entw eines 5./6. ÄndGes zum *Unterhaltssicherungsgesetz*

Güter, gefährliche
- *GesEntw zum Protokoll über die Änderung des Art 14 Abs 3 des Europäischen Übereinkommens über die internationale Beförderung gefährlicher Güter auf der Straße (ADR)*
  1. und 2. Durchgang
  BR-Drs 186/79 = **96** M 11
  BR-Drs 518/79 = **117** D 9
  BR-PlPr 473 = **3** L 2
  BR-PlPr 479 = **4** G 1

  GesEntw der Bundesregierung
  BT-Drs 8/3001 = **148** A 3
  Beschlußempfehlung des Ausschusses für Verkehr und für das Post- und Fernmeldewesen
  BT-Drs 8/3249 = **158** B 12
  1. Beratung
  BT-PlPr 8/163 = **33** I 6
  2. Beratung und Schlußabstimmung
  BT-PlPr 8/180 = **38** K 8
- 2. ADNR-ÄnderungsVO
  (betr Beförderung gefährlicher Güter auf dem Rhein)
  BR-Drs 567/77 = **38** C 9
- 2. ADNR-ÄnderungsVO
  (betr Beförderung gefährlicher Güter auf dem Rhein und der Mosel)
  BR-Drs 96/78 = **50** M 9
- VO über die Beförderung gefährlicher Güter mit Seeschiffen
  BR-Drs 140/78 = **54** C 13
- VO über die Beförderung gefährlicher Güter auf der Straße
  (Straßen-GefahrgutVO)
  BR-Drs 272/79 = **102** C 10
- VO über die Beförderung gefährlicher Güter mit der Eisenbahn
  (Eisenbahn-GefahrgutVO)
  BR-Drs 273/79 = **102** F 6
- 85. VO zur Änderung der Eisenbahn-Verkehrsordnung
  BR-Drs 276/79 = **102** K 6
- 3. ADNR-ÄnderungsVO
  (betr Rheinschiffahrt)
  BR-Drs 280/79 = **103** A 12
- 4. ADNR-ÄnderungsVO
  BR-Drs 570/80 = **158** I 9

Güterfernverkehr
- VO zur Änderung der 6. VO über die Höchstzahlen der Kraftfahrzeuge des Güterfernverkehrs und der Fahrzeuge des Möbelfernverkehrs
  BR-Drs 216/77 = **19** D 3
- 2. VO zur Änderung der 6. VO über die Höchstzahlen der Kraftfahrzeuge des Güterfernverkehrs und der Fahrzeuge des Möbelfernverkehrs
  BR-Drs 351/78 = **68** D 10

Güterfernverkehrsgenehmigungen
s Güterkraftverkehrsgesetz

Güterkraftverkehr
- EG-VO zur Änderung der EG-VO über das Gemeinschaftskontingent für den Güterkraftverkehr zwischen den Mitgliedstaaten
  BR-Drs 428/77 = **30** N 12
- Vorschlag einer EG-VO zur Anpassung der Kapazität für den gewerblichen Güterkraftverkehr zwischen den Mitgliedstaaten
  BR-Drs 491/78 = **77** I 13

Güterkraftverkehrsgesetz
- *GesEntw über eine Statistik im Güterkraftverkehr 1978*
  1. und 2. Durchgang
  BR-Drs 33/77 = **7** C 7
  BR-Drs 493/77 = **34** M 8
  BR-PlPr 443 = **1** A 1
  BR-PlPr 451 = **1** M 3

  GesEntw der Bundesregierung
  BT-Drs 8/177 = **58** C 6
  Beschlußempfehlung des Ausschusses für den Verkehr und das Post- und Fernmeldewesen
  BT-Drs 8/907 = **79** D 3
  Bericht des Haushaltsausschusses
  BT-Drs 8/908 = **79** D 5
  1. Beratung
  BT-PlPr 8/21 = **4** F 3
  2. und 3. Beratung
  BT-PlPr 8/44 = **9** K 8
- *Entw eines 2. ÄndGes*
  (betr insbesondere Güterfernverkehrsgenehmigungen)
  1. und 2. Durchgang
  BR-Drs 195/78 = **58** A 12
  BR-Drs 213/79 = **98** L 12
  BR-PlPr 459 = **2** G 3
  BR-PlPr 473 = **3** L 2

  GesEntw der Bundesregierung
  BT-Drs 8/2058 = **116** N 1
  Beschlußempfehlung des Ausschusses für Verkehr und für das Post- und Fernmeldewesen
  BT-Drs 8/2605 = **137** A 2
  Änderungsantrag
  BT-Drs 8/2776 = **141** N 10
  1. Beratung
  BT-PlPr 8/107 = **23** G 3
  2. und 3. Beratung
  BT-PlPr 8/148 = **32** F 9
- 2. VO zur Änderung von Rechtsvorschriften zum Güterkraftverkehrsgesetz
  BR-Drs 581/78 = **83** C 14
- Vorschlag einer Richtlinie des Rates über den Straßengüterwerkverkehr zwischen Mitgliedstaaten
  BR-Drs 71/79 = **89** L 9

Güternahverkehr
- Bericht über die Erfahrungen mit der Tarifüberwachung
  BT-Drs 8/1774 = **104** M 8

Güterverkehr
- VO über den grenzüberschreitenden Huckepackverkehr
  BR-Drs 222/77 = **19** F 10
- VO über den grenzüberschreitenden Huckepackverkehr; Überschrift geändert in: VO über den grenzüberschreitenden kombinierten Güterverkehr Schiene-Straße
  BR-Drs 144/80 = **134** L 13

Gutachten
- s Gutachten des Sozialbeirats zu den Vorausberechnungen der Bundesregierung über die Entwicklung der Finanzlage der gesetzlichen Rentenversicherungen
  s *Rentenanpassungsbericht*
- s Gutachten des *Sachverständigenrats* zur Begutachtung der gesamtwirtschaftlichen Entwicklung

H

Haager Übereinkommen über den Zivilprozeß
- *GesEntw zur Ausführung des Haager Übereinkommens über die Zustellung gerichtlicher und außergerichtlicher Schriftstücke im Ausland in Zivil- oder Handelssachen und des Haager Übereinkommens über die Beweisaufnahme im Ausland in Zivil- oder Handelssachen*
  1. und 2. Durchgang
  BR-Drs 86/77 = **12** G 3
  BR-Drs 600/77 = **40** I 2
  BR-PlPr 443 = **1** A 1
  BR-PlPr 453 = **1** O 6

GesEntw der Bundesregierung
BT-Drs 8/218 = **60** C 2
Beschlußempfehlung des Rechtsausschusses
BT-Drs 8/1213 = **89** B 7
1. Beratung
BT-PlPr 8/23 = **4** N 12
2. Beratung und Schlußabstimmung
BT-PlPr 8/58 = **12** K 7
– *GesEntw zum Haager Übereinkommen über die Zustellung gerichtlicher und außergerichtlicher Schriftstücke im Ausland in Zivil- oder Handelssachen und zu dem Haager Übereinkommen über die Beweisaufnahme im Ausland in Zivil- oder Handelssachen*
1. und 2. Durchgang
BR-Drs 87/77 = **12** G 5
BR-Drs 599/77 = **40** I 2
BR-PlPr 443 = **1** A 1
BR-PlPr 453 = **1** O 6

GesEntw der Bundesregierung
BT-Drs 8/217 = **60** A 1
Beschlußempfehlung des Rechtsausschusses
BT-Drs 8/1212 = **89** B 5
1. Beratung
BT-PlPr 8/23 = **4** N 12
2. Beratung und Schlußabstimmung
BT-PlPr 8/58 = **12** K 7

Hackfleisch
– VO zur Änderung der HackfleischVO
BR-Drs 138/77 = **15** B 3

Häftlingshilfegesetz
– *Entw eines 8. ÄndGes*
(betr Aufstockung des Stammvermögens und Erhöhung der jährlichen Entnahmebeträge der Stiftung für ehemalige politische Häftlinge)
1. und 2. Durchgang
BR-Drs 445/79 = **112** N 4
BR-Drs 18/80 = **125** L 11
BR-PlPr 478 = **4** E 10
BR-PlPr 482 = **4** K 5

GesEntw der Bundesregierung
BT-Drs 8/3292 = **158** O 13
Beschlußempfehlung des Innenausschusses
BT-Drs 8/3453 = **163** A 13
Bericht des Haushaltsausschusses
BT-Drs 8/3562 = **166** D 1
1. Beratung
BT-PlPr 8/186 = **39** O 4
2. und 3. Beratung
BT-PlPr 8/196 = **42** G 11

Härtefallverordnung
– 2. VO zur Änderung der VO über Zusatzleistungen in Härtefällen nach dem Bundesausbildungsförderungsgesetz
BR-Drs 261/80 = **141** I 6

Haftpflichtgesetz
– *Entwurf eines Gesetzes zur Änderung des Haftpflichtgesetzes*
(betr Schlepplifte)
1. Durchgang
BR-Drs 507/80 = **155** A 5
BR-PlPr 493 = **5** M 6

Haftungshöchstbeträge
– s a GesEntw zur Änderung *schadensersatzrecht*licher Vorschriften
BT-Drs 8/108 = **55** M 7

Handelsabkommen
s a Allgemeines Zoll- und Handelsabkommen
– s a Entwurf eines Gesetzes zu dem 2. *AKP-EWG-Abkommen von Lomé* sowie zu den mit diesem Abkommen in Zusammenhang stehenden Abkommen
BR-Drs 160/80 = **136** G 12
BT-Drs 8/3927 = **180** O 5
– Empfehlung für eine EG-VO zum Abschluß des Handelsabkommens Europäische Wirtschaftsgemeinschaft/Volksrepublik China
BR-Drs 151/78 = **55** F 11

Handelsklassen
– VO zur Änderung der VO über gesetzliche Handelsklassen für Rindfleisch
BR-Drs 379/77 = **27** D 13
– VO zur Änderung der VO über gesetzliche Handelsklassen für Schaffleisch
BR-Drs 380/77 = **27** E 4
– 3. VO zur Änderung der Schlachtvieh-Handelsklassen- und NotierungsVO
BR-Drs 274/79 = **102** G 14

Handelsrecht
– s GesEntw zur Änderung des Ges betr die *Gesellschaft mit beschränkter Haftung* und anderer handelsrechtlicher Vorschriften
BR-Drs 404/77 = **28** G 10
BT-Drs 8/1347 = **92** J 9

Handelsschiffahrt, internationale
– Antwort auf Große Anfrage zu Tendenzen zum Protektionismus im internationalen Verkehr
BT-Drs 8/3199 = **156** J 7

Handelsschiffe
s Seeschiffahrt
– s GesEntw zum Übereinkommen der *Internationalen Arbeitsorganisation* über Mindestnormen auf Handelsschiffen
BR-Drs 8/79 = **85** E 6
BT-Drs 8/2898 = **145** F 7

Handelsstatistikgesetz
– *GesEntw über die Statistik im Handel und Gastgewerbe*
1. und 2. Durchgang
BR-Drs 438/77 = **31** M 2
BR-Drs 319/78 = **66** J 3
BR-PlPr 451 = **1** M 3
BR-PlPr 461 = **2** I 9
Vermittlungsverfahren:
BR-Drs 429/78 = **73** N 4
BR-PlPr 462 = **2** L 11

GesEntw der Bundesregierung
BT-Drs 8/1766 = **104** I 2
Beschlußempfehlung des Wirtschaftsausschusses
BT-Drs 8/1927 = **110** N 6
Bericht des Haushaltsausschusses
BT-Drs 8/1947 = **112** M 6
Anrufung des Vermittlungsausschusses
BT-Drs 8/1984 = **113** G 12
Beschlußempfehlung des Vermittlungsausschusses
BT-Drs 8/2089 = **118** H 8
1. Beratung
BT-PlPr 8/93 = **20** G 10
2. und 3. Beratung
BT-PlPr 8/100 = **22** B 11
Beratung der Beschlußempfehlung des Vermittlungsausschusses
BT-PlPr 8/104 = **22** L 14

Handelsvertreter
– Vorschlag einer EG-Richtlinie zur Koordinierung der Rechte der Mitgliedstaaten die (selbständigen) Handelsvertreter betreffend
BR-Drs 20/77 = **6** L 3
BT-Drs 8/43 = **52** H 2

Handfeuerwaffen
s Waffengesetz

Handwerksordnung
– VO zur Änderung der Anlage A zur Handwerksordnung und der VO über verwandte Handwerke
BR-Drs 264/78 = **64** F 3

Haushalt des Bundes
s Bundeshaushalt
Bundeshaushaltsgesetz

Haushalte, private
– VO zur Durchführung des Ges über die Statistik der Wirtschaftsrechnungen privater Haushalte
BR-Drs 47/77 = **8** E 7

Haushaltsführung 19..
s Bundeshaushalt 19.. über- und außerplanmäßige Ausgaben

Haushaltsgesetz
s Bundeshaushaltsgesetz

Haushaltshilfe
s Familienförderung

Haushaltslage
– Antwort auf Große Anfrage zur Haushaltslage der Städte, Gemeinden und Kreise
BT-Drs 8/906 = **79** C 2
Entschließungsanträge zur Großen Anfrage
BT-Drs 8/1208 = **89** A 11
BT-Drs 8/1209 = **89** A 13

Haushaltsordnung, EG
– Vorschlag einer EG-VO zur Änderung der Haushaltsordnung für den Gesamthaushaltsplan der EG
BR-Drs 334/78 = **67** B 2
– Vorschlag einer EG-VO zur Änderung der Haushaltsordnung 1977 für den Gesamthaushaltsplan der EG
BR-Drs 214/79 = **98** M 2

Haushaltsstrukturgesetz
– *GesEntw zur Änderung des Ges zur Verbesserung der Haushaltsstruktur*
(betr Hochschullehrerbesoldung)
1. und 2. Durchgang
BR-Drs 501/77 = **35** C 8
BR-Drs 595/77 = **40** H 5
BR-PlPr 450 = **1** K 11
BR-PlPr 453 = **1** O 6

GesEntw des Bundesrates
BT-Drs 8/1101 = **84** G 11
Beschlußempfehlung des Innenausschusses
BT-Drs 8/1163 = **86** L 11
1. Beratung
BT-PlPr 8/52 = **11** H 10
2. und 3. Beratung
BT-PlPr 8/58 = **12** K 7

Hauskatze
– VO über die Einfuhr und die Durchfuhr von Hunden und Hauskatzen
BR-Drs 574/80 = **158** K 1

Hausratversicherung
- s Entw eines *Feuerschutzgesetzes*
  BR-Drs 292/78 = **65** E 7
  BT-Drs 8/2172 = **121** O 5

Haustiere
- s Entw eines 11. ÄndGes zum *Viehseuchengesetz*
  BR-Drs 518/78 = **79** B 4
  BT-Drs 8/2646 = 138 D 8

Haustürgeschäfte
- *GesEntw über den Widerruf von Haustürgeschäften*
  (BR-Drs 730/76)
  BT-Drs 8/130 = **56** I 1
  1. Beratung
  BT-PlPr 8/18 = 3 J 6

Hauswirtschafter/-in
- Berufsgrundbildungsjahr-Anrechnungs-Verordnung Hauswirtschaft
  BR-Drs 225/80 = **139** K 10

Hebammen
- 7. VO zur Änderung der VO über die von den Krankenkassen den freiberuflich tätigen Hebammen für Hebammenhilfe zu zahlenden Gebühren
  BR-Drs 459/77 = **33** C 11
- 8. VO zur Änderung der VO über die von den Krankenkassen den freiberuflich tätigen Hebammen für Hebammenhilfe zu zahlenden Gebühren
  BR-Drs 109/79 = **93** A 1
- 9. VO zur Änderung der VO über die von den Krankenkassen den freiberuflich tätigen Hebammen für Hebammenhilfe zu zahlenden Gebühren
  BR-Drs 555/80 = **157** N 6
- Antrag der Fraktionen der SPD und FDP betr Hebammenausbildung
  BT-Drs 8/4313 = **190** L 13
  Beratung
  BT-PlPr 8/228 = **50** E 6
- s a GesEntw über die Berufe in der *Krankenpflege* und den Beruf der Hebamme und des Entbindungspflegers (Krankenpflege- und Hebammengesetz)
  BR-Drs 340/78 = **67** I 3
  BT-Drs 8/2471 = **131** A 9
- *GesEntw zur Neufassung des Hebammengesetzes*
  BT-Drs 8/2276 = **125** D 1
  1. Beratung
  BT-PlPr 8/126 = **27** D 13
- *GesEntw zur Änd des Hebammengesetzes* (betr Neuregelung der Ausbildung und Zulassung zum Hebammenberuf)
  BT-Drs 8/4356 = **192** E 1
  1. und 2. Beratung
  BT-PlPr 8/228 = **50** E 6

Heilhilfsberufsverordnung
- VO zur Änderung zweier VO nach dem Bundesausbildungsförderungsgesetz
  BR-Drs 270/80 = **142** C 11

Heilverfahren
- VO zur Durchführung des § 33 des Beamtenversorgungsgesetzes (HeilverfahrensVO)
  BR-Drs 42/79 = **87** H 8

Heimgesetz
- Erfahrungsbericht über die Auswirkungen der Mitwirkungsregelung für Heimbewohner
  BT-Drs 8/2429 = **129** I 10

Heizkosten
s a Heizölkostenzuschuß
- VO über die verbrauchsabhängige Abrechnung der Heiz- und Warmwasserkosten
  BR-Drs 632/80 = **162** H 6

Heizkostenabrechnung
Einführung einer verbrauchsabhängigen Heizkostenabrechnung
- s GesEntw zur Änderung des *Energieeinsparungsgesetzes*
  BR-Drs 399/79 = **110** D 3
  BT-Drs 8/3348 = **160** E 3

Heizöl, leichtes
- 1. allgemeine Verwaltungsvorschrift zur 3. VO zur Durchführung des Bundes-Immissionsschutzgesetzes (Überwachung der Begrenzung des Schwefelgehalts von leichtem Heizöl und Dieselkraftstoff)
  BR-Drs 115/78 = **51** I 8

Heizölkostenzuschuß
- *GesEntw über die Gewährung eines einmaligen Heizölkostenzuschusses 1979*
  1. und 2. Durchgang
  BR-Drs 427/79 = **111** L 1
  BR-Drs 499/79 = **116** C 9
  BR-PlPr 477 = **4** B 11
  BR-PlPr 478 = **4** E 10

  GesEntw der Bundesregierung
  BT-Drs 8/3220 = **157** B 13
  Beschlußempfehlung des Ausschusses für Jugend, Familie und Gesundheit
  BT-Drs 8/3250 = **158** B 14
  Bericht des Haushaltsausschusses
  BT-Drs 8/3254 = **158** C 13
  1. Beratung
  BT-PlPr 8/176 = **38** A 7
  2. und 3. Beratung
  BT-PlPr 8/177 = **38** B 9

Heizungsanlagen
- VO über energiesparende Anforderungen an heizungstechnische Anlagen sowie Brauchwasseranlagen (Heizungsanlagen-VO)
  BR-Drs 147/77 = **15** J 8
- VO über energieeinsparende Anforderungen an den Betrieb von heizungstechnischen Anlagen und Brauchwasseranlagen (Heizungsbetriebs-VO)
  BR-Drs 149/77 = **15** N 6
- VO über energieeinsparende Anforderungen an heizungstechnische Anlagen und Brauchwasseranlagen
  BR-Drs 243/78 = **62** M 7
- VO über energiesparende Anforderungen an den Betrieb von heizungstechnischen Anlagen und Brauchwasseranlagen (HeizungsbetriebsVO)
  BR-Drs 244/78 = **62** N 11

Hengst
- VO über die Körung von Hengsten
  BR-Drs 205/79 = **98** A 13

Heringe
- Vorschlag einer EG-VO zum Verbot des unmittelbaren Fangs und der Anlandung von Heringen für industrielle Zwecke
  BR-Drs 363/77 = **26** F 10
- Vorschlag einer EG-VO über Erhaltungsmaßnahmen für die Heringsbestände in der Nordsee für 1978
  BR-Drs 364/77 = **26** F 11

Hilfeleistung
- *Entwurf eines Gesetzes zu dem Abkommen vom 2. 3. 78 zwischen der BRD und dem Großherzogtum Luxemburg über die gegenseitige Hilfeleistung bei Katastrophen oder schweren Unglücksfällen*
  BR-Drs 572/80 = **158** J 6
  BR-PlPr 494 = **5** N 5

„Hilfswerk für behinderte Kinder"
s Stiftung „Hilfswerk für behinderte Kinder"

Hinterbliebene
s Agrarsoziales Ergänzungsgesetz Anpassungsgesetz – KOV

Historische Anlagen
- UNESCO-Empfehlung über den Schutz historischer Anlagen
  BR-Drs 639/77 = **42** E 12

Hochfrequenzgeräte
- s GesEntw zur Durchführung der EG-Richtlinien zur Angleichung der Rechtsvorschriften der Mitgliedstaaten über *Funkstörungen* durch Hochfrequenzgeräte und Funkanlagen

Hochschulbauförderungsgesetz
- 9. VO zur Ergänzung der Anlage zum Hochschulbauförderungsgesetz
  BR-Drs 381/77 = **27** E 9
- 10. VO zur Änderung der Anlage zum Hochschulbauförderungsgesetz
  BR-Drs 538/78 = **80** L 14
- 11. VO zur Änderung der Anlage zum Hochschulbauförderungsgesetz
  BR-Drs 347/79 = **106** C 2
- 12. VO zur Änderung der Anlage zum Hochschulbauförderungsgesetz
  BR-Drs 541/80 = **157** C 11

Hochschulpolitik
- Bericht über Anerkennung der Diplome sowie Herstellung der Freizügigkeit für Hochschulangehörige
  BT-Drs 8/1775 = **104** M 11
  Bericht des Ausschusses für Bildung und Wissenschaft
  BT-Drs 8/2162 = **121** M 1
  Beratung der Beschlußempfehlung des Ausschusses für Bildung und Wissenschaft
  BT-PlPr 8/122 = **26** D 11
- Zwischenbericht der Bundesregierung zur europäischen Hochschulpolitik
  BT-Drs 8/3963 = **182** K 6
- Antwort auf Große Anfrage zu Fragen der Entwicklung des Hochschulbereichs
  BT-Drs 8/4459 = **194** N 2
- 2. VO zur Änderung der VO über die Förderungshöchstdauer für den Besuch von Höheren Fachschulen, Akademien und Hochschulen
  BR-Drs 2/77 = **6** B 11
- VO über die Gewährung einer Stellenzulage für Beamte, Richter und Soldaten in der Hochschulleitung (Hochschulleitungs-StellenzulagenVO)
  BR-Drs 177/77 = **17** C 6

– 3. VO zur Änderung der VO über die Förderungshöchstdauer für den Besuch von Höheren Fachschulen, Akademien und Hochschulen
BR-Drs 17/79 = **86** A 5

Hochschullehrer
s Bundesbesoldungsgesetz
Haushaltsstrukturgesetz

Hochschulrahmengesetz
– *Entw eines ÄndGes*
(betr Zwangsexmatrikulation und Regelstudienzeiten)
BR-Drs 363/79 = **107** O 7
BR-PlPr 477 = **4** B 11
– *Entw eines ÄndGes*
(betr Zwangsexmatrikulation und Regelstudienzeiten)
1. und 2. Durchgang
BR-Drs 371/79 = **108** D 7
BR-Drs 83/80 = **130** F 14
BR-PlPr 477 = **4** B 11
BR-PlPr 483 = **4** L 9

GesEntw des Bundesrates
BT-Drs 8/3274 = **158** H 4
Beschlußempfehlung des Ausschusses für Bildung und Wissenschaft
BT-Drs 8/3620 = **168** M 12
1. Beratung
BT-PlPr 8/186 = **39** O 4
2. und 3. Beratung
BT-PlPr 8/201 = **43** J 1

Hochschulstatistik
– 3. Bericht des Ausschusses für die Hochschulstatistik nach § 21 Abs 2 des Ges über eine Bundesstatistik für das Hochschulwesen
BR-Drs 78/78 = **49** I 11
BT-Drs 8/1451 = **95** H 12
– 4. Bericht des Ausschusses für die Hochschulstatistik für den Berichtszeitraum 1978/79
BR-Drs 46/80 = **126** M 13
BT-Drs 8/3591 = **168** H 4

Hochschulzulassung
– *Entw eines Ges zur Weiterentwicklung des Hochschulzulassungsrechts*
BR-Drs 131/79 = **93** G 9
BR-PlPr 472 = **3** K 1
– Bericht über verwaltungsgerichtliche Verfahren zur Erreichung eines Studienplatzes
BT-Drs 8/2698 = **139** H 14

Höcherl, Hermann (Bundesminister a.D.)
– Bericht von Bundesminister a.D. Hermann Höcherl über die Untersuchung von Fahndungspannen im Mord- und Entführungsfall Schleyer
BR-Drs 294/78 = **65** H 2
BR-PlPr 461 = **2** I 9
BT-Drs 8/1881 = **109** F 1
Stellungnahme der Bundesregierung zu den in Teil II des Berichts gemachten Vorschlägen
BT-Drs 8/1923 = **110** F 4
Beratung
BT-PlPr 8/98 = **21** J 6
Beschlußempfehlung des Innenausschusses
BT-Drs 8/2889 = **144** L 11
Beratung
BT-PlPr 8/160 = **34** N 13

HöchstbetragsVO
– 5. VO zur Änderung der HöchstbetragsVO (betr Schutzräume)
BR-Drs 474/77 = **33** H 4
– 6. VO zur Änderung der HöchstbetragsVO
BR-Drs 534/78 = **80** L 1
– 7. VO zur Änderung der HöchstbetragsVO
BR-Drs 449/79 = **113** C 4

Höhere Fachschulen
– 2. VO zur Änderung der VO über die Förderungshöchstdauer für den Besuch von Höheren Fachschulen, Akademien und Hochschulen
BR-Drs 2/77 = **6** B 11
– 3. VO zur Änderung der VO über die Förderungshöchstdauer für den Besuch von Höheren Fachschulen, Akademien und Hochschulen
BR-Drs 17/79 = **86** A 5

Holzfaserhartplatten
– 13. Allgemeine Verwaltungsvorschrift über Mindestanforderungen an das Einleiten von Abwasser in Gewässer (Herstellung von Holzfaserhartplatten)
BR-Drs 214/80 = **139** H 5

Holzwirtschaft
s Agrarbericht

Homöopathische Arzneimittel
– VO über Homöopathische Arzneimittel
BR-Drs 623/77 = **41** O 13

Huckepackverkehr
– VO zur Änderung der VO über den grenzüberschreitenden Huckepackverkehr
BR-Drs 144/80 = **134** L 13

Hüttenknappschaftliche Zusatzversicherung
– 4. VO über die Anpassung der Zusatzrenten aus der hüttenknappschaftlichen Zusatzversicherung
BR-Drs 531/78 = **80** H 11
– 3. VO über die Versicherung von Arbeitnehmern in der hüttenknappschaftlichen Zusatzversicherung
BR-Drs 35/79 = **87** A 13
– 5. VO über die Anpassung der Zusatzrenten ...
BR-Drs 559/80 = **158** A 3

Humanisierung des Arbeitslebens
– Antwort auf Große Anfrage zur Humanisierung des Arbeitslebens
BT-Drs 8/3844 = **177** N 13
BT-PlPr 8/217 = **47** E 13
– Antwort auf Große Anfrage zur menschengerechten Gestaltung der Arbeitsbedingungen
BT-Drs 8/3852 = **178** E 12
Entschließungsantrag
BT-Drs 8/3999 = **183** M 4
BT-PlPr 8/217 = **47** E 13

Humanitäre Hilfe im Ausland
– Bericht über die humanitäre Hilfe im Ausland 1965–1977
BT-Drs 8/2155 = **121** F 6
Beschlußempfehlung des Auswärtigen Ausschusses
BT-Drs 8/4236 = **189** H 14
Beratung der Beschlußempfehlung des Auswärtigen Ausschusses
BT-PlPr 8/228 = **50** E 6

Hund
– VO über die Einfuhr und die Durchfuhr von Hunden und Hauskatzen
BR-Drs 574/80 = **158** K 1

Hypothekenbankgesetz
– *Entwurf eines Gesetzes zur Änderung des Hypothekenbankgesetzes und des Gesetzes über die Pfandbriefe und verwandten Schuldverschreibungen öffentlich-rechtlicher Kreditanstalten*
(betr Aufnahme von Anleihen der Europäischen Wirtschaftsgemeinschaft)
Bundesratsdurchgang
BR-Drs 129/80 = **134** C 11
BR-PlPr 485 = **5** A 10

GesEntw der CDU/CSU
BT-Drs 8/3264 = **158** F 6
Beschlußempfehlung des Finanzausschusses
BT-Drs 8/3715 = **174** G 13
1. Beratung
BT-PlPr 8/183 = **39** E 8
2. und 3. Beratung
BT-PlPr 8/205 = **44** J 1

Hypothekenrecht
– s GesEntw zur Änderung sachenrechtlicher, *grundbuchrecht*licher und anderer Vorschriften
(betr insbesondere das Hypothekenrecht)
BR-Drs 226/77 = **20** B 10
BT-Drs 8/89 = **55** G 2

I

Identitätsfeststellung
s Terrorismus

Imker
– s Entw eines 2. Ges zur Verbesserung und Ergänzung sozialer Maßnahmen in der Landwirtschaft
(2. *Agrarsoziales Ergänzungsgesetz*)
BR-Drs 85/79 = **90** K 2
BT-Drs 8/2844 = **143** J 13

Immissionsschutz
s a Bundes-Immissionsschutzgesetz
– Immissionsschutzbericht der Bundesregierung
BT-Drs 8/2006 = **114** A 4

Immunität
– *GesEntw zum Übereinkommen über die Vorrechte und Immunitäten der Vereinten Nationen*
1. und 2. Durchgang
BR-Drs 368/79 = **108** A 13
BR-Drs 397/80 = **147** K 8
BR-PlPr 477 = **4** B 11
BR-PlPr 491 = **5** J 8

GesEntw der Bundesregierung
BT-Drs 8/3232 = **157** H 12
Beschlußempfehlung des Auswärtigen Ausschusses
BT-Drs 8/4276 = **190** C 12
1. Beratung
BT-PlPr 8/180 = **38** K 8
2. Beratung und Schlußabstimmung
BT-PlPr 8/225 = **49** F 14

Impfpflicht
s Bundesseuchengesetz

Impfstoffe
- VO über Sera, Impfstoffe und Antigene nach dem Viehseuchengesetz (ImpfstoffVO-Tiere)
  BR-Drs 561/77 = 37 K 13

Impfung
s Gesundheitsvorschriften, internationale Pockenschutzimpfung

Indonesien, Republik
- *GesEntw zum Abkommen Bundesrepublik Deutschland/Republik Indonesien zur Vermeidung der Doppelbesteuerung auf dem Gebiet der Steuern vom Einkommen und vom Vermögen*
  1. und 2. Durchgang
  BR-Drs 133/78 = **53** E 3
  BR-Drs 544/78 = **80** N 12
  BR-PlPr 457 = **2** E 2
  BR-PlPr 468 = **3** E 13

  GesEntw der Bundesregierung
  BT-Drs 8/1741 = 103 M 12
  Beschlußempfehlung des Finanzausschusses
  BT-Drs 8/2261 = **124** G 10
  1. Beratung
  BT-PlPr 8/90 = **19** N 1
  2. Beratung und Schlußabstimmung
  BT-PlPr 8/120 = **25** L 1

Industrie
- Vorschlag einer EWG-VO über eine Beteiligung der Gemeinschaft an Maßnahmen zur Umstrukturierung und Umstellung der Industrie
  BR-Drs 551/78 = 80 O 12

Infektionskrankheiten
s Bundesseuchengesetz

Infrastruktur
- Vorschlag einer EG-VO des Rates über eine gemeinsame Maßnahme zur Beschleunigung der Verbesserung der Infrastruktur in einigen benachteiligten ländlichen Gebieten der Bundesrepublik Deutschland
  BR-Drs 607/80 = **160** J 10

Ingenieure
- s a GesEntw zur Änderung des Ges zur Verbesserung des *Mietrechts* und zur Begrenzung des Mietanstiegs sowie zur Regelung von Ingenieur- und Architektenleistungen
  BR-Drs 594/79 = **122** C 3
- 1. VO zur Änderung der Honorarordnung für Architekten und Ingenieure
  BR-Drs 274/80 = **142** I 10

Inlandsbegriff
s Neufassung des *Umsatzsteuergesetzes* und Änderung anderer Gesetze

innerdeutsche Beziehungen
s Deutschlandpolitik

Integrationsbericht der Bundesregierung
- Bericht der Bundesregierung über die Integration in den Europäischen Gemeinschaften
  (Oktober 1976 bis März 1977)
  BR-Drs 182/77 = **17** F 9
  BT-Drs 8/274 = **61** J 10
- April 1977 bis September 1977
  BR-Drs 523/77 = **35** M 14
  BT-Drs 8/1045 = **83** E 2
- Oktober 1977 bis März 1978
  BR-Drs 212/78 = **59** I 5
  BT-Drs 8/1762 = **104** F 2
- April 1978 bis September 1978
  BR-Drs 496/78 = **77** K 2
  BR-PlPr 469 = **3** G 7
  BT-Drs 8/2230 = **122** O 2
- Oktober 1978 bis März 1979
  BR-Drs 190/79 = **97** C 10
  BR-PlPr 476 = **4** A 4
  BT-Drs 8/2760 = **141** I 1
  BT-PlPr 8/157 = **34** E 8
- April 1979 bis September 1979
  BR-Drs 536/79 = **117** O 2
  BT-Drs 8/3302 = **159** C 10
- Oktober 1979 bis März 1980
  BR-Drs 194/80 = **137** G 12
  BT-Drs 8/3928 = **181** E 9
- April 1980 bis September 1980
  BR-Drs 576/80 = **158** K 12

Internationale Arbeitsorganisation
- *GesEntw zum Übereinkommen der Internationalen Arbeitsorganisation über die Verbände ländlicher Arbeitskräfte und ihre Rolle in der wirtschaftlichen und sozialen Entwicklung*
  (BR-Drs 673/76)
  2. Durchgang
  BR-Drs 119/77 = **13** O 9
  BR-PlPr 444 = **1** B 10

  GesEntw der Bundesregierung
  BT-Drs 8/10 = **51** B 7
  Beschlußempfehlung des Ausschusses für Arbeit und Sozialordnung
  BT-Drs 8/90 = **55** G 14
  1. Beratung
  BT-PlPr 8/7 = **11** F 4
  2. Beratung und Schlußabstimmung
  BT-PlPr 8/15 = **2** N 6
- Übereinkommen Nr 142 und 143 über Berufsberatung und Berufsbildung sowie über Chancengleichheit und Gleichbehandlung der Wanderarbeitnehmer
  und Empfehlungen 150 und 151 dazu
  BR-Drs 61/77 = **9** M 9
  BT-Drs 8/88 = **55** E 8
  Beschlußempfehlung des Ausschusses für Arbeit und Sozialordnung
  BT-Drs 8/2483 = **131** F 3
- Übereinkommen über dreigliedrige Beratungen zur Förderung der Durchführung internationaler Arbeitsnormen,
  Empfehlung betr dreigliedrige Beratungen zur Förderung der Durchführung internationaler Arbeitsnormen und innerstaatlicher Maßnahmen im Zusammenhang mit den Tätigkeiten der Internationalen Arbeitsorganisation
  BR-Drs 277/78 = **64** N 11
  BT-Drs 8/1849 = **108** I 14
  Beschlußempfehlung des Ausschusses für Arbeit und Sozialordnung
  BT-Drs 8/2354 = **127** K 4
- *GesEntw zum Übereinkommen der Internationalen Arbeitsorganisation über Mindestnormen auf Handelsschiffen*
  1. und 2. Durchgang
  BR-Drs 8/79 = **85** E 6
  BR-Drs 519/79 = **117** D 10
  BR-PlPr 469 = **3** G 7
  BR-PlPr 479 = **4** G 1
  Vermittlungsverfahren:
  BR-Drs 11/80 = **125** K 5
  BR-PlPr 483 = **4** L 9

  GesEntw der Bundesregierung
  BT-Drs 8/2898 = **145** F 7
  Beschlußempfehlung des Ausschusses für Arbeit und Sozialordnung
  BT-Drs 8/3252 = **158** C 6
  Anrufung des Vermittlungsausschusses
  BT-Drs 8/3351 = **160** F 14
  Beschlußempfehlung des Vermittlungsausschusses
  BT-Drs 8/3712 = **174** F 1
  1. Beratung
  BT-PlPr 8/161 = **35** C 1
  2. Beratung und Schlußabstimmung
  BT-PlPr 8/180 = **38** K 8
  Beratung der Beschlußempfehlung des Vermittlungsausschusses
  BT-PlPr 8/203 = **44** A 13
- Übereinkommen über die Kontinuität der Beschäftigung von Seeleuten,
  Übereinkommen über den bezahlten Jahresurlaub der Seeleute,
  Empfehlung betr Schutz junger Seeleute und
  Empfehlung betr die Kontinuität der Beschäftigung von Seeleuten
  BR-Drs 119/79 = **93** B 11
  BT-Drs 8/2634 = **137** O 6
  Beschlußempfehlung des Ausschusses für Arbeit und Sozialordnung
  BT-Drs 8/2983 = **147** L 2
- *GesEntw zum Übereinkommen der Internationalen Arbeitsorganisation über die Berufsberatung und Berufsbildung im Rahmen der Erschließung des Arbeitskräftepotentials*
  1. und 2. Durchgang
  BR-Drs 477/79 = **115** E 2
  BR-Drs 362/80 = **146** O 9
  BR-PlPr 479 = **4** G 1
  BR-PlPr 490 = **5** I 2

  GesEntw der Bundesregierung
  BT-Drs 8/3550 = **165** K 2
  Beschlußempfehlung des Ausschusses für Arbeit und Sozialordnung
  BT-Drs 8/4200 = **189** A 12
  1. Beratung
  BT-PlPr 8/199 = **43** B 5
  2. Beratung und Schlußabstimmung
  BT-PlPr 8/223 = **48** N 5
- Übereinkommen 149 und Empfehlung 157 über die Beschäftigung und die Arbeits- und Lebensbedingungen des Krankenpflegepersonals
  BR-Drs 202/80 = **138** N 5
  BR-PlPr 488 = **5** E 6
  BT-Drs 8/3892 = **179** F 6
  Beschlußempfehlung des Ausschusses für Arbeit und Sozialordnung
  BT-Drs 8/4308 = **190** K 12
- *Entwurf eines Gesetzes zu dem Übereinkommen Nr 150 über die Arbeitsverwaltung: Rolle, Aufgaben, Aufbau*
  1. und 2. Durchgang
  BR-Drs 208/80 = **139** E 3
  BR-Drs 410/80 = **149** A 7
  BR-PlPr 487 = **5** D 12
  BR-PlPr 491 = **5** J 8

  GesEntw der Bundesregierung
  BT-Drs 8/4136 = **187** C 4

Beschlußempfehlung des Ausschusses für Arbeit und Sozialordnung
BT-Drs 8/4289 = **190** G 8
1. Beratung
BT-PlPr 8/223 = **48** N 5
2. Beratung und Schlußabstimmung
BT-PlPr 8/228 = **50** E 6

Internationale Atomenergie-Organisation
– s Entw eines Ausführungsgesetzes zum Vertrag über die Nichtverbreitung von Kernwaffen *(Atomwaffensperrvertrag)*
BR-Drs 5/79 = **84** O 3
BT-Drs 8/2779 = **141** N 13

Internationale Fernmeldesatellitenorganisation „INTELSAT“
– VO zum Protokoll über Vorrechte, Befreiungen und Immunitäten der Internationalen Fernmeldesatellitenorganisation „INTELSAT“
BR-Drs 158/80 = **135** G 1

Internationale Seefunk-Satelliten-Organisation „INMARSAT“
– *GesEntw zum Übereinkommen über die Internationale Seefunk-Satelliten-Organisation (INMARSAT)*
(betr Beitritt zum Übereinkommen)
1. und 2. Durchgang
BR-Drs 264/79 = **101** G 4
BR-Drs 498/79 = **116** C 5
BR-PlPr 476 = **4** A 4
BR-PlPr 478 = **4** E 10
GesEntw der Bundesregierung
BT-Drs 8/3057 = **150** C 8
Beschlußempfehlung des Ausschusses für Verkehr und für das Post- und Fernmeldewesen
BT-Drs 8/3207 = **156** L 10
Bericht des Haushaltsausschusses
BT-Drs 8/3255 = **158** C 14
1. Beratung
BT-PlPr 8/169 = **36** K 13
2. Beratung und Schlußabstimmung
BT-PlPr 8/177 = **38** B 9

Internationaler Straßenverkehr
s Kraftfahrzeugsteuer
Straßenverkehr

Internationaler Währungsfonds
– *GesEntw zum Übereinkommen über den Internationalen Währungsfonds in der Fassung von 1976* (IWF-Gesetz)
1. und 2. Durchgang
BR-Drs 192/77 = **18** C 5
BR-Drs 606/77 = **40** J 13
BR-PlPr 446 = **1** E 7
BR-PlPr 453 = **1** O 6
GesEntw der Bundesregierung
BT-Drs 8/763 = **74** H 9
Beschlußempfehlung des Finanzausschusses
BT-Drs 8/1082 = **84** D 12
Bericht des Haushaltsausschusses
BT-Drs 8/1103 = **84** H 1
1. Beratung
BT-PlPr 8/39 = **8** N 3
2. Beratung und Schlußabstimmung
BT-PlPr 8/55 = **12** C 5
– *GesEntw zu den Protokollen über die Ersetzung des Goldfranken durch das Sonderziehungsrecht des Internationalen Währungsfonds sowie zur Regelung der Umrechnung des Goldfrankens in haftungsrechtlichen Bestimmungen (Goldfrankenumrechnungsgesetz)*
1. und 2. Durchgang
BR-Drs 9/79 = **85** F 9
BR-Drs 89/80 = **130** I 2
BR-PlPr 469 = **3** G 7
BR-PlPr 484 = **4** N 4
GesEntw der Bundesregierung
BT-Drs 8/2596 = **136** J 9
Beschlußempfehlung des Ausschusses für Verkehr und für das Post- und Fernmeldewesen
BT-Drs 8/3592 = **168** H 10
1. Beratung
BT-PlPr 8/149 = **32** F 9
2. und 3. Beratung
BT-PlPr 8/201 = **43** J 1

Internationales Kakao-Übereinkommen
s Kakao-Übereinkommen

Internationales Olivenöl-Übereinkommen
s Olivenöl-Übereinkommen, Internationales

Investitionsförderung
s a Einkommensteuer
– *GesEntw zur Steuerentlastung und Investitionsförderung*
Bundesratsdurchgang
BR-Drs 468/77 = **33** F 2
BR-PlPr 450 = **1** K 11
Vermittlungsverfahren:
BR-Drs 522/77 = **35** M 10
BR-PlPr 451 = **1** M 3
GesEntw der SPD/FDP
BT-Drs 8/900 = **78** M 4
Beschlußempfehlung des Finanzausschusses
BT-Drs 8/984 = **81** D 2
Bericht des Haushaltsausschusses
BT-Drs 8/988 = **81** D 10
Bericht des Finanzausschusses
BT-Drs 8/992 = **81** E 5
Änderungsantrag zur 2. Beratung
BT-Drs 8/993 = **81** E 10
Anrufung des Vermittlungsausschusses
BT-Drs 8/1029 = **82** D 7
Beschlußempfehlung des Vermittlungsausschusses
BT-Drs 8/1067 = **83** K 14
1. Beratung
BT-PlPr 8/42 = **9** F 1
2. und 3. Beratung
BT-PlPr 8/47 = **10** G 2
Beratung des Antrags des Vermittlungsausschusses
BT-PlPr 8/52 = **11** H 10
– s a GesEntw zur Verbesserung der wirtschaftlichen Rahmenbedingungen und *Steuerentlastung*
BR-Drs 445/77 = **32** E 12
BT-Drs 8/2130 = **120** H 10
– Mitteilung der Kommission der EG über ein Gemeinschaftskonzept der EG für Investitionen in Entwicklungsländern
BT-Drs 8/1675 = **101** N 13
Beschlußempfehlung des Wirtschaftsausschusses
BT-Drs 8/1918 = **110** E 3
– Vorschlag eines EG-Beschlusses zur Ermächtigung der Kommission, Anleihen zur Investitionsförderung in den EG aufzunehmen
BR-Drs 104/78 = **51** C 5

Investitionszulagengesetz
– *Entw eines ÄndGes*
(betr Forschungs- und Entwicklungstätigkeit kleinerer und mittlerer Unternehmen)
1. und 2. Durchgang
BR-Drs 431/77 = **31** D 5
BR-Drs 232/78 = **61** L 9
BR-PlPr 450 = **1** K 11
BR-PlPr 459 = **2** G 3
1. Vermittlungsverfahren:
BR-Drs 280/78 = **65** A 2
BR-PlPr 460 = **2** H 2
BR-Drs 333/78 = **67** B 1
2. Vermittlungsverfahren:
BR-Drs 430/78 = **73** N 7
BR-PlPr 462 = **2** L 11
GesEntw der Bundesregierung
BT-Drs 8/1409 = **94** I 8
Bericht des Finanzausschusses
BT-Drs 8/1781 = **105** K 1
Bericht des Haushaltsausschusses
BT-Drs 8/1788 = **105** L 11
Änderungsantrag zur 2. Beratung
BT-Drs 8/1790 = **105** M 1
Änderungsantrag zur 3. Beratung
BT-Drs 8/1791 = **105** M 2
1. Beratung
BT-PlPr 8/75 = **16** L 2
2. und 3. Beratung
BT-PlPr 8/90 = **19** N 1
Anrufung des Vermittlungsausschusses
BT-Drs 8/1860 = **108** M 10
Beschlußempfehlung des Vermittlungsausschusses
BT-Drs 8/1933 = **111** C 1
Beratung der Beschlußempfehlung des Vermittlungsausschusses
BT-PlPr 8/100 = **22** B 11
Unterrichtung über Nichtzustimmung des Bundesrates
BT-Drs 8/1961 = **113** B 5
Erneute Anrufung des Vermittlungsausschusses durch die Bundesregierung
BT-Drs 8/1977 = **113** D 13
Beschlußempfehlung des Vermittlungsausschusses
BT-Drs 8/2090 = **118** H 10
Beratung der 2. Beschlußempfehlung des Vermittlungsausschusses
BT-PlPr 8/104 = **22** L 14
– *GesEntw zur Änd des Investitionszulagengesetzes und des Zonenrandförderungsgesetzes*
(betr Erhöhung der Investitionszulage für strukturschwache Gebiete)
GesEntw der CDU/CSU
BT-Drs 8/1527 = **97** N 5
Beschlußempfehlung des Finanzausschusses
BT-Drs 8/1765 = **104** H 3
Bericht des Finanzausschusses
BT-Drs 8/1781 = **105** K 1
Bericht des Haushaltsausschusses
BT-Drs 8/1788 = **105** L 11
1. Beratung
BT-PlPr 8/75 = **16** L 2
2. Beratung
BT-PlPr 8/90 = **19** N 1
– *GesEntw zur Änderung des Investitionszulagengesetzes und anderer Gesetze (Investitionszulagen-Änderungsgesetz 1978)*
(GesEntw des Bundesrates)

1. Durchgang
BR-Drs 332/78 = **66** O 13
BR-PlPr 461 = **2** I 9
– *GesEntw der CDU/CSU zur Änd des Investitionszulagengesetzes*
(betr Erhöhung der Investitionszulage für das Zonenrandgebiet)
BT-Drs 8/2146 = **120** N 11
1. Beratung
BT-PlPr 8/111 = **24** C 10
in 2. Beratung zusammengeführt mit:
– *GesEntw der SPD/FDP zur Änd des Investitionszulagengesetzes*
(betr Arbeitslosigkeitsbekämpfung im Zonenrandgebiet)
Bundesratsdurchgang
BR-Drs 578/78 = **83** C 7
BR-PlPr 468 = **3** E 13

GesEntw der SPD/FDP
BT-Drs 8/2164 = **121** M 7
Beschlußempfehlung des Finanzausschusses
BT-Drs 8/2390 = **128** L 7
Bericht des Haushaltsausschusses
BT-Drs 8/2392 = **128** L 11
1. Beratung
BT-PlPr 8/111 = **24** C 10
2. und 3. Beratung
BT-PlPr 8/126 = **27** D 13
– *Entw eines ÄndGes*
(betr Abbau der Arbeitslosigkeit durch Erhöhung der Investitionszulage)
GesEntw Nordrhein-Westfalens
BR-Drs 568/78 = **82** N 11
GesEntw Schleswig-Holsteins
BR-Drs 569/78 = **82** O 2
– *Entwurf eines Gesetzes zur Änderung des Investitionszulagengesetzes*
(betr Investitionszulage für Betriebserweiterungen in Nicht-Schwerpunktorten der Gemeinschaftsaufgabe (Verbesserung der regionalen Wirtschaftsstruktur)
Bundesratsdurchgang
BR-Drs 169/80 = **136** E 4
BR-PlPr 486 = **5** C 6
Vermittlungsverfahren:
BR-Drs 322/80 = **146** A 14
BR-PlPr 488 = **5** E 6

GesEntw der CDU/CSU
BT-Drs 8/2780 = **141** O 7
Beschlußempfehlung des Finanzausschusses
BT-Drs 8/3771 = **175** E 6
Bericht des Haushaltsausschusses
BT-Drs 8/3774 = **175** F 6
Anrufung des Vermittlungsausschusses
BT-Drs 8/3989 = **183** J 6
Beschlußempfehlung des Vermittlungsausschusses
BT-Drs 8/4096 = **185** O 14
1. Beratung
BT-PlPr 8/154 = **33** I 13
2. und 3. Beratung
BT-PlPr 8/211 = **45** M 14
Beratung der Beschlußempfehlung des Vermittlungsausschusses
BT-PlPr 8/220 = **48** C 8
– *GesEntw zur Änd des Investitionszulagengesetzes*
(betr Förderung von Investitionen für Wasserkraftwerke)
BT-Drs 8/3298 = **159** B 6
Beschlußempfehlung des Finanzausschusses
BT-Drs 8/3771 = **175** E 6
Bericht des Haushaltsausschusses
BT-Drs 8/3774 = **175** F 6
1. Beratung
BT-PlPr 8/186 = **39** O 4
2. Beratung
BT-PlPr 8/211 = **45** M 14

Investmenteinrichtungen
– Vorschlag einer EG-Richtlinie zur Harmonisierung der Körperschaftsteuersysteme und der Regelungen der Quellensteuer und Dividenden auf Investmenteinrichtungen
BR-Drs 363/78 = **68** N 5

Irak, Republik
– *GesEntw zum Abkommen Bundesrepublik Deutschland/Republik Irak über den Luftverkehr*
1. und 2. Durchgang
BR-Drs 160/79 = **95** C 5
BR-Drs 514/79 = **117** D 5
BR-PlPr 472 = **3** K 1
BR-PlPr 479 = **4** G 1

GesEntw der Bundesregierung
BT-Drs 8/2882 = **144** I 5
Beschlußempfehlung des Ausschusses für Verkehr und für das Post- und Fernmeldewesen
BT-Drs 8/3190 = **156** E 3
1. Beratung
BT-PlPr 8/158 = **34** I 6
2. Beratung und Schlußabstimmung
BT-PlPr 8/177 = **38** B 9

Iran
– Antrag der Fraktion der CDU/CSU zur Verletzung der Menschenrechte
BT-Drs 8/2971 = **147** A 9
Beratung
BT-PlPr 8/164 = **35** N 4
– Wirtschaftsboykott im Zusammenhang mit der Besetzung der amerikanischen Botschaft in Teheran:
Außenwirtschaftsverordnung,
46. ÄnderungsVO
BR-Drs 231/80 = **140** J 4
BT-Drs 8/3955 = **182** I 10
BT-Drs 8/4202 = **189** B 5
– 43. ÄnderungsVO zur Ausfuhrliste
BR-Drs 232/80 = **140** J 11
BT-Drs 8/3956 = **182** I 12
BT-Drs 8/4202 = **189** B 5
– Sichtvermerkspflicht für Einreisen iranischer Staatsangehöriger im Zusammenhang mit der Besetzung der amerikanischen Botschaft in Teheran:
2. VO zur Änderung der VO zur Durchführung des Ausländergesetzes
BR-Drs 246/80 = **141** C 3

Irland, Republik
– s a Entw eines Ausführungsgesetzes zum Übereinkommen Belgien/Dänemark/Bundesrepublik Deutschland/Irland/Italien/Luxemburg/Niederlande/Europäische Atomgemeinschaft/Internationale Atomenergie-Organisation in Ausführung des Vertrages über die Nichtverbreitung von Kernwaffen (s *Atomwaffensperrvertrag*)
BR-Drs 5/79 = **84** O 3
BT-Drs 8/2779 = **141** N 13
– *GesEntw zum Abkommen Bundesrepublik Deutschland/Republik Irland über die steuerliche Behandlung von Straßenfahrzeugen im internationalen Verkehr*
1. und 2. Durchgang
BR-Drs 91/78 = **50** J 4
BR-Drs 286/78 = **65** C 14
BR-PlPr 455 = **2** C 1
BR-PlPr 460 = **2** H 2

GesEntw der Bundesregierung
BT-Drs 8/1659 = **101** H 5
Beschlußempfehlung des Finanzausschusses
BT-Drs 8/1794 = **105** N 7
1. Beratung
BT-PlPr 8/86 = **18** O 1
2. Beratung und Schlußabstimmung
BT-PlPr 8/95 = **20** N 5

Island, Republik
– *GesEntw zum Vertrag Bundesrepublik Deutschland/Republik Island über die gegenseitige Unterstützung in Zollangelegenheiten*
1. und 2. Durchgang
BR-Drs 560/77 = **37** K 1
BR-Drs 160/78 = **55** I 7
BR-PlPr 453 = **1** O 6
BR-PlPr 457 = **2** E 2

GesEntw der Bundesregierung
BT-Drs 8/1358 = **92** O 8
Beschlußempfehlung des Finanzausschusses
BT-Drs 8/1597 = **99** M 3
1. Beratung
BT-PlPr 8/67 = **14** J 14
2. Beratung und Schlußabstimmung
BT-PlPr 8/81 = **17** N 12

Israel, Republik
– *GesEntw zum Abkommen EGKS/Republik Israel*
(betr Abbau von Handelshemmnissen)
1. und 2. Durchgang
BR-Drs 89/77 = **12** G 9
BR-Drs 311/77 = **24** H 10
BR-PlPr 443 = **1** A 1
BR-PlPr 448 = **1** H 13

GesEntw der Bundesregierung
BT-Drs 8/175 = **58** B 4
Beschlußempfehlung des Wirtschaftsausschusses
BT-Drs 8/568 = **69** C 9
1. Beratung
BT-PlPr 8/21 = **4** F 3
2. Beratung und Schlußabstimmung
BT-PlPr 8/32 = **7** C 9
– *GesEntw zum Vertrag Bundesrepublik Deutschland/Republik Israel über die Förderung und den gegenseitigen Schutz von Kapitalanlagen*
1. und 2. Durchgang
BR-Drs 144/77 = **15** E 10
BR-Drs 602/77 = **40** I 5
BR-PlPr 445 = **1** C 12
BR-PlPr 453 = **1** O 6

GesEntw der Bundesregierung
BT-Drs 8/366 = **64** I 9
Beschlußempfehlung des Wirtschaftsausschusses
BT-Drs 8/1161 = **86** L 6
1. Beratung
BT-PlPr 8/30 = **6** K 5
2. Beratung und Schlußabstimmung
BT-PlPr 8/58 = **12** K 7

- *GesEntw zum Protokoll zur Änderung des Abkommens Bundesrepublik Deutschland/Israel zur Vermeidung der Doppelbesteuerung bei den Steuern vom Einkommen und bei der Gewerbesteuer*
  1. und 2. Durchgang
  BR-Drs 196/78 = **58** B 13
  BR-Drs 546/78 = **80** N 14
  BR-PlPr 459 = **2** G 3
  BR-PlPr 468 = **3** E 13

  GesEntw der Bundesregierung
  BT-Drs 8/1866 = **108** O 4
  Beschlußempfehlung des Finanzausschusses
  BT-Drs 8/2263 = **124** G 13
  1. Beratung
  BT-PlPr 8/97 = **21** H 4
  2. Beratung und Schlußabstimmung
  BT-PlPr 8/120 = **25** L 1
- *GesEntw zum Abkommen Bundesrepublik Deutschland/Republik Israel über den Luftverkehr*
  1. und 2. Durchgang
  BR-Drs 519/78 = **79** D 4
  BR-Drs 180/79 = **96** G 9
  BR-PlPr 468 = **3** E 13
  BR-PlPr 472 = **3** K 1

  GesEntw der Bundesregierung
  BT-Drs 8/2436 = **129** L 6
  Beschlußempfehlung des Ausschusses für Verkehr und für das Post- und Fernmeldewesen
  BT-Drs 8/2669 = **138** J 3
  1. Beratung
  BT-PlPr 8/128 = **27** H 11
  2. Beratung und Schlußabstimmung
  BT-PlPr 8/145 = **31** K 10
- *GesEntw zum Vertrag Bundesrepublik Deutschland/Israel über die Ergänzung des Europäischen Übereinkommens über die Rechtshilfe in Strafsachen und die Erleichterung seiner Anwendung*
  1. und 2. Durchgang
  BR-Drs 265/79 = **101** I 4
  BR-Drs 411/80 = **149** A 8
  BR-PlPr 476 = **4** A 4
  BR-PlPr 491 = **5** J 8

  GesEntw der Bundesregierung
  BT-Drs 8/3138 = **154** K 11
  Beschlußempfehlung des Rechtsausschusses
  BT-Drs 8/4324 = **191** B 3
  1. Beratung
  BT-PlPr 8/169 = **36** K 13
  2. Beratung und Schlußabstimmung
  BT-PlPr 8/228 = **50** E 6
- *GesEntw zur Vereinbarung zur Durchführung des Abkommens Bundesrepublik Deutschland/Staat Israel über Soziale Sicherheit*
  1. und 2. Durchgang
  BR-Drs 410/79 = **110** N 3
  BR-Drs 19/80 = **125** L 13
  BR-PlPr 477 = **4** B 11
  BR-PlPr 482 = **4** K 5

  GesEntw der Bundesregierung
  BT-Drs 8/3226 = **157** D 9
  Beschlußempfehlung des Ausschusses für Arbeit und Sozialordnung
  BT-Drs 8/3405 = **161** H 1
  1. Beratung
  BT-PlPr 8/180 = **38** K 8
  2. Beratung und Schlußabstimmung
  BT-PlPr 8/196 = **42** G 11
- *GesEntw zum Vertrag über die gegenseitige Anerkennung und Vollstreckung gerichtlicher Entscheidungen in Zivil- und Handelssachen*
  1. und 2. Durchgang
  BR-Drs 61/80 = **128** N 12
  BR-Drs 370/80 = **147** A 3
  BR-PlPr 484 = **4** N 4
  BR-PlPr 490 = **5** I 2

  GesEntw der Bundesregierung
  BT-Drs 8/3866 = **178** K 7
  Beschlußempfehlung des Rechtsausschusses
  BT-Drs 8/4245 = **189** J 14
  1. Beratung
  BT-PlPr 8/214 = **46** K 3
  2. Beratung und Schlußabstimmung
  BT-PlPr 8/225 = **49** F 14
- *Entwurf eines Ausführungsgesetzes zum Vertrag mit Israel über die gegenseitige Anerkennung und Vollstreckung gerichtlicher Entscheidungen in Zivil- und Handelssachen*
  1. und 2. Durchgang
  BR-Drs 62/80 = **128** O 7
  BR-Drs 371/80 = **147** A 4
  BR-PlPr 484 = **4** N 4
  BR-PlPr 490 = **5** I 2

  GesEntw der Bundesregierung
  BT-Drs 8/3867 = **178** L 3
  Beschlußempfehlung des Rechtsausschusses
  BT-Drs. 8/4245 = **189** J 14
  1. Beratung
  BT-PlPr 8/214 = **46** K 3
  2. und 3. Beratung
  BT-PlPr 8/225 = **49** F 14
- VO zur Änderung des Deutschen Teil-Zolltarifs
  (Nr 8/77 – Besondere Zollsätze gegenüber Israel – EGKS)
  BR-Drs 352/77 = **25** L 14
  BT-Drs 8/781 = **75** B 14
  Beschlußempfehlung des Wirtschaftsausschusses
  BT-Drs 8/957 = **80** G 7

Italien, Republik
- sa Entw eines Ausführungsgesetzes zum Übereinkommen Belgien/Dänemark/Bundesrepublik Deutschland/Irland/Italien/Luxemburg/Niederlande/Europäische Atomgemeinschaft/Internationale Atomenergie-Organisation in Ausführung des Vertrages über die Nichtverbreitung von Kernwaffen *(Atomwaffensperrvertrag)*
  BR-Drs 5/79 = **84** O 3
  BT-Drs 8/2779 = **141** N 13
- *GesEntw zur Vereinbarung Bundesrepublik Deutschland/Italienische Republik über steuerliche Erleichterungen im grenzüberschreitenden deutsch-italienischen Straßenverkehr*
  1. und 2. Durchgang
  BR-Drs 33/78 = **46** H 6
  BR-Drs 288/78 = **65** D 2
  BR-PlPr 454 = **2** A 5
  BR-PlPr 460 = **2** H 2

  GesEntw der Bundesregierung
  BT-Drs 8/1535 = **98** A 5
  Beschlußempfehlung des Finanzausschusses
  BT-Drs 8/1795 = **105** N 9
  1. Beratung
  BT-PlPr 8/78 = **17** E 7
  2. Beratung und Schlußabstimmung
  BT-PlPr 8/95 = **20** N 5
- *GesEntw zur Abgeltung von Kriegssachschäden deutscher Staatsangehöriger in Italien*
  1. und 2. Durchgang
  BR-Drs 406/79 = **110** K 14
  BR-Drs 168/80 = **136** D 14
  BR-PlPr 477 = **4** B 11
  BR-PlPr 485 = **5** A 10

  GesEntw der Bundesregierung
  BT-Drs 8/3419 = **161** L 2
  Beschlußempfehlung des Finanzausschusses
  BT-Drs 8/3744 = **174** M 4
  1. Beratung
  BT-PlPr 8/196 = **42** G 11
  2. und 3. Beratung
  BT-PlPr 8/208 = **45** D 10
- Vorschlag einer EG-VO zur Förderung der landwirtschaftlichen Beratung in Italien
  BR-Drs 348/78 = **68** B 12

J

Jagdrecht
- VO über die Jagdzeiten
  BR-Drs 38/77 = **8** A 11

Jahresabschlüsse
- Vorschlag einer 7. EG-Richtlinie auf Grund von Art 54 Abs 3 Buchstabe g des EWG-Vertrages für den Konzernabschluß
  BR-Drs 320/77 = **24** K 2
  (BT-Drs 7/5221)
- Vorschlag einer 8. Richtlinie nach Art 54 Abs 3 g des EWG-Vertrages über die Zulassung der mit der Pflichtprüfung des Jahresabschlusses von Kapitalgesellschaften beauftragten Personen
  BR-Drs 220/78 = **60** I 1

Jahreswirtschaftsbericht der Bundesregierung
- Jahreswirtschaftsbericht 1977 der Bundesregierung
  BR-Drs 51/77 = **9** H 11
  BR-PlPr 444 = **1** B 10
  BT-Drs 8/72 = **53** M 10
  BT-PlPr 8/21 = **4** F 3
- Antrag der CDU/CSU betr neuer Eckwerte
  BT-Drs 8/133 = **56** J 12
  BT-PlPr 8/16 = **3** B 6
- Jahreswirtschaftsbericht 1978 der Bundesregierung
  BR-Drs 51/78 = **48** F 6
  BR-PlPr 455 = **2** C 1
  BT-Drs 8/1471 = **95** K 12
  BT-PlPr 8/75 = **16** L 2
- Jahreswirtschaftsbericht 1979 der Bundesregierung
  BR-Drs 36/79 = **87** B 2
  BR-PlPr 470 = **3** I 8
  BT-Drs 8/2502 = **131** I 5
  BT-PlPr 8/135 = **29** E 9
- Jahreswirtschaftsbericht 1980 der Bundesregierung
  BR-Drs 51/80 = **128** D 7
  BR-PlPr 483 = **4** L 9
  BT-Drs 8/3628 = **169** B 8
  BT-PlPr 8/211 = **45** M 14

Jahreswirtschaftsbericht, EG
– Jahreswirtschaftsbericht 1979/1980 und Jahreswirtschaftsübersicht 1979/1980 der Kommission der EG
BT-Drs 8/3588 = **167** I 14

Jahreszins, effektiver
– Erfahrungsbericht mit der Abzahlungsnovelle 1974
BT-Drs 8/234 = **60** F 6
Beschlußempfehlung des Rechtsausschusses
BT-Drs 8/2179 = **122** A 10

Jahrmarkt
– s GesEntw zur Änderung der *Gewerbeordnung*
BT-Drs 8/1755 = **104** C 12

Jamaika, parlam. Monarchie
– *GesEntw zum Abkommen Bundesrepublik Deutschland/Jamaika über den Luftverkehr*
1. und 2. Durchgang
BR-Drs 263/79 = **101** F 11
BR-Drs 517/79 = **117** D 8
BR-PlPr 476 = **4** A 4
BR-PlPr 479 = **4** G 1

GesEntw der Bundesregierung
BT-Drs 8/3058 = **150** E 10
Beschlußempfehlung des Ausschusses für Verkehr und für das Post- und Fernmeldewesen
BT-Drs 8/3248 = **158** B 10
1. Beratung
BT-PlPr 8/169 = **36** K 13
2. Beratung und Schlußabstimmung
BT-PlPr 8/180 = **38** K 8

Japan, Kaiserreich
– *GesEntw zum Protokoll zur Änderung und Ergänzung des Abkommens Bundesrepublik Deutschland/Japan zur Vermeidung der Doppelbesteuerung bei den Steuern vom Einkommen und bei einigen anderen Steuern*
1. und 2. Durchgang
BR-Drs 622/79 = **123** E 7
BR-Drs 401/80 = **147** L 7
BR-PlPr 482 = **4** K 5
BR-PlPr 491 = **5** J 8

GesEntw der Bundesregierung
BT-Drs 8/3960 = **182** J 9
Beschlußempfehlung des Finanzausschusses
BT-Drs 8/4260 = **189** M 1
Bericht des Haushaltsausschusses
BT-Drs 8/4319 = **190** M 7
1. Beratung
BT-PlPr 8/218 = **47** J 7
2. Beratung und Schlußabstimmung
BT-PlPr 8/225 = **49** F 14

Jordanien, Haschemitisches Königreich
– *GesEntw zu den Abkommen: Mitgliedstaaten der EGKS/Arabische Republik Ägypten/Haschemitisches Königreich Jordanien/Arabische Republik Syrien und Libanesische Republik*
1. und 2. Durchgang
BR-Drs 262/78 = **64** D 11
BR-Drs 72/79 = **89** M 1
BR-PlPr 461 = **2** I 9
BR-PlPr 470 = **3** I 8

GesEntw der Bundesregierung
BT-Drs 8/1998 = **113** L 7
Beschlußempfehlung des Wirtschaftsausschusses
BT-Drs 8/2520 = **132** C 3
1. Beratung
BT-PlPr 8/107 = **23** G 3
2. Beratung und Schlußabstimmung
BT-PlPr 8/138 = **29** O 4
– VO zur Änderung des Deutschen Teil-Zolltarifs
(Nr 11/77 – Besondere Zollsätze gegenüber Ägypten, Jordanien, Libanon und Syrien – EGKS)
BR-Drs 419/77 = **30** A 13
BT-Drs 8/898 = **78** K 7
Beschlußempfehlung des Wirtschaftsausschusses
BT-Drs 8/1198 = **88** K 8

Jugendarbeitslosigkeit
– EG-Vorschläge zur gemeinschaftlichen Unterstützung von Beihilfen zur Arbeitsförderung von Jugendlichen
BR-Drs 205/78 = **58** F 8
– Bericht über Maßnahmen zur Verbesserung des Ausbildungsangebots und zur Verbreitung der Arbeitsmöglichkeiten für Jugendliche
BT-Drs 8/2796 = **142** I 10
– Beschlußempfehlung des Ausschusses für Bildung und Wissenschaft zu einem Antrag betr Programm zur Verbreitung der Arbeitsmöglichkeiten für Jugendliche
BT-Drs 8/1758 = **104** D 6
Änderungsantrag zur Beschlußempfehlung
BT-Drs 8/1943 = **112** L 12

Jugendarbeitsschutzgesetz
– Stellungnahme der Bundesregierung zu der Entschließung des Bundesrates zur Überprüfung ausbildungshemmender Vorschriften
BR-Drs 111/77 = **13** H 9
BR-Drs 357/77 = **26** B 7
– Bericht über die Neuregelung des Verbots der Kinderbeschäftigung
BT-Drs 8/2794 **142** I 6

Jugendbericht der Bundesregierung
– Sozialisationsprobleme der arbeitenden Jugend in der Bundesrepublik Deutschland Konsequenzen für Jugendhilfe und Jugendpolitik
– 4. Jugendbericht –
BR-Drs 437/78 = **74** D 1
Beratung
BR-PlPr 469 = **3** G 7
Bericht der Sachverständigenkommission und Stellungnahme der Bundesregierung
BT-Drs 8/2110 = **119** F 4
Beratung
BT-PlPr 8/128 = **27** H 11
– Bericht über Bestrebungen und Leistungen der Jugendhilfe – 5. Jugendbericht –
BR-Drs 109/80 = **132** K 3
Beratung
BR-PlPr 488 = **5** E 6
BT-Drs 8/3684 = **172** H 10
BT-Drs 8/3685 = **172** J 13
Beratung
BT-PlPr 8/219 = **47** N 13

Jugendgefährdende Schriften
– VO zur Änderung der VO zur Durchführung des Ges über die Verbreitung jugendgefährdender Schriften
(betr Bundesprüfstelle)
BR-Drs 123/78 = **52** I 2

Jugendhilfe
– *GesEntw zur Verbesserung der Jugendhilfe*
1. Durchgang
BR-Drs 100/79 = **91** K 11
BR-PlPr 470 = **3** I 8

GesEntw des Bundesrates
BT-Drs 8/3108 = **152** L 6
Beschlußempfehlung des Ausschusses für Jugend, Familie und Gesundheit
BT-Drs 8/4010 = **184** D 7
Bericht des Haushaltsausschusses
BT-Drs 8/4027 = **185** D 3
Bericht des Ausschusses für Jugend, Familie und Gesundheit
BT-Drs 8/4080 = **185** K 12
1. Beratung
BT-PlPr 8/172 = **37** E 1
2. Beratung
BT-PlPr 8/219 = **47** N 13
– *Entw eines Sozialgesetzbuchs (SGB) – Jugendhilfe –*
1. und 2. Durchgang
BR-Drs 517/78 = **78** B 6
BR-Drs 287/80 = **143** K 14
BR-Drs 433/80 = **149** L 11
BR-PlPr 468 = **3** E 13
BR-PlPr 488 = **5** E 6
BR-PlPr 489 = **5** G 14

GesEntw der Bundesregierung
BT-Drs 8/2571 = **135** E 1
Beschlußempfehlung des Ausschusses für Jugend, Familie und Gesundheit
BT-Drs 8/4010 = **184** D 7
Bericht des Haushaltsausschusses
BT-Drs 8/4027 = **185** D 3
Bericht des Ausschusses für Jugend, Familie und Gesundheit
BT-Drs 8/4080 = **185** K 12
Änderungsanträge zur 2. Beratung
BT-Drs 8/4102 = **186** C 12
BT-Drs 8/4103 = **186** C 13
BT-Drs 8/4104 = **186** C 14
BT-Drs 8/4105 = **186** D 1
BT-Drs 8/4106 = **186** D 2
BT-Drs 8/4107 = **186** D 3
BT-Drs 8/4108 = **186** D 4
BT-Drs 8/4109 = **186** D 5
BT-Drs 8/4110 = **186** D 6
BT-Drs 8/4111 = **186** D 7
1. Beratung
BT-PlPr 8/144 = **31** D 10
2. und 3. Beratung
BT-PlPr 8/219 = **47** N 13
Verweigerung der Zustimmung durch den Bundesrat
BT-Drs 8/4388 = **192** J 11
Anrufung des Vermittlungsausschusses
BT-Drs 8/4395 = **192** K 12
– *Entwurf eines Gesetzes zur Verbesserung der Jugendhilfe*
BR-Drs 341/80 = **146** G 11

Jugendkriminalität
– Antwort auf Große Anfrage zur Kriminalität von Kindern und Jugendlichen
BT-Drs 8/922 = **79** J 2

Entschließungsantrag zur Großen Anfrage
BT-Drs 8/1144 = **86** E 3
Beratung
BT-PlPr 8/56 = **12** F 10

Jugendpolitik
s Jugendbericht der Bundesregierung
Sozialbericht

Jugendwohlfahrtsgesetz
s Jugendhilfe

Juristenausbildung
– s Entw eines 2. ÄndGes zum Deutschen *Richtergesetz*
(betr einstufige Juristenausbildung – Modellversuch –)
GesEntw der Bundesregierung
BR-Drs 398/79 = **110** C 8
BT-Drs 8/3301 = **159** C 6
– s Entw eines ÄndGes zum Deutschen *Richtergesetz*
(betr Verlängerung der Referendarzeit)
GesEntw des Bundesrates
BR-Drs 462/79 = **114** H 7
BR-Drs 566/79 = **120** B 2
BT-Drs 8/3312 = **159** I 9

K

Kälteanlagenbauer
– VO zur Änderung der Anlage A zur Handwerksordnung und der VO über verwandte Handwerke
BR-Drs 264/78 = **64** F 3

Käse
– VO zur Änderung der KäseVO und der VO über Milcherzeugnisse
BR-Drs 562/77 = **37** M 12
– VO zur Änderung der VO über Milcherzeugnisse, der KäseVO und der ButterVO
BR-Drs 161/79 = **95** C 12

Kaffee
– VO über Kaffee, Zichorie, Kaffee-Ersatz und Kaffeezusätze
BR-Drs 471/80 = **153** A 7

„Kaffeefahrten"
s Verbraucherschutz

Kaffeesteuer
– *Entw eines Kaffee- und Teesteuergesetzes*
1. und 2. Durchgang
BR-Drs 437/79 = **112** F 13
BR-Drs 167/80 = **136** D 13
BR-PlPr 478 = **4** E 10
BR-PlPr 485 = **5** A 10

GesEntw der Bundesregierung
BT-Drs 8/3297 = **159** B 1
Beschlußempfehlung des Finanzausschusses
BT-Drs 8/3745 = **174** M 10
Bericht des Haushaltsausschusses
BT-Drs 8/3769 = **175** E 4
1. Beratung
BT-PlPr 8/186 = **39** O 4
2. und 3. Beratung
BT-PlPr 8/208 = **45** D 10

Kakao-Übereinkommen, Internationales
– *GesEntw zum Internationalen Kakao-Übereinkommen von 1975*
1. und 2. Durchgang
BR-Drs 164/77 = **16** G 12
BR-Drs 593/77 = **40** H 3
BR-PlPr 444 = **1** B 10
BR-PlPr 453 = **1** O 6

GesEntw der Bundesregierung
BT-Drs 8/272 = **61** G 13
Beschlußempfehlung des Ausschusses für Ernährung, Landwirtschaft und Forsten
BT-Drs 8/1055 = **83** H 10
Bericht des Haushaltsausschusses
BT-Drs 8/1150 = **86** E 13
1. Beratung
BT-PlPr 8/25 = **5** G 12
2. Beratung und Schlußabstimmung
BT-PlPr 8/55 = **12** C 5
– VO zur Verlängerung des Internationalen Kakao-Übereinkommens von 1975
BR-Drs 572/79 = **120** F 10

Kambodscha, Republik
– Bundeshaushalt 1979:
Überplanmäßige Ausgaben bei Kap 0502 Tit 686 12 für sofortige Hilfsmaßnahmen zugunsten der Bevölkerung von Kambodscha
BR-Drs 541/79 = **118** E 5

Kanada, Republik
– *GesEntw zum Vertrag Bundesrepublik Deutschland/Kanada über die Auslieferung (Straftaten)*
1. und 2. Durchgang
BR-Drs 169/78 = **55** 0 7
BR-Drs 223/79 = **99** F 10
BR-PlPr 458 = **2** F 7
BR-PlPr 473 = **3** L 2

GesEntw der Bundesregierung
BT-Drs 8/1901 = **109** N 5
Beschlußempfehlung des Rechtsausschusses
BT-Drs 8/2767 = **141** M 4
1. Beratung
BT-PlPr 8/100 = **22** B 11
2. Beratung und Schlußabstimmung
BT-PlPr 8/151 = **32** O 5
– Abkommen über die Durchführung von Manövern im Bereich Soltau-Lüneburg
Bericht der Bundesregierung
BT-Drs 8/262 = **60** L 8
Beschlußempfehlung des Innenausschusses
BT-Drs 8/961 = **80** H 8
– Vorschlag einer EWG-VO über den Abschluß eines Fischereiabkommens Kanada/EWG
BR-Drs 552/78 = **81** A 7

Kapitalanlagen
– *GesEntw zum Abkommen Bundesrepublik Deutschland/Arabische Republik Ägypten über die Förderung und den gegenseitigen Schutz von Kapitalanlagen*
1. und 2. Durchgang
(BR-Drs 747/76)
BR-Drs 312/77 = **24** H 11
BR-PlPr 443 = **1** A 1
BR-PlPr 448 = **1** H 13

GesEntw der Bundesregierung
BT-Drs 8/172 = **57** N 6
Beschlußempfehlung des Wirtschaftsausschusses
BT-Drs 8/540 = **68** K 2
1. Beratung
BT-PlPr 8/21 = **4** F 3
2. Beratung und Schlußabstimmung
BT-PlPr 8/32 = **7** C 9
– *GesEntw zum Vertrag Bundesrepublik Deutschland/Republik Israel über die Förderung und den gegenseitigen Schutz von Kapitalanlagen*
1. und 2. Durchgang
BR-Drs 144/77 = **15** E 10
BR-Drs 602/77 = **40** I 5
BR-PlPr 445 = **1** C 12
BR-PlPr 453 = **1** O 6

GesEntw der Bundesregierung
BT-Drs 8/366 = **64** I 9
Beschlußempfehlung des Wirtschaftsausschusses
BT-Drs 8/1161 = **86** L 6
1. Beratung
BT-PlPr 8/30 = **6** K 5
2. Beratung und Schlußabstimmung
BT-PlPr 8/58 = **12** K 7
– *GesEntw über den Vertrieb von Anteilen an Vermögensanlagen*
1. Durchgang
BR-Drs 407/77 = **28** M 1
BR-PlPr 451 = **1** M 3

GesEntw der Bundesregierung
BT-Drs 8/1405 = **94** F 12
1. Beratung
BT-PlPr 8/72 = **16** B 8
– s a Entw eines ÄndGes zum *Entwicklungsländer-Steuergesetz*
(betr insbesondere die Förderung der Kapitalanlagen)
BR-Drs 80/78 = **49** N 11
BT-Drs 8/1857 = **108** L 9
– *GesEntw zum Vertrag Bundesrepublik Deutschland/Republik Mali über die Förderung und den gegenseitigen Schutz von Kapitalanlagen*
1. und 2. Durchgang
BR-Drs 134/78 = **53** F 4
BR-Drs 487/78 = **77** I 6
BR-PlPr 457 = **2** E 2
BR-PlPr 465 = **3** C 4

GesEntw der Bundesregierung
BT-Drs 8/1743 = **103** O 12
Beschlußempfehlung des Wirtschaftsausschusses
BT-Drs 8/2153 = **121** F 1
1. Beratung
BT-PlPr 8/90 = **19** N 1
2. Beratung und Schlußabstimmung
BT-PlPr 8/111 = **24** C 10
– *GesEntw zum Abkommen Bundesrepublik Deutschland/Arabische Republik Syrien über die Förderung und den gegenseitigen Schutz von Kapitalanlagen*
1. und 2. Durchgang
BR-Drs 410/78 = **72** F 1
BR-Drs 73/79 = **89** M 2
BR-PlPr 463 = **2** N 14
BR-PlPr 470 = **3** I 8

GesEntw der Bundesregierung
BT-Drs 8/2236 = **123** H 1
Beschlußempfehlung des Wirtschaftsausschusses
BT-Drs 8/2543 = **133** N 12
1. Beratung
BT-PlPr 8/120 = **25** L 1
2. Beratung und Schlußabstimmung
BT-PlPr 8/138 = **29** O 4

- *GesEntw zum Vertrag mit Rumänien über die Förderung und den gegenseitigen Schutz von Kapitalanlagen*
  1. und 2. Durchgang
  BT-Drs 139/80 = **134** H 7
  BR-Drs 372/80 = **147** A 9
  BR-PlPr 485 = **5** A 10
  BR-PlPr 490 = **5** I 2

  GesEntw der Bundesregierung
  BT-Drs 8/3919 = **180** K 5
  Beschlußempfehlung des Wirtschaftsausschusses
  BT-Drs 8/4150 = **188** F 11
  1. Beratung
  BT-PlPr 8/216 = **47** A 10
  2. Beratung und Schlußabstimmung
  BT-PlPr 8/223 = **48** N 5

Kapitalanlagegesellschaft
- *GesEntw zur Änderung des Gesetzes über Kapitalanlagegesellschaften*
  Bundesratsdurchgang
  BR-Drs 400/80 = **147** K 14
  BR-PlPr 491 = **5** J 8

  GesEntw der CDU/CSU
  BT-Drs 8/4082 = **185** N 5
  Beschlußempfehlung des Finanzausschusses
  BT-Drs 8/4266 = **189** N 8
  1. Beratung
  BT-PlPr 8/219 = **47** N 13
  2. und 3. Beratung
  BT-PlPr 8/225 = **49** F 14

Kapitalbeteiligung
- *GesEntw zur Förderung freiwilliger betrieblicher Gewinn- und Kapitalbeteiligung*
  GesEntw der CDU/CSU
  BT-Drs 8/1565 = **99** A 9
  Beschlußempfehlung des Finanzausschusses
  BT-Drs 8/3915 = **180** I 5
  Bericht des Haushaltsausschusses
  BT-Drs 8/3916 = **180** I 7
  1. Beratung
  BT-PlPr 8/100 = **22** B 11
  2. Beratung
  BT-PlPr 8/216 = **47** A 10

Kapitalkonto, negatives
- Entschließung des BR zum steuerl. Ausschluß des negativen Kapitalkontos (BR-Drs 694/76)
  BR-PlPr 446 = **1** E 7

Kartellgesetz
- s Entw eines 4. Ges zur Änderung des Ges gegen *Wettbewerbsbeschränkungen*
  BR-Drs 231/78 = **61** J 2
  BT-Drs 8/2136 = **120** J 1

Kartellrecht
s a Wettbewerbsbeschränkungen
- Kartellbericht 1976,
  Stellungnahme der Bundesregierung und Bericht des Bundeskartellamtes über die Lage und Entwicklung auf seinem Aufgabengebiet
  BT-Drs 8/704 = **71** N 4
- Kartellbericht 1977,
  Stellungnahme der Bundesregierung und Bericht des Bundeskartellamtes über die Lage und Entwicklung auf seinem Aufgabengebiet
  BT-Drs 8/1925 = **110** F 9
- Kartellbericht 1978,
  Stellungnahme der Bundesregierung und Bericht des Bundeskartellamtes über die Lage und Entwicklung auf seinem Aufgabengebiet
  BT-Drs 8/2980 = **147** C 7
- 3. Hauptgutachten der Monopolkommission 1978/79
  BR-Drs 450/80 = **150** J 2
  BT-Drs 8/4404 = **192** M 6

Kartoffelverarbeitung
- 8. Allgemeine Verwaltungsvorschrift über Mindestanforderungen an das Einleiten von Abwasser in Gewässer (Kartoffelverarbeitung)
  BR-Drs 97/80 = **130** N 12

Kassenärzte/Kassenzahnärzte
- 1. VO zur Änderung der Zulassungsordnung für Kassenärzte
  BR-Drs 135/77 = **14** O 3
- 2. VO zur Änderung der Zulassungsordnung für Kassenärzte
  BR-Drs 136/77 = **15** A 4
- 1. VO zur Änderung der VO über die Schiedsämter für die kassenärztliche (kassenzahnärztliche) Versorgung (Schiedsamtsordnung)
  BR-Drs 137/77 = **15** A 12
- 3. VO zur Änderung der Zulassungsordnung für Kassenzahnärzte
  BR-Drs 268/78 = **64** H 10
- 2. VO zur Änderung der Zulassungsordnung für Kassenärzte
  BR-Drs 269/78 = **64** H 10

Katastrophenhilfe
- *GesEntw zum Abkommen Bundesrepublik Deutschland/Französische Republik über die gegenseitige Hilfeleistung bei Katastrophen oder schweren Unglücksfällen*
  1. und 2. Durchgang
  BR-Drs 413/78 = **72** G 12
  BR-Drs 516/79 = **117** D 7
  BR-PlPr 463 = **2** N 14
  BR-PlPr 479 = **4** G 1

  GesEntw der Bundesregierung
  BT-Drs 8/2614 = **137** G 14
  Beschlußempfehlung des Innenausschusses
  BT-Drs 8/3221 = **157** C 4
  Bericht des Haushaltsausschusses
  BT-Drs 8/3258 = **158** D 8
  1. Beratung
  BT-PlPr 8/148 = **32** F 9
  2. Beratung und Schlußabstimmung
  BT-PlPr 8/180 = **38** K 8

Kenia, Republik
- *GesEntw zum Abkommen Bundesrepublik Deutschland/Republik Kenia zur Vermeidung der Doppelbesteuerung auf dem Gebiet der Steuern vom Einkommen und vom Vermögen*
  1. und 2. Durchgang
  BR-Drs 409/78 = **72** E 1
  BR-Drs 116/79 = **93** B 8
  BR-PlPr 463 = **2** N 14
  BR-PlPr 471 = **3** J 3

  GesEntw der Bundesregierung
  BT-Drs 8/2237 = **123** H 8
  Beschlußempfehlung des Finanzausschusses
  BT-Drs 8/2577 = **135** L 5
  1. Beratung
  BT-PlPr 8/120 = **25** L 1
  2. Beratung und Schlußabstimmung
  BT-PlPr 8/141 = **30** I 6

Kernenergie
s a Energieversorgung
  Kraftwerk
- 2. Fortschreibung des Energieprogramms der Bundesregierung
  BR-Drs 651/77 = **42** L 9
  BT-Drs 8/1357 = **92** N 11
  1. Beschlußempfehlung des Wirtschaftsausschusses
  BT-Drs 8/2370 = **127** O 5
- Bericht über Umweltradioaktivität und Strahlenbelastung 1975
  BT-Drs 8/311 = **62** K 14
  Beschlußempfehlung des Innenausschusses
  BT-Drs 8/1329 = **92** H 1
- Bericht über die Umweltradioaktivität und Strahlenbelastung 1976
  BT-Drs 8/1682 = **102** D 11
  Beschlußempfehlung des Innenausschusses
  BT-Drs 8/3330 = **159** N 12
  Bericht des Haushaltsausschusses
  BT-Drs 8/3447 = **163** A 2
- Bericht über die Umweltradioaktivität und Strahlenbelastung 1977
  BT-Drs 8/3119 = **153** J 3
  Berichtigung
  BT-Drs 8/3324 = **159** N 5
  Beschlußempfehlung des Innenausschusses
  BT-Drs 8/3330 = **159** N 12
  Bericht des Haushaltsausschusses
  BT-Drs 8/3447 = **163** A 2
- Bericht über die Umweltradioaktivität 1978
  BT-Drs 8/4101 = **186** B 2
- Antwort auf Große Anfrage zum Energiebedarf und zur friedlichen Nutzung der Kernenergie
  BT-Drs 8/569 = **69** C 11
  Entschließungsantrag zur Beratung der Großen Anfrage
  BT-Drs 8/579 = **69** K 9
  Beratung
  BT-PlPr 8/31 = **6** N 7
- Entsorgungsbericht 1977
  BT-Drs 8/1281 = **90** O 5
  BT-PlPr 8/86 = **18** O 1
- Bundeshaushalt 1977:
  Überplanmäßige Ausgabe bei Kap 3005 Tit 683 15 – Risikobeteiligung des Bundes im Bereich Kernenergie –
  BR-Drs 485/77 = **34** G 4
- Mitteilung der Kommission an den Rat der EG über Einzelheiten einer gemeinschaftlichen Strategie zur Aufarbeitung bestrahlter Kernbrennstoffe
  BR-Drs 519/77 = **35** L 5
  BT-Drs 8/1079 = **84** B 14
  Beschlußempfehlung des Ausschusses für Forschung und Technologie
  BT-Drs 8/1475 = **95** M 9
- Aktionsplan der EG auf dem Gebiet der radioaktiven Abfallstoffe
  BT-Drs 8/1078 = **84** B 8
  Beschlußempfehlung des Innenausschusses
  BT-Drs 8/1629 = **100** M 13
- Einsetzung einer Enquête – Kommission „Zukünftige Kernenergiepolitik"
  BT-Drs 8/2353 = **127** K 2

Beratung
BT-PlPr 8/125 = **26** O 7
Beschlußempfehlung des Ausschusses für Forschung und Technologie
BT-Drs 8/2628 = **137** M 13
Beratung
BT-PlPr 8/145 = **31** K 10
– Bericht der Enquête – Kommission „Zukünftige Kernenergie-Politik"
BT-Drs 8/4341 = **191** J 13
Entschließungsantrag
BT-Drs 8/4378 = **192** I 8
Beratung
BT-PlPr 8/229 = **50** G 11
– Fünfjahres-Forschungsprogramm der EG auf dem Gebiet des Plutoniumkreislaufs und seiner Sicherheit
BT-Drs 8/2846 = **143** L 5
Beschlußempfehlung des Ausschusses für Forschung und Technologie
BT-Drs 8/3411 = **161** H 8
– Vorschlag für einen EG-Beschluß zur Festlegung eines Forschungs- und Ausbildungsprogramms (1979 bis 1983) der Europäischen Atomgemeinschaft auf dem Gebiet der kontrollierten Kernfusion
BR-Drs 140/79 = **94** A 7
BT-Drs 8/2858 = **143** O 5
Beschlußempfehlung des Ausschusses für Forschung und Technologie
BT-Drs 8/3410 = **161** H 7
– Antwort auf Große Anfrage betr Beitrag der Kernenergie zur Sicherung der Energieversorgung
BT-Drs 8/3331 = **159** N 14
Entschließungsantrag zur Großen Anfrage
BT-Drs 8/3434 = **162** M 10
Beratung
BT-PlPr 8/188 = **40** H 4
Beschlußempfehlung des Wirtschaftsausschusses
BT-Drs 8/4354 = **192** D 9
Beratung
BT-PlPr 8/229 = **50** G 11
– Antwort auf Kleine Anfrage zur Bedeutung der Kernenergie für die Energieversorgung
BT-Drs 8/3890 = **179** E 8
– Ergebnisse der International Nuclear Fuel Cycle Evaluation in Wien über die Internationale Bewertung des Kernbrennstoffkreislaufs
BT-Drs 8/3968 = **183** B 13

Kernkraftwerk
– Option des Schnellen Brüters in der EG
BT-Drs 8/1077 = **84** B 1
Beschlußempfehlung des Ausschusses für Forschung und Technologie
BT-Drs 8/1474 = **95** M 7
– Bericht zur Situation der Entsorgung der Kernkraftwerke
BT-Drs 8/1281 = **90** O 5
BT-PlPr 8/86 = **18** O 1
– Antwort auf Kleine Anfrage betr beim Bau eines Kernkraftwerkes zu beachtende Vorschriften
BT-Drs 8/1389 = **93** K 8
– Vorschlag für einen EG-Beschluß zur Festlegung eines Programms betr die Stillegung von Kernkraftwerken
BR-Drs 266/78 = **64** F 12
BT-Drs 8/1997 = **113** K 9

Beschlußempfehlung des Ausschusses für Forschung und Technologie
BT-Drs 8/2525 = **132** H 1
Beratung
BT-PlPr 8/180 = **38** K 8
– Forschungsprogramm der EG für die Sicherheit thermischer Leichtwasserreaktoren
BT-Drs 8/1996 = **113** K 4
Beschlußempfehlung des Ausschusses für Forschung und Technologie
BT-Drs 8/2526 = **132** H 3
– Antwort auf Kleine Anfrage über den weiteren Ausbau des Schnellen Brüters in Kalkar
BT-Drs 8/2372 = **128** C 10
– s a Wiederaufbereitung

Kernwaffen, Nichtverbreitung von
s Atomwaffensperrvertrag

Khomeini, Ruhollah Musawi Hendi
(Schiitenführer – Ayatollah)
– Telegramm der deutschen Gruppe der Interparlamentarischen Union an den Schiitenführer
BT-PlPr 8/192 = **41** G 6

Kilometerpauschale
– *GesEntw zur Umgestaltung der Kilometerpauschale in eine Entfernungspauschale*
1. Durchgang
BR-Drs 281/79 = **103** B 3
BR-PlPr 473 = **3** L 2
BR-PlPr 476 = **4** A 4
GesEntw des Bundesrates
BT-Drs 8/3242 = **158** A 8
1. Beratung
BT-PlPr 8/183 = **39** E 8

Kinder
s a Stiftung „Hilfswerk für behinderte Kinder"
– s a GesEntw zur Neuregelung des Rechts der *Elterlichen Sorge*
– VO über die Abrechnung und Zahlung der zu erstattenden Mehraufwendungen für Kinderzulagen nach § 583 Abs 2 S 2 der Reichsversicherungsordnung
BR-Drs 160/77 = **16** F 8
– VO zur Änderung der Straßenverkehrs-Ordnung
BR-Drs 267/80 = **141** M 7

Kinderarbeit
– Bericht über die Neuregelung des Verbots der Beschäftigung von Kindern in §§ 5, 6 Jugendarbeitsschutzgesetz
BT-Drs 8/2794 = **142** I 6

Kinderbetreuung
s a Familienförderung
– Allgemeine Verwaltungsvorschrift zu § 33 a Abs 3 des Einkommensteuergesetzes 1979
BR-Drs 553/79 = **119** K 3

Kinderfreibetrag
s Einkommensteuer
– s GesEntw zur Verbesserung der wirtschaftlichen Rahmenbedingungen und *Steuerentlastung*
BR-Drs 445/77 = **32** E 12
BT-Drs 8/2130 = **120** H 10

Kindergarten
s Jugendbericht, 5.
BR-Drs 109/80 = **132** K 3
BT-Drs 8/3685 = **172** J 13

Kindergeld
s a Bundeskindergeldgesetz
– VO über die Erstattung von Aufwendungen der Träger der gesetzlichen Rentenversicherung für Kinderzuschüsse und Kindergeld-Ausgleichsbeträge durch den Bund (Kinderzuschuß-ErstattungsVO)
BR-Drs 127/79 = **93** E 7

Kinderlastenausgleich
– *GesEntw zur Neugestaltung des steuerlichen Kinderlastenausgleichs*
1. Durchgang
BR-Drs 331/78 = **66** M 7
BR-PlPr 461 = **2** I 9
GesEntw des Bundesrates
BT-Drs 8/2130 = **120** H 10
Beschlußempfehlung des Finanzausschusses
BT-Drs 8/2202 = **122** I 5
Bericht des Haushaltsausschusses
BT-Drs 8/2208 = **122** J 7
1. Beratung
BT-PlPr 8/107 = **23** G 3
2. und 3. Beratung
BT-PlPr 8/111 = **24** C 10
BT-PlPr 8/112 = **24** G 13

Kindertagesstätten
– s GesEntw zur Reform des *Jugendhilferechts*
GesEntw des Bundesrates
BT-Drs 8/3108 = **152** L 6
GesEntw der Bundesregierung
BT-Drs 8/2571 = **135** E 1

Kirchenberufe
– VO zur Änderung zweier Verordnungen nach dem Bundesausbildungsförderungsgesetz
BR-Drs 270/80 = **142** C 11

Klärschlamm
– Vorschlag eines EG-Beschlusses zur Festlegung eines Forschungsprogramms auf dem Gebiet Behandlung und Verwendung von Klärschlamm (Konzertierte Aktion)
BR-Drs 44/77 = **8** D 7
BT-Drs 8/58 = **53** E 12

Klassifikation
s Abkommen von Nizza über die Klassifikation von *Waren* und Dienstleistungen

Klauentiere
– 7. VO zur Änderung der Klauentiere-EinfuhrVO
BR-Drs 254/78 = **63** F 8

KleinbetragsVO
– Kleinbeitragsverordnung
BR-Drs 473/80 = **153** B 11

Klima
– Vorschlag für ein mehrjähriges EG-Forschungsprogramm auf dem Gebiet der Klimatologie
(Indirekte Aktion, 1979 – 83)
BR-Drs 458/78 = **76** E 7
BT-Drs 8/2271 = **125** A 9

Knappschaftliche Rentenversicherung
s Rentenanpassungsbericht der Bundesregierung
Rentenversicherung

Körperschaftssteuer
s a Doppelbesteuerungsabkommen
- Bericht über die steuerliche Belastung von Zuwendungen, die Stiftungen an ihre Destinatäre gewähren
  BT-Drs 8/3165 = **155** G 13
- Bericht über die Auswirkungen der Körperschaftssteuerreform auf die Berlin-Darlehen nach §§ 16, 17 Berlinförderungsgesetz
  BT-Drs 8/3930 = **181** G 6
- Vorschlag einer Richtlinie des Rates zur Harmonisierung der Körperschaftssteuersysteme in der EG
  BR-Drs 363/78 = **78** N 5
  BT-Drs 8/2059 = **116** N 8
- Körperschaftsteuer-DurchführungsVO 1977
  BR-Drs 121/77 = **14** A 6
- Allgemeine Verwaltungsvorschrift zur Ausführung des Körperschaftsteuergesetzes (Körperschaftsteuer-Richtlinien 1977)
  BR-Drs 570/77 = **38** D 13

Körperschaftsteuergesetz
- *GesEntw zur Änderung des Einkommensteuergesetzes, des Körperschaftssteuergesetzes und anderer Gesetze*
  (betr Unternehmensbesteuerung)
  1. und 2. Durchgang
  BR-Drs 511/79 = **117** A 7
  BR-Drs 325/80 = **146** B 10
  BR-PlPr 480 = **4** G 13
  BR-PlPr 489 = **5** G 14

  GesEntw der Bundesregierung
  BT-Drs 8/3648 = **171** B 2
  Beschlußempfehlung des Finanzausschusses
  BT-Drs 8/4141 = **188** A 9
  Bericht des Finanzausschusses
  BT-Drs 8/4157 = **188** G 11
  Bericht des Haushaltsausschusses
  BT-Drs 8/4168 = **188** J 1
  1. Beratung
  BT-PlPr 8/203 = **44** A 13
  2. und 3. Beratung
  BT-PlPr 8/220 = **48** C 8
- *GesEntw zur Änderung und Vereinfachung des Einkommensteuergesetzes und anderer Gesetze*
  (betr Abschreibung; Gemeinnützigkeit)
  1. und 2. Durchgang
  BR-Drs 600/79 = **122** G 5
  BR-Drs 295/80 = **145** B 6
  BR-PlPr 482 = **4** K 5
  BR-PlPr 488 = **5** E 6

  GesEntw der Bundesregierung
  BT-Drs 8/3688 = **173** D 7
  Beschlußempfehlung des Finanzausschusses
  BT-Drs 8/4007 = **184** C 7
  Bericht des Haushaltsausschusses
  BT-Drs 8/4012 = **184** K 5
  1. Beratung
  BT-PlPr 8/206 = **44** N 12
  2. Beratung
  BT-PlPr 8/208 = **45** D 10
  BT-PlPr 8/213 = **46** H 2
  BT-PlPr 8/218 = **47** J 7
  3. Beratung
  BT-PlPr 8/218 = **47** J 7
- s a Entw eines *Steueränderungsgesetzes* (betr Abzugsatz für Spenden zur Förderung kultureller Zwecke)
  BR-Drs 273/78 = **64** L 4
  BT-Drs 8/2116 = **119** M 6
- s a Entw eines *Vereinsbesteuerungsgesetzes*
  BR-Drs 208/79 = **98** D 3
  BT-Drs 8/3243 = **158** A 11

Körung
- VO über die Körung von Bullen
  BR-Drs 201/79 = **97** M 2
- VO über die Körung von Schafböcken
  BR-Drs 202/79 = **97** N 1
- VO über die Körung von Hengsten
  BR-Drs 205/79 = **98** A 13
- VO über die Körung von Ebern
  BR-Drs 206/79 = **98** B 11

Kohle
s a Europäische Gemeinschaft für Kohle und Stahl
- Vorschlag einer EG-VO über finanzielle Maßnahmen der EG zur Förderung des Kohleeinsatzes für die Stromerzeugung
  BR-Drs 53/77 = **9** J 11
- Vorschlag einer EG-VO über finanzielle Maßnahmen der EG zur Finanzierung konjunktureller Haldenbestände an Steinkohle, Koks und Briketts
  BR-Drs 173/77 = **16** N 14
- EG-Mitteilung über die Einführung eines gemeinschaftlichen Beihilfesystems zugunsten des innergemeinschaftlichen Austausches von Kraftwerkskohle
  BR-Drs 128/78 = **53** A 12
- Vorschlag einer EG-VO über finanzielle Maßnahmen der Gemeinschaft zugunsten des innergemeinschaftlichen Austausches von Kraftwerkskohle
  BR-Drs 478/78 = **77** C 2

Kohlenwasserstoffe
- Vorschlag einer EG-VO über die Unterstützung gemeinschaftlicher Vorhaben zur Exploration von Kohlenwasserstoffen und einer VO zur Durchführung dieser VO
  BR-Drs 576/77 = **39** C 6
  BR-Drs 204/78 = **58** F 7
  BT-Drs 8/1191 = **87** M 11
  Beschlußempfehlung des Wirtschaftsausschusses
  BT-Drs 8/1760 = **104** E 10

Kohlepfennig
- VO über den Prozentsatz der Ausgleichsabgabe nach dem Verstromungsgesetz 1979
  BT-Drs 8/2307 = **125** L 11
  Beschlußempfehlung des Wirtschaftsausschusses
  BT-Drs 8/2381 = **128** I 13
  Entschließungsantrag der CDU/CSU
  BT-Drs 8/2388 = **128** L 3
  Änderungsantrag der CDU/CSU
  BT-Drs 8/2391 = **128** L 10
  BT-PlPr 8/125 = **26** O 7
- Antrag der Fraktion der CDU/CSU zur Senkung des Kohlepfennigs
  BT-Drs 8/3050 = **150** A 12
  Beratung
  BT-PlPr 8/180 = **38** K 8

Koks
s Kohle

Kolumbien, Republik
- *GesEntw zu der Erklärung über den vorläufigen Beitritt Kolumbiens zum Allgemeinen Zoll- und Handelsabkommen*
  1. und 2. Durchgang
  BR-Drs 91/77 = **12** G 13
  BR-Drs 313/77 = **24** H 12
  BR-PlPr 443 = **1** A 1
  BR-PlPr 448 = **1** H 13

  GesEntw der Bundesregierung
  BT-Drs 8/170 = **57** L 5
  Beschlußempfehlung des Wirtschaftsausschusses
  BT-Drs 8/572 = **69** F 14
  1. Beratung
  BT-PlPr 8/21 = **4** F 3
  2. Beratung und Schlußabstimmung
  BT-PlPr 8/32 = **7** C 9

Kommunalbesoldung
- VO über die Zuordnung der Ämter der hauptamtlichen Wahlbeamten auf Zeit der Gemeinden, Samtgemeinden, Verbandsgemeinden, Ämter und Kreise
  BR-Drs 647/77 = **42** J 4

kommunale Selbstverwaltung
- Antwort auf Große Anfrage zur Lage der Städte, Gemeinden und Kreise
  BT-Drs 8/906 = **79** C 2
  Entschließungsanträge zur Großen Anfrage
  BT-Drs 8/1208 = **89** A 11
  BT-Drs 8/1209 = **89** A 13
  BT-Drs 8/1210 = **89** B 1
  BT-Drs 8/1211 = **89** B 3
  BT-Drs 8/1226 = **90** B 13
  Beratung
  BT-PlPr 8/58 = **12** K 7

Kommunikationstechnik
- Antwort auf Große Anfrage zur Entwicklung der Kommunikationstechniken und dem Beschluß der Bundesregierung vom 26. 9. 1979
  BT-Drs 8/3699 = **173** K 10
  BT-PlPr 8/227 = **50** A 10

Konferenz für internationale wirtschaftliche Zusammenarbeit
- Bundeshaushalt 1979:
  Überplanmäßige Ausgabe bei Kap 2302 Tit 896 05
  Leistung einer einmaligen finanziellen Sondermaßnahme im Rahmen der Konferenz für internationale wirtschaftliche Zusammenarbeit
  BR-Drs 259/79 = **101** C 2

Konferenz für Sicherheit und Zusammenarbeit in Europa
- Antrag der Fraktionen der SPD/FDP betr Verwirklichung der KSZE-Schlußakte und Wahrung der Menschenrechte
  BT-Drs 8/221 = **60** C 14
  Beratung des Antrags
  BT-PlPr 8/20 = **4** C 9
  Beschlußempfehlung des Auswärtigen Ausschusses zum Antrag
  BT-Drs 8/603 = **70** E 6
  Beratung
  BT-PlPr 8/34 = **7** K 5
- Antwort auf Große Anfrage betr menschenrechtliche Lage der Deutschen in der Deutschen Demokratischen Republik und in Osteuropa
  BT-Drs 8/1605 = **100** A 11
  Entschließungsantrag der SPD/FDP zur Großen Anfrage
  BT-Drs 8/1941 = **112** L 7

Entschließungsantrag der CDU/CSU zur Großen Anfrage
BT-Drs 8/1942 = **112** L 9
Beratung
BT-PlPr 8/99 = **21** M 10
– Antwort auf Große Anfrage zur künftigen Weiterentwicklung des Entspannungsprozesses auf der Grundlage der Schlußakte der Konferenz für Sicherheit und Zusammenarbeit in Europa
BT-Drs 8/4486 = **195** O 5

Konjunkturpolitik
– s a Jahreswirtschaftsbericht der Bundesregierung
– Jahresgutachten 1977/78 des Sachverständigenrates zur Begutachtung der gesamtwirtschaftlichen Entwicklung
BR-Drs 610/77 = **40** K 6
BT-Drs 8/1221 = **89** D 10
– Sondergutachten Juni 1978
BR-Drs 380/78 = **69** M 13
BT-Drs 8/2069 = **117** E 4
– Jahresgutachten 1978/79 des Sachverständigenrates für die Begutachtung der gesamtwirtschaftlichen Entwicklung
BR-Drs 560/78 = **81** N 12
BT-Drs 8/2313 = **125** N 5
– Jahresgutachten 1979/80 des Sachverständigenrates zur Begutachtung der gesamtwirtschaftlichen Entwicklung
BR-Drs 575/79 = **120** H 2
BT-Drs 8/3420 = **161** L 10

Konkursausfallgeld
– VO über die Pauschalierung der Verwaltungskosten und der sonstigen Kosten für die Gewährung von Konkursausfallgeld (Konkursausfallgeld-Kosten-VO)
BR-Drs 31/77 = **7** B 14

„Kontaktsperregesetz"
– *GesEntw zur Änderung des Einführungsgesetzes zum Gerichtsverfassungsgesetz*
Bundesratsdurchgang
BR-Drs 453/77 = **33** A 10
BR-PlPr 449 = **1** J 5

interfraktioneller GesEntw
BT-Drs 8/935 = **79** O 7
Beschlußempfehlung des Rechtsausschusses
BT-Drs 8/943 = **80** A 10
Nachtrag zur Beschlußempfehlung des Rechtsausschusses
BT-Drs 8/944 = **80** A 14
Bericht des Rechtsausschusses
BT-Drs 8/945 = **80** B 1
Änderungsantrag
BT-Drs 8/962 = **80** H 12
1. Beratung
BT-PlPr 8/43 = **9** J 4
2. und 3. Beratung
BT-PlPr 8/44 = **9** K 8
– Antwort auf Kleine Anfrage zu den Auswirkungen des Kontaktsperregesetzes
BT-Drs 8/3565 = **166** E 5

Konvention über den Schutz der Menschenrechte und Grundfreiheiten
– Memorandum betr den Beitritt der EG zur Konvention über den Schutz der Menschenrechte und Grundfreiheiten
BR-Drs 311/79 = **104** F 1
BT-Drs 8/3037 = **149** L 14

Konzernabschlüsse
s Jahresabschlüsse

Kooperationsabkommen
– *GesEntw zu den Kooperationsabkommen zwischen der EWG und ihren Mitgliedstaaten einerseits, der Tunesischen Republik, der Republik Algerien und dem Königreich Marokko andererseits sowie zu den Abkommen zwischen den Mitgliedstaaten der EGKS und diesen Staaten*
1. und 2. Durchgang
BR-Drs 415/77 = **29** E 7
BR-Drs 103/78 = **51** C 4
BR-PlPr 450 = **1** K11
BR-PlPr 455 = **2** C 1

GesEntw der Bundesregierung
BT-Drs 8/1036 = **82** F 13
Beschlußempfehlung des Wirtschaftsausschusses
BT-Drs 8/1432 = **95** C 6
Bericht des Haushaltsausschusses
BT-Drs 8/1515 = **97** K 12
1. Beratung
BT-PlPr 8/52 = **11** H 10
2. Beratung und Schlußabstimmung
BT-PlPr 8/72 = **16** B 8
– Vorschlag einer EWG-VO betr den Abschluß eines Kooperationsabkommens EWG/Mitgliedsländer des Verbandes Südostasiatischer Nationen – Indonesien, Malaysia, Philippinen, Singapur und Thailand
BR-Drs 636/79 = **123** L 7
BT-Drs 8/3638 = **170** M 4

Korea, Republik
– *GesEntw zum Abkommen Bundesrepublik Deutschland/Republik Korea zur Vermeidung der Doppelbesteuerung auf dem Gebiet der Steuern vom Einkommen und vom Vermögen*
1. und 2. Durchgang
BR-Drs 402/77 = **28** E 5
BR-Drs 633/77 = **42** C 14
BR-PlPr 450 = **1** K 11
BR-PlPr 453 = **1** O 6

GesEntw der Bundesregierung
BT-Drs 8/1043 = **83** D 1
Beschlußempfehlung des Finanzausschusses
BT-Drs 8/1272 = **90** L 3
1. Beratung
BT-PlPr 8/52 = **11** H 10
2. Beratung und Schlußabstimmung
BT-PlPr 8/63 = **13** L 10

Kosmetik
– VO über Kosmetische Mittel
BR-Drs 475/77 = **33** H 10
– 1. VO zur Änderung der KosmetikVO
BR-Drs 515/78 = **78** A 9
– 2. VO zur Änderung der KosmetikVO
BR-Drs 268/79 = **101** L 11
– Vorschlag einer EG-Richtlinie zur Änderung der EWG-Richtlinie zur Angleichung der Rechtsvorschriften der Mitgliedstaaten über kosmetische Mittel
BR-Drs 306/79 = **103** O 9
– 3. VO zur Änderung der Kosmetik-Verordnung
BR-Drs 242/80 = **140** N 3
– 4. VO zur Änderung der Kosmetik-VO
BR-Drs 545/80 = **157** E 1

Kostendämpfungsgesetz
s Krankenversicherung, gesetzliche

Kostenordnungen
– Kostenordnung für Maßnahmen nach dem Ges zu dem Übereinkommen über sichere Container
BR-Drs 372/77 = **27** A 13
– 2. VO zur Änderung der Beglaubigungskostenordnung
BR-Drs 174/78 = **56** H 9
– Kostenordnung für Amtshandlungen der nach dem Eichgesetz zuständigen Behörden der Länder
BR-Drs 175/78 = **56** I 2
– Kostenverordnung für Amtshandlungen auf den Gebieten des Seemanns- und Flaggenrechts
BR-Drs 56/80 = **128** G 2

Kostenrecht
– s GesEntw zur Änderung kostenrechtlicher Vorschriften auf dem Gebiet des *Seeverkehrs*
BR-Drs 497/77 = **34** O 4
BT-Drs 8/1297 = **91** G 3
– s GesEntw zur Änderung von Kostenvorschriften des *Atomgesetzes*
BR-Drs 99/79 = **91** J 1
BT-Drs 8/3195 = **156** H 1

Kraftfahrzeugkennzeichen
– Entschließung des Bundesrates zur Einführung landschaftsbezogener amtlicher Kennzeichen für Kraftfahrzeuge
BR-Drs 455/77 = **33** B 7
– s a GesEntw zur Änderung des *Straßenverkehrsgesetzes*
(betr Kraftfahrzeugkennzeichen)
BR-Drs 422/77 = **30** K 2
BT-Drs 8/971 = **80** K 6

Kraftfahrzeugsteuer
– *GesEntw zum Abkommen Bundesrepublik Deutschland/Volksrepublik Polen über die steuerliche Behandlung des internationalen Straßenverkehrs*
1. und 2. Durchgang
BR-Drs 32/78 = **46** H 2
BR-Drs 287/78 = **65** D 1
BR-PlPr 454 = **2** A 5
BR-PlPr 460 = **2** H 2

GesEntw der Bundesregierung
BT-Drs 8/1534 = **98** H 1
Beschlußempfehlung des Finanzausschusses
BT-Drs 8/1796 = **105** N 11
1. Beratung
BT-PlPr 8/78 = **17** E 7
2. Beratung und Schlußabstimmung
BT-PlPr 8/95 = **20** N 5
– *GesEntw zur Vereinbarung Bundesrepublik Deutschland/Italienische Republik überschreitenden deutsch-italienischen überschreitenden deutsch-italienischen Straßenverkehr*
1. und 2. Durchgang
BR-Drs 33/78 = **46** H 6
BR-Drs 288/78 = **65** D2
BR-PlPr 454 = **2** A 5
BR-PlPr 460 = **2** H 2

GesEntw der Bundesregierung
BT-Drs 8/1535 = **98** A 5
Beschlußempfehlung des Finanzausschusses
BT-Drs 8/1795 = **105** N 9

1. Beratung
BT-PlPr 8/78 = **17** E 7
2. Beratung und Schlußabstimmung
BT-PlPr 8/95 = **20** N 5
– *GesEntw zum Abkommen Bundesrepublik Deutschland/Irland über die steuerliche Behandlung von Straßenfahrzeugen im internationalen Verkehr*
1. und 2. Durchgang
BR-Drs 91/78 = **50** J 4
BR-Drs 286/78 = **65** C 14
BR-PlPr 455 = **2** C 1
BR-PlPr 460 = **2** H 2

GesEntw der Bundesregierung
BT-Drs 8/1659 = **101** H 5
Beschlußempfehlung des Finanzausschusses
BT-Drs 8/1794 = **105** N 7
1. Beratung
BT-PlPr 8/86 = **18** O 1
2. Beratung und Schlußabstimmung
BT-PlPr 8/95 = **20** N 5
– *GesEntw zum Abkommen Bundesrepublik Deutschland/Hellenische Republik über die steuerliche Behandlung von Straßenfahrzeugen im internationalen Verkehr*
1. und 2. Durchgang
BR-Drs 407/78 = **72** C 14
BR-Drs 113/79 = **93** B 5
BR-PlPr 463 = **2** N 14
BR-PlPr 471 = **3** J 3

GesEntw der Bundesregierung
BT-Drs 8/2231 = **123** A 8
Beschlußempfehlung des Finanzausschusses
BT-Drs 8/2574 = **135** K 13
1. Beratung
BT-PlPr 8/120 = **25** L 1
2. Beratung und Schlußabstimmung
BT-PlPr 8/141 = **30** I 6
– *GesEntw zum Abkommen Bundesrepublik Deutschland/Königreich Schweden über die steuerliche Behandlung von Straßenfahrzeugen im internationalen Verkehr*
1. und 2. Durchgang
BR-Drs 411/78 = **72** G 1
BR-Drs 114/79 = **93** B 6
BR-PlPr 463 = **2** N 14
BR-PlPr 471 = **3** J 3

GesEntw der Bundesregierung
BT-Drs 8/2235 = **123** G 10
Beschlußempfehlung des Finanzausschusses
BT-Drs 8/2575 = **135** L 1
1. Beratung
BT-PlPr 8/120 = **25** L 1
2. Beratung und Schlußabstimmung
BT-PlPr 8/141 = **30** I 6
– VO zur Neufassung der Kraftfahrzeugsteuer-DurchführungsVO und zur Änderung der Straßenverkehrs- Zulassungs-Ordnung
BR-Drs 234/79 = **100** A 2
– VO zum Abkommen Bundesrepublik Deutschland/Republik Finnland über die steuerliche Behandlung von Straßenfahrzeugen im internationalen Verkehr
BR-Drs 488/79 = **115** I 13
– VO zum Abkommen Bundesrepublik Deutschland/Königreich Spanien über die steuerliche Behandlung von Straßenfahrzeugen im internationalen Verkehr
BR-Drs 489/79 = **115** J 3
– VO zum Abkommen Bundesrepublik Deutschland/DDR über die Befreiung von Straßenfahrzeugen von Steuern und Gebühren
BR-Drs 571/79 = **120** F 5
– VO zum Abkommen mit der Regierung der Union der Sozialistischen Sowjetrepubliken über die gegenseitige Steuerbefreiung von Straßenfahrzeugen im internationalen Verkehr
BR-Drs 258/80 = **141** H 11
– VO zum Abkommen mit der Regierung der Portugiesischen Republik über die steuerliche Behandlung von Straßenfahrzeugen im internationalen Verkehr
BR-Drs 259/80 = **141** H 14
– VO zum Abkommen mit der Regierung der Volksrepublik Bulgarien über die Befreiung von Steuern und Gebühren für Fahrzeuge im internationalen Straßenverkehr
BR-Drs 260/80 = **141** I 3

Kraftfahrzeugsteuergesetz
– *Entw eines ÄndGes*
(betr Steuererhebung, Steuererstattung, Steuererlaß zugunsten von Behinderten, Besteuerung von Anhängern, Behandlung von DDR-Fahrzeugen)
1. und 2. Durchgang
BR-Drs 36/78 = **46** I 12
BR-Drs 561/78 = **82** K 9
BR-PlPr 454 = **2** A 5
BR-PlPr 468 = **3** E 13

GesEntw der CDU/CSU
BT-Drs 8/238 = **60** G 9
GesEntw der Bundesregierung
BT-Drs 8/1679 = **102** C 5
Beschlußempfehlung des Finanzausschusses
BT-Drs 8/2285 = **125** E 7
Entschließungsantrag der SPD/FDP
BT-Drs 8/2291 = **125** I 10
Bericht des Haushaltsausschusses
BT-Drs 8/2293 = **125** I 13
1. Beratung des GesEntw der CDU/CSU
BT-PlPr 8/29 = **6** G 1
1. Beratung des GesEntw der Bundesregierung
BT-PlPr 8/86 = **18** O 1
2. Beratung des GesEntw der CDU/CSU
BT-PlPr 8/117 = **25** D 2
2. und 3. Beratung des GesEntw der Bundesregierung
BT-PlPr 8/117 = **25** D 2

Kraftwerk
– Entw einer EG-Entschließung über die gemeinschaftliche Abstimmung über Fragen der Standortwahl beim Bau von Kraftwerken und Vorschlag einer EG-VO über die Einrichtung eines gemeinschaftlichen Konsultationsverfahrens für Kraftwerke, von denen Auswirkungen auf das Hoheitsgebiet eines anderen Mitgliedstaates ausgehen können
BR-Drs 608/77 = **40** K 1
BT-Drs 8/29 = **51** I 3
Beschlußempfehlung des Wirtschaftsausschusses
BT-Drs 8/1310 = **91** I 14
– VO über die Brennstoffbevorratung von Kraftwerken
BR-Drs 624/80 = **161** N 9

Krankenhaus
– s a Entw eines 2. ÄndGes zum Ges über die *Finanzstatistik*
(betr Einbeziehung der Krankenhäuser)
BR-Drs 184/79 = **96** J 13
BT-Drs 8/3054 = **150** B 8
– s a GesEntw zur Änderung des Ges über das *Apotheken*wesen
(betr Arzneimittelversorgung in Krankenhäusern)
BR-Drs 498/77 = **34** O 12
BT-Drs 8/1812 = **107** E 5
– VO über die Abgrenzung und die durchschnittliche Nutzungsdauer von Wirtschaftsgütern in Krankenhäusern
BR-Drs 423/77 = **30** L 3
– VO über die Rechnungs- und Buchführungspflichten von Krankenhäusern
BR-Drs 563/77 = **37** O 2

Krankenhausfinanzierungsgesetz
– *Entw eines ÄndGes*
(– Gesamtnovellierung –)
1. und 2. Durchgang
BR-Drs 260/78 = **63** L 13
BR-Drs 164/80 = **135** O 2
BR-PlPr 461 = **2** I 9
BR-PlPr 485 = **5** A 10
1. Vermittlungsverfahren:
BR-Drs 320/80 = **146** A 11
BR-PlPr 488 = **5** E 6
2. Vermittlungsverfahren:
BR-Drs 379/80 = **147** C 5
BR-Drs 417/80 = **149** F 5
BR-PlPr 490 = **5** I 2

GesEntw der Bundesregierung
BT-Drs 8/2067 = **117** B 10
Beschlußempfehlung des Ausschusses für Arbeit und Sozialordnung
BT-Drs 8/3495 = **164** F 1
Bericht des Ausschusses für Arbeit und Sozialordnung
BT-Drs 8/3758 = **175** C 4
Änderungsanträge der SPD/FDP zur 2. Beratung
BT-Drs 8/3806 = **176** I 5
BT-Drs 8/3807 = **176** I 6
BT-Drs 8/3808 = **176** I 7
Änderungsanträge der CDU/CSU zur 2. Beratung
BT-Drs 8/3810 = **176** I 9
BT-Drs 8/3811 = **176** I 10
BT-Drs 8/3812 = **176** I 11
BT-Drs 8/3813 = **176** I 12
BT-Drs 8/3814 = **176** I 13
BT-Drs 8/3815 = **176** I 14
BT-Drs 8/3816 = **176** J 1
BT-Drs 8/3817 = **176** J 2
BT-Drs 8/3818 = **176** J 3
BT-Drs 8/3819 = **176** J 4
BT-Drs 8/3820 = **176** J 5
Bericht des Haushaltsausschusses
BT-Drs 8/3826 = **176** L 5
Entschließungsantrag aller Fraktionen zur 3. Beratung
BT-Drs 8/3809 = **176** I 8
1. Beratung
BT-PlPr 8/111 = **24** C 10
2. und 3. Beratung
BT-PlPr 8/208 = **45** D 10
Anrufung des Vermittlungsausschusses
BT-Drs 8/3925 = **180** N 11
Einigungsvorschlag des Vermittlungsausschusses
BT-Drs 8/4093 = **185** O 6

Verweigerung der Zustimmung durch den Bundesrat
BT-Drs 8/4213 = **189** D 11
Anrufung des Vermittlungsausschusses durch die Bundesregierung
BT-Drs 8/4240 = **189** I 7
Ergebnis des 2. Vermittlungsverfahrens
BT-Drs 8/4364 = **192** F 3
endgültige Verweigerung der Zustimmung durch den Bundesrat
BT-Drs 8/4387 = **192** J 10
– 2. VO zur Neufestsetzung der Bemessungsgrundlage nach § 10 Abs 1 des Krankenhausfinanzierungsgesetzes
BR-Drs 454/77 = **33** B 1
– 3. VO zur Neufestsetzung der Bemessungsgrundlage nach § 10 Abs 1 des Krankenhausfinanzierungsgesetzes
BR-Drs 561/79 = **119** O 6

Krankenhauspflegesätze
s BundespflegesatzVO

Krankenpflege
– *GesEntw über die Berufe in der Krankenpflege und den Beruf der Hebamme und des Entbindungspflegers (Krankenpflege- und Hebammengesetz)*
1. Durchgang
BR-Drs 340/78 = **67** I 3
BR-PlPr 463 = **2** N 14

GesEntw der Bundesregierung
BT-Drs 8/2471 = **131** A 9
1. Beratung
BT-PlPr 8/139 = **30** E 2
– Übereinkommen 149 und Empfehlung 157 der Internationalen Arbeitsorganisation betr Beschäftigung und Arbeits- und Lebensbedingungen des Krankenpflegepersonals
BR-Drs 202/80 = **138** N 5
BT-Drs 8/3892 = **179** F 6
Beschlußempfehlung des Ausschusses für Arbeit und Sozialordnung
BT-Drs 8/4308 = **190** K 12
– s a Hebammengesetz

Krankenversicherung, gesetzliche
s a Künstlersozialversicherungsgesetz
Sozialbericht der Bundesregierung
Sozialversicherungsabkommen
– *GesEntw zur Dämpfung der Ausgabenentwicklung und zur Strukturverbesserung in der gesetzlichen Krankenversicherung (Krankenversicherungs-Kostendämpfungsgesetz)*
1. und 2. Durchgang
BR-Drs 76/77 = **11** A 11
BR-Drs 225/77 = **19** L 10
BR-PlPr 443 = **1** A 1
BR-PlPr 446 = **1** E 7
Vermittlungsverfahren:
BR-Drs 282/77 = **23** B 8
BR-PlPr 447 = **1** G 10

GesEntw der Bundesregierung
BT-Drs 8/166 = **57** H 5
Stellungnahme des Bundesrates und Gegenäußerung der Bundesregierung
BT-Drs 8/173 = **57** N 14
Bericht des Ausschusses für Arbeit und Sozialordnung
BT-Drs 8/338 = **63** J 8
Bericht des Haushaltsausschusses
BT-Drs 8/352 = **64** B 10
Änderungsantrag zur freiwilligen Mitgliedschaft
BT-Drs 8/391 = **64** O 5
Änderungsantrag zur Beitragsbemessungsgrenze
BT-Drs 8/392 = **64** O 6
Änderungsanträge der CDU/CSU
BT-Drs 8/393 = **64** O 7
BT-Drs 8/394 = **64** O 8
BT-Drs 8/395 = **64** O 9
BT-Drs 8/396 = **64** O 10
BT-Drs 8/397 = **64** O 11
BT-Drs 8/398 = **64** O 12
BT-Drs 8/399 = **64** O 13
BT-Drs 8/400 = **64** O 14
BT-Drs 8/401 = **65** A 1
BT-Drs 8/402 = **65** A 2
BT-Drs 8/403 = **65** A 3
Änderungsanträge zur Krankenhauspflege
BT-Drs 8/404 = **65** A 4
BT-Drs 8/405 = **65** A 5
BT-Drs 8/406 = **65** A 6
Änderungsantrag zur Rentner-Krankenversicherung
BT-Drs 8/407 = **65** A 7
Änderungsantrag zur Garantiepflicht für Ortskrankenkassen
BT-Drs 8/408 = **65** A 8
Änderungsantrag zur Konzertierten Aktion im Gesundheitswesen
BT-Drs 8/409 = **65** A 10
weitere Änderungsanträge der CDU/CSU
BT-Drs 8/410 = **65** A 12
BT-Drs 8/411 = **65** A 13
BT-Drs 8/412 = **65** A 14
Änderungsantrag zum Bund-Länder-Ausschuß
BT-Drs 8/413 = **65** B 1
Änderungsantrag zum Beirat für Krankenhausfragen
BT-Drs 8/414 = **65** B 2
Änderungsantrag zur Vorfinanzierung von Investitionskosten durch die Krankenhäuser
BT-Drs 8/415 = **65** B 3
Änderungsantrag betr VO zur Regelung der Pflegesätze und der Rechnungs- und Buchführungspflichten der Krankenhäuser
BT-Drs 8/416 = **65** B 5
Änderungsantrag zum Gewinn- und Verlustausgleich der Krankenhäuser
BT-Drs 8/417 = **65** B 7
Änderungsanträge der CDU/CSU
BT-Drs 8/418 = **65** B 8
BT-Drs 8/419 = **65** B 10
Änderungsantrag der SPD/FDP zur Übernahme von Kosten von Kuraufenthalten
BT-Drs 8/426 = **65** C 10
Änderungsantrag der SPD/FDP
BT-Drs 8/427 = **65** C 12
1. Beratung
BT-PlPr 8/18 = **3** J 6
2. und 3. Beratung
BT-PlPr 8/26 = **5** M 8
BT-PlPr 8/27 = **6** B 6
Anrufung des Vermittlungsausschusses
BT-Drs 8/557 = **69** A 1
Beschlußempfehlung des Vermittlungsausschusses
BT-Drs 8/652 = **70** M 6
Beratung der Beschlußempfehlung des Vermittlungsausschusses
BT-PlPr 8/36 = **8** E 8
– Allgemeine Verwaltungsvorschrift über die den Trägern der gesetzlichen Krankenversicherung nach § 205 Abs 3 a der Reichsversicherungsordnung und § 32 Abs 3 des Ges über die Krankenversicherung der Landwirte zu zahlenden Bundeszuschüsse
BR-Drs 4/77 = **6** D 12
– Arzneimittelpreisverordnung
BR-Drs 254/80 = **141** L 1

Krankenversicherung der Rentner
– VO über das Verfahren zum Ausgleich der Leistungsaufwendungen in der Krankenversicherung der Rentner
BR-Drs 551/77 = **36** N 10
– Bericht zur Notwendigkeit einer Anpassung der Zahlungen der gesetzlichen Rentenversicherung für die Krankenversicherung der Rentner an den durchschnittlichen Beitragssatz der Krankenversicherung
BR-Drs 175/80 = **136** F 10
BT-Drs 8/3845 = **177** O 13
– *GesEntw über die Verwaltung der Mittel der Träger der Krankenversicherung*
1. und 2. Durchgang
BR-Drs 228/79 = **99** K 5
BR-Drs 549/79 = **119** E 4
BR-PlPr 474 = **3** M 13
BR-PlPr 480 = **4** G 13

GesEntw der Bundesregierung
BT-Drs 8/3126 = **154** G 11
Beschlußempfehlung des Ausschusses für Arbeit und Sozialordnung
BT-Drs 8/3267 = **158** F 10
Bericht des Haushaltsausschusses
BT-Drs 8/3325 = **159** N 6
1. Beratung
BT-PlPr 8/172 = **37** E 1
2. und 3. Beratung
BT-PlPr 8/183 = **39** E 8
– Bericht über Maßnahmen zur Rheumabekämpfung
BT-Drs 8/3625 = **169** A 3
– s a GesEntw zur Einführung eines *Mutterschaftsurlaubs*
BR-Drs 4/79 = **84** L 11
BT-Drs 8/2613 = **137** G 2
– s a Entw eines 20. und 21. *Rentenanpassungsgesetzes*
BR-Drs 75/77 = **10** M 3
BT-Drs 8/165 = **57** F 1

BR-Drs 135/78 = **53** F 11
BT-Drs 8/1601 = **99** N 6
BT-Drs 8/1734 = **103** G 11

Krankheiten, übertragbare
s Bundesseuchengesetz

Krebs
– Krebsbericht als Fortschreibung der Antwort auf die Große Anfrage betr Krebsforschung
BT-Drs 8/3556 = **166** A 9
– Antrag der Fraktion der CDU/CSU zur Krebsforschung und Krebsbekämpfung in der Bundesrepublik Deutschland
BT-Drs 8/2733 = **140** H 7
Beratung
BT-PlPr 8/184 = **39** J 7

Kreditanstalt für Wiederaufbau
– Bundeshaushalt 1978:
Überplanmäßige Ausgabe bei Kap 6004 Tit 671 02

betr Kreditanstalt für Wiederaufbau und deutsch-amerikanisches Devisenausgleichsabkommen
BR-Drs 510/78 = **77** O 12
- Bundeshaushalt 1979:
Überplanmäßige Ausgabe bei Kap 6004 Tit 67102
Erstattungen an die Kreditanstalt für Wiederaufbau
BR-Drs 305/79 = **103** O 8

Kreditwesengesetz
- *Entw eines 3. ÄndGes*
(betr Befreiung von kleinen genossenschaftlich organisierten Kreditinstituten von der Verpflichtung zur Bestellung zweier Geschäftsführer)
GesEntw der CDU/CSU
BT-Drs 8/2662 = **138** I 3
Beschlußempfehlung des Finanzausschusses
BT-Drs 8/3629 = **169** C 10
1. Beratung
BT-PlPr 8/161 = **35** C 1
2. Beratung
BT-PlPr 8/203 = **44** A 13

Kreditwucher
- s GesEntw zur Änderung des *Bürgerlichen Gesetzbuches*
(betr private Kreditvermittlung und -gewährung)
BR-Drs 54/77 = **9** K 3
BT-Drs 8/456 = **66** E 5

Kriegsbeschädigte
s Behinderte
Nahverkehr

Kriegsdienstverweigerer
- *GesEntw zur Änderung des Wehrpflichtgesetzes und des Zivildienstgesetzes*
(betr Neuregelung Anerkennungsverfahren)
Bundesratsdurchgang
BR-Drs 264/77 = **22** I 11
BR-PlPr 447 = **1** G 10

GesEntw der SPD/FDP
BT-Drs 8/126 = **56** F 7
Beschlußempfehlung des Ausschusses für Arbeit und Sozialordnung
BT-Drs 8/434 = **65** E 5
Bericht des Haushaltsausschusses
BT-Drs 8/437 = **65** F 7
1. Beratung
BT-PlPr 8/18 = **3** J 6
2. und 3. Beratung
BT-PlPr 8/30 = **6** K 5
- *GesEntw zur Neuordnung des Rechts der Kriegsdienstverweigerung und des Zivildienstes*
Entwurf der SPD/FDP
BT-Drs 8/3019 = **148** D 12
Entwurf der CDU/CSU
BT-Drs 8/3020 = **148** E 5
Beschlußempfehlung des Ausschusses für Arbeit und Sozialordnung
BT-Drs 8/4222 = **189** F 2
Bericht des Haushaltsausschusses
BT-Drs 8/4250 = **189** K 9
Änderungsantrag der SPD/FDP zur 2. Beratung
BT-Drs 8/4373 = **192** H 14
Änderungsanträge der CDU/CSU zur 2. Beratung
BT-Drs 8/4379 = **192** I 9
BT-Drs 8/4380 = **192** I 10
BT-Drs 8/4381 = **192** I 11
BT-Drs 8/4382 = **192** I 12
BT-Drs 8/4386 = **192** J 5
1. Beratung
BT-PlPr 8/163 = **35** I 6
2. und 3. Beratung des GesEntw der SPD/FDP
BT-PlPr 8/229 = **50** G 11
(Ablehnung)
2. Beratung des GesEntw der CDU/CSU
BT-PlPr 8/229 = **50** G 11
BT-PlPr 8/230 = **50** K 7
(Ablehnung)

Kriegsfolgengesetzgebung
- Unterrichtung durch den Bundesminister der Finanzen zum Abschluß von Wiedergutmachungsleistungen und zur Kriegsfolgengesetzgebung
BT-Drs 8/3982 = **183** H 2
Beschlußempfehlung des Haushaltsausschusses
BT-Drs 8/4123 = **186** F 12

Kriegsgefangenenentschädigungsgesetz
- *Entw eines 7. ÄndGes*
Bundesratsdurchgang
BR-Drs 414/79 = **110** O 1
BR-PlPr 477 = **4** B 11

GesEntw aller Fraktionen
BT-Drs 8/2651 = **138** G 4
Beschlußempfehlung des Innenausschusses
BT-Drs 8/3022 = **148** E 14
Bericht des Haushaltsausschusses
BT-Drs 8/3023 = **148** F 5
1. Beratung
BT-PlPr 8/144 = **31** D 10
2. und 3. Beratung
BT-PlPr 8/164 = **35** N 4

Kriegsgräber
s a Gedenkstättenabkommen
- VO über die Pauschsätze für Instandsetzung und Pflege der Gräber im Sinne des Gräbergesetzes für die Haushaltsjahre 1977 und 1978
BR-Drs 310/78 = **66** G 9
- Allgemeine Verwaltungsvorschrift zum Gräbergesetz
BR-Drs 199/79 = **97** L 2
- VO über die Pauschsätze für Instandsetzung und Pflege der Gräber im Sinne des Gräbergesetzes für die Haushaltsjahre 1979 und 1980
BR-Drs 497/80 = **154** J 3

Kriegsopferversorgung
s a Anpassungsgesetz-Kriegsopferversorgung
AnrechnungsVO
Bundesversorgungsgesetz
- Bundeshaushalt 1977:
Überplanmäßige Ausgabe bei Kap 1110 (Kriegsopferversorgung)
BR-Drs 621/77 = **41** O 7
- VO zur Kriegsopferfürsorge
BR-Drs 533/78 = **80** I 8

Kriegssachschäden
- *GesEntw zur Abgeltung von Kriegssachschäden deutscher Staatsangehöriger in Italien*
1. und 2. Durchgang
BR-Drs 406/79 = **110** K 14
BR-Drs 168/80 = **136** D 14
BR-PlPr 477 = **4** B 11
BR-PlPr 485 = **5** A 10

GesEntw der Bundesregierung
BT-Drs 8/3419 = **161** L 2
Beschlußempfehlung des Finanzausschusses
BT-Drs 8/3744 = **174** M 4
1. Beratung
BT-PlPr 8/196 = **42** G 11
2. und 3. Beratung
BT-PlPr 8/208 = **45** D 10

Kriegsschadenrente
- 3. VO zur Änderung lastenausgleichsrechtlicher Vorschriften
BR-Drs 428/79 = **111** L 12
- s a GesEntw zur Änderung des *Lastenausgleichsgesetzes*
(betr Kriegsschadenrente)
BR-Drs 326/78 = **66** K 13
BT-Drs 8/2480 = **131** E 4

Kriegswaffen
- VO zur Änderung der 1. und 2. VO zur Durchführung des Ges über die Kontrolle von Kriegswaffen
BR-Drs 182/78 = **57** G 7

Kriminalität
- Antwort auf Große Anfrage zur Kriminalität von Kindern und Jugendlichen
BT-Drs 8/922 = **79** J 2

Kronzeuge
- s GesEntw zur Bekämpfung des *Terrorismus*
BT-Drs 8/996 = **81** E 14

KSZE
s Konferenz für Sicherheit und Zusammenarbeit in Europa

Kündigungsschutzgesetz
- *Entw eines 2. Ges zur Änderung des Kündigungsschutzgesetzes*
(betr Massenentlassungen)
1. und 2. Durchgang
BR-Drs 400/77 = **28** D 1
BR-Drs 150/78 = **55** F 9
BR-PlPr 450 = **1** K 11
BR-PlPr 457 = **2** E 2

GesEntw der Bundesregierung
BT-Drs 8/1041 = **83** C 7
Beschlußempfehlung des Ausschusses für Arbeit und Sozialordnung
BT-Drs 8/1546 = **98** D 11
1. Beratung
BT-PlPr 8/55 = **12** C 5
2. und 3. Beratung
BT-PlPr 8/78 = **17** E 7
- s a Entw eines 3. ÄndGes zum *Arbeitsplatzschutzgesetz*
(betr Kündigungsschutz für grundwehrdienstleistende Soldaten und Soldaten auf Zeit)
BR-Drs 275/77 = **22** L 7
BT-Drs 8/855 = **77** L 1

Künstler
- s GesEntw zur Änderung des Einkommensteuergesetzes und anderer Gesetze *(Steueränderungsgesetz 1978)*
(betr steuerliche Behandlung von Künstlern)
BR-Drs 273/78 = **64** L 4
BT-Drs 8/2116 = **119** M 6

Künstlerhilfe
- *GesEntw zur Änderung des Einkommensteuergesetzes und des Bewertungsgesetzes* (betr Freistellung von zeitgenössischen Kunstwerken von der Vermögensteuer)
  BT-Drs 8/3616 = **168** M 6
  Beschlußempfehlung des Finanzausschusses
  BT-Drs 8/4007 = **184** C 7
  Bericht des Haushaltsausschusses
  BT-Drs 8/4012 = **184** K 5
  1. Beratung
  BT-PlPr 8/206 = **44** N 12
  2. Beratung
  BT-PlPr 8/218 = **47** J 7

Künstlersozialversicherungsgesetz
- *GesEntw über die Sozialversicherung der selbständigen Künstler und Publizisten*
  1. und 2. Durchgang
  BR-Drs 260/79 = **101** C 3
  BR-Drs 293/80 = **144** K 13
  BR-PlPr 476 = **4** A 4
  BR-PlPr 488 = **5** E 6
  1. Vermittlungsverfahren:
  BR-Drs 420/80 = **149** F 12
  BR-PlPr 491 = **5** J 8
  2. Vermittlungsverfahren:
  BR-Drs 532/80 = **156** I 2
  BR-PlPr 492 = **5** L 11

  GesEntw der Bundesregierung
  BT-Drs 8/3172 = **155** I 14
  Beschlußempfehlung des Ausschusses für Arbeit und Sozialordnung
  BT-Drs 8/4006 = **184** B 1
  Änderungsanträge der CDU/CSU zur 2. Beratung
  BT-Drs 8/4046 = **185** I 4
  BT-Drs 8/4047 = **185** I 5
  BT-Drs 8/4048 = **185** I 6
  BT-Drs 8/4049 = **185** I 7
  BT-Drs 8/4050 = **185** I 8
  BT-Drs 8/4051 = **185** I 9
  BT-Drs 8/4052 = **185** I 10
  BT-Drs 8/4053 = **185** I 11
  BT-Drs 8/4054 = **185** I 12
  BT-Drs 8/4055 = **185** I 13
  BT-Drs 8/4056 = **185** I 14
  BT-Drs 8/4057 = **185** J 1
  BT-Drs 8/4058 = **185** J 2
  BT-Drs 8/4059 = **185** J 3
  BT-Drs 8/4060 = **185** J 4
  BT-Drs 8/4061 = **185** J 5
  BT-Drs 8/4062 = **185** J 6
  BT-Drs 8/4063 = **185** J 7
  BT-Drs 8/4064 = **185** J 8
  BT-Drs 8/4065 = **185** J 9
  BT-Drs 8/4066 = **185** J 10
  BT-Drs 8/4067 = **185** J 12
  BT-Drs 8/4068 = **185** J 13
  BT-Drs 8/4069 = **185** J 14
  BT-Drs 8/4070 = **185** K 1
  BT-Drs 8/4071 = **185** K 2
  BT-Drs 8/4072 = **185** K 3
  BT-Drs 8/4073 = **185** K 4
  BT-Drs 8/4074 = **185** K 5
  BT-Drs 8/4075 = **185** K 6
  BT-Drs 8/4076 = **185** K 8
  BT-Drs 8/4077 = **185** K 9
  BT-Drs 8/4078 = **185** K 10
  BT-Drs 8/4079 = **185** K 11
  1. Beratung
  BT-PlPr 8/178 = **38** F 11
  2. und 3. Beratung
  BT-PlPr 8/218 = **47** J 7
  Bericht des Haushaltsausschusses
  BT-Drs 8/4087 = **185** N 11
  Anrufung des Vermittlungsausschusses
  BT-Drs 8/4217 = **189** E 4
  Ergebnis des Vermittlungsverfahrens
  BT-Drs 8/4363 = **192** F 2
  Verweigerung der Zustimmung durch den Bundesrat
  BT-Drs 8/4412 = **193** J 10

Künstliche Ernährung
- s Entw eines ÄndGes zum *Strafvollzugsgesetz*
  (betr zwangsweise medizinische Ernährung von Gefangenen)
  BR-Drs 449/77 = **32** I 5
  BT-Drs 8/1727 = **103** D 2

Küstenschutz
- Rahmenplan der Gemeinschaftsaufgabe „Verbesserung der Agrarstruktur und des Küstenschutzes" 1977–1980
  BT-Drs 8/488 = **66** N 2
  Bericht des Ausschusses für Ernährung, Landwirtschaft und Forsten
  BT-Drs 8/2523 = **132** G 12
- Rahmenplan der Gemeinschaftsaufgabe „Verbesserung der Agrarstruktur und des Küstenschutzes" 1978–1981
  und Sonderrahmenplan der Gemeinschaftsaufgabe „Verbesserung der Agrarstruktur und des Küstenschutzes" 1977–1980
  BT-Drs 8/1780 = **105** B 8
  Bericht des Ausschusses für Ernährung, Landwirtschaft und Forsten
  BT-Drs 8/2523 = **132** G 12
- Rahmenplan der Gemeinschaftsaufgabe „Verbesserung der Agrarstruktur und des Küstenschutzes" 1979–1982
  und Sonderrahmenplan der Gemeinschaftsaufgabe „Verbesserung der Agrarstruktur und des Küstenschutzes" 1977–1980
  BT-Drs 8/2754 = **140** N 10
- Rahmenplan der Gemeinschaftsaufgabe „Verbesserung der Agrarstruktur und des Küstenschutzes" 1980–1983 mit Sonderrahmenplan 1977–1980
  BT-Drs 8/3843 = **177** F 11

Kulturgut
- UNESCO-Empfehlung über den internationalen Austausch von Kulturgut
  BT-Drs 622/77 = **41** O 8
- UNESCO-Empfehlung zum Schutz von beweglichem Kulturgut
  BR-Drs 373/79 = **109** B 1
- Mitteilung der Kommission der EG betr den freien Handel mit und Bekämpfung des Diebstahls von Kulturgütern in der EG
  BR-Drs 95/78 = **50** K 3
  BT-Drs 8/1611 = **100** D 3

Kulturpolitik, Auswärtige
- Stellungnahme der Bundesregierung zum Bericht der Enquête-Kommission zur
  BT-Drs 8/927 = **79** M 2
  Berichtigung
  BT-Drs 8/1025 = **82** C 12
- Rahmenplan betr Auslandsschulen, Sprachförderung, internationale Zusammenarbeit im Schulwesen
  BT-Drs 8/2103 = **118** N 11
  BT-PlPr 8/121 = **26** A 8
- UNESCO-Empfehlung über die Teilnahme und Mitwirkung aller Bevölkerungsschichten am kulturellen Leben
  BT-Drs 638/77 = **42** E 1
- EG-Mitteilung über die „Aktion der Gemeinschaft im kulturellen Bereich"
  BR-Drs 95/78 = **50** K 3

Kunststoff
- VO zur Begrenzung des Gehalts an monomerem Vinylchlorid in Bedarfsgegenständen
  BR-Drs 429/79 = **111** M 6

Kurzarbeitergeld
- Berichte über das Ruhen des Anspruchs auf Arbeitslosengeld und Kurzarbeitergeld bei Arbeitskämpfen
  BR-Drs 433/77 = **31** F 14
  BR-Drs 479/78 = **77** D 1
  BR-Drs 540/79 = **118** D 11
  BR-Drs 491/80 = **154** H 8

Kuwait, Scheichtum
- *GesEntw zum Abkommen Bundesrepublik Deutschland/Kuweit über den Fluglinienverkehr*
  1. und 2. Durchgang
  BR-Drs 230/78 = **61** I 10
  BR-Drs 68/79 = **89** J 2
  BR-PlPr 460 = **2** H 2
  BR-PlPr 470 = **3** I 8

  GesEntw der Bundesregierung
  BT-Drs 8/1980 = **113** E 8
  Beschlußempfehlung des Ausschusses für Verkehr und für das Post- und Fernmeldewesen
  BT-Drs 8/2475 = **131** C 10
  1. Beratung
  BT-PlPr 8/107 = **23** G 3
  2. Beratung und Schlußabstimmung
  BT-PlPr 8/135 = **29** E 9

L

Länder
Änderung des Gebietsbestandes der Länder
s Grundgesetz, Art 29

Lärm
s Verkehrslärmschutzgesetz

Lärmbelastung
s Immissionsschutzbericht der Bundesregierung
Fluglärmbericht
Umweltgutachten

Lärmschutzbereich
- VO über die Festsetzung des Lärmschutzbereichs für den Verkehrsflughafen Saarbrücken
  BR-Drs 126/77 = **14** D 11
- VO über die Festsetzung des Lärmschutzbereichs für den militärischen Flugplatz Ingolstadt
  BR-Drs 233/77 = **20** E 6
- VO über die Festsetzung des Lärmschutzbereichs für den Verkehrsflughafen Frankfurt/Main
  BR-Drs 289/77 = **23** F 11

- VO über die Festsetzung des Lärmschutzbereichs für den militärischen Flugplatz Hahn
  BR-Drs 299/77 = 23 M 13
- VO über die Festsetzung des Lärmschutzbereichs für die militärischen Flugplätze Bitburg und Spangdahlem
  BR-Drs 330/77 = **24** O 7
  BR-Drs 298/78 = **65** K 4
- VO über die Festsetzung des Lärmschutzbereichs für den militärischen Flugplatz Leck
  BR-Drs 573/77 = **38** N 10
- VO über die Festsetzung des Lärmschutzbereichs für den Luft/Boden-Schießplatz Nordhorn
  BR-Drs 372/78 = **69** D 7
- VO über die Festsetzung des Lärmschutzbereichs für den militärischen Flugplatz Eggebek
  BR-Drs 589/78 = **83** L 2
- VO über die Festsetzung des Lärmschutzbereichs für den militärischen Flugplatz Oldenburg
  BR-Drs 595/78 = **84** B 8
- 1. VO zur Änderung der VO über die Festsetzung des Lärmschutzbereichs für den militärischen Flugplatz Leipheim
  BR-Drs 13/79 = **85** L 3
- VO über die Festsetzung des Lärmschutzbereichs für den militärischen Flugplatz Fürstenfeldbruck
  BR-Drs 194/79 = **97** H 8
- VO über die Festsetzung des Lärmschutzbereichs für den militärischen Flugplatz Brüggen
  BR-Drs 295/79 = **103** L 9
- 1. VO zur Änderung der VO über die Festsetzung des Lärmschutzbereichs für den militärischen Flugplatz Hopsten
  BR-Drs 430/79 = **111** M 12
- VO über die Festsetzung des Lärmschutzbereichs für den Luft/Boden-Schießplatz Siegenburg
  BR-Drs 473/79 = **115** A 14
- VO über die Festsetzung des Lärmschutzbereichs für den militärischen Flugplatz Wildenrath
  BR-Drs 552/79 = **119** I 6
- 1. VO zur Änderung der VO über die Festsetzung des Lärmschutzbereichs für den militärischen Flugplatz Hopsten
  BR-Drs 380/80 = **147** C 6
- VO über die Festsetzung des Lärmschutzbereichs für den militärischen Flugplatz Husum
  BR-Drs 470/80 = **152** L 13
- VO über die Festsetzung des Lärmschutzbereichs für den militärischen Flugplatz Ingolstadt
  BR-Drs 537/80 = **156** N 10
- 1. VO zur Änderung der VO über die Festsetzung des Lärmschutzbereichs für die militärischen Flugplätze Bitburg und Spangdahlem
  BR-Drs 550/80 = **157** E 13

Landesversicherungsanstalt
- *GesEntw zur Änderung von örtlichen Zuständigkeiten der Landesversicherungsanstalten in Niedersachsen*
  1. und 2. Durchgang
  BR-Drs 40/78 = **46** N 9
  BR-Drs 547/78 = **80** O 1
  BR-PlPr 454 = **2** A 5
  BR-PlPr 468 = **3** E 13

  GesEntw des Bundesrates
  BT-Drs 8/1772 = **104** L 4
  Beschlußempfehlung des Ausschusses für Arbeit und Sozialordnung
  BT-Drs 8/2275 = **125** C 11
  Berichtigung zur Beschlußempfehlung
  BT-Drs 8/2310 = **125** M 6
  1. Beratung
  BT-PlPr 8/93 = **20** G 10
  2. und 3. Beratung
  BT-PlPr 8/120 = **25** L 1

Landpachtschutzgesetz
- *GesEntw zur Neuordnung des landwirtschaftlichen Pachtrechts*
  BT-Drs 8/141 = **56** M 4
  BT-PlPr 8/18 = **3** J 6
- *GesEntw über die Anzeige und Beanstandung von Landpachtverträgen*
  BT-Drs 8/2615 = **137** H 9
  BT-PlPr 8/144 = **31** D 10

Landschaftspflege
s Umweltgutachten

Landtag
- s Entw eines 2. Ges zur Änderung dienstrechtlicher Vorschriften
  (betr Angehörige des öffentlichen Dienstes als *Abgeordnete* in Landesparlamenten)
  BR-Drs 236/77 = **20** F 14
  BT-Drs 8/819 = **76** C 3

Landwirt
s a Landwirtschaft
  landwirtschaftliche Altershilfe
  Landwirtschaftszählung
- s a Entw eines 2. Ges zur Verbesserung und Ergänzung sozialer Maßnahmen in der Landwirtschaft
  (2. Agrarsoziales Ergänzungsgesetz)
  BR-Drs 85/79 = **90** K 2
  BT-Drs 8/2844 = **143** J 13
- Bundeshaushalt 1979:
  Überplanmäßige Ausgaben bei Kap 1002 Tit 65651 – Altershilfe für Landwirte – und bei Kap 1002 Tit 65655 – Krankenversicherung der Landwirte im Haushaltsjahr 1979
  BR-Drs 629/79 = **123** J 1

Landwirtschaft
s a Agrarbericht
  Bodennutzungserhebung
  Marktorganisationen; gemeinsame
  Rentenanpassung
- *GesEntw zur Neuregelung der Einkommensbesteuerung der Land- und Forstwirtschaft*
  1. und 2. Durchgang
  BR-Drs 396/79 = **109** O 11
  BR 112/80 = **133** H 6
  BR-PlPr 477 = **4** B 11
  BR-PlPr 484 = **4** N 4
  Vermittlungsverfahren:
  BR-Drs 319/80 = **146** A 9
  BR-PlPr 488 = **5** E 6

  GesEntw der Bundesregierung
  BT-Drs 8/3239 = **157** N 11
  Beschlußempfehlung des Finanzausschusses
  BT-Drs 8/3673 = **172** F 9
  Änderungsantrag zur 2. Beratung
  BT-Drs 8/3708 = **174** D 14
  Bericht des Haushaltsausschusses
  BT-Drs 8/3717 = **174** H 5
  Anrufung des Vermittlungsausschusses
  BT-Drs 8/3854 = **178** G 7
  Beschlußempfehlung des Vermittlungsausschusses
  BT-Drs 8/4092 = **185** O 4
  1. Beratung
  BT-PlPr 8/180 = **38** K 8
  2. und 3. Beratung
  BT-PlPr 8/203 = **44** A 13
  Beratung der Beschlußempfehlung des Vermittlungsausschusses
  BT-PlPr 8/220 = **48** C 8
- Erfahrungsbericht mit Zusatzversorgungskasse für Arbeitnehmer der Land- und Forstwirtschaft
  BT-Drs 8/712 = **72** J 13
  Beschlußempfehlung des Ausschusses für Arbeit und Sozialordnung
  BT-Drs 8/1726 = **103** C 14
- Festsetzung der Preise für verschiedene landwirtschaftliche Erzeugnisse und flankierende Maßnahmen
  BR-Drs 105/77 = **13** B 12
- Vorschlag einer EG-VO über die Durchführung einer Strukturerhebung 1979 bei den landwirtschaftlichen Betrieben
  BR-Drs 384/77 = **27** F 8
- Vorschlag einer EG-Richtlinie zur Änderung der EG-Richtlinien betr Modernisierung landwirtschaftlicher Betriebe, Landwirtschaft in Berggebieten und benachteiligten Gebieten, und Strukturverbesserung durch Einstellung landwirtschaftlicher Nutzung
  BR-Drs 645/77 = **42** G 11
- Vorschlag einer EG-VO zur Förderung der landwirtschaftlichen Beratung in Italien
  BR-Drs 348/78 = **68** B 12

Landwirtschaftliche Altershilfe
- *GesEntw zur Änderung und Ergänzung des Ges über eine Altershilfe für Landwirte*
  (betr Einführung einer Witwen- und Witwerrente)
  BT-Drs 8/1250 = **90** F 8
  Beschlußempfehlung des Ausschusses für Arbeit und Sozialordnung
  BT-Drs 8/4128 = **186** I 1
  Bericht des Haushaltsausschusses
  BT-Drs 8/4167 = **188** I 14
  1. Beratung
  BT-PlPr 8/63 = **13** L 10
  2. Beratung
  BT-PlPr 8/220 = **48** C 8
- sa GesEntw zur 20. Rentenanpassung und zur Verbesserung der Finanzgrundlagen der gesetzlichen Rentenversicherung
  (20. *Rentenanpassungsgesetz*)
  BR-Drs 75/77 = **10** M 3
  BT-Drs 8/165 = **57** F 1
- sa GesEntw eines 21. Ges über die Anpassung der Renten aus der gesetzlichen Rentenversicherung sowie über die Anpassung der Geldleistungen aus der gesetzlichen Unfallversicherung und der Altersgelder in der Altershilfe für Landwirte
  (21. *Rentenanpassungsgesetz*)
  BR-Drs 135/78 = **53** F 11
  BT-Drs 8/1734 = **103** G 11

- VO über den Beitrag in der Altershilfe für Landwirte (1978)
  BR-Drs 412/77 = **29 C 11**
- VO über den Beitrag in der Altershilfe für Landwirte (1979)
  BR-Drs 371/78 = **69 D 5**
- VO über den Beitrag in der Altershilfe für Landwirte (1981)
  BR-Drs 492/80 = **154 H 9**

Landwirtschaftliche Tierhaltung
s Tierschutz

Landwirtschaftliches Pachtrecht
s Landpachtschutzgesetz

Landwirtschaftszählung
- *GesEntw über eine Zählung in der Landwirtschaft (1979)*
  1. und 2. Durchgang
  BR-Drs 414/77 = **29 D 8**
  BR-Drs 158/78 = **55 I 4**
  BR-PlPr 450 = **1 K 11**
  BR-PlPr 457 = **2 E 2**

  GesEntw der Bundesregierung
  BT-Drs 8/1273 = **90 L 5**
  Beschlußempfehlung des Ausschusses für Ernährung, Landwirtschaft und Forsten
  BT-Drs 8/1563 = **99 A 4**
  Bericht des Haushaltsausschusses
  BT-Drs 8/1610 = **100 D 2**
  1. Beratung
  BT-PlPr 8/63 = **13 L 10**
  2. und 3. Beratung
  BT-PlPr 8/81 = **17 N 12**

Lastenausgleichsgesetz
- *Entw eines 29. ÄndGes*
  (betr Anpassungstermin für Kriegsschadenrente und Umgestaltung des Sozialzuschlags)
  1. und 2. Durchgang
  BR-Drs 27/78 = **46 B 13**
  BR-Drs 570/78 = **82 O 6**
  BR-PlPr 454 = **2 A 5**
  BR-PlPr 468 = **3 E 13**

  GesEntw der Bundesregierung
  BT-Drs 8/2078 = **117 I 6**
  Beschlußempfehlung des Innenausschusses
  BT-Drs 8/2335 = **127 E 13**
  Bericht des Haushaltsausschusses
  BT-Drs 8/2336 = **127 F 4**
  Änderungsantrag der CDU/CSU zur 2. Beratung
  BT-Drs 8/2359 = **127 L 6**
  1. Beratung
  BT-PlPr 8/107 = **23 G 3**
  2. und 3. Beratung
  BT-PlPr 8/123 = **26 G 12**
- *GesEntw zur Änd des Lastenausgleichsgesetzes*
  (betr Entschädigungsrente, Einkommenshöchstbetrag)
  GesEntw der CDU/CSU
  BT-Drs 8/1532 = **97 O 7**
  Beschlußempfehlung des Innenausschusses
  BT-Drs 8/2335 = **127 E 13**
  Bericht des Haushaltsausschusses
  BT-Drs 8/2336 = **127 F 4**
  Änderungsantrag der CDU/CSU
  BT-Drs 8/2359 = **127 L 6**
  1. Beratung
  BT-PlPr 8/107 = **23 G 3**
  2. Beratung
  BT-PlPr 8/123 = **26 G 12**
- *GesEntw zur Änderung des Lastenausgleichsgesetzes, des Reparationsschädengesetzes und des Flüchtlingshilfegesetzes*
  (betr Erweiterung der Gruppe der Geschädigten und deren Erben und Einrichtungshilfe)
  BR-Drs 240/78 = **62 D 4**
  BR-PlPr 461 = **2 I 9**
  BR-PlPr 463 = **2 N 14**
- *GesEntw zur Änderung des Lastenausgleichsgesetzes*
  (betr Kriegsschadenrente)
  1. Durchgang
  BR-Drs 326/78 = **66 K 13**
  BR-PlPr 463 = **2 N 14**
  Unterrichtung durch den Bundestag
  BR-Drs 381/80 = **147 C 7**

  GesEntw des Bundesrates
  BT-Drs 8/2480 = **131 E 4**
  Beschlußempfehlung des Innenausschusses
  BT-Drs 8/4153 = **188 G 2**
  Bericht des Haushaltsausschusses
  BT-Drs 8/4195 = **189 A 6**
  Änderungsantrag zur 2. Beratung
  BT-Drs 8/4223 = **189 G 6**
  1. Beratung
  BT-PlPr 8/138 = **29 O 4**
  2. Beratung
  BT-PlPr 8/223 = **48 N 5**
- *Entw eines ÄndGes*
  (betr Kriegsschadenrente)
  BR-Drs 336/78 = **67 C 9**
  BR-PlPr 463 = **2 N 14**
- *Entwurf eines Gesetzes zur Änderung des Lastenausgleichsgesetzes*
  (betr Übernahme der Aufgaben der Ausgleichsämter durch das Landesausgleichsamt)
  BR-Drs 188/80 = **137 E 5**
  BR-PlPr 486 = **5 C 6**
- *Entw eines ÄndGes*
  (betr Erhöhung des Zuschlags für ehemals Selbständige und des Sozialzuschlags und Verbesserungen bei Entschädigungsrente und Unterhaltshilfe)
  BT-Drs 8/4229 = **189 G 14**
- 2. AnpassungsVO zu § 276 Abs 2 des Lastenausgleichsgesetzes
  BR-Drs 473/77 = **33 H 1**
- 3. DurchführungsVO zum 1. Ges zur Überleitung von Lasten und Deckungsmitteln auf den Bund
  BR-Drs 390/78 = **70 K 11**
- 3. VO zur Änderung lastenausgleichsrechtlicher Vorschriften
  BR-Drs 428/79 = **111 L 12**
- 3. AnpassungsVO zu § 276 Abs 2 des Lastenausgleichsgesetzes
  BR-Drs 487/79 = **115 I 10**
- s a 5.–8. VO zur Anpassung der *Unterhaltshilfe* nach dem Lastenausgleichsgesetz

Laufbahnreform
- Bericht betr Berufs-/Laufbahnreform im Zusammenhang mit dem Bildungssystem
  BT-Drs 8/3228 = **157 E 1**

Lebenslängliche Freiheitsstrafe
s 17. StrafrechtsÄndGes

Lebensmittelrecht
s a EssenzenVO
  Fleischbeschau und Geflügelfleisch
- Bericht über Anwendung und Auswirkungen der Gesamtreform des Lebensmittelrechts unter dem Gesichtspunkt des Verbraucherschutzes
  BT-Drs 8/2373 = **128 D 1**
- Lebensmittelkontrolleur VO
  BR-Drs 129/77 = **14 L 4**
- VO über den Höchstgehalt an Erukasäure in Lebensmitteln
  BR-Drs 158/77 = **16 E 12**
- VO zur Änderung der VO über Obsterzeugnisse
  BR-Drs 159/77 = **16 F 4**
- VO über Stoffe mit pharmakologischer Wirkung
  BR-Drs 180/77 = **17 D 11**
- VO über Nährwertangaben bei Lebensmitteln (Nährwert-KennzeichnungsVO)
  BR-Drs 234/77 = **20 E 8**
- Entwurf einer EG-Richtlinie zum Schutz der Verbraucher bei der Angabe der Lebensmittelpreise
  BR-Drs 294/77 = **23 K 11**
  BT-Drs 8/632 = **70 I 8**
- Vorschlag eines EG-Beschlusses zur Festlegung einer konzertierten Aktion der EG auf dem Gebiet der physikalischen Eigenschaften der Lebensmittel
  BR-Drs 393/77 = **27 L 8**
  BT-Drs 8/863 = **77 O 4**
- VO zur Änderung lebensmittelrechtlicher Verordnungen
  (betr Zusatzstoffe)
  BR-Drs 437/77 = **31 I 12**
- VO über die Zulassung von Zusatzstoffen zu Lebensmitteln
  BR-Drs 440/77 = **31 N 14**
- VO zur Änderung der VO über vitaminisierte Lebensmittel
  BR-Drs 477/77 = **33 M 3**
- VO über das Inverkehrbringen von Zusatzstoffen und einzelnen wie Zusatzstoffe verwendeten Lebensmitteln (Zusatzstoffverkehrsordnung)
  BR-Drs 488/77 = **34 H 8**
- VO zur Änderung der VO über Ausnahmen von der Wartezeit nach § 15 Abs 2 Satz 2 des Lebensmittel- und Bedarfsgegenständegesetzes
  BR-Drs 513/77 = **35 J 7**
- VO über Pflanzenbehandlungsmittel in oder auf Lebensmitteln pflanzlicher Herkunft und Tabakerzeugnissen (HöchstmengenVO/Pflanzenbehandlungsmittel)
  BR-Drs 22/78 = **45 N 1**
- 1. VO zur Änderung der HöchstmengenVO/tierische Lebensmittel
  BR-Drs 256/78 = **63 I 4**
- 1. VO zur Änderung der Nährwert-KennzeichnungsVO
  BR-Drs 379/78 = **69 M 11**
- VO zur Änderung der VO über Stoffe mit pharmakologischer Wirkung
  BR-Drs 133/79 = **93 I 11**
- 2. VO zur Änderung der MindestanforderungenVO
  BR-Drs 230/79 = **99 N 14**
- VO zur Änderung der Zusatzstoff-ZulassungsVO, der FleischVO und der Trinkwasser-AufbereitungsVO
  BR-Drs 474/79 = **115 C 9**

- 1. VO zur Änderung der Zusatzstoffverkehrs VO
  BR-Drs 596/79 = **122** C 11
- VO über die Zulassung von Nitrit und Nitrat zu Lebensmitteln
  BR-Drs 567/80 = **158** F 5

Lehrer
- s GesEntw zur Änderung *dienstrechtlicher Vorschriften*
  (betr Teilzeitbeschäftigung für Beamte, insbesondere Lehrer zur Erweiterung des Arbeitsplatzangebotes)
  BR-Drs 184/77 = **17** H 14
  BT-Drs 8/873 = **78** D 2

Leichtlohngruppen
- Bericht der Bundesregierung über Verwirklichung des Grundsatzes „Gleicher Lohn für Männer und Frauen Art. 119 EWG-Vertrag"
  BT-Drs 8/547 = **68** L 8
  Bericht des Ausschusses für Arbeit und Sozialordnung
  BT-Drs 8/1002 = **81** H 7

Leichtwasserreaktoren
- Vorschlag eines EG-Beschlusses zur Abänderung des EG-Beschlusses zur Festlegung eines Forschungs- und Ausbildungsprogramms der Europäischen Atomgemeinschaft betr die Rückführung von Plutonium in Leichtwasserreaktoren
  BR-Drs 335/78 = **67** B 11

Leiharbeit
- 3. Bericht über Erfahrungen bei der Anwendung des Arbeitnehmerüberlassungsgesetzes
  BT-Drs 8/2025 = **115** K 8
- 4. Bericht der Bundesregierung über Erfahrungen bei der Anwendung des Arbeitnehmerüberlassungsgesetzes
  BT-Drs 8/4479 = **195** L 7

Leistungsbilanz
- Antwort auf Kleine Anfrage betr Entwicklung der Leistungsbilanz der Bundesrepublik Deutschland
  BT-Drs 8/4399 = **192** L 3

Leistungssport
s Sportbericht der Bundesregierung

Leitende Angestellte
- *GesEntw über die Errichtung von Sprecherausschüssen für Leitende Angestellte*
  BT-Drs 8/3490 = **164** D 3
  1. Beratung
  BT-PlPr 8/205 = **44** J 1

Legalisation öffentlicher Urkunden
- s GesEntw zum Abkommen mit *Belgien* über die Befreiung öffentlicher Urkunden von der Legalisation
  BR-Drs 35/78 = **46** I 3
  BT-Drs 8/1544 = **98** B 14

Leuchtmittelsteuer
- s Entw eines *Steuerreformgesetzes*
  (betr auch die Abschaffung der Leuchtmittelsteuer.)
  BT-Drs 8/2726 = **140** F 13

Leukose
- 1. VO zur Änderung der Leukose-VO-Rinder
  BR-Drs 431/78 = **73** N 10

Libanon, Republik
- *GesEntw zu den Abkommen: Mitgliedstaaten der EGKS/Arabische Republik Ägypten/Haschemitisches Königreich Jordanien/Arabische Republik Syrien und Libanesische Republik*
  1. und 2. Durchgang
  BR-Drs 262/78 = **64** D 11
  BR-Drs 72/79 = **89** M 1
  BR-PlPr 461 = **2** I 9
  BR-PlPr 470 = **3** I 8

  GesEntw der Bundesregierung
  BT-Drs 8/1998 = **113** L 7
  Beschlußempfehlung des Wirtschaftsausschusses
  BT-Drs 8/2520 = **132** C 3
  1. Beratung
  BT-PlPr 8/107 = **23** G 3
  2. Beratung und Schlußabstimmung
  BT-PlPr 8/138 = **29** O 4
- VO zur Änderung des Deutschen Teil-Zolltarifs
  (Nr 11/77 – Besondere Zollsätze gegenüber Ägypten, Jordanien, Libanon und Syrien – EGKS)
  BR-Drs 419/77 = **30** A 13
  BT-Drs 8/898 = **78** K 7
  Beschlußempfehlung des Wirtschaftsausschusses
  BT-Drs 8/1198 = **88** K 8
- Antrag der CDU/CSU betr Verbesserung der Lage im Libanon
  BT-Drs 8/2321 = **126** N 9
  Beratung des Antrags
  BT-PlPr 8/120 = **25** L 1
  Beschlußempfehlung des Auswärtigen Ausschusses
  BT-Drs 8/2837 = **143** H 14
  Beratung der Beschlußempfehlung
  BT-PlPr 8/157 = **34** E 8

Lichtbildwerke
- *GesEntw zur Verbesserung des Schutzes der Urheber von Lichtbildwerken*
  BT-Drs 8/2064 = **117** A 1
  1. Beratung
  BT-PlPr 8/107 = **23** G 3

Liechtenstein, Fürstentum
- *GesEntw zum Abkommen Bundesrepublik Deutschland/Fürstentum Liechtenstein über Soziale Sicherheit*
  1. und 2. Durchgang
  BR-Drs 624/79 = **123** F 9
  BR-Drs 222/80 = **139** K 5
  BR-PlPr 482 = **4** K 5
  BR-PlPr 486 = **5** C 6

  GesEntw der Bundesregierung
  BT-Drs 8/3656 = **171** K 1
  Beschlußempfehlung des Ausschusses für Arbeit und Sozialordnung
  BT-Drs 8/3850 = **178** E 8
  1. Beratung
  BT-PlPr 8/203 = **44** A 13
  2. Beratung und Schlußabstimmung
  BT-PlPr 8/211 = **45** M 14
- *GesEntw zum Übereinkommen Bundesrepublik Deutschland/Fürstentum Liechtenstein/Republik Österreich/Schweizerische Eidgenossenschaft im Bereich Soziale Sicherheit und zur Vereinbarung zur Durchführung dieses Übereinkommens*
  1. und 2. Durchgang
  BR-Drs 625/79 = **123** G 3
  BR-Drs 223/80 = **139** K 6
  BR-PlPr 482 = **4** K 5
  BR-PlPr 486 = **5** C 6

  GesEntw der Bundesregierung
  BT-Drs 8/3657 = **171** K 9
  Beschlußempfehlung des Ausschusses für Arbeit und Sozialordnung
  BT-Drs 8/3851 = **178** E 10
  1. Beratung
  BT-PlPr 8/203 = **44** A 13
  2. Beratung und Schlußabstimmung
  BT-PlPr 8/211 = **45** M 14

Lockheed-Affäre
- Antrag auf Einsetzung eines Untersuchungsausschusses zur Aufklärung der Abhöraffäre Dr. Strauß-Scharnagl
  BT-Drs 8/1470 = **95** K 9
  Änderungsantrag
  BT-Drs 8/1473 = **95** M 6
  Beratung
  BT-PlPr 8/69 = **19** E 1
  Beschlußempfehlung und Bericht des 1. Untersuchungsausschusses
  BT-Drs 8/3835 = **177** A 4
  Beratung der Beschlußempfehlung und des Berichts des Untersuchungsausschusses
  BT-PlPr 8/212 = **46** C 10

Lörrach
- s GesEntw zum Vertrag Bundesrepublik Deutschland/*Schweiz*erische Eidgenossenschaft über die Straße zwischen Lörrach und Weil am Rhein auf schweizerischem Gebiet
  BR-Drs 87/78 = **50** H 3
  BT-Drs 8/1657 = **101** G 7

Löschungsvormerkung
- s GesEntw zur Änderung sachen- und *grundbuchrecht*licher Vorschriften
  BR-Drs 226/77 = **20** B 10
  BT-Drs 8/89 = **55** G 2

Logopäde
- *GesEntw über den Beruf des Logopäden*
  Bundesratsdurchgang
  BR-Drs 44/80 = **126** M 4
  BR-PlPr 483 = **4** L 9
  Vermittlungsverfahren:
  BR-Drs 124/80 = **134** A 5
  BR-PlPr 485 = **5** A 10

  GesEntw der CDU/CSU
  BT-Drs 8/741 = **73** J 7
  Beschlußempfehlung des Ausschusses für Jugend, Familie und Gesundheit
  BT-Drs 8/2185 = **122** C 6
  Änderungsantrag zur 2. Beratung
  BT-Drs 8/3604 = **168** J 10
  Anrufung des Vermittlungsausschusses
  BT-Drs 8/3743 = **174** M 3
  Beschlußempfehlung des Vermittlungsausschusses
  BT-Drs 8/3837 = **177** E 9
  1. Beratung
  BT-PlPr 8/42 = **9** F 1
  2. und 3. Beratung
  BT-PlPr 8/199 = **43** B 5

Beratung der Beschlußempfehlung des Vermittlungsausschusses
BT-PlPr 8/211 = **45 M 14**
– Ausbildungs- und Prüfungsordnung für Logopäden
BR-Drs 245/80 = **141 A 14**

Lohnpfändung
– s Entw eines 4. Ges zur Änderung der *Pfändungsfreigrenzen*
BR-Drs 193/77 = **18 F 4**
BT-Drs 8/693 = **71 G 10**

Lohnsteuer
– Erfahrungsbericht mit Gesetz zur Entlastung des Bundesfinanzhofes hinsichtlich der Revision in Lohnsteuersachen
BT-Drs 8/1016 = **81 O 9**
Beschlußempfehlung des Rechtsausschusses
BT-Drs 8/1531 = **97 O 5**
– Allgemeine Verwaltungsvorschrift über die Änderung und Ergänzung der Lohnsteuer-Richtlinien 1975
BR-Drs 533/77 = **36 B 12**
– VO zur Änderung der Lohnsteuer-DurchführungsVO
(betr Dienst- oder Arbeitsjubiläen)
BR-Drs 583/77 = **40 D 12**
– 2. Allgemeine Verwaltungsvorschrift über die Änderung der Lohnsteuer-Richtlinien 1975
BR-Drs 584/77 = **40 D 14**
– VO zur Änderung der Lohnsteuer-DurchführungsVO
(betr Höchstbeträge für Verpflegungsmehraufwendungen)
BR-Drs 45/78 = **47 B 13**
– VO zur Änderung der Lohnsteuer-DurchführungsVO
BR-Drs 562/79 = **119 O 11**
– VO zur Änderung der Lohnsteuer-DurchführungsVO
BR-Drs 575/80 = **158 K 10**

Lohnsteuer-Jahresausgleich
– *GesEntw über die Verlängerung der Antragsfrist für die Abgabe des Antrags auf Durchführung des Lohnsteuer-Jahresausgleichs*
1. und 2. Durchgang
BR-Drs 655/77 = **42 O 8**
BR-Drs 318/78 = **66 I 12**
BR-PlPr 454 = **2 A 5**
BR-PlPr 461 = **2 I 9**
Vermittlungsverfahren:
BR-Drs 428/78 = **73 N 3**
BR-PlPr 462 = **2 L 11**

GesEntw des Bundesrates
BT-Drs 8/1813 = **107 E 14**
Beschlußempfehlung des Finanzausschusses
BT-Drs 8/1924 = **110 F 6**
Anrufung des Vermittlungsausschusses
BT-Drs 8/1985 = **113 G 14**
Beschlußempfehlung des Vermittlungsausschusses
BT-Drs 8/2088 = **118 H 7**
1. Beratung
BT-PlPr 8/93 = **20 G 10**
2. und 3. Beratung
BT-PlPr 8/99 = **21 M 10**
Beratung der Beschlußempfehlung des Vermittlungsausschusses
BT-PlPr 8/104 = **22 L 14**

Lohnsummensteuer
Abschaffung
– s Entw eines *Steueränderungsgesetzes 1979*
BR-Drs 386/78 = **70 C 9**
BT-Drs 8/2100 = **118 K 12**
BT-Drs 8/2118 = **119 O 1**

Lomé, 2. Abkommen von
– s Entwurf eines Gesetzes zu dem 2. *AKP-EWG-Abkommen von Lomé* sowie zu den mit diesem Abkommen in Zusammenhang stehenden Abkommen
BR-Drs 160/80 = **135 G 12**
BT-Drs 8/3927 = **180 O 5**

Luftfahrt
– Aktionsplan für die Forschung auf dem Gebiet der Luftfahrt
BR-Drs 366/77 = **26 G 3**
BT-Drs 8/844 = **77 F 12**
Beschlußempfehlung des Ausschusses für Forschung und Technologie
BT-Drs 8/2222= **122 L 10**
– 1. VO zur Änderung der Kostenordnung der Luftfahrtverwaltung
BR-Drs 49/78 = **47 D 1**

Lufthansa, Deutsche
s Luftverkehrsabkommen

Luftsicherheit
– *GesEntw zu dem Übereinkommen zur Bekämpfung widerrechtlicher Handlungen gegen die Sicherheit der Zivilluftfahrt*
1. und 2. Durchgang
BR-Drs 92/77 = **12 H 1**
BR-Drs 546/77 = **36 N 2**
BR-PlPr 443 = **1 A 1**
BR-PlPr 452 = **1 N 11**

GesEntw der Bundesregierung
BT-Drs 8/216 = **59 O 6**
Beschlußempfehlung des Rechtsausschusses
BT-Drs 8/1057 = **83 J 1**
1. Beratung
BT-PlPr 8/23 = **4 N 12**
2. Beratung und Schlußabstimmung
BT-PlPr 8/53 = **11 L 14**

Luftverkehr
– Fluglärmbericht 1978
BT-Drs 8/2254 = **124 A 10**
Beschlußempfehlung des Innenausschusses
BT-Drs 8/4300 = **190 J 10**
Bericht des Innenausschusses
BT-Drs 8/4349 = **192 D 1**
– 4. VO zur Änderung der VO zur Durchführung der Internationalen Gesundheitsvorschriften im Luftverkehr
(betr Pockenschutzimpfung)
BR-Drs 418/77 = **30 A 10**
– 2. VO zur Änderung der Luftverkehrs-Zulassungs-Ordnung
BR-Drs 176/78 = **56 L 6**
– 3. VO zur Änderung der Luftverkehrs-Zulassungs-Ordnung
BR-Drs 433/78 = **73 O 12**
– 5. VO zur Änderung der VO zur Durchführung der Internationalen Gesundheitsvorschriften im Luftverkehr
BR-Drs 257/79 = **101 B 2**
– VO zur Sicherstellung des Luftverkehrs
BR-Drs 460/79 = **114 G 8**
– Allg. Verwaltungsvorschrift des Bundesministers für Verkehr über die Ausübung der Luftaufsicht auf Flugplätzen ohne Flugverkehrskontrollstelle der Bundesanstalt für Flugsicherung
BR-Drs 571/80 = **158 I 14**

Luftverkehrsabkommen
– *GesEntw zum Abkommen Bundesrepublik Deutschland/Republik Paraguay über den Luftverkehr*
1. und 2. Durchgang
BR-Drs 410/77 = **29 B 13**
BR-Drs 636/77 = **42 D 3**
BR-PlPr 450 = **1 K 11**
BR-PlPr 453 = **1 O 6**

GesEntw der Bundesregierung
BT-Drs 8/1034 = **82 E 13**
Beschlußempfehlung des Ausschusses für Verkehr und das Post- und Fernmeldewesen
BT-Drs 8/1307 = **91 I 7**
1. Beratung
BT-PlPr 8/52 = **11 H 10**
2. Beratung und Schlußabstimmung
BT-PlPr 8/63 = **13 L 10**
– *GesEntw zum Abkommen Bundesrepublik Deutschland/Königreich Saudi-Arabien über den Luftverkehr*
1. und 2. Durchgang
BR-Drs 411/77 = **29 C 5**
BR-Drs 635/77 = **42 D 2**
BR-PlPr 450 = **1 K 11**
BR-PlPr 453 = **1 O 6**

GesEntw der Bundesregierung
BT-Drs 8/1035 = **82 F 6**
Beschlußempfehlung des Ausschusses für Verkehr und das Post- und Fernmeldewesen
BT-Drs 8/1306 = **91 I 5**
1. Beratung
BT-PlPr 8/52 = **11 H 10**
2. Beratung und Schlußabstimmung
BT-PlPr 8/63 = **13 L 10**
– *GesEntw zum Abkommen Bundesrepublik Deutschland/Volksrepublik China über den Zivilen Luftverkehr*
1. und 2. Durchgang
BR-Drs 444/77 = **32 E 5**
BR-Drs 66/78 = **49 A 14**
BR-PlPr 451 = **1 M 3**
BR-PlPr 454 = **2 A 5**

GesEntw der Bundesregierung
BT-Drs 8/1135 = **86 B 7**
Beschlußempfehlung des Ausschusses für Verkehr und das Post- und Fernmeldewesen
BT-Drs 8/1349 = **92 M 9**
1. Beratung
BT-PlPr 8/58 = **12 K 7**
2. Beratung und Schlußabstimmung
BT-PlPr 8/66 = **14 F 14**
– *GesEntw zum Abkommen Bundesrepublik Deutschland/Demokratische Volksrepublik Algerien über den Luftverkehr*
1. und 2. Durchgang
BR-Drs 229/78 = **61 I 4**
BR-Drs 67/79 = **89 J 1**
BR-PlPr 460 = **2 H 2**
BR-PlPr 470 = **3 I 8**

GesEntw der Bundesregierung
BT-Drs 8/1979 = **113 E 2**
Beschlußempfehlung des Ausschusses für Verkehr und für das Post- und Fernmeldewesen
BT-Drs 8/2474 = **131 C 8**
BT-PlPr 8/107 = **23 G 3**

2. Beratung und Schlußabstimmung
BT-PlPr 8/135 = **29** E 9

– *GesEntw zum Abkommen Bundesrepublik Deutschland/Kuweit über den Fluglinienverkehr*
1. und 2. Durchgang
BR-Drs 230/78 = **61** I 10
BR-Drs 68/79 = **89** J 2
BR-PlPr 460 = **2** H 2
BR-PlPr 470 = **3** I 8

GesEntw der Bundesregierung
BT-Drs 8/1980 = **113** E 9
Beschlußempfehlung des Ausschusses für Verkehr und für das Post- und Fernmeldewesen
BT-Drs 8/2475 = **131** C 10
1. Beratung
BT-PlPr 8/107 = **23** G 3
2. Beratung und Schlußabstimmung
BT-PlPr 8/135 = **29** E 9

– *GesEntw zum Abkommen Bundesrepublik Deutschland/Republik Israel über den Luftverkehr*
1. und 2. Durchgang
BR-Drs 519/78 = **79** D 4
BR-Drs 180/79 = **96** G 9
BR-PlPr 468 = **3** E 13
BR-PlPr 472 = **3** K 1

GesEntw der Bundesregierung
BT-Drs 8/2436 = **129** L 6
Beschlußempfehlung des Ausschusses für Verkehr und für das Post- und Fernmeldewesen
BT-Drs 8/2669 = **138** J 3
1. Beratung
BT-PlPr 8/128 = **27** H 11
2. Beratung und Schlußabstimmung
BT-PlPr 8/145 = **31** K 10

– *GesEntw zum Abkommen Bundesrepublik Deutschland/Republik Finnland über den Fluglinienverkehr*
1. und 2. Durchgang
BR-Drs 159/79 = **95** B 14
BR-Drs 513/79 = **117** D 4
BR-PlPr 472 = **3** K 1
BR-PlPr 479 = **4** G 1

GesEntw der Bundesregierung
BT-Drs 8/2878 = **144** G 4
Beschlußempfehlung des Ausschusses für Verkehr und für das Post- und Fernmeldewesen
BT-Drs 8/3189 = **156** E 1
1. Beratung
BT-PlPr 8/158 = **34** I 6
2. Beratung und Schlußabstimmung
BT-PlPr 8/177 = **38** B 9

– *GesEntw zum Abkommen Bundesrepublik Deutschland/Republik Irak über den Luftverkehr*
1. und 2. Durchgang
BR-Drs 160/79 = **95** C 5
BR-Drs 514/79 = **117** D 5
BR-PlPr 472 = **3** K 1
BR-PlPr 479 = **4** G 1

GesEntw der Bundesregierung
BT-Drs 8/2882 = **144** I 5
Beschlußempfehlung des Ausschusses für Verkehr und für das Post- und Fernmeldewesen
BT-Drs 8/3190 = **156** E 3
1. Beratung
BT-PlPr 8/158 = **34** I 6
2. Beratung und Schlußabstimmung
BT-PlPr 8/177 = **38** B 9

– *GesEntw zum Abkommen Bundesrepublik Deutschland/Jamaika über den Luftverkehr*
1. und 2. Durchgang
BR-Drs 263/79 = **101** F 11
BR-Drs 517/79 = **117** D 8
BR-PlPr 476 = **4** A 4
BR-PlPr 479 = **4** G 1

GesEntw der Bundesregierung
BT-Drs 8/3058 = **150** E 10
Beschlußempfehlung des Ausschusses für Verkehr und für das Post- und Fernmeldewesen
BT-Drs 8/3248 = **158** B 10
1. Beratung
BT-PlPr 8/169 = **36** K 13
2. Beratung und Schlußabstimmung
BT-PlPr 8/180 = **38** K 8

Luftverkehrsgesetz
– *Entw eines 9. ÄndGes*
(betr Flugzeugentführungen und Sabotageakte)
1. und 2. Durchgang
BR-Drs 261/79 = **101** D 8
BR-Drs 335/80 = **146** E 9
BR-PlPr 476 = **4** A 4
BR-PlPr 489 = **5** G 14
Vermittlungsverfahren:
BR-Drs 427/80 = **149** G 14
BR-PlPr 490 = **5** I 2

GesEntw der Bundesregierung
BT-Drs 8/3431 = **162** L 9
Beschlußempfehlung des Ausschusses für Verkehr und für das Post- und Fernmeldewesen
BT-Drs 8/4039 = **185** G 11
Bericht des Haushaltsausschusses
BT-Drs 8/4171 = **188** J 4
Anrufung des Vermittlungsausschusses
BT-Drs 8/4344 = **192** C 5
Beschlußempfehlung des Vermittlungsausschusses
BT-Drs 8/4369 = **192** H 1
1. Beratung
BT-PlPr 8/196 = **42** G 11
2. und 3. Beratung
BT-PlPr 8/220 = **48** C 8
Beratung der Beschlußempfehlung des Vermittlungsausschusses
BT-PlPr 8/230 = **50** K 7

– *GesEntw zur Änd schadensersatzrechtlicher Vorschriften*
Bundesratsdurchgang
BR-Drs 309/77 = **24** G 12
BR-PlPr 448 = **1** H 13

GesEntw der SPD/FDP
BT-Drs 8/108 = **55** M 7
Beschlußempfehlung des Rechtsausschusses
BT-Drs 8/562 = **69** B 4
Bericht des Haushaltsausschusses
BT-Drs 8/563 = **69** B 12
1. Beratung
BT-PlPr 8/15 = **2** N 6
2. und 3. Beratung
BT-PlPr 8/31 = **6** N 7

Luftverkehrsunternehmen
– s Entw eines Abkommens mit Venezuela zur Vermeidung der *Doppelbesteuerung* von Unternehmen der Luftfahrt
BR-Drs 448/78 = **75** L 13
BT-Drs 8/2288 = **125** F 9

Luftverunreinigung
s a Emmissionskataster
Immissionsschutzbericht der Bundesregierung
Umweltgutachten
– s a Entw eines 2. Ges zur Änd des *Bundesimmissionsschutzgesetzes*
BR-Drs 403/78 = **71** N 1
BT-Drs 8/2751 = **140** L 8
– Vorschlag für einen EG-Beschluß über den Abschluß des Übereinkommens über weiträumige grenzüberschreitende Luftverschmutzung
BR-Drs 481/79 = **115** G 7
BT-Drs 8/3518 = **164** K 1
– Verwaltungsvorschrift zur Änderung der 1. Allgemeinen Verwaltungsvorschrift zum Bundes-Immissionsschutzgesetz
(Technische Anleitung zur Reinhaltung der Luft)
BR-Drs 420/78 = **73** A 1

Luxemburg, Großherzogtum
– *GesEntw zum Ergänzungsprotokoll zur Änderung des Abkommens Bundesrepublik Deutschland/Großherzogtum Luxemburg zur Vermeidung der Doppelbesteuerungen und über gegenseitige Amts- und Rechtshilfe auf dem Gebiet der Steuern vom Einkommen und vom Vermögen sowie der Gewerbesteuern und Grundsteuern sowie seines Schlußprotokolls*
1. und 2. Durchgang
BR-Drs 401/77 = **28** D 14
BR-Drs 601/77 = **40** I 4
BR-PlPr 450 = **1** K 11
BR-PlPr 453 = **1** O 6

GesEntw der Bundesregierung
BT-Drs 8/1042 = **83** C 10
Beschlußempfehlung des Finanzausschusses
BT-Drs 8/1187 = **87** M 2
1. Beratung
BT-PlPr 8/52 = **11** H 10
2. Beratung und Schlußabstimmung
BT-PlPr 8/58 = **12** K 7

– *GesEntw zum Abkommen Bundesrepublik Deutschland/Großherzogtum Luxemburg über verschiedene Fragen der Sozialen Sicherheit*
1. und 2. Durchgang
BR-Drs 39/79 = **87** E 6
BR-Drs 322/79 = **104** J 3
BR-PlPr 470 = **3** I 8
BR-PlPr 476 = **4** A 4

GesEntw der Bundesregierung
BT-Drs 8/2645 = **138** D 4
Beschlußempfehlung des Ausschusses für Arbeit und Sozialordnung
BT-Drs 8/2924 = **145** O 12
1. Beratung
BT-PlPr 8/145 = **31** K 10
2. Beratung und Schlußabstimmung
BT-PlPr 8/161 = **35** C 1

– *Entwurf eines Gesetzes zu dem Abkommen vom 2. 3. 78 zwischen der Bundesrepublik Deutschland und dem Großherzogtum Lu-*

xemburg über die gegenseitige Hilfeleistung bei Katastrophen oder schweren Unglücksfällen
1. Durchgang
BR-Drs 572/80 = **158** J 6
BR-PlPr 494 = **5** N 5
– VO zum Abkommen Bundesrepublik Deutschland/Großherzogtum Luxemburg über den Verzicht auf Erstattung der Aufwendungen für Sachleistungen aus Anlaß von Arbeitsunfällen und Berufskrankheiten
BR-Drs 45/79 = **87** K 6
– s a Entw eines Ausführungsgesetzes zum Übereinkommen Belgien/Dänemark/Bundesrepublik Deutschland/Irland/Italien/Luxemburg/Niederlande/Europäische Atomgemeinschaft/Internationale Atomenergie-Organisation in Ausführung des Vertrages über die Nichtverbreitung von Kernwaffen *(Atomwaffensperrvertrag)*
BR-Drs 5/79 = **84** O 3
BT-Drs 8/2779 = **141** N 13

M

Mahnverfahren
– VO zur Einführung von Vordrucken für das Mahnverfahren
BR-Drs 127/77 = **14** F 5
– VO zur Einführung von Vordrucken für das Mahnverfahren bei Gerichten die das Verfahren maschinell bearbeiten
BR-Drs 186/78 = **57** K 11
– Bericht über die Frage der Notwendigkeit eines neuen Straftatbestandes zum Schutz der im gerichtlichen Mahnverfahren in Anspruch genommenen Partei
BT-Drs 8/4347 = **192** C 10

Makler
– 2. VO zur Änderung gewerberechtlicher Vorschriften
BR-Drs 442/79 = **112** J 12

Maklervertrag
– *GesEntw über finanzierte Rechtsgeschäfte und über Maklerverträge*
1. Durchgang
BR-Drs 220/79 = **99** B 10
BR-PlPr 474 = **3** M 13

GesEntw der Bundesregierung
BT-Drs 8/3212 = **156** M 11
1. Beratung
BT-PlPr 8/181 = **38** O 12

Malaysia, Königreich
– *GesEntw zum Abkommen Bundesrepublik Deutschland/Malaysia zur Vermeidung der Doppelbesteuerung auf dem Gebiet der Steuern vom Einkommen und in Bezug auf andere damit zusammenhängende Fragen*
1. und 2. Durchgang
BR-Drs 496/77 = **34** N 4
BR-Drs 159/78 = **55** I 6
BR-PlPr 452 = **1** N 11
BR-PlPr 457 = **2** E 2

GesEntw der Bundesregierung
BT-Drs 8/1274 = **90** L 10
Beschlußempfehlung des Finanzausschusses
BT-Drs 8/1598 = **99** M 5
1. Beratung
BT-PlPr 8/63 = **13** L 10
2. Beratung und Schlußabstimmung
BT-PlPr 8/81 = **17** N 12

Maler
– 3. VO zur Änderung der 4. VO zur Durchführung des Umsatzsteuergesetzes (Mehrwertsteuer)
– Durchschnittssatz-VO –
BR-Drs 46/77 = **8** E 4

Mali, Republik
– *GesEntw zum Vertrag Bundesrepublik Deutschland/Republik Mali über die Förderung und den gegenseitigen Schutz von Kapitalanlagen*
1. und 2. Durchgang
BR-Drs 134/78 = **53** F 4
BR-Drs 487/78 = **77** I 6
BR-PlPr 457 = **2** E 2
BR-PlPr 465 = **3** C 4

GesEntw der Bundesregierung
BT-Drs 8/1743 = **103** O 12
Beschlußempfehlung des Wirtschaftsausschusses
BT-Drs 8/2153 = **121** F 1
1. Beratung
BT-PlPr 8/90 = **19** N 1
2. Beratung und Schlußabstimmung
BT-PlPr 8/111 = **24** C 10

Malta, Republik
– VO zur Verhütung einer Einschleppung der afrikanischen Schweinepest aus Malta
BR-Drs 459/78 = **76** F 13

Manöverschäden
– Bundeshaushalt 1979:
Überplanmäßige Ausgabe bei Kap 3511 Tit 698 02
– Abgeltung von Manöverschäden durch ausländische Streitkräfte –
BR-Drs 490/79 = **115** J 7

Margarinegesetz
– VO zur Änderung der Bekanntmachung betr Bestimmung zur Ausführung des Margarinegesetzes
BR-Drs 503/78 = **77** N 5

Marken
– s Abkommen über die internationale Klassifizierung von *Waren* und Dienstleistungen für die Eintragung von Marken

Marktbeherrschende Unternehmen
– s Entwurf eines 4. Gesetzes zur Änderung des Gesetzes gegen *Wettbewerbsbeschränkungen*
(betr Mißbrauchsaufsicht durch die Kartellbehörden)
BR-Drs 231/78 = **61** J 2
BT-Drs 8/2136 = **120** J 1

Marktordnung, EG
s a Agrarbericht
– *GesEntw zur Änderung des Ges zur Durchführung der gemeinsamen Marktorganisationen*
1. und 2. Durchgang
BR-Drs 557/77 = **37** G 5
BR-Drs 473/78 = **76** N 14
BR-PlPr 453 = **1** O 6
BR-PlPr 465 = **3** C 4
Vermittlungsverfahren:
BR-Drs 573/78 = **83** B 7
BR-PlPr 468 = **3** E 13

GesEntw der Bundesregierung
BT-Drs 8/1694 = **102** I 10
Beschlußempfehlung des Ausschusses für Ernährung, Landwirtschaft und Forsten
BT-Drs 8/1951 = **112** M 14
Anrufung des Vermittlungsausschusses
BT-Drs 8/2283 = **125** E 3
Beschlußempfehlung des Vermittlungsausschusses
BT-Drs 8/2385 = **128** K 9
1. Beratung
BT-PlPr 8/86 = **18** O 1
2. und 3. Beratung
BT-PlPr 8/109 = **23** L 6
Beratung der Beschlußempfehlung des Vermittlungsausschusses
BT-PlPr 8/125 = **26** O 7

Marktstrukturgesetz
– VO zur Änderung der 5. Durchführungs-VO zum Marktstrukturgesetz: Wein
BR-Drs 30/77 = **7** B 9
– 1. VO zur Änderung der 1. Durchführungs-VO zum Marktstrukturgesetz: Schlachtvieh und Ferkel
BR-Drs 52/78 = **48** H 5

Marokko, Königreich
– *GesEntw zu den Kooperationsabkommen zwischen der EWG und ihren Mitgliedstaaten einerseits, der Tunesischen Republik, der Republik Algerien und dem Königreich Marokko andererseits sowie zu den Abkommen zwischen den Mitgliedstaaten der EGKS und diesen Staaten*
1. und 2. Durchgang
BR-Drs 415/77 = **29** E 7
BR-Drs 103/78 = **51** C 4
BR-PlPr 450 = **1** K 11
BR-PlPr 455 = **2** C 1

GesEntw der Bundesregierung
BT-Drs 8/1036 = **82** F 13
Beschlußempfehlung des Wirtschaftsausschusses
BT-Drs 8/1432 = **95** C 6
Bericht des Haushaltsausschusses
BT-Drs 8/1515 = **97** K 12
1. Beratung
BT-PlPr 8/52 = **11** H 10
2. Beratung und Schlußabstimmung
BT-PlPr 8/72 = **16** B 8
– VO zur Änderung des Deutschen Teil-Zolltarifs
(Nr 13/76 – Besondere Zollsätze gegenüber Algerien, Marokko und Tunesien – EGKS)
BR-Drs 108/77 = **13** C 5
BT-Drs 8/150 = **56** O 8
Bericht des Wirtschaftsausschusses
BT-Drs 8/309 = **62** K 9

Marshallplan
s ERP-Sondervermögen

Massenentlassungen
– s GesEntw eines 2. Ges zur Änderung des *Kündigungsschutzgesetzes*
(betr Massenentlassungen)
BR-Drs 400/77 = **28** D 1
BT-Drs 8/1041 = **83** C 7

Maul- und Klauenseuche
– 1. VO zur Änderung der 3. VO zum Schutz gegen die Maul- und Klauenseuche
BR-Drs 192/79 = **97** H 2

Mauritius, Dominion
– *GesEntw zum Abkommen zur Vermeidung der Doppelbesteuerung von Einkommen und Vermögen und zur Förderung des Handels und der Investitionstätigkeit*
1. und 2. Durchgang
BR-Drs 23/80 = **125** N 7
BR-Drs 368/80 = **147** A 1
BR-PlPr 483 = **4** L 9
BR-PlPr 490 = **5** I 2

GesEntw der Bundesregierung
BT-Drs 8/3747 = **174** N 1
Beschlußempfehlung des Finanzausschusses
BT-Drs 8/4143 = **188** B 11
1. Beratung
BT-PlPr 8/208 = **45** D 10
2. Beratung und Schlußabstimmung
BT-PlPr 8/223 = **48** N 5

Medienpolitik
– Bericht über die Lage von Presse und Rundfunk 1978
BT-Drs 8/2264 = **124** G 14
BT-PlPr 8/149 = **32** J 6
– Antwort auf Große Anfrage zur Entwicklung der Kommunikationstechniken und dem Beschluß der Bundesregierung vom 26. 9. 1979
BT-Drs 8/3699 = **173** K 10

Medizinische Forschung
s a Forschungspolitik, EG
– Vorschlag für ein 1. EG-Programm für Forschungsaktionen im Bereich Forschung in Medizin und Gesundheitswesen und Vorschläge von EG-Beschlüssen auf diesem Gebiet
BR-Drs 342/77 = **25** G 5
BT-Drs 8/753 = **73** N 3

Medizinisch-technische Geräte
– *GesEntw über die Prüfungspflicht für medizinisch-technische Geräte*
BT-Drs 8/2387 = **128** K 14
Beschlußempfehlung des Ausschusses für Arbeit und Sozialordnung
BT-Drs 8/2824 = **143** B 10
1. Beratung
BT-PlPr 8/128 = **27** H 11
2. Beratung
BT-PlPr 8/158 = **34** I 6

Meeresforschung
– Antrag der CDU/CSU
BT-Drs 8/3103 = **152** J 7
Beratung
BT-PlPr 8/173 = **37** H 11
Beschlußempfehlung des Ausschusses für Forschung und Technologie
BT-Drs 8/3861 = **178** I 3
Beratung
BT-PlPr 8/221 = **48** G 4

Meeresnutzung
s Antarktis-Vertrag
Seerechtskonferenz

Meeresunfälle
s Seeunfalluntersuchungsgesetz

Meeresverschmutzung
– *GesEntw zu den Änderungen des Internationalen Übereinkommens zur Verhütung der Verschmutzung der See durch Öl*
1. und 2. Durchgang
BR-Drs 137/78 = **53** L 5
BR-Drs 513/78 = **78** A 6
BR-PlPr 457 = **2** E 2
BR-PlPr 467 = **3** E 7

GesEntw der Bundesregierung
BT-Drs 8/1740 = **103** L 4
Beschlußempfehlung des Ausschusses für Verkehr und für das Post- und Fernmeldewesen
BT-Drs 8/2219 = **122** K 11
1. Beratung
BT-PlPr 8/90 = **19** N 1
2. Beratung und Schlußabstimmung
BT-PlPr 8/114 = **24** K 3
– *GesEntw zum Übereinkommen über den Schutz der Meeresumwelt des Ostseegebietes*
1. und 2. Durchgang
BR-Drs 523/78 = **79** G 11
BR-Drs 515/79 = **117** D 6
BR-PlPr 468 = **3** E 13
BR-PlPr 479 = **4** G 1

GesEntw der Bundesregierung
BT-Drs 8/2599 = **136** L 8
Beschlußempfehlung des Ausschusses für Verkehr und für das Post- und Fernmeldewesen
BT-Drs 8/3203 = **156** L 3
Bericht des Haushaltsausschusses
BT-Drs 8/3257 = **158** D 6
1. Beratung
BT-PlPr 8/148 = **32** F 9
2. Beratung und Schlußabstimmung
BT-PlPr 8/180 = **38** K 8
– *Entwurf eines Gesetzes zu dem Übereinkommen zur Verhütung der Meeresverschmutzung vom Lande aus*
BR-Drs 633/80 = **162** J 2
– 24. Jahrestagung der Nordatlantischen Versammlung 1978
BR-Drs 89/79 = **90** N 7
BT-Drs 8/2582 = **135** L 14
– VO zur Durchführung des Ges zu den Übereinkommen zur Verhütung der Meeresverschmutzung durch das Einbringen von Abfällen durch Schiffe und Luftfahrzeuge
(Hohe-See-EinbringungsVO)
BR-Drs 504/77 = **35** D 6

Mehrarbeitsvergütung, Beamte
– 3. VO zur Änderung der VO über die Gewährung von Mehrarbeitsvergütung für Beamte
BR-Drs 166/77 = **16** J 11
– 4. VO zur Änderung der VO über die Gewährung von Mehrarbeitsvergütung für Beamte
BR-Drs 297/78 = **65** K 2
– 5. VO zur Änderung der VO über die Gewährung von Mehrarbeitsvergütung für Beamte
BR-Drs 303/79 = **103** O 5
– 6. VO zur Änderung der VO über die Gewährung von Mehrarbeitsvergütung für Beamte
BR-Drs 340/80 = **146** G 7
– s a Bundesbesoldungsgesetz

Mehrwertsteuer
s Umsatzsteuer
Umsatzsteuergesetz

Melderecht
– *Entw eines Melderechtsrahmengesetzes*
1. und 2. Durchgang
BR-Drs 638/79 = **123** O 13
BR-Drs 388/80 = **147** H 10
BR-PlPr 482 = **4** K 5
BR-PlPr 491 = **5** J 8

GesEntw der Bundesregierung
BT-Drs 8/3825 = **176** J 13
Beschlußempfehlung des Innenausschusses
BT-Drs 8/4261 = **189** M 5
Bericht des Haushaltsausschusses
BT-Drs 8/4302 = **190** K 3
Änderungsantrag zur 2. Beratung
BT-Drs 8/4310 = **190** L 4
Bericht des Innenausschusses
BT-Drs 8/4333 = **191** I 12
1. Beratung
BT-PlPr 8/213 = **46** H 2
2. und 3. Beratung
BT-PlPr 8/225 = **49** F 14

Meldewesen
– *GesEntw zur Änderung des Ges über Personalausweise und zur Regelung der Meldepflicht in Beherbergungsstätten*
Bundesratsdurchgang
BR-Drs 303/78 = **66** D 6
BR-PlPr 461 = **2** I 9
Vermittlungsverfahren:
BR-Drs 427/78 = **73** N 1
BR-PlPr 462 = **2** L 11
Mitteilung betr Zurückweisung des Einspruchs durch den BT
BR-Drs 476/78 = **77** B 14

GesEntw der CDU/CSU
(eingebracht als GesEntw zur Bekämpfung von *Terrorismus*)
BT-Drs 8/996 = **81** E 14
Beschlußempfehlung des Rechtsausschusses
BT-Drs 8/1845 = **108** H 6
Bericht des Haushaltsausschusses
BT-Drs 8/1878 = **109** E 11
Änderungsantrag zur 2. Beratung
BT-Drs 8/1879 = **109** E 12
Anrufung des Vermittlungsausschusses
BT-Drs 8/1987 = **113** H 4
Ergebnis des Vermittlungsverfahrens
BT-Drs 8/2094 = **118** I 12
2. und 3. Beratung
BT-PlPr 8/95 = **20** N 5
Beratung des Einspruchs des Bundesrates
BT-PlPr 8/109 = **23** L 6

Menschenrechte
– *GesEntw zum Europäischen Übereinkommen über die an Verfahren vor der Europäischen Kommission und dem Europäischen Gerichtshof für Menschenrechte teilnehmenden Personen*
1. und 2. Durchgang
BR-Drs 140/77 = **15** B 14
BR-Drs 607/77 = **40** J 14
BR-PlPr 445 = **1** C 12
BR-PlPr 453 = **1** O 6

GesEntw der Bundesregierung
BT-Drs 8/490 = **67** H 7
Beschlußempfehlung des Rechtsausschusses
BT-Drs 8/1257 = **90** H 3

1. Beratung
BT-PlPr 8/32 = **7** C 9
2. Beratung und Schlußabstimmung
BT-PlPr 8/61 = **13** E 9
– Antrag der CDU/CSU betr Dokumentation über die menschenrechtliche Lage in Deutschland und Osteuropa
BT-Drs 8/152 = **56** O 11
Beratung
BT-PlPr 8/20 = **4** C 9
Beschlußempfehlung des Auswärtigen Ausschusses
BT-Drs 8/603 = **70** E 6
Beratung
BT-PlPr 8/34 = **7** K 5
– Antrag der Fraktionen der SPD, FDP zur Verwirklichung der KSZE-Schlußakte
BT-Drs 8/221 = **60** C 14
Beschlußempfehlung des Auswärtigen Ausschusses zum Antrag
BT-Drs 8/603 = **70** E 6
– Antwort auf Große Anfrage betr Aktivitäten der Vereinten Nationen zur Sicherung der Menschenrechte
BT-Drs 8/1408 = **94** H 13
BT-PlPr 8/79 = **17** I 6
– Antwort auf Große Anfrage zur menschenrechtlichen Lage in Deutschland und der Deutschen in Osteuropa und ihre Erörterung auf der Konferenz für Sicherheit und Zusammenarbeit
BT-Drs 8/1605 = **100** A 11
Entschließungsantrag der SPD/FDP zur Großen Anfrage
BT-Drs 8/1941 = **112** L 7
Entschließungsantrag der CDU/CSU zur Großen Anfrage
BT-Drs 8/1942 = **112** L 9
Beratung
BT-PlPr 8/99 = **21** M 10
– Antrag der CDU/CSU zur Verletzung der Menschenrechte an der innerdeutschen Grenze
BT-Drs 8/3326 = **159** N 7
Beratung
BT-PlPr 8/186 = **39** O 4
Beschlußempfehlung des Ausschusses für innerdeutsche Beziehungen
BT-Drs 8/4263 = **189** N 3
– Antrag der CDU/CSU betr Institutionen der UN zum Schutz der Menschenrechte
BT-Drs 8/3327 = **159** N 8
Beratung
BT-PlPr 8/186 = **39** O 4
Beschlußempfehlung des Auswärtigen Ausschusses
BT-Drs 8/4288 = **190** G 6
– Antwort auf Große Anfragen zu wirtschaftlichen, sozialen, kulturellen, bürgerlichen und politischen Rechten in der Deutschen Demokratischen Republik
BT-Drs 8/3188 = **156** D 5
Entschließungsantrag der SPD, FDP zu den Großen Anfragen
BT-Drs 8/3361 = **160** I 5
Beratung
BT-PlPr 8/186 = **39** O 4
Beschlußempfehlung des Ausschusses für innerdeutsche Beziehungen zum Entschließungsantrag
BT-Drs 8/3698 = **173** K 9
Beratung
BT-PlPr 8/205 = **44** J 1
– aktuelle Stunden
BT-PlPr 8/61 = **13** E 9
BT-PlPr 8/148 = **32** F 9
– s a Konvention über den Schutz der Menschenrechte und Grundfreiheiten

Meßgeräte
– Allgemeine Verwaltungsvorschrift für die Eichung von Meßgeräten – Eichanweisung – Besondere Vorschriften
– Prüfung von Volumengaszählern –
BR-Drs 348/77 = **25** K 6
– Allgemeine Verwaltungsvorschrift für die Eichung von Meßgeräten – Eichanweisung – Besondere Vorschriften
– Prüfung von Meßmaschinen für Längenmessung –
BR-Drs 349/77 = **25** K 13
– Allgemeine Verwaltungsvorschrift für die Eichung von Meßgeräten – Eichanweisung –
Besondere Vorschriften
– Prüfung von Flüssigkeits-Gasthermometern
BR-Drs 350/77 = **25** L 5
– 2. VO zur Änderung der Zulassungskostenordnung
BR-Drs 534/77 = **36** F 10
– Vereinbarung Bundesrepublik Deutschland/Königreich Belgien über die Prüfung und Stempelung von Meßgeräten
BR-Drs 224/78 = **60** I 5
– 2. VO zur Änderung der Eichordnung
BR-Drs 241/78 = **62** D 12
– 3. VO über die Eichpflicht von Meßgeräten
BR-Drs 263/78 = **64** E 12
– Vorschlag einer EG-Richtlinie zur Änderung der EWG-Richtlinie zur Angleichung der Rechtsvorschriften der EG betr gemeinsame Vorschriften über Meßgeräte sowie über Meß- und Prüfverfahren
BR-Drs 59/79 = **88** O 7
– VO zur Änderung eichrechtlicher Vorschriften
BR-Drs 447/79 = **112** N 9
– 3. VO zur Änderung der Eichordnung
BR-Drs 450/79 = **113** C 9
– VO zur Änderung der 2. und 3. VO über die Eichpflicht von Meßgeräten
BR-Drs 535/79 = **117** N 10

Meßwesen
– 2. VO zur Änderung der Ausführungs-VO zum Ges über Einheiten im Meßwesen
BR-Drs 339/77 = **25** F 6

Mietrecht
– *Entw eines 2. Ges zur Änderung mietrechtlicher und mietpreisrechtlicher Vorschriften im Land Berlin*
Bundesratsdurchgang
BR-Drs 321/79 = **104** I 14
BR-PlPr 476 = **4** A 4

GesEntw aller Fraktionen
BT-Drs 8/2544 = **133** N 14
Beschlußempfehlung des Ausschusses für Raumordnung, Bauwesen und Städtebau
BT-Drs 8/2893 = **145** C 9
1. Beratung
BT-PlPr 8/138 = **29** O 4
2. und 3. Beratung
BT-PlPr 8/161 = **35** C 1
– *Entwurf eines Gesetzes zur Änderung des 3. Gesetzes zur Änderung mietrechtlicher Vorschriften*
(betr Eröffnung des Rechtsentscheids durch das Oberlandesgericht in bedeutsamen Rechtsfragen)
Bundesratsdurchgang
BR-Drs 218/80 = **139** J 7
BR-PlPr 486 = **5** C 6

GesEntw der CDU/CSU
BT-Drs 8/3357 = **160** G 14
Beschlußempfehlung des Rechtsausschusses
BT-Drs 8/3783 = **175** G 6
1. Beratung
BT-PlPr 8/190 = **40** M 12
2. und 3. Beratung
BT-PlPr 8/212 = **46** C 10
– *GesEntw zur Änderung des Ges zur Verbesserung des Mietrechts und zur Begrenzung des Mietanstiegs sowie zur Regelung von Ingenieur- und Architektenleistungen*
BR-Drs 594/79 = **122** C 3
BR-PlPr 486 = **5** C 6
– Wohngeld- und Mietenbericht 1977
BT-Drs 8/707 = **72** H 2
– Wohngeld- und Mietenbericht 1979
BT-Drs 8/3528 = **164** N 11
Beschlußempfehlung des Ausschusses für Raumordnung, Bauwesen und Städtebau
BT-Drs 8/4011 = **184** H 7
– Bericht über die Auswirkungen des Zweiten Wohnraumkündigungsschutzgesetzes
BT-Drs 8/2610 = **137** C 13
– Antwort auf Große Anfrage zur Auswirkung des Mietrechts auf den Wohnungsbau
BT-Drs 8/1436 = **95** D 7
– s a Wohngeldgesetz

Mikroorganismen
– s GesEntw zum *Budapester Vertrag* über die internationale Anerkennung der Hinterlegung von Mikroorganismen für die Zwecke von Patentverfahren
BR-Drs 444/79 = **112** L 6
BT-Drs 8/3480 = **164** A 4

Mikrowellen
– Vorschlag einer Richtlinie zur Festlegung der Grundnormen für den Gesundheitsschutz gegen die Gefahren der Mikrowellen
BR-Drs 437/80 = **149** N 11

Mikrozensus
– VO über Zusatzprogramme zum Mikrozensus in den Jahren 1979–1981
BR-Drs 40/79 = **87** E 11

Milch
– VO über Meldepflichten der Milchwirtschaft
(MeldeVO Milch)
BR-Drs 288/77 = **23** E 6
– VO zur Änderung der KäseVO und der VO über Milcherzeugnisse
BR-Drs 562/77 = **37** M 12
– VO zur Änderung der VO über Milcherzeugnisse, der KäseVO und der ButterVO
BR-Drs 161/79 = **95** C 12
– 3. Allgemeine Verwaltungsvorschrift über Mindestanforderungen an das Einleiten von Abwasser in Gewässer (Milchverarbeitung)
BR-Drs 92/80 = **130** M 6

– VO über die Güteprüfung und Bezahlung der Anlieferungsmilch
BR-Drs 229/80 = **139** L 13
– 4. VO zur Änderung der VO über Milcherzeugnisse
BR-Drs 488/80 = **154** G 6

Militärflugplatz
– VO über die Festsetzung des Lärmschutzbereichs für den militärischen Flugplatz Ingolstadt
BR-Drs 233/77 = **20** E 6
– VO über die Festsetzung des Lärmschutzbereichs für den militärischen Flugplatz Hahn
BR-Drs 299/77 = **23** M 13
– VO über die Festsetzung des Lärmschutzbereichs für die militärischen Flugplätze Bitburg und Spangdahlem
BR-Drs 330/77 = **24** O 7
– VO über die Festsetzung des Lärmschutzbereichs für den militärischen Flugplatz Leck
BR-Drs 573/77 = **38** N 10
– VO über die Festsetzung des Lärmschutzbereichs für die militärischen Flugplätze Bitburg und Spangdahlem
BR-Drs 298/78 = **65** K 4
– VO über die Festsetzung des Lärmschutzbereichs für den militärischen Flugplatz Eggebek
BR-Drs 589/78 = **83** L 2
– VO über die Festsetzung des Lärmschutzbereichs für den militärischen Flugplatz Oldenburg
BR-Drs 595/78 = **84** B 8
– 1. VO zur Änderung der VO über die Festsetzung des Lärmschutzbereichs für den militärischen Flugplatz Leipheim
BR-Drs 13/79 = **85** L 3
– VO über die Festsetzung des Lärmschutzbereichs für den militärischen Flugplatz Fürstenfeldbruck
BR-Drs 194/79 = **97** H 8
– VO über die Festsetzung des Lärmschutzbereichs für den militärischen Flugplatz Brüggen
BR-Drs 295/79 = **103** L 9
– 1. VO zur Änderung der VO über die Festsetzung des Lärmschutzbereichs für den militärischen Flugplatz Hopsten
BR-Drs 430/79 = **111** M 12
– VO über die Festsetzung des Lärmschutzbereichs für den militärischen Flugplatz Wildenrath
BR-Drs 552/79 = **119** I 6

Militärfriedhöfe
s Gedenkstättenabkommen

Militärischer Abschirmdienst
– s GesEntw über die parlamentarische Kontrolle der *Nachrichtendienste*
BR-Drs 84/78 = **50** D 13
BT-Drs 8/1140 = **86** D 12

Mineralölsteuer
– *GesEntw zur Änd des Mineralölsteuergesetzes*
(betr Änderung der Besteuerung von Kraftstoff für Dieselmotore zur Stromerzeugung)
GesEntw der CDU/CSU
BT-Drs 8/1270 = **90** K 12
Beschlußempfehlung des Finanzausschusses
BT-Drs 8/1821 = **107** G 14
1. Beratung
BT-PlPr 8/86 = **18** O 1
2. Beratung
BT-PlPr 8/95 = **20** N 5
– *Entw eines 9. ÄndGes zum Mineralölsteuergesetz 1964*
(betr Steuersätze, Heizölsteuer)
1. und 2. Durchgang
BR-Drs 86/78 = **50** G 6
BR-Drs 284/78 = **65** C 7
BR-PlPr 455 = **2** C 1
BR-PlPr 460 = **2** H 2
Vermittlungsverfahren:
BR-Drs 330/78 = **66** M 6
BR-PlPr 461 = **2** I 9

GesEntw der Bundesregierung
BT-Drs 8/1707 = **102** O 4
Beschlußempfehlung des Finanzausschusses
BT-Drs 8/1821 = **107** G 14
Änderungsantrag zum Zeitpunkt des Inkrafttretens des Gesetzes
BT-Drs 8/1880 = **109** E 14
Anrufung des Vermittlungsausschusses
BT-Drs 8/1959 = **113** B 1
Beschluß des Vermittlungsausschusses
BT-Drs 8/1973 = **113** D 4
1. Beratung
BT-PlPr 8/86 = **18** O 1
2. und 3. Beratung
BT-PlPr 8/95 = **20** N 5
– *Entwurf eines 1. Gesetzes zur Änderung des Mineralölsteuergesetzes*
(betr Sicherung des Mineralölsteueraufkommens durch Erlaubnisvorbehalt für die Mineralölherstellung und Verlangen einer Sicherheitsleistung)
1. und 2. Durchgang
BR-Drs 177/80 = **136** J 13
BR-Drs 326/80 = **146** C 5
BR-PlPr 485 = **5** A 10
BR-PlPr 491 = **5** J 8

GesEntw der Bundesregierung
BT-Drs 8/3920 = **180** K 13
Beschlußempfehlung des Finanzausschusses
BT-Drs 8/4257 = **189** L 5
1. Beratung
BT-PlPr 8/216 = **47** A 10
2. und 3. Beratung
BT-PlPr 8/225 = **49** F 14
– *Entwurf eines Mineralöl- und Branntweinsteuergesetzes 1981*
BR-Drs 630/80 = **162** B 9

Mißbilligung von Mitgliedern der Bundesregierung
– Mißbilligung des Verhaltens des früheren Bundesfinanzministers Helmut Schmidt
Antrag der CDU/CSU
BT-Drs 8/595 = **70** A 10
Beratung des Antrags
BT-PlPr 8/34 = **7** K 5

Mitbestimmungsgesetz
– Antrag zu den Verfassungsbeschwerden gegen das Mitbestimmungsgesetz
BT-Drs 8/1655 = **101** G 3
– *GesEntw zur Sicherung der Montan-Mitbestimmung*
GesEntw der SPD
BT-Drs 8/4372 = **192** H 10

Mittelmeerstaaten
– EG-Mitteilung über Leitlinien für die Entwicklung der Mittelmeergebiete der EG nebst Maßnahmen für die Landwirtschaft
BR-Drs 16/78 = **45** G 3
Beschlußempfehlung des Ausschusses für Ernährung, Landwirtschaft und Forsten
BT-Drs 8/1729 = **103** E 8
Beratung der Beschlußempfehlung
BT-PlPr 8/120 = **25** L 1

Mittelfristige Finanzplanung
s Finanzplan des Bundes

Mittelstandsförderung
– *GesEntw zur Förderung der kleinen und mittleren Unternehmen sowie der freien Berufe und zur Sicherung von Arbeits- und Ausbildungsplätzen*
GesEntw der CDU/CSU
BT-Drs 8/708 = **72** I 9
Beschlußempfehlung des Wirtschaftsausschusses
BT-Drs 8/4316 = **190** M 2
Bericht des Haushaltsausschusses
BT-Drs 8/4321 = **191** A 7
1. Beratung
BT-PlPr 8/44 = **9** K 8
2. Beratung
BT-PlPr 8/226 = **49** L 1

Mofa-Führerschein
– s GesEntw zur Änderung des Gesetzes über das *Fahrlehrerwesen*
BR-Drs 176/80 = **136** J 9
BT-Drs 8/3987 = **183** I 10

Mogadischu
– Abgabe einer Erklärung der Bundesregierung zu den Geiselbefreiungen durch die GSG 9
BT-PlPr 8/50 = **10** N 14

Molekularbiologie
– Vorschlag für ein mehrjähriges Forschungs- und Entwicklungsprogramm der EG auf dem Gebiet der molekularbiologischen Technologie (indirekte Aktion: 1981–1985)
BR-Drs 77/80 = **129** O 10

Mondscheintarif
s Telefon

Monopolkommission nach § 24b des Ges gegen Wettbewerbsbeschränkungen
– Stellungnahme der Bundesregierung zum 1. Hauptgutachten der Monopolkommission nach § 24b des Ges gegen Wettbewerbsbeschränkungen (GWB)
BR-Drs 326/77 = **24** L 14
BT-Drs 8/702 = **71** K 11
– Stellungnahme der Bundesregierung zum 2. Hauptgutachten der Monopolkommission nach § 24b des Ges gegen Wettbewerbsbeschränkungen (GWB)
BR-Drs 236/79 = **100** B 5
BT-Drs 8/2835 = **143** G 10
– 3. Hauptgutachten der Monopolkommission 1978/79
BR-Drs 450/80 = **150** J 2
BT-Drs 8/4404 = **192** M 6

Montan-Mitbestimmung
– *GesEntw zur Sicherung der Montan-Mitbestimmung*
BT-Drs 8/4372 = **192** H 10

Moselschiffahrt
s ADNR-ÄnderungsVO

Münzamt
– Antrag zur Zustimmung zur Erhöhung der den Münzämtern für die Münzprägung zu gewährenden Vergütungen
BR-Drs 314/80 = **145** O 5
BR-PlPr 492 = **5** L 11

Mutterschaftsgeld
– Allgemeine Verwaltungsvorschrift über die Erstattung von Mutterschaftsgeld durch den Bund
BR-Drs 395/79 = **109** O 6
– s a GesEntw über Familiengeld für Nichterwerbstätige *(Familiengeldgesetz)*
BR-Drs 500/79 = **116** C 11
BT-Drs 8/3577 = **166** K 6

Mutterschaftsurlaub
– *GesEntw zur Einführung eines Mutterschaftsurlaubs*
1. und 2. Durchgang
BR-Drs 4/79 = **84** L 11
BR-Drs 221/79 = **99** E 3
BR-PlPr 469 = **3** G 7
BR-PlPr 473 = **3** L 2
Vermittlungsverfahren:
BR-Drs 297/79 = **103** N 8
BR-PlPr 474 = **3** M 13

GesEntw der Bundesregierung
BT-Drs 8/2613 = **137** G 2
Beschlußempfehlung des Ausschusses für Arbeit und Sozialordnung
BT-Drs 8/2797 = **142** J 4
Änderungsantrag zur Einführung eines Familiengeldes für Nichterwerbstätige
BT-Drs 8/2828 = **143** F 11
Bericht des Haushaltsausschusses
BT-Drs 8/2829 = **143** G 1
Anrufung des Vermittlungsausschusses
BT-Drs 8/2937 = **146** C 13
Ergebnis des Vermittlungsverfahrens
BT-Drs 8/2995 = **147** N 11
1. Beratung
BT-PlPr 8/144 = **31** D 10
2. und 3. Beratung
BT-PlPr 8/151 = **34** E 8

Mutterschutzgesetz
– *GesEntw zur Änderung des Einkommensteuergesetzes und des Mutterschutzgesetzes*
(betr Steuerfreiheit Mutterschaftsgeld)
Bundesratsdurchgang
BR-Drs 222/79 = **99** F 6
BR-PlPr 473 = **3** L 2
Vermittlungsverfahren:
BR-Drs 298/79 = **103** N 9
BR-PlPr 474 = **3** M 13

GesEntw der SPD/FDP
BT-Drs 8/2667 = **138** I 13
Beschlußempfehlung des Finanzausschusses
BT-Drs 8/2816 = **143** A 9
Bericht des Haushaltsausschusses
BT-Drs 8/2831 = **143** G 3
Anrufung des Vermittlungsausschusses
BT-Drs 8/2938 = **146** D 2
Ergebnis des Vermittlungsverfahrens
BT-Drs 8/2996 = **147** N 12
1. Beratung
BT-PlPr 8/144 = **31** D 10
2. und 3. Beratung
BT-PlPr 8/151 = **32** O 5

N

Nachlaßsteuern
s Doppelbesteuerungsabkommen

Nachrichtendienst
– *GesEntw über die parlamentarische Kontrolle der Nachrichtendienste*
Bundesratsdurchgang
BR-Drs 84/78 = **50** D 13
BR-PlPr 455 = **2** C 1

GesEntw der SPD/FDP
BT-Drs 8/1140 = **86** D 12
Beschlußempfehlung des Rechtsausschusses
BT-Drs 8/1599 = **99** M 7
1. Beratung
BT-PlPr 8/55 = **12** C 5
2. und 3. Beratung
BT-PlPr 8/78 = **17** E 7

Nachtragshaushaltsgesetz
s Bundeshaushaltsgesetz

Nährwert
– VO über Nährwertangaben bei Lebensmitteln
(Nährwert-KennzeichnungsVO)
BR-Drs 234/77 = **20** E 8
– 1. VO zur Änderung der NährwertkennzeichnungsVO
BR-Drs 379/78 = **69** M 11

Nahverkehr
– VO über den für die Kalenderjahre 1976 und 1977 maßgebenden Vomhundertsatz nach § 4 des Ges über die unentgeltliche Beförderung von Kriegs- und Wehrdienstbeschädigten sowie von anderen Behinderten im Nahverkehr
BR-Drs 13/77 = **6** I 9
– VO über den für die Kalenderjahre 1978 und 1979 maßgebenden Vomhundertsatz nach § 4 des Ges über die unentgeltliche Beförderung von Kriegs- und Wehrdienstbeschädigten sowie von anderen Behinderten im Nahverkehr
BR-Drs 471/78 = **76** N 11

Namensänderung
– s a GesEntw über die Änderung des *Ehenamens*
BR-Drs 27/79 = **86** N 1
BT-Drs 8/2134 = **120** I 11
– s a GesEntw zur Änderung der Vornamen bei *Transsexuellen*
BR-Drs 6/79 = **85** A 8
BT-Drs 8/2947 = **146** F 6
– Allgemeine Verwaltungsvorschrift zum Gesetz über die Änderung von Familiennamen und Vornamen
BR-Drs 205/80 = **139** C 2

Namibia
– Antwort auf Große Anfrage zur Haltung der Bundesregierung in der Namibia-Frage
BT-Drs 8/3462 = **163** J 10
BT-PlPr 8/197 = **42** K 8

Nation, Deutsche
– Beschluß zu den Materialien zum Bericht zur Lage der Nation 1974
BR-Drs 270/77 = **22** K 6
– Bericht des Bundeskanzlers zur Lage der Nation
BT-PlPr 8/78 = **17** E 7
– Entschließungsantrag der SPD/FDP zum Bericht zur Lage der Nation
BT-Drs 8/1586 = **99** J 14
Beschlußempfehlung des Ausschusses für innerdeutsche Beziehungen
BT-Drs 8/2141 = **120** L 5
Beratung
BT-PlPr 8/117 = **25** D 2
– Entschließungsantrag der CDU/CSU zum Bericht zur Lage der Nation
BT-Drs 8/1603 = **100** A 7
Beschlußempfehlung des Ausschusses für innerdeutsche Beziehungen
BT-Drs 8/2142 = **120** L 7
Beratung
BT-PlPr 8/117 = **25** D 2
– Bericht des Bundeskanzlers zur Lage der Nation 1979
BT-PlPr 8/154 = **33** I 13
– Entschließungsantrag der CDU/CSU zum Bericht zur Lage der Nation 1979
BT-Drs 8/2860 = **144** B 3
Beschlußempfehlung des Ausschusses für innerdeutsche Beziehungen
BT-Drs 8/3500 = **164** H 1
Beratung
BT-PlPr 8/205 = **44** J 1
– Entschließungsantrag der SPD/FDP zum Bericht zur Lage der Nation 1979
BT-Drs 8/2867 = **144** C 7
Beschlußempfehlung des Ausschusses für innerdeutsche Beziehungen
BT-Drs 8/3501 = **164** H 2
Beratung
BT-PlPr 8/205 = **44** J 1
– Bericht des Bundeskanzlers zur Lage der Nation 1980
BT-PlPr 8/208 = **45** D 10
– Entschließungsantrag der CDU/CSU zum Bericht zur Lage der Nation 1980
BR-Drs 3833 = **176** O 14
– Antwort auf Große Anfrage betr Beitrag der Bundesregierung zur Stärkung des Bewußtseins von der Einheit der Deutschen Nation in Unterricht und Bildung
BT-Drs 8/4159 = **188** H 6

Nationales Olympisches Komitee
– Empfehlung der Bundesregierung zur Teilnahme an den Olympischen Spielen in Moskau
BT-Drs 8/3939 = **181** H 13
BT-PlPr 8/213 = **46** H 2

Nationalsozialismus
– Antwort auf Kleine Anfrage betr Verfolgung von NS-Verbrechen
BT-Drs 8/2602 = **136** O 8

NATO
s Nordatlantisches Bündnis (NATO)
Nordatlantische Versammlung

Naturschutz
s Umweltschutz
Umweltpolitik

Neubaumieten
- VO zur Änderung der 2. BerechnungsVO und der NeubaumietenVO 1970
  BR-Drs 191/79 = **97** E 2

Neugliederung des Bundesgebietes
- s GesEntw über das Verfahren bei Volksentscheid, Volksbegehren und Volksbefragung nach Artikel 29 Abs 6 *Grundgesetz*
  BR-Drs 29/78 = **46** D 11
  BT-Drs 8/1646 = **101** D 1

Neuseeland, parl. Monarchie
- *GesEntw zum Abkommen Bundesrepublik Deutschland/Neuseeland zur Vermeidung der Doppelbesteuerung und zur Verhinderung der Steuerverkürzung bei den Steuern vom Einkommen und einigen anderen Steuern*
  1. und 2. Durchgang
  BR-Drs 137/80 = **134** E 2
  BR-Drs 396/80 = **147** K 7
  BR-PlPr 485 = **5** A 10
  BR-PlPr 491 = **5** J 8

  GesEntw der Bundesregierung
  BT-Drs 8/3918 = **180** J 5
  Beschlußempfehlung des Finanzausschusses
  BT-Drs 8/4244 = **189** J 12
  Bericht des Haushaltsausschusses
  BT-Drs 8/4248 = **189** K 8
  1. Beratung
  BT-PlPr 8/216 = **47** A 10
  2. Beratung und Schlußabstimmung
  BT-PlPr 8/225 = **49** F 14

Nichtverbreitung von Kernwaffen
s Atomwaffensperrvertrag

Niederlande, Königreich
- *GesEntw zum Abkommen zur Änderung des Vertrages Bundesrepublik Deutschland/Königreich der Niederlande über die Regelung der Zusammenarbeit in der Emsmündung*
  (Ems-Dollart-Vertrag)
  1. und 2. Durchgang
  BR-Drs 406/77 = **28** L 11
  BR-Drs 634/77 = **42** D 1
  BR-PlPr 450 = **1** K 11
  BR-PlPr 453 = **1** O 6

  GesEntw der Bundesregierung
  BT-Drs 8/1017 = **81** O 12
  Beschlußempfehlung des Ausschusses für Verkehr und das Post- und Fernmeldewesen
  BT-Drs 8/1305 = **91** I 3
  1. Beratung
  BT-PlPr 8/55 = **12** C 5
  2. Beratung und Schlußabstimmung
  BT-PlPr 8/63 = **13** L 10
- *Entwurf eines Ausführungsgesetzes zum Zusatzprotokoll zur Vermeidung der Doppelbesteuerung auf dem Gebiet der Steuern vom Einkommen und Vermögen sowie verschiedener sonstiger Steuern sowie zur Regelung anderer steuerlicher Fragen (Ausführungsgesetz Grenzgänger Niederlande)*
  1. und 2. Durchgang
  BR-Drs 178/80 = **136** K 5
  BR-Drs 366/80 = **146** O 13
  BR-PlPr 486 = **5** C 6
  BR-PlPr 490 = **5** I 2

  GesEntw der Bundesregierung
  BT-Drs 8/3995 = **183** L 8
  Beschlußempfehlung des Finanzausschusses
  BT-Drs 8/4162 = **188** I 6
  Bericht des Haushaltsausschusses
  BT-Drs 8/4204 = **189** C 12
  1. Beratung
  BT-PlPr 8/218 = **47** J 7
  2. und 3. Beratung
  BT-PlPr 8/223 = **48** N 5
- *Entwurf eines Gesetzes zum Zusatzprotokoll zur Vermeidung der Doppelbesteuerung auf dem Gebiete der Steuern vom Einkommen und vom Vermögen sowie verschiedener sonstiger Steuern und zur Regelung anderer steuerlicher Fragen*
  1. und 2. Durchgang
  BR-Drs 179/80 = **136** K 13
  BR-Drs 365/80 = **146** O 12
  BR-PlPr 486 = **5** C 6
  BR-PlPr 490 = **5** I 2

  GesEntw der Bundesregierung
  BT-Drs 8/3994 = **183** L 4
  Beschlußempfehlung des Finanzausschusses
  BT-Drs 8/4162 = **188** I 6
  Bericht des Haushaltsausschusses
  BT-Drs 8/4204 = **189** C 12
  1. Beratung
  BT-PlPr 8/218 = **47** J 7
  2. Beratung und Schlußabstimmung
  BT-PlPr 8/223 = **48** N 5
- s a Entw eines Ausführungsgesetzes zum Übereinkommen Belgien/Dänemark/Bundesrepublik Deutschland/Irland/Italien/Luxemburg/Niederlande/Europäische Atomgemeinschaft/Internationale Atomenergie-Organisation in Ausführung des Vertrages über die Nichtverbreitung von Kernwaffen
  (Atomwaffensperrvertrag)
  BR-Drs 5/79 = **84** O 3
  BT-Drs 8/2779 = **141** N 13
- VO zur deutsch-niederländischen Vereinbarung über die Festsetzung eines Mindestbetrags für die Einziehung und Beitreibung von Beiträgen der Sozialen Sicherheit
  BR-Drs 122/80 = **134** A 1

Niederlassungsfreiheit
- Bericht über die Lage der freien Berufe (betr u. a. Niederlassungsfreiheit von Angehörigen der freien Berufe in der EG)
  BT-Drs 8/3139 = **154** L 6
  Entschließungsantrag
  BT-Drs 8/3276 = **158** H 11
- s a GesEntw zur Änderung der *Bundesärzteordnung*
  (betr Niederlassungsrecht von Ärzten in der EG)
  BR-Drs 37/77 = **8** A 9
  BT-Drs 8/205 = **59** K 6
- s a GesEntw über die Niederlassungsfreiheit der *Rechtsanwälte*

Niedersachsen
- s GesEntw zur Änderung von örtlichen Zuständigkeiten der *Landesversicherungsanstalten* in Niedersachsen
  BR-Drs 40/78 = **46** N 9
  BT-Drs 8/1772 = **104** L 4

Nizza, Abkommen von
- s GesEntw zur Änderung des Abkommens von Nizza über die internationale Klassifikation von *Waren* und Dienstleistungen für die Eintragung von Marken
  BR-Drs 63/80 = **129** B 13
  BT-Drs 8/3886 = **179** C 10

Nordatlantisches Bündnis (NATO)
- Antwort auf Große Anfragen betr Beurteilung des militärischen Kräfteverhältnisses und der Bündnispolitik in der NATO
  BT-Drs 8/464 = **66** H 13
  BT-PlPr 8/39 = **8** N 3

Nordatlantische Versammlung
- Unterrichtung durch die deutsche Delegation über die Beschlüsse der 22. Jahrestagung der Nordatlantischen Versammlung
  BR-Drs 7/77 = **6** F 12
  BT-Drs 8/27 = **51** H 2
  Entschließungsantrag der CDU/CSU
  BT-Drs 8/110 = **55** N 3
  Beratung
  BT-PlPr 8/14 = **2** J 1
  Beschlußempfehlung des Auswärtigen Ausschusses
  BT-Drs 8/604 = **70** E 8
  Beratung der Beschlußempfehlung
  BT-PlPr 8/34 = **7** K 5
- Unterrichtung durch die deutsche Delegation in der Nordatlantischen Versammlung über die 23. Jahrestagung
  BR-Drs 629/77 = **42** C 5
  BT-Drs 8/1251 = **90** F 11
- Unterrichtung über die Beschlüsse der 24. Jahrestagung der Nordatlantischen Versammlung
  BR-Drs 89/79 = **90** N 7
  BT-Drs 8/2582 = **135** L 14
- Unterrichtung über die Beschlüsse der 25. Jahrestagung der Nordatlantischen Versammlung
  BR-Drs 630/79 = **123** J 2
  BT-Drs 8/3506 = **164** I 3
- Bericht über die Sondersitzung der Nordatlantischen Versammlung am 7. 6. 80 in Luxemburg
  (betr Entschließung zu Afghanistan)
  BR-Drs 453/80 = **151** F 14
  BT-Drs 8/4400 = **192** L 9

Nordirland
- VO zum Abkommen Bundesrepublik Deutschland/Vereinigtes Königreich Großbritannien und Nordirland über den Verzicht auf die Erstattung von Aufwendungen für Sachleistungen bei Krankheit, Mutterschaft, Arbeitsunfall und Berufskrankheit, der Leistungen an Arbeitslose sowie der Kosten für verwaltungsmäßige und ärztliche Kontrolle
  BR-Drs 448/77 = **32** H 12
- Vorschlag einer VO (EWG) des Rates zur Förderung der landwirtschaftl. Entwicklung in den benachteiligten Gebieten von Nordirland
  BR-Drs 405/80 = **147** M 9

Nordsee
- Vorschlag einer EG-VO über Erhaltungsmaßnahmen für die Heringsbestände in der Nordsee für 1978
  BR-Drs 364/77 = **26** F 11

Nord-Süd-Dialog
- Dritter Bericht zur Entwicklungspolitik der Bundesregierung
  BT-Drs 8/1185 = **87** F 9
  Beschlußempfehlung des Ausschusses für wirtschaftliche Zusammenarbeit
  BT-Drs 8/3217 = **157** A 10
- Antwort auf Große Anfrage zur Behandlung des Nord-Süd-Konflikts in den Vereinten Nationen
  BT-Drs 8/1408 = **94** H 13

Norwegen, Königreich
- *GesEntw zum Vertrag über die gegenseitige Anerkennung und Vollstreckung gerichtlicher Entscheidungen und anderer Schuldtitel in Zivil- und Handelssachen*
  1. Durchgang
  BR-Drs 64/80 = **129** C 8
  BR-PlPr 484 = **4** N 4

  GesEntw der Bundesregierung
  BT-Drs 8/3864 = **178** I 9
  1. Beratung
  BT-PlPr 8/214 = **46** K 3
- *Entwurf eines Ausführungsgesetzes zum Vertrag über die gegenseitige Anerkennung und Vollstreckung gerichtlicher Entscheidungen und anderer Schuldtitel in Zivil- und Handelssachen*
  1. Durchgang
  BR-Drs 65/80 = **129** D 10
  BR-PlPr 484 = **4** N 4

  GesEntw der Bundesregierung
  BT-Drs 8/3865 = **178** J 11
  1. Beratung
  BT-PlPr 8/214 = **46** K 3
- Vereinbarung Bundesrepublik Deutschland/Königreich Norwegen zur weiteren Vereinfachung des Rechtshilfeverkehrs nach dem Haager Übereinkommen über den Zivilprozeß
  BR-Drs 130/79 = **93** G 3
  BR-PlPr 472 = **3** K 1
- *Entwurf eines Gesetzes zu dem Vertrag Bundesrepublik Deutschland/Königreich Norwegen über die gegenseitige Anerkennung und Vollstreckung gerichtlicher Entscheidungen und anderer Schuldtitel in Zivil- und Handelssachen*
  BR-Drs 601/80 = **160** H 14
  BR-PlPr 494 = **5** N 5
- *Entwurf eines Gesetzes zur Ausführung des Vertrages Bundesrepublik Deutschland/Königreich Norwegen über die Anerkennung und Vollstreckung gerichtlicher Entscheidungen und anderer Schuldtitel in Zivil- und Handelssachen*
  BR-Drs 602/80 = **160** I 2
  BR-PlPr 494 = **5** N 5

Notar
s Bundesnotarordnung

Notstromaggregate
- s Entw eines ÄndGes zum *Einkommensteuergesetz*
  BR-Drs 49/79 = **87** M 5
  BT-Drs 8/2956 = **146** K 4
- s GesEntw zur Förderung *energiesparender* Maßnahmen
  BR-Drs 458/79 = **114** D 12
  BT-Drs 8/3557 = **166** C 7

O

Obstbau
- VO zur Bekämpfung von Viruskrankheiten im Obstbau
  BR-Drs 221/78 = **60** J 10
- 1. VO zur Änderung der VO zur Bekämpfung von Viruskrankheiten im Obstbau
  BR-Drs 426/79 = **111** K 13

Obsterzeugnisse
- VO zur Änderung der VO über Obsterzeugnisse
  BR-Drs 159/77 = **16** F 4
- 5. Allgemeine Verwaltungsvorschrift über Mindestanforderungen an das Einleiten von Abwasser in Gewässer (Herstellung von Obst- und Gemüseprodukten)
  BR-Drs 94/80 = **130** N 1

Öffentliche Sicherheit
- *GesEntw über Aufgaben und Befugnisse der für die Wahrung der öffentlichen Sicherheit und Ordnung zuständigen Behörden des Bundes*
  GesEntw der CDU/CSU
  BT-Drs 8/997 = **81** F 6
  Beschlußempfehlung des Innenausschusses
  BT-Drs 8/2635 = **138** A 4
  1. Beratung
  BT-PlPr 8/53 = **11** L 14
  2. Beratung
  BT-PlPr 8/151 = **32** O 5
- Antrag zur Sicherung des inneren Friedens
  BT-Drs 8/2855 = **143** N 12
  BT-PlPr 8/160 = **34** N 13

Öffentlicher Dienst
s a Beamtenrecht, Beamtenversorgungsgesetz, Besoldungsrecht
- s a GesEntw zur Änderung dienstrechtlicher Vorschriften
  (Angehörige des öffentlichen Dienstes als *Abgeordnete* in Landesparlamenten und kommunalen Vertretungen)
  BR-Drs 236/77 = **20** F 14
  BT-Drs 8/819 = **76** C 3
- Antworten auf Große Anfragen zur Einstellungspraxis und Anwendung des Extremistenbeschlusses
  BT-Drs 8/2481 = **131** E 8
  BT-Drs 8/2482 = **131** E 8
  Entschließungsantrag zur Großen Anfrage
  BT-Drs 8/2581 = **135** L 13
  Beratung
  BT-PlPr 8/138 = **29** O 4
- VO über die Anrechnung des Besuchs eines schulischen Berufsgrundbildungsjahres und einer einjährigen Berufsfachschule auf die Ausbildungszeit in Ausbildungsberufen des öffentlichen Dienstes
  BR-Drs 119/80 = **133** N 11

Öffentlichkeitsarbeit
- aktuelle Stunde zur Öffentlichkeitsarbeit des Bundeskanzleramtes
  BT-PlPr 8/164 = **35** N 4

Ölsaatenaufbereitung
- 4. Allgemeine Verwaltungsvorschrift über Mindestanforderungen an das Einleiten von Abwasser in Gewässer (Ölsaatenaufbereitung, Speisefett- und Speiseölraffination)
  BR-Drs 93/80 = **130** M 11

Ölverschmutzung
- *GesEntw zu den Änderungen des Internationalen Übereinkommens zur Verhütung der Verschmutzung der See durch Öl, 1954*
  1. und 2. Durchgang
  BR-Drs 137/78 = **53** L 5
  BR-Drs 513/78 = **78** A 6
  BR-PlPr 457 = **2** E 2
  BR-PlPr 467 = **3** E 7

  GesEntw der Bundesregierung
  BT-Drs 8/1740 = **103** L 4
  Beschlußempfehlung des Ausschusses für Verkehr und für das Post- und Fernmeldewesen
  BT-Drs 8/2219 = **122** K 11
  1. Beratung
  BT-PlPr 8/90 = **19** N 1
  2. Beratung und Schlußabstimmung
  BT-PlPr 8/114 = **24** K 3
- Antrag betr Bekämpfung von Ölverschmutzungen der Meere
  BT-Drs 8/2692 = **139** G 1
  Beratung
  BT-PlPr 8/161 = **35** C 1
  Beschlußempfehlung des Ausschusses für Verkehr und Post
  BT-Drs 8/3725 = **174** H 13
  Beratung
  BT-PlPr 8/214 = **46** K 3
- Vorschlag einer Entscheidung des Rates der EG betr Errichtung eines Informationssystems zur Verhütung und Bekämpfung der Ölverschmutzung des Meeres
  BR-Drs 444/80 = **150** F 4

Österreich, Republik
- *GesEntw zum Vertrag Bundesrepublik Deutschland/Republik Österreich über die Gegenseitigkeit in Amtshaftungssachen*
  1. und 2. Durchgang
  BR-Drs 82/78 = **50** C 7
  BR-Drs 308/78 = **66** F 14
  BR-PlPr 455 = **2** C 1
  BR-PlPr 461 = **2** I 9

  GesEntw der Bundesregierung
  BT-Drs 8/1660 = **101** H 10
  Beschlußempfehlung des Rechtsausschusses
  BT-Drs 8/1894 = **109** J 6
  1. Beratung
  BT-PlPr 8/86 = **18** O 1
  2. Beratung und Schlußabstimmung
  BT-PlPr 8/97 = **21** H 4
- *GesEntw zum Abkommen zur Änderung des Abkommens Bundesrepublik Deutschland/Republik Österreich über Erleichterungen der Grenzabfertigung im Eisenbahn-, Straßen- und Schiffsverkehr*
  1. und 2. Durchgang
  BR-Drs 92/78 = **50** J 8
  BR-Drs 565/78 = **82** N 7
  BR-PlPr 455 = **2** C 1
  BR-PlPr 468 = **3** E 13

  GesEntw der Bundesregierung
  BT-Drs 8/1658 = **101** G 14
  Beschlußempfehlung des Finanzausschusses
  BT-Drs 8/2278 = **125** D 6
  1. Beratung
  BT-PlPr 8/86 = **18** O 1
  2. Beratung und Schlußabstimmung
  BT-PlPr 8/120 = **25** L 1
- *GesEntw zum Vertrag Bundesrepublik Deutschland/Republik Österreich über den*

Verlauf der gemeinsamen Staatsgrenze im Grenzabschnitt „Dreieckmark-Dandlbachmündung" und in einem Teil des Grenzabschnitts „Scheibelberg-Bodensee" sowie über Befugnisse der Grenzkommission
1. und 2. Durchgang
BR-Drs 197/78 = **58** C 6
BR-Drs 28/79 = **86** N 6
BR-PlPr 459 = **2** G 3
BR-PlPr 469 = **3** G 7

GesEntw der Bundesregierung
BT-Drs 8/1904 = **109** O 14
Beschlußempfehlung des Auswärtigen Ausschusses
BT-Drs 8/2340 = **127** G 13
1. Beratung
BT-PlPr 8/100 = **22** B 11
2. Beratung und Schlußabstimmung
BT-PlPr 8/124 = **26** M 1

– *GesEntw zum Abkommen Bundesrepublik Deutschland/Republik Österreich über Arbeitslosenversicherung*
1. und 2. Durchgang
BR-Drs 7/79 = **85** D 14
BR-Drs 224/79 = **99** F 11
BR-PlPr 469 = **3** G 7
BR-PlPr 473 = **3** L 2

GesEntw der Bundesregierung
BT-Drs 8/2594 = **136** I 14
Beschlußempfehlung des Ausschusses für Arbeit und Sozialordnung
BT-Drs 8/2798 = **142** J 13
1. Beratung
BT-PlPr 8/144 = **31** D 10
2. Beratung und Schlußabstimmung
BT-PlPr 8/151 = **32** O 5

– *GesEntw zum Vertrag zur Änderung des Vertrages Bundesrepublik Deutschland/Republik Österreich über die Führung von geschlossenen Zügen (Zügen unter Bahnverschluß) der Österreichischen Bundesbahnen über Strecken der Deutschen Bundesbahn*
1. und 2. Durchgang
BR-Drs 369/79 = **108** B 10
BR-Drs 87/80 = **130** G 12
BR-PlPr 477 = **4** B 11
BR-PlPr 484 = **4** N 4

GesEntw der Bundesregierung
BT-Drs 8/3423 = **162** K 2
Beschlußempfehlung des Ausschusses für Verkehr und für das Post- und Fernmeldewesen
BT-Drs 8/3613 = **168** L 11
1. Beratung
BT-PlPr 8/196 = **42** G 11
2. Beratung und Schlußabstimmung
BT-PlPr 8/201 = **43** J 1

– *GesEntw zum Übereinkommen Bundesrepublik Deutschland/Fürstentum Liechtenstein/Republik Österreich/Schweizerische Eidgenossenschaft im Bereich Soziale Sicherheit und zur Vereinbarung zur Durchführung dieses Übereinkommens*
1. und 2. Durchgang
BR-Drs 625/79 = **123** G 3
BR-Drs 223/80 = **139** K 6
BR-PlPr 482 = **4** K 5
BR-PlPr 486 = **5** C 6

GesEntw der Bundesregierung
BT-Drs 8/3657 = **171** K 9
Beschlußempfehlung des Ausschusses für Arbeit und Sozialordnung
BT-Drs 8/3851 = **178** E 10
1. Beratung
BT-PlPr 8/203 = **44** A 13
2. Beratung und Schlußabstimmung
BT-PlPr 8/211 = **45** M 14

– *GesEntw zum Vertrag zur Änderung des Vertrages Bundesrepublik Deutschland/Republik Österreich über Rechts- und Amtshilfe in Zoll-, Verbrauchsteuer- und Monopolangelegenheiten*
1. und 2. Durchgang
BR-Drs 22/80 = **125** M 3
BR-Drs 367/80 = **146** O 14
BR-PlPr 483 = **4** L 9
BR-PlPr 490 = **5** I 2

GesEntw der Bundesregierung
BT-Drs 8/3746 = **174** M 11
Beschlußempfehlung des Finanzausschusses
BT-Drs 8/4142 = **188** B 9
1. Beratung
BT-PlPr 8/208 = **45** D 10
2. Beratung und Schlußabstimmung
BT-PlPr 8/223 = **48** N 5

– 3. VO über die Inkraftsetzung einer Ergänzung des Abschnittes II der Anlage I zum Vertrag Bundesrepublik Deutschland/Republik Österreich über zoll- und paßrechtliche Fragen, die sich an der deutsch-österreichischen Grenze bei Staustufen und Grenzbrücken ergeben
BR-Drs 245/77 = **20** K 3

– 4. VO über die Inkraftsetzung einer Ergänzung des Abschnitts II der Anlage I zum Vertrag Bundesrepublik Deutschland/Republik Österreich über zoll- und paßrechtliche Fragen, die sich an der deutsch-österreichischen Grenze bei Staustufen und Grenzbrücken ergeben
BR-Drs 387/77 = **27** K 4

Östrogene
s Arzneimittel

Olivenöl-Übereinkommen, Internationales
– *GesEntw zum Protokoll zur weiteren Verlängerung des Internationalen Olivenöl-Übereinkommens mit Änderungen des Übereinkommens*
1. und 2. Durchgang
BR-Drs 38/78 = **46** L 1
BR-Drs 304/78 = **66** E 5
BR-PlPr 454 = **2** A 5
BR-PlPr 461 = **2** I 9

GesEntw der Bundesregierung
BT-Drs 8/1545 = **98** C 9
Beschlußempfehlung des Ausschusses für Ernährung, Landwirtschaft und Forsten
BT-Drs 8/1808 = **107** C 12
1. Beratung
BT-PlPr 8/78 = **17** E 7
2. Beratung und Schlußabstimmung
BT-PlPr 8/95 = **20** N 5

– VO zur weiteren Verlängerung des Internationalen Olivenöl-Übereinkommens von 1963
BR-Drs 477/78 = **77** B 14

Olympische Spiele
– Antrag auf Nichtteilnahme deutscher Spieler an den Olympischen Spielen in Moskau 1980
BT-Drs 8/3904 = **180** C 7
Beschluß der Bundesregierung über eine Empfehlung an das Nationale Olympische Komitee
BT-Drs 8/3939 = **181** H 13
Entschließungsantrag aller drei Fraktionen zum Beschluß der Bundesregierung
BT-Drs 8/3940 = **181** H 14
Beratung
BT-PlPr 8/213 = **46** H 2

Omnibusverkehr
– s GesEntw eines 4. Ges zur Änderung des *Personenbeförderungsgesetzes*
(betr fachliche Eignung als Voraussetzung für die Erteilung einer Genehmigung für den Omnibusverkehr)
BR-Drs 409/77 = **29** B 5
BT-Drs 8/1037 = **83** B 7
– s Personennahverkehr

Ordnungswidrigkeiten
– *Entw zur Änd des Ges über Ordnungswidrigkeiten*
(betr Verlängerung der Einspruchsfrist gegen Bußgeldbescheide)
BT-Drs 8/2950 = **146** H 10
1. Beratung
BT-PlPr 8/161 = **35** C 1

Organtransplantation
– s GesEntw über Eingriffe an Verstorbenen zu Transplantationszwecken *(Transplantationsgesetz)*
BR-Drs 395/78 = **70** L 14
BT-Drs 8/2681 = **139** A 8

Ostsee
– *GesEntw zum Übereinkommen über den Schutz der Meeresumwelt des Ostseegebietes*
1. und 2. Durchgang
BR-Drs 523/78 = **79** G 11
BR-Drs 515/79 = **117** D 6
BR-PlPr 468 = **3** E 13
BR-PlPr 479 = **4** G 1

GesEntw der Bundesregierung
BT-Drs 8/2599 = **136** L 8
Beschlußempfehlung des Ausschusses für Verkehr und für das Post- und Fernmeldewesen
BT-Drs 8/3203 = **156** L 3
Bericht des Haushaltsausschusses
BT-Drs 8/3257 = **158** D 6
1. Beratung
BT-PlPr 8/148 = **32** F 9
2. Beratung und Schlußabstimmung
BT-PlPr 8/180 = **38** K 8

Ost-West-Beziehungen
s Nordatlantische Versammlung

P

Pachtrecht
s a Landpachtschutzgesetz
– *GesEntw zur Neuordnung des landwirtschaftlichen Pachtrechts*
(BR-Drs 677/76)
BT-Drs 8/141 = **56** M 4
1. Beratung
BT-PlPr 8/18 = **3** J 6

Papier
– Vorschlag eines Mehrjahresforschungs- und Entwicklungsprogramms in den EG über Papier- und Papperückgewinnung (Indirekte Aktion: 1978 bis 1980)
BR-Drs 395/77 = **28** A 7
BT-Drs 8/867 = **78** A 5

Paraguay, Republik
– *GesEntw zu dem Abkommen Bundesrepublik Deutschland/Republik Paraguay über den Luftverkehr*
1. und 2. Durchgang
BR-Drs 410/77 = **29** B 13
BR-Drs 636/77 = **42** D 3
BR-PlPr 450 = **1** K 11
BR-PlPr 453 = **1** O 6

GesEntw der Bundesregierung
BT-Drs 8/1034 = **82** E 13
Beschlußempfehlung des Ausschusses für Verkehr und das Post- und Fernmeldewesen
BT-Drs 8/1307 = **91** I 7
1. Beratung
BT-PlPr 8/52 = **11** H 10
2. Beratung und Schlußabstimmung
BT-PlPr 8/63 = **13** L 10

Parken
– VO zur Änderung der Straßenverkehrs-Ordnung
BR-Drs 267/80 = **141** M 7
– Allgemeine Verwaltungsvorschrift zu dieser VO
BR-Drs 268/80 = **142** A 8
– s a Entw eines ÄndGes zum *Straßenverkehrsgesetz*
BR-Drs 158/79 = **94** O 9
BT-Drs 8/3150 = **155** B 13

Partei
– *Entw eines 3. Ges zur Änderung des Ges über die politischen Parteien*
Bundesratsdurchgang
BR-Drs 591/79 = **122** A 3
BR-PlPr 481 = **4** I 5

GesEntw aller Fraktionen
BT-Drs 8/3270 = **158** G 10
Beschlußempfehlung des Innenausschusses
BT-Drs 8/3368 = **160** K 4
Bericht des Haushaltsausschusses
BT-Drs 8/3445 = **162** O 14
1. Beratung
BT-PlPr 8/180 = **38** K 8
2. und 3. Beratung
BT-PlPr 8/189 = **40** J 14

Paßrecht
– Gebührenverordnung zum Ges über das Paßwesen (PaßgebührenVO)
BR-Drs 324/77 = **24** K 12
– Gebührenverordnung zum Ausländergesetz
BR-Drs 325/77 = **24** L 5
– VO zur Befreiung der Inhaber amtlicher Pakistanischer Pässe von der Aufenthaltserlaubnis
BR-Drs 646/77 = **42** I 13

Patentanwälte
– *Entwurf einer Gebührenordnung für Patentanwälte*
1. Durchgang
BR-Drs 555/77 = **37** B 9
BR-PlPr 453 = **1** O 6

GesEntw der Bundesregierung
BT-Drs 8/1489 = **96** A 9
1. Beratung
BT-PlPr 8/75 = **16** L 2
– *Entwurf einer Gebührenordnung für Patentanwälte*
BR-Drs 604/80 = **160** I 5
BR-PlPr 494 = **5** N 5
– *Entw eines 21. Ges über die Anpassung der Renten aus der gesetzlichen Rentenversicherung sowie über die Anpassung der Geldleistungen aus der gesetzlichen Unfallversicherung und der Altersgelder in der Altershilfe für Landwirte*
1. und 2. Durchgang
BR-Drs 135/78 = **53** F 11
BR-Drs 282/78 = **65** A 5
BR-PlPr 457 = **2** E 2
BR-PlPr 460 = **2** H 2
Vermittlungsverfahren:
BR-Drs 328/78 = **66** M 1
BR-PlPr 461 = **2** I 9

GesEntw der SPD/FDP
BT-Drs 8/1601 = **99** N 6

GesEntw der Bundesregierung
BT-Drs 8/1734 = **103** G 11
Beschlußempfehlung des Ausschusses für Arbeit und Sozialordnung
BT-Drs 8/1842 = **108** C 10
Bericht des Haushaltsausschusses
BT-Drs 8/1854 = **108** L 4
Änderungsantrag zur Rückkehr zur bruttolohnbezogenen Rente
BT-Drs 8/1871 = **109** A 3
Entschließungsantrag der CDU/CSU
BT-Drs 8/1875 = **109** A 12
Anrufung des Vermittlungsausschusses
BT-Drs 8/1957 = **111** A 11
Ergebnis des Vermittlungsverfahrens
BT-Drs 8/1971 = **113** D 2
1. Beratung des GesEntw der SPD/FDP
BT-PlPr 8/81 = **17** N 12
2. Beratung des GesEntw der SPD/FDP
BT-PlPr 8/95 = **20** N 5
2. und 3. Beratung des GesEntw der Bundesregierung
BT-PlPr 8/95 = **20** N 5

Patentrecht
– *GesEntw über das Gemeinschaftspatent und zur Änderung patentrechtlicher Vorschriften (Gemeinschaftspatentgesetz)*
1. und 2. Durchgang
BR-Drs 216/78 = **60** B 8
BR-Drs 284/79 = **103** D 12
BR-PlPr 460 = **2** H 2
BR-PlPr 474 = **3** M 13

GesEntw der Bundesregierung
BT-Drs 8/2087 = **118** C 2
Beschlußempfehlung des Rechtsausschusses
BT-Drs 8/2799 = **142** K 1
Bericht des Haushaltsausschusses
BT-Drs 8/2825 = **143** C 2
1. Beratung
BT-PlPr 8/107 = **23** G 3
2. Beratung und Schlußabstimmung
BT-PlPr 8/157 = **34** E 8

davon wurde abgespalten:
– *GesEntw zu dem Übereinkommen über das europäische Patent für den Gemeinsamen Markt*
2. Durchgang
BR-Drs 293/79 = **103** L 3
BR-PlPr 474 = **3** M 13

Beschlußempfehlung des Rechtsausschusses
BT-Drs 8/2799 = **142** K 1
Bericht des Haushaltsausschusses
BT-Drs 8/2825 = **143** C 2
2. Beratung und Schlußabstimmung
BT-PlPr 8/157 = **34** E 8
– *GesEntw zum Budapester Vertrag über die internationale Anerkennung der Hinterlegung von Mikroorganismen für die Zwecke von Patentverfahren*
1. und 2. Durchgang
BR-Drs 444/79 = **112** L 6
BR-Drs 412/80 = **149** A 9
BR-PlPr 478 = **4** E 10
BR-PlPr 491 = **5** J 8

GesEntw der Bundesregierung
BT-Drs 8/3480 = **164** A 4
Beschlußempfehlung des Rechtsausschusses
BT-Drs 8/4326 = **191** B 14
1. Beratung
BT-PlPr 8/196 = **42** G 11
2. Beratung und Schlußabstimmung
BT-PlPr 8/228 = **50** E 6

Perfektionismus
– Entschließung des BR zur Eindämmung der Vorschriftenflut und zum Abbau perfektionistischer Regelungen
BR-Drs 31/80 = **126** F 8
BR-PlPr 483 = **4** L 9

Personalausweise
– *GesEntw zur Änderung des Ges über Personalausweise*
(betr Fälschungssicherheit)
1. und 2. Durchgang
BR-Drs 266/79 = **101** J 1
BR-Drs 17/80 = **125** L 5
BR-PlPr 476 = **4** A 4
BR-PlPr 482 = **4** K 5

GesEntw der Bundesregierung
BT-Drs 8/3129 = **154** I 7
Beschlußempfehlung des Innenausschusses
BT-Drs 8/3498 = **164** G 8
Änderungsantrag zur 2. Beratung
BT-Drs 8/3558 = **166** C 11
Bericht des Haushaltsausschusses
BT-Drs 8/3561 = **166** C 14
1. Beratung
BT-PlPr 8/172 = **37** E 1
2. und 3. Beratung
BT-PlPr 8/196 = **42** G 11
– s a GesEntw zur Änderung des Ges über Personalausweise und zur Regelung der Meldepflicht in Beherbergungsstätten (s *Melderecht*)
BR-Drs 303/78 = **66** D 6
BT-Drs 8/996 = **81** E 14
BT-Drs 8/1845 = **108** H 6

Personenbeförderung
s a Nahverkehr
– *Entw eines 4. Ges zur Änderung des Personenbeförderungsgesetzes*
(betr fachliche Eignung des Personenkraftverkehrsunternehmers)
1. und 2. Durchgang
BR-Drs 409/77 = **29** B 5

BR-Drs 149/78 = **55 F 5**
BR-PlPr 450 = **1 K 11**
BR-PlPr 457 = **2 E 2**

GesEntw der Bundesregierung
BT-Drs 8/1037 = **83 B 7**
Beschlußempfehlung des Ausschusses für Verkehr und das Post- und Fernmeldewesen
BT-Drs 8/1455 = **95 I 10**
1. Beratung
BT-PlPr 8/55 = **12 C 5**
2. und 3. Beratung
BT-PlPr 8/78 = **17 E 7**
- Bericht der Bundesregierung über die Erfahrungen im Zusammenhang mit der Neuregelung des § 8 Personenbeförderungsgesetzes
(betr Bildung von Verkehrsverbünden)
BT-Drs 8/803 = **75 J 7**
Beratung
BT-PlPr 8/44 = **9 K 8**
Beschlußempfehlung des Ausschusses für Verkehr und das Post- und Fernmeldewesen
BT-Drs 8/1731 = **103 F 5**
Beratung
BT-PlPr 8/93 = **20 G 10**
BT-PlPr 8/117 = **25 D 2**
- VO über die durchschnittlichen verkehrsspezifischen Kosten je Personen-Kilometer nach § 45 a Abs 5 Satz 3 des Personenbeförderungsgesetzes
BR-Drs 553/78 = **81 A 14**
- 1. VO zur Änderung der Gebührenordnung für Amtshandlungen im entgeltlichen oder geschäftsmäßigen Personenverkehr mit Kraftfahrzeugen
BR-Drs 558/78 = **81 N 3**
- VO über den Nachweis der fachlichen Eignung zur Führung von Unternehmen des Straßenpersonenverkehrs
BR-Drs 44/79 = **87 J 5**
- 2. VO über die durchschnittlichen verkehrsspezifischen Kosten nach dem Personenbeförderungsgesetz
BR-Drs 542/80 = **157 D 2**

Personenstandsgesetz
- 3. Allgemeine Verwaltungsvorschrift zur Änderung der Allgemeinen Verwaltungsvorschrift zum Personenstandsgesetz
(Dienstanweisung für die Standesbeamten und ihre Aufsichtsbehörden)
BR-Drs 128/77 = **14 G 9**
- 6. VO zur Änderung der VO zur Ausführung des Personenstandsgesetzes
(betr Tot- und Fehlgeburten)
BR-Drs 96/79 = **91 D 8**
- 7. VO zur Änderung der VO zur Ausführung des Personenstandsgesetzes
BR-Drs 524/80 = **155 N 7**

Personenverkehr
s a Personenbeförderung
- *GesEntw über die unentgeltliche Beförderung Schwerbehinderter im öffentlichen Personenverkehr*
1. und 2. Durchgang
BR-Drs 434/78 = **74 A 3**
BR-Drs 177/79 = **96 F 9**
BR-PlPr 465 = **3 C 4**
BR-PlPr 472 = **3 K 1**
Vermittlungsverfahren:
BR-Drs 251/79 = **100 L 5**
BR-PlPr 473 = **3 L 2**

GesEntw der Bundesregierung
BT-Drs 8/2453 = **130 D 10**
Beschlußempfehlung des Ausschusses für Arbeit und Sozialordnung
BT-Drs 8/2696 = **139 H 1**
Bericht des Haushaltsausschusses
BT-Drs 8/2697 = **139 H 12**
Anrufung des Vermittlungsausschusses
BT-Drs 8/2848 = **143 M 9**
Beschlußempfehlung des Vermittlungsausschusses
BT-Drs 8/2899 = **145 G 7**
1. Beratung
BT-PlPr 8/128 = **27 H 11**
2. und 3. Beratung
BT-PlPr 8/145 = **31 K 10**
Beratung der Beschlußempfehlung des Vermittlungsausschusses
BT-PlPr 8/157 = **34 E 8**
- GesEntw der CDU/CSU zur Änd dieses Gesetzes
(betr kostenlose Beförderung Schwerbehinderter in Eilzügen)
BT-Drs 8/3442 = **162 N 12**
- Bericht des Bundesministers für Verkehr über Maßnahmen der Kommunen zur Förderung des öffentlichen Personennahverkehrs
BT-Drs 8/452 = **66 C 11**

Petitionsausschuß
- Bericht über die Tätigkeit in der ersten Hälfte der 8. Wahlperiode
BT-Drs 8/3036 = **149 J 12**
BT-PlPr 8/178 = **38 F 11**
- Tätigkeitsbericht 1979
BT-Drs 8/4140 = **187 E 6**
BT-PlPr 8/223 = **48 N 5**

Pfandbriefanstalten
- *Entwurf eines Gesetzes zur Änderung des Hypothekenbankgesetzes und des Gesetzes über die Pfandbriefe und verwandten Schuldverschreibungen öffentlich-rechtlicher Kreditanstalten*
(betr Aufnahme von Anleihen der Europäischen Wirtschaftsgemeinschaft)
Bundesratsdurchgang
BR-Drs 129/80 = **134 C 11**
BR-PlPr 485 = **5 A 10**

GesEntw der CDU/CSU
BT-Drs 8/3264 = **158 F 6**
Beschlußempfehlung des Finanzausschusses
BT-Drs 8/3715 = **174 G 13**
1. Beratung
BT-PlPr 8/183 = **39 E 8**
2. und 3. Beratung
BT-PlPr 8/205 = **44 J 1**

Pfändungsfreigrenzen
- *Entw eines 4. Ges zur Änderung der Pfändungsfreigrenzen*
(betr Anhebung der Pfändungsfreigrenzen)
1. und 2. Durchgang
BR-Drs 193/77 = **18 F 4**
BR-Drs 63/78 = **49 A 9**
BR-PlPr 446 = **1 E 7**
BR-PlPr 454 = **2 A 5**

GesEntw der Bundesregierung
BT-Drs 8/693 = **71 G 10**
1. Beschlußempfehlung des Rechtsausschusses
BT-Drs 8/1414 = **94 K 6**
1. Beratung
BT-PlPr 8/39 = **8 N 3**
2. und 3. Beratung
BT-PlPr 8/66 = **14 F 14**
2. Beschlußempfehlung des Rechtsausschusses
BT-Drs 8/2152 = **121 E 6**
2. und 3. Beratung
BT-PlPr 8/109 = **23 L 6**

Pflanzenbehandlungsmittel
- VO über Pflanzenbehandlungsmittel in oder auf Lebensmitteln pflanzlicher Herkunft und Tabakerzeugnissen
(HöchstmengenVO Pflanzenbehandlungsmittel)
BR-Drs 22/78 = **45 N 1**
- VO über Anwendungsverbote und -beschränkungen für Pflanzenbehandlungsmittel
BR-Drs 482/80 = **153 M 5**

Pflanzenbeschau
- Pflanzenbeschau-VO
BR-Drs 578/80 = **158 M 3**

Pflanzenschutz
- Verordnung über besonders geschützte Arten wildwachsender Pflanzen und wildlebender Tiere
(Bundesartenschutzverordnung)
BR-Drs 75/80 = **129 I 11**

Pflanzenschutzgesetz
- *Entw eines 3. Ges zur Änderung des Pflanzenschutzgesetzes*
(betr Wachstumsregler und Pflanzenschutzmittel im Hinblick auf EG-Recht)
1. und 2. Durchgang
BR-Drs 416/77 = **30 A 1**
BR-Drs 200/78 = **58 D 11**
BR-PlPr 450 = **1 K 11**
BR-PlPr 458 = **2 F 7**

GesEntw der Bundesregierung
BT-Drs 8/1440 = **95 F 4**
Beschlußempfehlung des Ausschusses für Ernährung, Landwirtschaft und Forsten
BT-Drs 8/1645 = **101 C 12**
1. Beratung
BT-PlPr 8/72 = **16 B 8**
2. und 3. Beratung
BT-PlPr 8/86 = **18 O 1**

Pflanzgut
s Saatgut

Pflegebedürftige
s Bundessozialhilfegesetz

Pflegegeld
- 2. VO nach § 69 Abs 6 des Bundessozialhilfegesetzes
BR-Drs 68/77 = **10 G 8**
- 3. VO nach § 69 Abs 6 des Bundessozialhilfegesetzes
BR-Drs 238/79 = **100 D 4**

Pflegeheime für Volljährige
- VO über Mindestanforderungen für Altenheime, Altenwohnheime und Pflegeheime für Volljährige
BR-Drs 109/77 = **13 C 6**
- VO über die Pflichten der Träger von Altenheimen, Altenwohnheimen und Pflegeheimen für Volljährige im Falle der Entgegennahme von Leistungen zum Zwecke der

Unterbringung eines Bewohners oder Bewerbers
BR-Drs 118/78 = **51** K 14
– VO über personelle Mindestanforderungen für Altenheime, Altenwohnheime und Pflegeheime für Volljährige
BR-Drs 240/79 = **100** D 10

Pflegesätze
s BundespflegesatzVO

Pharmaberater
– VO zur Anerkennung der Sachkenntnis als Pharmaberater
BR-Drs 124/78 = **52** I 6

Pharmakologische Stoffe
– VO zur Änderung der VO über Stoffe mit pharmakologischer Wirkung
BR-Drs 133/79 = **93** I 11

Phenyl
– 10. VO zur Durchführung des Bundes-Immissionsschutzgesetzes
(Beschränkungen von PCB, PCT und VC)
BR-Drs 238/78 = **62** C 1

Phosphate
– Entschließung des BR zum Erlaß einer PhosphathöchstmengenVO nach § 4 Abs 2 des Waschmittelgesetzes
BR-Drs 344/78 = **68** A 4
– VO über Höchstmengen für Phosphate in Wasch- und Reinigungsmitteln
BR-Drs 209/80 = **139** E 12

Plutonium
– Vorschlag eines EG-Beschlusses zur Abänderung des EG-Beschlusses zur Festlegung eines Forschungs- und Ausbildungsprogramms der Europäischen Atomgemeinschaft betr die Rückführung von Plutonium in Leichtwasserreaktoren
BR-Drs 335/78 = **67** B 11
– Vorschlag für einen EG-Beschluß zur Festlegung eines Forschungs- und Entwicklungsprogramms für die Europäische Atomgemeinschaft auf dem Gebiet des Plutoniumkreislaufs und seiner Sicherheit (1980–1984)
BR-Drs 138/79 = **93** M 5

Pockenschutzimpfung
– *GesEntw über die Pockenschutzimpfung*
(betr Beschränkung der Pockenschutzimpfung auf einen bestimmten Personenkreis)
1. Durchgang
BR-Drs 212/77 = **19** B 4
BR-PlPr 447 = **1** G 10

GesEntw des Bundesrates
BT-Drs 8/933 = **79** O 1
1. Beratung
BT-PlPr 8/47 = **10** G 2
– 4. VO zur Änderung der VO zur Durchführung der Internationalen Gesundheitsvorschriften im Luftverkehr
(betr Pockenschutzimpfung)
BR-Drs 418/77 = **30** A 10

Polen, Volksrepublik
– *GesEntw zum Abkommen Bundesrepublik Deutschland/Volksrepublik Polen über die steuerliche Behandlung des internationalen Straßenverkehrs*
1. und 2. Durchgang
BR-Drs 32/78 = **46** H 2
BR-Drs 287/78 = **65** D 1
BR-PlPr 454 = **2** A 5
BR-PlPr 460 = **2** H 2

GesEntw der Bundesregierung
BT-Drs 8/1534 = **98** A 1
Beschlußempfehlung des Finanzausschusses
BT-Drs 8/1796 = **105** N 11
1. Beratung
BT-PlPr 8/78 = **17** E 7
2. Beratung und Schlußabstimmung
BT-PlPr 8/95 = **20** N 5
– *Entwurf eines Gesetzes zum Protokoll vom 24. 10. 79 zu dem Abkommen zwischen der Bundesrepublik Deutschland und der Volksrepublik Polen zur Vermeidung der Doppelbesteuerung auf dem Gebiet der Steuern vom Einkommen und vom Vermögen*
1. Durchgang
BR-Drs 528/80 = **156** F 8
BR-PlPr 493 = **5** M 6
– VO zu der Vereinbarung zur Durchführung des Abkommens Bundesrepublik Deutschland/Volksrepublik Polen über Renten- und Unfallversicherung
BR-Drs 200/77 = **18** J 11

Politische Häftlinge
s a Häftlingshilfegesetz
– Bundeshaushalt 1977:
überplanmäßige Ausgabe bei Kap 0640 Tit 681 06
– Eingliederungshilfen und Ausgleichsleistungen an ehemalige politische Häftlinge –
BR-Drs 467/77 = **33** F 1

Polizeibehörden
– *Abkommen Bundesrepublik Deutschland/Französische Republik über die Zusammenarbeit der Polizeibehörden im deutsch-französischen Grenzbereich*
BR-Drs 239/78 = **62** C 6
BR-PlPr 460 = **2** H 2

Polizeivollzugsbeamte
– *GesEntw zur Vereinfachung der Abgeltung besonderer Erschwernisse bei Polizeivollzugsbeamten im Wechselschichtdienst*
BT-Drs 8/3842 = **177** F 9
Beschlußempfehlung des Innenausschusses
BT-Drs 8/4239 = **189** I 5
Bericht des Haushaltsausschusses
BT-Drs 8/4303 = **190** K 4
1. Beratung
BT-PlPr 8/216 = **47** A 10
2. Beratung
BT-PlPr 8/225 = **49** F 14

Portugal, Republik
– *GesEntw zum Zusatzprotokoll zum Abkommen EG/Portugiesische Republik*
(betr Erweiterung des Freihandelsabkommens)
1. und 2. Durchgang
BR-Drs 443/77 = **32** C 13
BR-Drs 188/78 = **57** M 6
BR-PlPr 451 = **1** M 3
BR-PlPr 458 = **2** F 7

GesEntw der Bundesregierung
BT-Drs 8/1136 = **86** B 14
Beschlußempfehlung des Wirtschaftsausschusses
BT-Drs 8/1572 = **99** D 10
Bericht des Haushaltsausschusses
BT-Drs 8/1702 = **102** K 4
1. Beratung
BT-PlPr 8/58 = **12** K 7
2. Beratung und Schlußabstimmung
BT-PlPr 8/83 = **18** F 5
– VO zur Änderung des Deutschen Teil-Zolltarifs
(Nr 12/76 – Besondere Zollsätze gegenüber Portugal – EGKS)
BR-Drs 107/77 = **13** C 4
BT-Drs 8/149 = **56** O 6
Bericht des Wirtschaftsausschusses
BT-Drs 8/309 = **62** K 9
– VO zum Abkommen mit der Regierung der Portugiesischen Republik über die steuerliche Behandlung von Straßenfahrzeugen im internationalen Verkehr
BR-Drs 259/80 = **141** H 14

Postgeheimnis
s Brief-, Post- und Fernmeldegeheimnis

Praktisches Jahr
– Antrag betr Durchführung des praktischen Jahres
BT-Drs 8/697 = **71** J 7
Beratung
BT-PlPr 8/42 = **9** F 1

Preisauszeichnung
– Entwurf einer Richtlinie zum Schutz der Verbraucher bei der Angabe der Lebensmittelpreise
BR-Drs 54/79 = **88** N 2
BT-Drs 8/632 = **70** I 8

Preisempfehlung
– Bericht der Bundesregierung über die Erfahrungen mit den Vorschriften über unverbindliche Preisempfehlungen
BT-Drs 8/703 = **71** L 14

Presse
– Bericht über die Lage von Presse und Rundfunk 1978
BT-Drs 8/2264 = **124** G 14
Beratung
BT-PlPr 8/149 = **32** J 6
– Erfahrungsbericht zur Fusionskontrolle bei Presseunternehmen
BT-Drs 8/2265 = **124** M 3

Produzentenhaftung
– Vorschlag einer EG-Richtlinie zur Angleichung der Rechts- und Verwaltungsvorschriften der Mitgliedstaaten über die Haftung für fehlerhafte Produkte
BR-Drs 540/78 = **80** M 7
– Geänderter Vorschlag einer EG-Richtlinie zur Angleichung der Rechts- und Verwaltungsvorschriften der Mitgliedstaaten über die Haftung für fehlerhafte Produkte
BR-Drs 520/79 = **117** E 7

Promotionsförderung
– s Entw eines 3. ÄndGes zum *Graduiertenförderungsgesetz*
(betr Verbesserung der Promotionsförderung durch Stipendien)
BT-Drs 8/4134 = **187** B 13

Prozeßkostenhilfe
– *GesEntw über die Prozeßkostenhilfe*
1. und 2. Durchgang
BR-Drs 187/79 = **96** N 2
BR-Drs 114/80 = **133** J 10
BR-PlPr 473 = **3** L 2
BR-PlPr 484 = **4** N 4

Vermittlungsverfahren:
BR-Drs 173/80 = **136 F 5**
BR-PlPr 486 = **5 C 6**

GesEntw der Bundesregierung
BT-Drs 8/3068 = **150 H 6**
Beschlußempfehlung des Rechtsausschusses
BT-Drs 8/3694 = **173 I 11**
Bericht des Haushaltsausschusses
BT-Drs 8/3720 = **174 H 8**
Anrufung des Vermittlungsausschusses
BT-Drs 8/3853 = **178 G 3**
Beschlußempfehlung des Vermittlungsausschusses
BT-Drs 8/3905 = **180 C 8**
1. Beratung
BT-PlPr 8/173 = **37 H 11**
2. und 3. Beratung
BT-PlPr 8/203 = **44 A 13**
Beratung der Beschlußempfehlung des Vermittlungsausschusses
BT-PlPr 8/214 = **46 K 3**
- VO zur Einführung eines Vordrucks für die Erklärung über die persönlichen und wirtschaftlichen Verhältnisse bei Prozeßkostenhilfe
BR-Drs 531/80 = **156 G 14**

Prüfstelle
- VO über Prüfstellen nach dem Gerätesicherheitsgesetz
BR-Drs 523/79 = **117 H 1**

Prüfungsordnung
- Ausbildungs- und Prüfungsordnung für die Steuerbeamten
BR-Drs 117/77 = **13 J 7**
BR-Drs 259/77 = **21 H 7**
- Ausbildungs- und Prüfungsordnung für Logopäden
BR-Drs 245/80 = **141 A 14**
- s a Pharmaberater

Prüfungszeugnisse
- VO zur Gleichstellung französischer Prüfungszeugnisse mit Zeugnissen über das Bestehen der Abschlußprüfung in Ausbildungsberufen
BR-Drs 153/77 = **16 B 11**
- Entwurf des Abkommens Bundesrepublik Deutschland/Französische Republik über die Gleichwertigkeit von Prüfungszeugnissen in der beruflichen Bildung
BR-Drs 176/77 = **17 B 13**
- VO zur Gleichstellung von Prüfungszeugnissen der Berufsfachschule für Elektrotechnik in Bremen mit den Zeugnissen über das Bestehen der Abschlußprüfung in Ausbildungsberufen
BR-Drs 89/78 = **50 I 11**
- VO zur Gleichstellung von Prüfungszeugnissen der Staatlichen Glasfachschule Rheinbach mit den Zeugnissen über das Bestehen der Gesellenprüfung in handwerklichen Ausbildungsberufen
BR-Drs 207/78 = **58 H 11**
- VO zur Gleichstellung von Prüfungszeugnissen der Berufsfachschule für das Holz und Elfenbein verarbeitende Handwerk in Michelstadt/Odenwaldkreis mit den Zeugnissen über das Bestehen der Gesellenprüfung in handwerklichen Ausbildungsberufen
BR-Drs 216/79 = **98 N 8**
- s a Berufsfachschule

Psychiatrie
- Stellungnahme der Bundesregierung zum Bericht der Sachverständigen-Kommission über die Lage der Psychiatrie in der Bundesrepublik Deutschland
BT-Drs 8/2565 = **134 F 3**
Beratung
BT-PlPr 8/177 = **38 B 9**

Psychotrope Stoffe
s Betäubungsmittelrecht

Publizisten
- s GesEntw über die *Sozialversicherung* der selbständigen Künstler und Publizisten (Künstlersozialversicherungsgesetz – KSVG –)
BR-Drs 260/79 = **101 C 3**
BT-Drs 8/3172 = **155 I 14**

R

Radikalenerlaß
- Antwort auf Große Anfrage betr Fernhaltung von Verfassungsfeinden aus dem öffentlichen Dienst
BT-Drs 8/2481 = **131 E 8**
- Antwort auf Große Anfrage betr Eignungsvoraussetzungen für die Beschäftigung im öffentlichen Dienst
BT-Drs 8/2482 = **131 E 12**

Radioaktive Abfälle
- EG-Mitteilung über einen Aktionsplan der EG auf dem Gebiet der radioaktiven Abfallstoffe
BR-Drs 521/77 = **35 M 3**
- EG-Vorschlag für ein 2. Fünfjahres-Programm (1980 bis 1984) für die Behandlung (Bewirtschaftung) und Lagerung radioaktiver Abfälle (indirekte Aktion)
BR-Drs 139/79 = **93 N 6**
BT-Drs 8/2847 = **143 L 11**

Radioaktivität
s Umweltradioaktivität

Rangierbahnhof München-Nord
- Antrag der CDU/CSU
BT-Drs 8/146 = **56 O 1**
Beschlußempfehlung des Verkehrsausschusses
BT-Drs 8/331 = **63 F 1**

Rasenmäherlärm
- 1. VO zur Änderung der 8. VO zur Durchführung des Bundes-Immissionsschutzgesetzes (Rasenmäherlärm)
BR-Drs 228/80 = **139 L 9**

Raumfahrt
- s GesEntw zum Übereinkommen über die Registrierung von in den *Weltraum* gestarteten Gegenständen
BR-Drs 412/78 = **72 G 6**
BT-Drs 8/2232 = **123 A 13**

Raumfahrtpolitik
- Antrag der Fraktion der CDU/CSU
BT-Drs 8/3438 = **162 N 6**
Beratung
BT-PlPr 8/211 = **45 M 14**

Raumordnungsbericht
- Raumordnungsbericht 1978
BT-Drs 8/2378 = **128 F 13**
Beratung
BT-PlPr 8/164 = **35 N 4**
Beschlußempfehlung des Ausschusses für Raumordnung, Bauwesen und Städtebau
BT-Drs 8/3674 = **172 G 4**
Beratung
BT-PlPr 8/211 = **45 M 14**

Raumordnungsgesetz
- s Entwurf eines Gesetzes zur Berücksichtigung des *Denkmalschutzes* im Bundesrecht
BR-Drs 166/80 = **136 D 10**
BT-Drs 8/3105 = **152 J 12**

Rauschgiftkriminalität
- s GesEntw zur Neuregelung des *Betäubungsmittelrechts*
BR-Drs 546/79 = **118 J 5**
BT-Drs 8/3291 = **158 O 7**
BT-Drs 8/3551 = **165 K 10**

Rauschmittelsucht
- Antrag der Fraktion der CDU/CSU
BT-Drs 8/3363 = **160 I 10**
Beratung
BT-PlPr 8/200 = **43 F 4**

Reaktor
s a Schneller Brüter
- Vorschlag für einen EG-Beschluß zur Festlegung eines Forschungsprogramms für die Europäische Atomgemeinschaft auf dem Gebiet der Codes und Normen Schneller Reaktoren (strukturelle Integrität von Komponenten)
BR-Drs 24/79 = **86 I 2**

Reaktorsicherheit
s Kernenergie

Rechtsangleichung
s a Integrationsbericht der Bundesregierung
- Vorschlag einer EG-Richtlinie zur Angleichung der Rechts- und Verwaltungsvorschriften der EG-Mitgliedstaaten über irreführende und unlautere Werbung
BR-Drs 142/78 = **54 I 9**
- Vorschlag einer EG-Richtlinie zur Angleichung der Rechtsvorschriften der Mitgliedstaaten zur Bekämpfung der illegalen Wanderung und der illegalen Beschäftigung
BR-Drs 171/78 = **56 G 6**

Rechtsanwalt
s a Bundesrechtsanwaltsordnung
- *GesEntw zur Durchführung der EG-Richtlinie zur Erleichterung der tatsächlichen Ausübung des freien Dienstleistungsverkehrs der Rechtsanwälte*
1. und 2. Durchgang
BR-Drs 185/79 = **96 K 8**
BR-Drs 398/80 = **147 K 9**
BR-PlPr 473 = **3 L 2**
BR-PlPr 491 = **5 J 8**

GesEntw der Bundesregierung
BT-Drs 8/3181 = **156 B 2**
Beschlußempfehlung des Rechtsausschusses
BT-Drs 8/4284 = **190 F 3**
1. Beratung
BT-PlPr 8/177 = **38 B 9**

2. und 3. Beratung
BT-PlPr 8/225 = 49 F 14

Rechtsanwaltsgebührenordnung
s Bundesgebührenordnung für Rechtsanwälte

Rechtsberatung
- *GesEntw über die außergerichtliche Rechtsberatung und Vertretung von Bürgern mit geringem Einkommen*
  GesEntw der CDU /CSU
  BT-Drs 8/1713 = 103 A 10
  Beschlußempfehlung des Rechtsausschusses
  BT-Drs 8/3695 = 173 J 11
  Änderungsantrag zur 2. Beratung
  BT-Drs 8/3707 = 174 D 13
  Bericht des Haushaltsausschusses
  BT-Drs 8/3719 = 174 H 7
  1. Beratung
  BT-PlPr 8/88 = 19 G 7
  2. Beratung
  BT-PlPr 8/203 = 44 A 13
- *GesEntw über Hilfe durch kostenlose Beratung und Vertretung in Rechtsangelegenheiten außerhalb eines gerichtlichen Verfahrens*
  1. und 2. Durchgang
  BR-Drs 404/79 = 110 F 14
  BR-Drs 115/80 = 133 M 1
  BR-PlPr 477 = 4 B 11
  BR-PlPr 484 = 4 N 4
  Vermittlungsverfahren:
  BR-Drs 174/80 = 136 F 8
  BR-PlPr 486 = 5 C 6

  GesEntw der Bundesregierung
  BT-Drs 8/3311 = 159 H 13
  Beschlußempfehlung des Rechtsausschusses
  BT-Drs 8/3695 = 173 J 11
  Änderungsantrag zur 2. Beratung
  BT-Drs 8/3707 = 174 D 13
  Bericht des Haushaltsausschusses
  BT-Drs 8/3719 = 174 H 7
  Anrufung des Vermittlungsausschusses
  BT-Drs 8/3855 = 178 G 11
  Beschlußempfehlung des Vermittlungsausschusses
  BT-Drs 8/3906 = 180 C 10
  1. Beratung
  BT-PlPr 8/183 = 39 E 8
  2. und 3. Beratung
  BT-PlPr 8/203 = 44 A 13
  Vermittlungsverfahren:
  BT-PlPr 8/214 = 46 K 3

Rechtsentscheid
- s GesEntw zur Eröffnung des Rechtsentscheids durch das Oberlandesgericht in bedeutsamen Fragen des *Mietrechts*
  BR-Drs 218/80 = 139 J 7
  BT-Drs 8/3357 = 160 G 14

Rechtsextremismus
- Antwort auf Kleine Anfrage zum Rechtsextremismus
  BT-Drs 8/2184 = 122 C 1

Rechtshilfe
- *GesEntw zur Ausführung des Haager Übereinkommens über die Zustellung gerichtlicher und außergerichtlicher Schriftstücke im Ausland in Zivil- oder Handelssachen und des Haager Übereinkommens über die Beweisaufnahme im Ausland in Zivil- oder Handelssachen*
  1. und 2. Durchgang
  BR-Drs 86/77 = 12 G 3
  BR-Drs 600/77 = 40 I 2
  BR-PlPr 443 = 1 A 1
  BR-PlPr 453 = 1 O 6

  GesEntw der Bundesregierung
  BT-Drs 8/218 = 60 C 2
  Beschlußempfehlung des Rechtsausschusses
  BT-Drs 8/1213 = 89 B 7
  1. Beratung
  BT-PlPr 8/23 = 4 N 12
  2. Beratung und Schlußabstimmung
  BT-PlPr 8/58 = 12 K 7
- *GesEntw zum Haager Übereinkommen über die Zustellung gerichtlicher und außergerichtlicher Schriftstücke im Ausland in Zivil- oder Handelssachen und zu dem Haager Übereinkommen über die Beweisaufnahme im Ausland in Zivil- oder Handelssachen*
  1. und 2. Durchgang
  BR-Drs 87/77 = 12 G 5
  BR-Drs 599/77 = 40 I 1
  BR-PlPr 443 = 1 A 1
  BR-PlPr 453 = 1 O 6

  GesEntw der Bundesregierung
  BT-Drs 8/217 = 60 A 1
  Beschlußempfehlung des Rechtsausschusses
  BT-Drs 8/1212 = 89 B 5
  1. Beratung
  BT-PlPr 8/23 = 4 N 12
  2. und 3. Beratung
  BT-PlPr 8/58 = 12 K 7
- Vereinbarung Bundesrepublik Deutschland/Königreich Norwegen zur weiteren Vereinfachung des Rechtshilfeverkehrs nach dem Haager Übereinkommen über den Zivilprozeß
  BR-Drs 130/79 = 93 G 3
- *GesEntw zum Vertrag mit Österreich über Rechts- und Amtshilfe in Zoll-, Verbrauchssteuer- und Monopolangelegenheiten*
  1. und 2. Durchgang
  BR-Drs 22/80 = 125 M 3
  BR-Drs 367/80 = 146 O 14
  BR-PlPr 483 = 4 L 9
  BR-PlPr 490 = 5 I 2

  GesEntw der Bundesregierung
  BT-Drs 8/3746 = 174 M 11
  Beschlußempfehlung des Finanzausschusses
  BT-Drs 8/4142 = 188 B 9
  1. Beratung
  BT-PlPr 8/208 = 45 D 10
  2. Beratung und Schlußabstimmung
  BT-PlPr 8/223 = 48 N 5

Rechtshilfe in Strafsachen
- *GesEntw zum Vertrag Bundesrepublik Deutschland/Republik Frankreich zu dem Europäischen Übereinkommen über die Rechtshilfe in Strafsachen*
  1. und 2. Durchgang
  BR-Drs 88/77 = 12 G 7
  BR-Drs 65/78 = 49 A 13
  BR-PlPr 443 = 1 A 1
  BR-PlPr 454 = 2 A 5

  GesEntw der Bundesregierung
  BT-Drs 8/211 = 59 N 3
  Beschlußempfehlung des Rechtsausschusses
  BT-Drs 8/1343 = 92 I 14
  1. Beratung
  BT-PlPr 8/23 = 4 N 12
  2. Beratung und Schlußabstimmung
  BT-PlPr 8/66 = 14 F 14
- *GesEntw zum Vertrag Bundesrepublik Deutschland/Israel über die Ergänzung des Europäischen Übereinkommens über die Rechtshilfe in Strafsachen und die Erleichterung seiner Anwendung*
  1. und 2. Durchgang
  BR-Drs 265/79 = 101 I 4
  BR-Drs 411/80 = 149 A 8
  BR-PlPr 476 = 4 A 4
  BR-PlPr 491 = 5 J 8

  GesEntw der Bundesregierung
  BT-Drs 8/3138 = 154 K 11
  Beschlußempfehlung des Rechtsausschusses
  BT-Drs 8/4324 = 191 B 3
  1. Beratung
  BT-PlPr 8/169 = 36 K 13
  2. Beratung und Schlußabstimmung
  BT-PlPr 8/228 = 50 E 6
- s a GesEntw zum Auslieferungsabkommen mit *Kanada*
  BR-Drs 169/78 = 55 O 7
  BT-Drs 8/1901 = 109 N 5
- s a GesEntw zum Auslieferungsvertrag mit den *Vereinigten Staaten von Amerika*
  BR-Drs 86/80 = 130 G 11
  BT-Drs 8/3107 = 152 K 3

Rechtshilfe in Verwaltungssachen
- s GesEntw zum *Europäischen Übereinkommen* über die Zustellung von Schriftstücken und die Erlangung von Auskünften und Beweisen in Verwaltungssachen im Ausland
  BR-Drs 59/80 = 128 L 3
  BT-Drs 8/3922 = 180 L 5
- s Entwurf eines Ausführungsgesetzes zu diesem *Europäischen Übereinkommen*
  BR-Drs 60/80 = 128 N 2
  BT-Drs 8/3923 = 180 N 3

Rechtshilfe in Zivilsachen
- s Entwurf eines Ausführungsgesetzes zum Vertrag mit *Israel* über die gegenseitige Anerkennung und Vollstreckung gerichtlicher Entscheidungen in Zivil- und Handelssachen
  BR-Drs 62/80 = 128 O 7
  BT-Drs 8/3867 = 178 L 3
- s GesEntw zum Vertrag mit *Israel* über die gegenseitige Anerkennung und Vollstrekkung gerichtlicher Entscheidungen in Zivil- und Handelssachen
  BR-Drs 61/80 = 128 N 12
  BT-Drs 8/3866 = 178 K 7
- s GesEntw zum Vertrag mit *Norwegen* über die gegenseitige Anerkennung und Vollstreckung gerichtlicher Entscheidungen und anderer Schuldtitel in Zivil- und Handelssachen
  BR-Drs 64/80 = 129 C 8
  BT-Drs 8/3864 = 178 I 9
- s Entwurf eines Ausführungsgesetzes zum Vertrag mit *Norwegen* über die gegenseitige Anerkennung und Vollstreckung gerichtlicher Entscheidungen und anderer Schuldtitel in Zivil- und Handelssachen
  BR-Drs 65/80 = 129 D 10
  BT-Drs 8/3865 = 178 J 11

Rechtspflegergesetz
- s GesEntw zur Neuregelung des Rechts des *Urkundsbeamten* der Geschäftsstelle
  BR-Drs 227/78 = **61** C 12
  BT-Drs 8/2024 = **115** J 9

Rechtsvereinfachung
- Antrag der CDU/CSU zur Rechts- und Verwaltungsvereinfachung
  BT-Drs 8/1206 = **89** A 4
  BT-PlPr 8/63 = **13** L 10

Recycling
- s a Entwurf eines 2. ÄndGes zum *Abfallbeseitigungsgesetz*
  BR-Drs 30/80 = **126** E 2
  BT-Drs 8/3887 = **179** D 4
- Vorschlag für einen EG-Beschluß zur Festlegung eines Forschungs- und Entwicklungsprogramms der EG auf dem Gebiet der Rückgewinnung von Industrie- und Hausmüll (Sekundärrohstoffe)
  Indirekte Aktion (1979–1982)
  BR-Drs 457/78 = **76** D 3
  BT-Drs 8/2270 = **125** A 2
  Beschlußempfehlung und Entschließungsantrag des Ausschusses für Forschung und Technologie
  BT-Drs 8/2678 = **138** L 9

Regelstudienzeit
- s GesEntw zur Änderung des *Hochschulrahmengesetzes*
  (betr Abschaffung der mit der Regelstudienzeit verbundenen Sanktionen)
  BR-Drs 83/80 = **130** F 14
  BT-Drs 8/3274 = **158** H 4

Regelunterhalt
- 4. VO zur Änderung der RegelunterhaltVO (RegelbedarfVO 1979)
  BR-Drs 401/79 = **110** E 8

Regierungserklärung
- Abgabe durch den Bundeskanzler
  BT-PlPr 8/5 = **1** B 10
- Aussprache zur Regierungserklärung
  BT-PlPr 8/6 = **1** C 9
  BT-PlPr 8/7 = **1** F 4
  BT-PlPr 8/8 = **1** J 1
  BT-PlPr 8/9 = **1** N 7
- Zum Fall „Dr. Traube" (Abhöraktion)
  BT-PlPr 8/17 = **3** G 14
- zur Bekämpfung des Terrorismus
  BT-PlPr 8/22 = **4** L 11
- Abgabe einer Erklärung der Bundesregierung zum Londoner Gipfeltreffen
  BT-PlPr 8/26 = **5** M 8
- Abgabe einer Erklärung zum Tag der Deutschen Einheit
  BT-PlPr 8/33 = **7** H 1
- Abgabe einer Erklärung betr terroristischer Mordanschläge
  BT-PlPr 8/42 = **9** F 1
- Abgabe einer Erklärung zur Geiselbefreiung durch GSG 9 in Mogadischu und zur Ermordung von Dr. Schleyer
  BT-PlPr 8/50 = **10** N 14
- Abgabe einer Erklärung zur Lage der Nation
  BT-PlPr 8/65 = **14** C 8
- Abgabe einer Erklärung zur NATO-Ratstagung in Brüssel und zur Tagung des Europäischen Rats in Kopenhagen
  BT-PlPr 8/83 = **18** F 5
- Abgabe einer Erklärung über die Ergebnisse des Besuchs des Staatsoberhaupts der Sowjetunion, Generalsekretär Breschnew
  BT-PlPr 8/90 = **19** N 1
- Abgabe einer Erklärung über die Sondergeneralversammlung der Vereinten Nationen für Abrüstung in New York und die NATO-Tagung der Staats- und Regierungschefs in Washington
  BT-PlPr 8/93 = **20** G 10
- Abgabe einer Erklärung zu den Verkehrsverhandlungen mit der DDR
  BT-PlPr 8/117 = **25** D 2
- Abgabe einer Erklärung über die Ergebnisse des Europäischen Rates in Brüssel
  BT-PlPr 8/122 = **26** D 11
- Abgabe einer Erklärung zur Energiepolitik nach dem Europäischen Rat und dem Weltwirtschaftsgipfel
  BT-PlPr 8/167 = **36** G 13
- Abgabe einer Erklärung zur Herbst-Minister-Konferenz der NATO in Brüssel
  BT-PlPr 8/194 = **42** B 3
- Abgabe einer Erklärung zur Geiselnahme in Teheran und Besetzung Afghanistans
  BT-PlPr 8/196 = **42** G 11
- Abgabe einer Erklärung zur internationalen Lage
  BT-PlPr 8/203 = **44** A 13
- Abgabe einer Erklärung zum Tag der Deutschen Einheit
  BT-PlPr 8/222 = **48** L 13
- Regierungserklärung zum Treffen der sieben Staats- und Regierungschefs in Venedig und zu den Gesprächen des Bundeskanzlers und des Bundesministers des Auswärtigen in Moskau
  BT-PlPr 8/229 = **50** G 11

Regionalpolitik
- 6. Rahmenplan der Gemeinschaftsaufgabe „Verbesserung der regionalen Wirtschaftsstruktur"
  BT-Drs 8/759 = **74** A 5
- 7. Rahmenplan der Gemeinschaftsaufgabe „Verbesserung der regionalen Wirtschaftsstruktur"
  BT-Drs 8/2014 = **114** F 12
- 8. Rahmenplan der Gemeinschaftsaufgabe „Verbesserung der regionalen Wirtschaftsstruktur"
  BT-Drs 8/2590 = **136** A 5
- 9. Rahmenplan der Gemeinschaftsaufgabe „Verbesserung der regionalen Wirtschaftsstruktur"
  BT-Drs 8/3788 = **175** H 8
- Antwort auf Große Anfrage zu Problemen der Strukturschwäche, Arbeitsplatzentwicklung, Energiesicherung, der Wohn- und Wohnumwelt im Ruhrgebiet
  BT-Drs 8/3874 = **178** O 3

Regionalpolitik, EG
- Vorschlag einer EG-Mitteilung betr Leitlinien für die gemeinschaftliche Regionalpolitik
  BR-Drs 317/77 = **24** I 3
  BT-Drs 8/689 = **71** F 3
  Beschlußempfehlung des Wirtschaftsausschusses
  BT-Drs 8/1326 = **92** G 8
- Vorschläge von EG-Verordnungen über die Einrichtung von spezifischen Gemeinschaftsmaßnahmen zur Regionalentwicklung
  BR-Drs 551/79 = **119** E 11
- Bericht der Bundesregierung über die Tätigkeit des Europäischen Fonds für regionale Entwicklung
  BT-Drs 8/1097 = **84** G 4

Reichshaftpflichtgesetz
- *GesEntw zur Änderung schadensersatzrechtlicher Vorschriften*
  (betr Haftungsumfang bei Eisenbahnunfällen sowie Unfällen mit Leitungsanlagen mit Elektrizität, Gase, Dämpfe und Flüssigkeiten)
  Bundesratsdurchgang
  BR-Drs 309/77 = **24** G 12
  BR-PlPr 448 = **1** H 13

  GesEntw der SPD/FDP
  BT-Drs 8/108 = **55** M 7
  Beschlußempfehlung des Rechtsausschusses
  BT-Drs 8/562 = **69** B 4
  Bericht des Haushaltsausschusses
  BT-Drs 8/563 = **69** B 12
  1. Beratung
  BT-PlPr 8/15 = **2** N 6
  2. und 3. Beratung
  BT-PlPr 8/31 = **6** N 7

Reichsversicherungsordnung
- *GesEntw zur Änd der Reichsversicherungsordnung*
  (betr Größe der Versicherungsnummer in der gesetzlichen Krankenversicherung)
  BT-Drs 8/1086 = **84** E 7
  1. Beratung
  BT-PlPr 8/61 = **35** E 9
- *GesEntw zur Änderung und Ergänzung der Reichsversicherungsordnung, des Angestelltenversicherungsgesetzes und des Reichsknappschaftsgesetzes*
  GesEntw der CDU/CSU
  BT-Drs 8/1087 = **84** E 10
  Beschlußempfehlung des Ausschusses für Arbeit und Sozialordnung
  BT-Drs 8/1842 = **108** C 10
  Bericht des Haushaltsausschusses
  BT-Drs 8/1855 = **108** L 6
  1. Beratung
  BT-PlPr 8/61 = **13** E 9
  2. Beratung
  BT-PlPr 8/95 = **20** N 5
- *GesEntw zur Änderung der Reichsversicherungsordnung (RVO)*
  (betr § 405 RVO)
  BR-Drs 313/79 = **104** G 13
  BR-PlPr 477 = **4** B 11
- 9. VO über die Bemessung der Aufwendungen für die Leistungen gem §§ 1236 bis 1244a, 1305 und 1306 der RVO und für die Verwaltungs- und Verfahrenskosten in der Rentenversicherung der Arbeiter (9. BemessungsVO)
  BR-Drs 432/77 = **31** F 6
- 10. VO über die Bemessung der Aufwendungen für die Leistungen gem §§ 1236 bis 1244a, 1305 und 1306 der RVO und für die Verwaltungs- und Verfahrenskosten in der Rentenversicherung der Arbeiter
  BR-Drs 356/78 = **68** J 13

Reiseveranstaltungsvertrag
- *GesEntw über den Reiseveranstaltungsvertrag*
  1. und 2. Durchgang
  BR-Drs 194/77 = **18** I 3
  BR-Drs 29/79 = **86** N 7
  BR-PlPr 446 = **1** E 7
  BR-PlPr 469 = **3** G 7
  Vermittlungsverfahren:
  BR-Drs 80/79 = **90** I 12
  BR-PlPr 471 = **3** J 3

  GesEntw der Bundesregierung
  BT-Drs 8/786 = **75** C 10
  Beschlußempfehlung des Rechtsausschusses
  BT-Drs 8/2343 = **127** H 5
  Anrufung des Vermittlungsausschusses
  BT-Drs 8/2589 = **136** A 1
  Ergebnis des Vermittlungsverfahrens
  BT-Drs 8/2712 = **140** B 8
  1. Beratung
  BT-PlPr 8/47 = **10** G 2
  2. und 3. Beratung
  BT-PlPr 8/124 = **26** M 1

Reiseverkehr
s Beherbergungsstatistikgesetz

Rentenanpassungsbericht der Bundesregierung
- Bericht der Bundesregierung über die gesetzlichen Rentenversicherungen, insbesondere über deren Finanzlage in den künftigen 15 Kalenderjahren, gem §§ 1273 und 579 der Reichsversicherungsordnung, § 50 des Angestelltenversicherungsgesetzes und § 71 des Reichsknappschaftsgesetzes (Rentenanpassungsbericht 1977 der Bundesregierung)
  BR-Drs 73/77 = **10** H 12
  BR-PlPr 443 = **1** A 1
  BT-Drs 8/119 = **56** A 6
  BT-PlPr 8/18 = **3** J 6
- Gutachten des Sozialbeirats zu den Vorausberechnungen der Bundesregierung über die Entwicklung der Finanzlage der gesetzlichen Rentenversicherungen von 1976 bis 1990 sowie Empfehlung des Sozialbeirats zur Anpassung der Geldleistungen der gesetzlichen Unfallversicherung
  BR-Drs 100/77 = **12** L 3
  BT-Drs 8/132 = **56** I 13
- Bericht der Bundesregierung über die gesetzlichen Rentenversicherungen, insbesondere über deren Finanzlage in den künftigen 15 Kalenderjahren, gem §§ 1273 und 579 der RVO, § 50 des Angestelltenversicherungsgesetzes und § 71 des Reichsknappschaftsgesetzes (Rentenanpassungsbericht 1978)
  BR-Drs 136/78 = **53** H 9
  BR-PlPr 457 = **2** E 2
  BT-Drs 8/1615 = **100** F 13
  BT-PlPr 8/88 = **19** G 7
- Gutachten des Sozialbeirats zu den Anpassungen der Renten in den Jahren 1979 bis 1981 sowie zur Entwicklung der Finanzlage 1978 bis 1992
  BT-Drs 8/1665 = **101** I 13
- Bericht der Bundesregierung über die gesetzlichen Rentenversicherungen, insbesondere über deren Finanzlage in den künftigen 15 Kalenderjahren gem §§ 1273 und 579 RVO, § 50 des Angestelltenversicherungsgesetzes und § 71 des Reichsknappschaftsgesetzes und Gutachten des Sozialbeirats (Rentenanpassungsbericht 1979)
  BR-Drs 165/79 = **95** F 12
  BR-PlPr 474 = **3** M 13
  BT-Drs 8/2709 = **139** M 3
- Bericht der Bundesregierung über die gesetzlichen Rentenversicherungen, insbesondere über deren Finanzlage in den künftigen 15 Kalenderjahren (Rentenanpassungsbericht 1980) und Gutachten des Sozialbeirats zu den Anpassungen der Renten aus den gesetzlichen Rentenversicherungen und zu den Vorausberechnungen der Einnahmen, Ausgaben und des Vermögens der gesetzlichen Rentenversicherung bis 1994
  BR-Drs 175/80 = **136** F 10
  BR-PlPr 486 = **5** C 6
  BT-Drs 8/3845 = **177** O 13
  BT-PlPr 8/218 = **47** J 7

Rentenanpassungsgesetze
- *GesEntw zur 20. Rentenanpassung und zur Verbesserung der Finanzgrundlagen der gesetzlichen Rentenversicherung*
  1. und 2. Durchgang
  BR-Drs 75/77 = **10** M 3
  BR-Drs 223/77 = **19** G 2
  BR-PlPr 443 = **1** A 1
  BR-PlPr 446 = **1** E 7
  Vermittlungsverfahren:
  BR-Drs 280/77 = **23** A 12
  BR-PlPr 447 = **1** G 10
  BR-Drs 319/77 = **24** K 1

  GesEntw der Bundesregierung
  BT-Drs 8/165 = **57** F 1
  Bericht des Ausschusses für Arbeit und Sozialordnung
  BT-Drs 8/337 = **63** G 2
  Bericht des Haushaltsausschusses
  BT-Drs 8/351 = **64** B 8
  Änderungsanträge
  BT-Drs 8/375 = **64** M 3
  BT-Drs 8/376 = **64** M 4
  BT-Drs 8/377 = **64** M 11
  Änderungsantrag zum Wegfall der Waisenrente
  BT-Drs 8/378 = **64** M 13
  Änderungsantrag zur freiwilligen Aufstokkung von Pflichtversicherungsbeiträgen
  BT-Drs 8/379 = **64** N 1
  Änderungsanträge
  BT-Drs 8/380 = **64** N 3
  BT-Drs 8/381 = **64** N 4
  BT-Drs 8/382 = **64** N 6
  BT-Drs 8/383 = **64** N 8
  BT-Drs 8/384 = **64** N 9
  BT-Drs 8/385 = **64** N 10
  Änderungsantrag betr Höhe der Rücklagen
  BT-Drs 8/386 = **64** N 11
  Änderungsantrag betr einer Erstattung der Ausgaben für Kinderzuschüsse durch den Bund
  BT-Drs 8/387 = **64** N 12
  Änderungsanträge
  BT-Drs 8/388 = **64** N 14
  BT-Drs 8/389 = **64** O 1
  BT-Drs 8/390 = **64** O 2
  Änderungsantrag zum Kinderzuschuß und zur Waisenrente
  BT-Drs 8/425 = **65** C 7
  Anrufung des Vermittlungsausschusses
  BT-Drs 8/556 = **68** O 6
  Beschlußempfehlung des Vermittlungsausschusses
  BT-Drs 8/651 = **70** M 3
  1. Beratung
  BT-PlPr 8/18 = **3** J 6
  2. und 3. Beratung
  BT-PlPr 8/26 = **5** M 8
  BT-PlPr 8/27 = **6** B 6
  Beratung der Beschlußempfehlung des Vermittlungsausschusses
  BT-PlPr 8/36 = **8** E 8
  Beratung des Einspruchs des Bundesrats
  BT-PlPr 8/37 = **8** I 13

Rentenauskünfte
- 2. VO über die Erteilung von Rentenauskünften an Versicherte der gesetzlichen Rentenversicherung
  BR-Drs 298/77 = **23** M 6

Rentenberechnung
s a Rentenversicherung
- VO über die für 1978 maßgebenden Rechengrößen im Beitrags- und Leistungsrecht der Rentenversicherung der Arbeiter und der Angestellten sowie der knappschaftlichen Rentenversicherung (BezugsgrößenVO 1978)
  BR-Drs 524/77 = **35** O 5
- VO über maßgebende Rechengrößen der Rentenversicherung der Arbeiter und der Angestellten sowie der knappschaftlichen Rentenversicherung für 1979 (BezugsgrößenVO 1979)
  BR-Drs 530/78 = **80** H 7
- VO über maßgebende Rechengrößen der Rentenversicherung der Arbeiter und der Angestellten sowie der knappschaftlichen Rentenversicherung 1980 (BezugsgrößenVO 1980)
  BR-Drs 486/79 = **115** I 5
- VO über maßgebende Rechengrößen der Rentenversicherung der Arbeiter und der Angestellten sowie der knappschaftlichen Rentenversicherung (BezugsgrößenVO 1981)
  BR-Drs 493/80 = **154** H 11

Rentenversicherung, gesetzliche
s a Rentenanpassungsbericht und Rentenanpassungsgesetz
  Rentenversicherungs-Änderungsgesetz
  Sozialversicherungsabkommen
- Bericht über die Notwendigkeit der Anpassung der Zahlungen der gesetzlichen Rentenversicherung für die Krankenversicherung der Rentner an den durchschnittlichen Beitragssatz der gesetzlichen Krankenversicherung
  BR-Drs 175/80 = **136** F 10
  BT-Drs 8/3845 = **177** O 13
- Bericht über Maßnahmen zur Rheumabekämpfung
  BT-Drs 8/3625 = **169** A 3
  BT-Drs 8/3693 = **173** I 10
- 2. VO zur Änderung der 2. VO über die Dringlichkeit von Ausgaben für Bauvorhaben in der Rentenversicherung der Arbeiter
  BR-Drs 36/77 = **8** A 1
- 9. VO über die Bemessung der Aufwendungen für die Leistungen gem §§ 1236 bis

1244a, 1305 und 1306 der RVO und für die Verwaltungs- und Verfahrenskosten in der Rentenversicherung der Arbeiter (9. BemessungsVO)
BR-Drs 432/77 = **31** F 6
- 1. VO zur Änderung der Rentenversicherung-BeitragsentrichtungsVO
BR-Drs 518/77 = **35** L 2
- Bundeshaushalt 1977:
Überplanmäßige Ausgaben bei Kap 1113 Tit 656 03
– Zuschuß des Bundes an die knappschaftliche Rentenversicherung –
BR-Drs 624/77 = **42** A 6
- 4. VO zur Änderung der VO über die Anerkennung von Systemen und Einrichtungen der sozialen Sicherheit als gesetzliche Rentenversicherungen
BR-Drs 90/78 = **50** J 1
- VO über die von den Trägern der Sozialversicherung an die Deutsche Bundespost zu zahlende Vergütungen für das Auszahlen von Renten
BR-Drs 130/78 = **53** C 2
- 10. VO über die Bemessung der Aufwendungen für die Leistungen gem §§ 1236 bis 1244a, 1305 und 1306 der RVO und für die Verwaltungs- und Verfahrenskosten in der Rentenversicherung der Arbeiter
BR-Drs 356/78 = **68** J 13
- VO über den Zahlungsverkehr, die Buchführung und die Rechnungslegung in der Rentenversicherung
BR-Drs 421/78 = **73** G 2
- Allgemeine Verwaltungsvorschrift über das Rechnungswesen in der Rentenversicherung
BR-Drs 422/78 = **73** G 11
- 2. VO zur Änderung der RV-BeitragentrichtungsVO
BR-Drs 435/78 = **74** C 2
- Allgemeine Verwaltungsvorschrift über die Statistik in der Rentenversicherung
BR-Drs 434/79 = **112** E 2
- 3. VO zur Änderung der 2. VO über die Dringlichkeit von Ausgaben für Bauvorhaben in der Rentenversicherung der Arbeiter
BR-Drs 467/79 = **114** L 3
- Allgemeine Verwaltungsvorschrift über die Statistik in der Rentenversicherung
BR-Drs 105/80 = **131** K 5
- 3. VO zur Änderung der RV-Beitragsverordnung
BR-Drs 566/80 = **158** E 14
1. Beratung des GesEntw der Bundesregierung
BT-PlPr 8/88 = **19** G 7
- s a Entwurf eines Gesetzes zur Steuerentlastung und Familienförderung *(Steuerentlastungsgesetz 1981)*
BR-Drs 100/80 = **130** C 9
BT-Drs 8/3701 = **173** L 6
BT-Drs 8/3901 = **179** K 3

5. Rentenversicherungs-Änderungsgesetz
- *GesEntw zur Herabsetzung der flexiblen Altersgrenze in der gesetzlichen Rentenversicherung für Schwerbehinderte*
1. und 2. Durchgang
BR-Drs 375/78 = **69** G 5
BR-Drs 481/78 = **77** E 8
BR-PlPr 462 = **2** L 11
BR-PlPr 464 = **3** B 3

GesEntw der CDU/CSU
BT-Drs 8/2101 = **118** N 3

GesEntw der Bundesregierung
BT-Drs 8/2119 = **120** B 13
Beschlußempfehlung des Ausschusses für Arbeit und Sozialordnung
BT-Drs 8/2181 = **122** B 4
Änderungsantrag
BT-Drs 8/2197 = **122** G 11
Bericht des Haushaltsausschusses
BT-Drs 8/2210 = **122** J 9
Entschließungsantrag
BT-Drs 8/2228 = **122** N 13
1. Beratung des GesEntw der CDU/CSU
BT-PlPr 8/103 = **22** J 9
BT-PlPr 8/104 = **22** L 14
BT-PlPr 8/105 = **23** B 7
1. Beratung des GesEntw der Bundesregierung
BT-PlPr 8/107 = **23** G 3
2. und 3. Beratung
BT-PlPr 8/111 = **24** C 10
BT-PlPr 8/112 = **24** G 13

Reparationsschädengesetz
- *GesEntw zur Änderung des Lastenausgleichsgesetzes, des Reparationsschädengesetzes und des Flüchtlingshilfegesetzes*
(betr Erweiterungen der Gruppe der Geschädigten und deren Erben und Einrichtungshilfe)
BR-Drs 240/78 = **62** D 4
BR-PlPr 463 = **2** N 14
- *Entwurf eines Gesetzes zur Änderung des Reparationsschädengesetzes*
(betr Ausdehnung auf deutsche Volkszugehörige mit ausländischer Staatsangehörigkeit, die in der Wehrmacht Dienst geleistet haben)
BR-Drs 117/80 = **133** N 4
BR-PlPr 485 = **5** A 10

Rettungswesen
- Unfallverhütungsbericht Straßenverkehr
BT-Drs 8/1403 = **94** A 7
- Unfallverhütungsbericht Straßenverkehr 1979
BT-Drs 8/3548 = **165** E 6

Rhein
- *GesEntw zum Übereinkommen zum Schutz des Rheins gegen chemische Verunreinigung und zum Schutz des Rheins gegen Verunreinigung durch Chloride*
1. und 2. Durchgang
BR-Drs 83/78 = **50** C 11
BR-Drs 324/78 = **66** K 11
BR-PlPr 455 = **2** C 1
BR-PlPr 461 = **2** I 9

GesEntw der Bundesregierung
BT-Drs 8/1733 = **103** F 9
Beschlußempfehlung des Innenausschusses
BT-Drs 8/1900 = **109** N 2
Bericht des Haushaltsausschusses
BT-Drs 8/1926 = **110** N 5
1. Beratung
BT-PlPr 8/90 = **19** N 1
2. Beratung und Schlußabstimmung
BT-PlPr 8/100 = **22** B 11
- s a GesEntw zu den Verträgen Bundesrepublik Deutschland/*Französische Republik* über den Bau einer Autobahnbrücke über den Rhein zwischen Steinenstadt und Ottmarsheim sowie über den Bau einer Straßenbrücke über den Rhein zwischen Weil am Rhein und Hüningen
BR-Drs 521/78 = **79** E 10
BT-Drs 8/2437 = **129** L 12

Rheinschiffahrt
- 2. ADNR-ÄnderungsVO
(betr Beförderung gefährlicher Güter auf dem Rhein)
BR-Drs 567/77 = **38** C 9
- 3. ADNR-ÄnderungsVO
(betr Güterbeförderung)
BR-Drs 280/79 = **103** A 12

Rheinschiffahrtsakte, Revidierte
- *GesEntw zum Zusatzprotokoll Nr 2 zur Revidierten Rheinschiffahrtsakte*
1. und 2. Durchgang
BR-Drs 28/80 = **126** D 6
BR-Drs 280/80 = **143** G 5
BR-PlPr 483 = **4** L 9
BR-PlPr 488 = **5** E 6

GesEntw der Bundesregierung
BT-Drs 8/3748 = **174** O 1
Beschlußempfehlung des Ausschusses für Verkehr und für das Post- und Fernmeldewesen
BT-Drs 8/3990 = **183** J 7
1. Beratung
BT-PlPr 8/208 = **45** D 10
2. Beratung und Schlußabstimmung
BT-PlPr 8/216 = **47** A 10
- *GesEntw zum Zusatzprotokoll Nr 3 zur Revidierten Rheinschiffahrtsakte*
1. und 2. Durchgang
BR-Drs 29/80 = **126** D 11
BR-Drs 281/80 = **143** G 7
BR-PlPr 483 = **4** L 9
BR-PlPr 488 = **5** E 6

GesEntw der Bundesregierung
BT-Drs 8/3749 = **174** O 5
Beschlußempfehlung des Ausschusses für Verkehr und für das Post- und Fernmeldewesen
BT-Drs 8/3943 = **181** I 9
1. Beratung
BT-PlPr 8/208 = **45** D 10
2. Beratung und Schlußabstimmung
BT-PlPr 8/216 = **47** A 10

Rheuma
- Antrag aller Fraktionen zur Rheumabekämpfung
BT-Drs 8/1542 = **98** B 6
BT-PlPr 8/84 = **18** J 14
- Bericht über Maßnahmen zur Rheumabekämpfung
BT-Drs 8/3625 = **169** A 3
Berichtigung
BT-Drs 8/3693 = **173** I 10
Beschlußempfehlung des Ausschusses für Arbeit und Sozialordnung
BT-Drs 8/4298 = **190** J 4
Beratung
BT-PlPr 8/228 = **50** E 6

Rhodesien
- Antwort auf Große Anfrage betr Rhodesienpolitik der Bundesrepublik Deutschland in den Vereinten Nationen
BT-Drs 8/1408 = **94** H 13

- 37. Änderungs-VO zur Außenwirtschaftsverordnung
  BT-Drs 8/67 = **53 J 8**
- 38. Änderungs-VO zur Außenwirtschaftsverordnung
  BT-Drs 8/1225 = **90 A 13**
  Bericht des Wirtschaftsausschusses
  BT-Drs 8/1433 = **95 C 9**
- 41. Änderungs-VO zur Ausfuhrliste
  (betr Aufhebung der Ausfuhrbeschränkungen)
  BT-Drs 8/3645 = **171 A 12**
  Bericht des Wirtschaftsausschusses
  BT-Drs 8/3831 = **176 O 10**
- 45. Änderungs-VO zur Außenwirtschaftsverordnung
  (betr Aufhebung des Wirtschafts-Embargos gegenüber Südrhodesien)
  BT-Drs 8/3647 = **171 A 14**
  Bericht des Wirtschaftsausschusses
  BT-Drs 8/3831 = **176 O 10**
- 75. Änderungs-VO zur Einfuhrliste
  BT-Drs 8/3646 = **171 A 13**
  Bericht des Wirtschaftsausschusses
  BT-Drs 8/3831 = **176 O 10**

Richter
s Bundesbesoldungserhöhungsgesetz
Richtergesetz, Deutsches

Richtergesetz, Deutsches
- *Entw eines 2. ÄndGes zum Deutschen Richtergesetz*
  (betr einstufige Juristenausbildung – Modellversuch –)
  GesEntw der Bundesregierung
  1. und 2. Durchgang
  BR-Drs 398/79 = **110 C 8**
  BR-Drs 279/80 = **143 F 9**
  BR-PlPr 477 = **4 B 11**
  BR-PlPr 488 = **5 E 6**
  Vermittlungsverfahren:
  BR-Drs 425/80 = **149 G 7**
  BR-PlPr 491 = **5 J 8**
  GesEntw des Bundesrates
  BR-Drs 462/79 = **114 H 7**
  BR-Drs 292/80 = **144 K 13**
  BR-PlPr 477 = **4 B 11**
  BR-PlPr 478 = **4 E 10**

  GesEntw der Bundesregierung
  BT-Drs 8/3301 = **159 C 6**
  GesEntw des Bundesrates
  BT-Drs 8/3312 = **159 I 9**
  Beschlußempfehlung des Rechtsausschusses
  BT-Drs 8/3972 = **183 E 5**
  Bericht des Haushaltsausschusses
  BT-Drs 8/4004 = **184 A 13**
  Anrufung des Vermittlungsausschusses
  BT-Drs 8/4219 = **189 E 10**
  Beschlußempfehlung des Vermittlungsausschussses
  BT-Drs 8/4361 = **192 E 14**
  1. Beratung
  BT-PlPr 8/183 = **39 E 8**
  2. Beratung des GesEntw des Bundesrates
  BT-PlPr 8/216 = **47 A 10**
  2. und 3. Beratung des GesEntw der Bundesregierung
  BT-PlPr 8/216 = **47 A 10**
  Beratung der Beschlußempfehlung des Vermittlungsausschusses
  BT-PlPr 8/230 = **50 K 7**
- *Entw eines ÄndGes zum Deutschen Richtergesetz*
  (betr Juristenausbildung/Verlängerung Referendarzeit)
  BR-Drs 566/79 = **120 B 2**
- s a GesEntw zur Regelung der flexiblen Altersgrenze bei *schwerbehinderten* Richtern
  BT-Drs 8/2656 = **138 H 4**

Richtgeschwindigkeit
- VO zur Verlängerung der Autobahn-Richtgeschwindigkeits-Verordnung
  BR-Drs 279/77 = **23 A 10**
- VO über eine allgemeine Richtgeschwindigkeit auf Autobahnen und ähnlichen Straßen
  BR-Drs 456/78 = **76 C 13**

Rinder
- 1. VO zur Änderung der AusfuhrVO Rinder und Schweine (EG)
  BR-Drs 19/78 = **45 L 13**
- 1. VO zur Änderung der Leukose-VO-Rinder
  BR-Drs 431/78 = **73 N 10**

Rindfleisch
- VO zur Änderung der VO über gesetzliche Handelsklassen für Rindfleisch
  BR-Drs 379/77 = **27 D 13**

Rohstoffe
- Vorschlag der Kommission der EG für ein mehrjähriges Programm auf dem Gebiet primärer Rohstoffe (Indirekte Aktion) (1978 bis 1981)
  BR-Drs 337/77 = **25 E 1**
  BT-Drs 8/752 = **73 M 7**

Rohstoffpolitik
- Antwort auf Große Anfrage
  BT-Drs 8/1981 = **113 F 2**
  BT-PlPr 8/117 = **25 D 2**

Rüstungskontrolle
- Antwort auf Große Anfragen zur Friedenssicherung
  BT-Drs 8/2587 = **135 N 4**
  Entschließungsantrag der CDU/CSU
  BT-Drs 8/2638 = **138 B 14**
  Entschließungsantrag der SPD/FDP
  BT-Drs 8/2639 = **138 C 2**
  BT-PlPr 8/141 = **30 I 6**
  BT-PlPr 8/142 = **30 M 11**
- aktuelle Stunde zur Äußerung des Generalmajors Bastian über den Charakter der sowjetischen Rüstung
  BT-PlPr 8/146 = **32 A 2**
- s a Nordatlantische Versammlung

Ruhrgebiet
- Antwort auf Große Anfrage zu Problemen der Strukturschwäche, Arbeitsplatzentwicklung, Energiesicherung, der Wohn- und Wohnumwelt im Ruhrgebiet
  BT-Drs 8/3874 = **178 O 3**

Rumänien, Volksrepublik
- *GesEntw zum Zusatzabkommen zu dem Abkommen Bundesrepublik Deutschland/Sozialistische Republik Rumänien über Sozialversicherung*
  1. und 2. Durchgang
  BR-Drs 83/77 = **12 F 11**
  BR-Drs 267/77 = **22 K 3**
  BR-PlPr 444 = **1 B 10**
  BR-PlPr 447 = **1 G 10**
  GesEntw der Bundesregierung
  BT-Drs 8/260 = **60 K 14**
  Bericht des Ausschusses für Arbeit und Sozialordnung
  BT-Drs 8/440 = **65 G 7**
  1. Beratung
  BT-PlPr 8/25 = **5 G 12**
  2. Beratung und Schlußabstimmung
  BT-PlPr 8/30 = **6 K 5**
- *GesEntw zum Vertrag Bundesrepublik Deutschland/Sozialistische Republik Rumänien über die Förderung und den gegenseitigen Schutz von Kapitalanlagen*
  1. und 2. Durchgang
  BR-Drs 139/80 = **134 H 7**
  BR-Drs 372/80 = **147 A 9**
  BR-PlPr 485 = **5 A 10**
  BR-PlPr 490 = **5 I 2**

  GesEntw der Bundesregierung
  BT-Drs 8/3919 = **180 K 5**
  Beschlußempfehlung des Wirtschaftsausschusses
  BT-Drs 8/4150 = **188 F 11**
  1. Beratung
  BT-PlPr 8/216 = **47 A 10**
  2. Beratung und Schlußabstimmung
  BT-PlPr 8/223 = **48 N 5**

Rundfunk
s a Satellitensendungen
- Erfahrungsbericht mit § 12 a Tarifvertragsgesetz über Tarifverträge mit Mitarbeitern des Rundfunks
  BT-Drs 8/716 = **73 D 10**
  Beschlußempfehlung des Ausschusses für Arbeit und Sozialordnung
  BT-Drs 8/1483 = **95 O 2**
- Bericht über die Lage von Presse und Rundfunk 1978
  BT-Drs 8/2264 = **124 G 14**
  BT-PlPr 8/149 = **32 J 6**

S

Saatgut
- *Entw eines 2. Ges zur Änderung des Ges über forstliches Saat- und Pflanzgut*
  1. und 2. Durchgang
  BR-Drs 85/77 = **12 G 2**
  BR-Drs 225/79 = **99 F 12**
  BR-PlPr 443 = **1 A 1**
  BR-PlPr 473 = **3 L 2**

  GesEntw der Bundesregierung
  BT-Drs 8/174 = **57 O 13**
  Beschlußempfehlung des Ausschusses für Ernährung, Landwirtschaft und Forsten
  BT-Drs 8/2647 = **138 E 5**
  Bericht des Ausschusses für Ernährung, Landwirtschaft und Forsten
  BT-Drs 8/2690 = **139 F 10**
  1. Beratung
  BT-PlPr 8/21 = **4 F 3**
  2. und 3. Beratung
  BT-PlPr 8/152 = **33 E 7**
- SaatgutmischungsVO
  BR-Drs 358/77 = **26 C 1**
- SaatgutkontrollbuchVO
  BR-Drs 537/77 = **36 G 14**

- 1. VO zur Änderung der GleichstellungsVO
  BR-Drs 396/78 = **70** N 13
- VO über die Meldung und Vorführung von forstlichem Vermehrungsgut bei der Einfuhr
  BR-Drs 243/79 = **100** H 7
- Verordnung über Saatgut von Getreide, Gräsern und landwirtschaftlichen Leguminosen, Öl- und Faserpflanzen sowie Hackfrüchten außer Kartoffel (Landwirtschaft-Saatgut-Verordnung)
  BR-Drs 290/80 = **144** H 8

Saatgutverkehrsgesetz
- 6. VO zur Änderung von Rechtsvorschriften zum Saatgutverkehrsgesetz
  BR-Drs 157/77 = **16** D 6
- 7. VO zur Änderung von Rechtsvorschriften zum Saatgutverkehrsgesetz
  BR-Drs 206/78 = **58** G 10
- 8. VO zur Änderung von Rechtsvorschriften zum Saatgutverkehrsgesetz
  BR-Drs 532/79 = **117** L 3

Sachbezüge
- VO über den Wert der Sachbezüge in der Sozialversicherung für das Kalenderjahr 1978
  BR-Drs 509/77 = **35** G 12
- VO zur Änderung der SachbezugsVO 1978 und der ArbeitsentgeltVO
  BR-Drs 532/78 = **80** I 1
- VO zur Änderung der SachbezugsVO 1979
  BR-Drs 531/79 = **117** K 14
- VO zur Änderung der SachbezugsVO 1980 und der ArbeitsentgeldVO
  BR-Drs 510/80 = **155** B 9

Sachverständigenrat zur Begutachtung der gesamtwirtschaftlichen Entwicklung
- Jahresgutachten 1977/78 des Sachverständigenrates zur Begutachtung der gesamtwirtschaftlichen Entwicklung
  BR-Drs 610/77 = **40** K 6
  BR-PlPr 455 = **2** C 1
  BT-Drs 8/1221 = **89** D 10
  BT-PlPr 8/75 = **16** L 2
- Sondergutachten des Sachverständigenrates zur Begutachtung der gesamtwirtschaftlichen Entwicklung zur wirtschaftlichen Lage im Juni 1978
  BR-Drs 380/78 = **69** M 13
  BR-PlPr 462 = **2** L 11
  BT-Drs 8/2069 = **117** E 4
  BT-PlPr 8/107 = **23** G 3
- Jahresgutachten 1978/79 des Sachverständigenrats für die Begutachtung der gesamtwirtschaftlichen Entwicklung
  BR-Drs 560/78 = **81** N 12
  BR-Drs 36/79 = **87** B 2
  BR-PlPr 470 = **3** I 8
  BT-Drs 8/2313 = **125** N 5
  BT-PlPr 8/135 = **29** E 9
- Jahresgutachten 1979/80 des Sachverständigenrats zur Begutachtung der gesamtwirtschaftlichen Entwicklung
  BR-Drs 575/79 = **120** H 2
  BR-PlPr 483 = **4** L 9
  BT-Drs 8/3420 = **161** L 10
  BT-PlPr 8/211 = **45** M 14
- Jahresgutachten des Sachverständigenrates zur Begutachtung der gesamtwirtschaftlichen Entwicklung 1980/81
  BR-Drs 600/80 = **159** K 10

Säuglings- und Müttersterblichkeit
- Antwort auf Kleine Anfrage
  BT-Drs 8/874 = **78** D 6

SALT-II-Abkommen
- Entschließung der 25. Jahrestagung der Nordatlantischen Versammlung
  BR-Drs 630/79 = **123** J 2
  BT-Drs 8/3506 = **164** I 3

Salzsteuer
- s Entw eines *Steuerreformgesetzes* (betr Abschaffung der Salzsteuer)
  BT-Drs 8/2726 = **140** F 13

Sanitätsoffiziere
s Soldatengesetz
Unterhaltssicherungsgesetz

Satelliten
- s GesEntw zum Beitritt zum Übereinkommen über die *Internationale Seefunksatelliten-Organisation*
  BR-Drs 264/79 = **101** G 4
  BT-Drs 8/3057 = **150** C 8

Satellitensendungen
- *GesEntw zum Übereinkommen über die Verbreitung der durch Satelliten übertragenen programmtragenden Signale*
  1. und 2. Durchgang
  BR-Drs 500/77 = **35** B 11
  BR-Drs 566/78 = **82** N 8
  BR-PlPr 452 = **1** N 11
  BR-PlPr 468 = **3** E 13

  GesEntw der Bundesregierung
  BT-Drs 8/1390 = **93** K 12
  Beschlußempfehlung des Rechtsausschusses
  BT-Drs 8/2279 = **125** D 8
  1. Beratung
  BT-PlPr 8/67 = **14** J 14
  2. Beratung und Schlußabstimmung
  BT-PlPr 8/120 = **25** L 1

Saudi-Arabien, Königreich
- *GesEntw zum Abkommen Bundesrepublik Deutschland/Königreich Saudi-Arabien über den Luftverkehr*
  1. und 2. Durchgang
  BR-Drs 411/77 = **29** C 5
  BR-Drs 635/77 = **42** D 2
  BR-PlPr 450 = **1** K 11
  BR-PlPr 453 = **1** O 6

  GesEntw der Bundesregierung
  BT-Drs 8/1035 = **82** F 6
  Beschlußempfehlung des Ausschusses für Verkehr und für das Post- und Fernmeldewesen
  BT-Drs 8/1306 = **91** I 5
  1. Beratung
  BT-PlPr 8/52 = **11** H 10
  2. Beratung und Schlußabstimmung
  BT-PlPr 8/63 = **13** L 10

Schach
- Erlangung der Gemeinnützigkeit durch Anerkennung als Sport:
  s Entwurf eines Gesetzes zur Änderung der *Abgabenordnung*
  BR-Drs 182/79 = **96** H 3
  BT-Drs 8/3142 = **154** N 10

Schadensersatz
- *GesEntw zur Änderung schadensersatzrechtlicher Vorschriften*
  (betr Schadensersatz für Tötung und Körperverletzung beim Betrieb von Eisenbahnen, Bergwerken usw)
  Bundesratsdurchgang
  BR-Drs 309/77 = **24** G 12
  BR-PlPr 448 = **1** H 13

  GesEntw der SPD/FDP
  BT-Drs 8/108 = **55** M 7
  Beschlußempfehlung des Rechtsausschusses
  BT-Drs 8/562 = **69** B 4
  Bericht des Haushaltsausschusses
  BT-Drs 8/563 = **69** B 12
  1. Beratung
  BT-PlPr 8/15 = **2** N 6
  2. und 3. Beratung
  BT-PlPr 8/31 = **6** N 7

Schädlingsbekämpfung
- 1. VO zur Änderung der VO zur Bekämpfung der San-José-Schildlaus
  BR-Drs 436/79 = **112** F 11

Schafböcke
- VO über die Körung von Schafböcken
  BR-Drs 202/79 = **97** N 1

Schaffleisch
- VO zur Änderung der VO über gesetzliche Handelsklassen für Schaffleisch
  BR-Drs 380/77 = **27** E 4
- Vorschlag einer EG-VO über eine gemeinsame Marktorganisation für Schaffleisch
  BR-Drs 181/78 = **57** E 6

Schallschutz
- VO zur Änderung des Höchstbetrages der Erstattung von Aufwendungen für Schallschutzmaßnahmen auf Grund des Gesetzes zum Schutz gegen Fluglärm (SchallschutzerstattungsVO 77)
  BR-Drs 221/77 = **19** F 5

Scheidung
- s GesEntw zur Neuregelung des *elterlichen Sorgerechts*
  BR-Drs 218/79 = **98** O 2
  BT-Drs 8/111 = **55** N 5

Schiedsamt, kassenärztliches
- 1. VO zur Änderung der VO über die Schiedsämter für die kassenärztliche (kassenzahnärztliche) Versorgung (Schiedsamtsordnung)
  BR-Drs 137/77 = **15** A 12
- 2. ÄndVO
  BR-Drs 24/78 = **46** A 13

Schießplatz
- VO über die Festsetzung des Lärmschutzbereichs für den Luft/Boden-Schießplatz Nordhorn
  BR-Drs 372/78 = **69** D 7
- VO über die Festsetzung des Lärmschutzbereichs für den Luft/Boden-Schießplatz Siegenburg
  BR-Drs 473/79 = **115** A 14

Schiffbau, EG
- EG-Mitteilung über eine Sanierung des Schiffbaus in den EG
  BR-Drs 17/78 = **45** H 14
  BT-Drs 8/1406 = **94** G 12

Schiffsbetriebsmeister
- VO über die berufliche Fortbildung zum Schiffsbetriebsmeister und über den Erwerb des Schiffsbetriebsmeisterbriefes
  BR-Drs 581/77 = **40** C 7

Schiffsoffizier
– VO über die Ausbildung zum Schiffsoffizier des Seefunkdienstes (Funkoffiziers-Ausbildungsordnung)
BR-Drs 285/77 = **23** C 10

Schiffsregister
– *Entw eines ÄndGes zur Schiffsregisterordnung*
(betr Neuregelung der Anmeldepflicht)
1. und 2. Durchgang
BR-Drs 526/78 = **80** A 10
BR-Drs 285/80 = **143** H 7
BR-PlPr 468 = **3** E 13
BR-PlPr 488 = **5** E 6

GesEntw der Bundesregierung
BT-Drs 8/2515 = **131** M 11
Beschlußempfehlung des Rechtsausschusses
BT-Drs 8/3979 = **183** F 2
1. Beratung
BT-PlPr 8/138 = **29** O 4
2. und 3. Beratung
BT-PlPr 8/216 = **47** A 10
– VO zur Durchführung der Schiffsregisterordnung
BR-Drs 485/80 = **153** N 7

Schiffssicherheit
– VO über die Inkraftsetzung des Internationalen Übereinkommens zum Schutz des menschlichen Lebens auf See
BR-Drs 528/78 = **80** C 5

Schiffsverkehr
s Binnenschiffsverkehr, Seeverkehr

Schildlaus
– 1. VO zur Änderung der VO zur Bekämpfung der San-José-Schildlaus
BR-Drs 436/79 = **112** F 11

Schlachtvieh
– VO zur Änderung der Ausführungsbestimmungen A über die Untersuchung und gesundheitspolizeiliche Behandlung der Schlachttiere und des Fleisches bei Schlachtungen im Inland – AB.A – und der Einfuhruntersuchungs-VO –
BR-Drs 394/77 = **27** L 12
– 1. VO zur Änderung der 1. Durchführungs-VO zum Marktstrukturgesetz: Schlachtvieh und Ferkel
BR-Drs 52/78 = **48** H 5
– 2. VO zur Änderung der 4. Durchführungs-VO zum Vieh- und Fleischgesetz
BR-Drs 207/79 = **98** C 14
– 3. VO zur Änderung der Schlachtvieh-Handelsklassen- und NotierungsVO
BR-Drs 274/79 = **102** G 14
– 6. VO zur Änderung der Ausführungsbestimmungen A über die Untersuchung und gesundheitspolizeiliche Behandlung der Schlachttiere und des Fleisches bei Schlachtungen im Inland – AB.A –
BR-Drs 524/79 = **117** H 14
– Allgemeine Verwaltungsvorschrift zur Festsetzung der Ausbeutesätze nach § 3 Abs 3 des Gesetzes über eine Schlachtungs- und Schlachtgewichtsstatistik
BR-Drs 159/80 = **135** G 9

Schleyer, Dr. Hanns Martin
– Abgabe einer Erklärung der Bundesregierung zur Entführung von Dr. Schleyer
BT-PlPr 8/42 = **9** F 1
– Regierungserklärung zur Ermordung von Dr. Schleyer
BT-PlPr 8/50 = **10** N 14
– Antrag der SPD/FDP zur Fahndung im Fall Schleyer
BT-Drs 8/1617 = **100** K 3
BT-PlPr 8/81 = **17** N 12
– Bericht von Bundesminister a. D. Hermann Höcherl über die Untersuchung von Fahndungspannen im Mord- und Entführungsfall Schleyer
BR-Drs 294/78 = **65** H 2
BR-PlPr 461 = **2** I 9
BT-Drs 8/1881 = **109** F 1
Beratung
BT-PlPr 8/98 = **21** J 6
Beschlußempfehlung des Innenausschusses
BT-Drs 8/2889 = **144** L 11
Beratung
BT-PlPr 8/160 = **34** N 13

Schmutzwasser
s Abwasser
Gewässerschutz

Schneller Brüter
– EG-Mitteilung betr die Option des Schnellen Brüters in den EG
BR-Drs 520/77 = **35** L 10
BT-Drs 8/1077 = **84** B 1
Beschlußempfehlung des Ausschusses für Forschung und Technologie
BT-Drs 8/1474 = **95** M 7
– Antwort auf Kleine Anfrage zum Genehmigungsverfahren für Schnelle Brüter
BT-Drs 8/1940 = **112** L 3
– Antwort auf Kleine Anfrage über den weiteren Ausbau und die Entwicklung des Schnellen Brüters
BT-Drs 8/2372 = **128** C 10
– Antrag der Fraktion der CDU/CSU zum Schnellbrüter-Prototyp-Kernkraftwerk SNR 300 bei Kalkar
BT-Drs 8/2375 = **128** E 1
BT-PlPr 8/125 = **26** O 7
– Vorschlag eines Beschlusses des Rates der EG für ein Forschungsprogramm der EG auf dem Gebiet der Codes und Normen von Schnellen Brütern
BR-Drs 24/79 = **86** I 2
BT-Drs 8/2498 = **131** H 1

Schöffe
– s GesEntw zur Beschleunigung des *Strafverfahrens*
(betr Reihenfolge der Zuziehung von Hilfsschöffen)
GesEntw der CDU/CSU
BT-Drs 8/323 = **62** O 1
GesEntw des Bundesrates
BR-Drs 74/77 = **10** M 1
BT-Drs 8/354 = **64** B 12

Schornsteinfeger
– 2. VO zur Änderung der VO über das Schornsteinfegerwesen
BR-Drs 572/77 = **38** N 8

Schriftzeichengesetz
– *GesEntw zum Wiener Abkommen über den Schutz typographischer Schriftzeichen und ihre internationale Hinterlegung*
1. Durchgang
BR-Drs 138/80 = **134** F 3
BR-PlPr 485 = **5** A 10
GesEntw der Bundesregierung
BT-Drs 8/3951 = **182** G 3
1. Beratung
BT-PlPr 8/216 = **47** A 10
– *Entwurf eines Gesetzes zum Wiener Abkommen vom 12. 6. 73 über den Schutz typographischer Schriftzeichen und ihre internationale Hinterlegung*
1. Durchgang
BR-Drs 603/80 = **160** I 4
BR-PlPr 494 = **5** N 5

Schulbus
– Entschließung des Bundesrates zur Verbesserung der Stehplatzverhältnisse bei der Schülerbeförderung mit Omnibussen
BR-Drs 74/80 = **129** I 7
BR-PlPr 484 = **4** N 4

Schulen
– s GesEntw zum Zusatzprotokoll zum Protokoll über die Gründung *Europäischer Schulen*
BR-Drs 499/77 = **35** B 6
BT-Drs 8/1399 = **93** N 9

Schulleiter
– s GesEntw zur Änderung des *Bundesbesoldungsgesetzes*
(betr Einstufung von Schulleitern und Schulleiterstellvertretern bei Rücktritt in ein niedrigeres Amt)
BR-Drs 181/77 = **17** E 13
BT-Drs 8/870 = **78** B 11

Schulsystem
– Bericht über strukturelle Probleme des föderativen Bildungssystems
BT-Drs 8/1551 = **98** E 8
Ergänzung und Schlußfolgerungen
BT-Drs 8/1956 = **112** O 9

Schulwesen, internationales
– Rahmenplan für die auswärtige Kulturpolitik
(betr Auslandsschulen, Sprachförderung und internationale Zusammenarbeit)
BT-Drs 8/2103 = **118** N 11

Schulversuche
– VO über die Ausbildungsförderung für den Besuch von Ausbildungsstätten, an denen Schulversuche durchgeführt werden
BR-Drs 237/79 = **100** C 13

Schußwaffen
– *GesEntw zum Europäischen Übereinkommen über die Kontrolle des Erwerbs und Besitzes von Schußwaffen durch Einzelpersonen*
1. und 2. Durchgang
BR-Drs 538/79 = **118** C 1
BR-Drs 331/80 = **146** D 14
BR-PlPr 481 = **4** I 5
BR-PlPr 489 = **5** G 14

GesEntw der Bundesregierung
BT-Drs 8/3660 = **171** L 6
Beschlußempfehlung des Innenausschusses
BT-Drs 8/4121 = **186** F 9
1. Beratung
BT-PlPr 8/203 = **44** A 13
2. Beratung und Schlußabstimmung
BT-PlPr 8/220 = **48** C 8

- s a Entw eines 2. ÄndGes zum *Waffengesetz*
  BR-Drs 537/79 = **118** A 7
  BT-Drs 8/3661 = **171** M 2

Schutzkleidung
- VO zur Änderung der Straßenverkehrs-Ordnung
  BR-Drs 162/78 = **55** J 7

Schutzräume
- 5. VO zur Änderung der HöchstbetragsVO
  BR-Drs 474/77 = **33** H 4
- 6. VO zur Änderung der HöchstbetragsVO
  BR-Drs 534/78 = **80** L 1
- 7. VO zur Änderung der HöchstbetragsVO
  BR-Drs 449/79 = **113** C 4
- 8. VO zur Änderung der Höchstbetragsverordnung
  BR-Drs 606/80 = **160** J 4

Schwangerschaftsabbruch
- Bericht über ergänzende Maßnahmen im Zusammenhang mit der Reform des § 218 StGB
  BT-Drs 8/2445 = **130** A 2
- Bericht der „Kommission zur Auswertung der Erfahrungen mit dem reformierten § 218 des Strafgesetzbuches" mit Stellungnahme der Bundesregierung
  BT-Drs 8/3630 = **169** C 12
- Antwort auf Große Anfragen zum reformierten § 218 Strafgesetzbuch und zum Schutz des ungeborenen Lebens und Hilfen in Schwangerschaftskonfliktsituationen
  BT-Drs 8/4160 = **188** H 9

Schwarzarbeit
- *Entw zur Änd des Ges zur Bekämpfung der Schwarzarbeit*
  (betr Abgrenzung zur Nachbarschaftshilfe)
  BT-Drs 8/1355 = **92** N 7
  1. Beratung
  BT-PlPr 8/75 = **16** L 2
- *Entw zur Änderung des Ges zur Bekämpfung der Schwarzarbeit*
  (betr „Gewinnsucht")
  1. Durchgang
  BR-Drs 88/78 = **50** H 10
  BR-PlPr 455 = **2** C 1

  GesEntw der Bundesregierung
  BT-Drs 8/1937 = **111** C 12
  1. Beratung
  BT-PlPr 8/107 = **23** G 3
  1. Durchgang
  BR-Drs 539/80 = **157** B 10
  BR-PlPr 493 = **5** M 6

Schweden, Königreich
- *GesEntw zum Abkommen Bundesrepublik Deutschland/Königreich Schweden über Soziale Sicherheit*
  1. und 2. Durchgang
  BR-Drs 34/77 = **7** C 13
  BR-Drs 268/77 = **22** K 4
  BR-PlPr 447 = **1** G 10
  BR-PlPr 461 = **2** I 9

  GesEntw der Bundesregierung
  BT-Drs 8/194 = **59** G 3
  Bericht des Ausschusses für Arbeit und Sozialordnung
  BT-Drs 8/435 = **65** F 1
  1. Beratung
  BT-PlPr 8/21 = **4** F 3
  2. Beratung und Schlußabstimmung
  BT-PlPr 8/30 = **6** K 5
- *GesEntw zum Abkommen Bundesrepublik Deutschland/Königreich Schweden über Leistungen für Arbeitslose*
  1. und 2. Durchgang
  BR-Drs 82/77 = **12** F 3
  BR-Drs 269/77 = **22** K 5
  BR-PlPr 444 = **1** B 10
  BR-PlPr 447 = **1** G 10

  GesEntw der Bundesregierung
  BT-Drs 8/259 = **60** K 6
  Bericht des Ausschusses für Arbeit und Sozialordnung
  BT-Drs 8/442 = **65** G 11
  1. Beratung
  BT-PlPr 8/25 = **5** G 12
  2. Beratung und Schlußabstimmung
  BT-PlPr 8/30 = **6** K 5
- *GesEntw zu der Vereinbarung Bundesrepublik Deutschland/Königreich Schweden zur Durchführung des Abkommens über Soziale Sicherheit*
  1. und 2. Durchgang
  BR-Drs 261/78 = **64** D 6
  BR-Drs 512/78 = **78** A 5
  BR-PlPr 443 = **1** A 1
  BR-PlPr 467 = **3** E 7

  GesEntw der Bundesregierung
  BT-Drs 8/1993 = **113** J 7
  Beschlußempfehlung des Ausschusses für Arbeit und Sozialordnung
  BT-Drs 8/2229 = **122** N 14
  1. Beratung
  BT-PlPr 8/107 = **23** G 3
  2. Beratung und Schlußabstimmung
  BT-PlPr 8/114 = **24** K 3
- *GesEntw zum Abkommen Bundesrepublik Deutschland/Königreich Schweden über die steuerliche Behandlung von Straßenfahrzeugen im internationalen Verkehr*
  1. und 2. Durchgang
  BR-Drs 411/78 = **72** G 1
  BR-Drs 114/79 = **93** B 6
  BR-PlPr 463 = **2** N 14
  BR-PlPr 471 = **3** J 3

  GesEntw der Bundesregierung
  BT-Drs 8/2235 = **123** G 10
  Beschlußempfehlung des Finanzausschusses
  BT-Drs 8/2575 = **135** L 1
  1. Beratung
  BT-PlPr 8/120 = **25** L 1
  2. Beratung und Schlußabstimmung
  BT-PlPr 8/141 = **30** I 6
- *GesEntw zum Protokoll zum Abkommen Bundesrepublik Deutschland/Königreich Schweden zur Vermeidung der Doppelbesteuerung auf dem Gebiet der Steuern vom Einkommen und vom Vermögen sowie verschiedener anderer Steuern*
  1. und 2. Durchgang
  BR-Drs 407/79 = **110** M 3
  BR-Drs 133/80 = **134** D 1
  BR-PlPr 477 = **4** B 11
  BR-PlPr 485 = **5** A 10

  GesEntw der Bundesregierung
  BT-Drs 8/3225 = **157** D 3
  Beschlußempfehlung des Finanzausschusses
  BT-Drs 8/3734 = **174** K 4
  Bericht des Haushaltsausschusses
  BT-Drs 8/3735 = **174** K 6
  1. Beratung
  BT-PlPr 8/180 = **38** K 8
  2. Beratung und Schlußabstimmung
  BT-PlPr 8/205 = **44** J 1

Schweine
s a Klauentiere-EinfuhrVO
- 1. VO zur Änderung der AusfuhrVO Rinder und Schweine (EG)
  BR-Drs 19/78 = **45** L 13
- VO zur Verhütung einer Einschleppung der afrikanischen Schweinepest aus Brasilien
  BR-Drs 576/78 = **83** C 2
- Vorschlag einer EWG-VO über Maßnahmen der Gemeinschaft zur Bekämpfung der klassischen Schweinepest
  BR-Drs 37/79 = **87** C 13

Schweiz, Eidgenossenschaft
- *GesEntw zum Vertrag Bundesrepublik Deutschland/Schweizerische Eidgenossenschaft über die Straße zwischen Lörrach und Weil am Rhein auf schweizerischem Gebiet*
  1. und 2. Durchgang
  BR-Drs 87/78 = **50** H 3
  BR-Drs 305/78 = **66** E 6
  BR-PlPr 455 = **2** C 1
  BR-PlPr 461 = **2** I 9

  GesEntw der Bundesregierung
  BT-Drs 8/1657 = **101** G 7
  Beschlußempfehlung des Ausschusses für Verkehr und für das Post- und Fernmeldewesen
  BT-Drs 8/1804 = **106** E 4
  1. Beratung
  BT-PlPr 8/86 = **18** O 1
  2. Beratung und Schlußabstimmung
  BT-PlPr 8/95 = **20** N 5
- *GesEntw zum Vertrag Bundesrepublik Deutschland/Schweizerische Eidgenossenschaft über den Autobahnzusammenschluß im Raum Basel und Weil am Rhein*
  1. und 2. Durchgang
  BR-Drs 10/79 = **85** G 11
  BR-Drs 288/79 = **103** G 14
  BR-PlPr 469 = **3** G 7
  BR-PlPr 474 = **3** M 13

  GesEntw der Bundesregierung
  BT-Drs 8/2592 = **136** I 3
  Beschlußempfehlung des Ausschusses für Verkehr und für das Post- und Fernmeldewesen
  BT-Drs 8/2836 = **143** H 12
  Bericht des Haushaltsausschusses
  BT-Drs 8/2865 = **144** C 1
  1. Beratung
  BT-PlPr 8/144 = **31** D 10
  2. Beratung und Schlußabstimmung
  BT-PlPr 8/157 = **34** E 8
- *GesEntw zum Protokoll zum Abkommen Bundesrepublik Deutschland/Schweizerische Eidgenossenschaft zur Vermeidung der Doppelbesteuerung auf dem Gebiet der Steuern vom Einkommen und vom Vermögen*
  1. und 2. Durchgang
  BR-Drs 408/79 = **110** M 8
  BR-Drs 132/80 = **134** C 14
  BR-PlPr 477 = **4** B 11
  BR-PlPr 485 = **5** A 10

GesEntw der Bundesregierung
BT-Drs 8/3223 = **157 C 7**
Beschlußempfehlung des Finanzausschusses
BT-Drs 8/3736 = **174 K 7**
Bericht des Haushaltsausschusses
BT-Drs 8/3737 = **174 K 9**
1. Beratung
BT-PlPr 8/180 = **38 K 8**
2. Beratung und Schlußabstimmung
BT-PlPr 8/205 = **44 J 1**

– *GesEntw zum Abkommen Bundesrepublik Deutschland/Schweizerische Eidgenossenschaft zur Vermeidung der Doppelbesteuerung auf dem Gebiet der Nachlaß- und Erbschaftssteuern*
1. und 2. Durchgang
BR-Drs 409/79 = **110 M 12**
BR-Drs 45/80 = **126 M 12**
BR-PlPr 477 = **4 B 11**
BR-PlPr 483 = **4 L 9**

GesEntw der Bundesregierung
BT-Drs 8/3224 = **157 C 11**
Beschlußempfehlung des Finanzausschusses
BT-Drs 8/3578 = **166 K 11**
1. Beratung
BT-PlPr 8/180 = **38 K 8**
2. Beratung und Schlußabstimmung
BT-PlPr 8/199 = **43 B 5**

– *GesEntw zur Vereinbarung zur Durchführung des Abkommens Bundesrepublik Deutschland/Schweizerische Eidgenossenschaft über Soziale Sicherheit in der Fassung des Zusatzabkommens*
1. und 2. Durchgang
BR-Drs 623/79 = **123 F 3**
BR-Drs 221/80 = **139 K 4**
BR-PlPr 482 = **4 K 5**
BR-PlPr 486 = **5 C 6**

GesEntw der Bundesregierung
BT-Drs 8/3655 = **171 J 9**
Beschlußempfehlung des Ausschusses für Arbeit und Sozialordnung
BT-Drs 8/3849 = **178 E 6**
1. Beratung
BT-PlPr 8/203 = **44 A 13**
2. Beratung und Schlußabstimmung
BT-PlPr 8/211 = **45 M 14**

– *GesEntw zum Übereinkommen Bundesrepublik Deutschland/Fürstentum Liechtenstein/Republik Österreich/Schweizerische Eidgenossenschaft im Bereich Soziale Sicherheit und zur Vereinbarung zur Durchführung dieses Übereinkommens*
1. und 2. Durchgang
BR-Drs 625/79 = **123 G 3**
BR-Drs 223/80 = **139 K 6**
BR-PlPr 482 = **4 K 5**
BR-PlPr 486 = **5 C 6**

GesEntw der Bundesregierung
BT-Drs 8/3657 = **171 K 9**
Beschlußempfehlung des Ausschusses für Arbeit und Sozialordnung
BT-Drs 8/3851 = **178 E 10**
1. Beratung
BT-PlPr 8/203 = **44 A 13**
2. Beratung und Schlußabstimmung
BT-PlPr 8/211 = **45 M 14**

– Vereinbarung Bundesrepublik Deutschland/Schweizerische Eidgenossenschaft über die Änderung der Verwaltungsvereinbarung zur Vereinbarung über die Fürsorge für Hilfsbedürftige
BR-Drs 492/78 = **77 J 6**
BR-PlPr 467 = **3 E 7**

Schwerbehinderter

– *GesEntw zur Änd des Schwerbehindertengesetzes*
(betr Anrechnung eines schwerbehinderten Arbeitgebers auf die Pflichtzahl für Schwerbehinderte)
BT-Drs 8/1105 = **84 H 7**
1. Beratung
BT-PlPr 8/61 = **13 E 9**

– *GesEntw über die unentgeltliche Beförderung Schwerbehinderter im öffentlichen Personenverkehr*
1. und 2. Durchgang
BR-Drs 434/78 = **74 A 3**
BR-Drs 177/79 = **96 F 9**
BR-PlPr 465 = **3 C 4**
BR-PlPr 472 = **3 K 1**
Vermittlungsverfahren:
BR-Drs 251/79 = **100 L 5**
BR-PlPr 473 = **3 L 2**

GesEntw der Bundesregierung
BT-Drs 8/2453 = **130 D 10**
Beschlußempfehlung des Ausschusses für Arbeit und Sozialordnung
BT-Drs 8/2696 = **139 H 1**
Bericht des Haushaltsausschusses
BT-Drs 8/2697 = **139 H 12**
Anrufung des Vermittlungsausschusses
BT-Drs 8/2848 = **143 M 9**
Beschlußempfehlung des Vermittlungsausschusses
BT-Drs 8/2899 = **145 G 7**
1. Beratung
BT-PlPr 8/128 = **27 H 11**
2. und 3. Beratung
BT-PlPr 8/145 = **31 K 10**
Beratung der Beschlußempfehlung des Vermittlungsausschusses
BT-PlPr 8/157 = **34 E 8**

– *GesEntw zur Regelung des vorzeitigen Ruhestandseintritts von schwerbehinderten Beamten und Richtern*
GesEntw der CDU/CSU
BT-Drs 8/2656 = **138 H 4**
Beschlußempfehlung des Innenausschusses
BT-Drs 8/2888 = **144 L 8**
Bericht des Haushaltsausschusses
BT-Drs 8/2908 = **145 J 11**
1. Beratung
BT-PlPr 8/151 = **32 O 5**
2. Beratung
BT-PlPr 8/157 = **34 E 8**

– *GesEntw zur Herabsetzung der flexiblen Altersgrenze in der gesetzlichen Rentenversicherung für Schwerbehinderte (5. Rentenversicherungs-Änderungsgesetz)*
BR-Drs 375/78 = **69 G 5**
BR-Drs 481/78 = **77 E 8**
BR-PlPr 462 = **2 L 11**
BR-PlPr 464 = **3 B 3**

GesEntw der SPD/FDP
BT-Drs 8/2101 = **118 N 3**

GesEntw der Bundesregierung
BT-Drs 8/2119 = **120 B 13**
Beschlußempfehlung des Ausschusses für Arbeit und Sozialordnung
BT-Drs 8/2181 = **122 B 4**
Änderungsantrag
BT-Drs 8/2197 = **122 G 11**
Bericht des Haushaltsausschusses
BT-Drs 8/2210 = **122 J 9**
Entschließungsantrag zur 3. Beratung
BT-Drs 8/2228 = **122 N 13**
1. Beratung
BT-PlPr 8/103 = **22 J 9**
BT-PlPr 8/104 = **22 L 14**
BT-PlPr 8/105 = **23 B 7**
BT-PlPr 8/107 = **23 G 3**
2. und 3. Beratung
BT-PlPr 8/111 = **24 C 10**
BT-PlPr 8/112 = **24 G 13**

– *GesEntw zur kostenlosen Beförderung Schwerbehinderter in Eilzügen*
GesEntw der CDU/CSU
BT-Drs 8/3442 = **162 N 12**

– Bericht über die Beschäftigung Schwerbehinderter bei den Bundesdienststellen
BT-Drs 8/807 = **75 O 3**

– Bericht über die Beschäftigung Schwerbehinderter bei den Bundesdienststellen
BT-Drs 8/1892 = **109 I 12**

– Bericht über die Beschäftigung Schwerbehinderter bei den Bundesdienststellen Stichtag 1. 10. 1978
BT-Drs 8/3035 = **149 J 6**

– Bericht über die Beschäftigung Schwerbehinderter bei den Bundesdienststellen Stichtag: 1. 10. 1979
BT-Drs 8/4495 = **196 C 11**

– Antwort auf Große Anfrage zur Lage der Behinderten und Weiterentwicklung der Rehabilitation
BT-Drs 8/2190 = **122 E 8**
Entschließungsantrag zur Großen Anfrage
BT-Drs 8/2560 = **134 C 12**
Beschlußempfehlung des Ausschusses für Arbeit und Sozialordnung zum Entschließungsantrag
BT-Drs 8/3404 = **161 G 11**

– 2. VO zur Durchführung des Schwerbehindertengesetzes (AusgleichsabgabeVO Schwerbehindertengesetz)
BR-Drs 168/78 = **55 M 1**

– 3. VO zur Durchführung des Schwerbehindertengesetzes (WerkstättenVO Schwerbehindertengesetz)
BR-Drs 554/79 = **119 L 4**

– 4. VO zur Durchführung des Schwerbehindertengesetzes (AusweisVO)
BR-Drs 435/80 = **149 L 13**

Seefischerei
s Fischerei

Seefunk

– s a GesEntw zu dem Übereinkommen Übereinkommen über die *Internationale Seefunksatelliten-Organisation*
BR-Drs 264/79 = **101 G 4**
BT-Drs 8/3057 = **150 C 8**

– VO über die Ausbildung zum Schiffsoffizier des Seefunkdienstes (Funkoffiziers-Ausbildungsordnung)
BR-Drs 285/77 = **23 C 10**

Seerechtskonferenz

– Antrag der CDU/CSU zur III. Seerechtskonferenz der Vereinten Nationen
BT-Drs 8/3760 = **175 C 11**

Antrag der SPD/FDP
BT-Drs 8/3910 = **180** G 2
Beratung der Anträge
BT-PlPr 8/211 = **45** M 14
Beschlußempfehlung des Auswärtigen Ausschusses zu einem Antrag
BT-Drs 8/4328 = **191** H 5
Beratung der Beschlußempfehlung des Auswärtigen Ausschusses
BT-PlPr 8/229 = **50** G 11

Seeschiffahrt
– s a GesEntw zum Übereinkommen der *Internationalen Arbeitsorganisation* über Mindestnormen auf Handelsschiffen
BR-Drs 8/79 = **85** E 6
BT-Drs 8/2898 = **145** F 7
– Übereinkommen über die Kontinuität der Beschäftigung von Seeleuten,
Übereinkommen über den bezahlten Jahresurlaub der Seeleute,
Empfehlung betr Schutz junger Seeleute,
Empfehlung betr die Kontinuität der Beschäftigung von Seeleuten
BR-Drs 119/79 = **93** B 11
– VO über die Inkraftsetzung des Internationalen Übereinkommens zum Schutz des menschlichen Lebens auf See
BR-Drs 528/78 = **80** C 5
– Kostenverordnung für Amtshandlungen auf den Gebieten des Seemanns- und Flaggenrechts
BR-Drs 56/80 = **128** G 2

Seeschiffahrtsunternehmen
s Doppelbesteuerungsabkommen
– s GesEntw zum Abkommen Bundesrepublik Deutschland/Republik *Venezuela* zur Vermeidung der Doppelbesteuerung der Unternehmen der Luftfahrt und der Seeschiffahrt
BR-Drs 448/78 = **75** L 13
BT-Drs 8/2288 = **125** F 9

Seeunfalluntersuchungsgesetz
– *GesEntw über die Untersuchung von Seeunfällen*
1. und 2. Durchgang
BR-Drs 509/79 = **116** M 9
BR-Drs 377/80 = **147** B 10
BR-PlPr 480 = **4** G 13
BR-PlPr 491 = **5** J 8

GesEntw der Bundesregierung
BT-Drs 8/3828 = **176** L 7
Beschlußempfehlung des Ausschusses für Verkehr und für das Post- und Fernmeldewesen
BT-Drs 8/4186 = **188** L 4
Bericht des Haushaltsausschusses
BT-Drs 8/4249 = **189** K 8
Anrufung des Vermittlungsausschusses
BT-Drs 8/4409 = **193** J 7
1. Beratung
BT-PlPr 8/211 = **45** M 14
2. und 3. Beratung
BT-PlPr 8/225 = **49** F 14

Seeverkehr
– *GesEntw zur Änderung kostenrechtlicher Vorschriften auf dem Gebiet des Seeverkehrs*
1. und 2. Durchgang
BR-Drs 497/77 = **34** O 4
BR-Drs 101/78 = **51** B 11
BR-PlPr 452 = **1** N 11
BR-PlPr 455 = **2** C 1

GesEntw der Bundesregierung
BT-Drs 8/1297 = **91** G 3
Beschlußempfehlung des Ausschusses für Verkehr und für das Post- und Fernmeldewesen
BT-Drs 8/1514 = **97** K 9
1. Beratung
BT-PlPr 8/63 = **13** L 10
2. und 3. Beratung
BT-PlPr 8/75 = **16** L 2
– *GesEntw zum Vertrag Bundesrepublik Deutschland/Föderative Republik Brasilien über den Seeverkehr*
1. und 2. Durchgang
BR-Drs 547/79 = **118** N 12
BR-Drs 131/80 = **134** C 13
BR-PlPr 481 = **4** I 5
BR-PlPr 485 = **5** A 10

GesEntw der Bundesregierung
BT-Drs 8/3553 = **165** O 1
Beschlußempfehlung des Ausschusses für Verkehr und für das Post- und Fernmeldewesen
BT-Drs 8/3724 = **174** H 12
1. Beratung
BT-PlPr 8/199 = **43** B 5
2. Beratung und Schlußabstimmung
BT-PlPr 8/205 = **44** J 1
– VO über die Beförderung gefährlicher Güter mit Seeschiffen
BR-Drs 140/78 = **54** C 13
– VO zur Sicherstellung des Seeverkehrs
BR-Drs 211/78 = **59** H 9

Selbständige
– Bericht über die Lage der freien Berufe
BT-Drs 8/3139 = **154** L 6
Beratung
BT-PlPr 8/181 = **38** O 12
Entschließungsantrag
BT-Drs 8/3276 = **158** H 11
Beschlußempfehlung des Wirtschaftsausschusses
BT-Drs 8/4154 = **188** G 4
Beratung
BT-PlPr 8/220 = **48** C 8

Serum
– VO zur Ausdehnung der Vorschriften über die Zulassung und staatliche Chargenprüfung auf Testsera und Testantigene
BR-Drs 389/78 = **70** K 8

Seuchen
– s Entw eines 4. ÄndGes zum *Bundes-Seuchengesetz*
(betr Gesamtnovellierung)
BR-Drs 402/78 = **71** K 5
BT-Drs 8/2468 = **130** M 10

Sicherheitsgurte
– VO zur Änderung der Straßenverkehrs-Zulassungs-Ordnung
BR-Drs 562/78 = **82** L 2

Sicherheitspolitik
– Große Anfrage der SPD/FDP
BT-Drs 8/464 = **66** H 13
BT-PlPr 8/39 = **8** N 3

Sicherstellungsgesetze
s ErnährungsbewirtschaftungsVO

Sicherungsverwahrung von Terroristen
– s GesEntw zur Bekämpfung von *Terrorismus* und Gewaltkriminalität
BT-Drs 8/322 = **62** N 10

Sichtvermerk
s Ausländergesetz

Solartechnik
– Bericht über die Förderung der Solartechnik in der Bundesrepublik Deutschland
BT-Drs 8/3789 = **176** A 10
– Antrag der CDU/CSU zur Förderung der Solartechnik
BT-Drs 8/1268 = **90** K 7
Beratung
BT-PlPr 8/66 = **14** F 14
Beschlußempfehlung des Ausschusses für Forschung und Technologie
BT-Drs 8/3016 = **148** D 1
Beratung
BT-PlPr 8/180 = **38** K 8
– 2. Fortschreibung des Energieprogramms der Bundesregierung
BT-Drs 8/1357 = **92** N 11
1. Beschlußempfehlung des Wirtschaftsausschusses
BT-Drs 8/2370 = **127** O 5

Soldaten
s a Bundesbesoldungserhöhungsgesetz
Bundeswehr
– s a GesEntw eines 3. Ges zur Änderung des *Arbeitsplatzschutzgesetzes*
(betr zum Wehrdienst einberufene Arbeitnehmer)
BR-Drs 275/77 = **22** L 7
BT-Drs 8/855 = **77** G 10
– *Entw eines 12. Ges zur Änderung des Soldatengesetzes*
(Einschränkung der Möglichkeit des Ausscheidens von Berufssoldaten, die Studium oder Fachausbildung als Soldaten durchlaufen haben)
1. und 2. Durchgang
BR-Drs 143/77 = **15** E 5
BR-Drs 591/77 = **40** G 12
BR-PlPr 445 = **1** C 12
BR-PlPr 453 = **1** O 6

GesEntw der Bundesregierung
BT-Drs 8/370 = **64** J 9
Beschlußempfehlung des Verteidigungsausschusses
BT-Drs 8/1065 = **83** K 9
1. Beratung
BT-PlPr 8/29 = **6** G 1
2. und 3. Beratung
BT-PlPr 8/55 = **12** C 5
– *Entwurf eines 13. Ges zur Änderung des Soldatengesetzes*
(betr vorzeitige Altersgrenze für Kampfbeobachter,
Einberufung von Bundestagsabgeordneten, die Berufssoldaten oder Soldaten auf Zeit sind, zu Wehrübungen,
Verpflichtungszeit für Sanitätsoffiziere mit Facharztausbildung)
1. und 2. Durchgang
BR-Drs 479/79 = **115** E 14
BR-Drs 127/80 = **134** C 7
BR-PlPr 479 = **4** G 1
BR-PlPr 485 = **5** A 10

GesEntw der Bundesregierung
BT-Drs 8/3360 = **160** H 10
Beschlußempfehlung des Verteidigungsausschusses
BT-Drs 8/3728 = **174** I 4
Bericht des Haushaltsausschusses
BT-Drs 8/3729 = **174** I 10
1. Beratung
BT-PlPr 8/196 = **42** G 11
2. und 3. Beratung
BT-PlPr 8/205 = **44** J 1
- *Entw eines 7. ÄndGes zum Soldatenversorgungsgesetz*
1. und 2. Durchgang
BR-Drs 626/79 = **123** G 12
BR-Drs 302/80 = **145** I 6
BR-PlPr 482 = **4** K 5
BR-PlPr 488 = **5** E 6

GesEntw der Bundesregierung
BT-Drs 8/3750 = **174** O 9
Beschlußempfehlung des Verteidigungsausschusses
BT-Drs 8/4030 = **185** D 8
Bericht des Haushaltsausschusses
BT-Drs 8/4097 = **186** A 1
1. Beratung
BT-PlPr 8/208 = **45** D 10
2. und 3. Beratung
BT-PlPr 8/218 = **47** J 7

Soltau-Lüneburg-Abkommen
- Bericht der Bundesregierung zum Abkommen mit Großbritannien und Kanada über die Durchführung von Manövern im Raum Soltau-Lüneburg
BT-Drs 8/262 = **60** L 8
Beschlußempfehlung des Innenausschusses
BT-Drs 8/961 = **80** H 8
Beratung
BT-PlPr 8/50 = **10** N 14
- Berichte über die Auswirkungen des Abkommens zur Verbesserung der Lebensbedingungen der Bevölkerung
BT-Drs 8/1827 = **107** O 8
BT-Drs 8/2973 = **147** A 13
Beschlußempfehlung des Innenausschusses
BT-Drs 8/3475 = **163** O 5
Beratung
BT-PlPr 8/196 = **42** G 11

Sommerzeit
- s GesEntw über die Zeitbestimmung *(Zeitgesetz)*
(betr Ermächtigung zur Einführung der Sommerzeit)
BR-Drs 79/77 = **11** M 14
BT-Drs 8/258 = **60** K 2

Sondervermögen des Bundes
s Ausgleichsfonds zur Sicherung des Steinkohleneinsatzes

Sonderziehungsrecht
s Internationaler Währungsfonds
- s GesEntw über die Ersetzung des *Goldfrankens* durch das Sonderziehungsrecht des Internationalen Währungsfonds sowie zur Regelung der Umrechnung des Goldfrankens in haftungsrechtlichen Bestimmungen
(Goldfrankenumrechnungsgesetz)
BR-Drs 9/79 = **85** F 9
BT-Drs 8/2596 = **136** J 9

Sonntagsfahrverbot
- s VO zur Erleichterung des Ferienreiseverkehrs auf der Straße *(Ferienreiseverordnung)*

Sorgerecht
s Elterliches Sorgerecht

Sowjetunion (Union der Soz. Sowjetrepubliken)
- Wortlaut des deutsch-sowjetischen Wirtschaftsabkommens
BT-Drs 8/2143 = **120** L 9
Entschließungsantrag der SPD/FDP
BT-Drs 8/2158 = **121** L 2
Beratung
BT-PlPr 8/109 = **23** L 6
Beschlußempfehlung des Auswärtigen Ausschusses
BT-Drs 8/2301 = **125** J 14
Beratung
BT-PlPr 8/124 = **26** M 1
- VO zum Abkommen mit der Regierung der Union der Sozialistischen Sowjetrepubliken über die gegenseitige Steuerbefreiung von Straßenfahrzeugen im internationalen Verkehr
BR-Drs 258/80 = **141** H 11

Sozialbeirat für die gesetzliche Rentenversicherung
- Gutachten des Sozialbeirats zu den Vorausberechnungen der Bundesregierung über die Entwicklung der Finanzlage der gesetzlichen Rentenversicherungen von 1976 bis 1990 sowie Empfehlung des Sozialbeirats zur Anpassung der Geldleistungen der gesetzlichen Unfallversicherung
BR-Drs 100/77 = **12** L 3
BT-Drs 8/132 = **56** I 13
- Gutachten des Sozialbeirats zu den Anpassungen der Renten aus den gesetzlichen Rentenversicherungen und der Geldleistungen aus der gesetzlichen Unfallversicherung in den Jahren 1979 bis 1981 sowie zu den Vorausberechnungen der Bundesregierung über die Entwicklung der Finanzlage der gesetzlichen Rentenversicherungen 1978 bis 1992
BR-Drs 161/78 = **55** J 1
BT-Drs 8/1665 = **101** I 13
- Bericht der Bundesregierung über die gesetzlichen Rentenversicherungen, insbesondere deren Finanzlage in den künftigen 15 Kalenderjahren gem §§ 1273 und 579 RVO, § 50 des Angestelltenversicherungsgesetzes und § 71 des Reichsknappschaftsgesetzes und Gutachten des Sozialbeirats
BR-Drs 165/79 = **95** F 12
BT-Drs 8/2709 = **139** M 3
- Gutachten des Sozialbeirats zur Anpassung der Renten aus den gesetzlichen Rentenversicherungen und zu den Vorausberechnungen der Einnahmen, Ausgaben und des Vermögens der gesetzlichen Rentensicherungen bis 1994
BR-Drs 175/80 = **136** F 10
BT-Drs 8/3845 = **177** O 13
- s a Rentenanpassungsbericht

Sozialbudget
- Sozialbericht 1978 der Bundesregierung
BR-Drs 210/78 = **58** I 14
BR-PlPr 463 = **2** N 14
BT-Drs 8/1805 = **106** E 6
- Sozialbericht 1980
Teil A: Bilanz der Sozial- und Gesellschaftspolitik von 1976–1980
Teil B: Sozialbudget 1980
BR-Drs 407/80 = **147** O 2
BT-Drs 8/4327 = **191** C 2

Soziale Sicherheit
- Bilaterale Abkommen auf dem Gebiet der Sozialversicherungen und des Kindergelds
s *Sozialversicherungsabkommen*
- Vorschlag einer EG-VO zur Änderung der EG-Verordnungen und ihrer Anhänge über die Anwendung der Systeme der sozialen Sicherheit auf Arbeitnehmer und deren Familien, die innerhalb der EG zu- und abwandern
BR-Drs 345/77 = **25** J 8
BR-Drs 53/78 = **48** H 9
- 4. VO zur Änderung der VO über die Anerkennung von Systemen und Einrichtungen der sozialen Sicherheit als gesetzliche Rentenversicherungen
BR-Drs 90/78 = **50** J 1
- Vorschlag einer EG-VO zur Änderung der EWG-Verordnungen über die Anwendung der Systeme der sozialen Sicherheit auf Arbeitnehmer und deren Familien, die innerhalb der EG zu- und abwandern und zur Änderung der Anhänge zu den EWG-Verordnungen
BR-Drs 203/79 = **97** O 4
- VO zur deutsch-niederländischen Vereinbarung über die Festsetzung eines Mindestbetrags für die Einziehung und Beitreibung von Beiträgen der Sozialen Sicherheit
BR-Drs 122/80 = **134** A 1

Sozialer Wohnungsbau
- *GesEntw zur Änderung des Ges über Investitionszuschüsse für Mietwohnungen, Genossenschaftswohnungen und Wohnheime im sozialen Wohnungsbau*
Bundesratsdurchgang
BR-Drs 120/77 = **13** O 10
BR-PlPr 444 = **1** B 10
Vermittlungsverfahren:
BR-Drs 197/77 = **18** J 1
BR-PlPr 445 = **1** C 12

GesEntw der SPD/FDP
BT-Drs 8/79 = **54** A 7
Beschlußempfehlung des Ausschusses für Raumordnung, Bauwesen und Städtebau
BT-Drs 8/125 = **56** F 5
Bericht des Haushaltsausschusses
BT-Drs 8/187 = **59** F 5
Anrufung des Vermittlungsausschusses
BT-Drs 8/257 = **60** K 1
Beschlußempfehlung des Vermittlungsausschusses
BT-Drs 8/348 = **64** A 12
1. Beratung
BT-PlPr 8/14 = **2** J 1
2. und 3. Beratung
BT-PlPr 8/18 = **3** J 6
- Antwort auf Große Anfrage zu einer Neuorientierung der Wohnungsbaupolitik
BT-Drs 8/1436 = **95** D 7

Sozialgerichtsbarkeit
- 3. VO zur Änderung der VO über die Höhe der von Körperschaften und Anstalten des

öffentlichen Rechts gem § 184 des Sozialgerichtsgesetzes zu entrichtende Gebühr
BR-Drs 356/77 = **26** B 2

Sozialgesetzbuch
s a Jugendhilfe
– *Entw eines Sozialgesetzbuches / Verwaltungsverfahren*
1. und 2. Durchgang
BR-Drs 170/78 = **56** A 9
BR-Drs 288/80 = **144** A 7
BR-PlPr 458 = **2** F 7
BR-PlPr 488 = **5** E 6
Vermittlungsverfahren:
BR-Drs 421/80 = **149** F 13
BR-PlPr 491 = **5** J 8

GesEntw der Bundesregierung
BT-Drs 8/2034 = **116** C 7
Beschlußempfehlung des Ausschusses für Arbeit und Sozialordnung
BT-Drs 8/4022 = **184** M 8
Änderungsanträge zur 2. Beratung
BT-Drs 8/4041 = **185** H 13
BT-Drs 8/4042 = **185** H 14
BT-Drs 8/4043 = **185** I 1
BT-Drs 8/4044 = **185** I 2
BT-Drs 8/4045 = **185** I 3
Bericht des Haushaltsausschusses
BT-Drs 8/4088 = **185** N 12
Anrufung des Vermittlungsausschusses
BT-Drs 8/4216 = **189** D 14
Beschlußempfehlung des Vermittlungsausschusses
BT-Drs 8/4330 = **191** I 7
1. Beratung
BT-PlPr 8/107 = **23** G 3
2. und 3. Beratung
BT-PlPr 8/218 = **47** J 7
Beratung der Beschlußempfehlung des Vermittlungsausschusses
BT-PlPr 8/230 = **50** K 7
– *Entw eines Sozialgesetzbuchs/Jugendhilfe*
1. und 2. Durchgang
BR-Drs 517/78 = **78** B 6
BR-Drs 287/80 = **143** K 14
BR-PlPr 468 = **3** E 13
BR-PlPr 488 = **5** E 6
BR-PlPr 489 = **5** G 14
BR-PlPr 490 = **5** I 2
Unterrichtung durch die Bundesregierung
BR-Drs 433/80 = **149** L 11

GesEntw der Bundesregierung
BT-Drs 8/2571 = **135** E 1
Beschlußempfehlung des Ausschusses für Jugend, Familie und Gesundheit
BT-Drs 8/4010 = **184** D 7
Bericht des Haushaltsausschusses
BT-Drs 8/4027 = **185** D 3
Bericht des Ausschusses für Jugend, Familie und Gesundheit
BT-Drs 8/4080 = **185** K 12
Änderungsanträge der CDU/CSU zur 2. Beratung
BT-Drs 8/4102 = **186** C 12
BT-Drs 8/4103 = **186** C 13
BT-Drs 8/4104 = **186** C 14
BT-Drs 8/4105 = **186** D 1
BT-Drs 8/4106 = **186** D 2
BT-Drs 8/4107 = **186** D 3
BT-Drs 8/4108 = **186** D 4
BT-Drs 8/4109 = **186** D 5
BT-Drs 8/4110 = **186** D 6
BT-Drs 8/4111 = **186** D 7
Verweigerung der Zustimmung durch den Bundesrat
BT-Drs 8/4388 = **192** J 11
Anrufung des Vermittlungsausschusses
BT-Drs 8/4395 = **192** K 12
1. Beratung
BT-PlPr 8/144 = **31** D 10
2. und 3. Beratung
BT-PlPr 8/219 = **47** N 13
– *Entwurf eines Sozialgesetzbuches/Zusammenarbeit der Leistungsträger und ihre Beziehungen zu Dritten*
BR-Drs 526/80 = **155** N 14
BR-PlPr 493 = **5** M 6
– Bericht über die Erfahrungen mit der Aufklärungs-, Beratungs- und Auskunftspflicht in allen Sozialleistungsbereichen
BT-Drs 8/2454 = **130** E 9

Sozialhilfe
s a Bundessozialhilfegesetz
– s a Vereinbarung mit der *Schweiz* über Fürsorge für Hilfsbedürftige
– VO zur Durchführung einer Zusatzstatistik auf dem Gebiet der Sozialhilfe über Hilfe zur Pflege
BR-Drs 426/77 = **30** M 14

Sozialpolitik
s Integrationsbericht der Bundesregierung

Sozialtherapeutische Anstalt
– *GesEntw über das Inkrafttreten der Vorschriften über die Unterbringung in einer sozialtherapeutischen Anstalt*
1. und 2. Durchgang
BR-Drs 195/77 = **18** I 7
BR-Drs 598/77 = **40** H 12
BR-PlPr 446 = **1** E 7
BR-PlPr 453 = **1** O 6
GesEntw der Bundesregierung
BT-Drs 8/792 = **75** E 10
Beschlußempfehlung des Rechtsausschusses
BT-Drs 8/1215 = **89** B 10
1. Beratung
BT-PlPr 8/39 = **8** N 3
2. und 3. Beratung
BT-PlPr 8/58 = **12** K 7

Sozialversicherung
– s a GesEntw über die Sozialversicherung der selbständigen Künstler und Publizisten *(Künstlersozialversicherungsgesetz)*
BR-Drs 260/79 = **101** C 3
BT-Drs 8/3172 = **155** I 14
– Erfahrungsbericht mit der Aufklärungs-, Beratungs- und Auskunftspflicht nach dem Allgemeinen Teil des Sozialgesetzbuches
BT-Drs 8/2457 = **130** F 9
– *GesEntw zur Änderung versorgungsrechtlicher und sozialversicherungsrechtlicher Vorschriften*
(betr Beamte auf Widerruf)
BR-Drs 245/79 = **100** H 14
– VO zur Änderung der ArbeitsentgeltVO 1977
BR-Drs 508/77 = **35** G 8
– VO über den Wert der Sachbezüge in der Sozialversicherung für das Kalenderjahr 1978
BR-Drs 509/77 = **35** G 12
– VO über das Haushaltswesen in der Sozialversicherung
BR-Drs 530/77 = **36** A 7
– 4. VO zur Änderung der Wahlordnung für die Sozialversicherung
BR-Drs 183/79 = **96** H 8
– 2. VO über die Erfassung von Daten für die Träger der Sozialversicherung und für die Bundesanstalt für Arbeit
BR-Drs 277/79 = **102** K 9
– 2. VO über die Datenübermittlung auf maschinell verwertbaren Datenträgern im Bereich der Sozialversicherung und der Bundesanstalt für Arbeit
BR-Drs 278/79 = **102** N 8
– 5. VO zur Änderung der Wahlordnung für die Sozialversicherung
BR-Drs 567/79 = **120** B 8
– 2. VO über die Erfassung von Daten für die Träger der Sozialversicherung und für die Bundesanstalt für Arbeit
(2. Datenerfassungs-Verordnung)
BR-Drs 148/80 = **134** M 12
– 2. VO über die Datenübermittlung auf maschinell verwertbaren Datenträgern im Bereich der Sozialversicherung und der Bundesanstalt für Arbeit
(2. Datenübermittlungs-Verordnung)
BR-Drs 149/80 = **134** N 12

Sozialversicherungsabkommen
– *GesEntw zum Abkommen Bundesrepublik Deutschland/Königreich Schweden über Soziale Sicherheit*
1. und 2. Durchgang
BR-Drs 34/77 = **7** C 13
BR-Drs 268/77 = **22** K 4
BR-PlPr 443 = **1** A 1
BR-PlPr 447 = **1** G 10

GesEntw der Bundesregierung
BT-Drs 8/194 = **59** G 3
Bericht des Ausschusses für Arbeit und Sozialordnung
BT-Drs 8/435 = **65** F 1
1. Beratung
BT-PlPr 8/21 = **4** F 3
2. Beratung und Schlußabstimmung
BT-PlPr 8/30 = **6** K 5
– *GesEntw zum Abkommen Bundesrepublik Deutschland/Königreich Schweden über Leistungen für Arbeitslose*
1. und 2. Durchgang
BR-Drs 82/77 = **12** F 3
BR-Drs 269/77 = **22** K 5
BR-PlPr 444 = **1** B 10
BR-PlPr 447 = **1** G 10

GesEntw der Bundesregierung
BT-Drs 8/259 = **60** K 6
Beschlußempfehlung des Ausschusses für Arbeit und Sozialordnung
BT-Drs 8/442 = **65** G 11
1. Beratung
BT-PlPr 8/25 = **5** G 12
2. Beratung und Schlußabstimmung
BT-PlPr 8/30 = **6** K 5
– *GesEntw zum Zusatzabkommen zu dem Abkommen zwischen der Bundesrepublik Deutschland/Sozialistische Republik Rumänien über Sozialversicherung*
1. und 2. Durchgang
BR-Drs 83/77 = **12** F 11
BR-Drs 267/77 = **22** K 3
BR-PlPr 444 = **1** B 10
BR-PlPr 447 = **1** G 10
GesEntw der Bundesregierung

BT-Drs 8/260 = **60** K 14
Bericht des Ausschusses für Arbeit und Sozialordnung
BT-Drs 8/440 = **65** G 7
1. Beratung
BT-PlPr 8/25 = **5** G 12
2. Beratung und Schlußabstimmung
BT-PlPr 8/30 = **6** K 5

– *GesEntw zum Abkommen Bundesrepublik Deutschland/Königreich Spanien über Soziale Sicherheit und zum Ergänzungsabkommen*
1. und 2. Durchgang
BR-Drs 90/77 = **12** G 11
BR-Drs 266/77 = **22** K 1
BR-PlPr 443 = **1** A 1
BR-PlPr 447 = **1** G 10

GesEntw der Bundesregierung
BT-Drs 8/171 = **57** L 10
Bericht des Ausschusses für Arbeit und Sozialordnung
BT-Drs 8/436 = **65** F 4
1. Beratung
BT-PlPr 8/21 = **4** F 3
2. Beratung und Schlußabstimmung
BT-PlPr 8/30 = **6** K 5

– *GesEntw zum Übereinkommen Bundesrepublik Deutschland/Französische Republik/Königreich Spanien über die Erstreckung einiger Vorschriften über die Soziale Sicherheit*
1. und 2. Durchgang
BR-Drs 34/78 = **46** H 11
BR-Drs 199/78 = **58** D 10
BR-PlPr 454 = **2** A 5
BR-PlPr 458 = **2** F 7

GesEntw der Bundesregierung
BT-Drs 8/1533 = **97** O 10
Beschlußempfehlung des Ausschusses für Arbeit und Sozialordnung
BT-Drs 8/1637 = **101** B 9
1. Beratung
BT-PlPr 8/78 = **17** E 7
2. Beratung und Schlußabstimmung
BT-PlPr 8/86 = **18** O 1

– *GesEntw zur Vereinbarung Bundesrepublik Deutschland/Königreich Schweden zur Durchführung des Abkommens über Soziale Sicherheit*
1. und 2. Durchgang
BR-Drs 261/78 = **64** D 6
BR-Drs 512/78 = **78** A 5
BR-PlPr 461 = **2** I 9
BR-PlPr 467 = **3** E 7

GesEntw der Bundesregierung
BT-Drs 8/1993 = **113** J 7
Beschlußempfehlung des Ausschusses für Arbeit und Sozialordnung
BT-Drs 8/2229 = **122** N 14
1. Beratung
BT-PlPr 8/107 = **23** G 3
2. Beratung und Schlußabstimmung
BT-PlPr 8/114 = **24** K 3

– *GesEntw zur Vereinbarung Bundesrepublik Deutschland/Vereinigte Staaten von Amerika zur Durchführung des Abkommens über Soziale Sicherheit*
1. und 2. Durchgang
BR-Drs 520/78 = **79** D 10
BR-Drs 111/79 = **93** B 3
BR-PlPr 468 = **3** E 13
BR-PlPr 471 = **3** J 3

GesEntw der Bundesregierung
BT-Drs 8/2435 = **129** K 14
Beschlußempfehlung des Ausschusses für Arbeit und Sozialordnung
BT-Drs 8/2569 = **135** D 3
1. Beratung
BT-PlPr 8/128 = **27** H 11
2. Beratung und Schlußabstimmung
BT-PlPr 8/141 = **30** I 6

– *GesEntw zum Abkommen Bundesrepublik Deutschland/Republik Österreich über Arbeitslosenversicherung*
1. und 2. Durchgang
BR-Drs 7/79 = **85** D 14
BR-Drs 224/79 = **99** F 11
BR-PlPr 469 = **3** G 7
BR-PlPr 473 = **3** L 2

GesEntw der Bundesregierung
BT-Drs 8/2594 = **136** I 14
Beschlußempfehlung des Ausschusses für Arbeit und Sozialordnung
BT-Drs 8/2798 = **142** J 13
1. Beratung
BT-PlPr 8/114 = **24** K 3
2. Beratung und Schlußabstimmung
BT-PlPr 8/151 = **32** O 5

– *GesEntw zum Abkommen Bundesrepublik Deutschland/Großherzogtum Luxemburg über verschiedene Fragen der Sozialen Sicherheit*
1. und 2. Durchgang
BR-Drs 39/79 = **87** E 6
BR-Drs 322/79 = **104** J 3
BR-PlPr 470 = **3** I 8
BR-PlPr 476 = **4** A 4

GesEntw der Bundesregierung
BT-Drs 8/2645 = **138** D 4
Beschlußempfehlung des Ausschusses für Arbeit und Sozialordnung
BT-Drs 8/2924 = **145** O 12
1. Beratung
BT-PlPr 8/145 = **31** K 10
2. Beratung und Schlußabstimmung
BT-PlPr 8/161 = **35** C 1

– *GesEntw zur Vereinbarung zur Durchführung des Abkommens Bundesrepublik Deutschland/Staat Israel über Soziale Sicherheit*
1. und 2. Durchgang
BR-Drs 410/79 = **110** N 3
BR-Drs 19/80 = **125** L 13
BR-PlPr 477 = **4** B 11
BR-PlPr 482 = **4** K 5

GesEntw der Bundesregierung
BT-Drs 8/3226 = **157** D 9
Beschlußempfehlung des Ausschusses für Arbeit und Sozialordnung
BT-Drs 8/3405 = **161** H 1
1. Beratung
BT-PlPr 8/180 = **38** K 8
2. Beratung und Schlußabstimmung
BT-PlPr 8/196 = **42** G 11

– *GesEntw zur Vereinbarung zur Durchführung des Abkommens Bundesrepublik Deutschland/Schweizerische Eidgenossenschaft über Soziale Sicherheit in der Fassung des Zusatzabkommens*
1. und 2. Durchgang
BR-Drs 623/79 = **123** F 3
BR-Drs 221/80 = **139** K 4
BR-PlPr 482 = **4** K 5
BR-PlPr 486 = **5** C 6

GesEntw der Bundesregierung
BT-Drs 8/3655 = **171** J 9
Beschlußempfehlung des Ausschusses für Arbeit und Sozialordnung
BT-Drs 8/3849 = **178** E 6
1. Beratung
BT-PlPr 8/203 = **44** A 13
2. Beratung und Schlußabstimmung
BT-PlPr 8/211 = **45** M 14

– *GesEntw zum Abkommen Bundesrepublik Deutschland/Fürstentum Liechtenstein über Soziale Sicherheit*
1. und 2. Durchgang
BR-Drs 624/79 = **123** F 9
BR-Drs 222/80 = **139** K 5
BR-PlPr 482 = **4** K 5
BR-PlPr 486 = **5** C 6

GesEntw der Bundesregierung
BT-Drs 8/3656 = **171** K 1
Beschlußempfehlung des Ausschusses für Arbeit und Sozialordnung
BT-Drs 8/3850 = **178** E 8
1. Beratung
BT-PlPr 8/203 = **44** A 13
2. Beratung und Schlußabstimmung
BT-PlPr 8/211 = **45** M 14

– *GesEntw zum Übereinkommen Bundesrepublik Deutschland/Fürstentum Liechtenstein/Republik Österreich/Schweizerische Eidgenossenschaft im Bereich Soziale Sicherheit und zur Vereinbarung zur Durchführung dieses Übereinkommens*
1. und 2. Durchgang
BR-Drs 625/79 = **123** G 3
BR-Drs 223/80 = **139** K 6
BR-PlPr 482 = **4** K 5
BR-PlPr 486 = **5** C 6

GesEntw der Bundesregierung
BT-Drs 8/3657 = **171** K 9
Beschlußempfehlung des Ausschusses für Arbeit und Sozialordnung
BT-Drs 8/3850 = **178** E 10
1. Beratung
BT-PlPr 8/203 = **44** A 13
2. Beratung und Schlußabstimmung
BT-PlPr 8/211 = **45** M 14

– *GesEntw zum Abkommen Bundesrepublik Deutschland/Republik Finnland über Leistungen für Arbeitslose*
1. und 2. Durchgang
BR-Drs 180/80 = **136** L 8
BR-Drs 364/80 = **146** O 11
BR-PlPr 486 = **5** C 6
BR-PlPr 490 = **5** I 2

GesEntw der Bundesregierung
BT-Drs 8/3993 = **183** K 10
Beschlußempfehlung des Ausschusses für Arbeit und Sozialordnung
BT-Drs 8/4184 = **188** L 1
Bericht des Haushaltsausschusses
BT-Drs 8/4242 = **189** I 10
1. Beratung
BT-PlPr 8/218 = **47** J 7
2. Beratung und Schlußabstimmung
BT-PlPr 8/223 = **48** N 5

– *Entwurf eines Gesetzes zum Abkommen Bundesrepublik Deutschland/Republik Finnland über Soziale Sicherheit*

1. und 2. Durchgang
BR-Drs 181/80 = **136** M 3
BR-Drs 363/80 = **146** O 10
BR-PlPr 486 = **5** C 6
BR-PlPr 490 = **5** I 2

GesEntw der Bundesregierung
BT-Drs 8/3992 = **183** J 10
Beschlußempfehlung des Ausschusses für Arbeit und Sozialordnung
BT-Drs 8/4183 = **188** K 13
Bericht des Haushaltsausschusses
BT-Drs 8/4242 = **189** I 10
1. Beratung
BT-PlPr 8/218 = **47** J 7
2. Beratung und Schlußabstimmung
BT-PlPr 8/223 = **48** N 5

- VO zu der Vereinbarung zur Durchführung des Abkommens Bundesrepublik Deutschland/Volksrepublik Polen über Renten- und Unfallversicherung
BR-Drs 200/77 = **18** J 11
- VO zum Abkommen Bundesrepublik Deutschland/Vereinigtes Königreich Großbritannien und Nordirland über den Verzicht auf die Erstattung von Aufwendungen für Sachleistungen bei Krankheit, Mutterschaft, Arbeitsunfall und Berufskrankheit, der Leistungen an Arbeitslose sowie der Kosten für verwaltungsmäßige und ärztliche Kontrolle
BR-Drs 448/77 = **32** H 12
- VO zum Abkommen Bundesrepublik Deutschland/Königreich Dänemark über den Verzicht auf die Erstattung von Aufwendungen für Sachleistungen bei Krankheit, Mutterschaft, Arbeitsunfall und Berufskrankheit, der Leistungen an Arbeitslose sowie der Kosten für verwaltungsmäßige und ärztliche Kontrollen
BR-Drs 534/79 = **117** N 6
- VO zur deutsch-niederländischen Vereinbarung über die Festsetzung eines Mindestbetrags für die Einziehung und Beitreibung von Beiträgen der Sozialen Sicherheit
BR-Drs 122/80 = **134** A 1

Spanien, Königreich
- *GesEntw zum Abkommen Bundesrepublik Deutschland/Königreich Spanien über Soziale Sicherheit und zum Ergänzungsabkommen*
1. und 2. Durchgang
BR-Drs 90/77 = **12** G 11
BR-Drs 266/77 = **22** K 1
BR-PlPr 443 = **1** A 1
BR-PlPr 447 = **1** G 10

GesEntw der Bundesregierung
BT-Drs 8/171 = **57** L 10
Bericht des Ausschusses für Arbeit und Sozialordnung
BT-Drs 8/436 = **65** F 4
1. Beratung
BT-PlPr 8/21 = **4** F 3
2. Beratung und Schlußabstimmung
BT-PlPr 8/30 = **6** K 5
- *GesEntw zum Übereinkommen Bundesrepublik Deutschland/Französische Republik/Königreich Spanien über die Erstreckung einiger Vorschriften über die Soziale Sicherheit*
1. und 2. Durchgang
BR-Drs 34/78 = **46** H 11
BR-Drs 199/78 = **58** D 10
BR-PlPr 454 = **2** A 5
BR-PlPr 458 = **2** F 7

GesEntw der Bundesregierung
BT-Drs 8/1533 = **97** O 10
Beschlußempfehlung des Ausschusses für Arbeit und Sozialordnung
BT-Drs 8/1637 = **101** B 9
1. Beratung
BT-PlPr 8/78 = **17** E 7
2. Beratung und Schlußabstimmung
BT-PlPr 8/86 = **18** O 1
- VO zum Abkommen Bundesrepublik Deutschland/Königreich Spanien über die steuerliche Behandlung von Straßenfahrzeugen im internationalen Verkehr
BR-Drs 489/79 = **115** J 3
- s a Entwurf eines Gesetzes zur Steuerentlastung und Familienförderung *(Steuerentlastungsgesetz 1981)*
BR-Drs 100/80 = **130** C 9
BR-Drs 107/80 = **132** B 10
BT-Drs 8/3666 = **172** D 10
BT-Drs 8/3701 = **173** L 6
BT-Drs 8/3901 = **179** K 3
BT-Drs 8/3902 = **179** N 3
- 6. VO zur Änderung der VO zur Durchführung des Spar-Prämiengesetzes
BR-Drs 210/77 = **19** A 2
- Allgemeine Verwaltungsvorschrift zur Änderung und Ergänzung der Richtlinien zum Spar-Prämiengesetz 1975
BR-Drs 392/78 = **70** L 1

Speisefett- und Speiseölraffination
- 4. Allgemeine Verwaltungsvorschrift über Mindestanforderungen an das Einleiten von Abwasser in Gewässer (Ölsaatenaufbereitung, Speisefett- und Speiseölraffination)
BR-Drs 93/80 = **130** M 11

Sperrguthabenvereinbarung
- Antrag betr Abkommen mit der DDR über den Transfer von Guthaben in bestimmten Fällen
BT-Drs 8/1837 = **108** B 14
Beratung
BT-PlPr 8/114 = **24** K 3
Beschlußempfehlung des Finanzausschusses
BT-Drs 8/2505 = **131** K 9
Beratung
BT-PlPr 8/138 = **29** O 4

Spiele
- VO zur Änderung der VO über das Verfahren bei der Erteilung von Unbedenklichkeitsbescheinigungen für die Veranstaltung anderer Spiele im Sinne des § 33 d Abs 1 der Gewerbeordnung
BR-Drs 360/77 = **26** D 5
BR-Drs 145/80 = **134** M 4
- 2. VO zur Änderung gewerberechtlicher Vorschriften
BR-Drs 442/79 = **112** J 12

Spielgeräte
- VO zur Änderung der VO über das Verfahren bei der Zulassung der Bauart von Spielgeräten
BR-Drs 351/77 = **25** L 11
- s a GesEntw zur Änderung der *Gewerbeordnung*
BR-Drs 81/78 = **50** A 11
BT-Drs 8/1863 = **108** N 5

Spielkartensteuer
- *GesEntw zur Abschaffung der Spielkarten-, Zündwaren- und Essigsäuresteuer*
1. und 2. Durchgang
BR-Drs 601/79 = **122** J 13
BR-Drs 296/80 = **145** B 11
BR-PlPr 482 = **4** K 5
BR-PlPr 488 = **5** E 6

GesEntw der Bundesregierung
BT-Drs 8/3687 = **173** D 2
Beschlußempfehlung des Finanzausschusses
BT-Drs 8/3964 = **182** K 8
Bericht des Haushaltsausschusses
BT-Drs 8/4014 = **184** K 11
1. Beratung
BT-PlPr 8/206 = **44** N 12
2. und 3. Beratung
BT-PlPr 8/218 = **47** J 7

Spielstraße
- VO zur Änderung der Straßenverkehrs-Ordnung
BR-Drs 267/80 = **141** M 7

Spionagefall Lutze/Wiegel
- Bericht des Untersuchungsausschusses
BT-Drs 8/2290 = **125** G 2
Berichtigung zum Bericht
BT-Drs 8/2350 = **127** J 9
Beratung der Beschlußempfehlung und des Berichts des Verteidigungsausschusses als Untersuchungsausschuß
BT-PlPr 8/123 = **26** G 12

Sport
- 4. Sportbericht der Bundesregierung
BR-Drs 355/78 = **68** F 5
BR-PlPr 469 = **3** G 7
BT-Drs 8/2033 = **115** N 8
Beschlußempfehlung des Sportausschusses
BT-Drs 8/3210 = **156** M 4
Beratung
BT-PlPr 8/181 = **38** O 12
- Bericht der Bundesregierung zum Stand der Verwirklichung der Entschließung des Deutschen Bundestages vom 19. 10. 1979
BT-Drs 8/4391 = **192** K 3

Sprecherausschüsse für Leitende Angestellte
- *GesEntw über die Errichtung von Sprecherausschüssen für Leitende Angestellte*
GesEntw der CDU/CSU
BT-Drs 8/3490 = **164** D 3
1. Beratung
BT-PlPr 8/205 = **44** J 1

Sprengstoff
- 1. VO zum Sprengstoffgesetz
BR-Drs 370/77 = **26** H 12
- 2. VO zum Sprengstoffgesetz
BR-Drs 385/77 = **27** G 1
- 4. VO zum Sprengstoffgesetz
BR-Drs 68/78 = **49** B 8
- Allgemeine Verwaltungsvorschrift zum Sprengstoffgesetz
BR-Drs 127/78 = **52** K 5
- 3. VO zum Sprengstoffgesetz
BR-Drs 198/78 = **58** C 13
- 7. VO zur Änderung der Listen der explosionsgefährlichen Stoffe
BR-Drs 125/79 = **93** D 11
- 1. VO zur Änderung der 1. VO zum Sprengstoffgesetz
BR-Drs 236/80 = **140** K 13

Sri Lanka, Demokratische Sozialistische Republik
- *Entwurf eines Gesetzes zu dem Abkommen Bundesrepublik Deutschland/Demokratische Sozialistische Republik Sri Lanka zur Vermeidung der Doppelbesteuerung und zur Verhinderung der Steuerverkürzung auf dem Gebiet der Steuern vom Einkommen und vom Vermögen*
  BR-Drs 634/80 = **162** K 1
- 9. VO zur Änderung der VO zur Durchführung des Ausländergesetzes
  (betr Visumzwang für Einreisende aus Sri Lanka)
  BR-Drs 146/80 = **134** M 9

Staatenlosigkeit
- *GesEntw zum Übereinkommen zur Verminderung der Staatenlosigkeit und zum Übereinkommen zur Verringerung der Fälle von Staatenlosigkeit*
  (BR-Drs 674/76)
  2. Durchgang
  BR-Drs 227/77 = **20** B 14
  BR-PlPr 446 = **1** E 7

  GesEntw der Bundesregierung
  BT-Drs 8/12 = **51** C 13
  Beschlußempfehlung des Innenausschusses
  BT-Drs 8/320 = **62** N 5
  1. Beratung
  BT-PlPr 8/7 = **1** F 4
  2. Beratung und Schlußabstimmung
  BT-PlPr 8/25 = **5** G 12
- *Entw eines Ausführungsgesetzes zum Übereinkommen zur Verminderung der Staatenlosigkeit und zum Übereinkommen zur Verringerung der Fälle von Staatenlosigkeit*
  (Ges zur Verminderung der Staatenlosigkeit)
  (BR-Drs 675/76)
  2. Durchgang
  BR-Drs 228/77 = **20** C 1
  BR-PlPr 446 = **1** E 7

  GesEntw der Bundesregierung
  BT-Drs 8/13 = **51** E 3
  Beschlußempfehlung des Innenausschusses
  BT-Drs 8/321 = **62** N 7
  1. Beratung
  BT-PlPr 8/7 = **1** F 4
  2. und 3. Beratung
  BT-PlPr 8/25 = **5** G 12

Staatsangehörigkeit
- *GesEntw des Landes Nordrhein-Westfalen für ein 4. Gesetz zur Regelung von Fragen der Staatsangehörigkeit*
  (betr Erwerb der deutschen Staatsangehörigkeit für ausländische Kinder der 2. Ausländergeneration)
  BR-Drs 52/80 = **128** E 13
  BR-PlPr 483 = **4** L 9
- Allgemeine Verwaltungsvorschrift zur Änderung der allgemeinen Verwaltungsvorschrift über Urkunden in Staatsangehörigkeitssachen
  BR-Drs 286/77 = **23** D 14

Staatsgrenze
- *GesEntw zum Vertrag Bundesrepublik Deutschland/Republik Österreich über den Verlauf der gemeinsamen Staatsgrenze im Grenzabschnitt „Dreieckmark-Dandlbachmündung" und in einem Teil des Grenzabschnitts „Scheibelberg-Bodensee" sowie über Befugnisse der Grenzkommission*
  1. und 2. Durchgang
  BR-Drs 197/78 = **58** C 6
  BR-Drs 28/79 = **86** N 6
  BR-PlPr 459 = **2** G 3
  BR-PlPr 469 = **3** G 7

  GesEntw der Bundesregierung
  BT-Drs 8/1904 = **109** O 14
  Beschlußempfehlung des Auswärtigen Ausschusses
  BT-Drs 8/2340 = **127** G 13
  1. Beratung
  BT-PlPr 8/100 = **22** B 11
  2. Beratung und Schlußabstimmung
  BT-PlPr 8/124 = **26** M 1

Staatshaftung
- s a GesEntw zur Änderung des *Grundgesetzes*
  (betr Staatshaftungsrecht)
  BR-Drs 214/78 = **59** J 12
  BT-Drs 8/2080 = **117** M 6
- *GesEntw eines Staatshaftungsgesetzes*
  1. und 2. Durchgang
  BR-Drs 215/78 = **59** K 14
  BR-Drs 299/80 = **145** C 9
  BR-PlPr 461 = **2** I 9
  BR-PlPr 489 = **5** G 14
  Vermittlungsverfahren:
  BR-Drs 424/80 = **149** G 6
  BR-PlPr 491 = **5** J 8

  GesEntw der Bundesregierung
  BT-Drs 8/2079 = **117** I 11
  Beschlußempfehlung des Rechtsausschusses
  BT-Drs 8/4026 = **185** C 1
  Bericht des Rechtsausschusses
  BT-Drs 8/4037 = **185** G 3
  2. Beschlußempfehlung des Rechtsausschusses
  BT-Drs 8/4144 = **188** B 13
  Bericht des Haushaltsausschusses
  BT-Drs 8/4145 = **188** D 5
  Anrufung des Vermittlungsausschusses
  BT-Drs 8/4342 = **192** C 2
  Ergebnis des Vermittlungsverfahrens
  BT-Drs 8/4366 = **192** G 12
  1. Beratung
  BT-PlPr 8/107 = **23** G 3
  2. und 3. Beratung
  BT-PlPr 8/220 = **48** C 8
  Verweigerung der Zustimmung durch den Bundesrat
  BT-Drs 8/4411 = **193** J 9

Staatsverschuldung
- Antwort auf Kleine Anfrage zum Schuldenstand des Bundes 1977
  BT-Drs 8/1051 = **83** G 6
- Antwort auf Kleine Anfrage zu Haushaltsmehrbelastungen des Bundes im Jahre 1980 und in den Folgejahren
  BT-Drs 8/3929 = **181** G 1

Stabilität
s Sachverständigenrat zur Begutachtung der Gesamtwirtschaftlichen Lage

Stabilitätsgesetz
- 6. Subventionsbericht
  BR-Drs 580/77 = **39** G 5
  BT-Drs 8/1195 = **87** N 12
- 7. Subventionsbericht
  BR-Drs 372/79 = **108** E 11
  BT-Drs 8/3097 = **151** E 5
- Antrag der CDU/CSU betr Anwendung des Stabilitätsgesetzes
  BT-Drs 8/876 = **78** F 2
  Beratung
  BT-PlPr 8/40 = **9** B 7
  Beschlußempfehlung des Finanzausschusses
  BT-Drs 8/983 = **81** C 14
  Bericht des Haushaltsausschusses
  BT-Drs 8/987 = **81** D 9
  Bericht des Finanzausschusses
  BT-Drs 8/992 = **81** E 5
  Beratung
  BT-PlPr 8/47 = **10** G 2

Stadt
s kommunale Selbstverwaltung

Stadtkerne
- *GesEntw zur Erhaltung und Modernisierung kulturhistorisch und städtebaulich wertvoller Stadtkerne/Gebäude*
  1. und 2. Durchgang
  BR-Drs 125/77 = **14** B 13
  BR-Drs 590/77 = **40** F 5
  BR-PlPr 446 = **1** E 7
  BR-PlPr 453 = **1** O 6

  GesEntw des Bundesrates
  BT-Drs 8/896 = **78** J 14
  Beschlußempfehlung des Finanzausschusses
  BT-Drs 8/1118 = **85** F 4
  Bericht des Haushaltsausschusses
  BT-Drs 8/1149 = **86** E 12
  1. Beratung
  BT-PlPr 8/44 = **9** K 8
  2. und 3. Beratung
  BT-PlPr 8/55 = **12** C 5

Städtebau
- *GesEntw zur Beschleunigung von Verfahren und zur Erleichterung von Investitionsvorhaben im Städtebaurecht*
  1. und 2. Durchgang
  BR-Drs 446/78 = **75** G 12
  BR-Drs 283/79 = **103** C 1
  BR-PlPr 465 = **3** C 4
  BR-PlPr 474 = **3** M 13

  GesEntw der Bundesregierung
  BT-Drs 8/2451 = **130** B 7
  Beschlußempfehlung des Ausschusses für Raumordnung, Bauwesen und Städtebau
  BT-Drs 8/2885 = **144** J 4
  1. Beratung
  BT-PlPr 8/129 = **27** L 9
  2. und 3. Beratung
  BT-PlPr 8/157 = **34** E 8
- Antwort auf Große Anfrage zur Städtebaupolitik
  BT-Drs 8/2085 = **117** O 11
  BT-PlPr 8/114 = **24** K 3

Städtebauförderungsgesetz
- 1. VO zur Änderung der VO über die Kosten der Ordnungsmaßnahmen nach § 41 Abs 2 des Städtebauförderungsgesetzes
  BR-Drs 416/78 = **72** J 6
- Allgemeine Verwaltungsvorschrift zur Änderung der Allgemeinen Verwaltungsvorschrift über den Einsatz von Förderungsmitteln nach dem Städtebauförderungsgesetz
  BR-Drs 417/78 = **72** J 8

Stärke
- VO über die Meldepflichten der Getreide-, Stärke- und Futtermittelwirtschaft (MeldeVO Getreide)
  BR-Drs 139/78 = **54** A 9

Stahl
s Europäische Gemeinschaft für Kohle und Stahl

Stahlindustrie
s a Eisen- und Stahlindustrie
- Mitteilung der Kommission der EG über Soziale Maßnahmen und Schaffung einer vorübergehenden Sonderbeihilfe für Arbeitnehmer im Rahmen der Umstrukturierung der Eisen- und Stahlindustrie
  BR-Drs 241/79 = **100** E 13
  BT-Drs 8/2979 = **147** B 14
  Beschlußempfehlung des Wirtschaftsausschusses
  BT-Drs 8/3496 = **164** G 2
- Mitteilung der Kommission der EG über Krisenmaßnahmen für die Eisen- und Stahlindustrie der Gemeinschaft im Jahre 1980
  BT-Drs 8/3586 = **167** G 2

Standesbeamte
- 3. Allgemeine Verwaltungsvorschrift zur Änderung der Allgemeinen Verwaltungsvorschrift zum Personenstandsgesetz (Dienstanweisung für die Standesbeamten und ihre Aufsichtsbehörden)
  BR-Drs 128/77 = **14** G 9

Stationierungskosten für ausländische Streitkräfte
s Bundeshaushaltsgesetz, Einzelplan 35 (Verteidigungslasten im Zusammenhang mit dem Aufenthalt ausländischer Streitkräfte)

Statistik
s a Statistikbereinigungsgesetz
- *GesEntw über eine Statistik im Güterkraftverkehr 1978*
  1. und 2. Durchgang
  BR-Drs 33/77 = **7** C 7
  BR-Drs 493/77 = **34** M 8
  BR-PlPr 443 = **1** A 1
  BR-PlPr 451 = **1** M 3

  GesEntw der Bundesregierung
  BT-Drs 8/177 = **58** C 6
  Beschlußempfehlung des Ausschusses für den Verkehr und das Post- und Fernmeldewesen
  BT-Drs 8/907 = **79** D 3
  Bericht des Haushaltsausschusses
  BT-Drs 8/908 = **79** D 5
  1. Beratung
  BT-PlPr 8/21 = **4** F 3
  2. und 3. Beratung
  BT-PlPr 8/44 = **9** K 8
- *Entw eines 2. Ges über die Durchführung von Statistiken der Bautätigkeit und die Fortschreibung des Gebäudebestandes*
  1. und 2. Durchgang
  BR-Drs 141/77 = **15** D 1
  BR-Drs 148/78 = **55** E 13
  BR-PlPr 445 = **1** C 12
  BR-PlPr 457 = **2** E 2
  Vermittlungsverfahren:
  BR-Drs 281/78 = **65** A 3
  BR-PlPr 460 = **2** H 2

  GesEntw der Bundesregierung
  BT-Drs 8/598 = **70** B 1
  Beschlußempfehlung des Ausschusses für Raumordnung, Bauwesen und Städtebau
  BT-Drs 8/1407 = **94** H 7
  Ergänzung zum Bericht des Ausschusses für Raumordnung, Bauwesen und Städtebau
  BT-Drs 8/1550 = **98** E 7
  Bericht des Haushaltsausschusses
  BT-Drs 8/1600 = **99** M 11
  Anrufung des Vermittlungsausschusses
  BT-Drs 8/1736 = **103** J 7
  Beschlußempfehlung des Vermittlungsausschusses
  BT-Drs 8/1934 = **111** C 2
  1. Beratung
  BT-PlPr 8/35 = **7** O 8
  2. und 3. Beratung
  BT-PlPr 8/78 = **17** E 7
  Beratung der Beschlußempfehlung des Vermittlungsausschusses
  BT-PlPr 8/100 = **22** B 11
- *GesEntw über eine Düngemittelstatistik*
  1. und 2. Durchgang
  BR-Drs 142/77 = **15** E 1
  BR-Drs 492/77 = **34** M 7
  BR-PlPr 445 = **1** C 12
  BR-PlPr 451 = **1** M 3

  GesEntw der Bundesregierung
  BT-Drs 8/371 = **64** J 12
  Beschlußempfehlung des Ausschusses für Ernährung, Landwirtschaft und Forsten
  BT-Drs 8/891 = **78** I 7
  Bericht des Haushaltsausschusses
  BT-Drs 8/938 = **80** A 2
  1. Beratung
  BT-PlPr 8/30 = **6** K 5
  2. und 3. Beratung
  BT-PlPr 8/44 = **9** K 8
- *GesEntw über die Durchführung einer Repräsentativstatistik auf dem Gebiet des Wohnungswesens (Wohnungsstichprobengesetz 1978)*
  1. und 2. Durchgang
  BR-Drs 277/77 = **22** N 13
  BR-Drs 547/77 = **36** N 3
  BR-PlPr 448 = **1** H 13
  BR-PlPr 452 = **1** N 11

  GesEntw der Bundesregierung
  BT-Drs 8/921 = **79** I 10
  Beschlußempfehlung des Ausschusses für Raumordnung, Bauwesen und Städtebau
  BT-Drs 8/1054 = **83** H 5
  Bericht des Haushaltsausschusses
  BT-Drs 8/1102 = **84** G 14
  1. Beratung
  BT-PlPr 8/47 = **10** G 2
  2. und 3. Beratung
  BT-PlPr 8/52 = **11** H 10
- *GesEntw über die Statistik des Warenverkehrs mit der DDR und Berlin (Ost)*
  1. und 2. Durchgang
  BR-Drs 398/77 = **28** C 2
  BR-Drs 234/78 = **62** A 9
  BR-PlPr 450 = **1** K 11
  BR-PlPr 459 = **2** G 3

  GesEntw der Bundesregierung
  BT-Drs 8/1488 = **96** A 5
  Beschlußempfehlung des Wirtschaftsausschusses
  BT-Drs 8/1777 = **104** N 14
  1. Beratung
  BT-PlPr 8/75 = **16** L 2
  2. und 3. Beratung
  BT-PlPr 8/90 = **19** N 1
- *GesEntw über eine Zählung in der Landwirtschaft (Landwirtschaftszählungsgesetz 1979)*
  1. und 2. Durchgang
  BR-Drs 414/77 = **29** D 8
  BR-Drs 158/78 = **55** I 4
  BR-PlPr 450 = **1** K 11
  BR-PlPr 457 = **2** E 2

  GesEntw der Bundesregierung
  BT-Drs 8/1273 = **90** L 5
  Beschlußempfehlung des Ausschusses für Ernährung, Landwirtschaft und Forsten
  BT-Drs 8/1563 = **99** A 4
  Bericht des Haushaltsausschusses
  BT-Drs 8/1610 = **100** D 2
  1. Beratung
  BT-PlPr 8/63 = **13** L 10
  2. und 3. Beratung
  BT-PlPr 8/81 = **17** N 12
- *GesEntw über die Statistik im Handel und Gastgewerbe (Handelsstatistikgesetz)*
  1. und 2. Durchgang
  BR-Drs 438/77 = **31** M 2
  BR-Drs 319/78 = **66** J 3
  BR-PlPr 451 = **1** M 3
  BR-PlPr 461 = **2** I 9
  Vermittlungsverfahren:
  BR-Drs 429/78 = **73** N 4
  BR-PlPr 462 = **2** L 11

  GesEntw der Bundesregierung
  BT-Drs 8/1766 = **104** I 2
  Beschlußempfehlung des Wirtschaftsausschusses
  BT-Drs 8/1927 = **110** N 6
  Bericht des Haushaltsausschusses
  BT-Drs 8/1947 = **112** M 6
  Anrufung des Vermittlungsausschusses
  BT-Drs 8/1984 = **113** G 12
  Beschlußempfehlung des Vermittlungsausschusses
  BT-Drs 8/2089 = **118** H 8
  1. Beratung
  BT-PlPr 8/93 = **20** G 10
  2. und 3. Beratung
  BT-PlPr 8/100 = **22** B 11
  Beratung der Beschlußempfehlung des Vermittlungsausschusses
  BT-PlPr 8/104 = **22** L 14
- *Entwurf eines 2. Ges. zur Änderung des Ges über Bodennutzungs- und Ernteerhebung*
  1. und 2. Durchgang
  BR-Drs 556/77 = **37** E 7
  BR-Drs 323/78 = **66** K 7
  BR-PlPr 453 = **1** O 6
  BR-PlPr 461 = **2** I 9

  GesEntw der Bundesregierung
  BT-Drs 8/1616 = **100** J 8
  Beschlußempfehlung des Ausschusses für Ernährung, Landwirtschaft und Forsten
  BT-Drs 8/1913 = **110** D 3
  1. Beratung
  BT-PlPr 8/83 = **18** F 5
  2. und 3. Beratung
  BT-PlPr 8/100 = **22** B 11

- *GesEntw über die Statistik für Bundeszwecke (Bundesstatistikgesetz)*
  1. und 2. Durchgang
  BR-Drs 443/78 = **75 B 1**
  BR-Drs 589/79 = **121 N 1**
  BR-PlPr 465 = **3 C 4**
  BR-PlPr 481 = **4 I 5**
  Vermittlungsverfahren:
  BR-Drs 14/80 = **125 K 12**
  BR-PlPr 482 = **4 K 5**

  GesEntw der Bundesregierung
  BT-Drs 8/2517 = **131 N 13**
  Beschlußempfehlung des Innenausschusses
  BT-Drs 8/3413 = **161 I 3**
  Anrufung des Vermittlungsausschusses
  BT-Drs 8/3533 = **165 B 13**
  Beschlußempfehlung des Vermittlungsausschusses
  BT-Drs 8/3602 = **168 J 8**
  1. Beratung
  BT-PlPr 8/138 = **29 O 4**
  2. und 3. Beratung
  BT-PlPr 8/189 = **40 J 14**
  Beratung der Beschlußempfehlung des Vermittlungsausschusses
  BT-PlPr 8/199 = **43 B 5**
- *GesEntw über eine Volks-, Berufs- und Arbeitsstättenzählung (Volkszählungsgesetz 1981)*
  1. und 2. Durchgang
  BR-Drs 444/78 = **75 D 7**
  BR-Drs 588/79 = **121 M 4**
  BR-PlPr 465 = **3 C 4**
  BR-PlPr 481 = **4 I 5**
  1. Vermittlungsverfahren:
  BR-Drs 13/80 = **125 K 9**
  BR-PlPr 482 = **4 K 5**
  Unterrichtung betr erneute Anrufung des Vermittlungsausschusses
  BR-Drs 111/80 = **133 H 5**
  2. Vermittlungsverfahren:
  BR-Drs 321/80 = **146 A 12**
  BR-PlPr 488 = **5 E 6**

  GesEntw der Bundesregierung
  BT-Drs 8/2516 = **131 N 3**
  Beschlußempfehlung des Innenausschusses
  BT-Drs 8/3412 = **161 H 10**
  Bericht des Haushaltsausschusses
  BT-Drs 8/3449 = **163 A 4**
  1. Beratung
  BT-PlPr 8/138 = **29 O 4**
  2. und 3. Beratung
  BT-PlPr 8/189 = **40 J 14**
  1. Anrufung des Vermittlungsausschusses
  BT-Drs 8/3535 = **165 C 2**
  1. Beschlußempfehlung des Vermittlungsausschusses
  BT-Drs 8/3601 = **168 J 7**
  Beratung der 1. Beschlußempfehlung
  BT-PlPr 8/199 = **43 B 5**
  Verweigerung der Zustimmung durch den Bundesrat
  BT-Drs 8/3653 = **171 J 6**
  erneute Anrufung des Vermittlungsausschusses
  BT-Drs 8/3697 = **173 K 8**
  2. Beschlußempfehlung des Vermittlungsausschusses
  BT-Drs 8/4094 = **185 O 7**
  Beratung der 2. Beschlußempfehlung
  BT-PlPr 8/220 = **48 C 8**
  Verweigerung der Zustimmung durch den Bundesrat
  BT-Drs 8/4214 = **189 D 12**
- *Entw eines 2. ÄndGes zum Ges über die Finanzstatistik*
  1. Durchgang
  BR-Drs 184/79 = **96 J 13**
  BR-PlPr 473 = **3 L 2**

  GesEntw der Bundesregierung
  BT-Drs 8/3054 = **150 B 8**
  Beschlußempfehlung des Innenausschusses
  BT-Drs 8/3417 = **161 J 4**
  Berichtigung zur Beschlußempfehlung des Innenausschusses
  BT-Drs 8/3428 = **162 K 11**
  Bericht des Haushaltsausschusses
  BT-Drs 8/3444 = **162 O 13**
  1. Beratung
  BT-PlPr 8/172 = **37 E 1**
  2. Beratung
  BT-PlPr 8/189 = **40 J 14**

  dann zusammengeführt mit:
  Entw eines *Statistikbereinigungsgesetzes*
- *GesEntw über die Beherbergung im Reiseverkehr (Beherbergungsstatistikgesetz)*
  1. und 2. Durchgang
  BR-Drs 388/79 = **109 I 12**
  BR-Drs 283/80 = **143 H 5**
  BR-PlPr 478 = **4 E 10**
  BR-PlPr 488 = **5 E 6**

  GesEntw der Bundesregierung
  BT-Drs 8/3623 = **168 N 9**
  Beschlußempfehlung des Wirtschaftsausschusses
  BT-Drs 8/3970 = **183 D 14**
  Bericht des Haushaltsausschusses
  BT-Drs 8/4005 = **184 A 14**
  1. Beratung
  BT-PlPr 8/203 = **44 A 13**
  2. und 3. Beratung
  BT-PlPr 8/216 = **47 A 10**
- *GesEntw zur Änderung des 2. Baustatistikgesetzes*
  1. Durchgang
  BR-Drs 40/80 = **126 K 8**
  BR-PlPr 484 = **4 N 4**

  GesEntw des Bundesrates
  BT-Drs 8/4274 = **190 C 8**
- *GesEntw über die Statistik der Straßen in den Gemeinden 1981*
  1. Durchgang
  BR-Drs 135/80 = **134 D 3**
  BR-PlPr 485 = **5 A 10**

  GesEntw der Bundesregierung
  BT-Drs 8/4038 = **185 G 7**
  Beschlußempfehlung des Ausschusses für Verkehr und für das Post- und Fernmeldewesen
  BT-Drs 8/4255 = **189 L 1**
  Bericht des Haushaltsausschusses
  BT-Drs 8/4320 = **190 M 8**
  1. Beratung
  BT-PlPr 8/220 = **48 C 8**
  2. Beratung
  BT-PlPr 8/225 = **49 F 14**
- 3. Bericht des Ausschusses für die Hochschulstatistik nach § 21 Abs 2 des Ges über eine Bundesstatistik für das Hochschulwesen
  BR-Drs 78/78 = **49 I 11**
  BT-Drs 8/1451 = **95 H 12**
- 4. Bericht des Ausschusses für die Hochschulstatistik für den Berichtszeitraum 1978/79
  BR-Drs 46/80 = **126 M 13**
  BT-Drs 8/3591 = **168 H 4**
- Bericht über das Ergebnis der Überprüfung des Aufgabenprogramms der Bundesstatistik durch den Abteilungsleiterausschuß Statistik
  BR-Drs 141/78 = **54 F 2**
- VO zur Durchführung des Ges über die Statistik der Wirtschaftsrechnungen privater Haushalte
  BR-Drs 47/77 = **8 E 7**
- 6. VO zur Änderung der VO zur Durchführung des Ges über die Statistik des grenzüberschreitenden Warenverkehrs
  BR-Drs 183/77 = **17 G 12**
- VO über die statistische Erfassung des Material- und Wareneingangs im Bergbau und im Verarbeitenden Gewerbe sowie im Baugewerbe
  BR-Drs 396/77 = **28 B 5**
- VO zur Durchführung einer Zusatzstatistik auf dem Gebiet der Sozialhilfe über Hilfe zur Pflege
  BR-Drs 426/77 = **30 M 14**
- VO über die Meldepflichten der Getreide-, Stärke- und Futtermittelwirtschaft (MeldeVO Getreide)
  BR-Drs 139/78 = **54 A 9**
- VO zur Änderung der Erhebungstermine für die Abfallstatistiken
  BR-Drs 505/78 = **77 O 2**
- VO über Zusatzprogramme zum Mikrozensus in den Jahren 1979–1981
  BR-Drs 40/79 = **87 E 11**
- VO nach § 5 Abs 3 Nr 1 des Ges über Umweltstatistiken (3. AbwasserschädlichkeitsVO)
  BR-Drs 359/79 = **106 I 13**
- UNESCO-Empfehlung zur internationalen Vereinheitlichung der Statistiken über Wissenschaft und Technologie
  BR-Drs 374/79 = **109 B 12**
- Überarbeitete UNESCO-Empfehlung zur internationalen Vereinheitlichung der Erziehungsstatistiken
  BR-Drs 375/79 = **109 D 2**
- Allgemeine Verwaltungsvorschrift über die Statistik in der Rentenversicherung
  BR-Drs 434/79 = **112 E 2**
- Allgemeine Verwaltungsvorschrift über die Statistik in der Rentenversicherung
  BR-Drs 105/80 = **131 K 5**

Statistikbereinigungsgesetz
- *GesEntw zur Änderung statistischer Rechtsvorschriften*
  1. und 2. Durchgang
  BR-Drs 442/78 = **74 L 4**
  BR-Drs 590/79 = **121 N 11**
  BR-PlPr 465 = **3 C 4**
  BR-PlPr 481 = **4 I 5**
  Vermittlungsverfahren:
  BR-Drs 15/80 = **125 K 14**
  BR-PlPr 482 = **4 K 5**

  GesEntw der Bundesregierung
  BT-Drs 8/2518 = **131 O 12**
  Beschlußempfehlung des Innenausschusses
  BT-Drs 8/3417 = **161 J 4**

Berichtigung zur Beschlußempfehlung des Innenausschusses
BT-Drs 8/3428 = **162 K 11**
Anrufung des Vermittlungsausschusses
BT-Drs 8/3534 = **165 B 14**
Beschlußempfehlung des Vermittlungsausschusses
BT-Drs 8/3603 = **168 J 9**
1. Beratung
BT-PlPr 8/138 = **29 O 4**
2. und 3. Beratung
BT-PlPr 8/189 = **40 J 14**
Beratung der Beschlußempfehlung des Vermittlungsausschusses
BT-PlPr 8/199 = **43 B 5**

Staustufen
s Grenzabfertigung

Steinkohle
s a Ausgleichsfonds zur Sicherung des Steinkohleneinsatzes
Kohle
– *GesEntw zur Änderung energierechtlicher Vorschriften*
(betr Verstromungsgesetze, Energiewirtschaftsgesetz und GesEntw über Meldungen der Unternehmen des deutschen Steinkohlebergbaus)
1. und 2. Durchgang
BR-Drs 403/77 = **28 F 4**
BR-Drs 569/77 = **38 D 6**
BR-PlPr 450 = **1 K 11**
BR-PlPr 452 = **1 N 11**

GesEntw der Bundesregierung
BT-Drs 8/1030 = **82 D 9**
Beschlußempfehlung des Wirtschaftsausschusses
BT-Drs 8/1126 = **85 I 6**
Bericht des Haushaltsausschusses
BT-Drs 8/1148 = **86 E 11**
1. Beratung
BT-PlPr 8/50 = **10 N 14**
2. und 3. Beratung
BT-PlPr 8/55 = **12 C 5**
– s a Entwurf eines 2. Gesetzes zur Änderung *energierechtlicher* Vorschriften
(betr Verlängerung der Subventionen für den Steinkohlebergbau)
BR-Drs 182/80 = **136 N 3**
BT-Drs 8/3917 = **180 I 8**
– s a GesEntw zur Änderung des Ges über das Zollkontingent für feste *Brennstoffe*
BR-Drs 370/79 = **108 C 1**
BT-Drs 8/3520 = **164 K 10**
– Vorschlag einer VO des Rates der EG zur Förderung des Kohleeinsatzes bei der Stromerzeugung
BR-Drs 53/77 = **9 J 11**
BT-Drs 8/78 = **54 A 2**

Stellenzulage
s Besoldungsrecht

Steueränderungsgesetz 1977
– *GesEntw zur Änderung des Umsatzsteuergesetzes, des Bundeskindergeldgesetzes, des Einkommensteuergesetzes und anderer Gesetze*
(StÄndG 1977)
(betr Anhebung des Umsatzsteuersatzes von 11 v.H. auf 13 v.H. und von 5,5 v.H. auf 6,5 v.H., Erhöhung des Kindergeldes u.a.)
1. und 2. Durchgang
BR-Drs 145/77 = **15 F 4**
BR-Drs 284/77 = **23 C 3**
BR-PlPr 445 = **1 C 12**
BR-PlPr 447 = **1 G 10**
BR-PlPr 448 = **1 H 13**

GesEntw der Bundesregierung
BT-Drs 8/292 = **62 F 3**
Beschlußempfehlung des Finanzausschusses
BT-Drs 8/555 = **68 N 5**
BT-Drs 8/582 = **69 L 2**
1. Beratung
BT-PlPr 8/23 = **4 N 12**
2. und 3. Beratung
BT-PlPr 8/32 = **7 C 9**

Steueränderungsgesetz 1978
– *GesEntw zur Änderung des Einkommensteuergesetzes und anderer Gesetze*
(StÄndG 1978)
(betr steuerliche Behandlung von Künstlern und eines Unterhalt zahlenden Elternteils)
1. Durchgang
BR-Drs 273/78 = **64 L 4**
BR-PlPr 461 = **2 I 9**

GesEntw der Bundesregierung
BT-Drs 8/2116 = **119 M 6**
Beschlußempfehlung des Finanzausschusses
BT-Drs 8/2200 = **122 H 5**
Bericht des Finanzausschusses
BT-Drs 8/2201 = **122 H 13**

zusammengeführt mit:
Entw eines *Steueränderungsgesetzes 1979*

Steueränderungsgesetz 1979
– *GesEntw zur Änderung des Einkommensteuergesetzes, des Gewerbesteuergesetzes, des Umsatzsteuergesetzes und anderer Gesetze*
(StÄndG 1979)
(betr Senkung Einkommensteuertarif, Anhebung des Mehrwertsteuersatzes, u.a.)
1. und 2. Durchgang
BR-Drs 386/78 = **70 C 9**
BR-Drs 480/78 = **77 D 3**
BR-PlPr 462 = **2 L 11**
BR-PlPr 464 = **3 B 3**
1. Vermittlungsverfahren:
BR-Drs 500/78 = **77 M 5**
BR-PlPr 465 = **3 C 4**
Unterrichtung durch die Bundesregierung
BR-Drs 539/78 = **80 M 4**
2. Vermittlungsverfahren:
BR-Drs 550/78 = **80 O 7**
BR-PlPr 466 = **3 E 1**

GesEntw der SPD/FDP
BT-Drs 8/2100 = **118 K 12**
GesEntw der Bundesregierung
BT-Drs 8/2118 = **119 O 1**
Beschlußempfehlung des Finanzausschusses
BT-Drs 8/2200 = **122 H 5**
Bericht des Finanzausschusses
BT-Drs 8/2201 = **122 H 13**
Bericht des Haushaltsausschusses
BT-Drs 8/2207 = **122 J 5**
Änderungsanträge zur 2. Beratung
BT-Drs 8/2216 = **122 K 6**
BT-Drs 8/2218 = **122 K 10**
1. Anrufung des Vermittlungsausschusses
BT-Drs 8/2245 = **123 M 6**
Ergebnis des 1. Vermittlungsverfahrens
BT-Drs 8/2260 = **124 G 9**
2. Anrufung des Vermittlungsausschusses
BT-Drs 8/2281 = **125 D 12**
2. Beschlußempfehlung des Vermittlungsausschusses
BT-Drs 8/2300 = **125 J 12**
1. Beratung
BT-PlPr 8/103 = **22 J 9**
BT-PlPr 8/104 = **22 L 14**
BT-PlPr 8/105 = **23 B 7**
BT-PlPr 8/107 = **23 G 3**
2. und 3. Beratung
BT-PlPr 8/111 = **24 C 10**
BT-PlPr 8/112 = **24 G 13**
Beratung der 2. Beschlußempfehlung des Vermittlungsausschusses
BT-PlPr 8/118 = **25 H 1**

Steueraufkommen
– VO über die Ermittlung der Schlüsselzahlen für die Aufteilung des Gemeindeanteils an der Einkommensteuer für das Jahr 1981
BR-Drs 536/80 = **156 N 7**

Steuerbeamte
– Ausbildungs- und Prüfungsordnung für die Steuerbeamten
BR-Drs 117/77 = **13 J 7**
– Ausbildungs- und Prüfungsordnung für die Steuerbeamten
(Neufassung der VO)
BR-Drs 259/77 = **21 H 7**

Steuerberatungsgesetz
– s a GesEntw zur Änderung und Vereinfachung des *Einkommensteuergesetzes* und anderer Gesetze
BR-Drs 600/79 = **122 G 5**
BT-Drs 8/3688 = **173 D 7**
– 1. VO zur Änderung der VO zur Durchführung des § 118 des Steuerberatungsgesetzes
BR-Drs 242/77 = **20 J 1**
– VO zur Durchführung der Vorschriften über Steuerberater, Steuerbevollmächtigte und Steuerberatungsgesellschaften
BR-Drs 271/79 = **102 A 8**

Steuerbevollmächtigte
– VO zur Durchführung der Vorschriften über Steuerberater, Steuerbevollmächtigte und Steuerberatungsgesellschaften
BR-Drs 271/79 = **102 A 8**

Steuerentlastung
– *GesEntw zur Verbesserung der wirtschaftlichen Rahmenbedingungen und Steuerentlastung*
(betr Tariffreibetrag, Kinderlastenausgleich, steuerliche Anreize, u.a.)
1. Durchgang
BR-Drs 445/77 = **32 E 12**
BR-PlPr 449 = **1 J 5**
BR-PlPr 461 = **2 I 9**

GesEntw des Bundesrates
BT-Drs 8/2130 = **120 H 10**
Beschlußempfehlung des Finanzausschusses
BT-Drs 8/2202 = **122 I 5**
Bericht des Haushaltsausschusses
BT-Drs 8/2208 = **122 J 7**
1. Beratung
BT-PlPr 8/107 = **23 G 3**
2. Beratung
BT-PlPr 8/111 = **24 C 10**
BT-PlPr 8/112 = **24 G 13**

- *GesEntw zum Abbau der Überbesteuerung der Arbeitnehmer und Betriebe sowie zur Erhöhung des Kindergelds für Kinderreiche*
  (Steuerentlastungsgesetz 1978)
  GesEntw der CDU/CSU
  BT-Drs 8/592 = **69** O 11
  Beschlußempfehlung des Finanzausschusses
  BT-Drs 8/985 = **81** D 5
  Bericht des Haushaltsausschusses
  BT-Drs 8/988 = **81** D 10
  Bericht des Finanzausschusses
  BT-Drs 8/992 = **81** E 5
  Änderungsantrag
  BT-Drs 8/995 = **81** E 13
  1. Beratung
  BT-PlPr 8/40 = **9** B 7
  2. Beratung
  BT-PlPr 8/47 = **10** G 2
- *GesEntw zur Steuerentlastung und Investitionsförderung*
  GesEntw der Bundesregierung
  1. Durchgang
  BR-Drs 430/77 = **30** O 12
  BR-PlPr 449 = **1** J 5
  GesEntw der SPD/FDP
  Bundesratsdurchgang
  BR-Drs 468/77 = **33** F 2
  BR-PlPr 450 = **1** K 11
  Vermittlungsverfahren:
  BR-Drs 522/77 = **35** M 10
  BR-PlPr 451 = **1** M 3

  GesEntw der SPD/FDP
  BT-Drs 8/900 = **78** M 4
  GesEntw der Bundesregierung
  BT-Drs 8/974 = **80** L 6
  Beschlußempfehlung des Finanzausschusses zum GesEntw der SPD/FDP
  BT-Drs 8/984 = **81** D 2
  Beschlußempfehlung des Finanzausschusses zum GesEntw der Bundesregierung
  BT-Drs 8/986 = **81** D 7
  gemeinsamer Bericht des Haushaltsausschusses
  BT-Drs 8/988 = **81** D 10
  gemeinsamer Bericht des Finanzausschusses
  BT-Drs 8/992 = **81** E 5
  Änderungsantrag der CDU/CSU zur 2. Beratung des GesEntw der SPD/FDP
  BT-Drs 8/993 = **81** E 10
  Änderungsantrag der CDU/CSU zur 3. Beratung des GesEntw der SPD/FDP
  BT-Drs 8/994 = **81** E 11
  1. Beratung des GesEntw der Bundesregierung
  BT-PlPr 8/45 = **10** C 7
  2. Beratung des GesEntw der Bundesregierung
  BT-PlPr 8/47 = **10** G 2
  1. Beratung des GesEntw der SPD/FDP
  BT-PlPr 8/42 = **9** F 1
  2. und 3. Beratung des GesEntw der SPD/FDP
  BT-PlPr 8/47 = **10** G 2
  Beratung des Antrags des Vermittlungsausschusses zum GesEntw der SPD/FDP
  BT-PlPr 8/52 = **11** H 10
- *Entw eines Steuerentlastungsgesetzes 1980*
  (betr Einführung eines Kinderfreibetrages, Korrektur Steuertarif, u. a.)
  1. Durchgang
  BR-Drs 466/79 = **114** J 13
  BR-PlPr 477 = **4** B 11
  BR-PlPr 478 = **4** E 10
  Unterrichtung über Ablehnung des GesEntw
  BR-Drs 344/80 = **146** G 12

  GesEntw des Bundesrates
  BT-Drs 8/3456 = **163** B 7
  Beschlußempfehlung des Finanzausschusses
  BT-Drs 8/4032 = **185** E 12
  Bericht des Haushaltsausschusses
  BT-Drs 8/4084 = **185** N 8
  1. Beratung
  BT-PlPr 8/200 = **43** F 4
  2. Beratung
  BT-PlPr 8/218 = **47** J 7
- *Entwurf eines Gesetzes zum Abbau der heimlichen Steuererhöhungen und zur Entlastung der Familien*
  (Steuer- und Familienentlastungsgesetz 1981)
  GesEntw des Bundesrats
  1. Durchgang
  BR-Drs 107/80 = **132** B 10
  BR-PlPr 483 = **4** L 9
  BR-PlPr 484 = **4** N 4
  Unterrichtung über Ablehnung des GesEntw
  BR-Drs 345/80 = **146** G 13

  GesEntw der CDU/CSU
  BT-Drs 8/3666 = **172** D 10
  GesEntw des Bundesrates
  BT-Drs 8/3902 = **179** N 3
  Beschlußempfehlung des Finanzausschusses
  BT-Drs 8/4032 = **185** E 12
  Bericht des Haushaltsausschusses
  BT-Drs 8/4084 = **185** N 8
  1. Beratung des GesEntw der CDU/CSU
  BT-PlPr 8/206 = **44** N 12
  1. Beratung des GesEntw des Bundesrates
  BT-PlPr 8/210 = **45** L 12
  2. Beratung beider GesEntwürfe
  BT-PlPr 8/218 = **47** J 7
- *Entwurf eines Gesetzes zur Steuerentlastung und Familienförderung (Steuerentlastungsgesetz 1981)*
  GesEntw der Bundesregierung
  1. Durchgang
  BR-Drs 100/80 = **130** O 9
  BR-PlPr 484 = **4** N 4
  GesEntw der SPD/FDP Bundesratsdurchgang
  BR-Drs 294/80 = **144** O 1
  BR-PlPr 488 = **5** E 6
  Vermittlungsverfahren zum GesEntw der SPD/FDP:
  BR-Drs 416/80 = **149** E 13
  BR-PlPr 490 = **5** I 2

  GesEntw der SPD/FDP
  BT-Drs 8/3701 = **173** L 6
  GesEntw der Bundesregierung
  BT-Drs 8/3901 = **179** K 3
  Beschlußempfehlung des Finanzausschusses
  BT-Drs 8/4021 = **184** L 12
  Bericht des Finanzausschusses
  BT-Drs 8/4031 = **185** E 8
  Bericht des Haushaltsausschusses
  BT-Drs 8/4083 = **185** N 7
  Anrufung des Vermittlungsausschusses
  BT-Drs 8/4215 = **189** D 13
  Beschlußempfehlung des Vermittlungsausschusses zum GesEntw der SPD/FDP
  BT-Drs 8/4365 = **192** F 4
  1. Beratung des GesEntw der SPD/FDP
  BT-PlPr 8/206 = **44** N 12
  1. Beratung des GesEntw der Bundesregierung
  BT-PlPr 8/210 = **45** L 12
  2. Beratung des GesEntw der Bundesregierung
  BT-PlPr 8/218 = **47** J 7
  2. und 3. Beratung des GesEntw der SPD/FDP
  BT-PlPr 8/218 = **47** J 7
  Beratung der Beschlußempfehlung des Vermittlungsausschusses zum GesEntw der SPD/FDP
  BT-PlPr 8/230 = **50** K 7

Steuererstattung
- VO über die Übermittlung von Sammelanträgen auf Vergütung von Körperschaftsteuer und Erstattung von Kapitalertragsteuer auf maschinell verwertbaren Datenträgern
  BR-Drs 58/78 = **48** L 7

Steuerharmonisierung
- Vorschlag einer EG-Richtlinie zur Harmonisierung der Körperschaftsteuersysteme und der Regelungen der Quellensteuer und Dividenden auf Investmenteinrichtungen
  BR-Drs 363/78 = **68** N 5
  BT-Drs 8/2059 = **116** N 8

Steuerhinterziehung
- Beschlußempfehlung und Bericht des Finanzausschusses zum Vorschlag einer EG-Richtlinie über Amtshilfe zwischen den zuständigen Behörden der EG im Bereich der direkten Steuern
  (BT-Drs 7/3081
  BR-Drs 284/76)
  BT-Drs 8/281 = **61** M 10

Steuerliche Abschreibung
- *GesEntw zur Erhöhung des Weihnachts-Freibetrages und Verbesserung der Abschreibungsbedingungen*
  1. Durchgang
  BR-Drs 446/77 = **32** G 13
  BR-PlPr 449 = **1** J 5

  GesEntw des Bundesrates
  BT-Drs 8/990 = **81** D 14
  1. Beratung
  BT-PlPr 8/47 = **10** G 2
- s a GesEntw über steuerliche Vergünstigungen bei der Herstellung oder Anschaffung bestimmter *Wohngebäude*
  (§ 7b Einkommensteuergesetz)
  BR-Drs 110/77 = **13** F 6
  BT-Drs 8/286 = **62** A 5
- Bericht der Bundesregierung zur Umstellung des § 7b EStG auf ein anderes Förderungsmittel
  BT-Drs 8/2555 = **134** B 14
- s a GesEntw zur Änderung des Einkommensteuergesetzes, des *Körperschaftsteuergesetzes* und anderer Gesetze
  BR-Drs 511/79 = **117** A 7
  BT-Drs 8/3648 = **171** B 2

Steuerpolitik
s Integrationsbericht der Bundesregierung

Steuerprüfung
- Allgemeine Verwaltungsvorschrift für die Betriebsprüfung
  (Betriebsprüfungsordnung/Steuer)
  BR-Drs 649/77 = **42** K 9

Steuerrecht
- *GesEntw zur Vereinfachung des deutschen Steuerrechts durch Abschaffung der Bagatellsteuern*
  GesEntw der CDU/CSU
  BT-Drs 8/2726 = **140** F 13
  Beschlußempfehlung des Finanzausschusses
  BT-Drs 8/3964 = **182** K 8
  Bericht des Haushaltsausschusses
  BT-Drs 8/4014 = **184** K 11
  1. Beratung
  BT-PlPr 8/164 = **35** N 4
  2. Beratung
  BT-PlPr 8/218 = **47** J 7
- Bericht über die Vollverzinsung von Steuerschulden
  BT-Drs 8/1410 = **94** J 3
- Bericht der Bundesregierung über die steuerliche Behandlung der Umwandlung von Mietwohnungen in Eigentumswohnungen
  BT-Drs 8/4035 = **185** F 6

Steuerrichtlinien
- Allg. Verwaltungsvorschrift zur Änderung und Ergänzung der Vermögensteuer-Richtlinien für die Vermögensteuer-Hauptveranlagung 1980
  BR-Drs 289/80 = **144** G 6
- s a Einkommensteuer
- s a Gewerbesteuer

Steuerveranlagung
- 2. VO zur Änderung der Einkommensteuer-DurchführungsVO 1975
  BR-Drs 297/77 = **23** L 11
- VO zur Änd der Einkommensteuer-DurchführungsVO 1977
  BR-Drs 222/78 = **60** K 6
- 3. VO zur Änd der Einkommensteuer-DurchführungsVO 1977
  BR-Drs 352/80 = **146** L 4

Steuervergünstigungen
s a Subventionsbericht
- Verwaltungsanordnung über die besondere Anerkennung steuerbegünstigter Ausgaben – hier: Zuwendungen an den „Weißen Ring“
  BR-Drs 355/77 = **26** A 13

Stiftung
- Bericht über die steuerliche Belastung von Zuwendungen, die Stiftungen ihren Destinatären gewähren
  BT-Drs 8/3165 = **155** G 13

Stiftung Bundeskanzler-Adenauer-Haus
- *GesEntw über die Errichtung einer Stiftung Bundeskanzler-Adenauer-Haus*
  1. und 2. Durchgang
  BR-Drs 405/77 = **28** K 14
  BR-Drs 449/78 = **75** M 4
  BR-PlPr 450 = **1** K 11
  BR-PlPr 463 = **2** N 14

  GesEntw der Bundesregierung
  BT-Drs 8/1230 = **90** C 10
  Beschlußempfehlung des Innenausschusses
  BT-Drs 8/1954 = **112** N 14
  Bericht des Haushaltsausschusses
  BT-Drs 8/2135 = **120** I 14
  1. Beratung
  BT-PlPr 8/63 = **13** L 10
  2. und 3. Beratung
  BT-PlPr 8/107 = **23** G 3

Stiftung für ehemalige politische Häftlinge
- s GesEntw eines 8. ÄndGes zum *Häftlingshilfegesetz*
  BR-Drs 445/79 = **112** N 4
  BT-Drs 8/3292 = **158** O 13

Stiftung „Hilfswerk für behinderte Kinder“
- *Entw eines 2. ÄndGes zum Ges über die Errichtung der Stiftung „Hilfswerk für behinderte Kinder“*
  (betr Vermögensaufstockung und Erhöhung der Renten)
  1. und 2. Durchgang
  BR-Drs 438/79 = **112** G 9
  BR-Drs 606/79 = **122** L 10
  BR-PlPr 478 = **4** E 10
  BR-PlPr 481 = **4** I 5

  GesEntw der Bundesregierung
  BT-Drs 8/3293 = **159** A 2
  Beschlußempfehlung des Ausschusses für Jugend, Familie und Gesundheit
  BT-Drs 8/3451 = **163** A 9
  Bericht des Haushaltsausschusses
  BT-Drs 8/3489 = **164** D 2
  1. Beratung
  BT-PlPr 8/186 = **39** O 4
  2. und 3. Beratung
  BT-PlPr 8/193 = **41** L 4

Störfall
- ... VO zur Durchführung des Bundes-Immissionsschutzgesetzes
  (Störfall-Verordnung)
  BR-Drs 108/80 = **132** G 11
- 1. Allg. Verwaltungsvorschrift zur Störfall-VO
  BR-Drs 626/80 = **161** O 5

Strafgesetzbuch
s Schwangerschaftsabbruch
  Strafrechtsänderungsgesetz
  Terrorismus
  Versammlungsgesetz

Strafprozeßrecht
s a Strafverfahrensänderungsgesetz
- *GesEntw zur Änderung der Strafprozeßordnung und des Strafvollzugsgesetzes*
  (betr Überwachung des mündlichen und schriftlichen Verkehrs des Inhaftierten mit seinem Verteidiger)
  1. Durchgang
  BR-Drs 535/77 = **36** F 12
  BR-PlPr 451 = **1** M 3

  GesEntw des Bundesrates
  BT-Drs 8/1283 = **91** A 11
  Beschlußempfehlung des Rechtsausschusses
  BT-Drs 8/1482 = **95** N 7
  1. Beratung
  BT-PlPr 8/61 = **13** E 9
  2. Beratung
  BT-PlPr 8/72 = **16** B 8
- *GesEntw zur Änderung der Strafprozeßordnung*
  (betr Terrorismusbekämpfung)
  Bundesratsdurchgang
  BR-Drs 100/78 = **51** B 6
  BR-PlPr 455 = **2** C 1
  Vermittlungsverfahren:
  BR-Drs 164/78 = **55** K 12
  BR-PlPr 456 = **2** D 11
  Unterrichtung über Zurückweisung des Einspruchs des Bundesrates
  BR-Drs 189/78 = **57** M 7

  (dieser GesEntw wurde ursprünglich eingebracht als GesEntw der CDU/CSU)
  BT-Drs 8/322 = **62** N 10
  BT-Drs 8/996 = **81** E 14

  Beschlußempfehlung des Rechtsausschusses
  BT-Drs 8/1482 = **95** N 7
  Änderungsantrag der SPD/FDP
  BT-Drs 8/1509 = **97** J 6
  Änderungsantrag der CDU/CSU
  BT-Drs 8/1511 = **97** J 8
  Bericht des Haushaltsausschusses
  BT-Drs 8/1516 = **97** K 13
  Anrufung des Vermittlungsausschusses
  BT-Drs 8/1644 = **101** C 11
  Beschluß des Vermittlungsausschusses
  BT-Drs 8/1673 = **101** N 5
  Unterrichtung durch den Bundesrat
  BT-Drs 8/1690 = **102** H 10
  2. und 3. Beratung
  BT-PlPr 8/72 = **16** B 6
  Beratung des Einspruchs des Bundesrats
  BT-PlPr 8/83 = **18** F 5
- Bericht über die Erfahrungen beim Vollzug des Gesetzes zur Änderung der Strafprozeßordnung vom 14. 4. 1978
  BT-Drs 8/3564 = **166** D 14

Strafrecht
- Bericht über die Frage der Notwendigkeit eines neuen Straftatbestandes zum Schutz der im gerichtlichen Mahnverfahren in Anspruch genommenen Partei
  BT-Drs 8/4347 = **192** C 10

Strafrechtsänderungsgesetz
- *Entw eines 16./18. Strafrechtsänderungsgesetzes – Ges zur Bekämpfung der Umweltkriminalität*
  1. und 2. Durchgang
  BR-Drs 399/78 = **71** D 9
  BR-Drs 85/80 = **130** G 5
  BR-PlPr 463 = **2** N 14
  BR-PlPr 484 = **4** N 4

  GesEntw der Bundesregierung
  BT-Drs 8/2382 = **128** J 1
  Beschlußempfehlung des Rechtsausschusses
  BT-Drs 8/3633 = **169** L 5
  nunmehr:
  18. Strafrechtsänderungsgesetz
  1. Beratung
  BT-PlPr 8/129 = **27** L 9
  2. und 3. Beratung
  BT-PlPr 8/201 = **43** J 1
- *Entw eines Strafrechtsänderungsgesetzes*
  (betr Änderung des § 353c StGB)
  GesEntw der CDU/CSU
  BT-Drs 8/2282 = **125** D 14
  Beschlußempfehlung des Rechtsausschusses
  BT-Drs 8/3313 = **159** I 13
  1. Beratung
  BT-PlPr 8/124 = **26** M 1
  2. Beratung
  BT-PlPr 8/186 = **39** O 4
- *Entw eines 17./19. Strafrechtsänderungsgesetzes*
  (betr lebenslange Freiheitsstrafe)
  1. und 2. Durchgang
  BR-Drs 2/79 = **84** I 2
  BR-Drs 278/80 = **143** E 9
  BR-PlPr 469 = **3** G 7
  BR-PlPr 488 = **5** E 6

Vermittlungsverfahren:
BR-Drs 422/80 = **149** G 4
BR-PlPr 491 = **5** J 8

GesEntw der Bundesregierung
BT-Drs 8/3218 = **157** A 13
Beschlußempfehlung des Rechtsausschusses
BT-Drs 8/3857 = **178** H 3
nunmehr:
19. Strafrechtsänderungsgesetz
Änderungsantrag zur 2. Beratung
BT-Drs 8/3997 = **183** L 13
1. Beratung
BT-PlPr 8/181 = **38** O 12
2. und 3. Beratung
BT-PlPr 8/216 = **47** A 10
Anrufung des Vermittlungsausschusses
BT-Drs 8/4218 = **189** E 8
Ergebnis des Vermittlungsverfahrens
BT-Drs 8/4362 = **192** F 1
Einspruch des Bundesrates
BT-Drs 8/4413 = **193** J 11
– *Entw eines 16./18. Strafrechtsänderungsgesetzes*
(betr Verjährung von Mord)
Bundesratsdurchgang
BR-Drs 345/79 = **106** B 10
BR-PlPr 476 = **4** A 4

GesEntw der SPD/FDP
BT-Drs 8/2653 = **138** G 11
Bericht des Rechtsausschusses
BT-Drs 8/3032 = **149** I 9
Änderungsantrag zur zweiten Beratung
BT-Drs 8/3041 = **149** N 4
1. Beratung
BT-PlPr 8/145 = **31** K 10
2. und 3. Beratung
BT-PlPr 8/166 = **36** D 12
verkündet als:
16. Strafrechtsänderungsgesetz
– *Entw eines 17./19. Strafrechtsänderungsgesetzes*
(betr Offenbarung von Geheimnissen)
1. und 2. Durchgang
BR-Drs 157/79 = **94** N 6
BR-Drs 577/79 = **121** H 12
BR-PlPr 472 = **3** K 1
BR-PlPr 481 = **4** I 5

GesEntw der Bundesregierung
BT-Drs 8/3067 = **150** G 14
Beschlußempfehlung des Rechtsausschusses
BT-Drs 8/3313 = **159** I 13
nunmehr:
17. Strafrechtsänderungsgesetz
1. Beratung
BT-PlPr 8/172 = **37** E 1
2. und 3. Beratung
BT-PlPr 8/186 = **39** O 4
– *Entw eines Strafrechtsänderungsgesetzes*
(betr Aufhebung des § 88 a StGB)
Bundesratsdurchgang
BR-Drs 332/80 = **146** E 1
BR-PlPr 489 = **5** G 14
Vermittlungsverfahren:
BR-Drs 423/80 = **149** G 5
BR-PlPr 491 = **5** J 8

GesEntw der SPD/FDP
BT-Drs 8/3911 = **180** G 10
Beschlußempfehlung des Rechtsausschusses
BT-Drs 8/4137 = **187** C 14
1. Beratung
BT-PlPr 8/216 = **47** A 10
2. und 3. Beratung
BT-PlPr 8/220 = **48** C 8
Anrufung des Vermittlungsausschusses
BT-Drs 8/4343 = **192** C 4
Einigungsvorschlag des Vermittlungsausschusses
BT-Drs 8/4367 = **192** G 13
Einspruch des Bundesrates
BT-Drs 8/4414 = **193** J 12

Strafverfahren
– *GesEntw zur Beschleunigung strafrechtlicher Verfahren*
(betr Änderungen der StPO)
1. Durchgang
BR-Drs 74/77 = **10** M 1
BR-PlPr 443 = **1** A 1

GesEntw des Bundesrates
BT-Drs 8/354 = **64** B 12
Beschlußempfehlung des Rechtsausschusses
BT-Drs 8/1844 = **108** F 14
1. Beratung
BT-PlPr 8/32 = **7** C 9
2. Beratung
BT-PlPr 8/95 = **20** N 5
– *GesEntw zur Beschleunigung strafrechtlicher Verfahren*
(betr Einstellungsmöglichkeiten bei unwesentlichen Nebenstraftaten)
BT-Drs 8/323 = **62** O 1
Beschlußempfehlung des Rechtsausschusses
BT-Drs 8/1844 = **108** F 14
1. Beratung
BT-PlPr 8/25 = **5** G 12
2. Beratung
BT-PlPr 8/95 = **20** N 5

Strafverfahrensänderungsgesetz
– *Entw eines Strafverfahrensänderungsgesetzes 1979*
(betr Gerichtsverfahren)
1. und 2. Durchgang
BR-Drs 420/77 = **30** B 2
BR-Drs 300/78 = **65** K 6
BR-PlPr 449 = **1** J 5
BR-PlPr 461 = **2** I 9
Vermittlungsverfahren:
BR-Drs 425/78 = **73** M 13
BR-PlPr 462 = **2** L 11

GesEntw der Bundesregierung
BT-Drs 8/976 = **80** M 1
1. Beschlußempfehlung des Rechtsausschusses
BT-Drs 8/1482 = **95** N 7
Änderungsanträge zur 2. Beratung
BT-Drs 8/1509 = **97** J 6
BT-Drs 8/1511 = **97** J 8
1. Beratung
BT-PlPr 8/53 = **11** L 14
2. Beratung
BT-PlPr 8/72 = **16** B 8
2. Beschlußempfehlung des Rechtsausschusses
BT-Drs 8/1844 = **108** F 14
Änderungsantrag der CDU/CSU
BT-Drs 8/1877 = **109** E 9
2. und 3. Beratung
BT-PlPr 8/95 = **20** N 5
Anrufung des Vermittlungsausschusses
BT-Drs 8/1988 = **113** H 6
Ergebnis des Vermittlungsverfahrens
BT-Drs 8/2094 = **118** I 12

Strafverfolgungsmaßnahmen
– *Entw zur Änderung des Ges über die Entschädigung für Strafverfolgungsmaßnahmen*
1. Durchgang
BR-Drs 17/77 = **6** J 2
BR-PlPr 443 = **1** A 1

GesEntw des Bundesrates
BT-Drs 8/473 = **66** J 14
1. Beratung
BT-PlPr 8/32 = **7** C 9

Strafvollzugsgesetz
s a Strafvollzugsrecht
Versammlungsgesetz
– *Entw eines ÄndGes*
(betr zwangsweise medizinische Ernährung von Gefangenen)
1. Durchgang
BR-Drs 449/77 = **32** I 5
BR-PlPr 454 = **2** A 5

GesEntw des Bundesrates
BT-Drs 8/1727 = **103** D 2
1. Beratung
BT-PlPr 8/95 = **20** N 5
– *GesEntw zur Änderung der Strafprozeßordnung und des Strafvollzuggesetzes*
(betr. Überwachung des mündlichen und schriftlichen Verkehrs des Inhaftierten mit seinem Verteidiger)
BR-Drs 535/77 = **36** F 12
BR-PlPr 451 = **1** M 3

GesEntw des Bundesrates
BT-Drs 8/1283 = **91** A 11
Beschlußempfehlung des Rechtsausschusses
BT-Drs 8/1482 = **95** N 7
1. Beratung
BT-PlPr 8/61 = **13** E 9
2. Beratung
BT-PlPr 8/72 = **16** B 8

Strafvollzugsrecht
– *Entw eines 1. Ges zur Fortentwicklung des Strafvollzuges – 1. Strafvollzugs-Fortentwicklungsgesetz*
(betr Sozialversicherung und Arbeitsentgelt der Gefangenen)
1. und 2. Durchgang
BR-Drs 397/79 = **110** B 4
BR-Drs 282/80 = **143** G 8
BR-PlPr 477 = **4** B 11
BR-PlPr 488 = **5** E 6
BR-PlPr 489 = **5** G 14
BR-PlPr 490 = **5** I 2
Unterrichtung durch die Bundesregierung
BR-Drs 434/80 = **149** L 12

GesEntw der Bundesregierung
BT-Drs 8/3335 = **160** A 11
Beschlußempfehlung des Rechtsausschusses
BT-Drs 8/3958 = **182** I 14
Bericht des Haushaltsausschusses
BT-Drs 8/4003 = **184** A 12
Verweigerung der Zustimmung durch den Bundesrat
BT-Drs 8/4394 = **192** K 11
Anrufung des Vermittlungsausschusses
BT-Drs 8/4396 = **192** K 13
1. Beratung
BT-PlPr 8/189 = **40** J 14
2. und 3. Beratung
BT-PlPr 8/216 = **47** A 10

– *Entwurf eines 1. Gesetzes zur Fortentwicklung des Strafvollzuges*
BR-Drs 637/80 = **162** N 9

Strahlenbelastung
– Bericht der Bundesregierung über Umweltradioaktivität und Strahlenbelastung 1975
BT-Drs 8/311 = **62** K 14
Beschlußempfehlung des Innenausschusses
BT-Drs 8/1329 = **92** H 1
– Bericht über Umweltradioaktivität und Strahlenbelastung 1976
BT-Drs 8/1682 = **102** D 11
Beschlußempfehlung des Innenausschusses
BT-Drs 8/3330 = **159** N 12
Bericht des Haushaltsausschusses
BT-Drs 8/3447 = **163** A 2
Beratung
BT-PlPr 8/189 = **40** J 14
– Bericht über Umweltradioaktivität und Strahlenbelastung 1977
BT-Drs 8/3119 = **153** J 3
Berichtigung
BT-Drs 8/3324 = **159** N 5
Beschlußempfehlung des Innenausschusses
BT-Drs 8/3330 = **159** N 12
Bericht des Haushaltsausschusses
BT-Drs 8/3447 = **163** A 2
Beratung
BT-PlPr 8/189 = **40** J 14
– Bericht über Umweltradioaktivität und Strahlenbelastung 1978
BT-Drs 8/4101 = **186** B 2

Strahlenschutz
– Vorschlag einer EURATOM-Richtlinie zur Abänderung der Richtlinien, mit denen die Grundnormen für den Gesundheitsschutz der Bevölkerung und der Arbeitskräfte gegen die Gefahren ionisierender Strahlen festgelegt wurden
BR-Drs 107/79 = **92** M 8
BT-Drs 8/2967 = **146** N 3
Beschlußempfehlung des Innenausschusses
BT-Drs 8/3491 = **164** D 9
– Vorschlag für einen EG-Beschluß zur Festlegung eines Fünfjahresforschungs- und Ausbildungsprogramms (1980–1984) der Europäischen Atomgemeinschaft auf dem Gebiet Biologie – Gesundheitsschutz
BR-Drs 210/79 = **98** H 11
Beschlußempfehlung des Innenausschusses
BT-Drs 8/3492 = **164** D 11

Straßenbau
– s a Gemeindestraßenstatistikgesetz
– Straßenbaubericht 1976
BT-Drs 8/713 = **72** K 14
– Straßenbaubericht 1977
BT-Drs 8/2017 = **114** N 1
– Straßenbaubericht 1978
BT-Drs 8/3116 = **153** D 8
– Straßenbaubericht 1979
BT-Drs 8/4129 = **186** J 7

Straßengüternahverkehr
s Güterkraftverkehr

Straßenverkehr
s a FerienreiseVO
– *GesEntw zu den Übereinkommen über den Straßenverkehr und über Straßenverkehrszeichen, zu den Europäischen Zusatzübereinkommen zu diesen Übereinkommen sowie zum Protokoll über Straßenmarkierungen*
1. und 2. Durchgang
BR-Drs 35/77 = **7** D 12
BR-Drs 314/77 = **24** H 13
BR-PlPr 443 = **1** A 1
BR-PlPr 448 = **1** H 13

GesEntw der Bundesregierung
BT-Drs 8/178 = **58** C 9
Beschlußempfehlung des Verkehrsausschusses
BT-Drs 8/486 = **66** M 12
1. Beratung
BT-PlPr 8/21 = **4** F 3
2. Beratung und Schlußabstimmung
BT-PlPr 8/32 = **7** C 9
– Unfallverhütungsbericht Straßenverkehr: Bericht über unfallverhütende Maßnahmen 1975, 1976 und 1977
BT-Drs 8/1403 = **94** A 7
– Unfallverhütungsbericht 1979
BT-Drs 8/3548 = **165** E 6
– Antwort auf Große Anfrage zu Tendenzen zum Protektionismus im internationalen Verkehr
BT-Drs 8/3199 = **156** J 7
– s a GesEntw zum Schutz gegen Verkehrslärm an Straßen und Schienenwegen *(Verkehrslärmschutzgesetz)*
BR-Drs 3/78 = **44** D 8
BT-Drs 8/1671 = **101** K 11
– s a GesEntw zum Europäischen Übereinkommen über die internationale Beförderung gefährlicher *Güter* auf der Straße
BR-Drs 186/79 = **96** M 11
BT-Drs 8/3001 = **148** A 3
– VO über den Ausgleich gemeinwirtschaftlicher Leistungen im Straßenpersonenverkehr
BR-Drs 246/77 = **20** K 6
– VO über die Beförderung gefährlicher Güter auf der Straße
BR-Drs 272/79 = **102** C 10
– VO zur Änderung straßenverkehrsrechtlicher Vorschriften
(betr Fahrerlaubnisrecht)
BR-Drs 275/79 = **102** H 8
– VO zur Sicherstellung des Straßenverkehrs (betr Verteidigungsfall)
BR-Drs 263/80 = **141** J 8

Straßenverkehr, internationaler
– *GesEntw zum Abkommen Bundesrepublik Deutschland/Volksrepublik Polen über die steuerliche Behandlung des internationalen Straßenverkehrs*
1. und 2. Durchgang
BR-Drs 32/78 = **46** H 2
BR-Drs 286/78 = **65** C 14
BR-PlPr 454 = **2** A 5
BR-PlPr 460 = **2** H 2

GesEntw der Bundesregierung
BT-Drs 8/1534 = **98** A 1
Beschlußempfehlung des Finanzausschusses
BT-Drs 8/1796 = **105** N 11
1. Beratung
BT-PlPr 8/78 = **17** E 7
2. Beratung und Schlußabstimmung
BT-PlPr 8/95 = **20** N 5
– *GesEntw zur Vereinbarung Bundesrepublik Deutschland/Italienische Republik über steuerliche Erleichterungen im grenzüberschreitenden deutsch-italienischen Straßenverkehr*
1. und 2. Durchgang
BR-Drs 33/78 = **46** H 6
BR-Drs 287/78 = **65** D 1
BR-PlPr 454 = **2** A 5
BR-PlPr 460 = **2** H 2

GesEntw der Bundesregierung
BT-Drs 8/1535 = **98** A 5
Beschlußempfehlung des Finanzausschusses
BT-Drs 8/1795 = **105** N 9
1. Beratung
BT-PlPr 8/78 = **17** E 7
2. Beratung und Schlußabstimmung
BT-PlPr 8/95 = **20** N 5
– *GesEntw zum Abkommen Bundesrepublik Deutschland/Regierung von Irland über die steuerliche Behandlung von Straßenfahrzeugen im internationalen Verkehr*
1. und 2. Durchgang
BR-Drs 91/78 = **50** J 4
BR-Drs 286/78 = **65** C 14
BR-PlPr 455 = **2** C 1
BR-PlPr 460 = **2** H 2

GesEntw der Bundesregierung
BT-Drs 8/1659 = **101** H 5
Beschlußempfehlung des Finanzausschusses
BT-Drs 8/1794 = **105** N 7
1. Beratung
BT-PlPr 8/86 = **18** O 1
2. Beratung und Schlußabstimmung
BT-PlPr 8/95 = **20** N 5
– *GesEntw zum Abkommen Bundesrepublik Deutschland/Hellenische Republik über die steuerliche Behandlung von Straßenfahrzeugen im internationalen Verkehr*
1. und 2. Durchgang
BR-Drs 407/78 = **72** C 14
BR-Drs 113/79 = **93** B 5
BR-PlPr 463 = **2** N 14
BR-PlPr 471 = **3** J 3

GesEntw der Bundesregierung
BT-Drs 8/2231 = **123** A 8
Beschlußempfehlung des Finanzausschusses
BT-Drs 8/2574 = **135** K 13
1. Beratung
BT-PlPr 8/120 = **25** L 1
2. Beratung und Schlußabstimmung
BT-PlPr 8/141 = **30** I 6
– *GesEntw zum Abkommen Bundesrepublik Deutschland/Königreich Schweden über die steuerliche Behandlung von Straßenfahrzeugen im internationalen Verkehr*
1. und 2. Durchgang
BR-Drs 411/78 = **72** G 1
BR-Drs 114/79 = **93** B 6
BR-PlPr 463 = **2** N 14
BR-PlPr 471 = **3** J 3

GesEntw der Bundesregierung
BT-Drs 8/2235 = **123** G 10
Beschlußempfehlung des Finanzausschusses
BT-Drs 8/2575 = **135** L 1
1. Beratung
BT-PlPr 8/120 = **25** L 1
2. Beratung und Schlußabstimmung
BT-PlPr 8/141 = **30** I 6
– VO zum Abkommen mit der Regierung der Union der Sozialistischen Sowjetrepubliken über die gegenseitige Steuerbefreiung von Straßenfahrzeugen im internationalen Verkehr
BR-Drs 258/80 = **141** H 11

– VO zum Abkommen mit der Regierung der Portugiesischen Republik über die steuerliche Behandlung von Straßenfahrzeugen im internationalen Verkehr
BR-Drs 259/80 = **141** H 14
– VO zum Abkommen mit der Regierung der Volksrepublik Bulgarien über die Befreiung von Steuern und Gebühren für Fahrzeuge im internationalen Straßenverkehr
BR-Drs 260/80 = **141** I 3

Straßenverkehrsgesetz
– *Entw eines Ges zur Änd des Straßenverkehrsgesetzes*
(betr Einfluß des Bundestages auf Rechtsverordnungen im Straßenverkehr)
Bundesratsdurchgang
BR-Drs 542/78 = **80** N 6
BR-PlPr 468 = **3** E 13

GesEntw der CDU/CSU
BT-Drs 8/744 = **73** K 1
Beschlußempfehlung des Rechtsausschusses
BT-Drs 8/2266 = **124** N 5
1. Beratung
BT-PlPr 8/59 = **12** O 13
2. und 3. Beratung
BT-PlPr 8/117 = **25** D 2
Anrufung des Vermittlungsausschusses
BT-Drs 8/2432 = **129** J 11
– *GesEntw zur Änderung des Straßenverkehrsgesetzes*
(betr Diebstahl von Fahrzeugkennzeichen, Fahrzeugpapieren und Fahrzeugen)
1. und 2. Durchgang
BR-Drs 422/77 = **30** K 2
BR-Drs 322/78 = **66** K 3
BR-PlPr 449 = **1** J 5
BR-PlPr 461 = **2** I 9

GesEntw der Bundesregierung
BT-Drs 8/971 = **80** K 6
Beschlußempfehlung des Ausschusses für Verkehr und für das Post- und Fernmeldewesen
BT-Drs 8/1922 = **110** E 13
Bericht des Haushaltsausschusses
BT-Drs 8/1948 = **112** M 8
1. Beratung
BT-PlPr 8/47 = **10** G 2
2. und 3. Beratung
BT-PlPr 8/101 = **22** F 10
– *Entw eines Ges zur Änd des Straßenverkehrsgesetzes*
(betr insbesondere Parkplätze, Fußgängerzonen und Verkehrsbeschränkungen in Wohngebieten)
1. und 2. Durchgang
BR-Drs 158/79 = **94** O 9
BR-Drs 116/80 = **133** M 14
BR-PlPr 472 = **3** K 1
BR-PlPr 484 = **4** N 4

GesEntw der Bundesregierung
BT-Drs 8/3150 = **155** B 13
Beschlußempfehlung des Ausschusses für Verkehr und für das Post- und Fernmeldewesen
BT-Drs 8/3622 = **168** N 3
1. Beratung
BT-PlPr 8/172 = **37** E 1
2. und 3. Beratung
BT-PlPr 8/203 = **44** A 13

Straßenverkehrs-Ordnung
– Allgemeine Verwaltungsvorschrift zur Änderung der Allgemeinen Verwaltungsvorschrift zur Straßenverkehrs-Ordnung
(betr Rennen, Umzüge und Busspuren)
BR-Drs 11/79 = **85** H 5
– VO zur Änderung der Straßenverkehrs-Ordnung
(betr Schutzkleidung)
BR-Drs 162/78 = **55** J 7
– VO zur Änderung der Straßenverkehrs-Ordnung
BR-Drs 267/80 = **141** M 7
– Allgemeine Verwaltungsvorschrift zur Änderung der Allgemeinen Verwaltungsvorschrift zur Straßenverkehrs-Ordnung
BR-Drs 268/80 = **142** A 8
– Entschließung des BR zur Verbesserung der Verkehrssicherheit durch Maßnahmen auf dem Gebiet der Straßenverkehrsordnung
(betr Schutzkleidung)
BR-Drs 103/77 = **13** B 4

Straßenverkehrs-Zulassungs-Ordnung
– VO zur Änderung der Straßenverkehrs-Zulassungs-Ordnung
(betr Sicherheitsgurte)
BR-Drs 562/78 = **82** L 2
– VO zur Neufassung der Kraftfahrzeugsteuer-DurchführungsVO und zur Änderung der Straßenverkehrs-Zulassungs-Ordnung
BR-Drs 234/79 = **100** A 2
– VO zur Änderung der Straßenverkehrs-Zulassungs-Ordnung
BR-Drs 508/79 = **116** G 9
– 2. VO zur Änderung straßenverkehrsrechtlicher Vorschriften
BR-Drs 490/80 = **154** G 13

Streckenstillegung
– Entschließung des BR zur Aufgabe des Streckenstillegungskonzepts der Deutschen Bundesbahn
BR-Drs 367/79 = **108** A 10
BR-PlPr 477 = **4** B 11

Stromerzeugung
– Vorschlag einer EG-VO über finanzielle Maßnahmen der EG zur Förderung des Kohleeinsatzes für die Stromerzeugung
BR-Drs 53/77 = **9** J 11

Strukturpolitik, regionale
– *Entw zur Änd des Ges über die Gemeinschaftsaufgabe „Verbesserung der regionalen Wirtschaftsstruktur"*
BR-Drs 603/79 = **122** K 14
BR-PlPr 481 = **4** I 5
– Antwort auf Große Anfrage zur sektoralen Strukturpolitik
BT-Drs 8/1607 = **100** C 5
BT-PlPr 8/88 = **19** G 7
– Vorschlag einer EG-VO über die Durchführung einer Strukturerhebung 1979 bei den landwirtschaftlichen Betrieben
BR-Drs 384/77 = **27** F 8
– s a Integrationsbericht der Bundesregierung
– s a Jahreswirtschaftsbericht der Bundesregierung

Studenten
– Antwort auf Große Anfrage zu Fragen der Entwicklung des Hochschulbereichs
BT-Drs 8/4459 = **194** N 2

Studienplatz
– Bericht über verwaltungsgerichtliche Verfahren zur Erreichung eines Studienplatzes
BT-Drs 8/2698 = **139** H 14

Studium
s Hochschulrahmengesetz

Subventionsabbaugesetz
– *Entwurf eines Gesetzes zum Abbau von Subventionen und sonstigen Vergünstigungen, zur Erhöhung der Postablieferung sowie zur Klarstellung von Wohngeldregelungen*
BR-Drs 631/80 = **162** C 14

Subventionsbericht der Bundesregierung
– 6. Bericht der Bundesregierung über die Entwicklung der Finanzhilfen und Steuervergünstigungen für die Jahre 1975 bis 1978 gem § 12 des Ges zur Förderung der Stabilität und des Wachstums der Wirtschaft
BR-Drs 580/77 = **39** G 5
BT-Drs 8/1195 = **87** N 12
– 7. Bericht der Bundesregierung über die Entwicklung der Finanzhilfen und Steuervergünstigungen für die Jahr 1977 bis 1980 gem § 12 des Ges zur Förderung der Stabilität und des Wachstums der Wirtschaft
BR-Drs 372/79 = **108** E 11
BT-Drs 8/3097 = **151** E 5
BT-PlPr 8/224 = **49** B 10

Subventionspolitik
– Antwort auf Große Anfrage zur Subventionspolitik der Bundesregierung
BT-Drs 8/3429 = **162** K 12
BT-PlPr 8/224 = **49** B 10

Suchtstoffe
s Betäubungsmittel

Südafrika
– Antwort auf Große Anfrage zur Beurteilung der Apartheidpolitik durch die Bundesregierung
BT-Drs 8/1408 = **94** H 13
– 36. Änderungs-VO zur Ausfuhrliste
(betr Waffenembargo)
BT-Drs 8/1778 = **104** O 2
Bericht des Wirtschaftsausschusses
BT-Drs 8/1862 = **108** N 3
– 40. Änderungs-VO zur Außenwirtschaftsverordnung
(betr Waffenembargo)
BT-Drs 8/1641 = **101** C 4
Bericht des Wirtschaftsausschusses
BT-Drs 8/1752 = **104** C 5

Sukzessivlieferungsverträge
– Erfahrungsbericht mit der Abzahlungsnovelle 1974 (Abzahlungsgesetz)
BT-Drs 8/234 = **60** F 6
Beschlußempfehlung des Rechtsausschusses
BT-Drs 8/2179 = **122** A 10

Syrien, Arabische Republik
– *GesEntw zu den Abkommen: Mitgliedstaaten der EGKS/Arabische Republik Ägypten/Haschemitisches Königreich Jordanien/Arabische Republik Syrien und Libanesische Republik*
1. und 2. Durchgang
BR-Drs 262/78 = **64** D 11
BR-Drs 72/79 = **89** M 1

BR-PlPr 461 = **2** I 9
BR-PlPr 470 = **3** I 8

GesEntw der Bundesregierung
BT-Drs 8/1998 = **113** L 7
Beschlußempfehlung des Wirtschaftsausschusses
BT-Drs 8/2520 = **132** C 3
1. Beratung
BT-PlPr 8/107 = **23** G 3
2. Beratung und Schlußabstimmung
BT-PlPr 8/138 = **29** O 4
– *GesEntw zu dem Abkommen Bundesrepublik Deutschland/Arabische Republik Syrien über die Förderung und den gegenseitigen Schutz von Kapitalanlagen*
1. und 2. Durchgang
BR-Drs 410/78 = **72** F 1
BR-Drs 73/79 = **89** M 2
BR-PlPr 463 = **2** N 14
BR-PlPr 470 = **3** I 8

GesEntw der Bundesregierung
BT-Drs 8/2236 = **123** H 1
Beschlußempfehlung des Wirtschaftsausschusses
BT-Drs 8/2543 = **133** N 12
1. Beratung
BT-PlPr 8/120 = **25** L 1
2. Beratung und Schlußabstimmung
BT-PlPr 8/138 = **29** O 4
– VO zur Änderung des Deutschen Teil-Zolltarifs
(Nr 11/77 – Besondere Zollsätze gegenüber Ägypten, Jordanien, Libanon und Syrien – EGKS)
BR-Drs 419/77 = **30** A 13
BT-Drs 8/898 = **78** K 7
Beschlußempfehlung des Wirtschaftsausschusses
BT-Drs 8/1198 = **88** K 8
– Vorschlag einer EG-VO über den Abschluß eines Interimsabkommens EWG/Arabische Republik Syrien
BT-Drs 8/50 = **52** J 5
Beschlußempfehlung des Wirtschaftsausschusses
BT-Drs 8/356 = **64** C 11

T

Tabak
– VO über Tabakerzeugnisse
BR-Drs 479/77 = **33** O 10
– VO über Pflanzenbehandlungsmittel in oder auf Lebensmitteln pflanzlicher Herkunft und Tabakerzeugnissen
(HöchstmengenVO Pflanzenbehandlungsmittel)
BR-Drs 22/78 = **45** N 1
– VO zur Bekämpfung der Blauschimmelkrankheit des Tabaks
BR-Drs 43/78 = **47** A 9

Tabaksteuergesetz
– *Entw eines Tabaksteuergesetzes 1980*
1. und 2. Durchgang
BR-Drs 229/79 = **99** M 7
BR-Drs 560/79 = **119** O 5
BR-PlPr 474 = **3** M 13
BR-PlPr 480 = **4** G 13

GesEntw der Bundesregierung
BT-Drs 8/3114 = **153** C 3
Beschlußempfehlung des Finanzausschusses
BT-Drs 8/3349 = **160** E 8
1. Beratung
BT-PlPr 8/169 = **36** K 13
2. und 3. Beratung
BT-PlPr 8/186 = **39** O 4

Tafelwasser
– VO zur Änderung der Trinkwasser-Verordnung und der VO über Tafelwässer
BR-Drs 183/80 = **137** A 13

Tarifbericht
– Bericht über die Möglichkeiten zur Einführung eines Einkommensteuertarifs mit durchgehendem Progressionsverlauf
BT-Drs 8/62 = **53** G 7
Beratung
BT-PlPr 8/23 = **4** N 12
Beschlußempfehlung des Finanzausschusses
BT-Drs 8/1887 = **109** G 13
Änderungsantrag zur Beschlußempfehlung des Finanzausschusses
BT-Drs 8/1944 = **112** M 2
Beratung
BT-PlPr 8/99 = **21** M 10

Tarifverträge
– Bericht der Bundesregierung über die Verwirklichung des Grundsatzes „Gleicher Lohn für Männer und Frauen"
BT-Drs 8/547 = **68** L 8
Beschlußempfehlung des Ausschusses für Arbeit und Sozialordnung
BT-Drs 8/1002 = **81** H 7
– Bericht über Erfahrungen bei der Anwendung des § 12 a Tarifvertragsgesetzes (Eröffnung der Tarifhoheit für arbeitnehmerähnliche Personen)
BT-Drs 8/716 = **73** D 10
Beschlußempfehlung des Ausschusses für Arbeit und Sozialordnung
BT-Drs 8/1483 = **95** O 2
– Bericht der Bundesregierung über die Verwirklichung des Grundsatzes „Gleicher Lohn für Männer und Frauen" 1980
BT-Drs 8/4156 = **188** G 8

Technische Arbeitsmittel
– s a GesEntw zur Änderung des Ges über technische *Arbeitsmittel*
(betr Ausdehnung des Geltungsbereichs des Ges auf Händler und Ersatzbedarf)
BR-Drs 133/77 = **14** N 1
BT-Drs 8/856 = **77** L 7
– 1. VO zum Ges über technische Arbeitsmittel
BR-Drs 104/79 = **92** L 7
– Allgemeine Verwaltungsvorschrift zur Änderung der Allgemeinen Verwaltungsvorschrift zum Ges über technische Arbeitsmittel
BR-Drs 105/79 = **92** L 12

Teesteuer
– *Entw eines Kaffee- und Teesteuergesetzes*
1. und 2. Durchgang
BR-Drs 437/79 = **112** F 13
BR-Drs 167/80 = **136** D 13
BR-PlPr 485 = **5** A 10
BR-PlPr 478 = **4** E 10

GesEntw der Bundesregierung
BT-Drs 8/3297 = **159** B 1
Beschlußempfehlung des Finanzausschusses
BT-Drs 8/3745 = **174** M 10
Bericht des Haushaltsausschusses
BT-Drs 8/3769 = **175** E 4
1. Beratung
BT-PlPr 8/186 = **39** O 4
2. und 3. Beratung
BT-PlPr 8/208 = **45** D 10

Teilezurichter
(Prüfungszeugnisse der Bremer Berufsfachschule für Teilezurichter)
s Berufsfachschulen

Teilzeitbeschäftigung
– *GesEntw zur Änderung dienstrechtlicher Vorschriften*
(betr Teilzeitbeschäftigung für Beamte, insbesondere Lehrer zur Erweiterung des Arbeitsplatzangebots)
1. und 2. Durchgang
BR-Drs 184/77 = **17** H 14
BR-Drs 165/80 = **136** D 7
BR-PlPr 446 = **1** E 7
BR-PlPr 485 = **5** A 10

GesEntw des Bundesrates
BT-Drs 8/873 = **78** D 2
Beschlußempfehlung des Innenausschusses
BT-Drs 8/2987 = **147** L 12
Bericht des Innenausschusses
BT-Drs 8/3005 = **148** A 11
Beschlußempfehlung des Innenausschusses
BT-Drs 8/3764 = **175** D 4
Bericht des Haushaltsausschusses
BT-Drs 8/3827 = **176** L 6
1. Beratung
BT-PlPr 8/44 = **9** K 8
2. und 3. Beratung
BT-PlPr 8/208 = **45** D 10

Teil-Zolltarif, Deutscher
– VO zur Änder ung des Deutschen Teil-Zolltarifs
(Nr. 17/76 2. Erhöhung des Zollkontingents 1976 für Bananen)
BT-Drs 8/7 = **51** B 3
Bericht des Wirtschaftsausschusses
BT-Drs 8/198 = **59** H 10
– VO zur Änderung des Deutschen Teil-Zolltarifs
(Nr 4/77 – Zollkontingente für Walzdraht und Elektrobleche – 1. Halbjahr 1977)
BR-Drs 32/77 = **7** C 4
BT-Drs 8/57 = **53** E 10
Beschlußempfehlung des Wirtschaftsausschusses
BT-Drs 8/197 = **59** H 8
– VO zur Änderung des Deutschen Teil-Zolltarifs
(Nr 10/77 – Zollkontingente für Walzdraht und Elektrobleche – 2. Halbjahr 1977)
BR-Drs 56/77 = **9** M 2
BT-Drs 8/897 = **78** K 5
Beschlußempfehlung des Wirtschaftsausschusses
BT-Drs 8/1184 = **87** F 7
– VO zur Änderung des Deutschen Teil-Zolltarifs
(Nr 3/77 – Zollkontingent 1977 für Bananen)
BR-Drs 65/77 = **10** F 14
BT-Drs 8/102 = **55** L 10
BT-Drs 8/198 = **59** H 10

- VO zur Änderung des Deutschen Teil-Zolltarifs
(Nr 10/76 – Zollkontingente für Walzdraht und Elektrobleche – 2. Halbjahr 1976)
BR-Drs 106/77 = **13 C 3**
BT-Drs 8/148 = **56 O 4**
Beschlußempfehlung des Wirtschaftsausschusses
BT-Drs 8/309 = **62 K 9**
- VO zur Änderung des Deutschen Teil-Zolltarifs
(Nr 12/76 – Besondere Zollsätze gegenüber Portugal – EGKS)
BR-Drs 107/77 = **13 C 4**
BT-Drs 8/149 = **56 O 6**
Beschlußempfehlung des Wirtschaftsausschusses
BT-Drs 8/309 = **62 K 9**
- VO zur Änderung des Deutschen Teil-Zolltarifs
(Nr 13/76 – Besondere Zollsätze gegenüber Algerien, Marokko und Tunesien – EGKS)
BR-Drs 108/77 = **13 C 5**
BT-Drs 8/150 = **56 O 8**
Beschlußempfehlung des Wirtschaftsausschusses
BT-Drs 8/309 = **62 K 9**
- VO zur Änderung des Deutschen Teil-Zolltarifs
(Nr 5/77 – Zollpräferenzen 1977 gegenüber Entwicklungsländern – EGKS)
BR-Drs 209/77 = **18 O 13**
BT-Drs 8/332 = **63 F 3**
Beschlußempfehlung des Wirtschaftsausschusses
BT-Drs 8/480 = **66 L 4**
- VO zur Änderung des Deutschen Teil-Zolltarifs
(Nr 8/77 – Besondere Zollsätze gegenüber Israel – EGKS)
BR-Drs 352/77 = **25 L 14**
BT-Drs 8/781 = **75 B 14**
Beschlußempfehlung des Wirtschaftsausschusses
BT-Drs 8/957 = **80 G 7**
- VO zur Änderung des Deutschen Teil-Zolltarifs
(Nr 11/77 – Besondere Zollsätze gegenüber Ägypten, Jordanien, Libanon und Syrien – EGKS)
BR-Drs 419/77 = **30 A 13**
BT-Drs 8/898 = **78 K 7**
Beschlußempfehlung des Wirtschaftsausschusses
BT-Drs 8/1198 = **88 K 8**
- VO zur Änderung des Deutschen Teil-Zolltarifs
(Nr 12/77 – Erhöhung des Zollkontingents 1977 für Bananen)
BR-Drs 514/77 = **35 J 9**
BT-Drs 8/1028 = **82 D 5**
BT-Drs 8/1443 = **95 F 14**
- VO zur Änderung des Deutschen Teil-Zolltarifs
(Nr 2/78 – Zollkontingent 1978 für Bananen)
BR-Drs 656/77 = **43 A 1**
BT-Drs 8/1396 = **93 M 11**
Bericht des Wirtschaftsausschusses
BT-Drs 8/1443 = **95 F 14**
- VO zur Änderung des Deutschen Teil-Zolltarifs
(Nr 13/77 – 2. Erhöhung des Zollkontingents 1977 für Bananen)
BR-Drs 657/77 = **43 A 3**
BT-Drs 8/1395 = **93 M 9**
Bericht des Wirtschaftsausschusses
BT-Drs 8/1443 = **95 F 14**
- VO zur Änderung des Deutschen Teil-Zolltarifs
(Nr 4/78 – Zollkontingente für Walzdraht und Elektrobleche – 1. Halbjahr 1978)
BR-Drs 144/78 = **54 J 14**
BT-Drs 8/1631 = **100 N 3**
Beschlußempfehlung des Wirtschaftsausschusses
BT-Drs 8/1720 = **103 B 13**
- VO zur Änderung des Deutschen Teil-Zolltarifs
(Nr 7/78 – Zollpräferenzen 1978 gegenüber Entwicklungsländern – EGKS)
BR-Drs 155/78 = **55 H 3**
BT-Drs 8/1643 = **101 C 8**
Beschlußempfehlung des Wirtschaftsausschusses
BT-Drs 8/1751 = **104 C 3**
- VO zur Änderung des Deutschen Teil-Zolltarifs
(Nr 27/78 – Zollkontingent für Walzdraht – 2. Halbjahr 1978)
BR-Drs 290/78 = **65 D 10**
BT-Drs 8/2092 = **118 I 8**
Beschlußempfehlung des Wirtschaftsausschusses
BT-Drs 8/2205 = **122 J 1**
- VO zur Änderung des Deutschen Teil-Zolltarifs
(Nr 23/78 – Erhöhung des Zollkontingents 1978 für Bananen)
BR-Drs 369/78 = **69 C 5**
BT-Drs 8/2053 = **116 M 5**
Bericht des Wirtschaftsausschusses
BT-Drs 8/2204 = **122 I 13**
- VO zur Änderung des Deutschen Teil-Zolltarifs
(Nr 2/79 – Zollkontingent 1979 für Bananen)
BR-Drs 597/78 = **84 D 6**
BT-Drs 8/2446 = **130 A 11**
Bericht des Wirtschaftsausschusses
BT-Drs 8/2541 = **133 N 8**
- VO zur Änderung des Deutschen Teil-Zolltarifs
(Nr 3/79 – Zollkontingent für Walzdraht – 1. Halbjahr 1979)
BR-Drs 56/79 = **88 N 14**
BT-Drs 8/2536 = **133 M 12**
Beschlußempfehlung des Wirtschaftsausschusses
BT-Drs 8/2632 = **137 N 12**
- VO zur Änderung des Deutschen Teil-Zolltarifs
(Nr 32/78 – 2. Erhöhung des Zollkontingents 1978 für Bananen)
BR-Drs 57/79 = **88 O 3**
BT-Drs 8/2537 = **133 M 14**
Bericht des Wirtschaftsausschusses
BT-Drs 8/2852 = **143 N 7**
- VO zur Änderung des Deutschen Teil-Zolltarifs
(Nr 10/79 – Zollpräferenzen 1979 gegenüber Entwicklungsländern – EGKS)
BR-Drs 433/79 = **112 D 13**
BT-Drs 8/3151 = **155 C 9**
Beschlußempfehlung des Wirtschaftsausschusses
BT-Drs 8/3268 = **158 G 6**
- VO zur Änderung des Deutschen Teil-Zolltarifs
(Nr 20/79 – Erhöhung des Zollkontingents 1979 für Bananen)
BR-Drs 465/79 = **114 J 12**
BT-Drs 8/3178 = **155 O 5**
Bericht des Wirtschaftsausschusses
BT-Drs 8/3269 = **158 G 8**
- VO zur Änderung des Deutschen Teil-Zolltarifs
(Nr 18/79 – Zollkontingent für Walzdraht – 2. Halbjahr 1979)
BR-Drs 503/79 = **116 E 7**
BT-Drs 8/3261 = **158 D 14**
Beschlußempfehlung des Wirtschaftsausschusses
BT-Drs 8/3559 = **166 C 12**
- VO zur Änderung des Deutschen Teil-Zolltarifs
(Nr 21/79 – 2. Erhöhung des Zollkontingents 1979 für Bananen)
BR-Drs 641/79 = **124 E 11**
BT-Drs 8/3538 = **165 C 10**
Bericht des Wirtschaftsausschusses
BT-Drs 8/3710 = **174 E 4**
- VO zur Änderung des Deutschen Teil-Zolltarifs
(Nr 1/80 – Zollkontingent 1980 für Bananen)
BR-Drs 642/79 = **124 E 11**
BT-Drs 8/3541 = **165 D 1**
Bericht des Wirtschaftsausschusses
BT-Drs 8/3710 = **174 E 4**
- VO zur Änd des Deutschen Teil-Zolltarifs
(Nr 2/80 – Zollkontingent für Walzdraht – 1. Halbj. 1980)
BR-Drs 375/80 = **147 A 13**
BT-Drs 8/4207 = **189 D 1**
- VO zur Änderung des Deutschen Teil-Zolltarifs
(Nr 4/80 – Zollpräferenzen 1980 gegenüber Entwicklungsländern)
BR-Drs 481/80 = **153 M 2**
BT-Drs 8/4466 = **195 D 13**
- VO zur Änderung des Deutschen Teil-Zolltarifs
(Nr 6/80 – Erhöhung des Zollkontingents 1980 für Bananen)
BR-Drs 525/80 = **155 N 12**
BT-Drs 8/4498 = **196 D 8**
- VO zur Änderung des Deutschen Teil-Zolltarifs
(Nr 2/80 – Zollkontingent für Walzdraht)
BR-Drs 608/80 = **160 K 4**
- VO zur Änderung des Deutschen Teil-Zolltarifs
(Nr 4/80 – Zollpräferenzen 1980 gegenüber Entwicklungsländern – EGKS)
BR-Drs 609/80 = **160 K 5**
- VO zur Änderung des Deutschen Teil-Zolltarifs
(Nr 7/80 – Zollkontingent für Walzdraht – 2. Halbjahr 1980)
BR-Drs 629/80 = **162 B 6**
- VO zur Änderung des Deutschen Teilzolltarifs
(Nr 14/80 – Zollkontingent 1981 für Bananen)
BR-Drs 646/80 = **163 E 2**

- VO zur Änderung des Deutschen Teilzolltarifs
  (Nr 13/80 – 2. Erhöhung des Zollkontingents 1980 für Bananen)
  BR-Drs 647/80 = **163** E 3

Telefon-Nahbereich
- Antrag der CDU/CSU
  BT-Drs 8/308 = **62** K 7
  Beratung
  BT-PlPr 8/25 = **5** G 12
  Beschlußempfehlung des Ausschusses für Verkehr und für das Post- und Fernmeldewesen
  BT-Drs 8/566 = **69** C 5
  Beratung der Beschlußempfehlung
  BT-PlPr 8/32 = **7** C 9
- Antrag der SPD/FDP
  BT-Drs 8/342 = **63** M 14
  Beratung
  BT-PlPr 8/25 = **5** G 12
  Beschlußempfehlung des Ausschusses für Verkehr und für das Post- und Fernmeldewesen
  BT-Drs 8/567 = **69** C 7
  Beratung der Beschlußempfehlung
  BT-PlPr 8/32 = **7** C 9
- Antrag der CDU/CSU
  BT-Drs 8/991 = **81** E 3
  Beratung
  BT-PlPr 8/50 = **10** N 14
  Beschlußempfehlung des Ausschusses für Verkehr und für das Post- und Fernmeldewesen zu einem Antrag auf Berichterstattung zum Probeversuch
  BT-Drs 8/1569 = **99** D 4
- Antrag der CDU/CSU zum „Mondscheintarif"
  BT-Drs 8/1345 = **92** J 4
  Beratung
  BT-PlPr 8/72 = **16** B 8
  Beschlußempfehlung des Ausschusses für Verkehr und für das Post- und Fernmeldewesen zu einem Antrag auf früheren Beginn des Mondscheintarifs
  BT-Drs 8/1570 = **99** D 6

Terrorismus
- Erklärung der Bundesregierung (Bundeskanzler Schmidt)
  BT-PlPr 8/17 = **3** G 14
  BT-PlPr 8/22 = **4** L 11
- *Entwurf eines Gesetzes zur Bekämpfung von Terrorismus und Gewaltkriminalität*
  GesEntw der CDU/CSU
  BT-Drs 8/322 = **62** N 10
  Beschlußempfehlung des Rechtsausschusses
  BT-Drs 8/1482 = **95** N 7
  Änderungsanträge zur 2. Beratung
  BT-Drs 8/1509 = **97** J 6
  BT-Drs 8/1511 = **97** J 8

  nunmehr:
  Entw zur Änd des *Versammlungsgesetzes*

  2. Beschlußempfehlung des Rechtsausschusses
  BT-Drs 8/1845 = **108** H 6
  Änderungsantrag
  BT-Drs 8/1888 = **109** H 2
  1. Beratung
  BT-PlPr 8/25 = **5** G 12
  2. Beratung
  BT-PlPr 8/95 = **20** N 5
- s a Versammlungsgesetz
- *GesEntw zum Europäischen Übereinkommen zur Bekämpfung des Terrorismus*
  1. und 2. Durchgang
  BR-Drs 456/77 = **33** B 9
  BR-Drs 64/78 = **49** A 12
  BR-PlPr 451 = **1** M 3
  BR-PlPr 454 = **2** A 5

  GesEntw der Bundesregierung
  BT-Drs 8/1204 = **88** O 5
  Beschlußempfehlung des Rechtsausschusses
  BT-Drs 8/1416 = **94** M 3
  1. Beratung
  BT-PlPr 8/59 = **12** O 13
  2. Beratung und Schlußabstimmung
  BT-PlPr 8/66 = **14** F 14
- Europäische Konvention zur Bekämpfung des Terrorismus
  BT-Drs 8/63 = **53** H 8
  Beratung
  BT-PlPr 8/14 = **2** J 1
  Beschlußempfehlung und Bericht des Rechtsausschusses
  BT-Drs 8/231 = **60** E 14
- *Entw eines 2. Gesetzes zur Bekämpfung von Terrorismus und Gewaltkriminalität sowie zum Schutz des inneren Friedens*
  GesEntw der CDU/CSU
  BT-Drs 8/996 = **81** E 14
  Beschlußempfehlung des Rechtsausschusses
  BT-Drs 8/1482 = **95** N 7

  nunmehr:
  GesEntw zur Änderung der Strafprozeßordnung
  (siehe nachfolgender GesEntw)

  Änderungsanträge zur 2. Beratung
  BT-Drs 8/1509 = **97** J 6
  BT-Drs 8/1511 = **97** J 8
  Entschließungsantrag
  BT-Drs 8/1510 = **97** J 7
  Bericht des Haushaltsausschusses
  BT-Drs 8/1516 = **97** K 13
  1. Beratung
  BT-PlPr 8/53 = **11** L 14
  2. Beratung
  BT-PlPr 8/72 = **16** B 8

  aufgespalten in:
  1. Versammlungsgesetz
  2. Ges betr Meldepflicht in Beherbergungsstätten

  2. Beschlußempfehlung des Rechtsausschusses
  BT-Drs 8/1845 = **108** H 6
  2. Bericht des Haushaltsausschusses
  BT-Drs 8/1878 = **109** E 11
  Änderungsanträge zur 2. Beratung
  BT-Drs 8/1879 = **109** E 12
  BT-Drs 8/1888 = **109** H 2
  2. Beratung
  BT-PlPr 8/95 = **20** N 5
- *GesEntw zur Änderung der Strafprozeßordnung*
  (eingebracht als GesEntw zur Bekämpfung von Terrorismus und Gewaltkriminalität)
  Bundesratsdurchgang
  BR-Drs 100/78 = **51** B 6
  BR-PlPr 455 = **2** C 1
  Vermittlungsverfahren:
  BR-Drs 164/78 = **55** K 12
  BR-PlPr 456 = **2** D 11
  Unterrichtung betr Zurückweisung des Einspruchs des Bundesrates
  BR-Drs 189/78 = **57** M 7

  Beschlußempfehlung des Rechtsausschusses
  BT-Drs 8/1482 = **95** N 7
  2. und 3. Beratung
  BT-PlPr 8/72 = **16** B 8
  Anrufung des Vermittlungsausschusses
  BT-Drs 8/1644 = **101** C 11
  Beschluß des Vermittlungsausschusses
  BT-Drs 8/1673 = **101** N 5
  Unterrichtung über den Einspruch des Bundesrates
  BT-Drs 8/1690 = **102** H 10
  BR-Drs 196/79 = **97** J 13
  Zurückweisung des Einspruchs
  BT-PlPr 8/83 = **18** F 5
- s a GesEntw zur Änderung der Strafprozeßordnung und des *Strafvollzuggesetzes*
  (betr Überwachung des mündlichen und schriftlichen Verkehrs des Inhaftierten mit seinem Verteidiger)
  BR-Drs 535/77 = **36** F 12
  BT-Drs 8/1283 = **91** A 11

Textilfaser
- 1. VO zur Änderung der 1. AnalysenVO
  BR-Drs 619/79 = **123** D 3

Textilindustrie
- 58. Änderungs-VO zur Einfuhrliste
  (betr Überwachung von Niedrigpreiseinfuhren)
  BT-Drs 8/70 = **53** M 3
- 59. Änderungs-VO zur Einfuhrliste
  (betr Regelung der Einfuhren zum Schutz der Textilindustrie)
  BT-Drs 8/236 = **60** G 4
- Vorschlag für ein 2. EWG-Programm für den Textil- und Bekleidungssektor

Textilkennzeichnungsgesetz
- *Entw eines 4. Ges zur Änderung des Textilkennzeichnungsgesetzes*
  Bundesratsdurchgang
  BR-Drs 320/78 = **66** J 13
  BR-PlPr 461 = **2** I 9

  GesEntw der SPD/FDP
  BT-Drs 8/1910 = **110** C 11
  Beschlußempfehlung des Wirtschaftsausschusses
  BT-Drs 8/1921 = **110** E 11
  1. Beratung
  BT-PlPr 8/97 = **21** H 4
  2. und 3. Beratung
  BT-PlPr 8/100 = **22** B 11

Tiefseebergbau
- *GesEntw zur vorläufigen Regelung des Tiefseebergbaus*
  Bundesratsdurchgang
  BR-Drs 415/80 = **149** E 7
  BR-PlPr 491 = **5** J 8

  interfraktioneller GesEntw
  BT-Drs 8/2363 = **127** L 12
  Beschlußempfehlung des Wirtschaftsausschusses
  BT-Drs 8/4359 = **192** E 6
  1. Beratung
  BT-PlPr 8/128 = **27** H 11
  2. und 3. Beratung
  BT-PlPr 8/229 = **50** G 11

Tierarzneimittel
– VO über Regelungen im Verkehr mit Arzneimitteln für Tiere
BR-Drs 552/77 = **37** A 3

Tierarzt
s a Bundes-Tierärzteordnung
– VO zur Änderung der Gebührenordnung für Tierärzte
BR-Drs 206/77 = **18** L 14
– 1. VO zur Änderung der Approbationsordnung für Tierärzte
BR-Drs 244/80 = **140** O 10

Tierernährung
s Futtermittel

Tiergesundheit
– s GesEntw eines Veterinärabkommens mit der *Deutschen Demokratischen Republik*
BR-Drs 66/80 = **129** G 3
BT-Drs 8/3875 = **178** O 13

Tierimpfstoff
– VO über Kosten der Bundesforschungsanstalt für Viruskrankheiten der Tiere, des Bundesgesundheitsamtes und des Paul-Ehrlich Instituts für Amtshandlungen nach § 17c des Tierseuchengesetzes
BR-Drs 241/80 = **140** M 12

Tierische Lebensmittel
– 1. VO zur Änderung der Höchstmengen-VO, tierische Lebensmittel
BR-Drs 256/78 = **63** I 4

Tierkörperbeseitigungsanstalten
– 1. VO zur Änderung der Tierkörperbeseitigungsanstalten-Verordnung
BR-Drs 99/80 = **130** O 6

Tierkrankheit
– 2. VO zur Änderung der VO über meldepflichtige Tierkrankheiten
BR-Drs 552/80 = **157** I 6

Tierschutz
– *GesEntw zu dem Europäischen Übereinkommen zum Schutz von Tieren in landwirtschaftlichen Tierhaltungen*
1. und 2. Durchgang
BR-Drs 274/77 = **22** K 14
BR-Drs 548/77 = **36** N 5
BR-PlPr 448 = **1** H 13
BR-PlPr 452 = **1** N 11

GesEntw der Bundesregierung
BT-Drs 8/764 = **74** K 8
Beschlußempfehlung des Ausschusses für Ernährung, Landwirtschaft und Forsten
BT-Drs 8/967 = **80** J 11
1. Beratung
BT-PlPr 8/39 = **8** N 3
2. Beratung und Schlußabstimmung
BT-PlPr 8/50 = **10** N 14
– *GesEntw zum Zusatzprotokoll zum Europäischen Übereinkommen über den Schutz von Tieren beim internationalen Transport*
1. und 2. Durchgang
BR-Drs 610/79 = **122** N 2
BR-Drs 219/80 = **139** J 10
BR-PlPr 482 = **4** K 5
BR-PlPr 486 = **5** C 6

GesEntw der Bundesregierung
BT-Drs 8/3665 = **172** D 6
Beschlußempfehlung des Ausschusses für Ernährung, Landwirtschaft und Forsten
BT-Drs 8/3794 = **176** D 2
1. Beratung
BT-PlPr 8/203 = **44** A 13
2. Beratung und Schlußabstimmung
BT-PlPr 8/211 = **45** M 14
– Vorschlag einer Richtlinie des Rates der EG über Erhaltung von Vogelarten
BR-Drs 21/77 = **6** M 3
BT-Drs 8/41 = **52** G 4
Beschlußempfehlung des Ausschusses für Ernährung, Landwirtschaft und Forsten
BT-Drs 8/523 = **68** F 3
– Verordnung über besonders geschützte Arten wildwachsender Pflanzen und wildlebender Tiere (Bundesartenschutzverordnung)
BR-Drs 75/80 = **129** I 11
– Mitteilung und Vorschlag für einen Beschluß des Rates der EG betr den Abschluß des Übereinkommens zur Erhaltung der wandernden wildlebenden Tierarten
BR-Drs 307/80 = **145** K 5

Tierschutzgesetz
– *Entwurf eines Gesetzes zur Änderung des Tierschutzgesetzes*
GesEntw des Bundesrates
BR-Drs 496/80 = **154** I 6
BR-PlPr 494 = **5** N 5

Tierseuchen
– s a Bienen
– VO zur Änderung der Tierseuchenerreger-EinfuhrVO
BR-Drs 214/77 = **19** C 9
– VO zur Verhütung einer Einschleppung der Schweinepest aus Malta
BR-Drs 459/78 = **76** F 13
– VO zur Verhütung einer Einschleppung der Schweinepest aus Brasilien
BR-Drs 576/78 = **83** C 2
– 1. VO zur Änderung der TierseuchenschutzVO DDR
BR-Drs 242/79 = **100** G 4
– VO zum Schutz gegen die Aujeszkysche Krankheit
BR-Drs 151/80 = **135** A 11

Tierseuchengesetz
s Viehseuchengesetz

Tiertransport, Internationaler
s Tierschutz

Tierzucht
– VO über die Untersuchung männlicher Tiere zur Erteilung der Besamungserlaubnis
BR-Drs 248/77 = **20** O 6

TIR-Übereinkommen 1975
– *GesEntw zu dem Zollübereinkommen über den internationalen Warentransport mit Carnets (TIR)*
1. und 2. Durchgang
BR-Drs 341/78 = **67** K 6
BR-Drs 112/79 = **93** B 4
BR-PlPr 463 = **2** N 14
BR-PlPr 471 = **3** J 3

GesEntw der Bundesregierung
BT-Drs 8/2233 = **123** B 6
Beschlußempfehlung des Finanzausschusses
BT-Drs 8/2580 = **135** L 11
1. Beratung
BT-PlPr 8/120 = **25** L 1
2. Beratung und Schlußabstimmung
BT-PlPr 8/141 = **30** I 6

Tollwut
– VO zum Schutz gegen die Tollwut
BR-Drs 1/77 = **6** A 10

Totgeburt
s Fehlgeburt

Tourismus
– Bericht über die Durchführung des tourismuspolitischen Programms von 1975
BT-Drs 8/2805 = **142** N 9
Beschlußempfehlung des Wirtschaftsausschusses
BT-Drs 8/4190 = **188** N 5
Beratung
BT-PlPr 8/226 = **49** L 1

Trainerakademie Köln e. V.
– VO über die Ausbildungsförderung für den Besuch der Trainerakademie Köln e. V.
BR-Drs 549/78 = **80** O 4

Transplantationsgesetz
– *GesEntw über Eingriffe an Verstorbenen zu Transplantationszwecken*
1. Durchgang
BR-Drs 395/78 = **70** L 14
BR-PlPr 465 = **3** C 4

GesEntw der Bundesregierung
BT-Drs 8/2681 = **139** A 8
1. Beratung
BT-PlPr 8/148 = **32** F 9

Transsexuellengesetz
– *GesEntw über die Änderung der Vornamen und die Feststellung der Geschlechtszugehörigkeit in besonderen Fällen*
1. und 2. Durchgang
BR-Drs 6/79 = **85** A 8
BR-Drs 329/80 = **146** C 8
BR-PlPr 469 = **3** G 7
BR-PlPr 489 = **5** G 14
Vermittlungsverfahren:
BR-Drs 426/80 = **149** G 10
BR-PlPr 490 = **5** I 2

GesEntw der Bundesregierung
BT-Drs 8/2947 = **146** F 6
Beschlußempfehlung des Innenausschusses
BT-Drs 8/4120 = **186** E 14
Anrufung des Vermittlungsausschusses
BT-Drs 8/4345 = **192** C 7
Beschlußempfehlung des Vermittlungsausschusses
BT-Drs 8/4368 = **192** G 14
1. Beratung
BT-PlPr 8/164 = **35** N 4
2. und 3. Beratung
BT-PlPr 8/220 = **48** C 8
Beratung der Beschlußempfehlung des Vermittlungsausschusses
BT-PlPr 8/230 = **50** K 7

Trinkwasser
– Entschließung des Bundesrates zur Änderung der TrinkwasserVO
BR-Drs 568/77 = **38** D 3
– Vorschlag einer EG-Richtlinie über die Meßmethoden sowie über die Zeitfolge der Probenahmen und der Analysen in bezug auf die Parameter für die Qualitätsanforderungen an Oberflächenwasser für die

Trinkwassergewinnung in den Mitgliedstaaten
BR-Drs 367/78 = **69** A 8
- VO zur Änderung der Zusatzstoff-ZulassungsVO, der FleischVO und der Trinkwasser-AufbereitungsVO
BR-Drs 474/79 = **115** C 9
- VO zur Änderung der Trinkwasser-Verordnung und der VO über Tafelwässer
BR-Drs 183/80 = **137** A 13

Tuberkulose
- 1. VO zur Änderung der Tuberkulose-VO
BR-Drs 20/78 = **45** M 2
- 2. VO zur Änderung der Tuberkulose-VO
BR-Drs 556/80 = **157** N 13

Tumultschaden
- s Entw eines *Staatshaftungsgesetzes*
BR-Drs 215/78 = **59** K 14
BT-Drs 8/2079 = **117** I 11

Tunesien, Republik
- *GesEntw zu den Kooperationsabkommen zwischen der EWG und ihren Mitgliedstaaten einerseits, der Tunesischen Republik, der Republik Algerien und dem Königreich Marokko andererseits sowie zu den Abkommen zwischen den Mitgliedstaaten der EGKS und diesen Staaten*
1. und 2. Durchgang
BR-Drs 415/77 = **29** E 7
BR-Drs 103/78 = **51** C 4
BR-PlPr 450 = **1** K 11
BR-PlPr 455 = **2** C 1

GesEntw der Bundesregierung
BT-Drs 8/1036 = **82** F 13
Beschlußempfehlung des Wirtschaftsausschusses
BT-Drs 8/1432 = **95** C 6
Bericht des Haushaltsausschusses
BT-Drs 8/1515 = **97** K 12
1. Beratung
BT-PlPr 8/52 = **11** H 10
2. Beratung und Schlußabstimmung
BT-PlPr 8/72 = **16** B 8
- VO zur Änderung des Deutschen Teil-Zolltarifs
(Nr 13/76 – Besondere Zollsätze gegenüber Algerien, Marokko und Tunesien – EGKS)
BR-Drs 108/77 = **13** C 5
BT-Drs 8/150 = **56** O 8
Bericht des Wirtschaftsausschusses
BT-Drs 8/309 = **62** K 9

U

über- und außerplanmäßige Haushaltsausgaben
s a Bundeshaushalt 19..
(dort im Einzelnen)
- Zusammenstellung der über- und außerplanmäßigen Ausgaben im 4. Vierteljahr des Haushaltsjahres 1976
BR-Drs 207/77 = **18** M 4
BT-Drs 8/330 = **63** C 8
- Zusammenstellung der über- und außerplanmäßigen Ausgaben im 1. bis 3. Vierteljahr des Haushaltsjahres 1977
BR-Drs 653/77 = **42** N 14
BT-Drs 8/1398 = **93** N 2
- Zusammenstellung der über- und außerplanmäßigen Ausgaben im 4. Vierteljahr des Haushaltsjahres 1977
BR-Drs 125/78 = **52** J 9
BT-Drs 8/1577 = **99** F 13
- Zusammenstellung der über- und außerplanmäßigen Ausgaben im 1. Vierteljahr des Haushaltsjahres 1978
BR-Drs 248/78 = **63** C 5
BT-Drs 8/1817 = **107** G 2
- Zusammenstellung der über- und außerplanmäßigen Ausgaben im 2. Vierteljahr des Haushaltsjahres 1978
BR-Drs 438/78 = **74** H 12
BT-Drs 8/2104 = **119** A 3
- Zusammenstellung der über- und außerplanmäßigen Ausgaben im 3. Vierteljahr des Haushaltsjahres 1978
BR-Drs 599/78 = **84** D 9
BT-Drs 8/2430 = **129** J 2
- Zusammenstellung der über- und außerplanmäßigen Ausgaben im 4. Vierteljahr des Haushaltsjahres 1978
BR-Drs 166/79 = **95** K 1
BT-Drs 8/2731 = **140** G 10
- Zusammenstellung der über- und außerplanmäßigen Ausgaben im 1. Vierteljahr des Haushaltsjahres 1979
BR-Drs 282/79 = **103** B 12
BT-Drs 8/2895 = **145** D 11
- Zusammenstellung der über- und außerplanmäßigen Ausgaben im 2. Vierteljahr des Haushaltsjahres 1979
BR-Drs 421/79 = **111** H 8
BT-Drs 8/3133 = **154** J 4
- Zusammenstellung der über- und außerplanmäßigen Ausgaben im 3. Vierteljahr des Haushaltsjahres 1979
BR-Drs 617/79 = **123** A 4
BT-Drs 8/3512 = **164** J 3
- Zusammenstellung der über- und außerplanmäßigen Ausgaben im 4. Vierteljahr des Haushaltsjahres 1979
BR-Drs 186/80 = **137** D 4
BT-Drs 8/3883 = **179** B 9
- Zusammenstellung der über- und außerplanmäßigen Ausgaben im 1. Vierteljahr des Haushaltsjahres 1980
BR-Drs 353/80 = **146** L 9
BT-Drs 8/4173 = **188** J 6
- Zusammenstellung der über- und außerplanmäßigen Ausgaben im 2. Vierteljahr des Haushaltsjahres 1980
BR-Drs 472/80 = **153** B 7
BT-Drs 8/4455 = **194** L 12
- Zusammenstellung der über- und außerplanmäßigen Ausgaben im 3. Vierteljahr des Haushaltsjahres 1980
BR-Drs 628/80 = **162** A 14

Übergangszahlung
- 1. VO zur Änderung der ÜbergangszahlungsVO
BR-Drs 468/78 = **76** M 11

Überleitungsgesetz
s Finanzausgleich

Übersetzer
- UNESCO-Empfehlung zum Rechtsschutz für Übersetzer und Übersetzungen und die praktischen Mittel zur Verbesserung der Lage der Übersetzer sowie eine Stellungnahme der Bundesregierung
BR-Drs 640/77 = **42** F 8

Überwachungsbedürftige Anlagen
- VO zur Ablösung von Verordnungen nach § 24 Gewerbeordnung
BR-Drs 361/79 = **106** K 6
- Allgemeine Verwaltungsvorschrift zur Ablösung von allgemeinen Verwaltungsvorschriften zu Verordnungen nach § 24 Gewerbeordnung
(betr überwachungsbedürftige Anlagen)
BR-Drs 362/79 = **107** N 5

Umrechnungskurse, EG
- Vorschlag einer EG-VO zur Festsetzung der repräsentativen Umrechnungskurse in der Landwirtschaft
BR-Drs 585/77 = **40** E 3

Umsatzsteuer
s a Finanzausgleich
- *GesEntw zur Rücknahme der Umsatzsteuererhöhung zum 1. Juli 1979*
GesEntw des Bundesrates
BR-Drs 163/79 = **95** F 4
BR-PlPr 471 = **3** J 3
Ablehnung der Einbringung
BR-PlPr 472 = **3** K 1
- Bericht zur Harmonisierung der Umsatzsteuersätze
BT-Drs 8/3606 = **168** J 13
- Vorschlag einer Richtlinie des Rates der EG zur Harmonisierung der Umsatzsteuer im grenzüberschreitenden Reiseverkehr
BR-Drs 66/77 = **10** G 2
BT-Drs 8/106 = **55** M 3
Beschlußempfehlung des Finanzausschusses
BT-Drs 8/230 = **60** E 11
- Vorschlag einer 7. EG-Richtlinie zur Harmonisierung der Rechtsvorschriften der Mitgliedstaaten über die Umsatzsteuern – Gemeinsame Regelung über die Anwendung der Mehrwertsteuer auf Umsätze von Kunstgegenständen, Sammlungsstücken, Antiquitäten und Gebrauchsgegenständen
BR-Drs 73/78 = **49** I 11
BT-Drs 8/1492 = **96** E 1
BT-Drs 8/3435 = **162** M 12
- Vorschlag einer 8. Richtlinie des Rates der EG betr Erstattung der Umsatzsteuer an nicht im Inland ansässige Steuerpflichtige
BR-Drs 74/78 = **49** G 9
BT-Drs 8/1737 = **103** J 9
- Vorschlag einer 9. Richtlinie des Rates der EG zur Harmonisierung der Umsatzsteuer in der Europäischen Gemeinschaft
BT-Drs 8/1419 = **94** O 4
- Vorschlag einer 10. Richtlinie des Rates der EG zur Harmonisierung der Umsatzsteuer in der EG (Anwendung der Mehrwertsteuer auf die Vermietung von beweglichen körperlichen Gegenständen)
BR-Drs 217/79 = **98** N 13
BT-Drs 8/2921 = **145** N 14
- Vorschlag einer Richtlinie des Rates der EG betr die gemeinschaftsrechtliche Regelung der Mehrwertsteuer und der Verbrauchssteuern auf den Bordbedarf von Luft- und Wasserfahrzeugen und Zügen im grenzüberschreitenden Verkehr
BR-Drs 72/80 = **129** H 6
Vorschlag einer Richtlinie des Rates der EG und Beschlußempfehlung des Finanzausschusses
BT-Drs 8/3798 = **176** E 12

– 3. VO zur Änderung der 4. VO zur Durchführung des Umsatzsteuergesetzes (Mehrwertsteuer)
(Durchschnittsatz-VO)
BR-Drs 46/77 = **8 E 4**
– VO zur Änderung der 1. und 4. VO zur Durchführung des Umsatzsteuergesetzes
(betr Vorsteuerabzug)
BR-Drs 579/77 = **39 F 7**
– 2. VO zur Änderung der 1. und 4. VO zur Durchführung des Umsatzsteuergesetzes
BR-Drs 87/79 = **90 M 7**
– Umsatzsteuer-DurchführungsVO 1980
BR-Drs 576/79 = **121 E 4**

Umsatzsteuergesetz
– *Entw eines Umsatzsteuergesetzes (UStG 1979)*
1. und 2. Durchgang
BR-Drs 145/78 = **54 K 3**
BR-Drs 252/79 = **100 L 8**
BR-PlPr 457 = **2 E 2**
BR-PlPr 474 = **3 M 13**
1. Vermittlungsverfahren:
BR-Drs 332/79 = **105 E 4**
BR-PlPr 476 = **4 A 4**
Unterrichtung betr erneute Anrufung des Vermittlungsausschusses durch die Bundesregierung
BR-Drs 412/79 = **110 N 9**
2. Vermittlungsverfahren:
BR-Drs 452/79 = **113 G 10**
BR-PlPr 477 = **4 B 11**
Unterrichtung durch den Bundestag
BR-Drs 505/79 = **116 G 2**
BR-PlPr 478 = **4 E 10**
3. Vermittlungsverfahren
BR-Drs 506/79 = **116 G 3**
BR-PlPr 479 = **4 G 1**

GesEntw der Bundesregierung
BT-Drs 8/1779 = **104 O 4**
Beschlußempfehlung des Finanzausschusses
BT-Drs 8/2827 = **143 C 12**

nunmehr:
GesEntw zur Neufassung des Umsatzsteuergesetzes und zur Änderung anderer Gesetze
Bericht des Haushaltsausschusses
BT-Drs 8/2864 = **144 B 12**
Änderungsantrag der CDU/CSU zur 2. Beratung
BT-Drs 8/2871 = **144 E 5**
1. Beratung
BT-PlPr 8/90 = **19 N 1**
2. und 3. Beratung
BT-PlPr 8/154 = **33 I 13**
Anrufung des Vermittlungsausschusses
BT-Drs 8/3012 = **148 C 7**
1. Beschlußempfehlung des Vermittlungsausschusses
BT-Drs 8/3028 = **149 H 7**
Beratung der 1. Beschlußempfehlung des Vermittlungsausschusses
BT-PlPr 8/166 = **36 D 12**
Verweigerung der Zustimmung durch den Bundesrat
BT-Drs 8/3065 = **150 G 11**
Erneute Anrufung des Vermittlungsausschusses
BT-Drs 8/3127 = **154 H 8**
Beschluß des Vermittlungsausschusses
BT-Drs 8/3171 = **155 I 13**
erneute Verweigerung der Zustimmung durch den Bundesrat
BT-Drs 8/3227 = **157 D 14**
Antrag der SPD/FDP auf erneute Anrufung des Vermittlungsausschusses
BT-Drs 8/3245 = **158 B 4**
Beratung des Antrags der Fraktionen der FDP und SPD
BT-PlPr 8/177 = **38 B 9**
3. Beschlußempfehlung des Vermittlungsausschusses
BT-Drs 8/3332 = **159 O 2**
Beratung der 3. Beschlußempfehlung des Vermittlungsausschusses
BT-PlPr 8/183 = **39 E 8**
– s a GesEntw eines 5. Ges zur Änderung des Ges über den *Finanzausgleich* zwischen Bund und Ländern
(betr Beteiligungsverhältnis von Bund und Ländern an der Umsatzsteuer)
BR-Drs 399/77 = **28 C 9**
BT-Drs 8/1039 = **83 B 13**
– s a Entw eines 6. ÄndGes zum Ges über den Finanzausgleich zwischen Bund und Ländern
BR-Drs 439/79 = **112 H 1**
BT-Drs 8/3353 = **160 G 5**
– s a GesEntw zur Änderung des Umsatzsteuergesetzes, des Bundeskindergeldgesetzes, des Einkommensteuergesetzes und anderer Gesetze
(Steueränderungsgesetz 1977)
(betr Anhebung des Umsatzsteuersatzes u.a.)
BR-Drs 145/77 = **15 F 4**
BT-Drs 8/292 = **62 F 3**
– s a GesEntw zur Änderung des Einkommensteuergesetzes, des Gewerbesteuergesetzes, des Umsatzsteuergesetzes und anderer Gesetze *(Steueränderungsgesetz 1979)*
BR-Drs 386/78 = **70 C 9**
BT-Drs 8/2100 = **118 K 12**
BT-Drs 8/2118 = **119 O 1**
– s a GesEntw zur Änderung und Vereinfachung des *Einkommensteuergesetzes* und anderer Gesetze
BR-Drs 600/79 = **122 G 5**
BT-Drs 8/3688 = **173 D 7**
– s a Entwurf eines Gesetzes zur Änderung der Abgabenordnung und des Einkommenssteuergesetzes (früher: *Vereinsbesteuerungsgesetz*)
BR-Drs 237/80 = **140 L 9**
BT-Drs 8/3243 = **158 A 11**
– 3. VO zur Anpassung des Umsatzsteuergesetzes an den Zolltarif
BR-Drs 152/78 = **55 G 4**

Umwandlungsgesetz
– s GesEntw zur Umwandlung eines einzelkaufmännischen Unternehmens in eine *Gesellschaft mit beschränkter Haftung*
BR-Drs 404/77 = **28 G 10**
BT-Drs 8/1347 = **92 J 9**

Umweltgutachten 1978
– BT-Drs 8/1938 = **111 D 3**
Beschlußempfehlung des Innenausschusses
BT-Drs 8/4301 = **190 J 13**
Bericht des Innenausschusses
BT-Drs 8/4500 = **196 E 10**

Umweltschutz
s a Abfallbeseitigung
Abwasser
Altölgesetz
Bundes-Immissionsschutzgesetz
Chloridübereinkommen/Rhein
und
Chemieübereinkommen/Rhein
Integrationsbericht der Bundesregierung
Ölverschmutzung
Verkehrslärmschutzgesetz
– Umweltbericht 1976
(BR-Drs 513/76)
BR-PlPr 445 = **1 C 12**
(BT-Drs 7/5684)
– Bericht über Umweltradioaktivität und Strahlenbelastung 1975
BT-Drs 8/311 = **62 K 14**
Beschlußempfehlung des Innenausschusses
BT-Drs 8/1329 = **92 H 1**
– Bericht über Umweltradioaktivität und Strahlenbelastung 1976
BT-Drs 8/1682 = **102 D 11**
Beschlußempfehlung des Innenausschusses
BT-Drs 8/3330 = **159 N 12**
Bericht des Haushaltsausschusses
BT-Drs 8/3447 = **163 A 2**
Beratung
BT-PlPr 8/189 = **40 J 14**
– Bericht über Umweltradioaktivität und Strahlenbelastung 1977
BT-Drs 8/3119 = **153 J 3**
Berichtigung
BT-Drs 8/3324 = **159 N 5**
Beschlußempfehlung des Innenausschusses
BT-Drs 8/3330 = **159 N 12**
Bericht des Haushaltsausschusses
BT-Drs 8/3447 = **163 A 2**
Beratung
BT-PlPr 8/189 = **40 J 14**
– Bericht über Umweltradioaktivität und Strahlenbelastung 1978
BT-Drs 8/4101 = **186 B 2**
– Antwort auf Große Anfrage zur Umweltpolitik
BT-Drs 8/3713 = **174 F 2**
Entschließungsantrag der SPD/FDP zur Großen Anfrage
BT-Drs 8/3947 = **181 I 14**
Beratung
BT-PlPr 8/214 = **46 K 3**
– s a Entw eines 16. *Strafrechtsänderungsgesetzes* (Ges zur Bekämpfung der Umweltkriminalität)
BR-Drs 399/78 = **71 D 9**
BT-Drs 8/2382 = **128 J 1**
– s a GesEntw zum Schutz vor gefährlichen Stoffen *(Chemikaliengesetz)*
BR-Drs 330/79 = **104 M 12**
BT-Drs 8/3319 = **159 K 9**
– s a GesEntw zum Übereinkommen über den Schutz der Meeresumwelt des *Ostseegebietes*
BR-Drs 523/78 = **79 G 11**
BT-Drs 8/2599 = **136 L 8**
– Entw einer EG-Empfehlung betr Verfahren zur Berechnung der Umweltschutzkosten der Industrie
BR-Drs 8/78 = **45 B 8**

UN
s Vereinte Nationen

Unbedenklichkeitsbescheinigung
– VO zur Änderung der VO über das Verfahren bei der Erteilung von Unbedenklichkeitsbescheinigungen für die Veranstaltung

anderer Spiele im Sinne des § 33 d Abs 1 der Gewerbeordnung
BR-Drs 145/80 = **134 M 4**

UNESCO
United Nations Educational, Scientific and Cultural Organisation
- UNESCO-Empfehlung über die Fortentwicklung der Weiterbildung
  BR-Drs 604/77 = **40 I 7**
  BT-Drs 8/1130 = **85 N 10**
- UNESCO-Empfehlung über den internationalen Austausch von Kulturgut
  BR-Drs 622/77 = **41 O 8**
  BT-Drs 8/1229 = **90 C 6**
- UNESCO-Empfehlung über die internationale Normung der Hörfunk- und Fernsehstatistiken
  BR-Drs 637/77 = **42 D 4**
  BT-Drs 8/978 = **81 B 7**
- UNESCO-Empfehlung über die Teilnahme und Mitwirkung aller Bevölkerungsschichten am kulturellen Leben
  BR-Drs 638/77 = **42 E 1**
  BT-Drs 8/1287 = **91 C 2**
- UNESCO-Empfehlung über den Schutz historischer Anlagen und ihre Rolle in der Gegenwart
  BR-Drs 639/77 = **42 E 12**
  BT-Drs 8/1294 = **91 F 4**
- UNESCO-Empfehlung zum Rechtsschutz für Übersetzer und Übersetzungen und die praktischen Mittel zur Verbesserung der Lage der Übersetzer
  BR-Drs 640/77 = **42 F 8**
  BT-Drs 8/1311 = **91 J 2**
- UNESCO-Empfehlung über internationale Architektur- und Stadtplanungswettbewerbe
  BR-Drs 355/79 = **106 H 5**
  BT-Drs 8/3064 = **150 G 3**
- UNESCO-Empfehlung zum Schutz von beweglichem Kulturgut
  BR-Drs 373/79 = **109 B 1**
  BT-Drs 8/3109 = **152 N 8**
- UNESCO-Empfehlung zur internationalen Vereinheitlichung der Statistiken über Wissenschaft und Technologie
  BR-Drs 374/79 = **109 B 12**
  BT-Drs 8/3109 = **152 N 8**
- Überarbeitete UNESCO-Empfehlung zur internationalen Vereinheitlichung der Erziehungsstatistiken
  BR-Drs 375/79 = **109 D 2**
  BT-Drs 8/3109 = **152 N 8**

Unfallfürsorge, Beamtenrecht
- VO zur Durchführung des § 31 des Beamtenversorgungsgesetzes (Bestimmung von Krankheiten für die beamtenrechtliche Unfallfürsorge)
  BR-Drs 104/77 = **13 B 9**
- VO über die einmalige Unfallentschädigung nach § 43 Abs 3 des Beamtenversorgungsgesetzes
  BR-Drs 203/77 = **18 K 9**
- VO zur Durchführung des § 33 Beamtenversorgungsgesetz (HeilverfahrensVO)
  BR-Drs 42/79 = **87 H 8**

Unfallrente
- VO über die Abrechnung und Zahlung der zu erstattenden Mehraufwendungen für Kinderzulagen nach § 583 Abs 2 S 2 der Reichsversicherungsordnung (Kinderzulagen-Erstattungsverordnung)
  BR-Drs 160/77 = **16 F 8**
- 1. VO zur Änderung der VO über die Gewährung von Mehrleistungen zu den Geldleistungen der gesetzlichen Unfallversicherung
  BR-Drs 590/78 = **83 M 10**

Unfallverhütung
- Unfallverhütungsbericht 1976
  BT-Drs 8/1128 = **85 J 4**
  ergänzende statistische Angaben für das Jahr 1977
  BT-Drs 8/2328 = **126 O 6**
- Unfallverhütungsbericht 1979
  Bericht über den Stand der Unfallverhütung und das Unfallgeschehen in der Bundesrepublik Deutschland
  BT-Drs 8/3650 = **171 L 7**
- Bericht über unfallverhütende Maßnahmen im Straßenverkehr 1975, 1976 und 1977
  BT-Drs 8/1403 = **94 A 7**
- Unfallverhütungsbericht Straßenverkehr 1979
  BT-Drs 8/3548 = **165 E 6**
- Allgemeine Verwaltungsvorschrift zur Änderung der Allgemeinen Verwaltungsvorschrift über das Zusammenwirken der Träger der Unfallversicherung und der Gewerbeaufsichtsbehörden und der Allgemeinen Verwaltungsvorschrift über das Zusammenwirken der technischen Aufsichtsbeamten und Träger der Unfallversicherung mit den Betriebsvertretungen
  BR-Drs 332/77 = **25 C 10**

Unfallversicherung, gesetzliche
s a Rentenanpassungsbericht der Bundesregierung
  Sozialversicherungsabkommen
  Unfallverhütungsbericht
- s a GesEntw zur 20. Rentenanpassung und zur Verbesserung der Finanzgrundlagen der gesetzlichen Rentenversicherung
  (20. Rentenanpassungsgesetz)
  BR-Drs 75/77 = **10 M 3**
  BT-Drs 8/165 = **57 F 1**
- s a GesEntw eines 21. Ges über die Anpassung der Renten aus der gesetzlichen Rentenversicherung sowie über die Anpassung der Geldleistungen aus der gesetzlichen Unfallversicherung und der Altersgelder in der Altershilfe für Landwirte
  (21. Rentenanpassungsgesetz)
  BR-Drs 135/78 = **53 F 11**
  BT-Drs 8/1601 = **99 N 6**
  BT-Drs 8/1734 = **103 G 11**
- 1. VO zur Änderung der VO über die Höchstgrenze des Jahresarbeitsverdienstes
  BR-Drs 499/78 = **77 M 3**
- 1. VO zur Änderung der VO über die Gewährung von Mehrleistungen zu den Geldleistungen der gesetzlichen Unfallversicherung
  BR-Drs 590/78 = **83 M 10**
- VO über den Anpassungsfaktor für Geldleistungen aus der gesetzlichen Unfallversicherung 1980
  BR-Drs 468/79 = **114 L 6**
- VO über den Anpassungsfaktor für Geldleistungen aus der gesetzlichen Unfallversicherung im Jahre 1981
  BR-Drs 483/80 = **153 N 5**

Ungarn, Volksrepublik
- *GesEntw zum Abkommen Bundesrepublik Deutschland/Ungarische Volksrepublik zur Vermeidung der Doppelbesteuerung auf dem Gebiet der Steuern vom Einkommen, Ertrag und Vermögen*
  1. und 2. Durchgang
  BR-Drs 408/78 = **72 D 4**
  BR-Drs 115/79 = **93 B 7**
  BR-PlPr 463 = **2 N 14**
  BR-PlPr 471 = **3 J 3**

  GesEntw der Bundesregierung
  BT-Drs 8/2234 = **123 F 12**
  Beschlußempfehlung des Finanzausschusses
  BT-Drs 8/2576 = **135 L 3**
  1. Beratung
  BT-PlPr 8/120 = **25 L 1**
  2. Beratung und Schlußabstimmung
  BT-PlPr 8/141 = **30 I 6**

Union der Sozialistischen Sowjetrepubliken
s Sowjetunion

Universität
  s Hochschulen
  Hochschulrahmengesetz

Unlauterer Wettbewerb
- *Entw eines 9. ÄndGes zum Ges gegen den unlauteren Wettbewerb*
  (betr Verbot der Werbung mit Preisgegenüberstellung, Neuformulierung des Rechts des Aus- und Räumungsverkaufs)
  BT-Drs 8/1670 = **101 K 4**
  1. Beratung
  BT-PlPr 8/88 = **19 G 7**
- *Entw zur Änderung des Ges gegen den unlauteren Wettbewerb*
  (betr Einführung bzw Erweiterung von Strafvorschriften gegen progressive Kundenwerbung und unwahre Werbeangaben, Klagebefugnis für Verbände, u. a.)
  BR-Drs 226/78 = **61 A 2**
  BR-PlPr 461 = **2 I 9**

  GesEntw der Bundesregierung
  BT-Drs 8/2145 = **120 M 3**
  1. Beratung
  BT-PlPr 8/115 = **24 O 1**

UNO
s Vereinte Nationen

Unterbringung
s Elterliches Sorgerecht
  Sozialtherapeutische Anstalt

Unterhaltshilfe/Lastenausgleichsgesetz
- 5. VO zur Anpassung der Unterhaltshilfe nach dem Lastenausgleichsgesetz
  (5. Unterhaltshilfe-AnpassungsVO)
  BR-Drs 204/77 = **18 L 3**
- 2. AnpassungsVO zu § 276 Abs 2 des Lastenausgleichsgesetzes
  BR-Drs 473/77 = **33 H 1**
- 6. VO zur Anpassung der Unterhaltshilfe nach dem Lastenausgleichsgesetz
  BR-Drs 516/78 = **78 A 12**
- 7. VO zur Anpassung der Unterhaltshilfe nach dem Lastenausgleichsgesetz
  BR-Drs 402/79 = **110 F 2**
- 3. AnpassungsVO zu § 276 Abs 2 des Lastenausgleichsgesetzes
  BR-Drs 487/79 = **115 I 10**

– 8. VO zur Anpassung der Unterhaltshilfe nach dem Lastenausgleichsgesetz
BR-Drs 498/80 = **154** J 6

Unterhaltspflicht
s a RegelunterhaltVO
– *GesEntw zur Sicherung des Unterhalts von Kindern alleinstehender Mütter und Väter durch Unterhaltsvorschüsse oder -ausfalleistungen (Unterhaltsvorschußgesetz)*
Bundesratsdurchgang
BR-Drs 219/79 = **99** B 1
BR-PlPr 473 = **3** L 2
Vermittlungsverfahren:
BR-Drs 299/79 = **103** N 10
BR-PlPr 474 = **3** M 13

GesEntw der SPD/FDP
BT-Drs 8/1952 = **112** N 8
Beschlußempfehlung des Ausschusses für Jugend, Familie und Gesundheit
BT-Drs 8/2774 = **141** N 1
Bericht des Haushaltsausschusses
BT-Drs 8/2821 = **143** B 6
Anrufung des Vermittlungsausschusses
BT-Drs 8/2939 = **146** D 4
Beschlußempfehlung des Vermittlungsausschusses
BT-Drs 8/2959 = **146** K 11
1. Beratung
BT-PlPr 8/109 = **23** L 6
2. und 3. Beratung
BT-PlPr 8/151 = **32** O 5
Beratung der Beschlußempfehlung des Vermittlungsausschusses
BT-PlPr 8/161 = **35** C 1

Unterhaltsrente
– VO zur Anpassung der Unterhaltsrenten für Minderjährige (AnpassungsVO 1977)
BR-Drs 205/77 = **18** L 8
– VO zur Einführung von Vordrucken für das Vereinfachte Verfahren zur Abänderung von Unterhaltstiteln
BR-Drs 220/77 = **19** E 6
– VO zur Anpassung der Unterhaltsrenten für Minderjährige (AnpassungsVO 1979)
BR-Drs 403/79 = **110** F 8

Unterhaltssicherungsgesetz
– *Entw eines 5. ÄndGes*
(betr insbesondere Anhebung der Leistungssätze für Sanitätsoffiziere und Wehrübende)
1. und 2. Durchgang
BR-Drs 447/78 = **75** K 8
BR-Drs 285/79 = **103** E 8
BR-PlPr 465 = **3** C 4
BR-PlPr 474 = **3** M 13

GesEntw der Bundesregierung
BT-Drs 8/2356 = **127** K 8
Beschlußempfehlung des Verteidigungsausschusses
BT-Drs 8/2684 = **139** D 2
Bericht des Haushaltsausschusses
BT-Drs 8/2703 = **139** J 14
Änderungsantrag zur 2. Beratung
BT-Drs 8/2901 = **145** I 9
1. Beratung
BT-PlPr 8/125 = **26** O 7
2. und 3. Beratung
BT-PlPr 8/157 = **34** E 8

– *Entw eines 6. ÄndGes*
(betr Mietbeihilfe für Grundwehrdienstleistende)
1. und 2. Durchgang
BR-Drs 611/79 = **122** N 7
BR-Drs 301/80 = **145** I 5
BR-PlPr 482 = **4** K 5
BR-PlPr 488 = **5** E 6

GesEntw der Bundesregierung
BT-Drs 8/3664 = **172** D 4
Beschlußempfehlung des Verteidigungsausschusses
BT-Drs 8/4029 = **185** D 6
Bericht des Haushaltsausschusses
BT-Drs 8/4089 = **185** N 13
1. Beratung
BT-PlPr 8/203 = **44** A 13
2. und 3. Beratung
BT-PlPr 8/218 = **47** J 7

Unternehmen
s a Investitionszulagengesetz
– s a GesEntw zur Änderung des Einkommensteuergesetzes, des *Körperschaftssteuergesetzes* und anderer Gesetze
BR-Drs 511/79 = **117** A 7
BT-Drs 8/3648 = **171** B 2
– s a Entwurf eines 4. Gesetzes zur Änderung des Gesetzes gegen *Wettbewerbsbeschränkungen*
BR-Drs 231/78 = **61** J 2
BT-Drs 8/2136 = **120** J 1
– Stellungnahme der Bundesregierung zum ersten Hauptgutachten der Monopolkommission nach § 24b Gesetz gegen Wettbewerbsbeschränkungen
BR-Drs 326/77 = **24** L 14
BT-Drs 8/702 = **71** K 11
– Stellungnahme der Bundesregierung zum 2. Hauptgutachten der Monopolkommission nach § 24b des Ges gegen Wettbewerbsbeschränkungen
BR-Drs 236/79 = **100** B 5
BT-Drs 8/2835 = **143** G 10
– 3. Hauptgutachten der Monopolkommission 1978/79
BR-Drs 450/80 = **150** J 2
BT-Drs 8/4404 = **192** M 6

Untersuchungsausschuß
– *GesEntw über das Untersuchungsverfahren des Deutschen Bundestages*
GesEntw der CDU/CSU
BT-Drs 8/1181 = **87** E 4
1. Beratung
BT-PlPr 8/63 = **13** L 10
– s a GesEntw zur Änderung des *Grundgesetzes (Art. 44)*
BT-Drs 8/1180 = **87** E 2
– Antrag auf Einsetzung eines Untersuchungsausschusses zur Abhöraffäre Dr. Strauß-Scharnagl
BT-Drs 8/1470 = **95** K 9
Änderungsantrag der SPD/FDP
BT-Drs 8/1473 = **95** M 6
Beratung des Antrags
BT-PlPr 8/69 = **15** E 1
Beschlußempfehlung und Bericht des 1. Untersuchungsausschusses
BT-Drs 8/3835 = **177** A 4
Beratung
BT-PlPr 8/212 = **46** C 10

– Bericht des Verteidigungsausschusses als Untersuchungsausschuß im Spionagefall Lutze/Wiegel
BT-Drs 8/2290 = **125** G 2
Berichtigung
BT-Drs 8/2350 = **127** J 9
BT-PlPr 8/123 = **26** G 12
– Bericht des Verteidigungsausschusses als Untersuchungsausschuß gemäß Art 45 a Abs 2 Grundgesetz über die Vorgänge anläßlich des öffentlichen Gelöbnisses von Bundeswehrsoldaten am 6. Mai 1980 im Bremer Weserstadion
BT-Drs 8/4472 = **195** F 14

Uran
– Vorschlag für einen EG-Beschluß zur Festlegung eines Forschungs- und Entwicklungsprogramms der Europäischen Atomgemeinschaft auf dem Gebiet der Uranschürfung und Urangewinnung
BR-Drs 429/77 = **30** O 4
BT-Drs 8/904 = **78** O 11

Urheberrecht
– *GesEntw zur Verbesserung des Schutzes der Urheber von Lichtbildwerken*
BT-Drs 8/2064 = **117** A 1
1. Beratung
BT-PlPr 8/107 = **23** G 3

Urkunden, öffentliche
– *GesEntw zum Abkommen Bundesrepublik Deutschland / Königreich Belgien über die Befreiung öffentlicher Urkunden von der Legalisation*
1. und 2. Durchgang
BR-Drs 35/78 = **46** I 3
BR-Drs 284/80 = **143** H 6
BR-PlPr 454 = **2** A 5
BR-PlPr 488 = **5** E 6

GesEntw der Bundesregierung
BT-Drs 8/1544 = **98** B 14
Beschlußempfehlung des Rechtsausschusses
BT-Drs 8/3983 = **183** H 3
1. Beratung
BT-PlPr 8/78 = **17** E 7
2. Beratung und Schlußabstimmung
BT-PlPr 8/216 = **47** A 10

Urkundsbeamter der Geschäftsstelle
– *GesEntw zur Neuregelung des Rechts des Urkundenbeamten der Geschäftsstelle*
1. und 2. Durchgang
BR-Drs 227/78 = **61** C 12
BR-Drs 550/79 = **119** E 9
BR-PlPr 460 = **2** H 2
BR-PlPr 480 = **4** G 13

GesEntw der Bundesregierung
BT-Drs 8/2024 = **115** J 9
Beschlußempfehlung des Rechtsausschusses
BT-Drs 8/3305 = **159** E 3
Bericht des Haushaltsausschusses
BT-Drs 8/3308 = **159** G 4
1. Beratung
BT-PlPr 8/107 = **23** G 3
2. und 3. Beratung
BT-PlPr 8/183 = **39** E 8

USA
s Vereinigte Staaten von Amerika

V

Venezuela, Republik
- *GesEntw zum Abkommen Bundesrepublik Deutschland/Republik Venezuela zur Vermeidung der Doppelbesteuerung der Unternehmen der Luftfahrt und der Seeschiffahrt*
  1. und 2. Durchgang
  BR-Drs 448/78 = **75** L 13
  BR-Drs 117/79 = **93** B 9
  BR-PlPr 465 = **3** C 4
  BR-PlPr 471 = **3** J 3

  GesEntw der Bundesregierung
  BT-Drs 8/2288 = **125** F 9
  Beschlußempfehlung des Finanzausschusses
  BT-Drs 8/2578 = **135** L 7
  1. Beratung
  BT-PlPr 8/120 = **25** L 1
  2. Beratung und Schlußabstimmung
  BT-PlPr 8/141 = **30** I 6

Verband Südostasiatischer Nationen
- Vorschlag einer EWG-VO betr den Abschluß eines Kooperationsabkommens EWG/Mitgliedstaaten des Verbandes Südostasiatischer Nationen – Indonesien, Malaysia, Philippinen, Singapur und Thailand
  BR-Drs 636/79 = **123** L 7

Verbraucherschutz
- Vorschlag einer EG-Richtlinie betr den Verbraucherschutz im Falle von außerhalb von Geschäftsräumen abgeschlossenen Verträgen
  BR-Drs 49/77 = **8** F 4
  BT-Drs 8/75 = **53** O 2
- Entwurf einer EG-Entschließung betr ein 2. Programm der EWG für eine Politik zum Schutz und zur Unterrichtung der Verbraucher und
  Entw eines Aktionsprogramms der EG für die Verbraucher
  BR-Drs 418/79 = **111** F 2
  BT-Drs 8/3198 = **156** I 13
- Bericht über Anwendung und Auswirkungen der Gesamtreform des Lebensmittelrechts
  BT-Drs 8/2373 = **128** D 1
- Entwurf einer Richtlinie des Rates zur Preisauszeichnung bei Lebensmitteln
  BR-Drs 294/77 = **23** K 11
  BT-Drs 8/632 = **70** I 8

Verbrauchssteuern
- Vorschlag einer Richtlinie des Rates der EG betr die gemeinschaftsrechtliche Regelung der Mehrwertsteuer und der Verbrauchssteuern auf den Bordbedarf von Luft- und Wasserfahrzeugen und Zügen im grenzüberschreitenden Verkehr
  BR-Drs 72/80 = **129** H 6
  BT-Drs 8/3798 = **176** E 12
- Mitteilung der Kommission an den Rat und Beschlußempfehlung des Finanzausschusses betr Harmonisierung der Struktur der Verbrauchsteuern auf Bier, Wein und Alkohol
  BR-Drs 392/79 = **109** M 11
  BT-Drs 8/4095 = **185** O 8
- s a GesEntw zum Vertrag mit *Österreich* über Rechts- und Amtshilfe in Zoll-, Verbrauchsteuer- und Monopolangelegenheiten
  BR-Drs 22/80 = **125** M 3
  BT-Drs 8/3746 = **174** M 11

Veredelung von Waren
- s Entw eines 17. Gesetzes zur Änderung des *Zollgesetzes*
  BR-Drs 57/80 = **128** G 8
  BT-Drs 8/3870 = **178** M 4

Vereidigter Buchprüfer
- VO zur Aufhebung der VO über eine Übergangsprüfung für vereidigte Buchprüfer
  BR-Drs 577/78 = **83** C 5

Vereinigte Staaten von Amerika
- *GesEntw zum Auslieferungsvertrag Bundesrepublik Deutschland/Vereinigte Staaten von Amerika*
  1. und 2. Durchgang
  BR-Drs 227/79 = **99** J 2
  BR-Drs 86/80 = **130** G 11
  BR-PlPr 474 = **3** M 13
  BR-PlPr 484 = **4** N 4

  GesEntw der Bundesregierung
  BT-Drs 8/3107 = **152** K 3
  Beschlußempfehlung des Rechtsausschusses
  BT-Drs 8/3641 = **170** M 12
  1. Beratung
  BT-PlPr 8/169 = **36** K 13
  2. Beratung und Schlußabstimmung
  BT-PlPr 8/201 = **43** J 1
- *GesEntw zur Vereinbarung Bundesrepublik Deutschland/Vereinigte Staaten von Amerika zur Durchführung des Abkommens über Soziale Sicherheit*
  1. und 2. Durchgang
  BR-Drs 520/78 = **79** D 10
  BR-Drs 111/79 = **93** B 3
  BR-PlPr 468 = **3** E 13
  BR-PlPr 471 = **3** J 3

  GesEntw der Bundesregierung
  BT-Drs 8/2435 = **129** K 14
  Beschlußempfehlung des Ausschusses für Arbeit und Sozialordnung
  BT-Drs 8/2569 = **135** D 3
  1. Beratung
  BT-PlPr 8/128 = **27** H 11
  2. Beratung und Schlußabstimmung
  BT-PlPr 8/141 = **30** I 6

Vereinigtes Königreich von Großbritannien und Nordirland
s Großbritannien, Vereinigtes Königreich

Vereinsbesteuerungsgesetz
- *GesEntw zur Verbesserung der Besteuerung gemeinnütziger, mildtätiger und kirchlicher Körperschaften*
  1. und 2. Durchgang
  BR-Drs 208/79 = **98** D 3
  BR-Drs 237/80 = **140** L 9
  BR-PlPr 472 = **3** K 1
  BR-PlPr 476 = **4** A 4

  GesEntw des Bundesrates
  BT-Drs 8/3243 = **158** A 11
  Beschlußempfehlung des Finanzausschusses
  BT-Drs 8/3898 = **179** H 7

  nunmehr:
  GesEntw zur Änd der Abgabenordnung und des Einkommensteuergesetzes

  Bericht des Haushaltsausschusses
  BT-Drs 8/3938 = **181** H 12
  1. Beratung
  BT-PlPr 8/183 = **39** E 8
  2. und 3. Beratung
  BT-PlPr 8/213 = **46** H 2

Vereinte Nationen
- *GesEntw zum Übereinkommen über die Vorrechte und Immunitäten der Vereinten Nationen*
  1. und 2. Durchgang
  BR-Drs 368/79 = **108** A 13
  BR-Drs 397/80 = **147** K 8
  BR-PlPr 477 = **4** B 11
  BR-PlPr 491 = **5** J 8

  GesEntw der Bundesregierung
  BT-Drs 8/3232 = **157** H 12
  Beschlußempfehlung des Auswärtigen Ausschusses
  BT-Drs 8/4276 = **190** C 12
  1. Beratung
  BT-PlPr 8/180 = **38** K 8
  2. Beratung und Schlußabstimmung
  BT-PlPr 8/225 = **49** F 14
- Antwort auf Große Anfrage betr Mitwirkung der Bundesrepublik Deutschland in den Vereinten Nationen
  BT-Drs 8/1408 = **94** H 13
  Entschließungsantrag der SPD/FDP zur Großen Anfrage
  BT-Drs 8/1590 = **99** K 8
  Entschließungsantrag der CDU/CSU zur Großen Anfrage
  BT-Drs 8/1613 = **100** F 2
  Beratung
  BT-PlPr 8/79 = **17** I 6
  Beschlußempfehlung des Auswärtigen Ausschusses zum Entschließungsantrag der SPD/FDP
  BT-Drs 8/1806 = **107** C 10
  Beschlußempfehlung des Auswärtigen Ausschusses zum Entschließungsantrag der CDU/CSU
  BT-Drs 8/1807 = **107** C 10
  Berichte des Haushaltsausschusses
  BT-Drs 8/1929 = **110** O 1
  BT-Drs 8/1930 = **110** O 2
  Beratung
  BT-PlPr 8/99 = **21** M 10
- 2. VO über die Gewährung von Vorrechten und Befreiungen an die Sonderorganisationen der Vereinten Nationen
  BR-Drs 256/79 = **101** A 13
- Antwort auf Große Anfrage über deutsche Entwicklungshilfe in internationalen Institutionen
  BT-Drs 8/3483 = **164** C 3
- Beschlußempfehlung des Auswärtigen Ausschusses zu einem Antrag auf Verstärkung und Ausbau der Institutionen der Vereinten Nationen zum Schutz der Menschenrechte
  BT-Drs 8/4288 = **190** G 6

Verifikationsabkommen
s Atomwaffensperrvertrag

Verfassungsreform
- Entschließungsantrag zum Schlußbericht der Enquête-Kommission Verfassungsreform
  (BT-Drs 7/5924)
  BT-Drs 8/1517 = **97** K 13
  Beratung des Schlußberichts
  BT-PlPr 8/73 = **16** F 10

Verfassungsschutz
- Antwort auf Große Anfrage zum Schutz der freiheitlich demokratischen Grundord-

nung und die Berichterstattung der Bundesregierung über den Verfassungsschutz
BT-Drs 8/3615 = **168** L 14
BT-PlPr 8/225 = **49** F 14
- Antwort auf Kleine Anfrage zur Veröffentlichung von Vorgängen aus dem Bundesamt für Verfassungsschutz über die Abhöraffäre Dr. Traube
BT-Drs 8/1459 = **95** J 3
Erklärung des Bundesministers des Innern Dr. Maihofer
BT-PlPr 8/17 = **3** G 14

Verfassungstreue
- Antwort auf Große Anfrage betr Prüfung der Verfassungstreue bei Bewerbern für den öffentlichen Dienst
BT-Drs 8/2482 = **131** E 12
Entschließungsantrag zur Großen Anfrage
BT-Drs 8/2581 = **135** L 13
Beratung
BT-PlPr 8/138 = **29** O 4
- Antwort auf Große Anfrage zur Fernhaltung von Verfassungsfeinden aus dem öffentlichen Dienst
BT-Drs 8/2481 = **131** E 8
BT-PlPr 8/138 = **29** O 4

Verjährung
- s Entw eines *18. Strafrechtsänderungsgesetzes*
(betr Verjährung von Mord)
BR-Drs 345/79 = **106** B 10
BT-Drs 8/2653 = **138** G 11
- Antrag der Fraktion der CDU/CSU betr Unverjährbarkeit bei Mord
BT-Drs 8/2539 = **133** N 4
Beratung
BT-PlPr 8/145 = **31** K 10
Bericht des Rechtsausschusses
BT-Drs 8/3032 = **149** I 9
Beratung
BT-PlPr 8/166 = **36** D 12

Verkehr, internationaler
- Antwort auf Große Anfrage zu Tendenzen zum Protektionismus im internationalen Verkehr
BT-Drs 8/3199 = **156** J 7
BT-PlPr 8/187 = **40** D 6

Verkehrsbeschränkungen
- s Entw eines ÄndGes zum *Straßenverkehrsgesetz*
(betr Verkehrsbeschränkungen in Wohngebieten)
BR-Drs 158/79 = **94** O 9
BT-Drs 8/3150 = **155** B 13
- VO zur Änderung der Straßenverkehrs-Ordnung
(betr Verkehrsberuhigte Wohnbereiche)
BR-Drs 267/80 = **141** M 7

Verkehrslärmschutzgesetz
- *GesEntw zum Schutz gegen Verkehrslärm an Straßen und Schienenwegen (Verkehrslärmschutzgesetz)*
1. und 2. Durchgang
BR-Drs 3/78 = **44** D 8
BR-Drs 126/80 = **134** B 1
BR-PlPr 454 = **2** A 5
BR-PlPr 485 = **5** A 10
Vermittlungsverfahren:
BR-Drs 418/80 = **149** F 6
BR-PlPr 491 = **5** J 8

GesEntw der Bundesregierung
BT-Drs 8/1671 = **101** K 11
Beschlußempfehlung des Ausschusses für Verkehr und für das Post- und Fernmeldewesen
BT-Drs 8/3730 = **174** I 11
Bericht des Haushaltsausschusses
BT-Drs 8/3731 = **174** J 13
Anrufung des Vermittlungsausschusses
BT-Drs 8/3926 = **180** O 3
Beschlußempfehlung des Vermittlungsausschusses
BT-Drs 8/4360 = **192** E 13
1. Beratung
BT-PlPr 8/86 = **18** O 1
2. und 3. Beratung
BT-PlPr 8/205 = **44** J 1
Beratung der Beschlußempfehlung des Vermittlungsausschusses
BT-PlPr 8/230 = **50** K 7
Verweigerung der Zustimmung durch den Bundesrat
BT-Drs 8/4410 = **193** J 8

Verkehrspolitik
- Bericht über Maßnahmen der Kommunen zur Förderung des Öffentlichen Personennahverkehrs
BT-Drs 8/452 = **66** C 11

Verkehrssicherheit
- Entschließung des BR zur Verbesserung der Verkehrssicherheit durch Maßnahmen auf dem Gebiet der Straßenverkehrsordnung (betr Schutzkleidung)
BR-Drs 103/77 = **13** B 4
- Unfallverhütungsbericht Straßenverkehr über unfallverhütende Maßnahmen 1975, 1976 und 1977
BT-Drs 8/1403 = **94** A 7
- Unfallverhütungsbericht Straßenverkehr 1979
BT-Drs 8/3548 = **165** E 6

Verkehrssicherstellungsgesetz
- VO zur Sicherstellung des Straßenverkehrs (betr Verteidigungsfall)
BR-Drs 263/80 = **141** J 8

Verkehrsverbund
- Erfahrungsbericht der Bundesregierung zur Neuregelung des § 8 Personenbeförderungsgesetz
(Errichtung von Verkehrsverbünden)
BT-Drs 8/803 = **75** J 7
Beratung
BT-PlPr 8/44 = **9** K 8
Beschlußempfehlung des Ausschusses für Verkehr und das Post- und Fernmeldewesen
BT-Drs 8/1731 = **103** F 5
Beratung
BT-PlPr 8/117 = **25** D 2

Verkehrswegeplan
- Bericht des Bundesministers für Verkehr über den Fortgang der Verkehrserschließung im Zonenrandgebiet
BT-Drs 8/31 = **51** J 1
Beschlußempfehlung des Ausschusses für innerdeutsche Beziehungen
BT-Drs 8/1896 = **109** K 8
Beratung
BT-PlPr 8/109 = **23** L 6
- Bericht des Bundesministers für Verkehr für 1978 betr Verkehrswegeplan für das Zonenrandgebiet
BT-Drs 8/2521 = **132** C 6
Beschlußempfehlung des Ausschusses für innerdeutsche Beziehungen
BT-Drs 8/3786 = **175** H 2

Verkehrszentralregister
- *Entwurf eines Gesetzes über das Verkehrszentralregister*
Reduzierung der Eintragungstatbestände, Verkürzung der Tilgungsfristen, Verbot „Schwarzer Listen")
1. Durchgang
BR-Drs 58/80 = **128** H 8
BR-PlPr 484 = **4** N 4

GesEntw der Bundesregierung
BT-Drs 8/3900 = **179** J 3
1. Beratung
BT-PlPr 8/216 = **47** A 10
- Entschließungsantrag des Landes Baden-Württemberg zur Reform von Verkehrszentralregister und Mehrfachtäterpunktsystem
BR-Drs 32/80 = **126** F 14

Vermögensanlagen
s Kapitalanlagen

Vermögensbildung
- *GesEntw zum Abbau steuerlicher Hemmnisse für die Vermögensbeteiligung der Arbeitnehmer*
1. Durchgang
BR-Drs 371/77 = **26** O 11
BR-PlPr 450 = **1** K 11
Unterrichtung über Ablehnung des GesEntw
BR-Drs 311/80 = **145** N 13

GesEntw des Bundesrates
BT-Drs 8/1418 = **94** N 13
Beschlußempfehlung des Finanzausschusses
BT-Drs 8/3915 = **180** I 5
Bericht des Haushaltsausschusses
BT-Drs 8/3916 = **180** I 7
1. Beratung
BT-PlPr 8/100 = **22** B 11
2. Beratung
BT-PlPr 8/216 = **47** A 10
- *GesEntw zur Förderung freiwilliger betrieblicher Gewinn- und Kapitalbeteiligung*
BT-Drs 8/1565 = **99** A 9
Beschlußempfehlung des Finanzausschusses
BT-Drs 8/3915 = **180** I 5
Bericht des Haushaltsausschusses
BT-Drs 8/3916 = **180** I 7
1. Beratung
BT-PlPr 8/100 = **22** B 11
2. Beratung
BT-PlPr 8/216 = **47** A 10
- s a Entwurf eines Gesetzes zur Steuerentlastung und Familienförderung *(Steuerentlastungsgesetz 1981)*
BR-Drs 100/80 = **130** C 9
BT-Drs 8/3701 = **173** L 6
BT-Drs 8/3901 = **179** K 3

Vermögensteuer
s a Doppelbesteuerungsabkommen
- Allgemeine Verwaltungsvorschrift zur Änderung und Ergänzung der Vermögensteuer-Richtlinien für die Vermögensteuer-Hauptveranlagung 1980
BR-Drs 36/80 = **126** I 6

– s a Entw eines *Steuerentlastungsgesetzes 1978*
(betr Steuersatzsenkung 1978)
BT-Drs 8/592 = **69** O 11
– s a Entwurf eines *Vereinsbesteuerungsgesetzes*
BR-Drs 208/79 = **98** D 3
BT-Drs 8/3243 = **158** A 11
– s a GesEntw zur Änderung und Vereinfachung des *Einkommenssteuergesetzes* und anderer Gesetze
BR-Drs 600/79 = **122** G 5
BT-Drs 8/3688 = **173** D 7

Versammlungsgesetz
– *GesEntw zur Änderung des Ges über Versammlungen und Aufzüge*
(eingebracht als GesEntw zur Bekämpfung von *Terrorismus* ...)
Bundesratsdurchgang
BR-Drs 302/78 = **66** A 12
BR-PlPr 461 = **2** I 9
Vermittlungsverfahren:
BR-Drs 426/78 = **73** M 14
BR-PlPr 462 = **2** L 11

Beschlußempfehlung des Rechtsausschusses
BT-Drs 8/1845 = **108** H 6
Änderungsantrag zur 2. Beratung
BT-Drs 8/ 1888 = **109** H 2
2. und 3. Beratung
BT-PlPr 8/95 = **20** N 5
Anrufung des Vermittlungsausschusses
BT-Drs 8/1989 = **113** H 10
Beschluß des Vermittlungsausschusses
BT-Drs 8/2096 = **118** I 14
Nichtzustimmung zu dem nach seiner Ansicht zustimmungspflichtigen Gesetz durch den Bundesrat
BT-Drs 8/2122 = **120** C 13
– *GesEntw zur Änderung des Versammlungsgesetzes und des Strafgesetzbuches*
(betr Demonstrationsrecht, „Vermummungsverbot", Tatbestand des Landfriedensbruchs)
GesEntw der CDU/CSU
BT-Drs 8/2677 = **138** L 6
Beschlußempfehlung des Innenausschusses
BT-Drs 8/3726 = **174** I 1
1. Beratung
BT-PlPr 8/160 = **34** N 13
2. Beratung
BT-PlPr 8/216 = **47** A 10

Verschreibungspflichtiges Arzneimittel
– 18. VO zur Änderung der VO nach § 35 des Arzneimittelgesetzes über verschreibungspflichtige Arzneimittel
BR-Drs 240/77 = **20** I 4
– VO nach § 35 des Arzneimittelgesetzes über verschreibungspflichtige Arzneimittel
BR-Drs 354/77 = **25** M 14
– VO zur Änderung der VO über verschreibungspflichtige Arzneimittel
BR-Drs 72/78 = **49** F 4
– 2. VO zur Änderung der VO über verschreibungspflichtige Arzneimittel
BR-Drs 194/78 = **58** A 2
– 3. VO zur Änderung der VO über verschreibungspflichtige Arzneimittel
BR-Drs 484/78 = **77** H 2
– 4. VO zur Änderung der VO über verschreibungspflichtige Arzneimittel
BR-Drs 195/79 = **97** J 4
– 5. VO zur Änderung der VO über verschreibungspflichtige Arzneimittel
BR-Drs 522/79 = **117** G 5
– 6. VO zur Änd der VO über verschreibungspflichtige Arzneimittel
BR-Drs 201/80 = **138** M 8
– 7. VO zur Änd der VO über verschreibungspflichtige Arzneimittel
BR-Drs 520/80 = **155** I 10

Versicherungsrecht
– Vorschlag für eine EG-Richtlinie zur Koordinierung der Rechts- und Verwaltungsvorschriften betr die Aufnahme und Ausübung der Tätigkeit der Direktversicherung
BR-Drs 360/79 = **106** J 9
– 2. VO zur Änderung der Rentenversicherungs-BeitragentrichtungsVO
– BR-Drs 435/78 = **74** C 2
– VO über das Außerkrafttreten der Vergütungsverordnung für Versicherungskarten
BR-Drs 519/80 = **155** I 8

Versorgungsausgleich
– *Entwurf eines Gesetzes zur Ergänzung von Regelungen über den Versorgungsausgleich*
BR-Drs 427/80 = **156** D 5
– VO zur Ermittlung des Barwerts einer auszugleichenden Versorgung nach § 1587 a Abs 2, Abs 4 des Bürgerlichen Gesetzbuchs (Barwert-VO)
BR-Drs 191/77 = **18** A 11
– VO über das Berechnen und Durchführen der Erstattung nach § 1304 b Abs 2 Satz 2 RVO und nach § 83 b Abs 2 Satz 2 des Angestelltenversicherungsgesetzes (Versorgungsausgleichs-ErstattungsVO)
BR-Drs 620/79 = **123** D 5

Versorgungsbezüge
s Bundesbesoldungserhöhungsgesetz
Bundesversorgungsgesetz

Versorgungsunternehmen
– s Entwurf eines 4. Gesetzes zur Änderung des Gesetzes gegen *Wettbewerbsbeschränkungen*
BR-Drs 231/78 = **61** J 2
BT-Drs 8/2136 = **120** J 1

Verstromungsgesetz
s a Energierecht
Kohlepfennig
– *GesEntw zur Änderung energierechtlicher Vorschriften*
(betr Verstromungsgesetze, Energiewirtschaftsgesetz und GesEntw über Meldungen der Unternehmen des deutschen Steinkohlebergbaus)
1. und 2. Durchgang
BR-Drs 403/77 = **28** F 4
BR-Drs 569/77 = **38** D 6
BR-PlPr 450 = **1** K 11
BR-PlPr 452 = **1** N 11

GesEntw der Bundesregierung
BT-Drs 8/1030 = **82** D 9
Beschlußempfehlung des Wirtschaftsausschusses
BT-Drs 8/1126 = **85** I 6
Bericht des Haushaltsausschusses
BT-Drs 8/1148 = **86** E 11
1. Beratung
BT-PlPr 8/50 = **10** N 14
2. und 3. Beratung
BT-PlPr 8/55 = **12** C 5
– *Entwurf eines 2. Gesetzes zur Änderung energierechtlicher Vorschriften*
(betr Verlängerung der Regelung über Mehrkostenausgleich gegenüber Heizöl und der Verbilligung von Steinkohle)
BR-Drs 182/80 = **136** N 3
BR-Drs 336/80 = **146** F 9
BR-PlPr 486 = **5** C 6
BR-PlPr 490 = **5** I 2

GesEntw der Bundesregierung
BT-Drs 8/3917 = **180** I 8
Stellungnahme des Bundesrates und Gegenäußerung der Bundesregierung
BT-Drs 8/4034 = **185** F 4
Beschlußempfehlung des Wirtschaftsausschusses
BT-Drs 8/4138 = **187** D 2
Bericht des Haushaltsausschusses
BT-Drs 8/4166 = **188** I 13
1. Beratung
BT-PlPr 8/213 = **46** H 2
2. und 3. Beratung
BT-PlPr 8/220 = **48** C 8
– VO über den Prozentsatz der Ausgleichsabgabe nach dem 3. VerstromungsGes für das Jahr 1979
BT-Drs 8/2307 = **125** L 11
Beratung
BT-PlPr 8/121 = **26** A 8
Beschlußempfehlung des Wirtschaftsausschusses
BT-Drs 8/2381 = **128** I 13
Entschließungsantrag
BT-Drs 8/2388 = **128** L 3
Änderungsantrag
BT-Drs 8/2391 = **128** L 10
Beratung der Beschlußempfehlung
BT-PlPr 8/125 = **26** O 7
– 2. Fortschreibung des Energieprogramms der Bundesregierung
BR-Drs 651/77 = **42** L 9
BT-Drs 8/1357 = **92** N 11
Beratung
BT-PlPr 8/86 = **18** O 1
1. Beschlußempfehlung des Wirtschaftsausschusses
BT-Drs 8/2370 = **127** O 5
Beratung
BT-PlPr 8/125 = **26** O 7

Verteidiger
– s GesEntw zur Bekämpfung des *Terrorismus*
BT-Drs 8/322 = **62** N 10
– s GesEntw zur Änd der Strafprozeßordnung und des *Strafvollzugsgesetzes*
BR-Drs 535/77 = **36** F 12
BT-Drs 8/1283 = **91** A 11

Verteidigung
– Unterrichtung durch die deutsche Delegation über die Empfehlung und Entschließung der 22. Jahrestagung der Nordatlantischen Versammlung zur Rationalisierung der Verteidigungsmittel und zur europäischen Zusammenarbeit auf dem Gebiet der Verteidigung
BR-Drs 7/77 = **6** F 12
BT-Drs 8/27 = **51** H 2
– Antwort auf Große Anfrage zur Verteidigungspolitik mit Darstellung der verteidigungspolitischen Zielsetzung und Beurtei-

lung des Kräfteverhältnisses und der Bündnispolitik 1977
BT-Drs 8/464 = **66** H 13
BT-PlPr 8/39 = **8** N 3
– Antwort auf 2 Große Anfragen zur Friedenssicherung durch Sicherheit, Entspannung, Abrüstung und Rüstungskontrolle
BT-Drs 8/2587 = **135** N 4
Entschließungsantrag der CDU/CSU
BT-Drs 8/2638 = **138** B 14
Entschließungsantrag der SPD/FDP
BT-Drs 8/2639 = **138** C 2
Gemeinsame Beratung
BT-PlPr 8/141 = **30** I 6
– VO zur Sicherstellung des Straßenverkehrs im Verteidigungsfall
BR-Drs 263/80 = **141** J 8

Vertriebener
– *GesEntw zur Fortsetzung der Eingliederung von Vertriebenen und Flüchtlingen*
BT-Drs 8/1518 = **97** L 2
Beschlußempfehlung des Innenausschusses
BT-Drs 8/2335 = **127** E 13
Bericht des Haushaltsausschusses
BT-Drs 8/2336 = **127** F 4
Änderungsantrag zur 2. Beratung
BT-Drs 8/2359 = **127** L 6
1. Beratung
BT-PlPr 8/107 = **23** G 3
2. Beratung
BT-PlPr 8/123 = **26** G 12

weitere Behandlung:
s Entw eines 29. Ges zur Änd des *Lastenausgleichsgesetzes*
– *GesEntw zur Fortsetzung der Eingliederung von Vertriebenen und Flüchtlingen*
Bundesratsdurchgang
BR-Drs 393/80 = **147** K 2
BR-PlPr 491 = **5** J 8

GesEntw aller Fraktionen
BT-Drs 8/4163 = **188** I 8
Beschlußempfehlung des Innenausschusses
BT-Drs 8/4281 = **190** E 8
Bericht des Haushaltsausschusses
BT-Drs 8/4318 = **190** M 6
1. Beratung
BT-PlPr 8/220 = **48** C 8
2. und 3. Beratung
BT-PlPr 8/225 = **49** F 14
– Bericht nach § 96 Bundesvertriebenengesetz über Maßnahmen zur Förderung von Kunst und Kulturgut der Vertriebenen
BT-Drs 8/586 = **69** M 1
Beschlußempfehlung des Innenausschusses
BT-Drs 8/1564 = **99** A 6
Beratung der Beschlußempfehlung des Innenausschusses
BT-PlPr 8/83 = **18** F 5
– Bericht nach § 96 Bundesvertriebenengesetz über Maßnahmen zur Förderung der ostdeutschen Kulturarbeit in den Jahren 1976, 1977 und 1978
BT-Drs 8/3563 = **166** D 2
Beschlußempfehlung des Innenausschusses
BT-Drs 8/4299 = **190** J 8
Bericht des Innenausschusses
BT-Drs 8/4370 = **192** H 2

Verwaltungsgerichtsbarkeit
– *GesEntw zur Entlastung der Gerichte in der Verwaltungs- und Finanzgerichtsbarkeit*
(betr Einführung eines Gerichtsbescheids)
1. und 2. Durchgang
BR-Drs 276/77 = **22** L 14
BR-Drs 102/78 = **51** B 14
BR-PlPr 448 = **1** H 13
BR-PlPr 455 = **2** C 1

GesEntw der Bundesregierung
BT-Drs 8/842 = **76** N 7
Beschlußempfehlung des Rechtsausschusses
BT-Drs 8/1530 = **97** N 12
1. Beratung
BT-PlPr 8/39 = **8** N 3
2. und 3. Beratung
BT-PlPr 8/75 = **16** L 2
– Bericht über verwaltungsgerichtliche Verfahren zur Erlangung eines Studienplatzes
BT-Drs 8/2698 = **139** H 14

Verwaltungsgerichtsordnung
– *Entw eines 2. Ges zur Änd der Verwaltungsgerichtsordnung*
(betr Klagen gegen die Zentralstelle für die Vergabe von Studienplätzen in Dortmund)
1. und 2. Durchgang
BR-Drs 113/78 = **51** H 8
BR-Drs 321/78 = **66** K 1
BR-PlPr 455 = **2** C 1
BR-PlPr 461 = **2** I 9

GesEntw des Bundesrates
BT-Drs 8/1717 = **103** B 8
Beschlußempfehlung des Rechtsausschusses
BT-Drs 8/1935 = **111** C 4
1. Beratung
BT-PlPr 8/90 = **19** N 1
2. und 3. Beratung
BT-PlPr 8/101 = **22** F 10
– s a GesEntw zur Beschleunigung des *Asylverfahrens*
BT-Drs 8/1836 = **108** B 11

Verwaltungsverfahren
– s Entw eines Sozialgesetzbuches/Verwaltungsverfahren
BR-Drs 170/78 = **56** A 9
BT-Drs 8/2034 = **116** C 7

Veterinärabkommen
– *GesEntw zum Abkommen mit der Regierung der Deutschen Demokratischen Republik auf dem Gebiet des Veterinärwesens*
1. und 2. Durchgang
BR-Drs 66/80 = **129** G 3
BR-Drs 323/80 = **146** B 2
BR-PlPr 484 = **4** N 4
BR-PlPr 489 = **5** G 14

GesEntw der Bundesregierung
BT-Drs 8/3875 = **178** O 13
Beschlußempfehlung des Ausschusses für Ernährung, Landwirtschaft und Forsten
BT-Drs 8/4019 = **184** L 5
1. Beratung
BT-PlPr 8/211 = **45** M 14
2. Beratung und Schlußabstimmung
BT-PlPr 8/220 = **48** C 8

Viehseuchen
s a Klauentiere-EinfuhrVO
Futtermittel
– VO über Sera, Impfstoffe und Antigene nach dem Viehseuchengesetz (ImpfstoffVO-Tiere)
BR-Drs 561/77 = **37** K 13
– 1. VO zur Änderung der AusfuhrVO Rinder und Schweine (EG)
BR-Drs 19/78 = **45** L 13
– 1. VO zur Änderung der Tuberkulose-VO
BR-Drs 20/78 = **45** M 2
– VO zur Aufhebung einer viehseuchenpolizeilichen Anordnung
(betr Trichinose)
BR-Drs 394/78 = **70** L 12
– Allgemeine Verwaltungsvorschrift über Tierseuchennachrichten
BR-Drs 432/78 = **73** O 8
– VO zur Verhütung einer Einschleppung der afrikanischen Schweinepest aus Malta
BR-Drs 459/78 = **76** F 13
– VO zur Verhütung einer Einschleppung der afrikanischen Schweinepest aus Brasilien
BR-Drs 576/78 = **83** C 2
– 1. VO zur Änderung der 3. VO zum Schutz gegen die Maul- und Klauenseuche
BR-Drs 192/79 = **97** H 2
– 1. VO zur Änderung der BrucelloseVO
BR-Drs 435/79 = **112** F 4

Viehseuchengesetz
– *Entw eines 11. ÄndGes*
(betr Fischseuchen und andere Haustiere)
1. und 2. Durchgang
BR-Drs 518/78 = **79** B 4
BR-Drs 585/79 = **121** L 5
BR-PlPr 468 = **3** E 13
BR-PlPr 481 = **4** I 5
Vermittlungsverfahren:
BR-Drs 9/80 = **125** K 1
BR-PlPr 482 = **4** K 5

GesEntw der Bundesregierung
BT-Drs 8/2646 = **138** D 8
Beschlußempfehlung des Ausschusses für Ernährung, Landwirtschaft und Forsten
BT-Drs 8/3350 = **160** F 4
Anrufung des Vermittlungsausschusses
BT-Drs 8/3536 = **165** C 3
Beschlußempfehlung des Vermittlungsausschusses
BT-Drs 8/3597 = **168** I 8
1. Beratung
BT-PlPr 8/145 = **31** K 10
2. und 3. Beratung
BT-PlPr 8/189 = **40** J 14
Beratung der Beschlußempfehlung des Vermittlungsausschusses
BT-PlPr 8/199 = **43** B 5

Vieh- und Fleischgesetz
– 2. VO zur Änderung der 4. Durchführungs-VO zum Vieh- und Fleischgesetz
BR-Drs 207/79 = **98** C 14

Vietnamflüchtlinge
– Antrag der Fraktion der CDU/CSU
BT-Drs 8/3042 = **149** N 6
Beratung
BT-PlPr 8/173 = **37** H 11

Viruskrankheiten
s Obstbau

Visumzwang
– s 9.–12. VO zur Änderung der VO zur Durchführung des *Ausländergesetzes*

Vogelarten
– Vorschlag einer EG-Richtlinie über die Erhaltung von Vogelarten
BR-Drs 21/77 = **6** M 3
BT-Drs 8/41 = **52** G 4

Volksbegehren
s Volksentscheid

Volksbefragung
s Volksentscheid

Volksentscheid
- *GesEntw über das Verfahren bei Volksentscheid, Volksbegehren und Volksbefragung nach Art 29 Abs 6 GG*
  1. und 2. Durchgang
  BR-Drs 29/78 = **46** D 11
  BR-Drs 211/79 = **98** K 7
  BR-PlPr 454 = **2** A 5
  BR-PlPr 473 = **3** L 2
  Vermittlungsverfahren:
  BR-Drs 301/79 = **103** N 14
  BR-PlPr 474 = **3** M 13

  GesEntw der Bundesregierung
  BT-Drs 8/1646 = **101** D 1
  Beschlußempfehlung des Innenausschusses
  BT-Drs 8/2705 = **139** K 8
  Anrufung des Vermittlungsausschusses
  BT-Drs 8/2941 = **146** D 10
  Beschlußempfehlung des Vermittlungsausschusses
  BT-Drs 8/2964 = **146** M 8
  1. Beratung
  BT-PlPr 8/86 = **18** O 1
  2. und 3. Beratung
  BT-PlPr 8/148 = **32** F 9
  Beratung der Beschlußempfehlung des Vermittlungsausschusses
  BT-PlPr 8/161 = **35** C 1
  Verweigerung der Zustimmung durch den Bundesrat
  BT-Drs 8/3015 = **148** C 14
- Entschließungsantrag zum Schlußbericht der Enquête-Kommission Verfassungsreform
  BT-Drs 8/1517 = **97** K 13

Volksfest
- s GesEntw zur Änderung der *Gewerbeordnung*
  BT-Drs 8/1755 = **104** C 12

Volksfront
- aktuelle Stunde betr u. a. Volksfronttendenzen an Universitäten und Hochschulen
  BT-PlPr 8/54 = **12** A 8

Volkszählungsgesetz 1981
- *GesEntw über eine Volks-, Berufs- und Arbeitsstättenzählung*
  1. und 2. Durchgang
  BR-Drs 444/78 = **75** D 7
  BR-Drs 588/79 = **121** M 4
  BR-PlPr 465 = **3** C 4
  BR-PlPr 481 = **4** I 5
  1. Vermittlungsverfahren
  BR-Drs 13/80 = **125** K 9
  BR-PlPr 482 = **4** K 5
  Anrufung des Vermittlungsausschusses durch die Bundesregierung
  BR-Drs 111/80 = **133** H 5
  2. Vermittlungsverfahren:
  BR-Drs 321/80 = **146** A 12
  BR-PlPr 488 = **5** E 6

  GesEntw der Bundesregierung
  BT-Drs 8/2516 = **131** N 3
  Beschlußempfehlung des Innenausschusses
  BT-Drs 8/3412 = **161** H 10
  Bericht des Haushaltsausschusses
  BT-Drs 8/3449 = **163** A 4
  1. Beratung
  BT-PlPr 8/138 = **29** O 4
  2. und 3. Beratung
  BT-PlPr 8/189 = **40** J 14
  Anrufung des Vermittlungsausschusses
  BT-Drs 8/3535 = **165** C 2
  1. Beschlußempfehlung des Vermittlungsausschusses
  BT-Drs 8/3601 = **168** J 7
  Beratung der 1. Beschlußempfehlung des Vermittlungsausschusses
  BT-PlPr 8/199 = **43** B 5
  Verweigerung der Zustimmung durch den Bundesrat
  BT-Drs 8/3653 = **171** J 6
  erneute Anrufung des Vermittlungsausschusses
  BT-Drs 8/3697 = **173** K 8
  2. Beschlußempfehlung des Vermittlungsausschusses
  BT-Drs 8/4094 = **185** O 7
  Beratung der 2. Beschlußempfehlung des Vermittlungsausschusses
  BT-PlPr 8/220 = **48** C 8
  Verweigerung der Zustimmung durch den Bundesrat
  BT-Drs 8/4214 = **189** D 12

Vollbeschäftigung
- s Jahresgutachten des *Sachverständigenrates* zur Begutachtung der gesamtwirtschaftlichen Entwicklung

Vollstreckungsanweisung
- Allgemeine Verwaltungsvorschrift über die Durchführung der Vollstreckung nach der Abgabenordnung
  BR-Drs 2/80 = **125** C 2

Vollverzinsung von Steuerschulden
- Bericht über die Vollverzinsung
  BT-Drs 8/1410 = **94** J 3

Vollziehungsanweisung
- Allgemeine Verwaltungsvorschrift für Vollziehungsbeamte der Finanzverwaltung
  BR-Drs 1/80 = **125** A 8

Vorbereitungsdienst der Beamten
- *GesEntw zur Änderung beamtenrechtlicher und sozialversicherungsrechtlicher Vorschriften*
  (betr Vorbereitungsdienst im Angestelltenverhältnis)
  1. Durchgang
  BR-Drs 452/78 = **76** B 1
  BR-PlPr 468 = **3** E 13

  GesEntw des Bundesrates
  BT-Drs 8/2680 = **138** M 4
  1. Beratung
  BT-PlPr 8/148 = **32** F 9
- *GesEntw zur Änderung versorgungsrechtlicher und sozialversicherungsrechtlicher Vorschriften*
  (betr Gewährung von Übergangsbezügen bei Arbeitslosigkeit)
  BR-Drs 245/79 = **100** H 14
- VO über die Gewährung von Anwärtersonderzuschlägen an Beamte auf Widerruf im Vorbereitungsdienst
  BR-Drs 48/78 = **47** C 7
- s a Entw eines ÄndGes zum Deutschen *Richtergesetz*
  (betr Verlängerung des juristischen Vorbereitungsdienstes auf 2,5 Jahre)
  BR-Drs 462/79 = **114** H 7
  BR-Drs 566/79 = **120** B 2
  BT-Drs 8/3312 = **159** I 9

Vorschriftenflut
- Entschließung des Bundesrats zur Eindämmung der Vorschriftenflut und zum Abbau perfektionistischer Regelungen
  BR-Drs 31/80 = **126** F 8

Vorsteuer
- 3. VO zur Änd der 4. VO zur Durchführung des Umsatzsteuergesetzes
  BR-Drs 46/77 = **8** E 4
- VO zur Änderung der 1. und 4. VO zur Durchführung des Umsatzsteuergesetzes
  BR-Drs 579/77 = **39** F 7

W

Währungsausgleich, EG
- Vorschlag einer EG-VO zur Änderung der EG-VO hinsichtlich des Preisniveaus, das bei der Berechnung der Währungsausgleichsbeträge zugrunde zu legen ist
  BR-Drs 257/77 = **21** D 1
  BT-Drs 8/539 = **68** J 14

Währungsfonds
s Internationaler Währungsfonds

Währungspolitik
s a Integrationsberichte der Bundesregierung
  Jahreswirtschaftsbericht
  BR-Drs 51/78 = **48** F 6
- EG-Mitteilung über das wirtschafts- und währungspolitische Aktionsprogramm 1978
  BR-Drs 109/78 = **51** E 11
- Vorschlag einer EG-VO zur Änderung des Wertes der vom Europäischen Fonds für währungspolitische Zusammenarbeit verwendeten Rechnungseinheit und
  Vorschlag einer EG-VO zur Schaffung eines europäischen Währungssystems
  BR-Drs 507/78 = **77** O 6

Wärmeschutz
- s a Entwurf eines 1. Gesetzes zur Änderung des *Energieeinsparungsgesetzes*
  BR-Drs 399/79 = **110** D 3
  BT-Drs 8/3348 = **160** E 3
- VO über einen energiesparenden Wärmeschutz bei Gebäuden (WärmeschutzVO)
  BR-Drs 148/77 = **15** L 1

Waffenexport
- 36. Änderungs-VO zur Ausfuhrliste
  BT-Drs 8/1778 = **104** O 2
  Bericht des Wirtschaftsausschusses
  BT-Drs 8/1862 = **108** N 3

Waffenhandel
- *GesEntw zum Europäischen Übereinkommen über die Kontrolle des Erwerbs und Besitzes von Schußwaffen durch Einzelpersonen*

1. und 2. Durchgang
BR-Drs 538/79 = **118 C 1**
BR-Drs 331/80 = **146 D 14**
BR-PlPr 481 = **4 I 5**
BR-PlPr 489 = **5 G 14**

GesEntw der Bundesregierung
BT-Drs 8/3660 = **171 L 6**
Beschlußempfehlung des Innenausschusses
BT-Drs 8/4121 = **186 F 9**
1. Beratung
BT-PlPr 8/203 = **44 A 13**
2. Beratung und Schlußabstimmung
BT-PlPr 8/220 = **48 C 8**

Waffenrecht
- *GesEntw zur Änderung von Strafvorschriften des Waffenrechts*
  1. und 2. Durchgang
  BR-Drs 421/77 = **30 J 3**
  BR-Drs 157/78 = **55 H 13**
  BR-PlPr 449 = **1 J 5**
  BR-PlPr 457 = **2 E 2**

  GesEntw der Bundesregierung
  BT-Drs 8/977 = **81 B 2**
  Beschlußempfehlung des Innenausschusses
  BT-Drs 8/1614 = **100 F 3**
  1. Beratung
  BT-PlPr 8/53 = **11 L 14**
  2. und 3. Beratung
  BT-PlPr 8/81 = **17 N 12**
- *GesEntw zur Änd des Waffenrechts*
  (betr Streichung der Ermächtigungsvorschrift zur Regelung der Waffenverpackung und -aufbewahrung)
  GesEntw der CDU/CSU
  BT-Drs 8/3259 = **158 D 9**
  Beschlußempfehlung des Innenausschusses
  BT-Drs 8/4119 = **186 E 8**
  Änderungsantrag zur 2. Beratung
  BT-Drs 8/4178 = **188 K 2**
  1. Beratung
  BT-PlPr 8/186 = **39 O 4**
  2. Beratung
  BT-PlPr 8/220 = **48 C 8**
  in 3. Beratung zusammengeführt mit:
- *Entw eines 2. ÄndGes zum Waffengesetz*
  (betr Schußwaffen, Handfeuerwaffen und tragbare Schußapparate)
  1. und 2. Durchgang
  BR-Drs 537/79 = **118 A 7**
  BR-Drs 330/80 = **146 D 10**
  BR-PlPr 481 = **4 I 5**
  BR-PlPr 489 = **5 G 14**

  GesEntw der Bundesregierung
  BT-Drs 8/3661 = **171 M 2**
  Beschlußempfehlung des Innenausschusses
  BT-Drs 8/4119 = **186 E 8**
  Bericht des Haushaltsausschusses
  BT-Drs 8/4172 = **188 J 5**
  Änderungsantrag zur 2. Beratung
  BT-Drs 8/4178 = **188 K 2**
  1. Beratung
  BT-PlPr 8/205 = **44 J 1**
  2. und 3. Beratung
  BT-PlPr 8/220 = **48 C 8**
- 1. VO zur Änderung der 1. VO zum Waffengesetz
  BR-Drs 423/78 = **73 L 13**
- Allgemeine Verwaltungsvorschrift zur Änderung der Allgemeinen Verwaltungsvorschrift zum Waffengesetz
  BR-Drs 269/79 = **101 M 3**
- 1. VO zur Änderung der 4. VO zum Waffengesetz
  BR-Drs 493/79 = **115 K 7**
- 3. VO zum Waffengesetz
  BR-Drs 554/80 = **157 J 1**

Wahlbeamte
- VO über die Zuordnung der Ämter der hauptamtlichen Wahlbeamten auf Zeit der Gemeinden, Samtgemeinden, Verbandsgemeinden, Ämter und Kreise (KommunalbesoldungsVO des Bundes)
  BR-Drs 647/77 = **42 J 4**

Wahlgesetz
s Bundeswahlgesetz
Europäisches Parlament
Europawahl

Wahlkampfkostenerstattung
- s GesEntw zur Änderung des Gesetzes über die politischen *Parteien*
  (betr unabhängige Bewerber)
  BR-Drs 591/79 = **122 A 3**
  BT-Drs 8/3270 = **158 G 10**

Wahlkreiseinteilung für die Bundestagswahl
- Bericht der Wahlkreiskommission für die 8. Wahlperiode
  BT-Drs 8/1876 = **109 A 13**
  Beschlußempfehlung des Innenausschusses
  BT-Drs 8/2166 = **121 M 11**

Wahlordnung, Sozialversicherung
- 4. VO zur Änderung der Wahlordnung für die Sozialversicherung
  BR-Drs 183/79 = **96 H 8**
- 5. VO zur Änderung der Wahlordnung für die Sozialversicherung
  BR-Drs 567/79 = **120 B 8**

Wahlprüfung
s Bundestagswahl

Waisenrenten
s a Rentenversicherung
- Bericht der Bundesregierung zur Frage einer Anpassung der Einkommensgrenzen bei den Waisenrenten in der Sozialversicherung an volljährige Waisen in Ausbildung
  BR-Drs 175/80 = **136 F 10**
  BT-Drs 8/3845 = **177 O 13**

Walzdraht
- VO zur Änderung des Deutschen Teil-Zolltarifs
  (Nr 4/77 – Zollkontingente für Walzdraht und Elektrobleche – 1. Halbjahr 1977)
  BR-Drs 32/77 = **7 C 4**
  BT-Drs 8/57 = **53 E 10**
  Bericht des Wirtschaftsausschusses
  BT-Drs 8/197 = **59 H 8**
- VO zur Änderung des Deutschen Teil-Zolltarifs
  (Nr 10/76 – Zollkontingente für Walzdraht und Elektrobleche – 2. Halbjahr 1976)
  BR-Drs 106/77 = **13 C 3**
  BT-Drs 8/148 = **56 O 4**
  Bericht des Wirtschaftsausschusses
  BT-Drs 8/309 = **62 K 9**
- VO zur Änderung des Deutschen Teil-Zolltarifs
  (Nr 10/77 – Zollkontingente für Walzdraht und Elektrobleche – 2. Halbjahr 1977)
  BR-Drs 56/77 = **9 M 2**
  BT-Drs 8/897 = **78 K 5**
  Beschlußempfehlung des Wirtschaftsausschusses
  BT-Drs 8/1184 = **87 F 7**
- VO zur Änderung des Deutschen Teil-Zolltarifs
  (Nr 4/78 – Zollkontingente für Walzdraht und Elektrobleche – 1. Halbjahr 1978)
  BR-Drs 144/78 = **54 J 14**
  BT-Drs 8/1631 = **100 N 3**
  Beschlußempfehlung des Wirtschaftsausschusses
  BT-Drs 8/1720 = **103 C 2**
- VO zur Änderung des Deutschen Teil-Zolltarifs
  (Nr 27/78 – Zollkontingent für Walzdraht – 2. Halbjahr 1978)
  BR-Drs 290/78 = **65 D 10**
  BT-Drs 8/2092 = **118 I 8**
  Beschlußempfehlung des Wirtschaftsausschusses
  BT-Drs 8/2205 = **122 J 1**
- VO zur Änderung des Deutschen Teil-Zolltarifs
  (Nr 3/79 – Zollkontingent für Walzdraht – 1. Halbjahr 1979)
  BR-Drs 56/79 = **88 N 14**
  BT-Drs 8/2536 = **133 M 12**
  Beschlußempfehlung des Wirtschaftsausschusses
  BT-Drs 8/2632 = **137 N 12**
- VO zur Änderung des Deutschen Teil-Zolltarifs
  (Nr 18/79 – Zollkontingent für Walzdraht – 2. Halbjahr 1979)
  BR-Drs 503/79 = **116 E 7**
  BT-Drs 8/3261 = **158 D 14**
  Beschlußempfehlung des Wirtschaftsausschusses
  BT-Drs 8/3559 = **166 C 12**
- VO zur Änderung des Deutschen Teil-Zolltarifs
  (Nr 2/80 – Zollkontingent für Walzdraht – 1. Halbjahr 1980)
  BR-Drs 375/80 = **147 A 13**
  BT-Drs 8/4207 = **189 D 1**

Wanderarbeitnehmer
- Vorschlag einer EG-VO zur Änderung der EG-Verordnungen und ihrer Anhänge über die Anwendung der Systeme der sozialen Sicherheit auf Arbeitnehmer und deren Familien, die innerhalb der EG zu- und abwandern
  BR-Drs 345/77 = **25 J 8**
  BT-Drs 8/767 = **74 L 5**
- Vorschlag einer EG-VO zur Anpassung der EG-VO zur Anwendung der Systeme der Sozialen Sicherheit auf Arbeitnehmer und deren Familien, die innerhalb der EG zu- und abwandern, zwecks Ermöglichung ihrer Anwendung auf Selbständige und ihre Familien
  BR-Drs 53/78 = **48 H 9**
  BT-Drs 8/1739 = **103 K 6**
- Vorschlag einer EG-Richtlinie zur Angleichung der Rechtsvorschriften der Mitgliedstaaten zur Bekämpfung der illegalen Wanderung und der illegalen Beschäftigung
  BR-Drs 171/78 = **56 G 6**
  BT-Drs 8/1859 = **108 M 7**
- Vorschlag einer EG-VO zur Änderung der EWG-Verordnungen über die Anwendung der Systeme der sozialen Sicherheit auf Ar-

beitnehmer und deren Familien, die innerhalb der Gemeinschaft zu- und abwandern und zur Änderung der Anhänge zu den EWG-Verordnungen
BR-Drs 203/79 = **97 O 4**
– Vorschlag einer VO zur Änd der VO betr Anwendung der Systeme der sozialen Sicherheit . . .
BR-Drs 431/80 = **149 I 5**
BR-Drs 568/80 = **158 G 5**
– Übereinkommen der Internationalen Arbeitsorganisation über Mißbräuche bei Wanderungen und die Förderung der Chancengleichheit und der Gleichbehandlung der Wanderarbeitnehmer
BR-Drs 61/77 = **9 M 9**
BT-Drs 8/88 = **55 E 8**
Beschlußempfehlung des Ausschusses für Arbeit und Sozialordnung
BT-Drs 8/2483 = **131 F 3**

Waren
– *GesEntw über die Statistik des Warenverkehrs mit der Deutschen Demokratischen Republik und Berlin (Ost)*
1. und 2. Durchgang
BR-Drs 398/77 = **28 C 2**
BR-Drs 234/78 = **62 A 9**
BR-PlPr 450 = **1 K 11**
BR-PlPr 459 = **2 G 3**

GesEntw der Bundesregierung
BT-Drs 8/1488 = **96 A 5**
Beschlußempfehlung des Wirtschaftsausschusses
BT-Drs 8/1777 = **104 N 14**
1. Beratung
BT-PlPr 8/75 = **16 L 2**
2. und 3. Beratung
BT-PlPr 8/90 = **19 N 1**
– *GesEntw zur Änderung des Abkommens von Nizza über die internationale Klassifikation von Waren und Dienstleistungen für die Eintragung von Marken*
1. Durchgang
BR-Drs 63/80 = **129 B 13**
BR-PlPr 484 = **4 N 4**

GesEntw der Bundesregierung
BT-Drs 8/3886 = **179 C 10**
1. Beratung
BT-PlPr 8/214 = **46 K 3**
– *Entwurf eines Gesetzes zu der in Genf am 13. 5. 1977 unterzeichneten Fassung des Abkommens von Nizza über die internationale Klassifikation von Waren und Dienstleistungen für die Eintragung von Marken*
BR-Drs 599/80 = **159 K 9**
– Vorschlag einer Richtlinie des Rates der EG zur Harmonisierung der Verfahren für die Ausfuhr von Waren
BR-Drs 441/79 = **112 J 7**
BT-Drs 8/3296 = **159 A 10**
Beschlußempfehlung des Finanzausschusses
BT-Drs 8/3337 = **160 B 5**
– s a GesEntw zum Zollübereinkommen über den internationalen Warentransport mit Carnets TIR *(TIR-Übereinkommen)*
BR-Drs 341/78 = **67 K 6**
BT-Drs 8/2233 = **123 B 6**

Warenzeichengesetz
– *GesEntw über die Eintragung von Dienstleistungsmarken*
1. und 2. Durchgang
BR-Drs 30/78 = **46 F 12**
BR-Drs 572/78 = **83 B 4**
BR-PlPr 454 = **2 A 5**
BR-PlPr 468 = **3 E 13**

GesEntw der Bundesregierung
BT-Drs 8/1543 = **98 B 8**
Beschlußempfehlung des Rechtsausschusses
BT-Drs 8/2304 = **125 L 2**
1. Beratung
BT-PlPr 8/78 = **17 E 7**
2. und 3. Beratung
BT-PlPr 8/122 = **26 D 11**

Warndienst
– Allgemeine Verwaltungsvorschrift für den örtlichen Warndienst
BR-Drs 610/80 = **160 K 6**

Waschmittel
– VO über Höchstmengen für Phosphate in Wasch- und Reinigungsmitteln (Phosphathöchstmengenverordnung)
BR-Drs 209/80 = **139 E 12**
– VO zur Änderung der VO über die Abbaubarkeit anionischer und nichtionischer grenzflächenaktiver Stoffe in Wasch- und Reinigungsmitteln
BR-Drs 227/80 = **139 L 6**

Waschmittelgesetz
– Entschließung des BR zum Erlaß einer PhosphathöchstmengenVO nach § 4 Abs 2 des Waschmittelgesetzes
BR-Drs 344/78 = **68 A 4**

Washingtoner Artenschutzübereinkommen
s a Bundesartenschutzverordnung
– Allgemeine Verwaltungsvorschrift zur Änderung der Allgemeinen Verwaltungsvorschrift zum Ges zum Washingtoner Artenschutzübereinkommen
BR-Drs 295/78 = **65 I 13**

Wasserkraftwerk
– s GesEntw zur Änderung des *Investitionszulagengesetzes*
BT-Drs 8/3298 = **159 B 6**

Wasserschutz
– 1. und 2. Allgemeine Verwaltungsvorschrift über Mindestanforderungen an das Einleiten von Schmutzwasser in Gewässer
BR-Drs 338/78 = **67 F 5**
BR-Drs 338/79 = **105 F 4**
– 3. Allgemeine Verwaltungsvorschrift über Mindestanforderungen an das Einleiten von Abwasser in Gewässer (Milchverarbeitung)
BR-Drs 92/80 = **130 M 6**
– 4. Allgemeine Verwaltungsvorschrift über Mindestanforderungen an das Einleiten von Abwasser in Gewässer (Ölsaatenaufbereitung, Speisefett- und Speiseölraffination)
BR-Drs 93/80 = **130 M 11**
– 5. Allgemeine Verwaltungsvorschrift über Mindestanforderungen an das Einleiten von Abwasser in Gewässer (Herstellung von Obst- und Gemüseprodukten)
BR-Drs 94/80 = **130 N 1**
– 6. Allgemeine Verwaltungsvorschrift über Mindestanforderungen an das Einleiten von Abwasser in Gewässer (Herstellung von Erfrischungsgetränken und Getränkeabfüllung)
BR-Drs 95/80 = **130 N 4**
– 7. Allgemeine Verwaltungsvorschrift über Mindestanforderungen an das Einleiten von Abwasser in Gewässer (Fischverarbeitung)
BR-Drs 96/80 = **130 N 8**
– 8. Allgemeine Verwaltungsvorschrift über Mindestanforderungen an das Einleiten von Abwasser in Gewässer (Kartoffelverarbeitung)
BR-Drs 97/80 = **130 N 12**
– 9. Allgemeine Verwaltungsvorschrift über Mindestanforderungen an das Einleiten von Abwasser in Gewässer (Herstellung von Anstrichstoffen)
BR-Drs 98/80 = **130 O 2**
– VO über Höchstmengen für Phosphate in Wasch- und Reinigungsmitteln (Phosphathöchstmengenverordnung)
BR-Drs 209/80 = **139 E 12**
– 10. Allgemeine Verwaltungsvorschrift über Mindestanforderungen an das Einleiten von Abwasser in Gewässer (Fleischwirtschaft)
BR-Drs 211/80 = **139 F 14**
– 11. Allgemeine Verwaltungsvorschrift über Mindestanforderungen an das Einleiten von Abwasser in Gewässer (Brauereien)
BR-Drs 212/80 = **139 G 6**
– 12. Allgemeine Verwaltungsvorschrift über Mindestanforderungen an das Einleiten von Abwasser in Gewässer (Herstellung von Alkohol und alkoholischen Getränken)
BR-Drs 213/80 = **139 G 12**
– 13. Allgemeine Verwaltungsvorschrift über Mindestanforderungen an das Einleiten von Abwasser in Gewässer (Herstellung von Holzfaserhartplatten)
BR-Drs 214/80 = **139 H 5**
– 14. Allgemeine Verwaltungsvorschrift über Mindestanforderungen an das Einleiten von Abwasser in Gewässer (Trocknung pflanzlicher Produkte für die Futtermittelherstellung)
BR-Drs 215/80 = **139 H 12**
– 15. Allgemeine Verwaltungsvorschrift über Mindestanforderungen an das Einleiten von Abwasser in Gewässer (Herstellung von Hautleim, Gelatine und Knochenleim)
BR-Drs 216/80 = **139 I 4**
– s a Abwasser

WassersicherstellungsVO
– 1. VO zur Änderung der 2. WassersicherstellungsVO
BR-Drs 94/78 = **50 J 13**

Wasserversorgung
– Allgemeine Verwaltungsvorschrift über den Mindestinhalt von Bewirtschaftungsplänen
BR-Drs 251/78 = **63 D 4**
– VO über Allgemeine Bedingungen für die Versorgung mit Wasser
BR-Drs 196/80 = **138 H 5**

Wehrbeauftragter des Deutschen Bundestages
– Jahresbericht 1976
BT-Drs 8/153 = **57 A 2**
Beschlußempfehlung des Verteidigungsausschusses
BT-Drs 8/968 = **80 J 13**
Beratung
BT-PlPr 8/50 = **10 N 14**
– Jahresbericht 1977
BT-Drs 8/1581 = **99 G 14**
Beschlußempfehlung des Verteidigungsausschusses
BT-Drs 8/2224 = **122 N 4**

Beratung
BT-PlPr 8/118 = **25** H 1
BT-PlPr 8/123 = **26** G 12
– Jahresbericht 1978
BT-Drs 8/2625 = **137** K 14
Beratung
BT-PlPr 8/155 = **33** N 6
Beschlußempfehlung des Verteidigungsausschusses
BT-Drs 8/2986 = **147** L 10
Beratung
BT-PlPr 8/163 = **35** I 6
– Wiederwahl des Wehrbeauftragten
BT-PlPr 8/196 = **42** G 11
– Jahresbericht 1979
BT-Drs 8/3800 = **176** F 8
Beratung
BT-PlPr 8/226 = **49** L 1
Beschlußempfehlung des Verteidigungsausschusses
BT-Drs 8/4374 = **192** I 1

Wehrdienstbeschädigte
s Behinderte
Nahverkehr

Wehrmacht
– *GesEntw zur Änderung des Reparationsschädengesetzes*
(betr Ausdehnung auf Wehrmachtsangehörige, die jetzt eine ausländische Staatsangehörigkeit besitzen)
BR-Drs 117/80 = **133** N 4
BR-PlPr 485 = **5** A 10

Wehrpflichtgesetz
– *GesEntw zur Änderung des Wehrpflichtgesetzes und des Zivildienstgesetzes*
(betr Kriegsdienstverweigerer – Ersatz der Gewissensprüfung durch Erklärung)
Bundesratsdurchgang
BR-Drs 264/77 = **22** I 11
BR-PlPr 447 = **1** G 10

GesEntw der SPD/FDP
BT-Drs 8/126 = **56** F 7
GesEntw der CDU/CSU
BT-Drs 8/154 = **57** B 10
Beschlußempfehlung des Ausschusses für Arbeit und Sozialordnung
BT-Drs 8/434 = **65** E 5
Bericht des Haushaltsausschusses
BT-Drs 8/437 = **65** F 7
1. Beratung
BT-PlPr 8/18 = **3** J 6
2. Beratung des GesEntw der CDU/CSU
BT-PlPr 8/30 = **6** K 5
2. und 3. Beratung des GesEntw der SPD/FDP
BT-PlPr 8/30 = **6** K 5
Begründung des Bundesrates für die Feststellung der Zustimmungsbedürftigkeit sowie für die Nichtzustimmung
BT-Drs 8/692 = **71** G 8
– s a Verfahren vor dem *Bundesverfassungsgericht* zum Ges zur Änderung des Wehrpflichtgesetzes und des Zivildienstgesetzes
BR-Drs 452/77 = **32** O 8
Empfehlungen des Rechtsausschusses
BR-Drs 503/77 = **35** C 14
Beschlußempfehlung des Rechtsausschusses zur Verfassungsklage
BT-Drs 8/886 = **78** H 11
BT-Drs 8/1047 = **83** F 9

Wehrsoldgesetz
– *Entw eines 9. ÄndGes*
(betr Anhebung um 1.– DM)
1. und 2. Durchgang
BR-Drs 558/77 = **37** H 7
BR-Drs 632/77 = **42** C 13
BR-PlPr 452 = **1** N 11
BR-PlPr 453 = **1** O 6

GesEntw der Bundesregierung
BT-Drs 8/1266 = **90** K 2
Beschlußempfehlung des Innenausschusses
BT-Drs 8/1320 = **92** E 3
Bericht des Haushaltsausschusses
BT-Drs 8/1336 = **92** H 14
1. Beratung
BT-PlPr 8/61 = **13** E 9
2. und 3. Beratung
BT-PlPr 8/63 = **13** L 10
– s a GesEntw zur Änderung *besoldungsrecht*licher und versorgungsrechtlicher Vorschriften 1980
BR-Drs 545/79 = **118** G 2
BT-Drs 8/3624 = **168** O 1

Wehrstrafgesetz
s a 19. Strafrechtsänderungsgesetz
– *GesEntw zur Änderung des Wehrstrafgesetzes*
(betr Geheimhaltungspflicht)
Bundesratsdurchgang
BR-Drs 578/79 = **121** H 14
BR-PlPr 481 = **4** I 5

GesEntw eingebracht als:
Entw eines *19. StrafrechtsÄndGes*
BT-Drs 8/3067 = **150** G 14
Beschlußempfehlung des Rechtsausschusses
BT-Drs 8/3313 = **159** I 13
2. und 3. Beratung
BT-PlPr 8/186 = **39** O 4

Weihnachts-Freibetrag
– *GesEntw zur Erhöhung des Weihnachts-Freibetrages und Verbesserung der Abschreibungsbedingungen*
1. Durchgang
BR-Drs 446/77 = **32** G 13
BR-PlPr 449 = **1** J 5

GesEntw des Bundesrates
BT-Drs 8/990 = **81** D 14
1. Beratung
BT-PlPr 8/47 = **10** G 2

Weil am Rhein
– s GesEntw zum Vertrag Bundesrepublik Deutschland/*Schweizerische Eidgenossenschaft* über die Straße zwischen Lörrach und Weil am Rhein auf schweizerischem Gebiet
BR-Drs 87/78 = **50** H 3
BT-Drs 8/1657 = **101** G 7

Wein
– VO zur Änderung der 5. Durchführungs-VO zum Marktstrukturgesetz: Wein
BR-Drs 30/77 = **7** B 9
– 3. VO zur Änderung der Weinverordnung
BR-Drs 278/77 = **22** O 13
– Vorschlag einer EG-VO betr die Errichtung einer Europäischen überberuflichen Organisation für Tafelwein
und Vorschlag einer EG-VO zur Änderung der VO zur Festlegung ergänzender Vorschriften für die gemeinsame Marktorganisation für Wein
BR-Drs 122/78 = **52** G 10
– EG-Mitteilung über das Aktionsprogramm 1979–1985 zur schrittweisen Stabilisierung des Weinmarktes
und Vorschläge für EG-Verordnungen dazu
BR-Drs 378/78 = **69** H 7
– Vorschlag einer EWG-VO zur Änderung der EWG-VO zur Festlegung ergänzender Vorschriften für die gemeinsame Marktorganisation für Wein sowie der EWG-VO zur Festlegung besonderer Vorschriften für Qualitätsweine bestimmter Anbaugebiete
BR-Drs 95/79 = **91** D 3
– Vorschlag einer EWG-VO über die 4. Änderung der EWG-VO zur Aufstellung allgemeiner Regeln für die Bezeichnung und Aufmachung der Weine und Traubenmoste
BR-Drs 129/79 = **93** F 10

Weinbauerhebung
s Landwirtschaftszählung

Weingesetz
– *Entw eines 3. ÄndGes*
(betr Rechtsangleichung)
1. und 2. Durchgang
BR-Drs 495/79 = **115** N 8
BR-Drs 357/80 = **146** M 8
BR-PlPr 482 = **4** K 5
BR-PlPr 490 = **5** I 2

GesEntw der Bundesregierung
BT-Drs 8/3829 = **176** M 13
Beschlußempfehlung des Ausschusses für Jugend, Familie und Gesundheit
BT-Drs 8/4161 = **188** I 4
1. Beratung
BT-PlPr 8/211 = **45** M 14
2. und 3. Beratung
BT-PlPr 8/223 = **48** N 5

Weinwirtschaftsgesetz
– *Entw eines 4. Ges zur Änderung des Weinwirtschaftsgesetzes*
(betr Anbaugebiete)
Bundesratsdurchgang
BR-Drs 386/80 = **147** E 4
BR-PlPr 491 = **5** J 8

GesEntw der CDU/CSU
BT-Drs 8/4020 = **184** L 6
Beschlußempfehlung des Ausschusses für Ernährung, Landwirtschaft und Forsten
BT-Drs 8/4230 = **189** H 3
1. Beratung
BT-PlPr 8/218 = **47** J 7
2. und 3. Beratung
BT-PlPr 8/225 = **49** F 14

Weißbuch der Bundesregierung
– Weißbuch 1979
zur Sicherheit der Bundesrepublik Deutschland und zur Entwicklung der Bundeswehr
BR-Drs 451/79 = **113** G 9
BT-Drs 8/3568 = **166** F 2
Beschlußempfehlung des Verteidigungsausschusses
BT-Drs 8/4081 = **185** N 4
Beratung
BT-PlPr 8/226 = **49** L 1

Weißer Ring
Gemeinnütziger Verein zur Unterstützung von Kriminalitätsopfern und zur Verhütung von Straftaten e. V., Mainz
– Verwaltungsanordnung über die besondere Anerkennung steuerbegünstigter Ausgaben
BR-Drs 355/77 = **26** A 13

Weiterbildung
– UNESCO-Empfehlung über die Fortbildung der Weiterbildung
BR-Drs 604/77 = **40** I 7

Weltmeisterschaften
– VO zur Befreiung der ausländischen Teilnehmer an den III. Schwimmweltmeisterschaften in Berlin 1978 vom Erfordernis der Aufenthaltserlaubnis und vom Paßzwang
BR-Drs 178/78 = **57** B 11

Weltraumrecht
– *GesEntw zum Übereinkommen über die Registrierung von in den Weltraum gestarteten Gegenständen*
1. und 2. Durchgang
BR-Drs 412/78 = **72** G 6
BR-Drs 123/79 = **93** D 8
BR-PlPr 463 = **2** N 14
BR-PlPr 471 = **3** J 3

GesEntw der Bundesregierung
BT-Drs 8/2232 = **123** A 13
Beschlußempfehlung des Ausschusses für Forschung und Technologie
BT-Drs 8/2595 = **136** J 7
1. Beratung
BT-PlPr 8/120 = **25** L 1
2. Beratung und Schlußabstimmung
BT-PlPr 8/144 = **31** D 10

Weltwirtschaftsgipfel
– Abgabe einer Erklärung der Bundesregierung zur Energiepolitik nach dem Europäischen Rat und dem Weltwirtschaftsgipfel
BT-PlPr 8/167 = **36** G 13

Werbung
– Vorschlag einer EG-Richtlinie zur Angleichung der Rechts- und Verwaltungsvorschriften der EG-Mitgliedstaaten über irreführende und unlautere Werbung
BR-Drs 142/78 = **54** I 9

Werbung, unzulässige
s Unlauterer Wettbewerb

WerkstättenVO Schwerbehindertengesetz
– 3. VO zur Durchführung des Schwerbehindertengesetzes
BR-Drs 554/79 = **119** L 4

Werkvertrag
– Allgemeine WerkleistungsVO
BR-Drs 613/80 = **161** B 2

Wertpapiere
– 5. VO über die Zulassung von Wertpapieren zu Börsentermingeschäften
BR-Drs 652/77 = **42** N 12
– Vorschlag einer Richtlinie des Rates der EG über zu veröffentlichende Informationen von Gesellschaften, deren Wertpapiere an einer Börse zugelassen sind
BR-Drs 47/79 = **87** L 3
BT-Drs 8/2718 = **140** D 2
– s a GesEntw zur Änderung des Gesetzes über *Kapitalanlagegesellschaften*
BT-Drs 8/4082 = **185** N 5

Westeuropäische Union
– Halbjahresbericht der Bundesregierung über die Tätigkeit der WEU
1. 10. 1976–31. 3. 1977
BT-Drs 8/341 = **63** M 10
– Halbjahresbericht der Bundesregierung über die Tätigkeit der WEU
1. 4.–30. 9. 1977
BT-Drs 8/980 = **81** C 6
– Halbjahresbericht der Bundesregierung über die Tätigkeit der WEU
1. 10. 1977–31. 3. 1978
BT-Drs 8/1688 = **102** G 1
– Halbjahresbericht der Bundesregierung über die Tätigkeit der WEU
1. 4.–30. 9. 1978
BT-Drs 8/2180 = **122** A 12
– Halbjahresbericht der Bundesregierung über die Tätigkeit der WEU
1. 10. 1978–31. 3. 1979
BT-Drs 8/2739 = **140** I 8
– Halbjahresbericht der Bundesregierung über die Tätigkeit der WEU
1. 4.–30. 9. 1979
BT-Drs 8/3234 = **157** I 11
– Halbjahresbericht der Bundesregierung über die Tätigkeit der WEU
1. 10. 1979–31. 3. 1980
BT-Drs 8/3912 = **180** G 11
– Halbjahresbericht der Bundesregierung über die Tätigkeit der WEU
1. 4.–30. 9. 1980
BT-Drs 8/4503 = **196** G 1

Wettbewerb
s Unlauterer Wettbewerb

Wettbewerbsbeschränkungen
s a Monopolkommission nach § 24b des Ges gegen Wettbewerbsbeschränkungen
– *Entw eines 4. Ges zur Änderung des Ges gegen Wettbewerbsbeschränkungen*
(betr Kartellrecht)
1. und 2. Durchgang
BR-Drs 231/78 = **61** J 2
BR-Drs 113/80 = **133** I 13
BR-PlPr 461 = **2** I 9
BR-PlPr 484 = **4** N 4

GesEntw der Bundesregierung
BT-Drs 8/2136 = **120** J 1
Beschlußempfehlung des Wirtschaftsausschusses
BT-Drs 8/3690 = **173** E 14
Änderungsantrag zur 2. Beratung
BT-Drs 8/3706 = **174** D 12
1. Beratung
BT-PlPr 8/115 = **24** O 1
2. und 3. Beratung
BT-PlPr 8/203 = **44** A 13

Wettbewerbskontrolle
s Kartellbericht

Wettbewerbspolitik
s Integrationsberichte der Bundesregierung

Widerrufsrecht
– Erfahrungsbericht mit der Abzahlungsnovelle 1974
(Abzahlungsgesetz)
BT-Drs 8/234 = **60** F 6
Beschlußempfehlung des Rechtsausschusses
BT-Drs 8/2179 = **122** A 10

Wiederaufarbeitung bestrahlter Kernbrennstoffe
– Mitteilung der Kommission an den Rat der EG über Einzelheiten einer gemeinschaftlichen Strategie
BR-Drs 519/77 = **35** L 5
BT-Drs 8/1079 = **84** B 14
Beschlußempfehlung des Ausschusses für Forschung und Technologie
BT-Drs 8/1475 = **95** M 9
– Entsorgungsbericht 1977
BT-Drs 8/1281 = **90** O 5
BT-PlPr 8/86 = **18** O 1

Wiedergutmachung
– Unterrichtung durch den Bundesminister der Finanzen zum Abschluß von Wiedergutmachungsleistungen
BT-Drs 8/3982 = **183** H 2
Beschlußempfehlung des Haushaltsausschusses
BT-Drs 8/4123 = **186** F 12
– s a GesEntw zur Änderung des *Reparationsschädengesetzes*
BR-Drs 117/80 = **133** N 4

Wiener Abkommen
– s GesEntw zum Wiener Abkommen über den Schutz typographischer Schriftzeichen und ihre internationale Hinterlegung *(Schriftzeichengesetz)*
BR-Drs 138/80 = **134** F 3
BT-Drs 8/3951 = **182** G 3

Wildtier
s Tierschutz

Wintergeld
– VO über die Gewährung von Wintergeld an entsandte Arbeiter
BR-Drs 165/78 = **55** K 13

Wirtschaftliche Kooperation
s Kooperationsabkommen

Wirtschaftsabkommen
– Wortlaut des Abkommens mit der Sowjetunion
BT-Drs 8/2143 = **120** L 9
Entschließungsantrag
BT-Drs 8/2158 = **121** L 2
Beschlußempfehlung des Auswärtigen Ausschusses
BT-Drs 8/2301 = **125** J 14

Wirtschafts- und Währungsunion
– Vorschlag einer EG-Mitteilung über die Aussichten der Wirtschafts- und Währungsunion
BR-Drs 617/77 = **41** N 9
BT-Drs 8/1258 = **90** H 6
Beschlußempfehlung des Wirtschaftsausschusses
BT-Drs 8/1768 = **104** J 8

Wirtschaftsrechnungen
– VO zur Durchführung des Ges über die Statistik der Wirtschaftsrechnungen privater Haushalte
BR-Drs 47/77 = **8** E 7

Wirtschaftspolitik
s a Europäisches Forschungsinstitut für Wirtschafts- und Sozialpolitik
Finanzplan des Bundes
Integrationsberichte der Bundesregierung
Jahresgutachten des *Sachverständigenrates*

zur Begutachtung der gesamtwirtschaftlichen Entwicklung
Jahreswirtschaftsbericht
Subventionsbericht
- Antwort auf Große Anfrage zur sektoralen Strukturpolitik
BT-Drs 8/1607 = **100** C 5
- EG-Mitteilung über das wirtschafts- und währungspolitische Aktionsprogramm 1978
BR-Drs 109/78 = **51** E 11
BT-Drs 8/1619 = **100** K 7
Beschlußempfehlung des Wirtschaftsausschusses
BT-Drs 8/1768 = **104** J 8

Wissenschaft
- UNESCO-Empfehlung zur internationalen Vereinheitlichung der Statistiken über Wissenschaft und Technologie
BR-Drs 374/79 = **109** B 12

Wochenmarkt
- Bericht über die Auswirkungen des Verkaufs von frischem Geflügelfleisch auf Wochenmärkten
BT-Drs 8/2604 = **136** O 14
Beschlußempfehlung des Ausschusses für Jugend, Familie und Gesundheit
BT-Drs 8/3333 = **159** O 4

Wohngebäude
- *GesEntw über steuerliche Vergünstigungen bei der Herstellung oder Anschaffung bestimmter Wohngebäude*
(§ 7b Einkommensteuergesetz)
1. und 2. Durchgang
BR-Drs 110/77 = **13** F 6
BR-Drs 265/77 = **22** J 7
BR-PlPr 444 = **1** B 10
BR-PlPr 447 = **1** G 10

GesEntw der Bundesregierung
BT-Drs 8/286 = **62** A 5
Beschlußempfehlung des Finanzausschusses
BT-Drs 8/453 = **66** D 4
Bericht des Finanzausschusses
BT-Drs 8/463 = **66** H 9
Bericht des Haushaltsausschusses
BT-Drs 8/471 = **66** J 10
Änderungsantrag zur 2. Beratung
BT-Drs 8/479 = **66** L 2
1. Beratung
BT-PlPr 8/23 = **4** N 12
2. und 3. Beratung
BT-PlPr 8/29 = **6** G 1
BT-PlPr 8/30 = **6** K 5

Wohngeld
- Wohngeld- und Mietenbericht 1977
BT-Drs 8/707 = **72** H 2
- Wohngeldbericht 1979
BT-Drs 8/3528 = **164** N 11
Beschlußempfehlung des Ausschusses für Raumordnung, Bauwesen und Städtebau
BT-Drs 8/4011 = **184** H 7
- 2. VO zur Änderung der WohngeldVO
BR-Drs 505/77 = **35** D 14
- Allgemeine Verwaltungsvorschrift zur Änderung der Allgemeinen Verwaltungsvorschrift zum 2. Wohngeldgesetz
BR-Drs 506/77 = **35** E 5
- 3. VO zur Änderung der WohngeldVO
BR-Drs 534/80 = **156** I 13
- Allgemeine Verwaltungsvorschrift zum Wohngeldgesetz
BR-Drs 535/80 = **156** J 7

Wohngeldgesetz
- *Entw eines 4. Ges zur Änderung des 2. Wohngeldgesetzes*
(betr Anpassung der Wohngeldleistungen an die Mieten- und Einkommensentwicklung)
1. und 2. Durchgang
BR-Drs 78/77 = **11** K 7
BR-Drs 307/77 = **24** D 4
BR-PlPr 444 = **1** B 10
BR-PlPr 448 = **1** H 13

GesEntw der Bundesregierung
BT-Drs 8/287 = **62** B 3
Beschlußempfehlung des Ausschusses für Raumordnung, Bauwesen und Städtebau
BT-Drs 8/519 = **68** C 9
Bericht des Haushaltsausschusses
BT-Drs 8/581 = **69** K 14
Änderungsanträge zur 2. Beratung
BT-Drs 8/583 = **69** L 5
BT-Drs 8/584 = **69** L 12
1. Beratung
BT-PlPr 8/23 = **4** N 12
2. und 3. Beratung
BT-PlPr 8/32 = **7** C 9
- *Entw eines 5. ÄndGes zum Wohngeldgesetz*
(betr Abgrenzung zum Unterhaltssicherungsgesetz)
1. und 2. Durchgang
BR-Drs 612/79 = **122** N 11
BR-Drs 300/80 = **145** E 6
BR-PlPr 482 = **4** K 5
BR-PlPr 488 = **5** E 6
BR-PlPr 489 = **5** G 14
BR-PlPr 490 = **5** I 2

GesEntw der Bundesregierung
BT-Drs 8/3766 = **175** D 11
Beschlußempfehlung des Ausschusses für Raumordnung, Bauwesen und Städtebau
BT-Drs 8/4011 = **184** H 7
Bericht des Haushaltsausschusses
BT-Drs 8/4086 = **185** N 10
1. Beratung
BT-PlPr 8/208 = **45** D 10
2. und 3. Beratung
BT-PlPr 8/218 = **47** J 7
- *Entwurf eines 6. Gesetzes zur Änderung des Wohngeldgesetzes*
(betr Erhöhung der Wohngeldbeträge, der berücksichtigungsfähigen Miete und der Einkommensgrenzen)
1. Durchgang
BR-Drs 106/80 = **131** L 6
BR-PlPr 484 = **4** N 4

GesEntw der SPD/FDP
BT-Drs 8/3702 = **173** O 4
GesEntw der Bundesregierung
BT-Drs 8/3903 = **179** O 3
Beschlußempfehlung des Ausschusses für Raumordnung, Bauwesen und Städtebau
BT-Drs 8/4011 = **184** H 7
Bericht des Haushaltsausschusses
BT-Drs 8/4086 = **185** N 10
1. Beratung des GesEntw der SPD/FDP
BT-PlPr 8/206 = **44** N 12
1. Beratung des GesEntw der Bundesregierung
BT-PlPr 8/210 = **45** L 12

im 2. Durchgang (BR) bzw. in 2. und 3. Beratung (BT) zusammengeführt mit:
Entw eines 5. Ges zur Änd des Wohngeldgesetzes
(BR-Drs 612/79, BT-Drs 8/3766)
– siehe oben –

Wohnheime
- s GesEntw zur Änderung des Ges über Investitionszuschüsse für Mietwohnungen, Genossenschaftswohnungen und Wohnheime im *sozialen Wohnungsbau*
BR-Drs 120/77 = **13** O 10
BT-Drs 8/79 = **54** A 7

Wohnraumkündigungsschutzgesetz
- Bericht über die Auswirkungen des 2. Wohnraumkündigungsschutzgesetzes
BT-Drs 8/2610 = **137** C 13

Wohnungsbauänderungsgesetz 1978/1980
- *GesEntw zur Änderung des Wohnungsbindungsgesetzes und des 2. Wohnungsbaugesetzes*
1. und 2. Durchgang
BR-Drs 611/77 = **41** H 4
BR-Drs 593/79 = **122** A 8
BR-PlPr 454 = **2** A 5
BR-PlPr 481 = **4** I 5
Vermittlungsverfahren:
BR-Drs 8/80 = **125** J 11
BR-PlPr 482 = **4** K 5

GesEntw des Bundesrates
BT-Drs 8/1769 = **104** J 11
Beschlußempfehlung des Ausschusses für Raumordnung, Bauwesen und Städtebau
BT-Drs 8/3403 = **161** F 2
Änderungsantrag zur zweiten Beratung
BT-Drs 8/3454 = **163** B 3
Anrufung des Vermittlungsausschusses
BT-Drs 8/3530 = **165** B 9
Beschlußempfehlung des Vermittlungsausschusses
BT-Drs 8/3596 = **168** I 6
1. Beratung
BT-PlPr 8/109 = **23** L 6
2. und 3. Beratung
BT-PlPr 8/190 = **40** M 12
Beratung der Beschlußempfehlung des Vermittlungsausschusses
BT-PlPr 8/199 = **43** B 5
- VO zur Durchführung des Wohnungsbauänderungsgesetzes 1980
BR-Drs 271/80 = **142** D 4

Wohnungsbaugesetz
- *GesEntw zur Änd des 2. Wohnungsbaugesetzes*
(betr Wohnflächenbegrenzung bei Familien mit mehr als zwei Kindern)
BT-Drs 8/2386 = **128** K 11
Beschlußempfehlung des Ausschusses für Raumordnung, Bauwesen und Städtebau
BT-Drs 8/3403 = **161** F 2
1. Beratung
BT-PlPr 8/129 = **27** L 9
2. Beratung
BT-PlPr 8/190 = **40** M 12
- Antrag der Fraktion der CDU/CSU betr Vorlage eines 3. Wohnungsbaugesetzes
BT-Drs 8/2902 = **145** I 10

Beratung
BT-PlPr 8/164 = **35 N 4**
Beschlußempfehlung des Ausschusses für Raumordnung, Bauwesen und Städtebau
BT-Drs 8/3942 = **181 I 6**
Beratung
BT-PlPr 8/223 = **48 N 5**
– Allgemeine Verwaltungsvorschrift zur Änderung und Ergänzung der Verwaltungsanordnung über die Anerkennung steuerbegünstigter Wohnungen und über die Grundsteuervergünstigung nach dem 2. Wohnungsbaugesetz
BR-Drs 124/77 = **14 B 1**

Wohnungsbaupolitik
s a Sozialbericht
– *Entw zur Änd des Ges über Investitionszuschüsse für Mietwohnungen, Genossenschaftswohnungen und Wohnheime im sozialen Wohnungsbau*
Bundesratsdurchgang
BR-Drs 120/77 = **13 O 10**
BR-PlPr 444 = **1 B 10**
Vermittlungsverfahren:
BR-Drs 197/77 = **18 J 1**
BR-PlPr 445 = **1 C 12**
GesEntw der SPD/FDP
BT-Drs 8/79 = **54 A 7**
Beschlußempfehlung des Ausschusses für Raumordnung, Bauwesen und Städtebau
BT-Drs 8/125 = **56 F 5**
Bericht des Haushaltsausschusses
BT-Drs 8/187 = **59 F 5**
Anrufung des Vermittlungsausschusses
BT-Drs 8/257 = **60 K 1**
Beschlußempfehlung des Vermittlungsausschusses
BT-Drs 8/348 = **64 A 12**
1. Beratung
BT-PlPr 8/14 = **2 J 1**
2. und 3. Beratung
BT-PlPr 8/18 = **3 J 6**
– Bericht über Möglichkeiten der Umstellung des § 7b Einkommenssteuergesetz auf ein anderes Förderungssystem
BT-Drs 8/2554 = **134 A 13**
– Antwort auf Große Anfrage zu einer Neuorientierung der Wohnungsbaupolitik
BT-Drs 8/1436 = **95 D 7**
BT-PlPr 8/91 = **20 C 12**
– Antwort auf Große Anfrage zur Städtebaupolitik
BT-Drs 8/2085 = **117 O 11**

Wohnungsbau-Prämiengesetz
– VO zur Änderung der VO zur Durchführung des Wohnungsbau-Prämiengesetzes
BR-Drs 211/77 = **19 A 14**
– Allgemeine Verwaltungsvorschrift zur Änderung und Ergänzung der Richtlinien zum Wohnungsbau-Prämiengesetz 1975
BR-Drs 181/79 = **96 G 10**
– Bundeshaushalt 1979:
Überplanmäßige Ausgabe bei Kap 2502 Tit 882 02 – Prämien nach dem Wohnungsbauprämiengesetz –
BR-Drs 628/79 = **123 I 14**
– s a Entwurf eines Gesetzes zur Steuerentlastung und Familienförderung *(Steuerentlastungsgesetz 1981)*
GesEntw der Bundesregierung
BR-Drs 100/80 = **130 C 9**
BT-Drs 8/3901 = **179 K 3**
GesEntw des Bundesrates
BR-Drs 107/80 = **132 B 10**
BT-Drs 8/3902 = **179 N 3**
GesEntw der CDU/CSU
BT-Drs 8/3666 = **172 D 10**
GesEntw der SPD/FDP
BT-Drs 8/3701 = **173 L 6**

Wohnungsbindungsgesetz
– s GesEntw zur Änderung des Wohnungsbindungsgesetzes und des 2. Wohnungsbaugesetzes *(Wohnungsbauänderungsgesetz 1978)*
BR-Drs 611/77 = **41 H 4**
BT-Drs 8/1769 = **104 J 11**

Wohnungseigentumsgesetz
– *Entw zur Änd des Ges über das Wohnungseigentum und das Dauerwohnrecht (Wohnungseigentumsgesetz*
(betr Begrenzung der Größe von Wohnungseigentümergemeinschaften, zur Teilungsordnung und Instandsetzungsrücklage)
BT-Drs 8/161 = **57 D 5**
1. Beratung
BT-PlPr 8/21 = **4 F 3**
– *GesEntw zur Änderung des Wohnungseigentumsgesetzes*
(betr Verbesserung der Rechtsstellung des Wohnungseigentümers)
1. Durchgang
BR-Drs 445/78 = **75 F 7**
BR-PlPr 465 = **3 C 4**
GesEntw der Bundesregierung
BT-Drs 8/2444 = **129 O 1**
1. Beratung
BT-PlPr 8/129 = **27 L 9**
– Bericht der Bundesregierung über die steuerliche Behandlung der Umwandlung von Mietwohnungen in Eigentumswohnungen
BT-Drs 8/4035 = **185 F 6**

Wohnungsmodernisierungsgesetz
– *Entw eines 1. ÄndGes*
(betr Förderung energieeinsparender Maßnahmen)
1. und 2. Durchgang
BR-Drs 85/78 = **50 E 2**
BR-Drs 233/78 = **61 M 13**
BR-PlPr 455 = **2 C 1**
BR-PlPr 459 = **2 G 3**
Vermittlungsverfahren:
BR-Drs 279/78 = **64 O 10**
BR-PlPr 460 = **2 H 2**
GesEntw der Bundesregierung
BT-Drs 8/1692 = **102 H 14**
Beschlußempfehlung des Ausschusses für Raumordnung, Bauwesen und Städtebau
BT-Drs 8/1764 = **104 G 8**
nunmehr:
GesEntw zur Änd des Wohnungsmodernisierungsgesetzes
Bericht des Ausschusses für Raumordnung, Bauwesen und Städtebau
BT-Drs 8/1782 = **105 K 6**
Bericht des Haushaltsausschusses
BT-Drs 8/1789 = **105 L 13**
Änderungsantrag der CDU/CSU zur 2. Beratung
BT-Drs 8/1797 = **105 N 13**
Ergänzung zum Bericht des Ausschusses für Raumordnung, Bauwesen und Städtebau
BT-Drs 8/1798 = **105 O 2**
Anrufung des Vermittlungsausschusses
BT-Drs 8/1861 = **108 M 12**
Beschlußempfehlung des Vermittlungsausschusses
BT-Drs 8/1932 = **111 B 12**
1. Beratung
BT-PlPr 8/84 = **18 J 14**
2. und 3. Beratung
BT-PlPr 8/91 = **20 C 12**
Beratung der Beschlußempfehlung des Vermittlungsausschusses
BT-PlPr 8/100 = **22 B 11**
– Stellungnahme der Bundesregierung zur Entschließung des BR zum Ges zur Änderung des Wohnungsmodernisierungsgesetzes
BR-Drs 581/79 = **121 J 9**

Wohnungsstichprobengesetz 1978
– *GesEntw über die Durchführung einer Repräsentativstatistik auf dem Gebiet des Wohnungswesens*
1. und 2. Durchgang
BR-Drs 277/77 = **22 N 13**
BR-Drs 547/77 = **36 N 3**
BR-PlPr 448 = **1 H 13**
BR-PlPr 452 = **1 N 11**
GesEntw der Bundesregierung
BT-Drs 8/921 = **79 I 10**
Beschlußempfehlung des Ausschusses für Raumordnung, Bauwesen und Städtebau
BT-Drs 8/1054 = **83 H 5**
Bericht des Haushaltsausschusses
BT-Drs 8/1102 = **84 G 14**
1. Beratung
BT-PlPr 8/47 = **10 G 2**
2. und 3. Beratung
BT-PlPr 8/52 = **11 H 10**

Z

Zeitgesetz
– *GesEntw über die Zeitbestimmung*
(betr Ermächtigung zur Einführung der Sommerzeit)
1. und 2. Durchgang
BR-Drs 79/77 = **11 M 14**
BR-Drs 316/78 = **66 I 8**
BR-PlPr 444 = **1 B 10**
BR-PlPr 461 = **2 I 9**
GesEntw der Bundesregierung
BT-Drs 8/258 = **60 K 2**
Beschlußempfehlung des Innenausschusses
BT-Drs 8/565 = **69 C 1**
1. Beratung
BT-PlPr 8/25 = **5 G 12**
2. und 3. Beratung
BT-PlPr 8/100 = **22 B 11**

Zeittakt
s Telefon-Nahbereich

Zentralstelle für die Vergabe von Studienplätzen
– s a GesEntw zur Änderung der *Verwaltungsgerichtsordnung*

(betr Klagen gegen die Zentralstelle für die Vergabe von Studienplätzen in Dortmund)
BR-Drs 113/78 = **51** H 8
BT-Drs 8/1717 = **103** B 8
– Bericht über verwaltungsgerichtliche Verfahren zur Erreichung eines Studienplatzes
BT-Drs 8/2698 = **139** H 14

Zivildienstgesetz
– *GesEntw zur Änderung des Wehrpflichtgesetzes und des Zivildienstgesetzes*
(betr Kriegsdienstverweigerer)
Bundesratsdurchgang
BR-Drs 264/77 = **22** I 11
BR-PlPr 447 = **1** G 10

GesEntw der SPD/FDP
BT-Drs 8/126 = **56** F 7
GesEntw der CDU/CSU
BT-Drs 8/154 = **57** B 10
Bericht des Ausschusses für Arbeit und Sozialordnung
BT-Drs 8/434 = **65** E 5
Bericht des Haushaltsausschusses
BT-Drs 8/437 = **65** F 7
1. Beratung
BT-PlPr 8/18 = **3** J 6
2. Beratung des GesEntw der CDU/CSU
BT-PlPr 8/30 = **6** K 5
2. und 3. Beratung des GesEntw der SPD/FDP
BT-PlPr 8/30 = **6** K 5
Begründung des Bundesrates für die Feststellung der Zustimmungsbedürftigkeit sowie für die Nichtzustimmung
BT-Drs 8/692 = **71** G 8
– s a Verfahren vor dem *Bundesverfassungsgericht* zum Ges zur Änderung des Wehrpflichtgesetzes und des Zivildienstgesetzes
BR-Drs 452/77 = **32** O 8
– *GesEntw zur Neuordnung des Rechts der Kriegsdienstverweigerung und des Zivildienstes*
(Kriegsdienstverweigerungs-Neuordnungsgesetz)
GesEntw der SPD/FDP
BT-Drs 8/3019 = **148** D 12
GesEntw der CDU/CSU
BT-Drs 8/3020 = **148** E 5
Beschlußempfehlung des Ausschusses für Arbeit und Sozialordnung
BT-Drs 8/4222 = **189** F 2
Bericht des Haushaltsausschusses
BT-Drs 8/4250 = **189** K 9
Änderungsanträge zur 2. Beratung
BT-Drs 8/4373 = **192** H 14
BT-Drs 8/4379 = **192** I 9
BT-Drs 8/4380 = **192** I 10
BT-Drs 8/4381 = **192** I 11
BT-Drs 8/4382 = **192** I 12
BT-Drs 8/4386 = **192** J 5
1. Beratung
BT-PlPr 8/163 = **35** I 6
2. Beratung des GesEntw der CDU/CSU
BT-PlPr 8/229 = **50** G 11
BT-PlPr 8/230 = **50** K 7
2. und 3. Beratung des GesEntw der SPD/FDP
BT-PlPr 8/229 = **50** G 11

Zivile Verteidigung
– Antwort auf Große Anfrage über Maßnahmen zum Zivilschutz
BT-Drs 8/464 = **66** H 13
– Beschlußempfehlung des Innenausschusses zu einem Antrag auf Stärkung der Zivilen Verteidigung (Gesamtverteidigung)
BT-Drs 8/4340 = **191** J 10

Zivilluftfahrt
– *GesEntw zu dem Übereinkommen zur Bekämpfung widerrechtlicher Handlungen gegen die Sicherheit der Zivilluftfahrt*
1. und 2. Durchgang
BR-Drs 92/77 = **12** H 1
BR-Drs 546/77 = **36** N 2
BR-PlPr 443 = **1** A 1
BR-PlPr 452 = **1** N 11

GesEntw der Bundesregierung
BT-Drs 8/216 = **59** O 6
Beschlußempfehlung des Rechtsausschusses
BT-Drs 8/1057 = **83** J 1
1. Beratung
BT-PlPr 8/23 = **4** N 12
2. Beratung und Schlußabstimmung
BT-PlPr 8/53 = **11** L 14

Zivilprozeßordnung
– s Entwurf eines Gesetzes zur Änderung der *Pfändungsfreigrenzen*
BR-Drs 193/77 = **18** F 4
BT-Drs 8/693 = **71** G 10

Zivilprozeßübereinkommen
– s a GesEntw zur Ausführung des *Haager Übereinkommens* über die Zustellung gerichtlicher und außergerichtlicher Schriftstücke im Ausland in Zivil- oder Handelssachen und des Haager Übereinkommens über die Beweisaufnahme im Ausland in Zivil- oder Handelssachen
BR-Drs 86/77 = **12** G 3
BT-Drs 8/218 = **60** C 2
– s a GesEntw zum *Haager Übereinkommen* über die Zustellung gerichtlicher und außergerichtlicher Schriftstücke im Ausland in Zivil- oder Handelssachen und zu dem Haager Übereinkommen über die Beweisaufnahme im Ausland in Zivil- oder Handelssachen
BR-Drs 87/77 = **12** G 5
BT-Drs 8/217 = **60** A 1
– Vereinbarung Bundesrepublik Deutschland/Königreich Norwegen zur weiteren Vereinfachung des Rechtshilfeverkehrs nach dem Haager Übereinkommen über den Zivilprozeß
BR-Drs 130/79 = **93** G 3

Zivilschutz
s a Zivile Verteidigung
– Allgemeine Verwaltungsvorschrift zur Änderung der Allgemeinen Verwaltungsvorschrift für den örtlichen Alarmdienst
BR-Drs 515/77 = **35** J 11

Zollabkommen
s a Allgemeines Zoll- und Handelsabkommen
– *GesEntw zum Vertrag Bundesrepublik Deutschland/Republik Island über die gegenseitige Unterstützung in Zollangelegenheiten*
1. und 2. Durchgang
BR-Drs 560/77 = **37** K 1
BR-Drs 160/78 = **55** I 7
BR-PlPr 453 = **1** O 6
BR-PlPr 457 = **2** E 2
GesEntw der Bundesregierung
BT-Drs 8/1358 = **92** O 8
Beschlußempfehlung des Finanzausschusses
BT-Drs 8/1597 = **99** M 3
1. Beratung
BT-PlPr 8/67 = **14** J 14
2. Beratung und Schlußabstimmung
BT-PlPr 8/81 = **17** N 12
– s a GesEntw zum Vertrag mit *Österreich* über Rechts- und Amtshilfe in Zoll-, Verbrauchssteuer- und Monopolangelegenheiten
BR-Drs 22/80 = **125** M 3
BT-Drs 8/3746 = **174** M 11

Zollgesetz
– *GesEntw eines 17. Gesetzes zur Änderung des Zollgesetzes*
(betr Anpassung an EG-Vorschriften über den Veredelungsverkehr, die Überführung von Waren in den freien Verkehr und die Zollschuld)
1. und 2. Durchgang
BR-Drs 57/80 = **128** G 8
BR-Drs 399/80 = **147** K 13
BR-PlPr 484 = **4** N 4
BR-PlPr 491 = **5** J 8

GesEntw der Bundesregierung
BT-Drs 8/3870 = **178** M 4
Beschlußempfehlung des Finanzausschusses
BT-Drs 8/4256 = **189** L 2
1. Beratung
BT-PlPr 8/214 = **46** K 3
2. und 3. Beratung
BT-PlPr 8/225 = **49** F 14

Zollkontingente
s a Teil-Zolltarif, Deutscher
– *Entw zur Änderung des Ges über das Zollkontingent für feste Brennstoffe*
1. Durchgang
BR-Drs 370/79 = **108** C 1
BR-PlPr 477 = **4** B 11

GesEntw des Bundesrates
BT-Drs 8/3520 = **164** K 10
Beschlußempfehlung des Wirtschaftsausschusses
BT-Drs 8/4138 = **187** D 2
Bericht des Haushaltsausschusses
BT-Drs 8/4166 = **188** I 13
1. Beratung
BT-PlPr 8/201 = **43** J 1
2. Beratung
BT-PlPr 8/220 = **48** C 8
– s a Entwurf eines 2. Gesetzes zur Änderung *energierecht*licher Vorschriften
(betr Verlängerung und Änderung des Gesetzes über das Zollkontingent für feste Brennstoffe)
BR-Drs 182/80 = **136** N 3
BT-Drs 8/3917 = **180** I 8

Zollrecht
s a Beitreibungsgesetz-EG
– Vorschlag eines Schemas der Allgemeinen Zollpräferenzen in der Europäischen Gemeinschaft für das Jahr 1978
BT-Drs 8/843 = **76** D 13
– 3. VO zur Anpassung des Umsatzsteuergesetzes an den Zolltarif
BR-Drs 152/78 = **55** G 4

– Vorschlag einer EG-VO über die Schaffung einer gemeinschaftlichen Ausfuhranmeldung
BR-Drs 18/77 = **6 K 2**
BT-Drs 8/38 = **52 E 7**
Beschlußempfehlung des Finanzausschusses
BT-Drs 8/230 = **60 E 11**
– Vorschlag einer VO (EWG) des Rates zur Festlegung des Zollgebiets der Gemeinschaft
BR-Drs 586/80 = **159 F 11**

Zollübereinkommen
– *GesEntw zu dem Zollübereinkommen über den internationalen Warentransport mit Carnets TIR*
(TIR-Übereinkommen 1975)
1. und 2. Durchgang
BR-Drs 341/78 = **67 K 6**
BR-Drs 112/79 = **93 B 4**
BR-PlPr 463 = **2 N 14**
BR-PlPr 471 = **3 J 3**

GesEntw der Bundesregierung
BT-Drs 8/2233 = **123 B 6**
Beschlußempfehlung des Finanzausschusses
BT-Drs 8/2580 = **135 L 11**
1. Beratung
BT-PlPr 8/120 = **25 L 1**
2. Beratung und Schlußabstimmung
BT-PlPr 8/141 = **30 I 6**

Zonenrandgebiet
– Bericht des Bundesministers für Verkehr 1976 über den Fortgang der Verkehrserschließung im Zonenrandgebiet
BT-Drs 8/31 = **51 J 1**
Bericht des Ausschusses für innerdeutsche Beziehungen
BT-Drs 8/1896 = **109 K 8**
Beratung
BT-PlPr 8/109 = **23 L 6**
– Bericht des Bundesministers für Verkehr 1978 über den Fortgang der Verkehrserschließung im Zonenrandgebiet
BT-Drs 8/2521 = **132 C 6**
Beschlußempfehlung des Ausschusses für innerdeutsche Beziehungen
BT-Drs 8/3786 = **175 H 2**
Beratung
BT-PlPr 8/211 = **45 M 14**

Zonenrandförderungsgesetz
– *GesEntw zur Änd des Investitionszulagengesetzes und des Zonenrandförderungsgesetzes*
(betr Sonderabschreibungssätze für unbewegliche Wirtschaftsgüter des Anlagevermögens)
GesEntw der CDU/CSU
BT-Drs 8/1527 = **97 N 5**
Beschlußempfehlung des Finanzausschusses
BT-Drs 8/1765 = **104 H 3**
Bericht des Finanzausschusses
BT-Drs 8/1781 = **105 K 1**
Bericht des Haushaltsausschusses
BT-Drs 8/1788 = **105 L 11**
1. Beratung
BT-PlPr 8/75 = **16 L 2**
2. Beratung
BT-PlPr 8/90 = **19 N 1**
– s a GesEntw zur Änd des *Investitionszulagengesetzes*
(betr Investitionszulage für das Zonenrandgebiet)
GesEntw der CDU/CSU
BT-Drs 8/2146 = **120 N 11**
GesEntw der SPD/FDP
BR-Drs 578/78 = **83 C 7**
BT-Drs 8/2164 = **121 M 7**

Zucker
– VO über Meldepflichten der Zuckerwirtschaft
(MeldeVO Zucker)
BR-Drs 613/79 = **122 O 2**
– 1. VO zur Änderung der Zuckerartenverordnung
BR-Drs 172/80 = **136 F 1**

Züge unter Bahnverschluß
– s GesEntw zum Vertrag zur Änderung des Vertrages Bundesrepublik Deutschland/Republik *Österreich* über die Führung von geschlossenen Zügen der Österreichischen Bundesbahnen über Strecken der Deutschen Bundesbahn
BR-Drs 369/79 = **108 B 10**
BT-Drs 8/3423 = **162 K 2**

Zündwarensteuer
– *GesEntw zur Abschaffung der Spielkarten-, Zündwaren- und Essigsäuresteuer*
1. und 2. Durchgang
BR-Drs 601/79 = **122 J 13**
BR-Drs 296/80 = **145 B 11**
BR-PlPr 482 = **4 K 5**
BR-PlPr 488 = **5 E 6**

GesEntw der Bundesregierung
BT-Drs 8/3687 = **173 D 2**
Beschlußempfehlung des Finanzausschusses
BT-Drs 8/3964 = **182 K 8**
Bericht des Haushaltsausschusses
BT-Drs 8/4014 = **184 K 11**
1. Beratung
BT-PlPr 8/206 = **44 N 12**
2. und 3. Beratung
BT-PlPr 8/218 = **47 J 7**

Zusatzstoffe
– VO über die Zulassung von Zusatzstoffen zu Lebensmitteln
BR-Drs 440/77 = **31 N 14**
– VO über das Inverkehrbringen von Zusatzstoffen und einzelnen wie Zusatzstoffe verwendeten Lebensmitteln
BR-Drs 488/77 = **34 H 8**
– VO zur Änderung der Zusatzstoff-ZulassungsVO, der FleischVO und der Trinkwasser-AufbereitungsVO
BR-Drs 474/79 = **115 C 9**
– 1. VO zur Änderung der ZusatzstoffverkehrsVO
BR-Drs 596/79 = **122 C 11**

Zusatzversicherung
s hüttenknappschaftliche Zusatzversicherung

Zusatzversorgungskasse
– Erfahrungsbericht mit der Zusatzversorgungskasse für Arbeitnehmer der Land- und Forstwirtschaft
BT-Drs 8/712 = **72 J 13**
Beschlußempfehlung des Ausschusses für Arbeit und Sozialordnung
BT-Drs 8/1726 = **103 C 14**

Zustellungen im Ausland
s Rechtshilfe in Zivilsachen

Zwangsernährung
s Strafvollzugsgesetz
Terrorismus

Zwangsvollstreckungsrecht
– *GesEntw zur Änderung zwangsvollstrekkungsrechtlicher Vorschriften*
(betr Vereinfachung des Verfahrens)
2. Durchgang
BR-Drs 474/78 = **76 O 11**
BR-PlPr 465 = **3 C 4**
Vermittlungsverfahren:
BR-Drs 574/78 = **83 B 10**
BR-PlPr 468 = **3 E 13**

(GesEntw eingebracht als:
Entw eines 4. Ges zur Änd der *Pfändungsfreigrenzen*)

GesEntw der Bundesregierung
BT-Drs 8/693 = **71 G 10**
1. Beschlußempfehlung des Rechtsausschusses
BT-Drs 8/1414 = **94 K 6**
2. Beschlußempfehlung des Rechtsausschusses
BT-Drs 8/2152 = **121 E 6**
Anrufung des Vermittlungsausschusses
BT-Drs 8/2287 = **125 F 5**
Beschlußempfehlung des Vermittlungsausschusses
BT-Drs 8/2384 = **128 K 7**
2. und 3. Beratung
BT-PlPr 8/109 = **23 L 6**
Beratung der Beschlußempfehlung des Vermittlungsausschusses
BT-PlPr 8/125 = **26 O 7**

Zypern, Republik
– *GesEntw zum Abkommen Bundesrepublik Deutschland/Republik Zypern zur Vermeidung der Doppelbesteuerung auf dem Gebiet der Steuern vom Einkommen und vom Vermögen*
(BR-Drs 672/76)
2. Durchgang
BR-Drs 118/77 = **13 O 8**
BR-PlPr 444 = **1 B 10**

GesEntw der Bundesregierung
BT-Drs 8/11 = **51 C 1**
Beschlußempfehlung des Finanzausschusses
BT-Drs 8/87 = **55 E 7**
1. Beratung
BT-PlPr 8/7 = **1 F 4**
2. Beratung und Schlußabstimmung
BT-PlPr 8/15 = **2 N 6**

Konkordanzliste

Gegenüberstellung der Protokoll- bzw. Drucksachennummern und der entsprechenden Fundstellen in der Mikrofiche-Edition

Plenarprotokoll Nr.		Fiche Nr. und Koordinate	Plenarprotokoll Nr.		Fiche Nr. und Koordinate	Plenarprotokoll Nr.		Fiche Nr. und Koordinate	Plenarprotokoll Nr.		Fiche Nr. und Koordinate
8/1	=	**1** A 6	8/69	=	**15** E 1	8/137	=	**29** N 4	8/205	=	**44** J 1
2	=	**1** A 12	70	=	**15** I 6	138	=	**29** O 4	206	=	**44** N 12
3	=	**1** B 3	71	=	**16** A 7	139	=	**30** E 2	207	=	**45** C 3
4	=	**1** B 6	72	=	**16** B 8	140	=	**30** H 4	208	=	**45** D 10
5	=	**1** B 10	73	=	**16** F 10	141	=	**30** I 6	209	=	**45** H 9
6	=	**1** C 9	74	=	**16** J 12	142	=	**30** M 11	210	=	**45** L 12
7	=	**1** F 4	75	=	**16** L 2	143	=	**31** C 8	211	=	**45** M 14
8	=	**1** J 1	76	=	**17** A 4	144	=	**31** D 10	212	=	**46** C 10
9	=	**1** N 7	77	=	**17** D 6	145	=	**31** K 10	213	=	**46** H 2
10	=	**2** B 10	78	=	**17** E 7	146	=	**32** A 2	214	=	**46** K 3
11	=	**2** C 10	79	=	**17** I 6	147	=	**32** E 7	215	=	**46** M 5
12	=	**2** F 7	80	=	**17** M 8	148	=	**32** F 9	216	=	**47** A 10
13	=	**2** H 14	81	=	**17** N 12	149	=	**32** J 6	217	=	**47** E 13
14	=	**2** J 1	82	=	**18** E 5	150	=	**32** N 4	218	=	**47** J 7
15	=	**2** N 6	83	=	**18** F 5	151	=	**32** O 5	219	=	**47** N 13
16	=	**3** B 6	84	=	**18** J 14	152	=	**33** E 7	220	=	**48** C 8
17	=	**3** G 14	85	=	**18** M 10	153	=	**33** H 11	221	=	**48** G 4
18	=	**3** J 6	86	=	**18** O 1	154	=	**33** I 13	222	=	**48** L 13
19	=	**3** O 7	87	=	**19** F 5	155	=	**33** N 6	223	=	**48** N 5
20	=	**4** C 9	88	=	**19** G 7	156	=	**34** D 1	224	=	**49** B 10
21	=	**4** F 3	89	=	**19** L 13	157	=	**34** E 8	225	=	**49** F 14
22	=	**4** L 11	90	=	**19** N 1	158	=	**34** I 6	226	=	**49** L 1
23	=	**4** N 12	91	=	**20** C 12	159	=	**34** L 5	227	=	**50** A 10
24	=	**5** F 10	92	=	**20** F 10	160	=	**34** N 13	228	=	**50** E 6
25	=	**5** G 12	93	=	**20** G 10	161	=	**35** C 1	229	=	**50** G 11
26	=	**5** M 8	94	=	**20** M 3	162	=	**35** F 4	230	=	**50** K 7
27	=	**6** B 6	95	=	**20** N 5	163	=	**35** I 6			
28	=	**6** E 10	96	=	**21** D 6	164	=	**35** N 4			
29	=	**6** G 1	97	=	**21** H 4	165	=	**36** D 4			
30	=	**6** K 5	98	=	**21** J 6	166	=	**36** D 12			
31	=	**6** N 7	99	=	**21** M 10	167	=	**36** G 13			
32	=	**7** C 9	100	=	**22** B 11	168	=	**36** J 14			
33	=	**7** H 1	101	=	**22** F 10	169	=	**36** K 13			
34	=	**7** K 5	102	=	**22** J 5	170	=	**36** O 6			
35	=	**7** O 8	103	=	**22** J 9	171	=	**37** C 13			
36	=	**8** E 8	104	=	**22** L 14	172	=	**37** E 1			
37	=	**8** I 13	105	=	**23** B 7	173	=	**37** H 11			
38	=	**8** M 1	106	=	**23** F 1	174	=	**37** K 5			
39	=	**8** N 3	107	=	**23** G 3	175	=	**37** L 5			
40	=	**9** B 7	108	=	**23** K 5	176	=	**38** A 7			
41	=	**9** D 10	109	=	**23** L 6	177	=	**38** B 9			
42	=	**9** F 1	110	=	**24** B 10	178	=	**38** F 11			
43	=	**9** J 4	111	=	**24** C 10	179	=	**38** J 5			
44	=	**9** K 8	112	=	**24** G 13	180	=	**38** K 8			
45	=	**10** C 7	113	=	**24** J 3	181	=	**38** O 12			
46	=	**10** C 14	114	=	**24** K 3	182	=	**39** D 4			
47	=	**10** G 2	115	=	**24** O 1	183	=	**39** E 8			
48	=	**10** J 6	116	=	**25** B 14	184	=	**39** J 7			
49	=	**10** M 12	117	=	**25** D 2	185	=	**39** N 2			
50	=	**10** N 14	118	=	**25** H 1	186	=	**39** O 4			
51	=	**11** E 10	119	=	**25** J 10	187	=	**40** D 6			
52	=	**11** H 10	120	=	**25** L 1	188	=	**40** H 4			
53	=	**11** L 14	121	=	**26** A 8	189	=	**40** J 14			
54	=	**12** A 8	122	=	**26** D 11	190	=	**40** M 12			
55	=	**12** C 5	123	=	**26** G 12	191	=	**41** B 9			
56	=	**12** F 10	124	=	**26** M 1	192	=	**41** G 6			
57	=	**12** J 7	125	=	**26** O 7	193	=	**41** L 4			
58	=	**12** K 7	126	=	**27** D 13	194	=	**42** B 3			
59	=	**12** O 13	127	=	**27** G 9	195	=	**42** F 11			
60	=	**13** D 7	128	=	**27** H 11	196	=	**42** G 11			
61	=	**13** E 9	129	=	**27** L 9	197	=	**42** K 8			
62	=	**13** K 3	130	=	**28** A 1	198	=	**43** A 4			
63	=	**13** L 10	131	=	**28** F 1	199	=	**43** B 5			
64	=	**14** B 9	132	=	**28** J 10	200	=	**43** F 4			
65	=	**14** C 8	133	=	**28** O 7	201	=	**43** J 1			
66	=	**14** F 14	134	=	**29** D 7	202	=	**43** O 6			
67	=	**14** J 14	135	=	**29** E 9	203	=	**44** A 13			
68	=	**14** O 3	136	=	**29** J 2	204	=	**44** H 11			

Drucksache Nr.		Fiche Nr. und Koordinate	Drucksache Nr.		Fiche Nr. und Koordinate	Drucksache Nr.		Fiche Nr. und Koordinate	Drucksache Nr.		Fiche Nr. und Koordinate
8/1	=	**51** A 5	8/69	=	**53** L 13	8/137	=	**56** L 10	8/205	=	**59** K 6
2	=	**51** A 6	70	=	**53** M 3	138	=	**56** L 12	206	=	**59** L 1
3	=	**51** A 7	71	=	**53** M 6	139	=	**56** L 14	207	=	**59** M 8
4	=	**51** A 8	72	=	**53** M 10	140	=	**56** M 2	208	=	**59** M 10
5	=	**51** A 14	73	=	**53** N 12	141	=	**56** M 4	209	=	**59** M 12
6	=	**51** B 2	74	=	**53** N 14	142	=	**56** N 8	210	=	**59** N 1
7	=	**51** B 3	75	=	**53** O 2	143	=	**56** N 9	211	=	**59** N 3
8	=	**51** B 4	76	=	**53** O 7	144	=	**56** N 11	212	=	**59** N 11
9	=	**51** B 5	77	=	**53** O 9	145	=	**56** N 13	213	=	**59** O 1
10	=	**51** B 7	78	=	**54** A 2	146	=	**56** O 1	214	=	**59** O 3
11	=	**51** C 1	79	=	**54** A 7	147	=	**56** O 2	215	=	**59** O 5
12	=	**51** C 13	80	=	**54** A 10	148	=	**56** O 4	216	=	**59** O 6
13	=	**51** E 3	81	=	**54** E 7	149	=	**56** O 6	217	=	**60** A 1
14	=	**51** E 9	82	=	**55** D 1	150	=	**56** O 8	218	=	**60** C 2
15	=	**51** F 4	83	=	**55** D 2	151	=	**56** O 10	219	=	**60** C 9
16	=	**51** F 5	84	=	**55** D 3	152	=	**56** O 11	220	=	**60** C 11
17	=	**51** F 6	85	=	**55** D 4	153	=	**57** A 2	221	=	**60** C 14
18	=	**51** F 7	86	=	**55** D 5	154	=	**57** B 10	222	=	**60** D 2
19	=	**51** F 8	87	=	**55** E 7	155	=	**57** B 14	223	=	**60** D 3
20	=	**51** G 7	88	=	**55** E 8	156	=	**57** C 2	224	=	**60** D 4
21	=	**51** G 8	89	=	**55** G 2	157	=	**57** C 6	225	=	**60** D 8
22	=	**51** G 10	90	=	**55** G 14	158	=	**57** C 10	226	=	**60** D 10
23	=	**51** G 11	91	=	**55** H 2	159	=	**57** D 1	227	=	**60** D 14
24	=	**51** G 12	92	=	**55** H 3	160	=	**57** D 3	228	=	**60** E 2
25	=	**51** G 13	93	=	**55** H 4	161	=	**57** D 5	229	=	**60** E 9
26	=	**51** H 1	94	=	**55** H 5	162	=	**57** E 6	230	=	**60** E 11
27	=	**51** H 2	95	=	**55** H 7	163	=	**57** E 8	231	=	**60** E 14
28	=	**51** H 10	96	=	**55** H 8	164	=	**57** E 12	232	=	**60** F 2
29	=	**51** I 3	97	=	**55** H 9	165	=	**57** F 1	233	=	**60** F 4
30	=	**51** I 12	98	=	**55** H 10	166	=	**57** H 5	234	=	**60** F 6
31	=	**51** J 1	99	=	**55** H 11	167	=	**57** I 13	235	=	**60** F 11
32	=	**51** L 4	100	=	**55** H 12	168	=	**57** J 6	236	=	**60** G 4
33	=	**51** L 5	101	=	**55** K 4	169	=	**57** L 3	237	=	**60** G 7
34	=	**51** M 13	102	=	**55** L 10	170	=	**57** L 5	238	=	**60** G 9
35	=	**51** N 11	103	=	**55** L 12	171	=	**57** L 10	239	=	**60** G 12
36	=	**51** N 12	104	=	**55** L 13	172	=	**57** N 6	240	=	**60** G 13
37	=	**51** N 13	105	=	**55** M 1	173	=	**57** N 14	241	=	**60** H 1
38	=	**52** E 7	106	=	**55** M 3	174	=	**57** O 13	242	=	**60** H 3
39	=	**52** E 11	107	=	**55** M 6	175	=	**58** B 4	243	=	**60** H 5
40	=	**52** E 13	108	=	**55** M 7	176	=	**58** B 14	244	=	**60** H 9
41	=	**52** G 4	109	=	**55** N 2	177	=	**58** C 6	245	=	**60** H 13
42	=	**52** G 12	110	=	**55** N 3	178	=	**58** C 9	246	=	**60** H 14
43	=	**52** H 2	111	=	**55** N 5	179	=	**58** N 12	247	=	**60** I 2
44	=	**52** H 12	112	=	**55** N 13	180	=	**59** C 3	248	=	**60** I 5
45	=	**52** I 4	113	=	**55** N 14	181	=	**59** D 2	249	=	**60** I 6
46	=	**52** I 6	114	=	**55** O 2	182	=	**59** D 4	250	=	**60** I 8
47	=	**52** J 2	115	=	**55** O 5	183	=	**59** D 9	251	=	**60** I 9
48	=	**52** J 3	116	=	**55** O 7	184	=	**59** D 10	252	=	**60** I 10
49	=	**52** J 4	117	=	**55** O 8	185	=	**59** D 11	253	=	**60** I 12
50	=	**52** J 5	118	=	**56** A 1	186	=	**59** D 12	254	=	**60** I 14
51	=	**53** C 11	119	=	**56** A 6	187	=	**59** F 5	255	=	**60** J 2
52	=	**53** C 12	120	=	**56** E 8	188	=	**59** F 6	256	=	**60** J 12
53	=	**53** C 14	121	=	**56** E 11	189	=	**59** F 11	257	=	**60** K 1
54	=	**53** D 3	122	=	**56** E 13	190	=	**59** F 12	258	=	**60** K 2
55	=	**53** D 8	123	=	**56** F 1	191	=	**59** F 14	259	=	**60** K 6
56	=	**53** E 7	124	=	**56** F 3	192	=	**59** G 1	260	=	**60** K 14
57	=	**53** E 10	125	=	**56** F 5	193	=	**59** G 2	261	=	**60** L 5
58	=	**53** E 12	126	=	**56** F 7	194	=	**59** G 3	262	=	**60** L 8
59	=	**53** F 3	127	=	**56** G 1	195	=	**59** H 2	263	=	**60** L 11
60	=	**53** F 9	128	=	**56** G 3	196	=	**59** H 6	264	=	**60** N 14
61	=	**53** G 4	129	=	**56** G 6	197	=	**59** H 8	265	=	**60** O 2
62	=	**53** G 7	130	=	**56** I 1	198	=	**59** H 10	266	=	**61** A 1
63	=	**53** H 8	131	=	**56** I 12	199	=	**59** H 12	267	=	**61** A 3
64	=	**53** H 10	132	=	**56** I 13	200	=	**59** H 14	268	=	**61** A 5
65	=	**53** H 13	133	=	**56** J 12	201	=	**59** I 2	269	=	**61** A 8
66	=	**53** I 3	134	=	**56** J 13	202	=	**59** I 5	270	=	**61** A 11
67	=	**53** J 8	135	=	**56** K 5	203	=	**59** K 2	271	=	**61** G 7
68	=	**53** K 6	136	=	**56** K 10	204	=	**59** K 4	272	=	**61** G 13

Drucksache Nr.		Fiche Nr. und Koordinate
8/273	=	**61** J 7
274	=	**61** J 10
275	=	**61** K 13
276	=	**61** L 3
277	=	**61** L 6
278	=	**61** M 3
279	=	**61** M 6
280	=	**61** M 9
281	=	**61** M 10
282	=	**61** M 13
283	=	**61** N 3
284	=	**61** N 8
285	=	**61** N 11
286	=	**62** A 5
287	=	**62** B 3
288	=	**62** D 5
289	=	**62** E 11
290	=	**62** E 13
291	=	**62** F 1
292	=	**62** F 3
293	=	**62** G 3
294	=	**62** G 5
295	=	**62** G 8
296	=	**62** G 11
297	=	**62** G 13
298	=	**62** H 5
299	=	**62** I 7
300	=	**62** I 9
301	=	**62** J 8
302	=	**62** J 10
303	=	**62** J 12
304	=	**62** J 14
305	=	**62** K 1
306	=	**62** K 3
307	=	**62** K 5
308	=	**62** K 7
309	=	**62** K 9
310	=	**62** K 11
311	=	**62** K 14
312	=	**62** L 7
313	=	**62** L 9
314	=	**62** L 11
315	=	**62** L 13
316	=	**62** M 2
317	=	**62** M 7
318	=	**62** M 10
319	=	**62** M 13
320	=	**62** N 5
321	=	**62** N 7
322	=	**62** N 10
323	=	**62** O 1
324	=	**62** O 9
325	=	**63** A 7
326	=	**63** A 9
327	=	**63** A 11
328	=	**63** A 13
329	=	**63** C 5
330	=	**63** C 8
331	=	**63** F 1
332	=	**63** F 3
333	=	**63** F 6
334	=	**63** F 8
335	=	**63** F 11
336	=	**63** F 13
337	=	**63** G 2
338	=	**63** J 8
339	=	**63** M 3
340	=	**63** M 7
8/341	=	**63** M 10
342	=	**63** M 14
343	=	**63** N 2
344	=	**63** N 4
345	=	**63** N 6
346	=	**63** N 10
347	=	**63** N 13
348	=	**64** A 12
349	=	**64** A 13
350	=	**64** A 14
351	=	**64** B 8
352	=	**64** B 10
353	=	**64** B 11
354	=	**64** B 12
355	=	**64** C 8
356	=	**64** C 11
357	=	**64** C 14
358	=	**64** D 14
359	=	**64** E 2
360	=	**64** E 10
361	=	**64** F 5
362	=	**64** G 4
363	=	**64** G 10
364	=	**64** H 1
365	=	**64** H 3
366	=	**64** I 9
367	=	**64** J 4
368	=	**64** J 5
369	=	**64** J 7
370	=	**64** J 9
371	=	**64** J 12
372	=	**64** K 1
373	=	**64** K 3
374	=	**64** M 2
375	=	**64** M 3
376	=	**64** M 4
377	=	**64** M 11
378	=	**64** M 13
379	=	**64** N 1
380	=	**64** N 3
381	=	**64** N 4
382	=	**64** N 6
383	=	**64** N 8
384	=	**64** N 9
385	=	**64** N 10
386	=	**64** N 11
387	=	**64** N 12
388	=	**64** N 14
389	=	**64** O 1
390	=	**64** O 2
391	=	**64** O 5
392	=	**64** O 6
393	=	**64** O 7
394	=	**64** O 8
395	=	**64** O 9
396	=	**64** O 10
397	=	**64** O 11
398	=	**64** O 12
399	=	**64** O 13
400	=	**64** O 14
401	=	**65** A 1
402	=	**65** A 2
403	=	**65** A 3
404	=	**65** A 4
405	=	**65** A 5
406	=	**65** A 6
407	=	**65** A 7
408	=	**65** A 8
8/409	=	**65** A 10
410	=	**65** A 12
411	=	**65** A 13
412	=	**65** A 14
413	=	**65** B 1
414	=	**65** B 2
415	=	**65** B 3
416	=	**65** B 5
417	=	**65** B 7
418	=	**65** B 8
419	=	**65** B 10
420	=	**65** B 12
421	=	**65** B 14
422	=	**65** C 2
423	=	**65** C 4
424	=	**65** C 5
425	=	**65** C 7
426	=	**65** C 10
427	=	**65** C 12
428	=	**65** C 14
429	=	**65** D 4
430	=	**65** D 8
431	=	**65** D 10
432	=	**65** D 14
433	=	**65** E 2
434	=	**65** E 5
435	=	**65** F 1
436	=	**65** F 4
437	=	**65** F 7
438	=	**65** F 9
439	=	**65** F 11
440	=	**65** G 7
441	=	**65** G 9
442	=	**65** G 11
443	=	**65** G 14
444	=	**65** H 2
445	=	**65** H 5
446	=	**65** H 11
447	=	**65** K 7
448	=	**65** N 3
449	=	**65** N 9
450	=	**65** N 13
451	=	**66** C 8
452	=	**66** C 11
453	=	**66** D 4
454	=	**66** E 3
455	=	**66** E 4
456	=	**66** E 5
457	=	**66** E 9
458	=	**66** F 10
459	=	**66** G 14
460	=	**66** H 2
461	=	**66** H 5
462	=	**66** H 7
463	=	**66** H 9
464	=	**66** H 13
465	=	**66** I 10
466	=	**66** I 14
467	=	**66** J 2
468	=	**66** J 4
469	=	**66** J 6
470	=	**66** J 8
471	=	**66** J 10
472	=	**66** J 11
473	=	**66** J 14
474	=	**66** K 5
475	=	**66** K 7
476	=	**66** K 9
8/477	=	**66** K 11
478	=	**66** K 13
479	=	**66** L 2
480	=	**66** L 4
481	=	**66** L 6
482	=	**66** L 9
483	=	**66** L 13
484	=	**66** M 1
485	=	**66** M 10
486	=	**66** M 12
487	=	**66** M 14
488	=	**66** N 2
489	=	**67** H 3
490	=	**67** H 7
491	=	**67** I 9
492	=	**67** I 11
493	=	**67** J 1
494	=	**67** J 3
495	=	**67** J 7
496	=	**67** J 11
497	=	**67** K 8
498	=	**67** L 1
499	=	**67** L 6
500	=	**67** L 13
501	=	**67** M 4
502	=	**67** M 10
503	=	**67** N 4
504	=	**67** N 6
505	=	**67** N 13
506	=	**67** O 4
507	=	**67** O 6
508	=	**67** O 8
509	=	**67** O 12
510	=	**68** A 2
511	=	**68** A 4
512	=	**68** A 9
513	=	**68** A 12
514	=	**68** A 14
515	=	**68** B 3
516	=	**68** B 5
517	=	**68** B 9
518	=	**68** B 12
519	=	**68** C 9
520	=	**68** E 11
521	=	**68** E 13
522	=	**68** F 1
523	=	**68** F 3
524	=	**68** F 13
525	=	**68** G 1
526	=	**68** G 4
527	=	**68** G 6
528	=	**68** G 10
529	=	**68** H 2
530	=	**68** H 4
531	=	**68** H 6
532	=	**68** H 8
533	=	**68** H 10
534	=	**68** H 12
535	=	**68** I 1
536	=	**68** J 1
537	=	**68** J 9
538	=	**68** J 10
539	=	**68** J 14
540	=	**68** K 2
541	=	**68** K 4
542	=	**68** K 6
543	=	**68** K 9
544	=	**68** K 11

Drucksache Nr.		Fiche Nr. und Koordinate	Drucksache Nr.		Fiche Nr. und Koordinate	Drucksache Nr.		Fiche Nr. und Koordinate	Drucksache Nr.		Fiche Nr. und Koordinate
8/545	=	**68** L 4	8/613	=	**70** G 7	8/681	=	**71** D 12	8/749	=	**73** K 11
546	=	**68** L 6	614	=	**70** G 9	682	=	**71** D 14	750	=	**73** L 7
547	=	**68** L 8	615	=	**70** G 12	683	=	**71** E 1	751	=	**73** M 3
548	=	**68** M 1	616	=	**70** G 14	684	=	**71** E 3	752	=	**73** M 7
549	=	**68** M 4	617	=	**70** H 1	685	=	**71** E 5	753	=	**73** N 3
550	=	**68** M 7	618	=	**70** H 2	686	=	**71** E 7	754	=	**73** O 5
551	=	**68** M 12	619	=	**70** H 3	687	=	**71** E 9	755	=	**73** O 7
552	=	**68** M 13	620	=	**70** H 4	688	=	**71** E 14	756	=	**73** O 12
553	=	**68** N 1	621	=	**70** H 6	689	=	**71** F 3	757	=	**73** O 14
554	=	**68** N 3	622	=	**70** H 8	690	=	**71** G 3	758	=	**74** A 2
555	=	**68** N 5	623	=	**70** H 9	691	=	**71** G 7	759	=	**74** A 5
556	=	**68** O 6	624	=	**70** H 10	692	=	**71** G 8	760	=	**74** G 13
557	=	**69** A 1	625	=	**70** H 11	693	=	**71** G 10	761	=	**74** H 3
558	=	**69** A 8	626	=	**70** H 13	694	=	**71** I 14	762	=	**74** H 6
559	=	**69** A 10	627	=	**70** H 14	695	=	**71** J 3	763	=	**74** H 9
560	=	**69** A 12	628	=	**70** I 1	696	=	**71** J 5	764	=	**74** K 8
561	=	**69** B 2	629	=	**70** I 2	697	=	**71** J 7	765	=	**74** L 1
562	=	**69** B 4	630	=	**70** I 3	698	=	**71** J 9	766	=	**74** L 3
563	=	**69** B 12	631	=	**70** I 5	699	=	**71** J 11	767	=	**74** L 5
564	=	**69** B 13	632	=	**70** I 8	700	=	**71** J 14	768	=	**74** L 11
565	=	**69** C 1	633	=	**70** I 11	701	=	**71** K 8	769	=	**74** N 6
566	=	**69** C 5	634	=	**70** I 13	702	=	**71** K 11	770	=	**74** N 10
567	=	**69** C 7	635	=	**70** J 2	703	=	**71** L 14	771	=	**74** N 12
568	=	**69** C 9	636	=	**70** J 4	704	=	**71** N 4	772	=	**74** N 14
569	=	**69** C 11	637	=	**70** J 6	705	=	**72** G 11	773	=	**74** O 2
570	=	**69** D 5	638	=	**70** K 6	706	=	**72** G 13	774	=	**74** O 7
571	=	**69** E 9	639	=	**70** K 12	707	=	**72** H 2	775	=	**74** O 10
572	=	**69** F 14	640	=	**70** K 13	708	=	**72** I 9	776	=	**74** O 12
573	=	**69** G 2	641	=	**70** K 14	709	=	**72** J 7	777	=	**74** O 14
574	=	**69** G 5	642	=	**70** L 1	710	=	**72** J 9	778	=	**75** A 3
575	=	**69** H 7	643	=	**70** L 3	711	=	**72** J 11	779	=	**75** B 9
576	=	**69** J 7	644	=	**70** L 4	712	=	**72** J 13	780	=	**75** B 12
577	=	**69** J 10	645	=	**70** L 6	713	=	**72** K 14	781	=	**75** B 14
578	=	**69** K 7	646	=	**70** L 7	714	=	**73** D 3	782	=	**75** C 2
579	=	**69** K 9	647	=	**70** L 8	715	=	**73** D 6	783	=	**75** C 4
580	=	**69** K 12	648	=	**70** L 11	716	=	**73** D 10	784	=	**75** C 6
581	=	**69** K 14	649	=	**70** L 12	717	=	**73** E 4	785	=	**75** C 9
582	=	**69** L 2	650	=	**70** L 14	718	=	**73** E 6	786	=	**75** C 10
583	=	**69** L 5	651	=	**70** M 3	719	=	**73** E 8	787	=	**75** E 1
584	=	**69** L 12	652	=	**70** M 6	720	=	**73** E 10	788	=	**75** E 3
585	=	**69** L 13	653	=	**70** M 9	721	=	**73** E 13	789	=	**75** E 5
586	=	**69** M 1	654	=	**70** M 10	722	=	**73** F 1	790	=	**75** E 7
587	=	**69** M 7	655	=	**70** M 13	723	=	**73** F 3	791	=	**75** E 8
588	=	**69** N 7	656	=	**70** M 14	724	=	**73** F 7	792	=	**75** E 10
589	=	**69** N 10	657	=	**70** N 1	725	=	**73** F 10	793	=	**75** E 14
590	=	**69** N 13	658	=	**70** N 3	726	=	**73** F 13	794	=	**75** G 9
591	=	**69** O 8	659	=	**70** N 5	727	=	**73** G 2	795	=	**75** G 11
592	=	**69** O 11	660	=	**70** N 9	728	=	**73** G 5	796	=	**75** G 13
593	=	**70** A 6	661	=	**70** N 12	729	=	**73** G 7	797	=	**75** H 2
594	=	**70** A 7	662	=	**70** N 14	730	=	**73** G 13	798	=	**75** H 4
595	=	**70** A 10	663	=	**70** O 5	731	=	**73** H 1	799	=	**75** H 6
596	=	**70** A 13	664	=	**70** O 6	732	=	**73** H 3	800	=	**75** H 10
597	=	**70** A 14	665	=	**70** O 8	733	=	**73** H 5	801	=	**75** J 3
598	=	**70** B 1	666	=	**70** O 9	734	=	**73** H 7	802	=	**75** J 5
599	=	**70** B 7	667	=	**70** O 10	735	=	**73** H 10	803	=	**75** J 7
600	=	**70** B 14	668	=	**70** O 12	736	=	**73** I 1	804	=	**75** K 3
601	=	**70** C 14	669	=	**70** O 13	737	=	**73** I 5	805	=	**75** K 5
602	=	**70** D 13	670	=	**71** A 10	738	=	**73** I 9	806	=	**75** N 6
603	=	**70** E 6	671	=	**71** A 12	739	=	**73** I 14	807	=	**75** O 3
604	=	**70** E 8	672	=	**71** A 14	740	=	**73** J 3	808	=	**75** O 9
605	=	**70** E 10	673	=	**71** B 2	741	=	**73** J 7	809	=	**75** O 10
606	=	**70** F 9	674	=	**71** B 4	742	=	**73** J 10	810	=	**76** A 3
607	=	**70** F 13	675	=	**71** B 6	743	=	**73** J 13	811	=	**76** A 6
608	=	**70** F 14	676	=	**71** B 9	744	=	**73** K 1	812	=	**76** A 8
609	=	**70** G 1	677	=	**71** C 2	745	=	**73** K 3	813	=	**76** A 10
610	=	**70** G 3	678	=	**71** C 6	746	=	**73** K 5	814	=	**76** A 12
611	=	**70** G 5	679	=	**71** C 10	747	=	**73** K 7	815	=	**76** B 1
612	=	**70** G 6	680	=	**71** D 1	748	=	**73** K 9	816	=	**76** B 7

Drucksache Nr.		Fiche Nr. und Koordinate	Drucksache Nr.		Fiche Nr. und Koordinate	Drucksache Nr.		Fiche Nr. und Koordinate	Drucksache Nr.		Fiche Nr. und Koordinate
8/817	=	**76** B 9	8/885	=	**78** G 11	8/953	=	**80** F 12	8/1021	=	**82** A 14
818	=	**76** B 13	886	=	**78** H 11	954	=	**80** F 14	1022	=	**82** B 11
819	=	**76** C 3	887	=	**78** H 13	955	=	**80** G 2	1023	=	**82** B 14
820	=	**76** C 12	888	=	**78** I 1	956	=	**80** G 4	1024	=	**82** C 8
821	=	**76** C 14	889	=	**78** I 3	957	=	**80** G 7	1025	=	**82** C 12
822	=	**76** D 2	890	=	**78** I 5	958	=	**80** G 9	1026	=	**82** C 14
823	=	**76** D 4	891	=	**78** I 7	959	=	**80** G 11	1027	=	**82** D 2
824	=	**76** D 6	892	=	**78** I 9	960	=	**80** H 2	1028	=	**82** D 5
825	=	**76** D 8	893	=	**78** I 11	961	=	**80** H 8	1029	=	**82** D 7
826	=	**76** D 10	894	=	**78** J 9	962	=	**80** H 12	1030	=	**82** D 9
827	=	**76** E 3	895	=	**78** J 12	963	=	**80** H 13	1031	=	**82** E 6
828	=	**76** E 14	896	=	**78** J 14	964	=	**80** I 13	1032	=	**82** E 8
829	=	**76** F 2	897	=	**78** K 5	965	=	**80** J 2	1033	=	**82** E 11
830	=	**76** F 4	898	=	**78** K 7	966	=	**80** J 6	1034	=	**82** E 13
831	=	**76** H 4	899	=	**78** K 9	967	=	**80** J 11	1035	=	**82** F 6
832	=	**76** H 6	900	=	**78** M 4	968	=	**80** J 13	1036	=	**82** F 13
833	=	**76** H 9	901	=	**78** M 10	969	=	**80** K 1	1037	=	**83** B 7
834	=	**76** I 9	902	=	**78** M 12	970	=	**80** K 3	1038	=	**83** B 11
835	=	**76** I 11	903	=	**78** O 9	971	=	**80** K 6	1039	=	**83** B 13
836	=	**76** I 12	904	=	**78** O 11	972	=	**80** K 12	1040	=	**83** C 3
837	=	**76** K 6	905	=	**79** A 5	973	=	**80** L 4	1041	=	**83** C 7
838	=	**76** K 8	906	=	**79** C 2	974	=	**80** L 6	1042	=	**83** C 10
839	=	**76** M 6	907	=	**79** D 3	975	=	**80** L 13	1043	=	**83** D 1
840	=	**76** M 12	908	=	**79** D 5	976	=	**80** M 1	1044	=	**83** D 14
841	=	**76** N 1	909	=	**79** D 6	977	=	**81** B 2	1045	=	**83** E 2
842	=	**76** N 7	910	=	**79** D 8	978	=	**81** B 7	1046	=	**83** F 7
843	=	**76** O 13	911	=	**79** D 10	979	=	**81** C 4	1047	=	**83** F 9
844	=	**77** F 12	912	=	**79** D 12	980	=	**81** C 6	1048	=	**83** F 11
845	=	**77** G 10	913	=	**79** D 14	981	=	**81** C 10	1049	=	**83** F 13
846	=	**77** I 3	914	=	**79** E 3	982	=	**81** C 12	1050	=	**83** G 4
847	=	**77** I 9	915	=	**79** E 5	983	=	**81** C 14	1051	=	**83** G 6
848	=	**77** I 13	916	=	**79** G 6	984	=	**81** D 2	1052	=	**83** G 10
849	=	**77** J 2	917	=	**79** H 3	985	=	**81** D 5	1053	=	**83** G 11
850	=	**77** J 4	918	=	**79** I 1	986	=	**81** D 7	1054	=	**83** H 5
851	=	**77** K 2	919	=	**79** I 6	987	=	**81** D 9	1055	=	**83** H 10
852	=	**77** K 4	920	=	**79** I 8	988	=	**81** D 10	1056	=	**83** H 12
853	=	**77** K 8	921	=	**79** I 10	989	=	**81** D 12	1057	=	**83** J 1
854	=	**77** K 12	922	=	**79** J 2	990	=	**81** D 14	1058	=	**83** J 3
855	=	**77** L 1	923	=	**79** K 3	991	=	**81** E 3	1059	=	**83** J 7
856	=	**77** L 7	924	=	**79** K 5	992	=	**81** E 5	1060	=	**83** J 10
857	=	**77** L 11	925	=	**79** K 7	993	=	**81** E 10	1061	=	**83** J 13
858	=	**77** M 3	926	=	**79** K 10	994	=	**81** E 11	1062	=	**83** K 2
859	=	**77** M 12	927	=	**79** M 2	995	=	**81** E 13	1063	=	**83** K 5
860	=	**77** M 14	928	=	**79** N 1	996	=	**81** E 14	1064	=	**83** K 7
861	=	**77** N 12	929	=	**79** N 3	997	=	**81** F 6	1065	=	**83** K 9
862	=	**77** O 2	930	=	**79** N 5	998	=	**81** G 1	1066	=	**83** K 12
863	=	**77** O 4	931	=	**79** N 10	999	=	**81** G 3	1067	=	**83** K 14
864	=	**77** O 9	932	=	**79** N 12	1000	=	**81** G 10	1068	=	**83** M 13
865	=	**77** O 13	933	=	**79** O 1	1001	=	**81** H 6	1069	=	**83** N 2
866	=	**78** A 1	934	=	**79** O 5	1002	=	**81** H 7	1070	=	**83** N 5
867	=	**78** A 5	935	=	**79** O 7	1003	=	**81** H 10	1071	=	**83** N 6
868	=	**78** B 2	936	=	**79** O 11	1004	=	**81** H 12	1072	=	**83** N 8
869	=	**78** B 8	937	=	**79** O 14	1005	=	**81** H 14	1073	=	**83** N 11
870	=	**78** B 11	938	=	**80** A 2	1006	=	**81** I 1	1074	=	**83** N 13
871	=	**78** B 14	939	=	**80** A 3	1007	=	**81** I 8	1075	=	**84** A 11
872	=	**78** C 12	940	=	**80** A 4	1008	=	**81** I 11	1076	=	**84** A 13
873	=	**78** D 2	941	=	**80** A 5	1009	=	**81** J 1	1077	=	**84** B 1
874	=	**78** D 6	942	=	**80** A 7	1010	=	**81** J 5	1078	=	**84** B 8
875	=	**78** D 12	943	=	**80** A 10	1011	=	**81** J 8	1079	=	**84** B 14
876	=	**78** F 2	944	=	**80** A 14	1012	=	**81** K 7	1080	=	**84** C 5
877	=	**78** F 4	945	=	**80** B 1	1013	=	**81** K 9	1081	=	**84** C 8
878	=	**78** F 6	946	=	**80** B 4	1014	=	**81** K 11	1082	=	**84** D 12
879	=	**78** F 8	947	=	**80** B 6	1015	=	**81** M 11	1083	=	**84** E 1
880	=	**78** G 2	948	=	**80** B 8	1016	=	**81** O 9	1084	=	**84** E 3
881	=	**78** G 4	949	=	**80** B 10	1017	=	**81** O 12	1085	=	**84** E 5
882	=	**78** G 5	950	=	**80** B 13	1018	=	**82** A 3	1086	=	**84** E 7
883	=	**78** G 7	951	=	**80** E 4	1019	=	**82** A 7	1087	=	**84** E 10
884	=	**78** G 9	952	=	**80** F 10	1020	=	**82** A 11	1088	=	**84** E 13

Drucksache Nr.		Fiche Nr. und Koordinate	Drucksache Nr.		Fiche Nr. und Koordinate	Drucksache Nr.		Fiche Nr. und Koordinate	Drucksache Nr.		Fiche Nr. und Koordinate
8/1089	=	**84** F 2	8/1157	=	**86** K 9	8/1225	=	**90** A 13	8/1293	=	**91** F 2
1090	=	**84** F 4	1158	=	**86** K 14	1226	=	**90** B 13	1294	=	**91** F 4
1091	=	**84** F 6	1159	=	**86** L 2	1227	=	**90** C 1	1295	=	**91** F 13
1092	=	**84** F 8	1160	=	**86** L 4	1228	=	**90** C 3	1296	=	**91** G 1
1093	=	**84** F 10	1161	=	**86** L 6	1229	=	**90** C 6	1297	=	**91** G 3
1094	=	**84** F 12	1162	=	**86** L 8	1230	=	**90** C 10	1298	=	**91** G 8
1095	=	**84** F 14	1163	=	**86** L 11	1231	=	**90** D 1	1299	=	**91** G 14
1096	=	**84** G 2	1164	=	**86** L 14	1232	=	**90** D 3	1300	=	**91** H 2
1097	=	**84** G 4	1165	=	**86** O 6	1233	=	**90** D 6	1301	=	**91** H 4
1098	=	**84** G 7	1166	=	**86** O 8	1234	=	**90** D 8	1302	=	**91** H 6
1099	=	**84** G 9	1167	=	**87** C 2	1235	=	**90** D 10	1303	=	**91** H 9
1100	=	**84** G 10	1168	=	**87** C 3	1236	=	**90** D 12	1304	=	**91** H 13
1101	=	**84** G 11	1169	=	**87** C 5	1237	=	**90** D 13	1305	=	**91** I 3
1102	=	**84** G 14	1170	=	**87** C 9	1238	=	**90** D 14	1306	=	**91** I 5
1103	=	**84** H 1	1171	=	**87** C 11	1239	=	**90** E 1	1307	=	**91** I 7
1104	=	**84** H 2	1172	=	**87** C 13	1240	=	**90** E 2	1308	=	**91** I 9
1105	=	**84** H 7	1173	=	**87** D 1	1241	=	**90** E 3	1309	=	**91** I 12
1106	=	**84** H 9	1174	=	**87** D 4	1242	=	**90** E 5	1310	=	**91** I 14
1107	=	**84** H 11	1175	=	**87** D 6	1243	=	**90** E 7	1311	=	**91** J 2
1108	=	**84** H 14	1176	=	**87** D 7	1244	=	**90** E 9	1312	=	**91** J 8
1109	=	**84** I 1	1177	=	**87** D 10	1245	=	**90** E 11	1313	=	**91** J 13
1110	=	**84** I 5	1178	=	**87** D 12	1246	=	**90** E 13	1314	=	**91** K 1
1111	=	**84** I 9	1179	=	**87** D 14	1247	=	**90** F 1	1315	=	**91** K 5
1112	=	**84** I 11	1180	=	**87** E 2	1248	=	**90** F 3	1316	=	**92** C 6
1113	=	**84** J 8	1181	=	**87** E 4	1249	=	**90** F 6	1317	=	**92** C 7
1114	=	**84** J 12	1182	=	**87** E 9	1250	=	**90** F 8	1318	=	**92** D 13
1115	=	**84** J 14	1183	=	**87** F 5	1251	=	**90** F 11	1319	=	**92** E 1
1116	=	**84** K 3	1184	=	**87** F 7	1252	=	**90** G 3	1320	=	**92** E 3
1117	=	**85** F 3	1185	=	**87** F 9	1253	=	**90** G 7	1321	=	**92** F 1
1118	=	**85** F 4	1186	=	**87** M 1	1254	=	**90** G 11	1322	=	**92** F 3
1119	=	**85** F 8	1187	=	**87** M 2	1255	=	**90** G 13	1323	=	**92** F 5
1120	=	**85** F 10	1188	=	**87** M 4	1256	=	**90** H 2	1324	=	**92** F 9
1121	=	**85** G 5	1189	=	**87** M 7	1257	=	**90** H 3	1325	=	**92** G 7
1122	=	**85** G 7	1190	=	**87** M 9	1258	=	**90** H 6	1326	=	**92** G 8
1123	=	**85** G 9	1191	=	**87** M 11	1259	=	**90** H 10	1327	=	**92** G 11
1124	=	**85** G 13	1192	=	**87** N 3	1260	=	**90** H 12	1328	=	**92** G 13
1125	=	**85** H 2	1193	=	**87** N 6	1261	=	**90** I 1	1329	=	**92** H 1
1126	=	**85** I 6	1194	=	**87** N 8	1262	=	**90** I 4	1330	=	**92** H 3
1127	=	**85** J 2	1195	=	**87** N 12	1263	=	**90** I 8	1331	=	**92** H 6
1128	=	**85** J 4	1196	=	**88** J 13	1264	=	**90** J 11	1332	=	**92** H 8
1129	=	**85** N 5	1197	=	**88** K 3	1265	=	**90** J 13	1333	=	**92** H 9
1130	=	**85** N 10	1198	=	**88** K 8	1266	=	**90** K 2	1334	=	**92** H 10
1131	=	**85** O 9	1199	=	**88** K 10	1267	=	**90** K 5	1335	=	**92** H 12
1132	=	**86** A 12	1200	=	**88** L 1	1268	=	**90** K 7	1336	=	**92** H 14
1133	=	**86** A 14	1201	=	**88** N 1	1269	=	**90** K 10	1337	=	**92** I 1
1134	=	**86** B 5	1202	=	**88** N 3	1270	=	**90** K 12	1338	=	**92** I 3
1135	=	**86** B 7	1203	=	**88** N 5	1271	=	**90** K 14	1339	=	**92** I 8
1136	=	**86** B 14	1204	=	**88** O 5	1272	=	**90** L 3	1340	=	**92** I 10
1137	=	**86** D 6	1205	=	**88** O 14	1273	=	**90** L 5	1341	=	**92** I 11
1138	=	**86** D 8	1206	=	**89** A 4	1274	=	**90** L 10	1342	=	**92** I 13
1139	=	**86** D 10	1207	=	**89** A 6	1275	=	**90** M 11	1343	=	**92** I 14
1140	=	**86** D 12	1208	=	**89** A 11	1276	=	**90** M 13	1344	=	**92** J 2
1141	=	**86** D 14	1209	=	**89** A 13	1277	=	**90** N 3	1345	=	**92** J 4
1142	=	**86** E 1	1210	=	**89** B 1	1278	=	**90** N 6	1346	=	**92** J 6
1143	=	**86** E 2	1211	=	**89** B 3	1279	=	**90** N 12	1347	=	**92** J 9
1144	=	**86** E 3	1212	=	**89** B 5	1280	=	**90** O 3	1348	=	**92** M 6
1145	=	**86** E 5	1213	=	**89** B 7	1281	=	**90** O 5	1349	=	**92** M 9
1146	=	**86** E 7	1214	=	**89** B 9	1282	=	**91** A 9	1350	=	**92** M 11
1147	=	**86** E 9	1215	=	**89** B 10	1283	=	**91** A 11	1351	=	**92** M 13
1148	=	**86** E 11	1216	=	**89** B 14	1284	=	**91** B 1	1352	=	**92** N 1
1149	=	**86** E 12	1217	=	**89** C 5	1285	=	**91** B 7	1353	=	**92** N 3
1150	=	**86** E 13	1218	=	**89** C 8	1286	=	**91** B 14	1354	=	**92** N 5
1151	=	**86** E 14	1219	=	**89** D 3	1287	=	**91** C 2	1355	=	**92** N 7
1152	=	**86** F 4	1220	=	**89** D 8	1288	=	**91** C 12	1356	=	**92** N 9
1153	=	**86** F 6	1221	=	**89** D 10	1289	=	**91** E 4	1357	=	**92** N 11
1154	=	**86** F 14	1222	=	**90** A 4	1290	=	**91** E 5	1358	=	**92** O 8
1155	=	**86** I 11	1223	=	**90** A 9	1291	=	**91** E 11	1359	=	**93** A 1
1156	=	**86** J 5	1224	=	**90** A 11	1292	=	**91** E 14	1360	=	**93** A 14

Drucksache Nr.		Fiche Nr. und Koordinate	Drucksache Nr.		Fiche Nr. und Koordinate	Drucksache Nr.		Fiche Nr. und Koordinate	Drucksache Nr.		Fiche Nr. und Koordinate
8/1361	=	**93** B 2	8/1429	=	**95** B 14	8/1497	=	**96** F 6	8/1565	=	**99** A 9
1362	=	**93** B 4	1430	=	**95** C 2	1498	=	**96** H 2	1566	=	**99** B 2
1363	=	**93** B 8	1431	=	**95** C 4	1499	=	**96** H 4	1567	=	**99** B 4
1364	=	**93** B 10	1432	=	**95** C 6	1500	=	**96** H 8	1568	=	**99** D 2
1365	=	**93** B 14	1433	=	**95** C 9	1501	=	**96** L 4	1569	=	**99** D 4
1366	=	**93** C 6	1434	=	**95** C 11	1502	=	**97** I 4	1570	=	**99** D 6
1367	=	**93** D 3	1435	=	**95** C 14	1503	=	**97** I 9	1571	=	**99** D 8
1368	=	**93** D 11	1436	=	**95** D 7	1504	=	**97** I 11	1572	=	**99** D 10
1369	=	**93** E 1	1437	=	**95** D 13	1505	=	**97** I 13	1573	=	**99** D 12
1370	=	**93** E 8	1438	=	**95** E 14	1506	=	**97** J 3	1574	=	**99** F 6
1371	=	**93** E 12	1439	=	**95** F 2	1507	=	**97** J 4	1575	=	**99** F 9
1372	=	**93** F 4	1440	=	**95** F 4	1508	=	**97** J 5	1576	=	**99** F 11
1373	=	**93** F 14	1441	=	**95** F 8	1509	=	**97** J 6	1577	=	**99** F 13
1374	=	**93** G 2	1442	=	**95** F 12	1510	=	**97** J 7	1578	=	**99** G 8
1375	=	**93** G 9	1443	=	**95** F 14	1511	=	**97** J 8	1579	=	**99** G 12
1376	=	**93** G 13	1444	=	**95** G 2	1512	=	**97** J 12	1580	=	**99** G 13
1377	=	**93** H 1	1445	=	**95** G 3	1513	=	**97** J 14	1581	=	**99** G 14
1378	=	**93** H 3	1446	=	**95** G 4	1514	=	**97** K 9	1582	=	**99** I 13
1379	=	**93** H 8	1447	=	**95** G 7	1515	=	**97** K 12	1583	=	**99** J 2
1380	=	**93** H 13	1448	=	**95** G 8	1516	=	**97** K 13	1584	=	**99** J 6
1381	=	**93** I 1	1449	=	**95** G 10	1517	=	**97** K 14	1585	=	**99** J 12
1382	=	**93** I 7	1450	=	**95** G 12	1518	=	**97** L 2	1586	=	**99** J 14
1383	=	**93** I 10	1451	=	**95** H 12	1519	=	**97** L 4	1587	=	**99** K 2
1384	=	**93** I 13	1452	=	**95** I 6	1520	=	**97** L 6	1588	=	**99** K 4
1385	=	**93** J 2	1453	=	**95** I 8	1521	=	**97** L 8	1589	=	**99** K 6
1386	=	**93** J 4	1454	=	**95** I 9	1522	=	**97** L 10	1590	=	**99** K 8
1387	=	**93** J 7	1455	=	**95** I 10	1523	=	**97** L 11	1591	=	**99** K 9
1388	=	**93** J 10	1456	=	**95** I 14	1524	=	**97** L 13	1592	=	**99** K 10
1389	=	**93** K 8	1457	=	**95** J 1	1525	=	**97** M 1	1593	=	**99** K 12
1390	=	**93** K 12	1458	=	**95** J 2	1526	=	**97** M 2	1594	=	**99** K 14
1391	=	**93** L 9	1459	=	**95** J 3	1527	=	**97** N 5	1595	=	**99** L 7
1392	=	**93** L 11	1460	=	**95** J 6	1528	=	**97** N 8	1596	=	**99** L 14
1393	=	**93** L 13	1461	=	**95** J 7	1529	=	**97** N 9	1597	=	**99** M 3
1394	=	**93** M 2	1462	=	**95** J 9	1530	=	**97** N 12	1598	=	**99** M 5
1395	=	**93** M 9	1463	=	**95** J 10	1531	=	**97** O 5	1599	=	**99** M 7
1396	=	**93** M 11	1464	=	**95** J 11	1532	=	**97** O 7	1600	=	**99** M 11
1397	=	**93** M 13	1465	=	**95** J 14	1533	=	**97** O 10	1601	=	**99** N 6
1398	=	**93** N 2	1466	=	**95** K 2	1534	=	**98** A 1	1602	=	**99** O 13
1399	=	**93** N 9	1467	=	**95** K 5	1535	=	**98** A 5	1603	=	**100** A 7
1400	=	**93** N 14	1468	=	**95** K 7	1536	=	**98** A 9	1604	=	**100** A 9
1401	=	**93** O 4	1469	=	**95** K 8	1537	=	**98** A 10	1605	=	**100** A 11
1402	=	**93** O 7	1470	=	**95** K 9	1538	=	**98** A 11	1606	=	**100** B 5
1403	=	**94** A 7	1471	=	**95** K 12	1539	=	**98** A 13	1607	=	**100** C 5
1404	=	**94** F 9	1472	=	**95** M 4	1540	=	**98** B 1	1608	=	**100** C 11
1405	=	**94** F 12	1473	=	**95** M 6	1541	=	**98** B 4	1609	=	**100** C 14
1406	=	**94** G 12	1474	=	**95** M 7	1542	=	**98** B 6	1610	=	**100** D 2
1407	=	**94** H 7	1475	=	**95** M 9	1543	=	**98** B 8	1611	=	**100** D 3
1408	=	**94** H 13	1476	=	**95** M 11	1544	=	**98** B 14	1612	=	**100** D 14
1409	=	**94** I 8	1477	=	**95** M 13	1545	=	**98** C 9	1613	=	**100** F 2
1410	=	**94** J 3	1478	=	**95** N 2	1546	=	**98** D 11	1614	=	**100** F 3
1411	=	**94** J 10	1479	=	**95** N 3	1547	=	**98** E 2	1615	=	**100** F 13
1412	=	**94** K 1	1480	=	**95** N 4	1548	=	**98** E 4	1616	=	**100** J 8
1413	=	**94** K 3	1481	=	**95** N 5	1549	=	**98** E 5	1617	=	**100** K 3
1414	=	**94** K 6	1482	=	**95** N 7	1550	=	**98** E 7	1618	=	**100** K 4
1415	=	**94** L 14	1483	=	**95** O 2	1551	=	**98** E 8	1619	=	**100** K 7
1416	=	**94** M 3	1484	=	**95** O 5	1552	=	**98** L 10	1620	=	**100** L 1
1417	=	**94** M 6	1485	=	**95** O 8	1553	=	**98** L 12	1621	=	**100** L 14
1418	=	**94** N 13	1486	=	**95** O 10	1554	=	**98** M 6	1622	=	**100** M 1
1419	=	**94** O 4	1487	=	**95** O 12	1555	=	**98** M 12	1623	=	**100** M 3
1420	=	**94** O 6	1488	=	**96** A 5	1556	=	**98** N 1	1624	=	**100** M 6
1421	=	**94** O 8	1489	=	**96** A 9	1557	=	**98** N 8	1625	=	**100** M 8
1422	=	**94** O 9	1490	=	**96** D 3	1558	=	**98** N 10	1626	=	**100** M 9
1423	=	**94** O 12	1491	=	**96** D 13	1559	=	**98** N 13	1627	=	**100** M 10
1424	=	**95** A 9	1492	=	**96** E 1	1560	=	**98** O 10	1628	=	**100** M 11
1425	=	**95** A 12	1493	=	**96** E 6	1561	=	**98** O 13	1629	=	**100** M 13
1426	=	**95** B 1	1494	=	**96** E 8	1562	=	**99** A 2	1630	=	**100** N 1
1427	=	**95** B 12	1495	=	**96** E 10	1563	=	**99** A 4	1631	=	**100** N 3
1428	=	**95** B 13	1496	=	**96** F 4	1564	=	**99** A 6	1632	=	**100** N 5

Drucksache Nr.		Fiche Nr. und Koordinate	Drucksache Nr.		Fiche Nr. und Koordinate	Drucksache Nr.		Fiche Nr. und Koordinate	Drucksache Nr.		Fiche Nr. und Koordinate
8/1633	=	**100** N 7	8/1701	=	**102** K 2	8/1769	=	**104** J 11	8/1837	=	**108** B 14
1634	=	**100** N 11	1702	=	**102** K 4	1770	=	**104** K 13	1838	=	**108** C 2
1635	=	**100** O 14	1703	=	**102** K 6	1771	=	**104** L 1	1839	=	**108** C 4
1636	=	**101** A 2	1704	=	**102** M 11	1772	=	**104** L 4	1840	=	**108** C 6
1637	=	**101** B 9	1705	=	**102** N 13	1773	=	**104** L 7	1841	=	**108** C 8
1638	=	**101** B 11	1706	=	**102** O 2	1774	=	**104** M 8	1842	=	**108** C 10
1639	=	**101** B 14	1707	=	**102** O 4	1775	=	**104** M 11	1843	=	**108** E 12
1640	=	**101** C 1	1708	=	**102** O 9	1776	=	**104** N 1	1844	=	**108** F 14
1641	=	**101** C 4	1709	=	**103** A 2	1777	=	**104** N 14	1845	=	**108** H 6
1642	=	**101** C 6	1710	=	**103** A 4	1778	=	**104** O 2	1846	=	**108** I 3
1643	=	**101** C 8	1711	=	**103** A 6	1779	=	**104** O 4	1847	=	**108** I 5
1644	=	**101** C 11	1712	=	**103** A 8	1780	=	**105** B 8	1848	=	**108** I 7
1645	=	**101** C 12	1713	=	**103** A 10	1781	=	**105** K 1	1849	=	**108** I 14
1646	=	**101** D 1	1714	=	**103** A 13	1782	=	**105** K 6	1850	=	**108** J 7
1647	=	**101** E 1	1715	=	**103** B 1	1783	=	**105** K 11	1851	=	**108** K 11
1648	=	**101** E 6	1716	=	**103** B 6	1784	=	**105** K 14	1852	=	**108** K 13
1649	=	**101** E 8	1717	=	**103** B 8	1785	=	**105** L 3	1853	=	**108** L 2
1650	=	**101** E 10	1718	=	**103** B 11	1786	=	**105** L 6	1854	=	**108** L 4
1651	=	**101** E 12	1719	=	**103** B 13	1787	=	**105** L 9	1855	=	**108** L 6
1652	=	**101** F 9	1720	=	**103** C 2	1788	=	**105** L 11	1856	=	**108** L 7
1653	=	**101** F 12	1721	=	**103** C 4	1789	=	**105** L 13	1857	=	**108** L 9
1654	=	**101** F 14	1722	=	**103** C 6	1790	=	**105** M 1	1858	=	**108** M 4
1655	=	**101** G 3	1723	=	**103** C 8	1791	=	**105** M 2	1859	=	**108** M 7
1656	=	**101** G 4	1724	=	**103** C 11	1792	=	**105** M 3	1860	=	**108** M 10
1657	=	**101** G 7	1725	=	**103** C 12	1793	=	**105** N 2	1861	=	**108** M 12
1658	=	**101** G 14	1726	=	**103** C 14	1794	=	**105** N 7	1862	=	**108** N 3
1659	=	**101** H 5	1727	=	**103** D 2	1795	=	**105** N 9	1863	=	**108** N 5
1660	=	**101** H 10	1728	=	**103** D 6	1796	=	**105** N 11	1864	=	**108** N 13
1661	=	**101** I 1	1729	=	**103** E 8	1797	=	**105** N 13	1865	=	**108** O 1
1662	=	**101** I 5	1730	=	**103** F 3	1798	=	**105** O 2	1866	=	**108** O 4
1663	=	**101** I 8	1731	=	**103** F 5	1799	=	**105** O 4	1867	=	**108** O 10
1664	=	**101** I 9	1732	=	**103** F 7	1800	=	**105** O 10	1868	=	**108** O 11
1665	=	**101** I 13	1733	=	**103** F 9	1801	=	**105** O 13	1869	=	**108** O 13
1666	=	**101** J 5	1734	=	**103** G 11	1802	=	**106** D 14	1870	=	**109** A 1
1667	=	**101** J 9	1735	=	**103** I 7	1803	=	**106** E 2	1871	=	**109** A 3
1668	=	**101** J 12	1736	=	**103** J 7	1804	=	**106** E 4	1872	=	**109** A 6
1669	=	**101** K 1	1737	=	**103** J 9	1805	=	**106** E 6	1873	=	**109** A 8
1670	=	**101** K 4	1738	=	**103** J 14	1806	=	**107** C 10	1874	=	**109** A 10
1671	=	**101** K 11	1739	=	**103** K 6	1807	=	**107** C 12	1875	=	**109** A 12
1672	=	**101** M 2	1740	=	**103** L 4	1808	=	**107** C 14	1876	=	**109** A 13
1673	=	**101** N 5	1741	=	**103** M 12	1809	=	**107** D 2	1877	=	**109** E 9
1674	=	**101** N 6	1742	=	**103** N 13	1810	=	**107** D 6	1878	=	**109** E 11
1675	=	**101** N 13	1743	=	**103** O 12	1811	=	**107** E 1	1879	=	**109** E 12
1676	=	**101** O 3	1744	=	**104** A 6	1812	=	**107** E 5	1880	=	**109** E 14
1677	=	**102** B 1	1745	=	**104** A 9	1813	=	**107** E 14	1881	=	**109** F 1
1678	=	**102** B 6	1746	=	**104** A 11	1814	=	**107** F 3	1882	=	**109** G 2
1679	=	**102** C 5	1747	=	**104** A 13	1815	=	**107** F 7	1883	=	**109** G 3
1680	=	**102** D 5	1748	=	**104** B 2	1816	=	**107** F 13	1884	=	**109** G 6
1681	=	**102** D 7	1749	=	**104** B 11	1817	=	**107** G 2	1885	=	**109** G 8
1682	=	**102** D 11	1750	=	**104** B 14	1818	=	**107** G 4	1886	=	**109** G 11
1683	=	**102** E 9	1751	=	**104** C 3	1819	=	**107** G 9	1887	=	**109** G 13
1684	=	**102** E 11	1752	=	**104** C 5	1820	=	**107** G 11	1888	=	**109** H 2
1685	=	**102** F 5	1753	=	**104** C 7	1821	=	**107** G 14	1889	=	**109** H 7
1686	=	**102** F 9	1754	=	**104** C 9	1822	=	**107** H 5	1890	=	**109** H 9
1687	=	**102** F 12	1755	=	**104** C 12	1823	=	**107** I 7	1891	=	**109** H 10
1688	=	**102** G 1	1756	=	**104** C 14	1824	=	**107** I 8	1892	=	**109** I 12
1689	=	**102** G 5	1757	=	**104** D 4	1825	=	**107** M 14	1893	=	**109** J 4
1690	=	**102** H 10	1758	=	**104** D 6	1826	=	**107** N 3	1894	=	**109** J 6
1691	=	**102** H 11	1759	=	**104** E 8	1827	=	**107** O 8	1895	=	**109** J 8
1692	=	**102** H 14	1760	=	**104** E 10	1828	=	**107** O 11	1896	=	**109** K 8
1693	=	**102** I 8	1761	=	**104** E 12	1829	=	**107** O 13	1897	=	**109** K 11
1694	=	**102** I 10	1762	=	**104** F 2	1830	=	**108** A 3	1898	=	**109** K 12
1695	=	**102** J 5	1763	=	**104** G 6	1831	=	**108** A 7	1899	=	**109** K 14
1696	=	**102** J 6	1764	=	**104** G 8	1832	=	**108** A 9	1900	=	**109** N 2
1697	=	**102** J 8	1765	=	**104** H 3	1833	=	**108** A 14	1901	=	**109** N 5
1698	=	**102** J 10	1766	=	**104** I 2	1834	=	**108** B 4	1902	=	**109** O 6
1699	=	**102** J 13	1767	=	**104** I 12	1835	=	**108** B 8	1903	=	**109** O 10
1700	=	**102** K 1	1768	=	**104** J 8	1836	=	**108** B 11	1904	=	**109** O 14

Drucksache Nr.		Fiche Nr. und Koordinate	Drucksache Nr.		Fiche Nr. und Koordinate	Drucksache Nr.		Fiche Nr. und Koordinate	Drucksache Nr.		Fiche Nr. und Koordinate
8/1905	=	**110** A 8	8/1973	=	**113** D 4	8/2041	=	**116** H 11	8/2109	=	**119** E 11
1906	=	**110** A 9	1974	=	**113** D 5	2042	=	**116** H 13	2110	=	**119** F 4
1907	=	**110** A 11	1975	=	**113** D 7	2043	=	**116** I 13	2111	=	**119** J 9
1908	=	**110** B 5	1976	=	**113** D 11	2044	=	**116** J 2	2112	=	**119** J 10
1909	=	**110** C 5	1977	=	**113** D 13	2045	=	**116** J 4	2113	=	**119** J 12
1910	=	**110** C 11	1978	=	**113** D 14	2046	=	**116** J 11	2114	=	**119** K 2
1911	=	**110** C 14	1979	=	**113** E 2	2047	=	**116** K 1	2115	=	**119** L 5
1912	=	**110** D 2	1980	=	**113** E 9	2048	=	**116** K 3	2116	=	**119** M 6
1913	=	**110** D 3	1981	=	**113** F 2	2049	=	**116** K 7	2117	=	**119** N 2
1914	=	**110** D 9	1982	=	**113** G 2	2050	=	**116** K 9	2118	=	**119** O 1
1915	=	**110** D 11	1983	=	**113** G 9	2051	=	**116** K 13	2119	=	**120** B 13
1916	=	**110** D 13	1984	=	**113** G 12	2052	=	**116** L 4	2120	=	**120** C 5
1917	=	**110** D 14	1985	=	**113** G 14	2053	=	**116** M 5	2121	=	**120** C 11
1918	=	**110** E 3	1986	=	**113** H 2	2054	=	**116** M 7	2122	=	**120** C 13
1919	=	**110** E 6	1987	=	**113** H 4	2055	=	**116** M 9	2123	=	**120** C 14
1920	=	**110** E 8	1988	=	**113** H 6	2056	=	**116** M 11	2124	=	**120** D 1
1921	=	**110** E 11	1989	=	**113** H 10	2057	=	**116** M 13	2125	=	**120** G 1
1922	=	**110** E 13	1990	=	**113** I 1	2058	=	**116** N 1	2126	=	**120** G 3
1923	=	**110** F 4	1991	=	**113** I 3	2059	=	**116** N 8	2127	=	**120** G 5
1924	=	**110** F 6	1992	=	**113** J 5	2060	=	**116** N 13	2128	=	**120** G 7
1925	=	**110** F 9	1993	=	**113** J 7	2061	=	**116** O 1	2129	=	**120** G 9
1926	=	**110** N 5	1994	=	**113** J 13	2062	=	**116** O 13	2130	=	**120** H 10
1927	=	**110** N 6	1995	=	**113** K 1	2063	=	**116** O 14	2131	=	**120** I 4
1928	=	**110** N 13	1996	=	**113** K 4	2064	=	**117** A 1	2132	=	**120** I 8
1929	=	**110** O 1	1997	=	**113** K 9	2065	=	**117** A 4	2133	=	**120** I 9
1930	=	**110** O 2	1998	=	**113** L 7	2066	=	**117** B 8	2134	=	**120** I 11
1931	=	**111** A 7	1999	=	**113** M 8	2067	=	**117** B 10	2135	=	**120** I 14
1932	=	**111** B 12	2000	=	**113** N 3	2068	=	**117** D 2	2136	=	**120** J 1
1933	=	**111** C 1	2001	=	**113** N 12	2069	=	**117** E 4	2137	=	**120** K 7
1934	=	**111** C 2	2002	=	**113** O 6	2070	=	**117** E 12	2138	=	**120** K 13
1935	=	**111** C 4	2003	=	**113** O 10	2071	=	**117** E 14	2139	=	**120** L 1
1936	=	**111** C 8	2004	=	**113** O 13	2072	=	**117** F 2	2140	=	**120** L 3
1937	=	**111** C 12	2005	=	**114** A 1	2073	=	**117** F 4	2141	=	**120** L 5
1938	=	**111** D 3	2006	=	**114** A 4	2074	=	**117** F 6	2142	=	**120** L 7
1939	=	**112** L 2	2007	=	**114** C 8	2075	=	**117** F 13	2143	=	**120** L 9
1940	=	**112** L 3	2008	=	**114** C 14	2076	=	**117** G 14	2144	=	**120** L 14
1941	=	**112** L 7	2009	=	**114** D 2	2077	=	**117** I 3	2145	=	**120** M 3
1942	=	**112** L 9	2010	=	**114** D 10	2078	=	**117** I 6	2146	=	**120** N 11
1943	=	**112** L 12	2011	=	**114** E 11	2079	=	**117** I 11	2147	=	**120** N 13
1944	=	**112** M 2	2012	=	**114** E 14	2080	=	**117** M 6	2148	=	**120** O 14
1945	=	**112** M 3	2013	=	**114** F 5	2081	=	**117** M 12	2149	=	**121** A 1
1946	=	**112** M 5	2014	=	**114** F 12	2082	=	**117** N 2	2150	=	**121** A 9
1947	=	**112** M 6	2015	=	**114** M 9	2083	=	**117** N 5	2151	=	**121** C 14
1948	=	**112** M 8	2016	=	**114** M 11	2084	=	**117** O 9	2152	=	**121** E 6
1949	=	**112** M 9	2017	=	**114** N 1	2085	=	**117** O 11	2153	=	**121** F 1
1950	=	**112** M 12	2018	=	**115** G 8	2086	=	**118** B 9	2154	=	**121** F 2
1951	=	**112** M 14	2019	=	**115** G 10	2087	=	**118** C 2	2155	=	**121** F 6
1952	=	**112** N 8	2020	=	**115** I 4	2088	=	**118** H 7	2156	=	**121** H 13
1953	=	**112** N 12	2021	=	**115** I 6	2089	=	**118** H 8	2157	=	**121** K 9
1954	=	**112** N 14	2022	=	**115** J 2	2090	=	**118** H 10	2158	=	**121** L 2
1955	=	**112** O 2	2023	=	**115** J 7	2091	=	**118** I 4	2159	=	**121** L 4
1956	=	**112** O 9	2024	=	**115** J 9	2092	=	**118** I 8	2160	=	**121** L 6
1957	=	**113** A 11	2025	=	**115** K 8	2093	=	**118** I 10	2161	=	**121** L 10
1958	=	**113** A 13	2026	=	**115** L 11	2094	=	**118** I 12	2162	=	**121** M 1
1959	=	**113** B 1	2027	=	**115** L 14	2095	=	**118** I 13	2163	=	**121** M 6
1960	=	**113** B 3	2028	=	**115** M 11	2096	=	**118** I 14	2164	=	**121** M 7
1961	=	**113** B 5	2029	=	**115** M 13	2097	=	**118** J 1	2165	=	**121** M 9
1962	=	**113** B 7	2030	=	**115** M 14	2098	=	**118** J 3	2166	=	**121** M 11
1963	=	**113** B 10	2031	=	**115** N 3	2099	=	**118** J 12	2167	=	**121** M 14
1964	=	**113** B 12	2032	=	**115** N 6	2100	=	**118** K 12	2168	=	**121** N 2
1965	=	**113** B 14	2033	=	**115** N 8	2101	=	**118** N 3	2169	=	**121** N 4
1966	=	**113** C 2	2034	=	**116** C 7	2102	=	**118** N 7	2170	=	**121** N 14
1967	=	**113** C 4	2035	=	**116** E 12	2103	=	**118** N 11	2171	=	**121** O 2
1968	=	**113** C 6	2036	=	**116** F 10	2104	=	**119** A 3	2172	=	**121** O 5
1969	=	**113** C 8	2037	=	**116** G 1	2105	=	**119** A 7	2173	=	**121** O 12
1970	=	**113** C 12	2038	=	**116** G 3	2106	=	**119** B 11	2174	=	**122** A 1
1971	=	**113** D 2	2039	=	**116** G 7	2107	=	**119** C 12	2175	=	**122** A 3
1972	=	**113** D 3	2040	=	**116** H 9	2108	=	**119** D 2	2176	=	**122** A 5

Drucksache Nr.		Fiche Nr. und Koordinate	Drucksache Nr.		Fiche Nr. und Koordinate	Drucksache Nr.		Fiche Nr. und Koordinate	Drucksache Nr.		Fiche Nr. und Koordinate
8/2177	=	**122** A 7	8/2245	=	**123** M 6	8/2313	=	**125** N 5	8/2381	=	**128** I 13
2178	=	**122** A 8	2246	=	**123** M 8	2314	=	**126** K 3	2382	=	**128** J 1
2179	=	**122** A 10	2247	=	**123** N 1	2315	=	**126** K 10	2383	=	**128** K 5
2180	=	**122** A 12	2248	=	**123** N 2	2316	=	**126** L 13	2384	=	**128** K 7
2181	=	**122** B 4	2249	=	**123** N 3	2317	=	**126** L 14	2385	=	**128** K 9
2182	=	**122** B 8	2250	=	**123** O 9	2318	=	**126** M 3	2386	=	**128** K 11
2183	=	**122** B 10	2251	=	**123** O 13	2319	=	**126** M 4	2387	=	**128** K 14
2184	=	**122** C 1	2252	=	**124** A 8	2320	=	**126** M 12	2388	=	**128** L 3
2185	=	**122** C 6	2253	=	**124** A 9	2321	=	**126** N 9	2389	=	**128** L 4
2186	=	**122** C 12	2254	=	**124** A 10	2322	=	**126** N 11	2390	=	**128** L 7
2187	=	**122** D 14	2255	=	**124** D 12	2323	=	**126** N 12	2391	=	**128** L 10
2188	=	**122** E 5	2256	=	**124** D 13	2324	=	**126** N 13	2392	=	**128** L 11
2189	=	**122** E 7	2257	=	**124** E 3	2325	=	**126** O 1	2393	=	**128** L 13
2190	=	**122** E 8	2258	=	**124** E 6	2326	=	**126** O 4	2394	=	**128** M 1
2191	=	**122** F 12	2259	=	**124** E 11	2327	=	**126** O 5	2395	=	**128** M 4
2192	=	**122** F 14	2260	=	**124** G 9	2328	=	**126** O 6	2396	=	**128** M 7
2193	=	**122** G 2	2261	=	**124** G 10	2329	=	**127** D 7	2397	=	**128** M 11
2194	=	**122** G 3	2262	=	**124** G 11	2330	=	**127** D 10	2398	=	**128** M 13
2195	=	**122** G 5	2263	=	**124** G 13	2331	=	**127** D 14	2399	=	**128** N 1
2196	=	**122** G 8	2264	=	**124** G 14	2332	=	**127** E 3	2400	=	**128** N 3
2197	=	**122** G 11	2265	=	**124** M 3	2333	=	**127** E 7	2401	=	**128** N 6
2198	=	**122** G 13	2266	=	**124** N 5	2334	=	**127** E 11	2402	=	**128** N 8
2199	=	**122** H 3	2267	=	**124** N 8	2335	=	**127** E 13	2403	=	**128** N 12
2200	=	**122** H 5	2268	=	**124** N 9	2336	=	**127** F 4	2404	=	**128** N 14
2201	=	**122** H 13	2269	=	**124** N 10	2337	=	**127** F 6	2405	=	**128** O 4
2202	=	**122** I 5	2270	=	**125** A 2	2338	=	**127** F 9	2406	=	**128** O 10
2203	=	**122** I 8	2271	=	**125** A 9	2339	=	**127** F 11	2407	=	**129** A 10
2204	=	**122** I 13	2272	=	**125** B 4	2340	=	**127** G 13	2408	=	**129** B 3
2205	=	**122** J 1	2273	=	**125** B 7	2341	=	**127** H 1	2409	=	**129** B 8
2206	=	**122** J 3	2274	=	**125** C 8	2342	=	**127** H 2	2410	=	**129** C 1
2207	=	**122** J 5	2275	=	**125** C 11	2343	=	**127** H 5	2411	=	**129** C 6
2208	=	**122** J 7	2276	=	**125** D 1	2344	=	**127** H 12	2412	=	**129** C 14
2209	=	**122** J 8	2277	=	**125** D 5	2345	=	**127** I 9	2413	=	**129** D 11
2210	=	**122** J 9	2278	=	**125** D 6	2346	=	**127** I 11	2414	=	**129** D 13
2211	=	**122** J 11	2279	=	**125** D 8	2347	=	**127** I 14	2415	=	**129** E 6
2212	=	**122** J 13	2280	=	**125** D 10	2348	=	**127** J 5	2416	=	**129** E 12
2213	=	**122** K 1	2281	=	**125** D 12	2349	=	**127** J 6	2417	=	**129** E 14
2214	=	**122** K 3	2282	=	**125** D 14	2350	=	**127** J 9	2418	=	**129** F 2
2215	=	**122** K 5	2283	=	**125** E 3	2351	=	**127** J 10	2419	=	**129** F 6
2216	=	**122** K 6	2284	=	**125** E 5	2352	=	**127** J 12	2420	=	**129** F 11
2217	=	**122** K 8	2285	=	**125** E 7	2353	=	**127** K 2	2421	=	**129** F 13
2218	=	**122** K 10	2286	=	**125** F 3	2354	=	**127** K 4	2422	=	**129** G 7
2219	=	**122** K 11	2287	=	**125** F 5	2355	=	**127** K 6	2423	=	**129** G 10
2220	=	**122** K 13	2288	=	**125** F 9	2356	=	**127** K 8	2424	=	**129** G 12
2221	=	**122** L 5	2289	=	**125** F 14	2357	=	**127** L 2	2425	=	**129** H 1
2222	=	**122** L 10	2290	=	**125** G 2	2358	=	**127** L 4	2426	=	**129** H 3
2223	=	**122** L 12	2291	=	**125** I 10	2359	=	**127** L 6	2427	=	**129** H 8
2224	=	**122** N 4	2292	=	**125** I 11	2360	=	**127** L 8	2428	=	**129** H 12
2225	=	**122** N 6	2293	=	**125** I 13	2361	=	**127** L 9	2429	=	**129** I 10
2226	=	**122** N 8	2294	=	**125** I 14	2362	=	**127** L 10	2430	=	**129** J 2
2227	=	**122** N 10	2295	=	**125** J 2	2363	=	**127** L 12	2431	=	**129** J 10
2228	=	**122** N 13	2296	=	**125** J 5	2364	=	**127** M 5	2432	=	**129** J 11
2229	=	**122** N 14	2297	=	**125** J 7	2365	=	**127** M 7	2433	=	**129** J 13
2230	=	**122** O 2	2298	=	**125** J 9	2366	=	**127** N 10	2434	=	**129** J 14
2231	=	**123** A 8	2299	=	**125** J 11	2367	=	**127** N 13	2435	=	**129** K 14
2232	=	**123** A 13	2300	=	**125** J 12	2368	=	**127** O 1	2436	=	**129** L 6
2233	=	**123** B 6	2301	=	**125** J 14	2369	=	**127** O 3	2437	=	**129** L 12
2234	=	**123** F 12	2302	=	**125** K 3	2370	=	**127** O 5	2438	=	**129** M 13
2235	=	**123** G 10	2303	=	**125** K 6	2371	=	**128** A 12	2439	=	**129** N 3
2236	=	**123** H 1	2304	=	**125** L 2	2372	=	**128** C 10	2440	=	**129** N 5
2237	=	**123** H 8	2305	=	**125** L 6	2373	=	**128** D 1	2441	=	**129** N 8
2238	=	**123** I 9	2306	=	**125** L 9	2374	=	**128** D 14	2442	=	**129** N 10
2239	=	**123** I 14	2307	=	**125** L 11	2375	=	**128** E 1	2443	=	**129** N 13
2240	=	**123** J 3	2308	=	**125** L 13	2376	=	**128** E 3	2444	=	**129** O 1
2241	=	**123** K 5	2309	=	**125** M 1	2377	=	**128** E 4	2445	=	**130** A 2
2242	=	**123** L 11	2310	=	**125** M 6	2378	=	**128** F 13	2446	=	**130** A 11
2243	=	**123** L 14	2311	=	**125** M 7	2379	=	**128** I 5	2447	=	**130** A 13
2244	=	**123** M 2	2312	=	**125** M 9	2380	=	**128** I 11	2448	=	**130** B 1

Drucksache Nr.		Fiche Nr. und Koordinate
8/2449	=	**130** B 3
2450	=	**130** B 6
2451	=	**130** B 7
2452	=	**130** D 7
2453	=	**130** D 10
2454	=	**130** E 9
2455	=	**130** F 1
2456	=	**130** F 6
2457	=	**130** F 9
2458	=	**130** F 11
2459	=	**130** G 1
2460	=	**130** G 4
2461	=	**130** I 12
2462	=	**130** J 2
2463	=	**130** J 5
2464	=	**130** J 7
2465	=	**130** K 14
2466	=	**130** L 3
2467	=	**130** L 7
2468	=	**130** M 10
2469	=	**130** O 2
2470	=	**130** O 12
2471	=	**131** A 9
2472	=	**131** B 10
2473	=	**131** B 12
2474	=	**131** C 8
2475	=	**131** C 10
2476	=	**131** C 12
2477	=	**131** C 14
2478	=	**131** D 12
2479	=	**131** E 1
2480	=	**131** E 4
2481	=	**131** E 8
2482	=	**131** E 12
2483	=	**131** F 3
2484	=	**131** F 6
2485	=	**131** F 9
2486	=	**131** F 13
2487	=	**131** F 14
2488	=	**131** G 1
2489	=	**131** G 2
2490	=	**131** G 3
2491	=	**131** G 4
2492	=	**131** G 5
2493	=	**131** G 7
2494	=	**131** G 8
2495	=	**131** G 10
2496	=	**131** G 11
2497	=	**131** G 13
2498	=	**131** H 1
2499	=	**131** H 6
2500	=	**131** H 7
2501	=	**131** H 9
2502	=	**131** I 5
2503	=	**131** J 12
2504	=	**131** K 2
2505	=	**131** K 9
2506	=	**131** K 12
2507	=	**131** K 13
2508	=	**131** K 14
2509	=	**131** L 1
2510	=	**131** L 2
2511	=	**131** L 3
2512	=	**131** L 4
2513	=	**131** L 13
2514	=	**131** M 1
2515	=	**131** M 11
2516	=	**131** N 3
8/2517	=	**131** N 13
2518	=	**131** O 12
2519	=	**132** B 12
2520	=	**132** C 3
2521	=	**132** C 6
2522	=	**132** G 10
2523	=	**132** G 12
2524	=	**132** G 14
2525	=	**132** H 1
2526	=	**132** H 3
2527	=	**132** H 5
2528	=	**132** H 7
2529	=	**132** I 11
2530	=	**132** J 5
2531	=	**132** N 1
2532	=	**133** H 13
2533	=	**133** J 6
2534	=	**133** K 9
2535	=	**133** L 7
2536	=	**133** M 12
2537	=	**133** M 14
2538	=	**133** N 2
2539	=	**133** N 4
2540	=	**133** N 6
2541	=	**133** N 8
2542	=	**133** N 10
2543	=	**133** N 12
2544	=	**133** N 14
2545	=	**133** O 4
2546	=	**133** O 12
2547	=	**133** O 13
2548	=	**133** O 14
2549	=	**134** A 1
2550	=	**134** A 9
2551	=	**134** A 10
2552	=	**134** A 11
2553	=	**134** A 12
2554	=	**134** A 13
2555	=	**134** B 14
2556	=	**134** C 4
2557	=	**134** C 6
2558	=	**134** C 8
2559	=	**134** C 10
2560	=	**134** C 12
2561	=	**134** C 14
2562	=	**134** E 3
2563	=	**134** E 5
2564	=	**134** E 7
2565	=	**134** F 3
2566	=	**135** C 9
2567	=	**135** C 11
2568	=	**135** D 1
2569	=	**135** D 3
2570	=	**135** D 6
2571	=	**135** E 1
2572	=	**135** K 9
2573	=	**135** K 11
2574	=	**135** K 13
2575	=	**135** L 1
2576	=	**135** L 3
2577	=	**135** L 5
2578	=	**135** L 7
2579	=	**135** L 9
2580	=	**135** L 11
2581	=	**135** L 13
2582	=	**135** L 14
2583	=	**135** M 9
2584	=	**135** M 11
8/2585	=	**135** M 12
2586	=	**135** N 1
2587	=	**135** N 4
2588	=	**135** O 13
2589	=	**136** A 1
2590	=	**136** A 5
2591	=	**136** H 4
2592	=	**136** I 3
2593	=	**136** I 11
2594	=	**136** I 14
2595	=	**136** J 7
2596	=	**136** J 9
2597	=	**136** K 11
2598	=	**136** L 4
2599	=	**136** L 8
2600	=	**136** O 1
2601	=	**136** O 4
2602	=	**136** O 8
2603	=	**136** O 11
2604	=	**136** O 14
2605	=	**137** A 2
2606	=	**137** A 9
2607	=	**137** A 12
2608	=	**137** A 14
2609	=	**137** C 10
2610	=	**137** C 13
2611	=	**137** F 11
2612	=	**137** F 14
2613	=	**137** G 2
2614	=	**137** G 14
2615	=	**137** H 9
2616	=	**137** I 1
2617	=	**137** I 3
2618	=	**137** I 6
2619	=	**137** I 9
2620	=	**137** I 11
2621	=	**137** I 13
2622	=	**137** J 1
2623	=	**137** J 3
2624	=	**137** J 5
2625	=	**137** K 14
2626	=	**137** M 10
2627	=	**137** M 12
2628	=	**137** M 13
2629	=	**137** N 2
2630	=	**137** N 4
2631	=	**137** N 11
2632	=	**137** N 12
2633	=	**137** N 14
2634	=	**137** O 6
2635	=	**138** A 4
2636	=	**138** A 7
2637	=	**138** A 10
2638	=	**138** B 14
2639	=	**138** C 2
2640	=	**138** C 4
2641	=	**138** C 6
2642	=	**138** C 8
2643	=	**138** C 10
2644	=	**138** D 1
2645	=	**138** D 4
2646	=	**138** D 8
2647	=	**138** E 5
2648	=	**138** F 9
2649	=	**138** F 10
2650	=	**138** F 11
2651	=	**138** G 4
2652	=	**138** G 8
8/2653	=	**138** G 11
2654	=	**138** G 14
2655	=	**138** H 2
2656	=	**138** H 4
2657	=	**138** H 6
2658	=	**138** H 8
2659	=	**138** H 10
2660	=	**138** H 12
2661	=	**138** H 14
2662	=	**138** I 3
2663	=	**138** I 5
2664	=	**138** I 7
2665	=	**138** I 8
2666	=	**138** I 11
2667	=	**138** I 13
2668	=	**138** J 1
2669	=	**138** J 3
2670	=	**138** J 5
2671	=	**138** J 10
2672	=	**138** J 12
2673	=	**138** J 14
2674	=	**138** K 2
2675	=	**138** K 4
2676	=	**138** L 4
2677	=	**138** L 6
2678	=	**138** L 9
2679	=	**138** L 11
2680	=	**138** M 4
2681	=	**139** A 8
2682	=	**139** B 4
2683	=	**139** D 1
2684	=	**139** D 2
2685	=	**139** D 11
2686	=	**139** D 13
2687	=	**139** E 1
2688	=	**139** E 4
2689	=	**139** E 7
2690	=	**139** F 10
2691	=	**139** F 13
2692	=	**139** G 1
2693	=	**139** G 3
2694	=	**139** G 5
2695	=	**139** G 8
2696	=	**139** H 1
2697	=	**139** H 12
2698	=	**139** H 14
2699	=	**139** I 5
2700	=	**139** J 8
2701	=	**139** J 10
2702	=	**139** J 12
2703	=	**139** J 14
2704	=	**139** K 1
2705	=	**139** K 8
2706	=	**139** L 6
2707	=	**139** L 10
2708	=	**139** M 2
2709	=	**139** M 3
2710	=	**140** B 3
2711	=	**140** B 6
2712	=	**140** B 8
2713	=	**140** B 9
2714	=	**140** C 1
2715	=	**140** C 5
2716	=	**140** C 7
2717	=	**140** C 13
2718	=	**140** D 2
2719	=	**140** D 6
2720	=	**140** D 8

Drucksache Nr.		Fiche Nr. und Koordinate
8/2721	=	**140** D 10
2722	=	**140** D 13
2723	=	**140** F 2
2724	=	**140** F 9
2725	=	**140** F 11
2726	=	**140** F 13
2727	=	**140** G 2
2728	=	**140** G 4
2729	=	**140** G 6
2730	=	**140** G 8
2731	=	**140** G 10
2732	=	**140** H 5
2733	=	**140** H 7
2734	=	**140** H 12
2735	=	**140** H 14
2736	=	**140** I 2
2737	=	**140** I 4
2738	=	**140** I 6
2739	=	**140** I 8
2740	=	**140** I 14
2741	=	**140** J 8
2742	=	**140** J 10
2743	=	**140** J 12
2744	=	**140** K 1
2745	=	**140** K 5
2746	=	**140** K 9
2747	=	**140** K 11
2748	=	**140** K 13
2749	=	**140** L 3
2750	=	**140** L 6
2751	=	**140** L 8
2752	=	**140** N 5
2753	=	**140** N 7
2754	=	**140** N 10
2755	=	**141** H 9
2756	=	**141** H 10
2757	=	**141** H 11
2758	=	**141** H 13
2759	=	**141** H 14
2760	=	**141** I 1
2761	=	**141** J 6
2762	=	**141** J 10
2763	=	**141** K 1
2764	=	**141** L 7
2765	=	**141** L 9
2766	=	**141** L 11
2767	=	**141** M 4
2768	=	**141** M 6
2769	=	**141** M 9
2770	=	**141** M 10
2771	=	**141** M 11
2772	=	**141** M 13
2773	=	**141** M 14
2774	=	**141** N 1
2775	=	**141** N 9
2776	=	**141** N 10
2777	=	**141** N 11
2778	=	**141** N 12
2779	=	**141** N 13
2780	=	**141** O 7
2781	=	**141** O 9
2782	=	**141** O 13
2783	=	**142** A 8
2784	=	**142** A 10
2785	=	**142** A 12
2786	=	**142** A 14
2787	=	**142** B 12
2788	=	**142** C 5
8/2789	=	**142** F 7
2790	=	**142** F 11
2791	=	**142** G 2
2792	=	**142** G 4
2793	=	**142** H 14
2794	=	**142** I 6
2795	=	**142** I 8
2796	=	**142** I 10
2797	=	**142** J 4
2798	=	**142** J 13
2799	=	**142** K 1
2800	=	**142** K 14
2801	=	**142** L 12
2802	=	**142** M 1
2803	=	**142** N 2
2804	=	**142** N 4
2805	=	**142** N 9
2806	=	**142** O 8
2807	=	**142** O 10
2808	=	**142** O 13
2809	=	**142** O 14
2810	=	**143** A 1
2811	=	**143** A 2
2812	=	**143** A 3
2813	=	**143** A 5
2814	=	**143** A 6
2815	=	**143** A 7
2816	=	**143** A 9
2817	=	**143** A 12
2818	=	**143** A 14
2819	=	**143** B 2
2820	=	**143** B 4
2821	=	**143** B 6
2822	=	**143** B 7
2823	=	**143** B 8
2824	=	**143** B 10
2825	=	**143** C 2
2826	=	**143** C 4
2827	=	**143** C 12
2828	=	**143** F 11
2829	=	**143** G 1
2830	=	**143** G 2
2831	=	**143** G 3
2832	=	**143** G 4
2833	=	**143** G 6
2834	=	**143** G 8
2835	=	**143** G 10
2836	=	**143** H 12
2837	=	**143** H 14
2838	=	**143** I 2
2839	=	**143** I 4
2840	=	**143** J 5
2841	=	**143** J 7
2842	=	**143** J 9
2843	=	**143** J 11
2844	=	**143** J 13
2845	=	**143** L 2
2846	=	**143** L 5
2847	=	**143** L 11
2848	=	**143** M 9
2849	=	**143** M 11
2850	=	**143** M 13
2851	=	**143** N 4
2852	=	**143** N 7
2853	=	**143** N 9
2854	=	**143** N 11
2855	=	**143** N 12
2856	=	**143** O 1
8/2857	=	**143** O 3
2858	=	**143** O 5
2859	=	**144** A 11
2860	=	**144** B 3
2861	=	**144** B 6
2862	=	**144** B 8
2863	=	**144** B 10
2864	=	**144** B 12
2865	=	**144** C 1
2866	=	**144** C 2
2867	=	**144** C 7
2868	=	**144** C 9
2869	=	**144** D 12
2870	=	**144** E 3
2871	=	**144** E 5
2872	=	**144** E 7
2873	=	**144** E 8
2874	=	**144** F 6
2875	=	**144** F 9
2876	=	**144** F 13
2877	=	**144** G 2
2878	=	**144** G 4
2879	=	**144** G 10
2880	=	**144** G 11
2881	=	**144** G 13
2882	=	**144** I 5
2883	=	**144** I 12
2884	=	**144** I 13
2885	=	**144** J 4
2886	=	**144** L 1
2887	=	**144** L 5
2888	=	**144** L 8
2889	=	**144** L 11
2890	=	**144** M 11
2891	=	**144** N 1
2892	=	**145** C 6
2893	=	**145** C 9
2894	=	**145** C 12
2895	=	**145** D 11
2896	=	**145** D 13
2897	=	**145** F 5
2898	=	**145** F 7
2899	=	**145** G 7
2900	=	**145** G 9
2901	=	**145** I 9
2902	=	**145** I 10
2903	=	**145** I 12
2904	=	**145** J 3
2905	=	**145** J 5
2906	=	**145** J 7
2907	=	**145** J 9
2908	=	**145** J 11
2909	=	**145** J 13
2910	=	**145** J 14
2911	=	**145** K 2
2912	=	**145** K 6
2913	=	**145** K 8
2914	=	**145** L 6
2915	=	**145** N 1
2916	=	**145** N 3
2917	=	**145** N 5
2918	=	**145** N 7
2919	=	**145** N 9
2920	=	**145** N 11
2921	=	**145** N 14
2922	=	**145** O 2
2923	=	**145** O 5
2924	=	**145** O 12
8/2925	=	**146** A 1
2926	=	**146** A 4
2927	=	**146** A 8
2928	=	**146** A 10
2929	=	**146** A 14
2930	=	**146** B 3
2931	=	**146** B 6
2932	=	**146** C 2
2933	=	**146** C 4
2934	=	**146** C 5
2935	=	**146** C 7
2936	=	**146** C 9
2937	=	**146** C 13
2938	=	**146** D 2
2939	=	**146** D 4
2940	=	**146** D 6
2941	=	**146** D 10
2942	=	**146** D 12
2943	=	**146** D 14
2944	=	**146** E 2
2945	=	**146** E 5
2946	=	**146** E 13
2947	=	**146** F 6
2948	=	**146** G 7
2949	=	**146** H 8
2950	=	**146** H 10
2951	=	**146** I 4
2952	=	**146** I 9
2953	=	**146** I 12
2954	=	**146** J 4
2955	=	**146** J 12
2956	=	**146** K 4
2957	=	**146** K 7
2958	=	**146** K 9
2959	=	**146** K 11
2960	=	**146** K 12
2961	=	**146** K 14
2962	=	**146** L 3
2963	=	**146** M 6
2964	=	**146** M 8
2965	=	**146** M 10
2966	=	**146** M 12
2967	=	**146** N 3
2968	=	**146** O 4
2969	=	**146** O 7
2970	=	**147** A 6
2971	=	**147** A 9
2972	=	**147** A 11
2973	=	**147** A 13
2974	=	**147** B 1
2975	=	**147** B 5
2976	=	**147** B 7
2977	=	**147** B 10
2978	=	**147** B 12
2979	=	**147** B 14
2980	=	**147** C 7
2981	=	**147** K 11
2982	=	**147** K 14
2983	=	**147** L 2
2984	=	**147** L 5
2985	=	**147** L 8
2986	=	**147** L 10
2987	=	**147** L 12
2988	=	**147** M 2
2989	=	**147** M 4
2990	=	**147** M 5
2991	=	**147** M 11
2992	=	**147** N 1

Drucksache Nr.		Fiche Nr. und Koordinate
8/2993	=	**147** N 3
2994	=	**147** N 5
2995	=	**147** N 11
2996	=	**147** N 12
2997	=	**147** N 13
2998	=	**147** O 1
2999	=	**147** O 2
3000	=	**147** O 3
3001	=	**148** A 3
3002	=	**148** A 8
3003	=	**148** A 9
3004	=	**148** A 10
3005	=	**148** A 11
3006	=	**148** A 14
3007	=	**148** B 9
3008	=	**148** B 11
3009	=	**148** B 14
3010	=	**148** C 1
3011	=	**148** C 5
3012	=	**148** C 7
3013	=	**148** C 10
3014	=	**148** C 12
3015	=	**148** C 14
3016	=	**148** D 1
3017	=	**148** D 4
3018	=	**148** D 6
3019	=	**148** D 12
3020	=	**148** E 5
3021	=	**148** E 12
3022	=	**148** E 14
3023	=	**148** F 5
3024	=	**148** F 7
3025	=	**149** H 2
3026	=	**149** H 4
3027	=	**149** H 5
3028	=	**149** H 7
3029	=	**149** H 9
3030	=	**149** H 11
3031	=	**149** I 7
3032	=	**149** I 9
3033	=	**149** J 4
3034	=	**149** J 5
3035	=	**149** J 6
3036	=	**149** J 12
3037	=	**149** L 14
3038	=	**149** M 7
3039	=	**149** M 9
3040	=	**149** M 14
3041	=	**149** N 4
3042	=	**149** N 6
3043	=	**149** N 8
3044	=	**149** N 10
3045	=	**149** N 12
3046	=	**149** N 14
3047	=	**149** O 13
3048	=	**150** A 5
3049	=	**150** A 10
3050	=	**150** A 12
3051	=	**150** A 14
3052	=	**150** B 2
3053	=	**150** B 5
3054	=	**150** B 8
3055	=	**150** B 13
3056	=	**150** C 5
3057	=	**150** C 8
3058	=	**150** E 10
3059	=	**150** F 4
3060	=	**150** F 7
8/3061	=	**150** F 10
3062	=	**150** F 13
3063	=	**150** G 1
3064	=	**150** G 3
3065	=	**150** G 11
3066	=	**150** G 12
3067	=	**150** G 14
3068	=	**150** H 6
3069	=	**150** J 7
3070	=	**150** J 11
3071	=	**150** K 1
3072	=	**150** K 3
3073	=	**150** K 5
3074	=	**150** K 14
3075	=	**150** L 10
3076	=	**150** L 12
3077	=	**150** M 11
3078	=	**150** N 1
3079	=	**150** O 4
3080	=	**150** O 5
3081	=	**150** O 8
3082	=	**150** O 12
3083	=	**151** A 12
3084	=	**151** A 14
3085	=	**151** B 2
3086	=	**151** B 4
3087	=	**151** B 6
3088	=	**151** B 7
3089	=	**151** B 10
3090	=	**151** C 1
3091	=	**151** C 5
3092	=	**151** C 11
3093	=	**151** D 9
3094	=	**151** D 11
3095	=	**151** D 13
3096	=	**151** E 3
3097	=	**151** E 5
3098	=	**152** A 6
3099	=	**152** A 9
3100	=	**152** E 14
3101	=	**152** H 7
3102	=	**152** J 3
3103	=	**152** J 7
3104	=	**152** J 10
3105	=	**152** J 12
3106	=	**152** K 1
3107	=	**152** K 3
3108	=	**152** L 6
3109	=	**152** N 8
3110	=	**153** A 1
3111	=	**153** B 2
3112	=	**153** B 4
3113	=	**153** B 6
3114	=	**153** C 3
3115	=	**153** C 12
3116	=	**153** D 8
3117	=	**153** I 13
3118	=	**153** J 1
3119	=	**153** J 3
3120	=	**153** K 5
3121	=	**153** N 3
3122	=	**154** G 2
3123	=	**154** G 6
3124	=	**154** G 8
3125	=	**154** G 9
3126	=	**154** G 11
3127	=	**154** H 8
3128	=	**154** H 9
8/3129	=	**154** I 7
3130	=	**154** I 11
3131	=	**154** I 13
3132	=	**154** J 1
3133	=	**154** J 4
3134	=	**154** J 10
3135	=	**154** J 12
3136	=	**154** K 1
3137	=	**154** K 4
3138	=	**154** K 11
3139	=	**154** L 6
3140	=	**154** N 4
3141	=	**154** N 9
3142	=	**154** N 10
3143	=	**154** N 13
3144	=	**154** O 5
3145	=	**155** A 5
3146	=	**155** A 8
3147	=	**155** A 10
3148	=	**155** A 11
3149	=	**155** B 8
3150	=	**155** B 13
3151	=	**155** C 9
3152	=	**155** C 12
3153	=	**155** C 14
3154	=	**155** D 5
3155	=	**155** D 7
3156	=	**155** D 9
3157	=	**155** E 6
3158	=	**155** E 8
3159	=	**155** F 7
3160	=	**155** F 9
3161	=	**155** F 11
3162	=	**155** G 5
3163	=	**155** G 7
3164	=	**155** G 10
3165	=	**155** G 13
3166	=	**155** H 6
3167	=	**155** H 12
3168	=	**155** H 13
3169	=	**155** I 2
3170	=	**155** I 6
3171	=	**155** I 13
3172	=	**155** I 14
3173	=	**155** K 2
3174	=	**155** L 2
3175	=	**155** L 5
3176	=	**155** M 3
3177	=	**155** O 2
3178	=	**155** O 5
3179	=	**155** O 7
3180	=	**156** A 4
3181	=	**156** B 2
3182	=	**156** B 12
3183	=	**156** B 14
3184	=	**156** C 2
3185	=	**156** C 4
3186	=	**156** C 6
3187	=	**156** C 7
3188	=	**156** D 5
3189	=	**156** E 1
3190	=	**156** E 3
3191	=	**156** E 5
3192	=	**156** E 7
3193	=	**156** F 9
3194	=	**156** G 11
3195	=	**156** H 1
3196	=	**156** H 8
8/3197	=	**156** I 4
3198	=	**156** I 13
3199	=	**156** J 7
3200	=	**156** J 12
3201	=	**156** K 14
3202	=	**156** L 1
3203	=	**156** L 3
3204	=	**156** L 5
3205	=	**156** L 7
3206	=	**156** L 9
3207	=	**156** L 10
3208	=	**156** L 12
3209	=	**156** M 3
3210	=	**156** M 4
3211	=	**156** M 7
3212	=	**156** M 11
3213	=	**156** O 2
3214	=	**156** O 4
3215	=	**156** O 13
3216	=	**157** A 7
3217	=	**157** A 10
3218	=	**157** A 13
3219	=	**157** B 8
3220	=	**157** B 13
3221	=	**157** C 4
3222	=	**157** C 6
3223	=	**157** C 7
3224	=	**157** C 11
3225	=	**157** D 3
3226	=	**157** D 9
3227	=	**157** D 14
3228	=	**157** E 1
3229	=	**157** E 5
3230	=	**157** E 14
3231	=	**157** F 7
3232	=	**157** H 12
3233	=	**157** I 9
3234	=	**157** I 11
3235	=	**157** J 2
3236	=	**157** J 10
3237	=	**157** J 14
3238	=	**157** L 4
3239	=	**157** N 11
3240	=	**157** O 5
3241	=	**157** O 7
3242	=	**158** A 8
3243	=	**158** A 11
3244	=	**158** B 3
3245	=	**158** B 4
3246	=	**158** B 5
3247	=	**158** B 7
3248	=	**158** B 10
3249	=	**158** B 12
3250	=	**158** B 14
3251	=	**158** C 4
3252	=	**158** C 6
3253	=	**158** C 11
3254	=	**158** C 13
3255	=	**158** C 14
3256	=	**158** D 1
3257	=	**158** D 6
3258	=	**158** D 8
3259	=	**158** D 9
3260	=	**158** D 11
3261	=	**158** D 14
3262	=	**158** E 2
3263	=	**158** F 3
3264	=	**158** F 6

Drucksache Nr.		Fiche Nr. und Koordinate
8/3265	=	**158** F 8
3266	=	**158** F 9
3267	=	**158** F 10
3268	=	**158** G 6
3269	=	**158** G 8
3270	=	**158** G 10
3271	=	**158** G 12
3272	=	**158** H 1
3273	=	**158** H 3
3274	=	**158** H 4
3275	=	**158** H 8
3276	=	**158** H 11
3277	=	**158** H 13
3278	=	**158** I 1
3279	=	**158** I 9
3280	=	**158** I 12
3281	=	**158** J 1
3282	=	**158** J 3
3283	=	**158** J 6
3284	=	**158** J 8
3285	=	**158** K 3
3286	=	**158** K 6
3287	=	**158** K 8
3288	=	**158** N 12
3289	=	**158** O 3
3290	=	**158** O 5
3291	=	**158** O 7
3292	=	**158** O 13
3293	=	**159** A 2
3294	=	**159** A 5
3295	=	**159** A 7
3296	=	**159** A 10
3297	=	**159** B 1
3298	=	**159** B 6
3299	=	**159** B 8
3300	=	**159** C 5
3301	=	**159** C 6
3302	=	**159** C 10
3303	=	**159** D 14
3304	=	**159** E 1
3305	=	**159** E 3
3306	=	**159** E 8
3307	=	**159** F 14
3308	=	**159** G 4
3309	=	**159** G 5
3310	=	**159** G 7
3311	=	**159** H 13
3312	=	**159** I 9
3313	=	**159** I 13
3314	=	**159** J 3
3315	=	**159** J 5
3316	=	**159** J 9
3317	=	**159** J 13
3318	=	**159** K 7
3319	=	**159** K 9
3320	=	**159** M 7
3321	=	**159** M 10
3322	=	**159** N 2
3323	=	**159** N 4
3324	=	**159** N 5
3325	=	**159** N 6
3326	=	**159** N 7
3327	=	**159** N 8
3328	=	**159** N 9
3329	=	**159** N 10
3330	=	**159** N 12
3331	=	**159** N 14
3332	=	**159** O 2
8/3333	=	**159** O 4
3334	=	**160** A 10
3335	=	**160** A 11
3336	=	**160** B 3
3337	=	**160** B 5
3338	=	**160** B 6
3339	=	**160** B 8
3340	=	**160** B 10
3341	=	**160** B 11
3342	=	**160** B 13
3343	=	**160** C 3
3344	=	**160** C 5
3345	=	**160** D 9
3346	=	**160** D 10
3347	=	**160** D 11
3348	=	**160** E 3
3349	=	**160** E 8
3350	=	**160** F 4
3351	=	**160** F 14
3352	=	**160** G 1
3353	=	**160** G 5
3354	=	**160** G 9
3355	=	**160** G 11
3356	=	**160** G 12
3357	=	**160** G 14
3358	=	**160** H 2
3359	=	**160** H 8
3360	=	**160** H 10
3361	=	**160** I 5
3362	=	**160** I 6
3363	=	**160** I 10
3364	=	**160** I 13
3365	=	**160** J 7
3366	=	**160** J 8
3367	=	**160** J 10
3368	=	**160** K 4
3369	=	**160** K 5
3370	=	**160** K 7
3371	=	**160** K 10
3372	=	**160** K 12
3373	=	**160** L 2
3374	=	**160** L 3
3375	=	**160** L 7
3376	=	**160** L 13
3377	=	**160** M 13
3378	=	**160** N 5
3379	=	**160** N 9
3380	=	**160** O 3
3381	=	**160** O 7
3382	=	**160** O 13
3383	=	**161** A 9
3384	=	**161** A 10
3385	=	**161** B 2
3386	=	**161** B 8
3387	=	**161** B 9
3388	=	**161** B 10
3389	=	**161** B 13
3390	=	**161** C 3
3391	=	**161** C 5
3392	=	**161** C 11
3393	=	**161** C 13
3394	=	**161** D 1
3395	=	**161** D 3
3396	=	**161** D 4
3397	=	**161** D 7
3398	=	**161** D 10
3399	=	**161** E 8
3400	=	**161** E 9
8/3401	=	**161** E 11
3402	=	**161** E 12
3403	=	**161** F 2
3404	=	**161** G 11
3405	=	**161** H 1
3406	=	**161** H 2
3407	=	**161** H 3
3408	=	**161** H 4
3409	=	**161** H 5
3410	=	**161** H 7
3411	=	**161** H 8
3412	=	**161** H 10
3413	=	**161** I 3
3414	=	**161** I 11
3415	=	**161** I 12
3416	=	**161** J 3
3417	=	**161** J 4
3418	=	**161** K 12
3419	=	**161** L 2
3420	=	**161** L 10
3421	=	**162** I 10
3422	=	**162** J 14
3423	=	**162** K 2
3424	=	**162** K 6
3425	=	**162** K 7
3426	=	**162** K 8
3427	=	**162** K 10
3428	=	**162** K 11
3429	=	**162** K 12
3430	=	**162** L 5
3431	=	**162** L 9
3432	=	**162** M 7
3433	=	**162** M 8
3434	=	**162** M 10
3435	=	**162** M 12
3436	=	**162** N 1
3437	=	**162** N 5
3438	=	**162** N 6
3439	=	**162** N 10
3440	=	**162** N 11
3441	=	**162** N 12
3442	=	**162** O 8
3443	=	**162** O 9
3444	=	**162** O 13
3445	=	**162** O 14
3446	=	**163** A 1
3447	=	**163** A 2
3448	=	**163** A 3
3449	=	**163** A 4
3450	=	**163** A 5
3451	=	**163** A 9
3452	=	**163** A 10
3453	=	**163** A 13
3454	=	**163** B 3
3455	=	**163** B 5
3456	=	**163** B 7
3457	=	**163** B 13
3458	=	**163** C 5
3459	=	**163** C 6
3460	=	**163** D 2
3461	=	**163** H 14
3462	=	**163** J 10
3463	=	**163** J 14
3464	=	**163** K 9
3465	=	**163** L 3
3466	=	**163** L 5
3467	=	**163** L 7
3468	=	**163** L 9
8/3469	=	**163** M 14
3470	=	**163** N 3
3471	=	**163** N 4
3472	=	**163** N 8
3473	=	**163** N 10
3474	=	**163** O 2
3475	=	**163** O 5
3476	=	**163** O 7
3477	=	**163** O 9
3478	=	**163** O 11
3479	=	**163** O 12
3480	=	**164** A 4
3481	=	**164** B 14
3482	=	**164** C 3
3483	=	**164** C 3
3484	=	**164** C 10
3485	=	**164** C 11
3486	=	**164** C 13
3487	=	**164** C 14
3488	=	**164** D 1
3489	=	**164** D 2
3490	=	**164** D 3
3491	=	**164** D 9
3492	=	**164** D 11
3493	=	**164** E 13
3494	=	**164** E 14
3495	=	**164** F 1
3496	=	**164** G 2
3497	=	**164** G 4
3498	=	**164** G 8
3499	=	**164** G 14
3500	=	**164** H 1
3501	=	**164** H 2
3502	=	**164** H 3
3503	=	**164** H 5
3504	=	**164** H 6
3505	=	**164** H 13
3506	=	**164** I 3
3507	=	**164** I 11
3508	=	**164** I 12
3509	=	**164** I 13
3510	=	**164** J 1
3511	=	**164** J 2
3512	=	**164** J 3
3513	=	**164** J 9
3514	=	**164** J 10
3515	=	**164** J 11
3516	=	**164** J 12
3517	=	**164** J 13
3518	=	**164** K 1
3519	=	**164** K 6
3520	=	**164** K 10
3521	=	**164** K 14
3522	=	**164** L 1
3523	=	**164** L 2
3524	=	**164** L 4
3525	=	**164** M 6
3526	=	**164** M 12
3527	=	**164** M 14
3528	=	**164** N 11
3529	=	**165** A 11
3530	=	**165** B 9
3531	=	**165** B 11
3532	=	**165** B 12
3533	=	**165** B 13
3534	=	**165** B 14
3535	=	**165** C 2
3536	=	**165** C 3

Drucksache Nr.		Fiche Nr. und Koordinate	Drucksache Nr.		Fiche Nr. und Koordinate	Drucksache Nr.		Fiche Nr. und Koordinate	Drucksache Nr.		Fiche Nr. und Koordinate
8/3537	=	**165** C 4	8/3605	=	**168** J 11	8/3673	=	**172** F 9	8/3741	=	**174** M 1
3538	=	**165** C 10	3606	=	**168** J 13	3674	=	**172** G 4	3742	=	**174** M 2
3539	=	**165** C 11	3607	=	**168** J 14	3675	=	**172** G 8	3743	=	**174** M 3
3540	=	**165** C 13	3608	=	**168** K 1	3676	=	**172** G 9	3744	=	**174** M 4
3541	=	**165** D 1	3609	=	**168** K 7	3677	=	**172** G 10	3745	=	**174** M 10
3542	=	**165** D 2	3610	=	**168** K 8	3678	=	**172** G 12	3746	=	**174** M 11
3543	=	**165** D 3	3611	=	**168** K 10	3679	=	**172** G 14	3747	=	**174** N 1
3544	=	**165** D 7	3612	=	**168** K 14	3680	=	**172** H 4	3748	=	**174** O 1
3545	=	**165** D 9	3613	=	**168** L 11	3681	=	**172** H 5	3749	=	**174** O 5
3546	=	**165** D 11	3614	=	**168** L 12	3682	=	**172** H 7	3750	=	**174** O 9
3547	=	**165** E 5	3615	=	**168** L 14	3683	=	**172** H 8	3751	=	**175** A 9
3548	=	**165** E 6	3616	=	**168** M 6	3684	=	**172** H 10	3752	=	**175** A 7
3549	=	**165** J 2	3617	=	**168** M 8	3685	=	**172** J 13	3753	=	**175** A 11
3550	=	**165** K 2	3618	=	**168** M 9	3686	=	**173** D 1	3754	=	**175** A 12
3551	=	**165** K 10	3619	=	**168** M 11	3687	=	**173** D 2	3755	=	**175** A 14
3552	=	**165** M 10	3620	=	**168** M 12	3688	=	**173** D 7	3756	=	**175** B 1
3553	=	**165** O 1	3621	=	**168** N 2	3689	=	**173** E 13	3757	=	**175** B 2
3554	=	**165** O 7	3622	=	**168** N 3	3690	=	**173** E 14	3758	=	**175** C 4
3555	=	**166** A 3	3623	=	**168** N 9	3691	=	**173** G 4	3759	=	**175** C 10
3556	=	**166** A 9	3624	=	**168** O 1	3692	=	**173** H 4	3760	=	**175** C 11
3557	=	**166** C 7	3625	=	**169** A 3	3693	=	**173** I 10	3761	=	**175** C 13
3558	=	**166** C 11	3626	=	**169** B 5	3694	=	**173** I 11	3762	=	**175** D 1
3559	=	**166** C 12	3627	=	**169** B 6	3695	=	**173** J 11	3763	=	**175** D 3
3560	=	**166** C 13	3628	=	**169** B 8	3696	=	**173** K 3	3764	=	**175** D 4
3561	=	**166** C 14	3629	=	**169** C 10	3697	=	**173** K 8	3765	=	**175** D 9
3562	=	**166** D 1	3630	=	**169** C 12	3698	=	**173** K 9	3766	=	**175** D 11
3563	=	**166** D 2	3631	=	**169** L 2	3699	=	**173** K 10	3767	=	**175** D 14
3564	=	**166** D 14	3632	=	**169** L 4	3700	=	**173** L 2	3768	=	**175** E 1
3565	=	**166** E 5	3633	=	**169** L 5	3701	=	**173** L 6	3769	=	**175** E 4
3566	=	**166** E 11	3634	=	**169** M 10	3702	=	**173** O 4	3770	=	**175** E 5
3567	=	**166** E 12	3635	=	**169** M 12	3703	=	**174** C 6	3771	=	**175** E 6
3568	=	**166** F 2	3636	=	**170** B 12	3704	=	**174** C 8	3772	=	**175** E 10
3569	=	**166** F 3	3637	=	**170** M 2	3705	=	**174** D 4	3773	=	**175** E 11
3570	=	**166** F 5	3638	=	**170** M 4	3706	=	**174** D 12	3774	=	**175** F 6
3571	=	**166** I 5	3639	=	**170** M 7	3707	=	**174** D 13	3775	=	**175** F 7
3572	=	**166** I 6	3640	=	**170** M 10	3708	=	**174** D 14	3776	=	**175** F 8
3573	=	**166** I 8	3641	=	**170** M 12	3709	=	**174** E 2	3777	=	**175** F 9
3574	=	**166** J 9	3642	=	**170** M 14	3710	=	**174** E 4	3778	=	**175** F 11
3575	=	**166** J 13	3643	=	**170** N 14	3711	=	**174** E 12	3779	=	**175** F 13
3576	=	**166** K 2	3644	=	**170** O 4	3712	=	**174** F 1	3780	=	**175** F 14
3577	=	**166** K 6	3645	=	**171** A 12	3713	=	**174** F 2	3781	=	**175** G 2
3578	=	**166** K 11	3646	=	**171** A 13	3714	=	**174** G 11	3782	=	**175** G 3
3579	=	**166** K 12	3647	=	**171** A 14	3715	=	**174** G 13	3783	=	**175** G 6
3580	=	**166** M 9	3648	=	**171** B 2	3716	=	**174** H 1	3784	=	**175** G 10
3581	=	**166** N 3	3649	=	**171** C 6	3717	=	**174** H 5	3785	=	**175** G 12
3582	=	**166** N 5	3650	=	**171** C 7	3718	=	**174** H 6	3786	=	**175** H 2
3583	=	**167** D 13	3651	=	**171** H 11	3719	=	**174** H 7	3787	=	**175** H 6
3584	=	**167** F 11	3652	=	**171** H 14	3720	=	**174** H 8	3788	=	**175** H 8
3585	=	**167** F 13	3653	=	**171** J 6	3721	=	**174** H 9	3789	=	**176** A 10
3586	=	**167** G 2	3654	=	**171** J 7	3722	=	**174** H 10	3790	=	**176** A 14
3587	=	**167** H 12	3655	=	**171** J 9	3723	=	**174** H 11	3791	=	**176** B 4
3588	=	**167** I 14	3656	=	**171** K 1	3724	=	**174** H 12	3792	=	**176** B 10
3589	=	**167** M 12	3657	=	**171** K 9	3725	=	**174** H 13	3793	=	**176** C 12
3590	=	**168** H 1	3658	=	**171** L 3	3726	=	**174** I 1	3794	=	**176** D 2
3591	=	**168** H 4	3659	=	**171** L 4	3727	=	**174** I 3	3795	=	**176** D 3
3592	=	**168** H 10	3660	=	**171** L 6	3728	=	**174** I 4	3796	=	**176** D 14
3593	=	**168** H 14	3661	=	**171** M 2	3729	=	**174** I 10	3797	=	**176** E 10
3594	=	**168** I 2	3662	=	**171** N 2	3730	=	**174** I 11	3798	=	**176** E 12
3595	=	**168** I 5	3663	=	**172** D 3	3731	=	**174** J 13	3799	=	**176** F 4
3596	=	**168** I 6	3664	=	**172** D 4	3732	=	**174** J 14	3800	=	**176** F 8
3597	=	**168** I 8	3665	=	**172** D 6	3733	=	**174** K 2	3801	=	**176** H 14
3598	=	**168** I 9	3666	=	**172** D 10	3734	=	**174** K 4	3802	=	**176** H 10
3599	=	**168** I 10	3667	=	**172** E 10	3735	=	**174** K 6	3803	=	**176** I 1
3600	=	**168** J 6	3668	=	**172** E 11	3736	=	**174** K 7	3804	=	**176** I 2
3601	=	**168** J 7	3669	=	**172** E 13	3737	=	**174** K 9	3805	=	**176** I 3
3602	=	**168** J 8	3670	=	**172** F 1	3738	=	**174** K 10	3806	=	**176** I 5
3603	=	**168** J 9	3671	=	**172** F 5	3739	=	**174** L 12	3807	=	**176** I 6
3604	=	**168** J 10	3672	=	**172** F 7	3740	=	**174** L 13	3808	=	**176** I 7

Drucksache Nr.		Fiche Nr. und Koordinate
8/3809	=	**176** I 8
3810	=	**176** I 9
3811	=	**176** I 10
3812	=	**176** I 11
3813	=	**176** I 12
3814	=	**176** I 13
3815	=	**176** I 14
3816	=	**176** J 1
3817	=	**176** J 2
3818	=	**176** J 3
3819	=	**176** J 4
3820	=	**176** J 5
3821	=	**176** J 6
3822	=	**176** J 7
3823	=	**176** J 8
3824	=	**176** J 11
3825	=	**176** J 13
3826	=	**176** L 5
3827	=	**176** L 6
3828	=	**176** L 7
3829	=	**176** M 13
3830	=	**176** O 9
3831	=	**176** O 10
3832	=	**176** O 11
3833	=	**176** O 14
3834	=	**177** A 2
3835	=	**177** A 4
3836	=	**177** E 8
3837	=	**177** E 9
3838	=	**177** E 10
3839	=	**177** E 14
3840	=	**177** F 1
3841	=	**177** F 7
3842	=	**177** F 9
3843	=	**177** F 11
3844	=	**177** N 13
3845	=	**177** O 13
3846	=	**178** D 9
3847	=	**178** D 10
3848	=	**178** E 4
3849	=	**178** E 6
3850	=	**178** E 8
3851	=	**178** E 10
3852	=	**178** E 12
3853	=	**178** G 3
3854	=	**178** G 7
3855	=	**178** G 11
3856	=	**178** G 12
3857	=	**178** H 3
3858	=	**178** H 10
3859	=	**178** H 14
3860	=	**178** I 2
3861	=	**178** I 3
3862	=	**178** I 4
3863	=	**178** I 5
3864	=	**178** I 9
3865	=	**178** J 11
3866	=	**178** K 7
3867	=	**178** L 3
3868	=	**178** L 13
3869	=	**178** M 1
3870	=	**178** M 4
3871	=	**178** N 8
3872	=	**178** N 10
3873	=	**178** N 13
3874	=	**178** O 3
3875	=	**178** O 13
3876	=	**179** A 3
8/3877	=	**179** A 5
3878	=	**179** A 13
3879	=	**179** B 1
3880	=	**179** B 4
3881	=	**179** B 6
3882	=	**179** B 7
3883	=	**179** B 9
3884	=	**179** C 5
3885	=	**179** C 9
3886	=	**179** C 10
3887	=	**179** D 4
3888	=	**179** D 12
3889	=	**179** D 14
3890	=	**179** E 8
3891	=	**179** E 14
3892	=	**179** F 6
3893	=	**179** G 2
3894	=	**179** G 8
3895	=	**179** G 9
3896	=	**179** G 11
3897	=	**179** G 12
3898	=	**179** H 7
3899	=	**179** H 11
3900	=	**179** J 3
3901	=	**179** K 3
3902	=	**179** N 3
3903	=	**179** O 3
3904	=	**180** C 7
3905	=	**180** C 8
3906	=	**180** C 10
3907	=	**180** C 11
3908	=	**180** D 1
3909	=	**180** G 1
3910	=	**180** G 2
3911	=	**180** G 10
3912	=	**180** G 11
3913	=	**180** H 3
3914	=	**180** H 4
3915	=	**180** I 5
3916	=	**180** I 7
3917	=	**180** I 8
3918	=	**180** J 5
3919	=	**180** K 5
3920	=	**180** K 13
3921	=	**180** L 3
3922	=	**180** L 5
3923	=	**180** N 3
3924	=	**180** N 7
3925	=	**180** N 11
3926	=	**180** O 3
3927	=	**180** O 5
3928	=	**181** E 9
3929	=	**181** G 1
3930	=	**181** G 6
3931	=	**181** G 11
3932	=	**181** G 14
3933	=	**181** H 4
3934	=	**181** H 5
3935	=	**181** H 6
3936	=	**181** H 7
3937	=	**181** H 11
3938	=	**181** H 12
3939	=	**181** H 13
3940	=	**181** H 14
3941	=	**181** I 1
3942	=	**181** I 6
3943	=	**181** I 9
3944	=	**181** I 10
8/3945	=	**181** I 11
3946	=	**181** I 13
3947	=	**181** I 14
3948	=	**181** J 1
3949	=	**181** J 4
3950	=	**181** J 9
3951	=	**182** G 3
3952	=	**182** I 7
3953	=	**182** I 8
3954	=	**182** I 9
3955	=	**182** I 10
3956	=	**182** I 12
3957	=	**182** I 13
3958	=	**182** I 14
3959	=	**182** J 6
3960	=	**182** J 9
3961	=	**182** K 3
3962	=	**182** K 5
3963	=	**182** K 6
3964	=	**182** K 8
3965	=	**182** K 12
3966	=	**183** B 2
3967	=	**183** B 3
3968	=	**183** B 13
3969	=	**183** D 13
3970	=	**183** D 14
3971	=	**183** E 3
3972	=	**183** E 5
3973	=	**183** E 9
3974	=	**183** E 10
3975	=	**183** E 11
3976	=	**183** E 12
3977	=	**183** E 13
3978	=	**183** F 1
3979	=	**183** F 2
3980	=	**183** F 4
3981	=	**183** F 10
3982	=	**183** H 2
3983	=	**183** H 3
3984	=	**183** H 5
3985	=	**183** H 11
3986	=	**183** I 9
3987	=	**183** I 10
3988	=	**183** I 12
3989	=	**183** J 6
3990	=	**183** J 7
3991	=	**183** J 9
3992	=	**183** J 10
3993	=	**183** K 10
3994	=	**183** L 4
3995	=	**183** L 8
3996	=	**183** L 12
3997	=	**183** L 13
3998	=	**183** L 14
3999	=	**183** M 4
4000	=	**183** M 6
4001	=	**184** A 9
4002	=	**184** A 10
4003	=	**184** A 12
4004	=	**184** A 13
4005	=	**184** A 14
4006	=	**184** B 1
4007	=	**184** C 7
4008	=	**184** D 3
4009	=	**184** D 6
4010	=	**184** D 7
4011	=	**184** H 1
4012	=	**184** K 5
8/4013	=	**184** K 8
4014	=	**184** K 11
4015	=	**184** K 12
4016	=	**184** K 13
4017	=	**184** L 2
4018	=	**184** L 4
4019	=	**184** L 5
4020	=	**184** L 6
4021	=	**184** L 12
4022	=	**184** M 8
4023	=	**185** A 14
4024	=	**185** B 13
4025	=	**185** B 14
4026	=	**185** C 1
4027	=	**185** D 3
4028	=	**185** D 4
4029	=	**185** D 6
4030	=	**185** D 8
4031	=	**185** E 8
4032	=	**185** E 12
4033	=	**185** F 2
4034	=	**185** F 4
4035	=	**185** F 6
4036	=	**185** G 2
4037	=	**185** G 3
4038	=	**185** G 7
4039	=	**185** G 11
4040	=	**185** H 5
4041	=	**185** H 13
4042	=	**185** H 14
4043	=	**185** I 1
4044	=	**185** I 2
4045	=	**185** I 3
4046	=	**185** I 4
4047	=	**185** I 5
4048	=	**185** I 6
4049	=	**185** I 7
4050	=	**185** I 8
4051	=	**185** I 9
4052	=	**185** I 10
4053	=	**185** I 11
4054	=	**185** I 12
4055	=	**185** I 13
4056	=	**185** I 14
4057	=	**185** J 1
4058	=	**185** J 2
4059	=	**185** J 3
4060	=	**185** J 4
4061	=	**185** J 5
4062	=	**185** J 6
4063	=	**185** J 7
4064	=	**185** J 8
4065	=	**185** J 9
4066	=	**185** J 10
4067	=	**185** J 12
4068	=	**185** J 13
4069	=	**185** J 14
4070	=	**185** K 1
4071	=	**185** K 2
4072	=	**185** K 3
4073	=	**185** K 4
4074	=	**185** K 5
4075	=	**185** K 6
4076	=	**185** K 8
4077	=	**185** K 9
4078	=	**185** K 10
4079	=	**185** K 11
4080	=	**185** K 12

Drucksache Nr.		Fiche Nr. und Koordinate	Drucksache Nr.		Fiche Nr. und Koordinate	Drucksache Nr.		Fiche Nr. und Koordinate	Drucksache Nr.		Fiche Nr. und Koordinate
8/4081	=	**185** N 4	8/4149	=	**188** F 8	8/4217	=	**189** E 4	8/4285	=	**190** F 9
4082	=	**185** N 5	4150	=	**188** F 11	4218	=	**189** E 8	4286	=	**190** F 11
4083	=	**185** N 7	4151	=	**188** F 12	4219	=	**189** E 10	4287	=	**190** G 5
4084	=	**185** N 8	4152	=	**188** F 13	4220	=	**189** E 12	4288	=	**190** G 6
4085	=	**185** N 9	4153	=	**188** G 2	4221	=	**189** E 14	4289	=	**190** G 8
4086	=	**185** N 10	4154	=	**188** G 4	4222	=	**189** F 2	4290	=	**190** G 10
4087	=	**185** N 11	4155	=	**188** G 7	4223	=	**189** G 6	4291	=	**190** H 5
4088	=	**185** N 12	4156	=	**188** G 8	4224	=	**189** G 7	4292	=	**190** H 7
4089	=	**185** N 13	4157	=	**188** G 11	4225	=	**189** G 7	4293	=	**190** H 14
4090	=	**185** N 14	4158	=	**188** H 1	4226	=	**189** G 8	4294	=	**190** I 5
4091	=	**185** O 2	4159	=	**188** H 6	4227	=	**189** G 10	4295	=	**190** I 9
4092	=	**185** O 4	4160	=	**188** H 9	4228	=	**189** G 13	4296	=	**190** J 1
4093	=	**185** O 6	4161	=	**188** I 4	4229	=	**189** G 14	4297	=	**190** J 2
4094	=	**185** O 7	4162	=	**188** I 6	4230	=	**189** H 3	4298	=	**190** J 4
4095	=	**185** O 8	4163	=	**188** I 8	4231	=	**189** H 5	4299	=	**190** J 8
4096	=	**185** O 14	4164	=	**188** I 10	4232	=	**189** H 6	4300	=	**190** J 10
4097	=	**186** A 1	4165	=	**188** I 11	4233	=	**189** H 7	4301	=	**190** J 13
4098	=	**186** A 2	4166	=	**188** I 13	4234	=	**189** H 9	4302	=	**190** K 3
4099	=	**186** A 4	4167	=	**188** I 14	4235	=	**189** H 10	4303	=	**190** K 4
4100	=	**186** A 14	4168	=	**188** J 1	4236	=	**189** H 14	4304	=	**190** K 5
4101	=	**186** B 2	4169	=	**188** J 2	4237	=	**189** I 2	4305	=	**190** K 6
4102	=	**186** C 12	4170	=	**188** J 3	4238	=	**189** I 3	4306	=	**190** K 7
4103	=	**186** C 13	4171	=	**188** J 4	4239	=	**189** I 5	4307	=	**190** K 11
4104	=	**186** C 14	4172	=	**188** J 5	4240	=	**189** I 7	4308	=	**190** K 12
4105	=	**186** D 1	4173	=	**188** J 6	4241	=	**189** I 8	4309	=	**190** K 14
4106	=	**186** D 2	4174	=	**188** J 8	4242	=	**189** I 10	4310	=	**190** L 4
4107	=	**186** D 3	4175	=	**188** J 9	4243	=	**189** I 11	4311	=	**190** L 5
4108	=	**186** D 4	4176	=	**188** J 10	4244	=	**189** J 12	4312	=	**190** L 11
4109	=	**186** D 5	4177	=	**188** J 12	4245	=	**189** J 14	4313	=	**190** L 13
4110	=	**186** D 6	4178	=	**188** K 2	4246	=	**189** K 4	4314	=	**190** L 14
4111	=	**186** D 7	4179	=	**188** K 3	4247	=	**189** K 7	4315	=	**190** M 1
4112	=	**186** D 8	4180	=	**188** K 5	4248	=	**189** K 8	4316	=	**190** M 2
4113	=	**186** D 9	4181	=	**188** K 9	4249	=	**189** K 8	4317	=	**190** M 5
4114	=	**186** D 10	4182	=	**188** K 12	4250	=	**189** K 9	4318	=	**190** M 6
4115	=	**186** D 14	4183	=	**188** K 13	4251	=	**189** K 10	4319	=	**190** M 7
4116	=	**186** E 1	4184	=	**188** L 1	4252	=	**189** K 11	4320	=	**190** M 8
4117	=	**186** E 2	4185	=	**188** L 3	4253	=	**189** K 12	4321	=	**191** A 7
4118	=	**186** E 4	4186	=	**188** L 4	4254	=	**189** K 13	4322	=	**191** A 8
4119	=	**186** E 8	4187	=	**188** L 14	4255	=	**189** L 1	4323	=	**191** B 2
4120	=	**186** E 14	4188	=	**188** M 2	4256	=	**189** L 2	4324	=	**191** B 3
4121	=	**186** F 9	4189	=	**188** M 5	4257	=	**189** L 5	4325	=	**191** B 4
4122	=	**186** F 10	4190	=	**188** N 5	4258	=	**189** L 7	4326	=	**191** B 14
4123	=	**186** F 12	4191	=	**188** N 8	4259	=	**189** L 10	4327	=	**191** C 2
4124	=	**186** F 13	4192	=	**188** N 10	4260	=	**189** M 1	4328	=	**191** H 5
4125	=	**186** G 4	4193	=	**188** N 11	4261	=	**189** M 5	4329	=	**191** H 7
4126	=	**186** G 5	4194	=	**189** A 5	4262	=	**189** N 1	4330	=	**191** I 7
4127	=	**186** G 7	4195	=	**189** A 6	4263	=	**189** N 3	4331	=	**191** I 9
4128	=	**186** I 1	4196	=	**189** A 7	4264	=	**189** N 4	4332	=	**191** I 10
4129	=	**186** J 7	4197	=	**189** A 9	4265	=	**189** N 6	4333	=	**191** I 12
4130	=	**186** O 11	4198	=	**189** A 10	4266	=	**189** N 8	4334	=	**191** J 2
4131	=	**187** A 1	4199	=	**189** A 11	4267	=	**189** N 10	4335	=	**191** J 3
4132	=	**187** A 5	4200	=	**189** A 12	4268	=	**190** A 6	4336	=	**191** J 4
4133	=	**187** B 5	4201	=	**189** A 14	4269	=	**190** A 7	4337	=	**191** J 5
4134	=	**187** B 13	4202	=	**189** B 5	4270	=	**190** A 8	4338	=	**191** J 6
4135	=	**187** C 2	4203	=	**189** B 7	4271	=	**190** B 9	4339	=	**191** J 7
4136	=	**187** C 4	4204	=	**189** C 12	4272	=	**190** C 3	4340	=	**191** J 10
4137	=	**187** C 14	4205	=	**189** C 13	4273	=	**190** C 6	4341	=	**191** J 13
4138	=	**187** D 2	4206	=	**189** C 14	4274	=	**190** C 8	4342	=	**192** C 2
4139	=	**187** E 4	4207	=	**189** D 1	4275	=	**190** C 11	4343	=	**192** C 4
4140	=	**187** E 6	4208	=	**189** D 3	4276	=	**190** C 12	4344	=	**192** C 5
4141	=	**188** A 9	4209	=	**189** D 4	4277	=	**190** C 13	4345	=	**192** C 7
4142	=	**188** B 9	4210	=	**189** D 6	4278	=	**190** D 11	4346	=	**192** C 9
4143	=	**188** B 11	4211	=	**189** D 9	4279	=	**190** E 2	4347	=	**192** C 10
4144	=	**188** B 13	4212	=	**189** D 10	4280	=	**190** E 7	4348	=	**192** C 14
4145	=	**188** D 5	4213	=	**189** D 11	4281	=	**190** E 8	4349	=	**192** D 1
4146	=	**188** D 6	4214	=	**189** D 12	4282	=	**190** E 10	4350	=	**192** D 3
4147	=	**188** D 12	4215	=	**189** D 13	4283	=	**190** E 11	4351	=	**192** D 4
4148	=	**188** F 3	4216	=	**189** D 14	4284	=	**190** F 3	4352	=	**192** D 5

Drucksache Nr.		Fiche Nr. und Koordinate
8/4353	=	**192** D 7
4354	=	**192** D 9
4355	=	**192** D 13
4356	=	**192** E 1
4357	=	**192** E 4
4358	=	**192** E 5
4359	=	**192** E 6
4360	=	**192** E 13
4361	=	**192** E 14
4362	=	**192** F 1
4363	=	**192** F 2
4364	=	**192** F 3
4365	=	**192** F 4
4366	=	**192** G 12
4367	=	**192** G 13
4368	=	**192** G 14
4369	=	**192** H 1
4370	=	**192** H 2
4371	=	**192** H 4
4372	=	**192** H 10
4373	=	**192** H 14
4374	=	**192** I 1
4375	=	**192** I 2
4376	=	**192** I 4
4377	=	**192** I 6
4378	=	**192** I 8
4379	=	**192** I 9
4380	=	**192** I 10
4381	=	**192** I 11
4382	=	**192** I 12
4383	=	**192** I 13
4384	=	**192** J 1
4385	=	**192** J 2
4386	=	**192** J 5
4387	=	**192** J 10
4388	=	**192** J 11
4389	=	**192** J 12
4390	=	**192** J 14
4391	=	**192** K 3
4392	=	**192** K 7
4393	=	**192** K 9
4394	=	**192** K 11
4395	=	**192** K 12
4396	=	**192** K 13
4397	=	**192** K 14
4398	=	**192** L 1
4399	=	**192** L 3
4400	=	**192** L 9
4401	=	**192** L 13
4402	=	**192** M 2
4403	=	**192** M 4
4404	=	**192** M 6
4405	=	**193** I 12
4406	=	**193** I 13
4407	=	**193** J 1
4408	=	**193** J 5
4409	=	**193** J 7
4410	=	**193** J 8
4411	=	**193** J 9
4412	=	**193** J 10
4413	=	**193** J 11
4414	=	**193** J 12
4415	=	**193** J 12
4416	=	**193** K 2
4417	=	**193** K 4
4418	=	**193** K 6
4419	=	**193** K 13
4420	=	**193** L 1
8/4421	=	**193** L 3
4422	=	**193** L 4
4423	=	**193** L 5
4424	=	**193** L 7
4425	=	**193** M 2
4426	=	**193** M 4
4427	=	**193** M 6
4428	=	**193** M 7
4429	=	**193** M 8
4430	=	**193** N 3
4431	=	**194** A 6
4432	=	**194** A 7
4433	=	**194** B 4
4434	=	**194** C 5
4435	=	**194** D 5
4436	=	**194** D 8
4437	=	**194** E 10
4438	=	**194** G 10
4439	=	**194** G 11
4440	=	**194** G 13
4441	=	**194** H 1
4442	=	**194** H 9
4443	=	**194** I 9
4444	=	**194** J 1
4445	=	**194** J 6
4446	=	**194** J 8
4447	=	**194** J 10
4448	=	**194** J 12
4449	=	**194** K 7
4450	=	**194** K 12
4451	=	**194** K 13
4452	=	**194** L 1
4453	=	**194** L 6
4454	=	**194** L 7
4455	=	**194** L 12
4456	=	**194** M 1
4457	=	**194** M 6
4458	=	**194** M 12
4459	=	**194** N 2
4460	=	**194** O 5
4461	=	**195** A 3
4462	=	**195** B 9
4463	=	**195** B 10
4464	=	**195** C 10
4465	=	**195** D 11
4466	=	**195** D 13
4467	=	**195** E 1
4468	=	**195** E 4
4469	=	**195** E 6
4470	=	**195** E 12
4471	=	**195** F 10
4472	=	**195** F 14
4473	=	**195** I 7
4474	=	**195** I 8
4475	=	**195** J 7
4476	=	**195** J 9
4477	=	**195** J 11
4478	=	**195** K 6
4479	=	**195** L 7
4480	=	**195** N 1
4481	=	**195** N 11
4482	=	**195** N 12
4483	=	**195** N 13
4484	=	**195** O 1
4485	=	**195** O 3
4486	=	**195** O 5
4487	=	**195** O 11
4488	=	**196** A 11
8/4489	=	**196** B 2
4490	=	**196** B 14
4491	=	**196** C 2
4492	=	**196** C 4
4493	=	**196** C 6
4494	=	**196** C 9
4495	=	**196** C 11
4496	=	**196** D 3
4497	=	**196** D 5
4498	=	**196** D 8
4499	=	**196** D 9
4500	=	**196** E 10
4501	=	**196** E 12
4502	=	**196** F 3
4503	=	**196** G 1
4504	=	**196** G 6
4505	=	**196** G 7
4506	=	**196** G 8
4507	=	**196** H 5
4508	=	**196** H 14
4509	=	**196** I 3
4510	=	**196** I 14
4511	=	**196** J 2
4512	=	**196** J 10
4513	=	**196** K 8
4514	=	**196** K 11
4515	=	**196** K 14
4516	=	**196** L 4
4517	=	**196** M 3
4518	=	**196** N 4
4519	=	**196** N 6
4520	=	**196** O 2

Plenarprotokoll Nr.		Fiche Nr. und Koordinate	Plenarprotokoll Nr.	Fiche Nr. und Koordinate	Plenarprotokoll Nr.	Fiche Nr. und Koordinate	Plenarprotokoll Nr.	Fiche Nr. und Koordinate
8/443	=	**1** A 1						
444	=	**1** B 10						
445	=	**1** C 12						
446	=	**1** E 7						
447	=	**1** G 10						
448	=	**1** H 13						
449	=	**1** J 5						
450	=	**1** K 11						
451	=	**1** M 3						
452	=	**1** N 11						
453	=	**1** O 6						
454	=	**2** A 5						
455	=	**2** C 1						
456	=	**2** D 11						
457	=	**2** E 2						
458	=	**2** F 7						
459	=	**2** G 3						
460	=	**2** H 2						
461	=	**2** I 9						
462	=	**2** L 11						
463	=	**2** N 14						
464	=	**3** B 3						
465	=	**3** C 4						
466	=	**3** E 1						
467	=	**3** E 7						
468	=	**3** E 13						
469	=	**3** G 7						
470	=	**3** I 8						
471	=	**3** J 3						
472	=	**3** K 1						
473	=	**3** L 2						
474	=	**3** M 13						
475	=	**3** O 10						
476	=	**4** A 4						
477	=	**4** B 11						
478	=	**4** E 10						
479	=	**4** G 1						
480	=	**4** G 13						
481	=	**4** I 5						
482	=	**4** K 5						
483	=	**4** L 9						
484	=	**4** N 4						
485	=	**5** A 10						
486	=	**5** C 6						
487	=	**5** D 12						
488	=	**5** E 6						
489	=	**5** G 14						
490	=	**5** I 2						
491	=	**5** J 8						
492	=	**5** L 11						
493	=	**5** M 6						
494	=	**5** N 5						

Drucksache Nr.		Fiche Nr. und Koordinate	Drucksache Nr.		Fiche Nr. und Koordinate	Drucksache Nr.		Fiche Nr. und Koordinate	Drucksache Nr.		Fiche Nr. und Koordinate
1/77	=	**6** A 10	69/77	=	**10** G 11	137/77	=	**15** A 12	205/77	=	**18** L 8
2/77	=	**6** B 11	70/77	=	**10** H 1	138/77	=	**15** B 3	206/77	=	**18** L 14
3/77	=	**6** D 7	71/77	=	**10** H 8	139/77	=	**15** B 12	207/77	=	**18** M 4
4/77	=	**6** D 12	72/77	=	**10** H 10	140/77	=	**15** B 14	208/77	=	**18** O 11
5/77	=	**6** E 3	73/77	=	**10** H 12	141/77	=	**15** D 1	209/77	=	**18** O 13
6/77	=	**6** E 5	74/77	=	**10** M 1	142/77	=	**15** E 1	210/77	=	**19** A 2
7/77	=	**6** F 12	75/77	=	**10** M 3	143/77	=	**15** E 5	211/77	=	**19** A 14
8/77	=	**6** G 5	76/77	=	**11** A 11	144/77	=	**15** E 10	212/77	=	**19** B 4
9/77	=	**6** G 11	77/77	=	**11** J 5	145/77	=	**15** F 4	213/77	=	**19** C 3
10/77	=	**6** H 6	78/77	=	**11** K 7	146/77	=	**15** H 13	214/77	=	**19** C 9
11/77	=	**6** I 8	79/77	=	**11** M 14	147/77	=	**15** J 8	215/77	=	**19** C 14
12/77	=	**6** I 8	80/77	=	**11** N 10	148/77	=	**15** L 1	216/77	=	**19** D 3
13/77	=	**6** I 9	81/77	=	**12** D 7	149/77	=	**15** N 6	217/77	=	**19** D 8
14/77	=	**6** I 11	82/77	=	**12** F 3	150/77	=	**15** O 13	218/77	=	**19** D 11
15/77	=	**6** I 12	83/77	=	**12** F 11	151/77	=	**16** A 7	219/77	=	**19** D 14
16/77	=	**6** I 13	84/77	=	**12** G 1	152/77	=	**16** A 14	220/77	=	**19** E 6
17/77	=	**6** J 2	85/77	=	**12** G 2	153/77	=	**16** B 11	221/77	=	**19** F 5
18/77	=	**6** K 2	86/77	=	**12** G 3	154/77	=	**16** C 5	222/77	=	**19** F 10
19/77	=	**6** K 7	87/77	=	**12** G 5	155/77	=	**16** D 2	223/77	=	**19** G 2
20/77	=	**6** L 3	88/77	=	**12** G 7	156/77	=	**16** D 4	224/77	=	**19** L 6
21/77	=	**6** M 3	89/77	=	**12** G 9	157/77	=	**16** D 6	225/77	=	**19** L 10
22/77	=	**6** M 14	90/77	=	**12** G 11	158/77	=	**16** E 12	226/77	=	**20** B 10
23/77	=	**6** N 1	91/77	=	**12** G 13	159/77	=	**16** F 4	227/77	=	**20** B 14
24/77	=	**6** N 7	92/77	=	**12** H 1	160/77	=	**16** F 8	228/77	=	**20** C 1
25/77	=	**6** O 14	93/77	=	**12** H 3	161/77	=	**16** G 6	229/77	=	**20** C 2
26/77	=	**7** A 4	94/77	=	**12** H 8	162/77	=	**16** G 10	230/77	=	**20** C 3
27/77	=	**7** A 8	95/77	=	**12** J 4	163/77	=	**16** G 11	231/77	=	**20** E 3
28/77	=	**7** B 6	96/77	=	**12** J 6	164/77	=	**16** G 12	232/77	=	**20** E 3
29/77	=	**7** B 7	97/77	=	**12** K 1	165/77	=	**16** G 13	233/77	=	**20** E 6
30/77	=	**7** B 9	98/77	=	**12** K 4	166/77	=	**16** J 11	234/77	=	**20** E 8
31/77	=	**7** B 14	99/77	=	**12** K 7	167/77	=	**16** K 6	235/77	=	**20** F 12
32/77	=	**7** C 4	100/77	=	**12** L 3	168/77	=	**16** L 14	236/77	=	**20** F 14
33/77	=	**7** C 7	101/77	=	**13** A 5	169/77	=	**16** M 7	237/77	=	**20** H 10
34/77	=	**7** C 13	102/77	=	**13** A 6	170/77	=	**16** N 2	238/77	=	**20** H 13
35/77	=	**7** D 12	103/77	=	**13** B 4	171/77	=	**16** N 5	239/77	=	**20** H 14
36/77	=	**8** A 1	104/77	=	**13** B 9	172/77	=	**16** N 13	240/77	=	**20** I 4
37/77	=	**8** A 9	105/77	=	**13** B 12	173/77	=	**16** N 14	241/77	=	**20** I 14
38/77	=	**8** A 11	106/77	=	**13** C 3	174/77	=	**16** O 8	242/77	=	**20** J 1
39/77	=	**8** B 11	107/77	=	**13** C 4	175/77	=	**17** A 5	243/77	=	**20** J 6
40/77	=	**8** B 13	108/77	=	**13** C 5	176/77	=	**17** B 13	244/77	=	**20** J 11
41/77	=	**8** C 6	109/77	=	**13** C 6	177/77	=	**17** C 6	245/77	=	**20** K 3
42/77	=	**8** C 11	110/77	=	**13** F 6	178/77	=	**17** D 1	246/77	=	**20** K 6
43/77	=	**8** C 13	111/77	=	**13** H 9	179/77	=	**17** D 7	247/77	=	**20** M 5
44/77	=	**8** D 7	112/77	=	**13** I 3	180/77	=	**17** D 11	248/77	=	**20** O 6
45/77	=	**8** D 14	113/77	=	**13** I 11	181/77	=	**17** E 13	249/77	=	**20** O 10
46/77	=	**8** E 4	114/77	=	**13** I 14	182/77	=	**17** F 9	250/77	=	**20** O 14
47/77	=	**8** E 7	115/77	=	**13** J 1	183/77	=	**17** G 12	251/77	=	**21** B 2
48/77	=	**8** E 13	116/77	=	**13** J 4	184/77	=	**17** H 14	252/77	=	**21** B 7
49/77	=	**8** F 4	117/77	=	**13** J 7	185/77	=	**17** J 1	253/77	=	**21** B 8
50/77	=	**8** F 12	118/77	=	**13** O 8	186/77	=	**17** J 3	254/77	=	**21** B 12
51/77	=	**9** H 11	119/77	=	**13** O 9	187/77	=	**17** J 4	255/77	=	**21** C 3
52/77	=	**9** J 6	120/77	=	**13** O 10	188/77	=	**17** K 6	256/77	=	**21** C 7
53/77	=	**9** J 11	121/77	=	**14** A 6	189/77	=	**17** K 7	257/77	=	**21** D 1
54/77	=	**9** K 3	122/77	=	**14** A 11	190/77	=	**17** K 9	258/77	=	**21** D 5
55/77	=	**9** K 9	123/77	=	**14** A 12	191/77	=	**18** A 11	259/77	=	**21** H 7
56/77	=	**9** M 2	124/77	=	**14** B 1	192/77	=	**18** C 5	260/77	=	**21** H 12
57/77	=	**9** M 5	125/77	=	**14** B 13	193/77	=	**18** F 4	261/77	=	**22** E 4
58/77	=	**9** M 6	126/77	=	**14** D 11	194/77	=	**18** I 3	262/77	=	**22** H 4
59/77	=	**9** M 7	127/77	=	**14** F 5	195/77	=	**18** I 7	263/77	=	**22** H 5
60/77	=	**9** M 8	128/77	=	**14** G 9	196/77	=	**18** I 14	264/77	=	**22** I 11
61/77	=	**9** M 9	129/77	=	**14** L 4	197/77	=	**18** J 1	265/77	=	**22** J 7
62/77	=	**9** O 3	130/77	=	**14** M 7	198/77	=	**18** J 2	266/77	=	**22** K 1
63/77	=	**10** E 11	131/77	=	**14** M 8	199/77	=	**18** J 5	267/77	=	**22** K 3
64/77	=	**10** F 1	132/77	=	**14** M 9	200/77	=	**18** J 11	268/77	=	**22** K 4
65/77	=	**10** F 14	133/77	=	**14** N 1	201/77	=	**18** K 2	269/77	=	**22** K 5
66/77	=	**10** G 2	134/77	=	**14** N 14	202/77	=	**18** K 7	270/77	=	**22** K 6
67/77	=	**10** G 5	135/77	=	**14** O 3	203/77	=	**18** K 9	271/77	=	**22** K 6
68/77	=	**10** G 8	136/77	=	**15** A 4	204/77	=	**18** L 3	272/77	=	**22** K 9

Drucksache Nr.		Fiche Nr. und Koordinate	Drucksache Nr.		Fiche Nr. und Koordinate	Drucksache Nr.		Fiche Nr. und Koordinate	Drucksache Nr.		Fiche Nr. und Koordinate
273/77	=	**22** K 12	341/77	=	**25** G 1	409/77	=	**29** B 5	477/77	=	**33** M 3
274/77	=	**22** K 14	342/77	=	**25** G 5	410/77	=	**29** B 13	478/77	=	**33** M 9
275/77	=	**22** L 7	343/77	=	**25** H 9	411/77	=	**29** C 5	479/77	=	**33** O 10
276/77	=	**22** L 14	344/77	=	**25** J 7	412/77	=	**29** C 11	480/77	=	**34** A 11
277/77	=	**22** N 13	345/77	=	**25** J 8	413/77	=	**29** C 13	481/77	=	**34** D 14
278/77	=	**22** O 13	346/77	=	**25** J 14	414/77	=	**29** D 8	482/77	=	**34** E 3
279/77	=	**23** A 10	347/77	=	**25** K 3	415/77	=	**29** E 7	483/77	=	**34** E 4
280/77	=	**23** A 12	348/77	=	**25** K 6	416/77	=	**30** A 1	484/77	=	**34** F 13
281/77	=	**23** B 6	349/77	=	**25** K 13	417/77	=	**30** A 8	485/77	=	**34** G 4
282/77	=	**23** B 8	350/77	=	**25** L 5	418/77	=	**30** A 10	486/77	=	**34** G 5
283/77	=	**23** C 2	351/77	=	**25** L 11	419/77	=	**30** A 13	487/77	=	**34** H 1
284/77	=	**23** C 3	352/77	=	**25** L 14	420/77	=	**30** B 2	488/77	=	**34** H 8
285/77	=	**23** C 10	353/77	=	**25** M 3	421/77	=	**30** J 3	489/77	=	**34** L 12
286/77	=	**23** D 14	354/77	=	**25** M 14	422/77	=	**30** K 2	490/77	=	**34** M 1
287/77	=	**23** E 4	355/77	=	**26** A 13	423/77	=	**30** L 3	491/77	=	**34** M 6
288/77	=	**23** E 6	356/77	=	**26** B 2	424/77	=	**30** M 6	492/77	=	**34** M 7
289/77	=	**23** F 11	357/77	=	**26** B 7	425/77	=	**30** M 7	493/77	=	**34** M 8
290/77	=	**23** H 7	358/77	=	**26** C 1	426/77	=	**30** M 14	494/77	=	**34** M 9
291/77	=	**23** I 5	359/77	=	**26** D 2	427/77	=	**30** N 6	495/77	=	**34** M 10
292/77	=	**23** J 10	360/77	=	**26** D 5	428/77	=	**30** N 12	496/77	=	**34** N 4
293/77	=	**23** J 14	361/77	=	**26** D 14	429/77	=	**30** O 4	497/77	=	**34** O 4
294/77	=	**23** K 11	362/77	=	**26** F 7	430/77	=	**30** O 12	498/77	=	**34** O 12
295/77	=	**23** L 2	363/77	=	**26** F 10	431/77	=	**31** D 5	499/77	=	**35** B 6
296/77	=	**23** L 5	364/77	=	**26** F 11	432/77	=	**31** F 6	500/77	=	**35** B 11
297/77	=	**23** L 11	365/77	=	**26** F 14	433/77	=	**31** F 14	501/77	=	**35** C 8
298/77	=	**23** M 6	366/77	=	**26** G 3	434/77	=	**31** G 1	502/77	=	**35** C 12
299/77	=	**23** M 13	367/77	=	**26** H 3	435/77	=	**31** H 4	503/77	=	**35** C 14
300/77	=	**23** O 10	368/77	=	**26** H 7	436/77	=	**31** I 5	504/77	=	**35** D 6
301/77	=	**24** A 10	369/77	=	**26** H 9	437/77	=	**31** I 12	505/77	=	**35** D 14
302/77	=	**24** A 14	370/77	=	**26** H 12	438/77	=	**31** M 2	506/77	=	**35** E 5
303/77	=	**24** B 2	371/77	=	**26** O 11	439/77	=	**31** N 7	507/77	=	**35** F 11
304/77	=	**24** B 3	372/77	=	**27** A 13	440/77	=	**31** N 14	508/77	=	**35** G 8
305/77	=	**24** B 9	373/77	=	**27** B 3	441/77	=	**32** B 14	509/77	=	**35** G 12
306/77	=	**24** C 12	374/77	=	**27** B 4	442/77	=	**32** C 4	510/77	=	**35** I 2
307/77	=	**24** D 4	375/77	=	**27** B 5	443/77	=	**32** C 13	511/77	=	**35** I 11
308/77	=	**24** F 4	376/77	=	**27** C 1	444/77	=	**32** E 5	512/77	=	**35** J 1
309/77	=	**24** G 12	377/77	=	**27** C 2	445/77	=	**32** E 12	513/77	=	**35** J 7
310/77	=	**24** H 5	378/77	=	**27** D 5	446/77	=	**32** G 13	514/77	=	**35** J 9
311/77	=	**24** H 10	379/77	=	**27** D 13	447/77	=	**32** H 7	515/77	=	**35** J 11
312/77	=	**24** H 11	380/77	=	**27** E 4	448/77	=	**32** H 12	516/77	=	**35** J 14
313/77	=	**24** H 12	381/77	=	**27** E 9	449/77	=	**32** I 5	517/77	=	**35** K 3
314/77	=	**24** H 13	382/77	=	**27** E 13	450/77	=	**32** J 4	518/77	=	**35** L 2
315/77	=	**24** H 14	383/77	=	**27** F 5	451/77	=	**32** M 14	519/77	=	**35** L 5
316/77	=	**24** I 2	384/77	=	**27** F 8	452/77	=	**32** O 8	520/77	=	**35** L 10
317/77	=	**24** I 3	385/77	=	**27** G 1	453/77	=	**33** A 10	521/77	=	**35** M 3
318/77	=	**24** J 12	386/77	=	**27** I 11	454/77	=	**33** B 1	522/77	=	**35** M 10
319/77	=	**24** K 1	387/77	=	**27** K 4	455/77	=	**33** B 7	523/77	=	**35** M 14
320/77	=	**24** K 2	388/77	=	**27** K 7	456/77	=	**33** B 9	524/77	=	**35** O 5
321/77	=	**24** K 8	389/77	=	**27** K 14	457/77	=	**33** C 4	525/77	=	**35** O 12
322/77	=	**24** K 9	390/77	=	**27** L 2	458/77	=	**33** C 6	526/77	=	**35** O 14
323/77	=	**24** K 11	391/77	=	**27** L 5	459/77	=	**33** C 11	527/77	=	**36** A 2
324/77	=	**24** K 12	392/77	=	**27** L 7	460/77	=	**33** C 14	528/77	=	**36** A 3
325/77	=	**24** L 5	393/77	=	**27** L 8	461/77	=	**33** D 8	529/77	=	**36** A 4
326/77	=	**24** L 14	394/77	=	**27** L 12	462/77	=	**33** E 5	530/77	=	**36** A 7
327/77	=	**24** N 10	395/77	=	**28** A 7	463/77	=	**33** E 6	531/77	=	**36** B 9
328/77	=	**24** O 2	396/77	=	**28** B 5	464/77	=	**33** E 7	532/77	=	**36** B 11
329/77	=	**24** O 3	397/77	=	**28** B 9	465/77	=	**33** E 9	533/77	=	**36** B 12
330/77	=	**24** O 7	398/77	=	**28** C 2	466/77	=	**33** E 11	534/77	=	**36** F 10
331/77	=	**25** C 10	399/77	=	**28** C 9	467/77	=	**33** F 1	535/77	=	**36** F 12
332/77	=	**25** C 10	400/77	=	**28** D 1	468/77	=	**33** F 2	536/77	=	**36** G 6
333/77	=	**25** D 2	401/77	=	**28** D 14	469/77	=	**33** F 13	537/77	=	**36** G 14
334/77	=	**25** D 6	402/77	=	**28** E 5	470/77	=	**33** G 5	538/77	=	**36** H 5
335/77	=	**25** D 12	403/77	=	**28** F 4	471/77	=	**33** G 7	539/77	=	**36** H 8
336/77	=	**25** D 14	404/77	=	**28** G 10	472/77	=	**33** G 8	540/77	=	**36** I 3
337/77	=	**25** E 1	405/77	=	**28** K 14	473/77	=	**33** H 1	541/77	=	**36** K 10
338/77	=	**25** E 13	406/77	=	**28** L 11	474/77	=	**33** H 4	542/77	=	**36** K 14
339/77	=	**25** F 6	407/77	=	**28** M 1	475/77	=	**33** H 10	543/77	=	**36** L 3
340/77	=	**25** F 11	408/77	=	**28** N 14	476/77	=	**33** K 11	544/77	=	**36** L 8

Drucksache Nr.		Fiche Nr. und Koordinate
545/77	=	**36** M 10
546/77	=	**36** N 2
547/77	=	**36** N 3
548/77	=	**36** N 5
549/77	=	**36** N 6
550/77	=	**36** N 9
551/77	=	**36** N 10
552/77	=	**37** A 3
553/77	=	**37** B 5
554/77	=	**37** B 7
555/77	=	**37** B 9
556/77	=	**37** E 7
557/77	=	**37** G 5
558/77	=	**37** H 7
559/77	=	**37** H 13
560/77	=	**37** K 1
561/77	=	**37** K 13
562/77	=	**37** M 12
563/77	=	**37** O 2
564/77	=	**38** B 11
565/77	=	**38** C 3
566/77	=	**38** C 7
567/77	=	**38** C 9
568/77	=	**38** D 3
569/77	=	**38** D 6
570/77	=	**38** D 13
571/77	=	**38** N 4
572/77	=	**38** N 8
573/77	=	**38** N 10
574/77	=	**39** B 4
575/77	=	**39** C 5
576/77	=	**39** C 6
577/77	=	**39** C 12
578/77	=	**39** C 13
579/77	=	**39** F 7
580/77	=	**39** G 5
581/77	=	**40** C 7
582/77	=	**40** D 10
583/77	=	**40** D 12
584/77	=	**40** D 14
585/77	=	**40** E 3
586/77	=	**40** E 7
587/77	=	**40** E 8
588/77	=	**40** E 12
589/77	=	**40** F 3
590/77	=	**40** F 5
591/77	=	**40** G 12
592/77	=	**40** G 14
593/77	=	**40** H 3
594/77	=	**40** H 4
595/77	=	**40** H 5
596/77	=	**40** H 7
597/77	=	**40** H 11
598/77	=	**40** H 12
599/77	=	**40** I 1
600/77	=	**40** I 2
601/77	=	**40** I 4
602/77	=	**40** I 5
603/77	=	**40** I 6
604/77	=	**40** I 7
605/77	=	**40** J 7
606/77	=	**40** J 13
607/77	=	**40** J 14
608/77	=	**40** K 1
609/77	=	**40** K 4
610/77	=	**40** K 6
611/77	=	**41** H 4
612/77	=	**41** M 11
613/77	=	**41** M 12
614/77	=	**41** M 13
615/77	=	**41** N 3
616/77	=	**41** N 8
617/77	=	**41** N 9
618/77	=	**41** O 2
619/77	=	**41** O 5
620/77	=	**41** O 6
621/77	=	**41** O 7
622/77	=	**41** O 8
623/77	=	**41** O 13
624/77	=	**42** A 6
625/77	=	**42** A 6
626/77	=	**42** A 7
627/77	=	**42** B 9
628/77	=	**42** B 10
629/77	=	**42** C 5
630/77	=	**42** C 11
631/77	=	**42** C 12
632/77	=	**42** C 13
633/77	=	**42** C 14
634/77	=	**42** D 1
635/77	=	**42** D 2
636/77	=	**42** D 3
637/77	=	**42** D 4
638/77	=	**42** E 1
639/77	=	**42** E 12
640/77	=	**42** F 8
641/77	=	**42** G 1
642/77	=	**42** G 3
643/77	=	**42** G 4
644/77	=	**42** G 7
645/77	=	**42** G 11
646/77	=	**42** I 13
647/77	=	**42** J 4
648/77	=	**42** J 13
649/77	=	**42** K 9
650/77	=	**42** L 7
651/77	=	**42** L 9
652/77	=	**42** N 12
653/77	=	**42** N 14
654/77	=	**42** O 7
655/77	=	**42** O 8
656/77	=	**43** A 1
657/77	=	**43** A 3
658/77	=	**43** A 5
659/77	=	**43** A 6
660/77	=	**43** A 8
661/77	=	**43** A 11
662/77	=	**43** B 5
1/78	=	**44** A 9
2/78	=	**44** C 6
3/78	=	**44** D 8
4/78	=	**44** H 13
5/78	=	**44** L 10
6/78	=	**44** N 4
7/78	=	**45** B 7
8/78	=	**45** B 8
9/78	=	**45** C 2
10/78	=	**45** C 7
11/78	=	**45** D 1
12/78	=	**45** D 5
13/78	=	**45** D 10
14/78	=	**45** E 3
15/78	=	**45** F 8
16/78	=	**45** G 3
17/78	=	**45** H 14
18/78	=	**45** I 13
19/78	=	**45** L 13
20/78	=	**45** M 2
21/78	=	**45** M 6
22/78	=	**45** N 1
23/78	=	**46** A 10
24/78	=	**46** A 13
25/78	=	**46** B 2
26/78	=	**46** B 7
27/78	=	**46** B 13
28/78	=	**46** C 14
29/78	=	**46** D 11
30/78	=	**46** F 12
31/78	=	**46** G 4
32/78	=	**46** H 2
33/78	=	**46** H 6
34/78	=	**46** H 11
35/78	=	**46** I 3
36/78	=	**46** I 12
37/78	=	**46** K 4
38/78	=	**46** L 1
39/78	=	**46** M 3
40/78	=	**46** N 9
41/78	=	**47** A 7
42/78	=	**47** A 8
43/78	=	**47** A 9
44/78	=	**47** B 2
45/78	=	**47** B 13
46/78	=	**47** C 2
47/78	=	**47** C 5
48/78	=	**47** C 7
49/78	=	**47** D 1
50/78	=	**47** E 7
51/78	=	**48** F 6
52/78	=	**48** H 5
53/78	=	**48** H 9
54/78	=	**48** J 3
55/78	=	**48** J 12
56/78	=	**48** K 10
57/78	=	**48** K 13
58/78	=	**48** L 7
59/78	=	**48** O 14
60/78	=	**49** A 2
61/78	=	**49** A 7
62/78	=	**49** A 8
63/78	=	**49** A 9
64/78	=	**49** A 12
65/78	=	**49** A 13
66/78	=	**49** A 14
67/78	=	**49** B 1
68/78	=	**49** B 8
69/78	=	**49** C 7
70/78	=	**49** E 3
71/78	=	**49** E 5
72/78	=	**49** F 4
73/78	=	**49** G 2
74/78	=	**49** G 9
75/78	=	**49** H 6
76/78	=	**49** H 12
77/78	=	**49** I 7
78/78	=	**49** I 11
79/78	=	**49** J 6
80/78	=	**49** N 11
81/78	=	**50** A 11
82/78	=	**50** C 7
83/78	=	**50** C 11
84/78	=	**50** D 13
85/78	=	**50** E 2
86/78	=	**50** G 6
87/78	=	**50** H 3
88/78	=	**50** H 10
89/78	=	**50** I 11
90/78	=	**50** J 1
91/78	=	**50** J 4
92/78	=	**50** J 8
93/78	=	**50** J 12
94/78	=	**50** J 13
95/78	=	**50** K 3
96/78	=	**50** M 9
97/78	=	**50** N 1
98/78	=	**50** O 11
99/78	=	**51** A 5
100/78	=	**51** B 6
101/78	=	**51** B 11
102/78	=	**51** B 14
103/78	=	**51** C 4
104/78	=	**51** C 5
105/78	=	**51** C 8
106/78	=	**51** D 8
107/78	=	**51** D 10
108/78	=	**51** E 7
109/78	=	**51** E 11
110/78	=	**51** G 5
111/78	=	**51** G 9
112/78	=	**51** H 6
113/78	=	**51** H 8
114/78	=	**51** I 2
115/78	=	**51** I 8
116/78	=	**51** J 2
117/78	=	**51** K 3
118/78	=	**51** K 14
119/78	=	**51** M 9
120/78	=	**51** M 10
121/78	=	**52** G 6
122/78	=	**52** G 10
123/78	=	**52** I 2
124/78	=	**52** I 6
125/78	=	**52** J 9
126/78	=	**52** K 4
127/78	=	**52** K 5
128/78	=	**53** A 12
129/78	=	**53** B 5
130/78	=	**53** C 2
131/78	=	**53** C 14
132/78	=	**53** D 4
133/78	=	**53** E 3
134/78	=	**53** F 4
135/78	=	**53** F 11
136/78	=	**53** H 9

Drucksache Nr.		Fiche Nr. und Koordinate	Drucksache Nr.		Fiche Nr. und Koordinate	Drucksache Nr.		Fiche Nr. und Koordinate	Drucksache Nr.		Fiche Nr. und Koordinate
137/78	=	**53** L 5	205/78	=	**58** F 8	273/78	=	**64** L 4	341/78	=	**67** K 6
138/78	=	**53** M 8	206/78	=	**58** G 10	274/78	=	**64** N 5	342/78	=	**67** O 12
139/78	=	**54** A 9	207/78	=	**58** H 11	275/78	=	**64** N 6	343/78	=	**68** A 4
140/78	=	**54** C 13	208/78	=	**58** I 1	276/78	=	**64** N 8	344/78	=	**68** A 9
141/78	=	**54** F 2	209/78	=	**58** I 2	277/78	=	**64** N 11	345/78	=	**68** A 10
142/78	=	**54** I 9	210/78	=	**58** I 14	278/78	=	**64** O 4	346/78	=	**68** B 3
143/78	=	**54** J 11	211/78	=	**59** H 9	279/78	=	**64** O 10	347/78	=	**68** B 7
144/78	=	**54** J 14	212/78	=	**59** I 5	280/78	=	**65** A 2	348/78	=	**68** B 12
145/78	=	**54** K 3	213/78	=	**59** J 10	281/78	=	**65** A 3	349/78	=	**68** C 10
146/78	=	**55** C 1	214/78	=	**59** J 12	282/78	=	**65** A 5	350/78	=	**68** D 1
147/78	=	**55** E 11	215/78	=	**59** K 14	283/78	=	**65** B 9	351/78	=	**68** D 10
148/78	=	**55** E 13	216/78	=	**60** B 8	284/78	=	**65** C 7	352/78	=	**68** D 14
149/78	=	**55** F 5	217/78	=	**60** H 2	285/78	=	**65** C 11	353/78	=	**68** E 12
150/78	=	**55** F 9	218/78	=	**60** H 4	286/78	=	**65** C 14	354/78	=	**68** E 13
151/78	=	**55** F 11	219/78	=	**60** H 5	287/78	=	**65** D 1	355/78	=	**68** F 5
152/78	=	**55** G 4	220/78	=	**60** I 1	288/78	=	**65** D 2	356/78	=	**68** J 13
153/78	=	**55** G 8	221/78	=	**60** J 10	289/78	=	**65** D 3	357/78	=	**68** K 2
154/78	=	**55** G 12	222/78	=	**60** K 6	290/78	=	**65** D 10	358/78	=	**68** K 4
155/78	=	**55** H 3	223/78	=	**60** L 3	291/78	=	**65** D 13	359/78	=	**68** L 8
156/78	=	**55** H 5	224/78	=	**60** L 5	292/78	=	**65** E 7	360/78	=	**68** L 10
157/78	=	**55** H 13	225/78	=	**60** L 10	293/78	=	**65** G 5	361/78	=	**68** M 10
158/78	=	**55** I 4	226/78	=	**61** A 2	294/78	=	**65** H 2	362/78	=	**68** M 14
159/78	=	**55** I 6	227/78	=	**61** C 12	295/78	=	**65** I 13	363/78	=	**68** N 5
160/78	=	**55** I 7	228/78	=	**61** F 1	296/78	=	**65** J 9	364/78	=	**68** O 5
161/78	=	**55** J 1	229/78	=	**61** I 4	297/78	=	**65** K 2	365/78	=	**68** O 11
162/78	=	**55** J 7	230/78	=	**61** I 10	298/78	=	**65** K 4	366/78	=	**68** O 13
163/78	=	**55** J 11	231/78	=	**61** J 2	299/78	=	**65** K 5	367/78	=	**69** A 8
164/78	=	**55** K 12	232/78	=	**61** L 9	300/78	=	**65** K 6	368/78	=	**69** B 12
165/78	=	**55** K 13	233/78	=	**61** M 13	301/78	=	**66** A 10	369/78	=	**69** C 5
166/78	=	**55** L 2	234/78	=	**62** A 9	302/78	=	**66** A 12	370/78	=	**69** C 7
167/78	=	**55** L 14	235/78	=	**62** A 10	303/78	=	**66** D 6	371/78	=	**69** D 5
168/78	=	**55** M 1	236/78	=	**62** A 11	304/78	=	**66** E 5	372/78	=	**69** D 7
169/78	=	**55** O 7	237/78	=	**62** B 12	305/78	=	**66** E 6	373/78	=	**69** G 3
170/78	=	**56** A 9	238/78	=	**62** C 1	306/78	=	**66** E 7	374/78	=	**69** G 4
171/78	=	**56** G 6	239/78	=	**62** C 6	307/78	=	**66** E 9	375/78	=	**69** G 5
172/78	=	**56** H 2	240/78	=	**62** D 4	308/78	=	**66** F 14	376/78	=	**69** H 4
173/78	=	**56** H 5	241/78	=	**62** D 12	309/78	=	**66** G 1	377/78	=	**69** H 6
174/78	=	**56** H 9	242/78	=	**62** K 5	310/78	=	**66** G 9	378/78	=	**69** H 7
175/78	=	**56** I 2	243/78	=	**62** M 7	311/78	=	**66** G 11	379/78	=	**69** M 11
176/78	=	**56** L 6	244/78	=	**62** N 11	312/78	=	**66** G 13	380/78	=	**69** M 13
177/78	=	**57** B 10	245/78	=	**62** O 12	313/78	=	**66** G 14	381/78	=	**69** N 8
178/78	=	**57** B 11	246/78	=	**63** A 12	314/78	=	**66** H 8	382/78	=	**69** O 13
179/78	=	**57** B 13	247/78	=	**63** B 11	315/78	=	**66** I 3	383/78	=	**70** A 4
180/78	=	**57** C 12	248/78	=	**63** C 5	316/78	=	**66** I 8	384/78	=	**70** B 2
181/78	=	**57** E 6	249/78	=	**63** C 6	317/78	=	**66** I 11	385/78	=	**70** B 10
182/78	=	**57** G 7	250/78	=	**63** C 10	318/78	=	**66** I 12	386/78	=	**70** C 9
183/78	=	**57** G 12	251/78	=	**63** D 4	319/78	=	**66** J 3	387/78	=	**70** K 1
184/78	=	**57** J 8	252/78	=	**63** D 9	320/78	=	**66** J 13	388/78	=	**70** K 7
185/78	=	**57** J 13	253/78	=	**63** F 3	321/78	=	**66** K 1	389/78	=	**70** K 8
186/78	=	**57** K 11	254/78	=	**63** F 8	322/78	=	**66** K 3	390/78	=	**70** K 11
187/78	=	**57** M 3	255/78	=	**63** G 11	323/78	=	**66** K 7	391/78	=	**70** L 1
188/78	=	**57** M 6	256/78	=	**63** I 4	324/78	=	**66** K 11	392/78	=	**70** L 1
189/78	=	**57** M 7	257/78	=	**63** J 6	325/78	=	**66** K 12	393/78	=	**70** L 10
190/78	=	**57** M 8	258/78	=	**63** K 12	326/78	=	**66** K 13	394/78	=	**70** L 12
191/78	=	**57** N 2	259/78	=	**63** L 5	327/78	=	**66** L 11	395/78	=	**70** L 14
192/78	=	**57** N 9	260/78	=	**63** L 13	328/78	=	**66** M 1	396/78	=	**70** N 13
193/78	=	**57** O 8	261/78	=	**64** D 6	329/78	=	**66** M 4	397/78	=	**70** O 3
194/78	=	**58** A 2	262/78	=	**64** D 11	330/78	=	**66** M 6	398/78	=	**71** C 1
195/78	=	**58** A 12	263/78	=	**64** E 12	331/78	=	**66** M 7	399/78	=	**71** D 9
196/78	=	**58** B 13	264/78	=	**64** F 3	332/78	=	**66** O 13	400/78	=	**71** F 12
197/78	=	**58** C 6	265/78	=	**64** F 7	333/78	=	**67** B 1	401/78	=	**71** I 9
198/78	=	**58** C 13	266/78	=	**64** F 12	334/78	=	**67** B 2	402/78	=	**71** K 5
199/78	=	**58** D 10	267/78	=	**64** H 10	335/78	=	**67** B 11	403/78	=	**71** N 1
200/78	=	**58** D 11	268/78	=	**64** I 1	336/78	=	**67** C 9	404/78	=	**72** B 2
201/78	=	**58** E 3	269/78	=	**64** I 5	337/78	=	**67** C 14	405/78	=	**72** B 9
202/78	=	**58** E 13	270/78	=	**64** I 9	338/78	=	**67** F 5	406/78	=	**72** B 14
203/78	=	**58** F 5	271/78	=	**64** K 7	339/78	=	**67** G 8	407/78	=	**72** C 14
204/78	=	**58** F 7	272/78	=	**64** K 10	340/78	=	**67** I 3	408/78	=	**72** D 4

Drucksache Nr.		Fiche Nr. und Koordinate	Drucksache Nr.		Fiche Nr. und Koordinate	Drucksache Nr.		Fiche Nr. und Koordinate	Drucksache Nr.		Fiche Nr. und Koordinate
409/78	=	**72** E 1	477/78	=	**77** B 14	545/78	=	**80** N 13	1/79	=	**84** E 11
410/78	=	**72** F 1	478/78	=	**77** C 2	546/78	=	**80** N 14	2/79	=	**84** I 2
411/78	=	**72** G 1	479/78	=	**77** D 1	547/78	=	**80** O 1	3/79	=	**84** K 2
412/78	=	**72** G 6	480/78	=	**77** D 3	548/78	=	**80** O 3	4/79	=	**84** L 11
413/78	=	**72** G 12	481/78	=	**77** E 8	549/78	=	**80** O 4	5/79	=	**84** O 3
414/78	=	**72** H 6	482/78	=	**77** E 10	550/78	=	**80** O 7	6/79	=	**85** A 8
415/78	=	**72** I 1	483/78	=	**77** E 14	551/78	=	**80** O 12	7/79	=	**85** D 14
416/78	=	**72** J 6	484/78	=	**77** H 2	552/78	=	**81** A 7	8/79	=	**85** E 6
417/78	=	**72** J 8	485/78	=	**77** H 13	553/78	=	**81** A 14	9/79	=	**85** F 9
418/78	=	**72** L 5	486/78	=	**77** H 13	554/78	=	**81** B 2	10/79	=	**85** G 11
419/78	=	**72** N 13	487/78	=	**77** I 6	555/78	=	**81** B 7	11/79	=	**85** H 5
420/78	=	**73** A 1	488/78	=	**77** I 7	556/78	=	**81** L 13	12/79	=	**85** K 12
421/78	=	**73** G 2	489/78	=	**77** I 8	557/78	=	**81** N 2	13/79	=	**85** L 3
422/78	=	**73** G 11	490/78	=	**77** I 12	558/78	=	**81** N 3	14/79	=	**85** M 10
423/78	=	**73** L 13	491/78	=	**77** I 13	559/78	=	**81** N 7	15/79	=	**85** N 6
424/78	=	**73** M 11	492/78	=	**77** J 6	560/78	=	**81** N 12	16/79	=	**85** O 12
425/78	=	**73** M 13	493/78	=	**77** J 11	561/78	=	**82** K 9	17/79	=	**86** A 5
426/78	=	**73** M 14	494/78	=	**77** J 14	562/78	=	**82** L 2	18/79	=	**86** C 6
427/78	=	**73** N 1	495/78	=	**77** K 2	563/78	=	**82** L 8	19/79	=	**86** D 2
428/78	=	**73** N 3	496/78	=	**77** K 2	564/78	=	**82** M 13	20/79	=	**86** D 4
429/78	=	**73** N 4	497/78	=	**77** L 10	565/78	=	**82** N 7	21/79	=	**86** E 6
430/78	=	**73** N 7	498/78	=	**77** L 12	566/78	=	**82** N 8	22/79	=	**86** E 10
431/78	=	**73** N 10	499/78	=	**77** M 3	567/78	=	**82** N 9	23/79	=	**86** H 1
432/78	=	**73** O 8	500/78	=	**77** M 5	568/78	=	**82** N 11	24/79	=	**86** I 2
433/78	=	**73** O 12	501/78	=	**77** M 7	569/78	=	**82** O 2	25/79	=	**86** I 13
434/78	=	**74** A 3	502/78	=	**77** N 1	570/78	=	**82** O 6	26/79	=	**86** I 14
435/78	=	**74** C 2	503/78	=	**77** N 5	571/78	=	**83** A 14	27/79	=	**86** N 1
436/78	=	**74** C 6	504/78	=	**77** N 10	572/78	=	**83** B 4	28/79	=	**86** N 6
437/78	=	**74** D 1	505/78	=	**77** O 2	573/78	=	**83** B 7	29/79	=	**86** N 7
438/78	=	**74** H 12	506/78	=	**77** O 5	574/78	=	**83** B 10	30/79	=	**86** O 14
439/78	=	**74** I 1	507/78	=	**77** O 6	575/78	=	**83** C 1	31/79	=	**87** A 6
440/78	=	**74** I 2	508/78	=	**77** O 10	576/78	=	**83** C 2	32/79	=	**87** A 7
441/78	=	**74** I 3	509/78	=	**77** O 11	577/78	=	**83** C 5	33/79	=	**87** A 11
442/78	=	**74** L 4	510/78	=	**77** O 12	578/78	=	**83** C 7	34/79	=	**87** A 11
443/78	=	**75** B 1	511/78	=	**77** O 13	579/78	=	**83** C 10	35/79	=	**87** A 13
444/78	=	**75** D 7	512/78	=	**78** A 5	580/78	=	**83** C 13	36/79	=	**87** B 2
445/78	=	**75** F 7	513/78	=	**78** A 6	581/78	=	**83** C 14	37/79	=	**87** C 13
446/78	=	**75** G 12	514/78	=	**78** A 7	582/78	=	**83** D 8	38/79	=	**87** E 2
447/78	=	**75** K 8	515/78	=	**78** A 9	583/78	=	**83** D 14	39/79	=	**87** E 6
448/78	=	**75** L 13	516/78	=	**78** A 12	584/78	=	**83** E 1	40/79	=	**87** E 11
449/78	=	**75** M 4	517/78	=	**78** B 6	585/78	=	**83** E 6	41/79	=	**87** F 9
450/78	=	**75** M 6	518/78	=	**79** B 4	586/78	=	**83** E 14	42/79	=	**87** H 8
451/78	=	**76** A 11	519/78	=	**79** D 4	587/78	=	**83** H 6	43/79	=	**87** I 10
452/78	=	**76** B 1	520/78	=	**79** D 10	588/78	=	**83** H 10	44/79	=	**87** J 5
453/78	=	**76** B 14	521/78	=	**79** E 10	589/78	=	**83** L 2	45/79	=	**87** K 6
454/78	=	**76** C 4	522/78	=	**79** F 11	590/78	=	**83** M 10	46/79	=	**87** K 9
455/78	=	**76** C 9	523/78	=	**79** G 11	591/78	=	**83** N 2	47/79	=	**87** L 3
456/78	=	**76** C 13	524/78	=	**79** J 7	592/78	=	**83** O 11	48/79	=	**87** M 3
457/78	=	**76** D 3	525/78	=	**79** M 1	593/78	=	**83** O 11	49/79	=	**87** M 5
458/78	=	**76** E 7	526/78	=	**80** A 10	594/78	=	**84** A 1	50/79	=	**87** M 13
459/78	=	**76** F 13	527/78	=	**80** C 1	595/78	=	**84** B 8	51/79	=	**88** L 8
460/78	=	**76** G 1	528/78	=	**80** C 5	596/78	=	**84** D 3	52/79	=	**88** L 13
461/78	=	**76** G 11	529/78	=	**80** H 4	597/78	=	**84** D 6	53/79	=	**88** M 9
462/78	=	**76** I 9	530/78	=	**80** H 7	598/78	=	**84** D 7	54/79	=	**88** N 2
463/78	=	**76** I 14	531/78	=	**80** H 11	599/78	=	**84** D 9	55/79	=	**88** N 6
464/78	=	**76** J 11	532/78	=	**80** I 1	600/78	=	**84** E 4	56/79	=	**88** N 14
465/78	=	**76** K 1	533/78	=	**80** I 8				57/79	=	**88** O 3
466/78	=	**76** K 13	534/78	=	**80** L 1				58/79	=	**88** O 4
467/78	=	**76** M 9	535/78	=	**80** L 7				59/79	=	**88** O 7
468/78	=	**76** M 11	536/78	=	**80** L 13				60/79	=	**89** A 13
469/78	=	**76** N 3	537/78	=	**80** L 14				61/79	=	**89** B 7
470/78	=	**76** N 4	538/78	=	**80** L 14				62/79	=	**89** B 11
471/78	=	**76** N 11	539/78	=	**80** M 4				63/79	=	**89** D 3
472/78	=	**76** N 13	540/78	=	**80** M 7				64/79	=	**89** D 14
473/78	=	**76** N 14	541/78	=	**80** N 4				65/79	=	**89** I 6
474/78	=	**76** O 11	542/78	=	**80** N 6				66/79	=	**89** I 11
475/78	=	**77** B 8	543/78	=	**80** N 11				67/79	=	**89** J 1
476/78	=	**77** B 14	544/78	=	**80** N 12				68/79	=	**89** J 2

Drucksache Nr.		Fiche Nr. und Koordinate	Drucksache Nr.		Fiche Nr. und Koordinate	Drucksache Nr.		Fiche Nr. und Koordinate	Drucksache Nr.		Fiche Nr. und Koordinate
69/79	=	**89** J 3	137/79	=	**93** K 8	205/79	=	**98** A 13	273/79	=	**102** F 6
70/79	=	**89** J 4	138/79	=	**93** M 5	206/79	=	**98** B 11	274/79	=	**102** G 14
71/79	=	**89** L 9	139/79	=	**93** N 6	207/79	=	**98** C 14	275/79	=	**102** H 8
72/79	=	**89** M 1	140/79	=	**94** A 7	208/79	=	**98** D 3	276/79	=	**102** K 6
73/79	=	**89** M 2	141/79	=	**94** D 6	209/79	=	**98** F 13	277/79	=	**102** K 9
74/79	=	**89** M 3	142/79	=	**94** D 13	210/79	=	**98** H 11	278/79	=	**102** N 8
75/79	=	**89** O 3	143/79	=	**94** E 4	211/79	=	**98** K 7	279/79	=	**103** A 10
76/79	=	**89** O 5	144/79	=	**94** E 13	212/79	=	**98** L 5	280/79	=	**103** A 12
77/79	=	**90** D 9	145/79	=	**94** G 2	213/79	=	**98** L 12	281/79	=	**103** B 3
78/79	=	**90** H 11	146/79	=	**94** G 11	214/79	=	**98** M 2	282/79	=	**103** B 12
79/79	=	**90** I 10	147/79	=	**94** H 4	215/79	=	**98** M 9	283/79	=	**103** C 1
80/79	=	**90** I 12	148/79	=	**94** I 3	216/79	=	**98** N 8	284/79	=	**103** D 12
81/79	=	**90** J 4	149/79	=	**94** I 8	217/79	=	**98** N 13	285/79	=	**103** E 8
82/79	=	**90** J 8	150/79	=	**94** I 13	218/79	=	**98** O 2	286/79	=	**103** E 14
83/79	=	**90** J 9	151/79	=	**94** J 12	219/79	=	**99** B 1	287/79	=	**103** G 8
84/79	=	**90** J 10	152/79	=	**94** J 14	220/79	=	**99** B 10	288/79	=	**103** G 14
85/79	=	**90** K 2	153/79	=	**94** K 10	221/79	=	**99** E 3	289/79	=	**103** H 1
86/79	=	**90** M 4	154/79	=	**94** L 4	222/79	=	**99** F 6	290/79	=	**103** H 12
87/79	=	**90** M 7	155/79	=	**94** L 7	223/79	=	**99** F 10	291/79	=	**103** I 11
88/79	=	**90** N 6	156/79	=	**94** L 10	224/79	=	**99** F 11	292/79	=	**103** I 13
89/79	=	**90** N 7	157/79	=	**94** N 6	225/79	=	**99** F 12	293/79	=	**103** L 3
90/79	=	**90** O 1	158/79	=	**94** O 9	226/79	=	**99** G 10	294/79	=	**103** L 4
91/79	=	**91** A 7	159/79	=	**95** B 14	227/79	=	**99** J 2	295/79	=	**103** L 9
92/79	=	**91** C 5	160/79	=	**95** C 5	228/79	=	**99** K 5	296/79	=	**103** N 5
93/79	=	**91** C 8	161/79	=	**95** C 12	229/79	=	**99** M 7	297/79	=	**103** N 8
94/79	=	**91** C 12	162/79	=	**95** E 14	230/79	=	**99** N 14	298/79	=	**103** N 9
95/79	=	**91** D 3	163/79	=	**95** F 4	231/79	=	**99** O 6	299/79	=	**103** N 10
96/79	=	**91** D 8	164/79	=	**95** F 9	232/79	=	**99** O 10	300/79	=	**103** N 11
97/79	=	**91** D 11	165/79	=	**95** F 12	233/79	=	**99** O 14	301/79	=	**103** N 14
98/79	=	**91** F 14	166/79	=	**95** K 1	234/79	=	**100** A 2	302/79	=	**103** O 3
99/79	=	**91** J 1	167/79	=	**95** K 10	235/79	=	**100** A 13	303/79	=	**103** O 5
100/79	=	**91** K 11	168/79	=	**95** L 1	236/79	=	**100** B 5	304/79	=	**103** O 7
101/79	=	**92** J 14	169/79	=	**95** L 8	237/79	=	**100** C 13	305/79	=	**103** O 8
102/79	=	**92** K 11	170/79	=	**95** M 8	238/79	=	**100** D 4	306/79	=	**103** O 9
103/79	=	**92** L 5	171/79	=	**96** C 14	239/79	=	**100** D 7	307/79	=	**104** A 12
104/79	=	**92** L 7	172/79	=	**96** D 1	240/79	=	**100** D 10	308/79	=	**104** B 1
105/79	=	**92** L 12	173/79	=	**96** E 1	241/79	=	**100** E 13	309/79	=	**104** B 6
106/79	=	**92** M 3	174/79	=	**96** E 3	242/79	=	**100** G 4	310/79	=	**104** C 6
107/79	=	**92** M 8	175/79	=	**96** E 6	243/79	=	**100** H 7	311/79	=	**104** F 1
108/79	=	**92** O 11	176/79	=	**96** E 13	244/79	=	**100** H 13	312/79	=	**104** G 9
109/79	=	**93** A 1	177/79	=	**96** F 9	245/79	=	**100** H 14	313/79	=	**104** G 13
110/79	=	**93** A 7	178/79	=	**96** G 7	246/79	=	**100** I 9	314/79	=	**104** H 5
111/79	=	**93** B 3	179/79	=	**96** G 8	247/79	=	**100** I 10	315/79	=	**104** H 6
112/79	=	**93** B 4	180/79	=	**96** G 9	248/79	=	**100** J 5	316/79	=	**104** H 7
113/79	=	**93** B 5	181/79	=	**96** G 10	249/79	=	**100** J 9	317/79	=	**104** H 10
114/79	=	**93** B 6	182/79	=	**96** H 3	250/79	=	**100** K 6	318/79	=	**104** H 14
115/79	=	**93** B 7	183/79	=	**96** H 8	251/79	=	**100** L 5	319/79	=	**104** I 11
116/79	=	**93** B 8	184/79	=	**96** J 13	252/79	=	**100** L 8	320/79	=	**104** I 12
117/79	=	**93** B 9	185/79	=	**96** K 8	253/79	=	**100** N 14	321/79	=	**104** I 14
118/79	=	**93** B 10	186/79	=	**96** M 11	254/79	=	**100** O 14	322/79	=	**104** J 3
119/79	=	**93** B 11	187/79	=	**96** N 2	255/79	=	**101** A 12	323/79	=	**104** J 4
120/79	=	**93** C 9	188/79	=	**97** C 6	256/79	=	**101** A 13	324/79	=	**104** J 5
121/79	=	**93** C 10	189/79	=	**97** C 9	257/79	=	**101** B 2	325/79	=	**104** J 6
122/79	=	**93** C 13	190/79	=	**97** C 10	258/79	=	**101** B 4	326/79	=	**104** K 5
123/79	=	**93** D 8	191/79	=	**97** E 2	259/79	=	**101** C 2	327/79	=	**104** K 6
124/79	=	**93** D 9	192/79	=	**97** H 2	260/79	=	**101** C 3	328/79	=	**104** L 12
125/79	=	**93** D 11	193/79	=	**97** H 6	261/79	=	**101** D 8	329/79	=	**104** M 3
126/79	=	**93** E 5	194/79	=	**97** H 8	262/79	=	**101** F 8	330/79	=	**104** M 12
127/79	=	**93** E 7	195/79	=	**97** J 4	263/79	=	**101** F 11	331/79	=	**105** E 1
128/79	=	**93** E 12	196/79	=	**97** J 13	264/79	=	**101** G 4	332/79	=	**105** E 4
129/79	=	**93** F 10	197/79	=	**97** K 12	265/79	=	**101** I 4	333/79	=	**105** E 6
130/79	=	**93** G 3	198/79	=	**97** K 14	266/79	=	**101** J 1	334/79	=	**105** E 7
131/79	=	**93** G 9	199/79	=	**97** L 2	267/79	=	**101** J 12	335/79	=	**105** E 10
132/79	=	**93** H 12	200/79	=	**97** L 14	268/79	=	**101** L 11	336/79	=	**105** E 10
133/79	=	**93** I 11	201/79	=	**97** M 2	269/79	=	**101** M 3	337/79	=	**105** E 11
134/79	=	**93** J 6	202/79	=	**97** N 1	270/79	=	**101** M 14	338/79	=	**105** F 4
135/79	=	**93** J 7	203/79	=	**97** O 4	271/79	=	**102** A 8	339/79	=	**105** G 1
136/79	=	**93** J 9	204/79	=	**98** A 6	272/79	=	**102** C 10	340/79	=	**105** N 6

Drucksache Nr.		Fiche Nr. und Koordinate
341/79	=	**105** N 9
342/79	=	**106** A 2
343/79	=	**106** B 9
344/79	=	**106** B 10
345/79	=	**106** B 10
346/79	=	**106** B 12
347/79	=	**106** C 2
348/79	=	**106** C 7
349/79	=	**106** D 12
350/79	=	**106** E 5
351/79	=	**106** E 5
352/79	=	**106** E 8
353/79	=	**106** F 3
354/79	=	**106** H 4
355/79	=	**106** H 5
356/79	=	**106** H 13
357/79	=	**106** I 5
358/79	=	**106** I 11
359/79	=	**106** I 13
360/79	=	**106** J 9
361/79	=	**106** K 6
362/79	=	**107** N 5
363/79	=	**107** O 7
364/79	=	**107** O 10
365/79	=	**107** O 12
366/79	=	**108** A 1
367/79	=	**108** A 10
368/79	=	**108** A 13
369/79	=	**108** B 10
370/79	=	**108** C 1
371/79	=	**108** D 7
372/79	=	**108** E 11
373/79	=	**109** B 1
374/79	=	**109** B 12
375/79	=	**109** D 2
376/79	=	**109** D 10
377/79	=	**109** E 13
378/79	=	**109** F 8
379/79	=	**109** F 13
380/79	=	**109** G 2
381/79	=	**109** G 8
382/79	=	**109** G 11
383/79	=	**109** H 3
384/79	=	**109** H 10
385/79	=	**109** H 13
386/79	=	**109** I 2
387/79	=	**109** I 7
388/79	=	**109** I 12
389/79	=	**109** J 13
390/79	=	**109** K 3
391/79	=	**109** K 5
392/79	=	**109** M 11
393/79	=	**109** N 7
394/79	=	**109** O 2
395/79	=	**109** O 6
396/79	=	**109** O 11
397/79	=	**110** B 4
398/79	=	**110** C 8
399/79	=	**110** D 3
400/79	=	**110** E 3
401/79	=	**110** E 8
402/79	=	**110** F 2
403/79	=	**110** F 8
404/79	=	**110** F 14
405/79	=	**110** I 14
406/79	=	**110** K 14
407/79	=	**110** M 3
408/79	=	**110** M 8
409/79	=	**110** M 12
410/79	=	**110** N 3
411/79	=	**110** N 7
412/79	=	**110** N 9
413/79	=	**110** N 10
414/79	=	**110** O 1
415/79	=	**110** O 5
416/79	=	**111** D 14
417/79	=	**111** E 12
418/79	=	**111** F 2
419/79	=	**111** F 14
420/79	=	**111** G 8
421/79	=	**111** H 8
422/79	=	**111** H 13
423/79	=	**111** H 14
424/79	=	**111** I 1
425/79	=	**111** I 3
426/79	=	**111** K 13
427/79	=	**111** L 1
428/79	=	**111** L 12
429/79	=	**111** M 6
430/79	=	**111** M 12
431/79	=	**111** O 6
432/79	=	**112** D 10
433/79	=	**112** D 13
434/79	=	**112** E 2
435/79	=	**112** F 4
436/79	=	**112** F 11
437/79	=	**112** F 13
438/79	=	**112** G 9
439/79	=	**112** H 1
440/79	=	**112** H 9
441/79	=	**112** J 7
442/79	=	**112** J 12
443/79	=	**112** L 4
444/79	=	**112** L 6
445/79	=	**112** N 4
446/79	=	**112** N 8
447/79	=	**112** N 9
448/79	=	**112** O 3
449/79	=	**113** C 4
450/79	=	**113** C 9
451/79	=	**113** G 9
452/79	=	**113** G 10
453/79	=	**113** G 11
454/79	=	**113** H 1
455/79	=	**113** H 3
456/79	=	**113** I 3
457/79	=	**113** L 2
458/79	=	**114** D 12
459/79	=	**114** F 6
460/79	=	**114** G 8
461/79	=	**114** G 14
462/79	=	**114** H 7
463/79	=	**114** I 7
464/79	=	**114** J 12
465/79	=	**114** J 12
466/79	=	**114** J 13
467/79	=	**114** L 3
468/79	=	**114** L 6
469/79	=	**114** L 8
470/79	=	**114** M 1
471/79	=	**115** A 9
472/79	=	**115** A 13
473/79	=	**115** A 14
474/79	=	**115** C 9
475/79	=	**115** D 12
476/79	=	**115** D 14
477/79	=	**115** E 2
478/79	=	**115** E 10
479/79	=	**115** E 14
480/79	=	**115** G 4
481/79	=	**115** G 7
482/79	=	**115** H 4
483/79	=	**115** H 9
484/79	=	**115** H 12
485/79	=	**115** I 2
486/79	=	**115** I 5
487/79	=	**115** I 10
488/79	=	**115** I 13
489/79	=	**115** J 3
490/79	=	**115** J 7
491/79	=	**115** J 8
492/79	=	**115** K 1
493/79	=	**115** K 7
494/79	=	**115** K 14
495/79	=	**115** N 8
496/79	=	**116** C 4
497/79	=	**116** C 5
498/79	=	**116** C 8
499/79	=	**116** C 9
500/79	=	**116** C 11
501/79	=	**116** D 11
502/79	=	**116** E 4
503/79	=	**116** E 7
504/79	=	**116** E 10
505/79	=	**116** G 2
506/79	=	**116** G 3
507/79	=	**116** G 8
508/79	=	**116** G 9
509/79	=	**116** M 9
510/79	=	**116** O 13
511/79	=	**117** A 7
512/79	=	**117** C 8
513/79	=	**117** D 4
514/79	=	**117** D 5
515/79	=	**117** D 6
516/79	=	**117** D 7
517/79	=	**117** D 8
518/79	=	**117** D 9
519/79	=	**117** D 10
520/79	=	**117** E 7
521/79	=	**117** F 7
522/79	=	**117** G 5
523/79	=	**117** H 1
524/79	=	**117** H 14
525/79	=	**117** I 8
526/79	=	**117** I 14
527/79	=	**117** J 1
528/79	=	**117** J 12
529/79	=	**117** K 4
530/79	=	**117** K 11
531/79	=	**117** K 14
532/79	=	**117** L 3
533/79	=	**117** L 12
534/79	=	**117** N 6
535/79	=	**117** N 10
536/79	=	**117** O 2
537/79	=	**118** A 7
538/79	=	**118** C 1
539/79	=	**118** C 12
540/79	=	**118** D 11
541/79	=	**118** E 5
542/79	=	**118** E 5
543/79	=	**118** F 12
544/79	=	**118** F 13
545/79	=	**118** G 2
546/79	=	**118** J 5
547/79	=	**118** N 12
548/79	=	**118** O 5
549/79	=	**119** E 4
550/79	=	**119** E 9
551/79	=	**119** E 11
552/79	=	**119** I 6
553/79	=	**119** K 3
554/79	=	**119** L 4
555/79	=	**119** N 10
556/79	=	**119** N 11
557/79	=	**119** O 1
558/79	=	**119** O 3
559/79	=	**119** O 4
560/79	=	**119** O 5
561/79	=	**119** O 6
562/79	=	**119** O 11
563/79	=	**119** O 14
564/79	=	**120** A 3
565/79	=	**120** A 7
566/79	=	**120** B 2
567/79	=	**120** B 8
568/79	=	**120** B 13
569/79	=	**120** C 6
570/79	=	**120** F 1
571/79	=	**120** F 5
572/79	=	**120** F 10
573/79	=	**120** F 14
574/79	=	**120** G 7
575/79	=	**120** H 2
576/79	=	**121** E 4
577/79	=	**121** H 12
578/79	=	**121** H 14
579/79	=	**121** I 1
580/79	=	**121** I 6
581/79	=	**121** J 9
582/79	=	**121** J 11
583/79	=	**121** K 1
584/79	=	**121** K 6
585/79	=	**121** L 5
586/79	=	**121** L 14
587/79	=	**121** M 1
588/79	=	**121** M 4
589/79	=	**121** N 1
590/79	=	**121** N 11
591/79	=	**122** A 3
592/79	=	**122** A 5
593/79	=	**122** A 8
594/79	=	**122** C 3
595/79	=	**122** C 10
596/79	=	**122** C 11
597/79	=	**122** E 13
598/79	=	**122** F 3
599/79	=	**122** F 5
600/79	=	**122** G 5
601/79	=	**122** J 13
602/79	=	**122** K 7
603/79	=	**122** K 14
604/79	=	**122** L 7
605/79	=	**122** L 9
606/79	=	**122** L 10
607/79	=	**122** L 12
608/79	=	**122** M 6
609/79	=	**122** M 9
610/79	=	**122** N 2
611/79	=	**122** N 7
612/79	=	**122** N 11

Drucksache Nr.		Fiche Nr. und Koordinate
613/79	=	**122** O 2
614/79	=	**122** O 12
615/79	=	**122** O 13
616/79	=	**123** A 3
617/79	=	**123** A 4
618/79	=	**123** B 2
619/79	=	**123** D 3
620/79	=	**123** D 5
621/79	=	**123** D 10
622/79	=	**123** E 7
623/79	=	**123** F 3
624/79	=	**123** F 9
625/79	=	**123** G 3
626/79	=	**123** G 12
627/79	=	**123** I 13
628/79	=	**123** I 14
629/79	=	**123** J 1
630/79	=	**123** J 2
631/79	=	**123** J 10
632/79	=	**123** J 13
633/79	=	**123** K 4
634/79	=	**123** K 8
635/79	=	**123** L 2
636/79	=	**123** L 7
637/79	=	**123** L 14
638/79	=	**123** O 13
639/79	=	**124** E 9
640/79	=	**124** E 10
641/79	=	**124** E 11
642/79	=	**124** E 11
643/79	=	**124** E 12
644/79	=	**124** E 12
645/79	=	**124** E 14
1/80	=	**125** A 8
2/80	=	**125** C 12
3/80	=	**125** F 9
4/80	=	**125** F 10
5/80	=	**125** I 2
6/80	=	**125** I 9
7/80	=	**125** J 7
8/80	=	**125** J 11
9/80	=	**125** K 1
10/80	=	**125** K 3
11/80	=	**125** K 5
12/80	=	**125** K 7
13/80	=	**125** K 9
14/80	=	**125** K 12
15/80	=	**125** K 14
16/80	=	**125** L 4
17/80	=	**125** L 5
18/80	=	**125** L 11
19/80	=	**125** L 13
20/80	=	**125** L 14
21/80	=	**125** M 2
22/80	=	**125** M 3
23/80	=	**125** M 7
24/80	=	**125** N 7
25/80	=	**126** C 4
26/80	=	**126** C 8
27/80	=	**126** D 1
28/80	=	**126** D 6
29/80	=	**126** D 11
30/80	=	**126** E 2
31/80	=	**126** F 8
32/80	=	**126** F 14
33/80	=	**126** G 1
34/80	=	**126** G 12
35/80	=	**126** H 7
36/80	=	**126** I 6
37/80	=	**126** J 8
38/80	=	**126** K 3
39/80	=	**126** K 6
40/80	=	**126** K 8
41/80	=	**126** L 4
42/80	=	**126** L 10
43/80	=	**126** M 3
44/80	=	**126** M 4
45/80	=	**126** M 12
46/80	=	**126** M 13
47/80	=	**126** N 10
48/80	=	**127** B 4
49/80	=	**127** C 9
50/80	=	**127** E 2
51/80	=	**128** D 7
52/80	=	**128** E 13
53/80	=	**128** F 5
54/80	=	**128** F 10
55/80	=	**128** F 13
56/80	=	**128** G 2
57/80	=	**128** G 8
58/80	=	**128** H 8
59/80	=	**128** L 3
60/80	=	**128** N 2
61/80	=	**128** N 12
62/80	=	**128** O 7
63/80	=	**129** B 13
64/80	=	**129** C 8
65/80	=	**129** D 10
66/80	=	**129** G 3
67/80	=	**129** G 8
68/80	=	**129** G 9
69/80	=	**129** G 10
70/80	=	**129** G 11
71/80	=	**129** H 1
72/80	=	**129** H 6
73/80	=	**129** I 3
74/80	=	**129** I 7
75/80	=	**129** I 11
76/80	=	**129** O 7
77/80	=	**129** O 10
78/80	=	**130** B 4
79/80	=	**130** B 13
80/80	=	**130** D 2
81/80	=	**130** E 6
82/80	=	**130** F 12
83/80	=	**130** F 14
84/80	=	**130** G 1
85/80	=	**130** G 5
86/80	=	**130** G 11
87/80	=	**130** G 12
88/80	=	**130** G 13
89/80	=	**130** I 2
90/80	=	**130** I 4
91/80	=	**130** M 1
92/80	=	**130** M 6
93/80	=	**130** M 11
94/80	=	**130** N 1
95/80	=	**130** N 4
96/80	=	**130** N 8
97/80	=	**130** N 12
98/80	=	**130** O 2
99/80	=	**130** O 6
100/80	=	**130** O 9
101/80	=	**131** G 10
102/80	=	**131** I 1
103/80	=	**131** J 7
104/80	=	**131** J 13
105/80	=	**131** K 5
106/80	=	**131** L 6
107/80	=	**132** B 10
108/80	=	**132** G 11
109/80	=	**132** K 3
110/80	=	**133** G 2
111/80	=	**133** H 5
112/80	=	**133** H 6
113/80	=	**133** I 13
114/80	=	**133** J 10
115/80	=	**133** M 1
116/80	=	**133** M 14
117/80	=	**133** N 4
118/80	=	**133** N 9
119/80	=	**133** N 11
120/80	=	**133** O 8
121/80	=	**133** O 9
122/80	=	**134** A 1
123/80	=	**134** A 5
124/80	=	**134** A 5
125/80	=	**134** A 8
126/80	=	**134** B 1
127/80	=	**134** C 7
128/80	=	**134** C 10
129/80	=	**134** C 11
130/80	=	**134** C 12
131/80	=	**134** C 13
132/80	=	**134** C 14
133/80	=	**134** D 1
134/80	=	**134** D 2
135/80	=	**134** D 3
136/80	=	**134** D 9
137/80	=	**134** E 2
138/80	=	**134** F 3
139/80	=	**134** H 7
140/80	=	**134** I 1
141/80	=	**134** I 12
142/80	=	**134** J 7
143/80	=	**134** K 12
144/80	=	**134** L 13
145/80	=	**134** M 4
146/80	=	**134** M 9
147/80	=	**134** M 11
148/80	=	**134** M 12
149/80	=	**134** N 12
150/80	=	**135** A 3
151/80	=	**135** A 11
152/80	=	**135** B 7
153/80	=	**135** D 8
154/80	=	**135** D 9
155/80	=	**135** D 12
156/80	=	**135** E 5
157/80	=	**135** F 4
158/80	=	**135** G 1
159/80	=	**135** G 9
160/80	=	**135** G 12
161/80	=	**135** M 2
162/80	=	**135** M 11
163/80	=	**135** N 11
164/80	=	**135** O 2
165/80	=	**136** D 7
166/80	=	**136** D 10
167/80	=	**136** D 13
168/80	=	**136** D 14
169/80	=	**136** E 4
170/80	=	**136** E 11
171/80	=	**136** E 14
172/80	=	**136** F 1
173/80	=	**136** F 5
174/80	=	**136** F 8
175/80	=	**136** F 10
176/80	=	**136** J 9
177/80	=	**136** J 13
178/80	=	**136** K 5
179/80	=	**136** K 13
180/80	=	**136** L 8
181/80	=	**136** M 3
182/80	=	**136** N 3
183/80	=	**137** A 13
184/80	=	**137** C 7
185/80	=	**137** C 12
186/80	=	**137** D 4
187/80	=	**137** D 14
188/80	=	**137** E 5
189/80	=	**137** E 11
190/80	=	**137** F 2
191/80	=	**137** G 3
192/80	=	**137** G 4
193/80	=	**137** G 8
194/80	=	**137** G 12
195/80	=	**137** I 5
196/80	=	**138** H 5
197/80	=	**138** K 8
198/80	=	**138** K 14
199/80	=	**138** L 4
200/80	=	**138** L 5
201/80	=	**138** M 8
202/80	=	**138** N 5
203/80	=	**138** O 6
204/80	=	**139** A 10

Drucksache Nr.		Fiche Nr. und Koordinate	Drucksache Nr.		Fiche Nr. und Koordinate	Drucksache Nr.		Fiche Nr. und Koordinate	Drucksache Nr.		Fiche Nr. und Koordinate
205/80	=	**139** C 2	273/80	=	**142** I 7	341/80	=	**146** G 11	409/80	=	**149** A 6
206/80	=	**139** D 13	274/80	=	**142** I 10	342/80	=	**146** G 11	410/80	=	**149** A 7
207/80	=	**139** E 1	275/80	=	**143** C 2	343/80	=	**146** G 12	411/80	=	**149** A 8
208/80	=	**139** E 3	276/80	=	**143** C 10	344/80	=	**146** G 12	412/80	=	**149** A 9
209/80	=	**139** E 12	277/80	=	**143** D 2	345/80	=	**146** G 13	413/80	=	**149** A 10
210/80	=	**139** F 13	278/80	=	**143** E 9	346/80	=	**146** G 13	414/80	=	**149** C 9
211/80	=	**139** F 14	279/80	=	**143** F 9	347/80	=	**146** H 13	415/80	=	**149** E 7
212/80	=	**139** G 6	280/80	=	**143** G 5	348/80	=	**146** I 2	416/80	=	**149** E 13
213/80	=	**139** G 12	281/80	=	**143** G 7	349/80	=	**146** J 2	417/80	=	**149** F 5
214/80	=	**139** H 5	282/80	=	**143** G 8	350/80	=	**146** J 12	418/80	=	**149** F 6
215/80	=	**139** H 12	283/80	=	**143** H 5	351/80	=	**146** L 2	419/80	=	**149** F 8
216/80	=	**139** I 4	284/80	=	**143** H 6	352/80	=	**146** L 4	420/80	=	**149** F 12
217/80	=	**139** I 11	285/80	=	**143** H 7	353/80	=	**146** L 9	421/80	=	**149** F 13
218/80	=	**139** J 7	286/80	=	**143** H 10	354/80	=	**146** L 11	422/80	=	**149** G 4
219/80	=	**139** J 10	287/80	=	**143** K 14	355/80	=	**146** M 4	423/80	=	**149** G 5
220/80	=	**139** J 11	288/80	=	**144** A 7	356/80	=	**146** M 6	424/80	=	**149** G 6
221/80	=	**139** K 4	289/80	=	**144** G 6	357/80	=	**146** M 8	425/80	=	**149** G 7
222/80	=	**139** K 5	290/80	=	**144** H 8	358/80	=	**146** M 10	426/80	=	**149** G 10
223/80	=	**139** K 6	291/80	=	**144** K 7	359/80	=	**146** N 8	427/80	=	**149** G 14
224/80	=	**139** K 7	292/80	=	**144** K 13	360/80	=	**146** O 7	428/80	=	**149** H 3
225/80	=	**139** K 10	293/80	=	**144** K 13	361/80	=	**146** O 8	429/80	=	**149** H 5
226/80	=	**139** L 3	294/80	=	**144** O 1	362/80	=	**146** O 9	430/80	=	**149** H 10
227/80	=	**139** L 6	295/80	=	**145** B 6	363/80	=	**146** O 10	431/80	=	**149** I 5
228/80	=	**139** L 9	296/80	=	**145** B 11	364/80	=	**146** O 11	432/80	=	**149** J 6
229/80	=	**139** L 13	297/80	=	**145** C 1	365/80	=	**146** O 12	433/80	=	**149** L 11
230/80	=	**139** N 12	298/80	=	**145** C 4	366/80	=	**146** O 13	434/80	=	**149** L 12
231/80	=	**140** J 4	299/80	=	**145** C 9	367/80	=	**146** O 14	435/80	=	**149** L 13
232/80	=	**140** J 11	300/80	=	**145** E 6	368/80	=	**147** A 1	436/80	=	**149** N 5
233/80	=	**140** J 14	301/80	=	**145** I 5	369/80	=	**147** A 2	437/80	=	**149** N 11
234/80	=	**140** K 4	302/80	=	**145** I 6	370/80	=	**147** A 3	438/80	=	**149** O 5
235/80	=	**140** K 10	303/80	=	**145** I 12	371/80	=	**147** A 4	439/80	=	**150** A 7
236/80	=	**140** K 13	304/80	=	**145** J 4	372/80	=	**147** A 9	440/80	=	**150** A 12
237/80	=	**140** L 9	305/80	=	**145** J 14	373/80	=	**147** A 10	441/80	=	**150** B 3
238/80	=	**140** M 3	306/80	=	**145** K 1	374/80	=	**147** A 12	442/80	=	**150** B 6
239/80	=	**140** M 6	307/80	=	**145** K 5	375/80	=	**147** A 13	443/80	=	**150** B 13
240/80	=	**140** M 10	308/80	=	**145** L 9	376/80	=	**147** B 1	444/80	=	**150** F 4
241/80	=	**140** M 12	309/80	=	**145** M 3	377/80	=	**147** B 10	445/80	=	**150** H 2
242/80	=	**140** N 3	310/80	=	**145** N 10	378/80	=	**147** C 4	446/80	=	**150** I 1
243/80	=	**140** N 11	311/80	=	**145** N 13	379/80	=	**147** C 5	447/80	=	**150** I 6
244/80	=	**140** O 10	312/80	=	**145** N 13	380/80	=	**147** C 6	448/80	=	**150** I 12
245/80	=	**141** A 14	313/80	=	**145** O 3	381/80	=	**147** C 7	449/80	=	**150** I 14
246/80	=	**141** C 3	314/80	=	**145** O 5	382/80	=	**147** C 8	450/80	=	**150** J 2
247/80	=	**141** C 5	315/80	=	**145** O 7	383/80	=	**147** C 8	451/80	=	**151** F 9
248/80	=	**141** D 3	316/80	=	**145** O 9	384/80	=	**147** D 2	452/80	=	**151** F 13
249/80	=	**141** D 5	317/80	=	**145** O 10	385/80	=	**147** E 2	453/80	=	**151** F 14
250/80	=	**141** D 10	318/80	=	**146** A 7	386/80	=	**147** E 4	454/80	=	**151** G 4
251/80	=	**141** E 2	319/80	=	**146** A 9	387/80	=	**147** E 9	455/80	=	**151** G 10
252/80	=	**141** E 4	320/80	=	**146** A 11	388/80	=	**147** H 10	456/80	=	**151** H 5
253/80	=	**141** E 14	321/80	=	**146** A 12	389/80	=	**147** I 4	457/80	=	**151** H 6
254/80	=	**141** F 13	322/80	=	**146** A 14	390/80	=	**147** I 9	458/80	=	**151** H 8
255/80	=	**141** F 13	323/80	=	**146** B 2	391/80	=	**147** J 12	459/80	=	**151** H 14
256/80	=	**141** G 4	324/80	=	**146** B 3	392/80	=	**147** K 1	460/80	=	**151** K 6
257/80	=	**141** G 10	325/80	=	**146** B 10	393/80	=	**147** K 2	461/80	=	**151** L 3
258/80	=	**141** H 11	326/80	=	**146** C 5	394/80	=	**147** K 4	462/80	=	**151** L 5
259/80	=	**141** H 14	327/80	=	**146** C 6	395/80	=	**147** K 6	463/80	=	**151** L 12
260/80	=	**141** I 3	328/80	=	**146** C 7	396/80	=	**147** K 7	464/80	=	**151** N 4
261/80	=	**141** I 6	329/80	=	**146** C 8	397/80	=	**147** K 8	465/80	=	**152** A 9
262/80	=	**141** J 3	330/80	=	**146** D 10	398/80	=	**147** K 9	466/80	=	**152** I 11
263/80	=	**141** J 8	331/80	=	**146** D 14	399/80	=	**147** K 13	467/80	=	**152** J 2
264/80	=	**141** K 12	332/80	=	**146** E 1	400/80	=	**147** K 14	468/80	=	**152** J 8
265/80	=	**141** L 1	333/80	=	**146** E 6	401/80	=	**147** L 7	469/80	=	**152** L 5
266/80	=	**141** L 14	334/80	=	**146** E 9	402/80	=	**147** L 12	470/80	=	**152** L 13
267/80	=	**141** M 7	335/80	=	**146** E 9	403/80	=	**147** L 13	471/80	=	**153** A 7
268/80	=	**142** A 8	336/80	=	**146** F 9	404/80	=	**147** L 14	472/80	=	**153** B 7
269/80	=	**142** B 14	337/80	=	**146** G 4	405/80	=	**147** M 9	473/80	=	**153** B 11
270/80	=	**142** C 11	338/80	=	**146** G 5	406/80	=	**147** N 13	474/80	=	**153** C 10
271/80	=	**142** D 4	339/80	=	**146** G 6	407/80	=	**147** O 2	475/80	=	**153** C 10
272/80	=	**142** E 13	340/80	=	**146** G 7	408/80	=	**149** A 3	476/80	=	**153** D 4

Drucksache Nr.		Fiche Nr. und Koordinate
477/80	=	**153** G 11
478/80	=	**153** H 2
479/80	=	**153** H 6
480/80	=	**153** L 6
481/80	=	**153** M 2
482/80	=	**153** M 5
483/80	=	**153** N 5
484/80	=	**153** N 7
485/80	=	**153** N 7
486/80	=	**154** B 1
487/80	=	**154** B 11
488/80	=	**154** G 6
489/80	=	**154** G 11
490/80	=	**154** G 13
491/80	=	**154** H 8
492/80	=	**154** H 9
493/80	=	**154** H 11
494/80	=	**154** I 1
495/80	=	**154** I 2
496/80	=	**154** I 6
497/80	=	**154** J 3
498/80	=	**154** J 6
499/80	=	**154** J 11
500/80	=	**154** J 14
501/80	=	**154** K 5
502/80	=	**154** K 12
503/80	=	**154** L 1
504/80	=	**154** L 6
505/80	=	**154** L 12
506/80	=	**154** M 3
507/80	=	**155** A 5
508/80	=	**155** B 6
509/80	=	**155** B 8
510/80	=	**155** B 9
511/80	=	**155** B 12
512/80	=	**155** D 5
513/80	=	**155** F 14
514/80	=	**155** G 8
515/80	=	**155** G 13
516/80	=	**155** H 2
517/80	=	**155** H 3
518/80	=	**155** H 13
519/80	=	**155** I 8
520/80	=	**155** I 10
521/80	=	**155** J 12
522/80	=	**155** M 2
523/80	=	**155** M 11
524/80	=	**155** N 7
525/80	=	**155** N 12
526/80	=	**155** N 14
527/80	=	**156** D 5
528/80	=	**156** F 8
529/80	=	**156** F 13
530/80	=	**156** G 7
531/80	=	**156** G 14
532/80	=	**156** I 2
533/80	=	**156** I 4
534/80	=	**156** I 13
535/80	=	**156** J 7
536/80	=	**156** N 7
537/80	=	**156** N 10
538/80	=	**157** B 4
539/80	=	**157** B 10
540/80	=	**157** C 3
541/80	=	**157** C 11
542/80	=	**157** D 2
543/80	=	**157** D 5
544/80	=	**157** D 9
545/80	=	**157** E 1
546/80	=	**157** E 5
547/80	=	**157** E 7
548/80	=	**157** E 7
549/80	=	**157** E 11
550/80	=	**157** E 13
551/80	=	**157** H 12
552/80	=	**157** I 6
553/80	=	**157** I 11
554/80	=	**157** J 1
555/80	=	**157** N 6
556/80	=	**157** N 13
557/80	=	**157** O 6
558/80	=	**158** A 1
559/80	=	**158** A 3
560/80	=	**158** A 8
561/80	=	**158** B 1
562/80	=	**158** B 2
563/80	=	**158** B 6
564/80	=	**158** B 12
565/80	=	**158** C 12
566/80	=	**158** E 14
567/80	=	**158** F 5
568/80	=	**158** G 5
569/80	=	**158** H 8
570/80	=	**158** I 9
571/80	=	**158** I 14
572/80	=	**158** J 6
573/80	=	**158** J 13
574/80	=	**158** K 1
575/80	=	**158** K 10
576/80	=	**158** K 12
577/80	=	**158** M 2
578/80	=	**158** M 3
579/80	=	**158** O 7
580/80	=	**159** A 2
581/80	=	**159** A 2
582/80	=	**159** A 5
583/80	=	**159** A 7
584/80	=	**159** B 5
585/80	=	**159** C 4
586/80	=	**159** F 11
587/80	=	**159** G 5
588/80	=	**159** H 12
589/80	=	**159** I 13
590/80	=	**159** I 14
591/80	=	**159** J 1
592/80	=	**159** J 2
593/80	=	**159** J 10
594/80	=	**159** J 13
595/80	=	**159** K 2
596/80	=	**159** K 2
597/80	=	**159** K 5
598/80	=	**159** K 7
599/80	=	**159** K 9
600/80	=	**159** K 10
601/80	=	**160** H 14
602/80	=	**160** I 2
603/80	=	**160** I 4
604/80	=	**160** I 5
605/80	=	**160** I 6
606/80	=	**160** J 4
607/80	=	**160** J 10
608/80	=	**160** K 4
609/80	=	**160** K 5
610/80	=	**160** K 6
611/80	=	**160** M 10
612/80	=	**161** A 11
613/80	=	**161** B 2
614/80	=	**161** B 8
615/80	=	**161** E 10
616/80	=	**161** L 1
617/80	=	**161** M 2
618/80	=	**161** M 5
619/80	=	**161** M 8
620/80	=	**161** M 11
621/80	=	**161** M 14
622/80	=	**161** N 3
623/80	=	**161** N 6
624/80	=	**161** N 9
625/80	=	**161** O 4
626/80	=	**161** O 5
627/80	=	**162** A 14
628/80	=	**162** A 14
629/80	=	**162** B 6
630/80	=	**162** B 9
631/80	=	**162** C 14
632/80	=	**162** H 6
633/80	=	**162** J 2
634/80	=	**162** K 1
635/80	=	**162** K 14
636/80	=	**162** N 3
637/80	=	**162** N 9
638/80	=	**162** O 8
639/80	=	**162** O 14
640/80	=	**163** A 6
641/80	=	**163** B 1
642/80	=	**163** C 8
643/80	=	**163** D 10
644/80	=	**163** D 14
645/80	=	**163** D 14
646/80	=	**163** E 2
647/80	=	**163** E 3
648/80	=	**163** E 5
649/80	=	**163** E 6
650/80	=	**163** E 7
651/80	=	**163** E 8
652/80	=	**163** F 2
653/80	=	**163** F 6
654/80	=	**163** I 1
655/80	=	**163** I 2
656/80	=	**163** I 4

FSC
www.fsc.org
MIX
Papier | Fördert
gute Waldnutzung
FSC® C083411

Kolibri 360 GmbH
Ferdinand-Jühlke-Straße 7
99095 Erfurt, Deutschland
produktsicherheit@kolibri360.de